民初旅歐
教育運動
史料選編

陳三井──編著

增訂版序

　　三十多年前，胡春惠教授在主編「中國現代史史料選輯」時，正中書局為我出版了《勤工儉學運動》一書，內容分五篇，搜羅資料豐富，廣受矚目，流傳海內外，與清華大學中共黨史教研組所編的《赴法勤工儉學運動史料》（三冊，北京出版社，一九七九）、張允侯等所編的《留法勤工儉學運動》（二冊，上海人民出版社，一九八〇－一九八六）鼎足而三，被視為研究留法勤工儉學運動不可或缺的基本史料。

　　三十年後，物換星移，人事已非，隨著正中書局的出售轉讓而消失，讀者已遍尋不獲《勤工儉學運動》一書，無法窺其全貌。有鑒於此，秀威公司主編蔡登山兄多次叮囑增訂再版。

　　本書與正中版最大的不同處，在於書名之更易。何以故？因為原先各家所廣泛使用之留法、赴法勤工儉學運動，有違李石曾、吳稚暉、蔡元培等這些創辦人的初衷，更與運動的內容、本質相去甚遠，誠如筆者近著《旅歐教育運動：民初融合世界學術的理想》一書的結論所指出：「勤工儉學運動是旅歐教育運動中最光芒四射的史篇，最扣人心弦的樂章，它不僅豐富了旅歐教育運動的內容，而且強化了這個運動在近代史上不可撼動的地位。但是，兩者仍各有不同的本質和內容，不能混為一談。最重要的是，勤工儉學運動畢竟不是旅歐教育運動的全部樂章，不能也不必完全取而代之，這一點史實俱在，應可以肯定。」

　　其次，本書在篇幅考慮下，刪去幾篇較為次要的史料，而補進新近發現的蘇雪林、李治華、孫雲燾、陳正茂的回憶或作品，使內容更為生動而完整，幸讀者鑒察！

　　本書為閱讀方便，改為橫排，承林弘毅先生重新輸入打字，備極辛勞；又內人林夏玉女士幫忙仔細校對，復蒙秀威公司慨允出版，在此一併致謝。

陳三井　謹識

二〇一三年十二月十二日

目次
CONTENTS

005 ┃ 伍、勤工儉學運動的逆流

引　論

　　面對西方帝國主義自十九世紀中葉以來接二連三的挑戰，國人深切感覺拯救國家的努力，已刻不容緩，乃有派遣留學生出國留學的實際回應，藉此「履西域、接西士、肄西文」，[1]希冀「師夷之長技以制夷」，終而達成富國強兵之目的。同時，有識之士亦以為，中國之弱，在於國民「愚陋怯弱，渙散混濁」，故新民為今日中國第一急務；[2]果欲開通民智，恢宏器識，進而改良社會，更非注重一般平民與勞動大眾，先從教育著手不可。勤工儉學運動的發起，可以說便是這兩種觀念的結合。

　　一部近代中國留學史，可以說就是一部國人「用夷變夏」的奮發圖強過程。就留學國別而言，先後雖有留美、留歐、留日之別，然他山之石，同樣可以攻錯，為國儲才的目標並無二致。就留學生身分而言，同光年間的幼童留學，先後共遣送四批，約有一百二十名，其中年紀最輕，多為十二至十五歲之間的少年。[3]光緒初年，福州船政學堂的留歐學習駕駛、製造，前後有三批，共約七十九人，[4]類似今日公務員的帶職進修性質。而在中國留學史上最特殊者，莫過於民國初年標榜「勤以作工，儉以求學」的留法勤工儉學生。這批勤工儉學生的赴法，人數既多，流品亦最稱複雜，前後經歷的時間亦最長（約從民國元年至二十年），而於現代中國黨政軍事、文化教育、社會經濟各方面的影響，殆亦最為深遠。雖則如此，然有關勤工儉學運動的資料，迄今仍散佚不全，甚或隨著歲月的逝去而有日趨淹沒之虞！時不我待，「今日不做，明天將更後悔」，這是編者不顧事實困難、不計個人毀譽，籌編本書的初衷。

1　梁啟超語，見《適可齋紀言紀行·序》，馬建忠，《適可齋紀言紀行》，文海出版社印行。
2　梁啟超，〈論新民為今日中國第一急務〉，《飲冰室合集》，專集，第三冊。
3　胡懷深，〈上海學藝概要〉（二），《上海通志館期刊》，一卷二期，頁514-523。
4　李緒武，〈清末船政學生之留歐教育〉，《東方雜誌》，復刊三卷一期。

　　勤工儉學運動雖倡議於民國初年，盛行於歐戰結束之後，然其由來實有自。中國自清末以來，內憂外患紛至沓來，實業不振，經濟發展落後，一般國民所得不高，故有志留學之士，多半出自中人之家，安得一筆巨款度數載生活於費用較高之歐美等先進國家，是故除官費生或家境富裕者外，其不省吃儉用，遇機會則兼工貼補，豈可得乎？時至今日，情形雖稍有不同，然性質並無兩樣。由此吾人可以斷言，中國一有留學生，不管是在歐美，或在日本，恐怕即有「儉學」的情形存在（即使官費生亦然）。「儉學」之不足，因現實生活所迫，只有兼工或「勤工」了，這是自然之事。工餘能學，或「勤工」而後力學，這都是難能可貴之事。若為工而不學，或「勤工」之後無心向學，則有違出國初衷，不值深論！

　　就歐洲的情形而言，根據本編資料顯示，早在光緒二十九年（一九〇三），即有名的蘇報案發生之後，年已三十九歲的吳敬恆（稚暉）由滬赴英，與同學一、二人實行苦學之生活。光緒三十三年（一九〇七），吳稚暉抵巴黎，從事印刷事業，與李煜瀛（石曾）、褚民誼兩人同處住宿，試驗節儉之生活。同年，蔡元培與自費同學數人留學於德國柏林，亦實行儉學。宣統元年（一九〇九），李石曾、齊竺山等人組織豆腐公司（Usine Caseo-Sojaine）於巴黎近郊哥倫貝（Colombes）地方，製造各種大豆食品，並由國內招去工人，除同宿同食、生活費儘量降低外，工作之餘，亦從事習課，於中、法文及普通學科皆所講習，設為「以工兼學」之意。[5]以上所述，可以說就是儉學會提倡之所由來。

　　勤工儉學故由實際生活中體驗得來，然提倡諸君，如蔡元培、如吳稚暉、如李石曾等，仍各有其理論學說。蔡元培主張者為「勞動神聖」說，強調「作工為人類之天職，人人各作其工，人人始能各得其所需」；其次，蔡元培指出，「工之中自有學在也，習于工者，往往能自出新意，符合學理。」[6]由此種思想出發，彼之贊助「工學互助團」，支持「留法儉學會」，[7]乃為理所當然之事。吳稚暉本人就是個苦行僧，他強調「學」與「工」彼此聯屬不分，「學止為工之預備，工止為學之實施，學者當工，工者亦宜學。」[8]據此以觀吳氏所主張者為「學

5　《旅歐教育運動》，民國五年秋旅歐雜誌社發行，頁49-50。
6　蔡元培，〈勤工儉學傳序〉，《旅歐教育運動》，頁72。
7　李若一，《蔡元培的政治思想》，商務印書館，人人文庫，特一八五，頁123。
8　吳敬恆，〈勤工儉學傳書後〉，《旅歐教育運動》，頁78。

工一體」，兩者相輔相成，不可偏廢。李石曾早年研究農學（大豆），由農學而研究生物學，由生物而研究拉馬克（Lamarck）的動物哲學，又由動物哲學而引到克魯泡特金（P. A. Kropotokin）的互助論，[9]他之倡議勤工儉學，贊成華工出洋，亦是以互助論為根據的。[10]李石曾首先認為：「人類進化，由愚昧而趨于文明，由痛苦而趨于幸樂，其中因果之繁複，歧正之交雜，固不可勝道。然有可得而約言者，則學是也。」接著，他又指出：「夫學之一事，乃人生之必要，無異於飢者之需食。不幸而學與食二者，皆不能無代價以得之，然人多不惜勞力以求食，而鮮勞力以求學者。……果人皆力學，則社會無智愚之異等，人生無苦樂之不均矣！」[11]由上所引，李氏比較著重「學」，認為「力學」、「勤學」可以解決社會智愚之不平等與人生苦樂之問題。大體而言，蔡、吳、李三人於人生兩大問題—「工」與「學」的看法雖略有不同，然一言以蔽之，彼等之發起勤工儉學運動，則可視為信仰「互助論」的一種實踐。

本史料之編輯，大抵依事件發生時間之先後，兼顧性質之相類者，加以順序排比，共分下列五大部分，篇名依次為（一）留法儉學會；（二）勤工儉學會；（三）華法教育會與勤工儉學生的離合；（四）里昂中法大學的設立及其問題；（五）勤工儉學運動的逆流—中國共產主義運動在法國。

「留法儉學會」與「勤工儉學會」同為鼓吹學生赴法的組織，前者於民國元年由吳稚暉、李石曾、張靜江、齊竺山等發起於北京，後者於民國四年夏由李石曾等倡設於巴黎。

根據會約，「留法儉學會」乃一自由傳達之機關，而非章程嚴密之組織，其宗旨在「納最儉之費用，求達留學之目的」。凡年滿十四歲，欲自費留學而每年至少可籌五、六百元者，皆得為該會之同志。該會對於會員既不助資，亦不索償，惟有以言論或通信指導旅行、介紹學校等之義務。「留法儉學會」曾附設預備學校於北京，為學生補習法文，學生經由此校而赴法者約在百人之內。除北京「留法儉學會」首開風氣外，四川亦有朱芾煌、吳玉章所發起之「四川儉學會」，設預備學校於

9　互助論與達爾文的物競天擇相對，謂人類進化，不獨有競爭，亦有互助存在。
10　蔡元培，〈五十年來中國之哲學〉，引自郭湛波，《近五十年中國思想史》，頁359。
11　李煜瀛，〈勤工儉學傳引言〉，《旅歐教育運動》，頁75。

少城濟川公學。經由此一線索或其他同抱儉學宗旨赴法者，亦有四十餘人。[12]儉學會之發起，並不以留學法國為限，故吳稚暉、李石曾等復發起「留英儉學會」於上海，吳稚暉等又倡設「留東儉學會」，廣為宣傳。

　　及歐戰發生，法國兵士傷亡日眾，壯丁短缺，是以有委託惠民公司代招華工赴歐之事。[13]民國四年夏，李石曾居巴黎，與李廣安、張秀波、齊雲卿諸君發起「勤工儉學會」，以「勤以做工，儉以求學，以進勞動者之知識」為宗旨。入會者視個人力之所能，以助該會之發展，或個人實力求學、或助他人求學、或以書說之著述演講為傳達、或以經濟為傳達之助，皆由會員隨時組織而實行之。李石曾並撰「勤工儉學傳」，以廣宣傳。「勤工儉學會」成立後，李氏等更倡工作一年讀書兩年之說，一面在國內設立預備學校，一面與法人共同組織「華法教育會」以為推動，共謀學生出國與謀工之便利。此外，吳稚暉於民國五年在《中華新報》發表「朏盦客座談話」長篇連載，以其親歷之經驗，為勤工儉學廣為宣傳、指導；[14]華林於民國六年回國，極力鼓吹各縣籌縣費遣派學生，影響所及，留法勤工儉學幾為舉國公認之惟一要圖，自總統以至學者，莫不竭力提倡、贊助，[15]是以民國八、九年間形成一股巨大浪潮，前後擁至法國者近二千人，其中以湖南省為最多，四川、直隸等省次之。[16]

　　「華法教育會」成立於民國五年，由中法兩國文化、教育界人士共同發起，歐樂教授（Prof. Aulard，巴黎大學歷史教授）為法國會長，蔡元培為中國會長，旨在促進中法兩國文化學術之交流，而介紹中國學生留法與組織留法之工人教育亦為其主要之工作項目。「華法教育會」為照顧勤工儉學生，特設學生事務部，以劉厚（大悲）為主任。嗣將事務部辦事處遷於巴黎近郊的華僑協社，為學生覓住、覓校、覓工。「華法教育會」的職員與勤工儉學生間的感情，最初彼此本極融洽，職員熱心為學生尋覓工作，組織演講會，成立遊覽團，補習法文，不遺餘力。

---

[12] 舒新城，《近代中國留學史》，頁88。

[13] 陳三井，〈歐戰期間之華工〉，《中國現代史專題研究報告》，第五輯（民國六十五年一月）。

[14] 《吳稚暉先生全集》，卷十八，雜著，附錄，頁46。

[15] 《近代中國留學史》，頁89。

[16] 同注15，頁92。

後來學生因換工、貸款、招待等種種問題而經常與教育會職員發生意見。其後，學生人數愈來愈多，至民國十年初，留法勤工儉學生總數已逾二千人。此時，法國正面臨經濟危機和失業問題，許多工廠停工，尋覓工作更加不易，致許多學生勤工無門。為此，「華法教育會」照顧倍感困難，糾紛迭起，終以維持費來源不繼，遂有民國十年二月二十八日勤工儉學生數百人包圍駐法使館，向公使陳籙請願的風潮。

里昂中法大學，亦稱里昂中法學院，法文名稱為Institut Franco-Cinois de Lyon，簡稱里大。中法大學的創辦，乃吳稚暉海外中國大學夢想的實現；由於他的鼓吹，以及李石曾、張靜江、蔡元培等人的支持贊助，遂得於民國十年十月正式開辦。中法大學的設立，除主事者亦為勤工儉學運動的發起人外，原本與在法的勤工儉學生無甚關係，但一部份勤工生認為，中法大學未開辦前，曾以救濟勤工生的名義，收受各界捐款甚多，故在這批當時已走投無路的勤工生看來，里大的成立，正可解決他們的困境，當然寄以無限的希望。及至該校成立，由於宿舍容量有限，所招的學生都由國內直接選送，在法者必須經過甄選始可入住，這種捨近求遠的作法，自然引起上千勤工生的恐慌與難堪，也可以說是希望的幻滅！因此，在共黨分子周恩來、趙世炎、李立三、陳毅、蔡和森等人的策畫和率領下，乃有民國十年九月的進軍里大，強佔校舍風波，結果為首肇事的蔡和森、李立三、陳毅等約一百人均被遣送回國。這是里大的外憂。外憂之餘，里大內部也鬧問題。原來中法大學雖說由中法合辦，但法方僅供校舍（由古堡壘改建，每年僅收象徵性租金一佛郎），經常費則由中國負擔，大部分的錢出自廣東，所以廣東學生較受優待，不惟旅費由公家代出，每年學膳費豁免，並且每月還給幾百佛郎的津貼。其他各省同學則每年須自籌膳費華幣六百元之譜。由於這種不同的待遇，乃激起少數學生的不平，他們抗不繳費，提出平等待遇要求，甚至公開指責校長吳稚暉徇私、植黨，結果不但氣走了校長，里大校園從此亦不再平靜。

勤工儉學運動發展的高潮，正是中國共產主義在法萌芽、滋生，共產組織在法成立、擴大的時期。勤工儉學的結果，變成「勤工無門，儉學無路」；在「既不能工，又無法學」的情況下，面對學業與失業的雙重打擊，少數勤工儉學生自然對現狀產生不滿，思想走向偏激，而易為共產主義所乘，第三國際也趁機派人加以拉攏聯絡，遂形成一股無法扭轉的逆流，在法國激發，其餘波也一直在國內蕩漾不息。學生運動政治

化的結果，一幕幕的思想鬥爭與行動衝突在法國次第展開，首先，在中共分子周恩來、蔡和森等人的領導下，他們在民國十年先後發動了包圍巴黎使館與進軍里大兩次重大事件。其後，留法中共組織成立，發行「赤光」半月刊，與中國青年黨「先聲」展開論戰，繼而演成流血鬥爭。俟這批人先後返國後，鬥爭舞台又由里昂、巴黎轉移到了廣州、南京，這是後話。

　　本書在蒐集資料過程中，承旅居巴黎的苑國恩先生慨借珍藏資料，同事好友陶英惠兄亦提供寶貴史料，均使本書內容增色不少，在此謹致最大謝意！惟因篇幅所限，或格於事實困難，若干相關材料暫未收入，不能無憾！益以編輯過程匆忙，舛誤錯失之處，勢所難免，尚祈各界方家督察，並不吝賜正是幸！

陳三井　謹識於南港舊莊

民國六十九年六月仲夏

壹、留法儉學會

一、旅歐儉學運動之源流、組織與會約

留學之組織

　　距今二十年前，來歐留學者殊少。即以留法而論，不過三五人而已。然戊戌庚子諸變之後，留學之風氣漸開。民國紀元前十一年，駐法公使孫寶琦來法，同行者合官費、自費生共二十餘人，李石曾、夏堅仲、張靜江諸君與焉。離滬時，李君晤吳稚暉君于滬，吳君諄諄注意于苦學，以期廣于介紹。民國紀元前十年，張靜江君創辦「通運公司」于巴黎。後四年，其鄉人自費留學者，與以繼至：有汪汝琪、唐鏡元、趙志游、趙子靜、褚民誼諸君及陸悅琴女士等。「通運公司」與其分設之「開元茶店」，有若自費生之機關。自是以後，官費生來者漸多，尤以江蘇湖北二省為眾。各省官費生最多時，共達百人。民國紀元前八年，留法同人組織「中華會館」于巴黎。後三年，改為「留法學會」。

　　吳稚暉君于民國紀元前九年由滬赴英。與同學一二人實行苦學之生活。民國紀元前五年來巴黎，組織印刷事業。與李石曾褚民誼二君同居宿，試驗節儉之生活，減于普通之生活一倍：每月房租十五佛郎，飯費六十佛郎。且三君所鼓吹者，為平民主義。所接近者，為勞動社會。此皆留法儉學會之張本。是年，蔡子民君與自費同學數人留學于柏林，亦實行儉學。民國紀元前五年，李石曾夏堅仲等諸君發起「遠東生物學研究會」，設試驗所于印字局之寄宿舍中。李石曾君以化學研究大豆之功用，遂發起『豆腐公司』。民國紀元前三年，李石曾齊竺山等諸君組織豆腐工廠，製造大豆各種食品；並設為以工兼學之意。廠中工人，皆來自中國，由五人漸增至三十人，自費生亦有同來者，同宿同食，略如之校中共同生活之組織，每人每月飯費四十餘佛郎已足。此儉學會所由根據，而定其費用。工作之餘，從事習課，于中法文及普通科，皆所講習，亦旅法華工教育之起點也。

　　民國元年，吳稚暉汪精衛李石曾張溥泉張靜江褚民誼齊竺山諸君，發起『留法儉學會』，並設預備學校于北京，吳山齊竺山齊如山諸君擔

任組織，法人鐸爾孟君擔任教授。其時，蔡子民君為教育總長，假以校舍（在方家胡同，為舊日之師範學校，時已停辦）。無何，朱芾煌吳玉章沈與白黃復生趙鐵橋劉天佑諸君發起四川儉學會，設預備學校于少城濟川公學。辦法與北京者略同。茲列『儉學會』簡章于後：

留法儉學會

　　改良社會，首重教育。欲輸世界文明于國內，必以留學泰西為要圖。惟西國學費，夙稱耗大，其事至難普及。曾經同志籌思，擬興苦學之風，廣闢留歐學界。今共和初立，欲造成新社會新國民，更非留學莫濟，而尤以民氣民智先進之國為宜。茲由同志組織『留法儉學會』，以興尚儉樂學之風，而助其事之實行也。

　　又如女學之進化、家庭之改良，與社會關係尤切，而尤非留學莫濟。故同時組織『女子儉學會』與『居家儉學會』。

（一）留法儉學會（會約附後）。

（二）留法女子儉學會（其會約同）。

（三）留法居家儉學會（有願全家往法者，代為籌畫省儉之食用房屋等法。其子弟入學者，可擇普通儉學會會約中之適宜者行之，以暫不立會約）。

留法儉學會會約

一　宗旨　以節儉費用，為推廣留學之方法；以勞動樸素，養成勤潔之性質。

二　定名　本會名為『留法儉學會』。

三　會員及資格　自往留學者，或盡義務于本會者，無論男女少長均得為本會會員。前往留學之會員，以年歲在十四歲以上，能自了其事者為合格。若其父母親友攜同入會者，不限年歲。其體質學格適宜與否，由本會同志研究審定。入會者填具入會券，保證人同時簽名。

四　義務　本會無會長等名目，惟由會員中推定同志數人，分任義務。

五　會費　除箇人學費外，不納會費。會中應用款項，由同志集助。

六　辦法　關於備裝旅途食宿學課諸事，均由推定同志，組織襄助。

七　旅途　由西伯利亞火車赴法，行期十八日，旅費約二百圓。

八　住宿　學友住宿，或在校中，或在專行組織之舍中。

九　飲饌　飲饌以簡潔滋養適于衛生為主。每日三餐：早餐（麵包，果
　　　醬，乳油，乳腐，茶水等），午餐晚餐，或西餐（一湯一菜麵包
　　　等），或中餐（一飯一菜）。

十　衣服　衣服以樸素便利為主。每年作衣洗衣不逾一百圓，如有盈
　　　餘，還給本人。

十一　疾病　如有疾病，會友相助扶持，妥為調養。用費輕者，出自公
　　　共日用費中；重者，出自簡人，由其家中特別償還。如有因病傷
　　　生或遇他險者，本會不負責任。

十二　學額　至少二十人。

十三　學費　每年一切食宿學費等，共計約五六百圓。理裝一百圓。旅
　　　費二百圓。

十四　學期　由各人自定，若無他故，至少三年。留學年內，應互守會
　　　約，以免中輟。隨學期之長短，以應可習之科目，列表如左：
　　　　　願留學三年者，以首一二年預備普通語言文字及普通科學；
　　　以末一年習簡單藝術，或考驗事項。
　　　　　願留學四年者，首一二年同上，末二年可入農工商實習學
　　　校，二年畢業。
　　　　　願留學五年者，以首一二三年預備，末二年可入大學，習科
　　　目中之可以二年畢業　者。
　　　　　願留學六年者，首一二三年同上，末三年可入高等實業學
　　　校，或美術學校，或大學，習科目中之可以三年畢業者。
　　　　　願留學七八年者，首一二三年同上，末四五年可入高等實業
　　　學校兼實驗，或美術校，或大學，或醫科。

十五　學課　本會以科學實業，及一切有裨人生，與有關社會之智德體
　　　育各種學課為重。不事政法軍備各科。所入學堂，以不背以上之
　　　意，及省節經費為準。幼者並可補習中文，以後學習專科。已通
　　　語言文字者，可免預備，逕入專科。

十六　工作　凡關于簡人及公共之工作，皆由學生擔任。每日兼作有益
　　　人生社會之工藝，以為實習，並稍輔助經濟。（住校者無之）

十七　勸誡　會員有害公安，由同人忠告。屢告不聽者，當由本會送
　　　回，旅費或特別費用，其家自任。

十八 誡約　不狎妓，不賭博，不吸烟，不飲酒，不為一切傷生耗財
　　　之事。

十九 成績　養成勤儉純潔，並有智識技藝之學子，為本會希望之結
　　　果。至學校文憑成績，與本會無關。（旅歐教育運動）

二、北京留法儉學會預備學校介紹

說明

　　欲知本校之內容，不可不先知留法儉學會之性質及歷史成績與機關，茲先就此四端分述於左：

（一）儉學會之性質

　　儉學會乃一自由傳達之機關，而非規章嚴密之組織，于義務能者為之，無會長等名目，經濟由同志籌集，入會者無納費之必須。凡欲自費留學，每年至少籌五六百元者，皆得為本會之同志。會之對於會員，既不助資，亦不索償，惟以言論或通信，指導旅行介紹學校之義務而已。以上之意，即節取于本會原定之會約。至設會之初旨，照錄其緣起如下：「改良社會，首重教育，欲輸世界文明于國內，必以留學泰西為要圖，惟西國學費，夙稱耗大，其事至難普及，曾經同志籌思，擬興苦學之風，廣闢留歐學界。今共和初立，欲造成新社會新國民，更非留學莫濟，而尤以民氣先進之國為最宜。茲由同志組織『留法儉學會』以興尚儉樂學之風，而助其事之實行也。又如女學之進化、家庭之改良，與社會關係尤切。而尤非留學莫濟，故同時組織『女子儉學會』與『居家儉學會』」。時在民國元年。

（二）儉學會之歷史

　　民國元年，吳稚暉、汪精衛、李石曾、張溥泉、張靜江、褚民誼、齊竺山諸君，發起留法儉學會，並設預備學校于北京。齊如山、吳山諸君擔任校中之組織。法文學家鐸爾孟君，擔任教授。其時蔡子民君為教育總長，力為提倡，並由部中假以校舍，在方家胡同舊師範學校。無何，朱芾煌、吳玉章、沈興白、黃復生、趙鐵橋、劉天佐諸君發起四川儉學會，設預備學校于少城濟川公學。吳稚暉、俞仲還、陳仲英、張靜江諸君發起上海留英儉學會，並附留法儉學會招待所。民國二年，李石

曾君與法校梅朋君組織留法預備班，至今猶存。當二次革命時，儉學會頗為專制政府所嫉視，北京預備學校校舍為教育部收回，遂移之於皮庫營四川學館，政府仍多方巡察，以致全體解散。民國六年，華林君自法歸，抱擴充儉學會之志願，適值馬景融君創設民國大學於京都，遂由華馬二君與蔡公時、夏雷、白玉璘、江季子、時明莄、劉鼎生、羅偉章諸君，重組北京留法儉學會預備學校。

（三）儉學會之成績與經驗

留法儉學會，自民國元年至二年，一年之間，入會入校而赴法者，不下八十餘人，其他亦抱儉學會之宗旨，或留學，或居家，自由匯集者，亦不下四十餘人，是儉學會一年所得之人數，較十年公費之總數，有過之無不及，此其成績顯然易見者也。以上之人數，固足表明儉學會之成績，然于將來之希望，猶滄海之一粟耳，是故儉學之成績，不僅在已往，而尤在將來。將來之成績，究能與希望相符與否，無他，惟視赴法儉學之法，果能實行與否。儉學之組織，果能便利與否，此種問題，前于發起儉學會時，固已言及，然仍多出于理想，既經有儉學會百餘人之經驗，尤為確當，足以適用于將來之同志，此亦成績之要端，撮述于後：（一）由西伯利亞火車赴法，發于京津，止于巴黎，途中換車共八九次，車行共二十日左右，至少每人百三十元，至多亦必在二百元以內。（二）既到法，先入客寓，次日即赴擇定之校。已通法文者，可獨入一校，未通法文或法文太淺，仍須預備者，則多人同入一校，以便特設專班。每日授一二鐘法文，于專班之外，並可隨校中原有之法文或科學各班，以資練習。此法已行于巴黎近鄉之「蒙達爾」「木蘭」「芳丹白露」三邑之中學，每人每年學費及一切費用，六百元儘可足用。（三）當歐戰時，同學多避居西南各省，因得「三梅桑」邑之中學與「望台」省之高等小學，其費尤廉，每人每月原定五十五佛郎，戰時加至六十佛郎（計二十餘元），一切在內。此等價廉之校，法國外省甚多，此誠極便於儉學同人者也。（四）農工商實習學校與高等小學，為法校之特色，極便於儉學同人，其所教授，皆學理與實習兼半，甚為切用，學期二三年，學費（食宿在內）每年不過五六百佛郎（計二百元左右暑假兩月在外）。此諸校畢業後，可操其職業，亦可考入高等之校。但法國之高等小學，與中國之高等小學迥殊，（中國之高等小學乃法國之小學高等班而非高等小學也）其中除設實業班外，並設師範班，畢業

及格者，可充小學教員，此校實兼實業與師範之性質。學期不久，學費甚廉，極宜於儉學。（五）法國高等專門學校與大學之正科，學費皆較昂，合校外食宿各費，每年用款須在六百元以上，食宿之支配，能否節儉，其伸縮自難預計，然每年所需，由七百元至千元，當可足用。此雖過於儉學之預算，預定之六百元，不能敷用。因所入學校與食宿，在尋常儉學範圍之外故也。（六）法國高等專門學校與大學，亦有費廉者，如「柏第業」省大學中之農業化學電科等，又如各大學之文科及美術專校與巴黎之社會學專校等，皆高等教育之適於儉學者，加以校外食宿各費，若支配得宜，每年六百元亦可足用。

以上數端，皆得之於數年來之實驗與研究，戰後有無更易，固難預料，然亦當無大異。由以上數端之參考，可為結論曰：「赴法儉學之法，果能實行，儉學之組織，果能便利，多數同學赴法之事，定可擴充無疑也。」

（四）儉學會之輔助機關

由國內出發，有須預備旅行不可少之事，國內各大邑，有預備學校者，即由校中指導擔任，其他處當另設招待員。既至法國，如招待與介紹入校等，亦必不可少之事。由華法教育會指導擔任儉學會會員入校與入會之事，請逕與該校該會接洽，（北京預備學校與巴黎華法教育會接洽手續列後）以免集中于儉學會，反生周折不靈之弊也。至學費滙寄，臨行時指定法國銀行，接洽一切。

預備學校條件

一　宗旨　本校專為儉學會員赴法留學者而設。
二　學課　以法文為主科，附以留學須知之講演，每日分上午、下午兩班（隨時配定）。
三　地址　北京儲庫營民國大學。
四　職員　設幹事一員，並教員與講演者若干員。
五　資格　凡欲赴法留學者，不拘程度年齡男女皆可入校。惟必已通國文及普通知識，方能得留學之益，望學者自度之。
六　學額　無定額，至少必滿二十人，方可開班。
七　學期　至少一年，多則二年，隨學者自便。

八　學費　每月每班收現費二元。

九　出發　本校學生赴法，出發時之指導一切，由本校擔任，不另取
　　資。校外之人有欲結伴同行，託本校指導及代領護照等事，每人納
　　費二元。

十　學會　未出發之前，由學會諸君自行組織同學會。以期出發時或到
　　法後，有互助共濟之益。同學會之組織，由諸君自為，校中可允贊
　　助而不加干預。

附巴黎華法教育會條件

一　宗旨　賴中法兩國之交通團，以法國之教育，助中國之發展。

二　地址　在巴黎。Societe Franco-Chinoise d'education, 8, rue Bugeand, Paris
　　（France）

三　組織人　中國方面為現在國內者，為吳稚暉、汪精衛、吳玉章、李
　　石曾、張溥泉、蔡子民等。

四　會中可助儉學會員之點　到法，在車站客寓之接待，與覓居、覓校
　　之介紹，以及在公府報名社會交游之接洽等事。

五　儉學會員對於會中之義務　贊成本會之宗旨，入名為會員，每年納
　　會費五佛郎（計約二元）。

六　新會員與會之接洽　出發前一個月，由同學會開列中西文對照名單
　　三份、每人入會書，交組織人之一寄法。火車將到巴黎之前，由同
　　學會發電告以到巴之日期，俾會中招待員，屆時至車站接洽一切。
　　（東方雜誌十四卷六號）

三、北京留法儉學會預備學校簡章

一　宗旨及辦法　本校專為儉學會員赴法留學者而設，聘請法人教授法國語言文字，校中一切事宜，均照本會會約辦理，以期養成留法儉學與習慣。

二　地址　本校暫設於北京，俟經費充足，再行推及他省。

三　職教員　設法文教員一人；幹事二人，兼授中文算學；並延同志盡演講之義務。

四　資格　以曾經入留法儉學會者為合格。

五　學額　無定。至少二十人。

六　學期　定為六個月，屆時考驗以定去留。及格者，即由本會定期送赴法國。

七　學課　法文，中文，算學及應用學識。（如公共衛生，泰西風俗等）

八　實習　邀集同志之通法語者，常常到校，以資實習。

九　經費　開辦及普通經費，由同志捐集補助。

十　學費　學費之多寡，視學生之額數而定，如二十人，每人每月八圓；如四十人，每人每月六圓。入校時，即一律交足六個月。

十一　膳費　飲食由學生自為經理，每月膳費五元。先交六個月，如有盈餘，再為繳還。

十二　細則　每日興宿飲食操作值日等細則另訂。

　　北京預備學校於民國一年春間成立，每班預備數月即赴法。數月之中，於法文固難深造，然此校之旨，不但專攻法文，乃欲養成勤儉之習慣。故校中同學皆輪班值日，自操工作。除庖人外，別無備工。此校開辦數月，即有來法者，後更源源而至，共將百人。（丁永曾、丁保曾、王光漢、王紹輝、王靜遠、石萬鯤、吳□艾、吳蜀奇、朱治華、朱廣才、朱廣相、朱廣儒、向迪璜、汪申、李乃堯、李和、李國勳、李□□、李宗侗、李宗侃、李書華、李駿、李駒、李驤、何魯、林含珍、居勵今、紀宗孟、段家桐、段其煒、郄三善、胡鄂君、徐廷瑚、馬

錫贊、馬寶賢、高雁翮、夏雷、袁民寶、凌敏郊、陳子英、陳攸敏、陳振中、陳鎮海、張守正、張興華、張鐘駱、張達權、張達德、郭篤、曾楫馨、彭可起、彭濟羣、董世祜、董褘、董興忠、葉式魯、鄒卓、雷善襄、熊克祥、熊卓、樂祐、樂彬、樂夔、劉凱元、劉厚、劉慶凱、魯克、楊宏達、蔡佩綸、謝田、閻一士、聶國華、聶國梁、魏樹榮、魏樹勳、韓煥文、羅一士、羅世嶷、顧兆麟諸君）。至第二次革命後，教育部索還校舍，預備學校，遷入四川會館。警役時至校巡察，各生皆退學，校遂停辦。儉學會亦不復有多數人來法者矣。然未入北京儉學會，或其預備學校，而同抱儉學之旨，而來求學者，亦不乏人：如吳鋼陳子寬華林楊德六諸君。而尤以居家儉學者為多數：如方、汪、李、李、陳、曾、張、齊、蔡諸家，先後而至。現在法國，共四十四人。此種組織之優點，為儉學會尋常辦法所無者，有數端：（一）幼童留學，失國文之教育，幾成通例，賴此而得補救。若能聚數家之子弟而同教之，幾成一學校之組織，則更可節省教授之時力，此汪君實行于方汪陳諸家，而有效者也；（二）幼童不克獨自留學，而年長者又往往為時日所迫，總不能如其所在國人所受教育之堅實，賴此可以補救之；（三）一家數人之費用，較諸數人獨立之費用為尤廉。觀此數益，則有志於居家儉學者，亦可以與矣。又儉學之法，非僅可行之于自費也，公費諸君中抱儉學之旨，以一人之費供兩三人之需者，亦不乏人。總以上諸端，故一二年內，留法同學，驟增百餘人。以視十餘年前，公費自費生均不逾此數者，其效可見矣。

留法儉學會諸君，初到時，在蒙城及他邑中學校預備者，居十之八九，而不久即入專門學校與大學者，亦十之一二。然其數與時俱進，法國諸校之足以供吾人之採擇者甚多，曾由儉學會刊行《法蘭西教育》一編，備言法國諸校。茲節錄其目錄如下：（在以下諸科中，今皆有人，其所獨缺，惟音樂與師範而已。）

普通與高等教育
　　小學校（幼稚科　小學　高等小學）
　　中學校
　　大學校（文科，法科，理科，醫科，藥科）
高等教育機關
　　科學與文學教育

文科學校（哲學，史學，文學。）

理科學校（天算，理化，博物。）

衛生與實業教育

醫科學校（醫學，藥學，衛生。）

農業學校（農學，農產製造，園藝，森林，畜養，獸醫，馬科。）

工業學校（工藝，電學，機器工藝，化學工藝，商業，航業。）

工程學校（工程如路橋等，鑛學，建築。）

美術與音樂教育

美術學校（圖畫，雕刻，建築。）

音樂學校（音樂，歌唱，戲劇。）

教育學與羣學教育

師範學校（普通，高等。）

社會學校（政法學理，社會學理。）

    已有之學校，固如是之繁備，足以應吾人之取求。然散漫而習之，歸國後各處一隅，學非所用者，亦往往不免。欲救此弊，必當有特別之組織。在留學之時，即有一統系之計畫；歸國後，更有一統系之建設。有比國新大學教授紹可侶君，熱心于中國教育，曾略習華語，並久有志于東遊，且欲以其叔（法國地理學風俗學社會學大家）所遺之藏書樓為贈。儉學會發起人因與紹氏有『人地學社』之計畫。『人地學社』者，即由留學同志結一團體，分習關于人與地之各科，是于人生與地產之各事，無所不該。在歐時擇各地所最精長之科習之。數年後，赴國內各處，為實地之練習，如搜羅動植各物、金石鑛產、化石古物，以及測繪化驗記述各事。一面以為實習，一面以為研究之成績。彼時當在國內設立『人地學院』，以為教授與研究之機關，並設化驗室、藏書樓、博物館。此事由吳汪李蔡諸君，與北京教育部接洽，教育部亦表贊同，正在進行中，以二次革命失敗中輟，留之以待時機。此種有統系之留學計畫，不但可用之于『人地學社』，且可普及于各科，而得最多之效果也。（旅歐教育運動）

四、我與留法儉學會預備學校

李書華

　　清光緒三十四年（西元一九〇八）正二月間，我考入保定直隸高等農業學堂農科第三班，入學後一年改為中等班。中華民國元年四月畢業考試，我名列第一，時此校已改名為直隸農業專門學校。校中呈准省方送我到日本留學，每年給與公費大洋五百元。農科第二班畢業生上年已選送石有奇、徐廷瑚（海帆）二人赴日本留學，每年亦各給公費大洋五百元。上年，石徐二人回國隨同第二班同學參加學部覆試及格，得舉人頭銜。

　　我考過畢業後，適得悉李石曾先生等在北京創辦留法儉學會，每年以大洋六百元的費用，外加旅費大洋二百元，可往法國留學；並在北京設立留法預備學校，預備法文數月，即行赴法。於是海帆與我二人向農專請求於原來每年大洋五百元外，加給大洋一百元，每年共大洋六百元，改往法國留學。農專呈准省方准予照辦。我二人遂加入留法儉學會，入留法預備學校第一班。

　　第一班同學除海帆與我以外，有李宗侗（玄伯）、李宗侃（叔陶）、汪申（申伯）、彭濟群（志雲）、陳揚傑（子英）、樂祜（佑申）、樂褆（篤周）、樂夒、聶國樑（培元）、聶國華、魏樹榮（耀東）、魏樹勳（希堯）、羨鍾周、羨鍾鑑、張紹程（張紹曾之弟）、馮啟球、徐學洛、雷善勳等；又有女同學鄭毓秀（即後來之魏道明—伯聰夫人）與章以保（即後來之唐在彰夫人）二人；合共二十餘人。這是中國男女同班上課最早的學校。後來鄭女士另行單獨去法留學，章女士則未出國。

　　第一班於民國元年四、五月間開學上課。上課後約四個月，第二班同學余順乾（子元）、謝田、李乃堯、胡諤鈞、朱廣儒、朱廣相、朱廣才等十餘人亦到留法預備學校。第二班同學幾全為四川人。

　　第一班同學與第二班同學約共三十餘人，臨時加入李駿（顯章）、何魯（奎元）等，同乘火車經過西伯利亞於民國元年底到達巴黎。兩天後，即由李石曾先生送往巴黎以南一百餘公里之蒙達邑

（Montargis），預備學校第一班學生入該地男中學，第二班同學入該地工職，預備法文。食宿自修與法國學生同在一處，惟校中給中國學生另組法文班。後來又有幾批留法儉學會學生到法，然總計前後人數大約不過一百人左右。

關於留法預備學校同學，由北京至巴黎旅行，有一事應指出者，即彼時歐亞旅行，不要護照；在任何國居留，亦無限制。國與國間旅行須要護照，乃是第一次世界大戰期間才開始的。（碣盧集）

五、述破天荒之西洋私費學生大出洋

民國元年十一月二十四日　吳敬恆

高陽李石曾君發起留法儉學會，徵集私費生，向法國留學，第一次，夏間已去十餘人。今第二次學生將於陽曆十一月二十四日早晨八點鐘在前門外東車站出發，計共四十有二人。實可驚喜。我國學生自留學西洋以來，由官費派遣者，數十人同行，已數見不鮮。若私費生一次同行多至四十二人者，以此次為第一遭，是亦民國紀元後之祥瑞也。

按李君得法國農大學校長某博士之助，為儉學會學生設預備科於該大學之餘舍中。請各教授為教習。預備既足，任憑學生之志願，各擇農、工、商、礦諸學，分赴巴黎等各大學。無論在預備中或已入大學，皆代為布置妥貼。以六百元為年費，為最廉之西洋留學。

恐在中國學習法文者甚少，字母未習，遽赴法國，略有所為難。又於北京前國子監之南學，設留法儉學會之北京預備學校，以為預備之預備。多則一年，少則半年，即可成行。外交部之顧問法人鐸爾孟君，實以義務為該校之法文教員。教法文之神速，得未曾有，故聞風而至者一多一日。除此次四十二人出發外，又已有五六十人在校，皆一二月內所至者。李君等預料，五年之內，必有三千中國學生可赴法國。法當道鑑於李君之誠懇，曾提議將照美國辦法，以庚子賠款作為中國學生之留法學費。李君正竭力慫恿中。

北京預備校主持人，高陽齊如山君談及赴法之旅行狀況，又廉儉，又安適，頗足動學界之神往。齊君云：西伯利亞之旅行，皆以為乘坐慢車決不如乘坐萬國快車，在舒服中更求舒服，是固然矣。然自北京至巴黎快車行十二日，慢車亦只行十五日，僅僅三日之淹滯。較諸航行必三四十日者，已優勝一倍。快車為二等價，近五百元；慢車二三等參坐，一切費用才二百元以內，其省減之巨為何如？且不習此路情形者，往往懼慢車中有俄國粗人，其實我與我之友人已往來數回，即或偶遇俄國粗人，彼且在車中教我以俄語為消遣，殷勤實過于東省之國人，且其狀態，亦略勝於京漢、京奉道中所遇三等之惡客也。

　　其車價自北京至奉天，坐二等約十九元；更至長春，亦坐二等，約
十元；再至哈爾濱，二等約十六元。在哈爾濱購買直往巴黎之三等票約
九十二元。由哈爾濱至葉爾庫斯克，在三等票上補加二等費約十元，此
即避去俄國粗人。過去並無俄國粗人遇見矣。嗣後更出定座及補加快車
費，共三元。總合一百五十元。

　　飲食每天一元已可，極為豐美。在車上購食價稍貴。若就車站之食
堂食之，取值大廉。每遇飯時，車必擇相當之站久停，以備乘客就食。
倘欲更求節省之法，車邊購食，價可極賤，十數元已足。因買燒雞一
頭，價值三毛，可供二餐。最有名之俄國麵包，銅子六枚一個，最大
者，一餐食之不盡。雞子與北京相仿，才十許錢一枚。滾熱甘美之牛
乳，銅子兩枚，可得一大盂，極世界之廉價。車站皆有開水，任人取
飲。其餘果食魚肉及罐頭食物之類，沿途出售者紛紛，價皆低廉。決非
如常人意中之西伯利亞，以為止膌冰天雪窖曠無一物也。

　　車中溫煖異常。雖車外嚴寒，車中才如秋末。舖位亦寬綽，惟舖蓋
必自帶耳。故若沿途無久留之事，即嚴冬出發，亦不必整備特別之寒
衣，但就北京尋常禦冬之服，儘可成行也。（吳稚暉先生全集）

六、答友人問留法儉學會書

吳敬恆

（上略）足下所問留法儉學會北京之預備校，即借舊日國子監之南學為之，與中國地學會、北京社會風俗改良會相比鄰。教法文者，為外交部顧問之法人鐸爾孟君。彼熱心於中國出洋遊學之組織，故以義務相助。教法至善，進步甚速。第一次在今年夏季先往法國十許人，有楊譜笙先生之弟妹在其中。此次復有四十餘人西行，內十六人為四川派來。四十餘人去後，校中新至者又近六十人，明年夏前西去。現在聞風來都者，絡繹不絕。然校舍寬廣特甚，即來五百人，亦可容受。昨日與校中主持人齊如山先生閒談。在發起人張靜江、李石曾、汪精衛、褚重行諸先生之意，彼等對法國，希望於五年內，將有三千學生，由儉學會西去。所定六百元之年費，中國父、兄能為子弟任此者，實繁有徒。因尋常富家子弟，每位逍遙於京華或滬瀆，但以為安分遊戲，偶爾擺酒鬥牌，往往年擲千金。（曾有奉天某師長之子，在都中狂嫖狂賭。其父聞有儉學會，甚喜，強使附學。然此子野性不改，在學只一日，仍出舍於外，反以儉學會誑人。致聞者有儉學不儉之說，遂除其名。此子固年擲數千金於虛牝也。）若舉此等子弟，誘使西行，於國於家，皆有大益。即或子弟並不荒唐，開明之父、兄，若能引荒唐者為「罕譬」，擲去遊學資，如擲飲博費，力足支者亦多。故三千學生之希望，決非毫無理由之妄想。

法國大學校之學費甚廉，固定年費六百元，專供居宿零用，自無不足。所慮者，當校外補習預科之時，延師習語，隨在可以花銷。又人眾聚處賃舍之中，於語言亦有阻礙。深慮初至之兩年，定費六百元為太儉。乃李石曾先生之舊校長某博士，聞此組織，亦大贊許，特在巴黎近郊該校長所管某農大學之餘屋，為儉學會設一預備專校。教師即以該大學熱心待遇遠游學生之教授兼任。從此有最好空氣之房舍，有高等教師，有最甘美園蔬、雞、豚、乳酪等之飲食，有千百農大學學生之交遊，用費果又甚省。學力未足者，在此預備一二年，然後散往巴黎等之大學。工、商、礦、電，任人擇性所相近者學之，從容畢業而歸，真可

確有把喔。六百元之年費，可以絕無虞於不足。即該農大學代設之預備專校，云可添容數百人。去者去而來者來，五年中真有三千人赴法，儉學會固可安置裕如也。

齊先生談及西伯利亞之旅行，尤令人眉飛色舞。齊先生曾躬親閱歷固然矣。彼與李石曾先生等所組織之巴黎豆腐公司，該公司中人之往來者，尤如穿梭。故視來往北京、巴黎間，直如提包為京津、寧滬之旅行。敬恆略熟於印度洋之航行，以為從上海至倫敦，情景宛如漢口渡武昌，旅費豐儉皆可；然未嘗聞西伯利亞之廉檢安適捷速，竟得世界旅行之至樂。

人有恆言：皆稱旅行西伯利亞，必乘萬國快車。其價二等車猶只略昂於航行之三等艙。至於慢車，為價更廉。惟慢車中，頗多俄羅斯之不規則人。齊先生則以為快車由北京至巴黎，行十二日，慢車十五日。所差只三日。以十五日較諸航行之三十餘日，已大優勝。故慢車之行期略增，自可不較。若云慢車中多不規則人，恐俄羅斯之不規則人，終竟勝於我國江輪漢車中之下等乘客。既在中國時，朔江道豫，未覺左右必皆異物，則亦何所疑懼於俄客？況我與俄客屢同車，但有殷殷教我俄文俄語作車中之消遣者，未遇橫暴詐偽一人也。即或有苦力襤褸之人，亦止在哈爾濱至葉爾庫斯克三等車中。苦力亦甚質直，並無不可與居之慮。即吾人自矜貴，不願與若輩雜居，亦能設法遷避。總之，乘坐慢車，二等與三等參乘，飲食零用皆在內，自北京至巴黎，三百元有贏無絀。保暖安樂，絕不受半點困難。其法：

自北京至奉天，坐二等車，約十九元。（三等半之。但有一宵枯坐，不若二等之高臥為樂）齊先生所安排，皆擇其安適者，絕不肯過於節省，致體魄在行旅中受苦。大約自上海至奉天，舟車之費，十九元亦恰如其數。快車可在北京或上海直買歐洲之票。慢車赴歐之票，必在哈爾濱購取。故動身時當逐段買票。

自奉天至長春，坐二等車，約十元。

自長春至哈爾濱，坐二等車，約十六元。（以後皆用俄幣之盧布，每盧布大約合中國一元。或貴或賤，出入無多。故皆以元計，便稽核也。）

自哈爾濱至巴黎，買三等車票，約九十二元。

自哈爾濱至葉爾庫斯克，在三等票上，加交二等車費，約十元。（即讓避多數之苦力也）

自葉爾庫斯克至赤栗賓斯克，在三等票上，加交定座費一元。（否則此段恐無睡床）

自莫斯科至「淮蕭」（華沙），自淮蕭至俄國邊境，皆加交快車費各一元。

以上共需車費一百五十元。零碎小費再加十元，猶只百六十元。

至於飲食，吾人必以為冰天雪窖之中，所求必多缺乏，豈知竟出意外。十五天之旅行，如每天花去一元之食費，其暢美之情形，已非言可喻。自北京至哈爾濱，所有車中飲食，及停車時沿路售賣食物之狀，略如內地武漢、津浦諸線，反無西伯利亞之有味，可以勿論。一過哈爾濱，每至食時，必適有車站可以停歇停歇。自二十分鐘至一點鐘，各處不同。大約能得飽食之處，停歇必久。車中本有食堂，其價略昂，然三四五六角錢之食品一味，亦能既甘且飽。較廉則停車時飲食於車站，每站必有食堂，有半元，可得兩三品之一大飽。白菜、牛肉等等，味皆可口。最廉則購買於車邊，三角一燒雞，可供三餐。雞子亦只十餘錢一枚。餘則若牛、羊肉等等，物美價廉。麵包一大個，僅六十錢，量最大者，一餐食之不盡。滾熱之牛乳一盂，僅二十錢，可謂世界最廉之牛乳矣。故吾進德會中人，每日但食麵包、白菜、雞蛋、牛乳，衛生之料，已富足萬分。至於老饕，尚有燒雞可啖、罐頭食物可購。（甚富）每至一站，皆有滾水管，任人用自己茶壺取汲，不給一錢。故若動身時多帶茶點路菜，十五天中但用數元已足。

惟有一短處，不及航行者，車中但有舖板（二等有舖墊），必各自攜帶舖蓋。然中國人向有此等習慣，固了無所為難。人之理想，又以為路中寒氣徹骨，必攜有特別之衣裝，其實寒威大可避免。因西伯利亞境中，寒度自然有時甚高，然車中熱管回繞，致西裝者不能著外套，華裝者不能穿馬褂，固溫暖萬分，惟下車時寒威稍盛。然疾行而入車內之食堂，爐火四灼，亦如車中景象矣。故苟不於停車半日時（葉爾庫斯克等），欲作城市郊外之遊行，儘可但著平常應著之衣裝，超俄境而入歐。且寒威甚盛者，特嚴冬耳。春盡秋初，以及盛夏，氣候亦似內地之日者多矣。

哈爾濱以東，俄境以西，一無所盤詰。惟入俄境，必挾一護照。最可笑者，出境亦必有護照，否則不能出境。故於北京動身時，宜在外交部請一護照，向俄使館簽字；上海則向交涉使請之，在俄領事館簽字。此等護照，並不留難，非如赴美護照之刁難種種，大約應花簽字小費一兩元。（錄自民國元年十一月二十五、六、八日上海「民立報」）

七、說儉學

汪兆銘

　　一二年來，國人始有留法儉學會之設，而留英儉學會繼之。究其用心所在，蓋以承學之士，多欲涉足西歐。而游者輒以費侈為言，自度力所不及，雖甚嚮學，負笈無繇。自有儉學會，而昔之以力所不及而中止者，至此亦得以成行，此一便也；昔之力祇足以贍一人者，今且足以贍二人，此二便也。儉學會之為用蓋如此。然吾儕之所以甘於儉學者，固非徒為費用計而已。使徒為費用計，則吾儕之留於歐者，雖至儉嗇，以視昔之舉子，讀書山寺，破籭布被，四壁蕭然，齏鹽脫粟之外無所有者，其相去猶不啻富豪之於貧寠也。昔之舉子，當其食貧攻苦，朝不謀夕，而夷然無溝壑之憂，何其壯也。即乎中年佗際，意鬱不舒。下者奔走權勢之門，以求餕餘，託為名高者，則恣情於詩酒，朱門酒肉，涎不可得，姑唾洟之，一為顯者所吸引，則又曳裾侯門，儼然吹竽客矣。斯何昔之安貧而今之喪其所守歟。其有僥倖竊高位厚祿者，則窮侈極欲，而不以為泰，偶一念及昔日懸鶉布褐之狀，轉以之俯仰興懷，厚自矜憐。又何昔之不移於貧賤而今之淫於富貴也。此無他，由於昔日之目的，欲以食貧攻苦為富貴之代價而已。不幸而不得，則為怨曠之騷人。幸而得之，則為淫佚之顯宦。皆昔日目的實使之然，非今之有異於昔也。嗚呼，自隋唐以來，中國學術風俗所以退化，何莫非科舉階之屬，舉子之為患，曾何減於洪水猛獸也。自科舉廢而為學校，學生之胸懷，果有以異於昔之舉子乎否乎？留學生之胸懷，果有以異於內地之學生乎否乎？我不敢知曰必如是；我亦不敢知曰必不如是。以儉學為卒業證書之代價；以卒業證書為富貴之代價；學問者不過為簡人自私自利之器械；儉學者不過為獲此器械之方法而已。上者攘高名以傳於後；中焉者厚自娛樂以終其身；下焉者躬為民賊，以逞一人之欲；皆遙足以償昔日之寒儉而有餘。嗚呼其果然耶？不特可為吾儕學生慟，直足為中國慟、為人類慟也。然則吾儕之儉學，必有其甘於儉者在。聊相為言之。

　　古今學者之論儉德者眾矣。持斲雕為樸之說者，有戾於進化之理，為吾儕所不敢苟同。謂奢侈之習，足以助文明開化之進步者，其言亦未

為皆是。以吾儕之懸想，則人生之務，在於各盡所能各取所需而已。藉文明開化之力，以造幸福於社會。此之幸福，必分配於各人，無不平均，人各應於其所需，而取給焉。此之所需，非徒適於養生，且當適於美感，至足其應得之分量而止。無或豐也，亦吾或歉也。如是，則社會之內，無有侈者，而儉之名詞，亦可歸於消滅。然此特吾儕之懸想，固未實現於今之社會。其所得之幸福，果足以滿人生之希望否，猶未易言；以我國今日之社會，與其他先進國較之，則尤未易言矣。況乎其所得之幸福，固未均配於各人。民賊從而奪之，民蠹從而竊之，大多數之平民，呻吟憔悴而無告者，固日接於吾人耳目間也。吾人而無知覺，則亦已矣；吾人而猶有知覺，其將何以安於心乎？今人乍見孺子將入於井，皆有怵惕惻隱之心，此人之恆情也。然能推其惻隱之心者，則耳目所不及，而想像及之。故禹思天下有溺者，猶己溺之；稷思天下有飢者，猶己飢之。非漫然引為己責：見人之飢溺而不能救，其痛苦誠有甚於飢溺者矣。當是之時，寧與大多數呻吟憔悴之平民為伍，而不欲與民賊民蠹為伍。此蓋心理之自然，而非為矯情也。近世監獄學者，議給與罪人飲食之標準，或謂當準諸社會中之貧苦者。論者非之，為社會中至貧苦之人，有終日不得一食者，以此待罪人，是戕其生，其議遂格。吾儕不獲與至貧苦之人同其況味者，亦由知自殺之非，不敢為是以戕其生也。生亦何樂。然既生此社會，則不得不致力於增進社會之幸福，更不得不致力於分配此幸福於各人。吾儕既留此生，以蘄遂其目的，則不得不謀有以自贍。是猶燭之有待於膏，飯之有待於薪也。然則吾儕之所自贍者，以視民賊民蠹固為甚儉，以視大多數呻吟憔悴之平民，則已為甚侈矣。方蹙然之不暇，寧猶以為未足乎？此吾儕之所以甘於儉者一也。

宰我問三年之喪，期已久矣。孔子曰：食夫稻，衣夫錦，於汝安乎？汝安則為之。夫君子之居喪，食旨不甘，聞樂不樂，居處不安，故不為也，今汝安則為之。旨哉言乎！豈惟居喪，凡對於社會而抱無涯之隱痛者，皆如是矣。然則儉學者，非惟不敢不爾，直不忍不爾也。抑又聞之，非澹泊無以明志，非寧靜無以致遠：蓋天下之難移，莫甚於習慣。習於逸者不可與言勞；習於樂者，不可與言苦。於理之當為者，彼非不知也；行不能副其所知，則等於不知而已。今之聞平民之顛連無告而惻然動於心者，豈無其人哉？無如彼之自處，席豐履厚，勢不能降其身以與平民伍。偶一動心焉，拊循而噢咻之，分餕餘以惠之，以為仁之至義之盡矣。社會之終於不平等，繇此故也。是故知義理不難，移習慣

為難。習慣不移，則地位亦以不移。吾儕苟惻然於平民之顛連無告，而思有以拯之，則不可不慎其所習。習於侈者，必習於惰。知足以及之，勇不足以繼之，所謂知而不行也。反是，習於儉者必習於勞。此心不為佚樂所中，安所往而不湛然，所謂無欲則剛也。夫然後可以任天下之重。然則儉學者，又非惟不忍不爾，直不敢不爾矣。此吾儕之所以甘於儉者又一也。

由前之說，由惻隱之心而甘於儉也。由後之說，甘於儉以保其惻隱之心也。吾儕之所以甘於儉者，蓋如此。簡言之，學者為社會而學，非為自私自利而學；儉者為自約其所需而儉，非為將自擴其所需而儉也。其諸我儉學之同志，其以為不謬乎？（旅歐教育運動）

八、汪精衛論學書

留法儉學會之大發達，今日求學少年之藥石

吳稚暉先生，自京來函云：留法儉學會由李石曾先生與法國蒙特爾城某大學校長訂設預科，半年中已有學生五六十人西去，茲又經汪精衛先生擔任國文教授，該會功課完美已殆臻於極頂，宜乎請入北京預備校，情願續去者，紛擠不堪，李汪兩先生之夫人姚陳兩女士又願在法照料女生，故北京校近又添招女班，真極一時之盛矣。附登最近汪先生來函于彼等斟酌盡善之苦心，可推見一班。

稚暉先生大鑒：弟已於數日前抵巴黎，現遷至蒙特爾城與石曾兄居相密邇，弟現請教師至家，教授法國語言文字，擬俟言文稍通，再擇性情所近之學科以從事，路阻且長，未知何時始達也。石曾兄發起儉學會後，來學者源源不絕，居恆數人相聚，弟以為此舉必於中國有絕大之影響，然此時所宜注意者，則為國學問題，此問題極難解決。蓋就利益一方面言之，今日留學少年一涉足西洋往往生厭惡本國風習之觀念，浸假而唾棄本國人，浸假而變為外國人。吾輩平日固不願學者囿於狹隘之愛國論，以期追蹤於卑斯麥之徒，然此四萬萬人方纍纍然陷於可憐之境遇。吾輩求學本欲援此可憐之同胞於水深火熱之中，若提倡留學之結果，乃製出多少有學問之外國人，豈素心所願，惟時時以祖國語言文學相切磋，使常懸一吾同胞顛連困苦之影於心目間庶良心不致漸滅，此其益也。然就流弊一方面言之，中國書籍為中國人思想薈萃之淵藪，數千年之遺傳，悉藏垢納污於其中，故未讀國學之書者，如一無垢之白紙，學之愈深，積穢愈厚。近時以國學鳴者如□□□□□□之徒，無論其思想識見與時俱新，而舊染之污，牢不可拔，豈可令法染斯習之少年納身其中，既耗時日又貽身心之累，由是以言國學可以不講，但期世界語之普及於中國人類已足矣。利弊兩方面較然如此殊窮于解決，萬不得已祇有選擇書籍之一法，國學以經史為根幹，然經史本身既多不正當之點，而學之者又往往揚起其功名心，傾於此二者之間，暫從緩讀，先取文學

道學之書讀之。此二部書亦多疵累，但嚴加選擇，或可減少流弊。文學所以涵養人之興會，道學所以涵養人之心性，殆必不可廢者。今將擬買各書開單呈覽，如先生於此等選擇法不以為然，尚望詳細示覆。如於擬買各書之外尚有他種書籍為學者所合用者，務望先生代買寄來，書價隨後寄還。抑弟更有請者，弟夙嘗存心欲合國中有學之士參考羣書成經學概要、史學概要、子學概要、文學概要四種書，俾學者之有志於國學者，由此四種書略窺見國學之體要，且不誤其標準，庶省多讀之勞，亦不至於國學茫無頭緒，未知先生以此舉為必要否。如亦以為然，可否糾合通人成此美舉，並乞示教為幸。弟年將三十，加以數年以來惱力虧損，此次留學於此，學成之希望僅得十分之一，擬先專力語言文字，學成與否，且聽之。惟研學之際，必廢棄百事必不致如先生致民誼兄書中所言，以毛細之調查，及無謂之應酬，耗其光陰。但關於儉學會之講演，及報社之重設（報社事靜江先生可面告故不贅述），擬以修學之暇，少為助力，要以不妨學業為限可耳，餘不多述。弟汪兆銘謹啟。十一月十號（民立報，一九一二年十二月十日）

九、留法儉學會講演會之演說

蔡孑民先生演說

略云：「今日留法儉學會預備學校行開學式，鄙人願為諸君略陳同人所以組織斯會與建設斯校之用意。蓋世界動力之公例，常趨於力簡而效速之方向。自然現象，兩點之間，以直線為最短。故物體之下墜、光線之注射，苟非有特別阻力，必循直線而進行。社會之狀態亦然。取火之法，自鑽燧而擊石，以至於火柴。交通之法，由椎輪而大輅，以至於汽車，其用力愈簡，其收效愈速，故人樂用之。人類進化之速率，遠過於他種動物者，恃乎能學。使吾人生而在一未開闢之孤島如魯賓遜然，則吾人雖終身勞動，亦僅僅能維持原人之生活而已。今生在開化社會，前人之所經驗，悉以其成效留貽吾人，使吾人得據以為較進之研究，而有較新之發明。如是吾人之所致力，或僅及前人，或且不及前人，而所得之效果，乃轉視前人為勝，恃有學也。顧吾國固有學校矣，何以本會必勸人遊學於外國？是亦有故。吾國學校之數，尚不足滿願學者之需。小學畢業者，或欲受中等教育而不得；中學畢業者，或欲受高等教育而不得，一也。吾國各學校之設備，尚不完全，亦不能悉得適當之教員，畢業之學生，仍不能與外國同等學校之畢業生相較，二也。學校以外之設備，如藏書樓、博物院、動植物園、農場工廠之屬，吾國多未建設，不足以供學者之實習而參考，有事倍功半之慮，三也。故吾人不能不勸人遊學。顧吾人遊學之風，自曾文正派遣華童百人赴留學以來，各著名之國，幾無不有我國留學生者。同人獨提留法何故？曰：同人均經留法，於法國教育界，適宜吾國學生之點，知之較詳，則舉所知以介紹於國人。其他留學美德諸君，各介紹其所知，並行不悖，一也。同人之意，以為紳民階級、政府萬能、宗教萬能等觀念，均足為學問進步之障礙。所留學之國，苟有此等習慣，亦未始無惡影響及於吾國之留學生，惟法國獨無此等習慣，二也。歐美各國，生活程度均高，非自費生所能堪，法國自巴黎以外，風氣均極儉樸，其學校之不收學費，及收

學膳宿費至少者，所在多有，得以最儉之費用，求正當之學術，三也。吾國人恆言各國科學程度，以德人為最高，同人所見，法人科學程度，並不下於德人，科學界之大發明家，多屬於法，德人則往往取法人所發明而更為精密之研究，故兩國學者，謂之各有所長則可，謂之一優一劣則不可。吾國學者頗有研究之耐心，而特尟發明之銳氣，尤不可不以法人之所長補之，四也。至於留學法國，何以必用儉學之法，則因普通留法學生，率循每月四百佛郎之例，而自費生中能出此費者蓋寡，即使能出此費，而用儉學法，每月僅費一百佛郎，即可以其餘三百佛郎，供其他三學生之用，費少而成學益多，且不儉之學者，易馳心於外務，以耗其學力，律之以儉，而學益專，此則本會提倡儉學之意也。至本會所以必設預備學校者，以到法之時，苟於最淺之法語，尚未涉及，則起居飲食，諸多不便。又依入境問禁入國問俗之義，能於未入彼國以前，略諳彼國風習，必有便利之處。又在法雖云至儉，一年尚須費五六百元，而在本國，則在三分之一以下。於預備學校中，耗至少之費，而可以得入法時必需之知識，亦計之得者也。本會並已商訂同志，於預備學校課程以外，為定期之演講，將以國語演述學理，而隨時寫示法語中之專門名詞，亦足為到法校後讀專門書之預備也。凡同人之所以組織斯會及斯校者，均以力簡而效速之主義為準。至預備學校之創設，實始於民國元年，其時教育部，曾撥借方家胡同一校舍，二年，部中欲以校舍供京師圖書館之用，本校始遷四川會館，未幾因不堪袁政府之干涉而停辦。今幸得民國大學諸君之贊成，而得在此開學，同人深所感謝。適京師圖書館有移往午門之籌備，本會已呈請教育部，仍以方家胡同校舍撥歸本會。俟遷入方家胡同後，本會並擬設於預備學校以外，更組織一華法中小學校，按部定中小學校令及規程辦理，而外國語則用法語，畢業者或進本國大學，或赴法留學，均形便利。此本會已定之計畫，可以報告於諸君者也。」

汪精衛先生演說

略云：「留法儉學會之理由，蔡先生已詳言之。愚今所欲言者，則吾人留學於法國所得之感想若何也。夫感想各人不同，諸君將來留學於法國，所入之學校未必同，所擇之學科亦未必同，從可知感想亦未必同也。然愚今所欲言者，非如上述之感想，乃一種由普通觀察而得之感想

是已。以愚所見，吾國對於法國之感想，往往未免隔膜，尋其原因，厥有數端。其一，見法國在安南之所為，往往有不平之感想，此固愚所同情者。然須知各國之殖民地主義，無有是處，不獨法國為然，法國之施殖民地主義於安南，謂為法國全體之污點則可，竟謂為為法國之全體，則不可也。其二，見法國天主教徒在中國之所為，往往有不平之感想，此亦愚所同情者。然須知法國自政教分離以來，此輩天主教徒，在法國之內，已日就萎縮，見其橫行於東方，而為之忿然不平者，見其在法國之無聊情況，必將又為之啞然失笑也。其三，見法國屢次革命之所為，往往有俶擾不寧之感想，近人有著歐洲十一國遊記者，曾痛言之，此則為愚所不敢苟同者。今世界先進之共和國有二，一為美國，一為法國。美之始建國即為共和，有建設而無破壞，與吾國歷史，全然不同。法之共和，即從破壞得來，大破壞之後，繼以大建設，其時之人民，發揚蹈厲，真有一往無前之概。不特政治上生出一番新氣象而已，社會上、學術上，同時亦生出一番新氣象。此種新氣象，不特影響於法國全國，且影響於全歐洲、影響於全世界。吾國破壞專制，建設共和，與法國歷史全然相同。而新氣象之蓬蓬勃勃，則遠不及，坐是不振，此正當以為法者，奈何乃以為戒，此真可大惑不解者也。就此三端，謂吾國人對於法國之感想，往往未免隔膜，良不為過。愚今所以言此者，非為法國隱惡揚善，一欲以明事理之真，一欲以使吾人知所取法而已。

法國之特色，有最足為吾人所取法者，一曰思想之自由；一曰感覺之敏捷；三曰進取之活潑。此三特色，對於吾國，恰可為對症發藥。吾國思潮，在春秋戰國時代，略有自由敏捷活潑之觀。自此之後，守老氏之學者，柔佞之極，流於陰險；守孔氏之學者，安馴之極，降為闒茸，於是息事寧人，為口頭禪，無動為大，為藏身寶，養成一種麻木不仁不痛不癢之心理。以此之故，事事皆落人後，數十年來，危機所以日甚一日，皆由於此。吾輩求學於今日，不可無擔當一切之決心，即不可無擔當一切之勇氣，舉麻木不仁不痛不癢之心理，摧陷而廓清之。思想務自由，感覺務敏捷，進取務活潑。奔嗜學問，如饑狼之攫食也，如渴驥之赴飲也，如颮之發，如水之湧，夫然後可以有濟。且此在先儒固有行之者，子路有聞，未之能行，惟恐有聞，吾輩思之，此是何等勇氣。子路人告之以有過則喜，吾輩思之，此是何等勇氣。王陽明即知即行；知而不行，只是未知，此又是何等勇氣。可惜此等義理之勇氣，往往為其他姑息苟安之暮氣，所瀰漫遮掩，以致身體而力行之者蓋寡。

今取以與法國學風相映發，乃深覺其可寶也。世變繁矣，危機迫矣，定吾之決心，奮吾之勇氣，以擔當一切，遠不愧子路陽明，近不愧法國學風。區區之心，自慚不能如是，又自恐不能如是，所願與諸同學共勉之也。」

李石曾先生演說

略云：「留法儉學會之宗旨與實行，以及法國學派之比較之優點，已由蔡汪兩先生闡明詳盡。兄弟本已無可再言，今所欲言者，不過徵引事實，以為兩先生所言之證據而已。兄弟所言者有二：

（一）法國之學術

中國向有菲薄法國學術之觀念，其原因甚多。如法為民國，本中國舊社會所不喜，

然今民國制度已成立，則此說不須再辯。又有因法國失敗於普法之戰，多以弱國視之，因亦菲薄其學術。今歐戰相持數載，亦足表明法國固持人道之義，亦能反抗強權，其說亦破。況學術之程度，非與軍備之強弱為比例。由歷史上觀之，文化與武力，有互相消長之勢，故不能以法國前次之失敗，而菲薄其文化也。又有謂法國學問，遠不如德國者，此亦觀察之誤。蔡先生已言之，法人善於廣大之發明，德人善於精細之致用，發明之要，匪但不可菲薄，且為政用之根據，諒亦眾所同認，今請舉事實以證之。

就法國學術言之，略舉其三：

（甲）物質之科學

法國算學大家戴楷爾，助進於科學者甚多，且為唯物哲學之先導。以化學言之，三大發明家，皆為法人，鹿華西為普通化學發明家，曾得物質不滅之公例。斐在輅為有機化學發明家，得有機質科化合之術。巴斯德為生物化學發明家，微生物學得以成立。致用於外科與傳染病者，不勝枚舉，而成一醫學之大革命。中國普通觀念，謂醫學以德國為最精，若無巴氏之發明，恐德國醫學，亦未能進步。由此可見於學術中過於崇拜德國之誤矣。巴黎巴斯德學院，乃全世界之首創，將來諸君抵法後，可親見之以為證，而知所言為不謬也。其他相關於化學實用，因緣

於學理而出者正多，即物理學中，如類電母等諸大發明，亦不勝道，均可證法國物質科學，非有遜於德國也。

（乙）哲理

以哲理言之，法國更有卓著可記者。進化學哲理，為法國陸謨克所發明，猶在達爾文五十年之前。進化學，中國亦名曰天演學，即證明生物進化，由簡單而繁複，由微小生物演進而為蟲魚鳥獸以及於人，此說既定，則宗教中上帝造人之迷信，以根本打消。又如實驗哲學與社會學，亦成立於法儒孔德，與斯賓塞同時而較早，其學說亦有同處。孔氏謂科學分類，亦由簡而及於繁，由算學而理化、博物，以至於社會學，實近世科學中至要者。又有近於社會學者有人學，研究人類之各問題。巴黎人學校與人學會，為全世界之首創。創立者實法國醫學家樸桌，今巴黎有人學及社會學校者之為高等學校中之特色，為諸君將來所能親見徵實者也。

（丙）新學說之實行

法國大革命，為世界新學說實行之紀元。法儒盧梭服爾德孟德斯鳩狄岱麓之說，實為法國大革命之先導。由此可見法國新學說於實行之價值矣。

（二）法國之學校

法國之學術，既如上所云；於法國特色之學校亦曾略舉一二，茲不必於學理方面復為伸論。兄弟所欲言者，則其學校之組織適用儉學會之點也。雖然，學理與事實恆相因緣，故法國學校之所以儉省，亦有為平民思想所影響而致然。如他國學校費用恆昂，是猶有中國所謂貴冑學堂之性質。法國之平民主義發達，故學費較廉，亦理宜然也。

（甲）預備學校

當儉學會發起時，本擬自行組織校舍，期達節省之目的，既而就地調查，如預備法文，可入中學，其在外省者，每年學食宿費，共不過三百元左右，並加二三百之各項雜費（購衣物書籍等），故六七百元，儘可足用。後歐戰既起同學多赴遠省，又發見尤廉之中學校，每年學食宿費二三百即可足用。若入巴黎中學校，每年則需千元，相去大殊，而其所得結果，無大異，皆為入大學與專門學校之預備也。

（乙）實業學校

更有農工商實業學校者，皆半日研理，半日實習，組織頗佳，學費至廉，每年每人學食宿費不過二三百元，此皆儉學會五六百元年費之所能足用者也。

（丙）大學、高等

若欲入大學或高等專門，自有非以上之數，盡能足用。然大學諸班，多不取學費，高等專門之學費，亦有甚廉者。此諸校皆不住堂，可於校外自理生活，亦能節儉求學，亦五六百元所能勉為。其能籌較多之費者，擇校時固覺自如，否則亦非絕對不能求高等學問，惟學校之種類稍有限制耳。

結論　由以上所言之學術與學校兩方面觀之，留法學會之宗旨與實行，均可確信其不謬。於第二項中，兄弟欲詳言經費問題者，因留學普及與經費節省二事，有密切之關係。中國人多赴日本留學，如語言習之較易，路近往來較便，固亦為一原因，然因其學費較普通在歐洲留學者，可省四分之三，此留學之數懸殊最大之原因也。在日本留學，每年每人約需三四百元或四五百元。今儉學會既有儉省之方法，與在日所需，相去無幾。在日本留學生，一時曾達兩萬人，今儉學會學費之數既與相似，則留學歐洲者，亦何難得同一之人數。倘國內同學赴法者，果達此數，於中國學界前途，必生絕大之異彩。此所希望於留法儉學會之結果也。

吳玉章先生演說

略云：「永珊特為組織華法教育會事，自法歸來，留法儉學會，亦該會應辦事之一端。其歷史，其精神，已由蔡汪李三先生發揮盡致，無庸再述。茲但就華法教育會之組織、目的，為諸君略言之。此會為蔡汪李諸先生，及旅歐同人，聯合法國學者所組織而成。其目的約有四端：一曰擴張國民教育。二曰輸入世界文明。三曰闡揚儒先哲理。四曰發達國民經濟。何謂擴張國民教育？我國甲午以前，留學外國者絕少，即壬寅癸卯時代，於日本亦不過二三百人。其時愛國者盛倡自費留學，徧設招待機關，無何而留學日本者，數達二萬以上，風氣遂開，學說大變，

而革命思潮。遂澎沛而不可遏。壬癸以來，十餘年耳，其思想之進化為何如，吾人試一回溯，能無隔世之感乎！今革命成功矣，革命事業，非僅破壞已也，勢必有極良之建設，而後革命之目的為得達。現我國政象之杌隉，民生之凋敝，言之滋痛，是皆因無術以善其後也。欲求利國福民之術，非學莫由，國內學術未備，勢非留學不可。顧國人多欲留學東洋，而鮮至歐西，雖限於經費，亦昧乎實情，或更誤於日與我近，適於國情之說，衷心以為日本亦一強國，苟能學步，亦足稱雄。而詎知日人學術，步武歐西，中學以下之書，著者尚多，而高深者則甚鮮，且限於國情，自有取舍趨重之必要。有此數因，以致吾東亞人士，多未能洞悉世界學術思想變遷之大勢。例如社會主義一名詞，早已通行於世界，而東亞人士，尚有惴惴然惟恐其發生者，亦有援引而妄用者，殊不知今日為社會主義盛行時代。自德國之國家社會主義，以至俄國之共產主義，派別雖多，大約可分為二：一急烈，一平和。急烈者為「改造的」即欲打破舊社會之組織，而建設一新社會者也。平和者為「進化的」即欲就舊社會之組織而改良之者也。其手段雖有不同，其認今日之社會為不良，則一也。其欲使今日經濟分配不平之現象，使之日趨於平，則一也。凡此皆經濟學家之主張，苟不考其源流，而徒信道路之傳聞，幾何其不誤會也。吾人處此開明時代，而眼光足跡，僅限於一隅，若有物為之蔽者，豈非吾少年英俊之大恨事乎！同人甚願吾國青年，目光注於全世界，勇猛精進，必窮究世界學術之精微，由自主的擇一自信者而力行之，而後為不虛生於此二十世紀。留法儉學會之設，即欲為國人作求學之津梁也。何謂輸入世界文明？吾國新學之勃興，殆四十年，而編譯有名之著作，僅寥寥數卷，且轉譯日文者居多，或為陳腐之說，或屬一家之言。夫近世學術昌明，日新月異，一學說出，恆有他學說以反對之，皆各持之有故，言之成理，苟不觀其全而會其通，往往有激於一偏之弊。然欲求舉國人士，皆通歐文，徧讀新書，勢必不能，故編譯之事，亦為最要。本會有世界編譯社之組織，其辦法分二部：一則編譯世界名著，紹介世界新書，條分縷晰，使國人洞悉世界學術思想，亦隨變遷之大勢。一則發行一大雜誌，將世界新事實，及時詳載，使國人得察人文社會進化之趨向。何謂闡揚儒先哲理？我國學術發達極早，而已補益現世界者尤多，徒以限於文字，未大昌明，吾人擬擇吾國先儒學術之精華，譯為西文，以表彰我國之文明。俾中西學術之英精，融成一片，以促世界之進化。何謂發達國民經濟？我國今日窮困極矣，然據經濟學

家言，有土地，有人民，國絕不患貧，而我國地廣人眾，何竟至此，是必吾人處理未得其道也。致富之道，不外生眾食寡，為疾用舒。今天下胥為分利之人，而又有外人朘削之，國安得不貧。即如對外貿易，年年輸入超過數萬萬，為一絕大漏巵。論者尤謂幸有華僑贏利，稍足補救，尚可無虞，而不知華僑之貿易，其足稱為國際貿易者絕少，不過我旅居外國之同胞甚眾，需用祖國之物品亦多，故大部分之僑商，不過贏得吾僑民之血汗數點而已。此後吾人當謀直接輸出我國出產於世界市場，與各國為經濟之競爭，庶幾可救貧困餘萬一。又自歐戰以來，各國廣招華工，如能因勢利導，不但國民之生計，得以一舒，且可培植一般實業人才，本會對於招工合同之改良、華工教育之組織，特為注意，以圖國民經濟勢力之發展。以上諸件，為本會願辦諸事之大略，茲值儉學會開幕之機，特為諸君一陳。最後尚有一言，致欲留學諸君子前，清時代留學外國者，多發揚蹈厲之氣，堅苦卓絕之操，故能演出種種可歌可泣之事業，而革命遂以成功。民國成立以來，學風稍靡，似以為目的已達，更無須奮勉者，而不知環觀世界，吾民國之幼稚，無異嬰兒之在襁褓，而風雨飄搖，又有大廈將傾之象，誠不可不痛自刻責，發奮為雄，以爭生存於世界者也。此心此志，願與諸君共勉云。」（東方雜誌，十四卷九號）

十、趨重法蘭西教育之理由

　　歐戰前，亦有留德之同學，倡『留德儉學會』之議者。『留法儉學會』初成後，亦有仿此意而為『留日儉學會』者。是儉學會之旨，固可用之于各處。吾人亦曾有『留歐儉學會』與『國內儉學會』之議。此無他，求學之普及而已。雖然，吾人亦有趨重留法之意，亦持之有故。然此亦與留學他國，取其特長，固並行不背。茲節錄『趨重法蘭西教育之理由』于後：

　　吾人常研究關于教育之問題，見中國多宜採取法國教育之旨，吾人留學亦以赴法為較宜，因作此編。非以居法較久，相習稍深，而發為偏重之言，特有確定之理由在也。請申論于下：

（甲）就普通教育言之

　　泰西各國于體育智育均可得比較上之滿足，若德育則往往乖謬。惟法國教育，能脫於君神之迷信，匪但其他專制國之所無，即瑞美二國，雖離于君主之制，猶惑于新教之風也。法國于千八百八十六年，已廢神學之專科。于千九百零七年，實行國教分離。教育職務，多出乎宗教，返乎常民。此誠古今萬國教育界之新聲，而法人德育之觀念由此可見矣。中國本無國教，遂無宗教之障礙。此教育中最可貴之點，宜固存之而弗易也。西教輸入中國，其是非人人得而言之，宜避之而弗倡也。故法國教育之觀念，最宜于中國。以思想論，既如以上所云；以事實論，法國普通教育尤有特長之點，則學費廉求學易是也。其公立小學，為普及教育之根本，全免學費，人人可得求學。中學為學問之要徑，價廉而制簡，少于他國『貴胄學堂』之餘味，等級相去較近，學問普及較易。至于大學與高深學問之建設，多不納學費，寒士工民皆與共之。法人對于他國人，亦親和而無畛域，故他國人留學法國者最多。法國去『教育平等』固甚遠，然其趨勢向之矣。今中國各事之衰廢，實教育不興所致然。欲救之，尤當以無力求學者為注

重。教育之觀念固如此，而求學之方法亦然，此法國教育宜于中國之一端也。

（乙）就高深教育言之

泰西諸國各有專長，而發明斯理之毅力，與各類學問之博通，均以法人為最著。新科學最重詳確，以計量為方法。科學計量，度量權衡實其的要。今科學界皆用法國計量，以其適于科學。戴楷爾既為哲學大家，復多算學之發明。天文學之宇宙機理，出于勞百宿；物理學類電母，發見于居易安；化學無機有機生物三大發創家，為鹿化西裴在輅巴斯德。賴巴氏而醫學、農學亦大為改進；生理學之大家，為裴乃德納。達爾文進化學，根源于陸謨克之動物哲理。孔德之實驗哲學，與斯賓塞之統系哲學相伯仲。紹可侶以地理學大家，貫通人地之觀念。他如伯班為湅鑪之祖；伯庸里為無線電之先趨。氣船飛艇潛水艇皆法國之產物。其他種種片段之製造，更不勝書。至於人道主義，盛倡于孟德斯鳩服爾德盧梭狄岱麓諸子。詩文美術，尤為法人之特長。由此一覽，法人學術之精博，人人得而見之，非有所偏譽也。

今人皆知，高深之學問非中國所能言。然欲造高深學問，必先養成學問家。欲養成學問家，舍留學莫濟。然為高深之學問而擇地，非法其誰乎？

就以上二端，研究比較，固可斷言法國之教育為較宜，非絕對之詞也。如英國之體育，德國之化學工藝，美國之機器工藝，義國之美術，皆具特長。甚至古國如埃及、希臘，亦有專長可考。即他國均互相取資，況中國教育之幼稚乎？吾所謂較宜者，普通言之，因其適宜之點，較他國為多，故望教育家注意於法之教育，留學者多赴法也。至別國之專長，亦多可取資，乃另一問題耳。進而言之，各地各種之學問，皆互相因應感觸而發生，非有所專屬。即如法之學術，昔日取資于義國者甚多。近代發明，則法頗盛。各國輸取之，而又感發新知。日趨于進，展轉不已。由此益可見學識交易之要，而留學為當務之急也。

組織儉學會之初，本欲自設會所，共同宿食，以達節省之目的。繼經在法調查諸校，不但農工商實習學校，可以應儉學會所求，即中學校及高等小學與預備學校，亦有價廉而適用者。于是自行組織會所之舉，非為必要，既可節省雜物之支配，亦可使吾國學者接近法國同學，促語

言之進步，遂由李石曾及蒙城農校教務長法露二君，與巴黎近鄉諸校接洽，收納儉學會員，並為開設專班。首先試辦者，為蒙城中校，繼之者，芳丹白露墨蘭愛塘浦諸中校，及蒙城之工學校、萬樹之商學校也。其費用：每年自一千零三十八佛郎至一千一百九十八佛郎，列表如左：

學費	四十	一百八十
膳宿費	四百五十	四百七十
零費（衣服文具等）	三百二十	三百二十
休假費	二百二十八	二百二十八
總計	一千零三十八佛郎	一千二百九十八佛郎

儉學同人，相聚最多之地為蒙城。合男女中校農工學校及居家者，曾達七十餘人。相與組織共同之事業。會員年少者之國文補習，由華林曾緝馨顧兆麟諸君擔任教授，每星期三次。關于中西學術之研講，汪精衛李石曾蔡子民譚仲逵諸君擔任演述組織，每星期一次。更有音樂之傳習，歐思同君為之。演講時，附以影片圖釋；演講後，茶話以盡歡。此皆行之於蒙城中校，時千九百十四年。其始也，在春假之中，適值吳稚暉君由英來、褚民誼君由比來，相聚演說，中校校長及教員、農校教務長諸君亦與會，致歡迎之詞，頗極一時之盛；其終也，在歐戰之始。歐戰突起，同人星散，于是有『旅法學界西南維持會』之發生。

千九百十四年八月初間，戰事既起，全法騷然。旅法同學，亦搖搖不安。頗有提議歸國者，其故有三：（一）戰禍，（二）經濟，（三）停校。實則皆不過一時之恐惶，不足為棄學之理由。然欲釋其疑慮，必有以解決此三問題，于是發起『旅法學界西南維持會』。初辦之地為蒙城，由譚仲逵君組織之，遷入西南各境，覓未停之學校，以望帶省為初步。由蔡子民李石曾二君組織之。此會得駐法公使胡馨吾君之贊成，並補助經費。自此，留法同學多入西南各省諸校，如報告中所指定。茲節錄維持會之簡章與報告于後：

旅法學界西南維持會簡章

（一）現值戰事，郵便與經濟機關停滯，或存款不能提取，或滙款未能寄到。須設法籌借，維持生計，以待戰事之終。又因東北各地，

軍事恐惶，宜設法遷避安全之所。既免紛驚，且可從事學問。茲結合旅法同志，在西南各省，組織維持會，務達以上之目的。

（二）以蒙城為初辦地點，隨時局情形，酌為推廣，或遷往他處。

（三）在各處寄居同人，或自租房屋，或寄居旅館，或入學校，均隨時機酌定。惟每人生活費用，每月不過七十佛郎，一切食宿零用及學費均在內。若能特別節省，延長時日，亦隨時設法，研究實行。

（四）每人每日所需費用，如自無存款者，由本會向使館借領，俟戰後歸還。

（五）欲入校而無現款者，可由使館或本會函商校長，請其緩繳學宿各費，俟戰後歸還。（大學預備學校與農工商實業學校，每月七十佛郎，略可足用。）

（六）借款與欠費，皆係目前救急辦法，不能持久，宜早各自寄書中國，催匯學費。至如何可免兌匯停滯之困難，可由本會調查報告。

（七）欲入本會者，須自備毯被諸物。因倉猝間，人數較多，恐難如數覓得床具。至於飲食，亦恐難得相宜之所，則須由同人自任烹調。

（八）本會可擔任代覓房舍旅館學校，及代借款項諸事。至同舍組織，如飲食起居諸事，須由同舍者，自相酌定組織。

（九）欲入會者，須照約定辦法實行。至少以一月為期，并寫入會券。

（十）欲知本會詳細情形者，請詢本會事務所。

旅法學界西南維持會第四次報告

戰期中留學擇地之要點有四：（一）距戰地較遠，地方安靜，學校照常開課；（二）生活之費用廉；（三）距戰地雖遠，距華人向日所居之地不遠，以節路費；（四）火車較便，可運行李。今先擇定望帶兌賽物夏黃脫下省及惟亦內四省，為戰期中留學之地。其適用處，舉例如下：（一）惟亦內省城巴棣安，為大學名區，此區諸校，均將開學；（二）生活及學費，每月由五十至七十佛郎可足用；（三）由巴黎及其近鄉來此諸省，車費約二十餘佛郎，火車準帶行李。

現已於以上四省覓得高等小學三、中學校五、住校生每年食宿費五六百佛郎，高等小學校外生不收學費，而中學每年學費，僅收由三十佛郎至一百二十佛郎耳。

農工學校，開學尚無定期。惟以上諸校，多兼農工諸科。擬入農工學校者，亦可適用。

吾儕何故而欲歸國乎（旅法學界西南維持會之通告）

吾同學暑假期間，方為種種之預備，而列強忽然宣戰。歐洲文化，暫隱于槍林彈雨之中。吾同學中遂有于此時期，倡歸國之說者，不知何所見而云然也。夫多聞多見，次于上智；觀頤觀動，乃知天下。此次戰局為百年來所未有。不特影響所及，人權之消長，學說之抑揚，于世界文明史中，必留一莫大之紀念；而且社會之組織，民族之心理，期緣此戰禍而呈種種之變態者，皆足以新吾人蹈常習故之耳目，而資其研究。故使吾人稍稍蓄好奇之心，有濟勝之具，雖在閻里，猶將挾策裹糧，為泰西之遊。而乃不先不後，會逢其適者，轉謀引避，是何故耶？其有一二，修業已畢，歸計早定，不因時局而中變，則亦已耳。乃留學未久者，亦忽為戰禍所驅而東去，是何故耶？英京安全如故，瀕于危險者，比法一隅耳。法國西南諸省，優足為比法同學暫避之所，何所謂危險者。至於地中海之戒嚴，膠州灣之攻擊，與夫船少人擠，薰蒸致疾，及停船久待之慮。歸國者之危險，寧減于留歐者耶？將曰恐旅費之不給耶？國內之滙寄，使館之借墊，其道正多。藉曰無款，則歸國之資，何自而來耶？以留法同學之經驗，共同生活，月費七十佛郎而已足。至於歸國川資，其數則巨。若移為留居之費，少則數月，多則年餘。豈猶慮戰局之不終，而學費之不可以繼續耶？將謂戰端既開，恐學校不復開課，遊學之目的，終不能達，不得不廢然而返耶？近一二月，正在暑假期內，學校之停課也以此。苟暑假既畢，而戰禍未竣，在逼近戰線諸地，雖未能尅期開學，而安全之地，如西南各省，則專門普通諸校，必皆開課，法教育部言之矣。其他諸省，可以類推。若乃暑假將終，貿然返國，則即使力能再來，而入校之期，不免延誤。其絀于川資者，所不待言。所謂棄遊學之目的者，果誰任其咎耶？然則由各方面觀察之，歸國之說，言之既不成理，而持之亦非有故：殆發于一時之感情，而決非審思熟慮而出之者。去留之間，關于學問之進退者甚大。願諸同學審思而熟慮之，勿遽為一時之感情所動也。（旅歐教育運動）

十一、上海法文學社簡章

　　法國文學協會成立于千八百八十三年，以精研法文傳布教授為宗旨。成效昭著，別國人欲習法文者，受益尤多。茲由留法儉學會與文學協會商定在上海寶昌路法國公立學校，開設『法文學社』。欲赴法留學者，正可藉此預備，以免初到彼邦語言不通之困難。其有志研究西學而暫不赴法者，亦可以此為求學之階徑。

（一）學課　專重法國語言文字，以能語解與看書為目的。
（二）時間　除星期日，每日教授三時。冬日分午晚兩班，夏日分早晚兩班。早班由七時半至九時，午班由十二時至一時半，晚班由五時至七時。
（三）資格　不限男女少長。
（四）學期　一年或二年，分尋常高等兩科。畢業考試合格者，發給文學協會文憑。按學期一年或二年，以別尋常高等。
（五）學費　每月五圓。膳宿社中均不擔任。
（六）社所　文學協會。
（七）報名處　文學協會。（在上海法界麥賽而蒂羅路法國公立學校內）或儉學會。（法界嵩山路吉羊里）（旅歐教育運動）

十二、開辦法文班啟事

　　欲習法文為出洋之預備者，上海已有佳校。法國文學協會以精研法文為宗旨，在上海寶昌路闊建學舍，設有專校，已允為留法儉學會，特設一班。每日教授三小時有半。不限年歲。月修五元。校中無寄宿舍，膳宿自理。欲入此班者，請於陽曆九月十五日以前，至上海法租界巨籟達路吉羊里留英儉學會報名可也。

　　留英儉學會開辦以來，已有學生三批赴英。第四批不久出發。有志籌川資二百元赴英，每年費用六百元，在彼留學者亦請向會所接洽。會所並可留宿補習，預備放洋，取費亦儉。（吳稚暉先生全集）

十三、留英儉學會意趣書

　　民國元年，張靜江君來法。見儉學會行之有效，因思國人習英文者最多，若有留英儉學會之組織，留學英國者必增多。歸國後，遂與吳稚暉及儉學會同人，發起留英儉學會，組織會所，以為膳宿；設立專班，以為補習。由會介紹赴英者，二十餘人。在倫敦擔任儉學會之招待者為吳稚暉君，及其子女與李曉生謝儀仲兩君。民國二年，設留法儉學會招待所于留英儉學會中。又由李石曾君與法租界公立學校校長梅朋君，組織法文預備班。茲將留英儉學會意趣書，節錄于後：

　　去歲同人有留法儉學會之組織，入會而去法國者，已六七十人。顧吾國習英文者至多，欲往英國而力量不充者，甚憾儉學會之不能發起為留英。幾于時時有詢同人者：輒曰，學費一年只需六百圓，于法則能如此之廉矣，于英生活程度高，大約必不能耶？同人每熱誠應之曰，歐美各國之生活程度，大略相等也，無論至何國留學，皆可奢可儉，即英即德即美，苟寒士能辦六百圓一年者，皆可從容留學。無異于儉學會人之留法矣。留法所以首先設儉學會者，因吾同人之熱心勸學者，于法適較多。且信法有數種學科理論，較精于他國故也。倘有人欲別往他國，而又勉能擔負年金六百之數者，其實儘可毅然西行。彼中皆有我國之同學，能代為布置。聞者每欣然而去，經同人介紹至法國以外者，亦頗不乏人。然而大半則嫌非有組織如留法儉學會者，則無一定之機關，可以直接要求。且父兄作主，願得妥人委託者，尤望有固定之團體，以免親友輾轉介紹，或至不負招呼之責任。同人徇此意，因續設留英儉學會。其組織之方法，與留法儉學會同者有什九，不同者僅什一。今試略敘儉學會之概要如左，使人透徹其性質與任務焉：

（一）儉學會之主旨，乃為人指導既省節又適當之旅行及留學法。希望自費留學西洋者日多，以補公費生之不足。賅括言之，則曰，其人能辦二百圓至三百圓之出洋川資，又能籌每年六百圓或略少于六百圓之學費者，即可由儉學會介紹至英國留學。惟六百圓之年金，並不必一次籌出，可分數期滙寄。亦非給儉學會為之包辦，

乃儉學會力任代為薦引布置，能保固其不踰此數。所有一切學費食宿費等，皆請本人與學校及寓主等交涉。嗇約之人，定可于六百圓之數，更能微微節省。偶有年幼學生，父兄欲要求會中代為經管銀錢者亦可。

（二）儉學會並不能幫助入會人資費，亦不欲要求入會人報酬。所有儉學事務所補習科招待員之開銷等，皆另由同人中之有力者，捐款支持。而入會人到出發時之補習費食住費車馬費等皆宜出自本人，會中所擔任之義務，則如應答訪問、籌備補習、招待出發、聯結伴侶、指示衣裝、照料舟車、接引到達、保薦學校、介紹寓舍、收轉信件、扶助急難等等。凡可以免留學之困難者，會中務盡力焉。

（三）六百圓一年之數，學生無論男女，學校無論大小，一概可以強足。因境地有差別，程度有高下，適亦各有其此省彼費之處，互得其平。故無所謂大校費于小校，或男校之不同于女校。

（四）儉學會並無在西洋有自行設立聚居若干學生之組織，因國人相聚一處，最為初習語言之妨礙。故儉學會對于無論男女學生，其程度高而直接可以入學者，只為引薦相當之學校、代覓相宜之宿舍；其程度不足，正需預備者，則薦引可以居宿之預科男校，或預科女校。務使分居各校，以圖語言進步之速。

（五）無論男女少長、程度若何，儉學會均願介之西行。即有字母未識，自願稍受困難，出洋後，始入預科學校中學起者，力半功倍，似亦無所不可。特同人私意，若能在中國時即熟知拼音讀法，及粗通文規條例，尤較得當。故同人于上海留英儉學會事務所附設補習科專為初學者而設，以供出洋前一年半之預備。教法務求飛速。每月學費兩圓，膳宿費五圓。所以不設高等科者，一則會中經費不足；二則我國英文學校，到處可得也。倘向在本國將語文與普通學，習之既備，竟往直接入學，善乎否乎？則應之曰，自然大佳。但往西方預備，耗費略大，而時間可減。

（六）留英儉學會與留法儉學會，彼此相通。留英儉學會暫設于上海法界嵩山路吉羊里四十三號，留法儉學會設于北京安定門內方家胡同。欲往英國或法國兩處，均可入會報名。惟補習科上海只有英文，北京只有法文。入會之法：（甲）在出洋一半年前，即住居補習科，預備功課。出洋有期，直在儉學會事務所動身；（乙）

預先報名相約，俟有伴出洋時通知，于是集于上海或北京，一同西行。

詳盡未盡事宜，可隨時函知事務所，有問皆當縷答。

	吳稚暉	汪精衛	李石曾	
儉學會發起人	俞仲還	陳仲英	張靜江	張溥泉
	褚民誼	齊竺山	齊如山	

（旅歐教育運動）

十四、留東儉學會意趣書

民國二年七月

　　同人以留法、留英儉學會之組織甚善，而一般貧寒求學者，仍不免有向隅之歎，於是有留東儉學會之發起。吾華自改革以來，教育之精神頗形退步。一般學校，多注意法律等學。哲學、理工等校，組織甚鮮。同人心焉憂之，用特介紹至日本留學。且留東費用，較上海、北京等處稍省。近來中等人家子弟在上海、北京求學者，每年須二百餘元；往日本則每年有二百元，即可從容就學矣。志學諸子，其亦知所擇從乎？茲略敘儉學會之概要如左，使人透徹其性質與任務焉。

一、儉學會之主旨，乃為人指導既省節又適當之旅行，及留學法。希望自費留學東洋者日多，以補公費之不足。賅括言之，則曰，其人能辦二十元之出洋川資，又能籌措每年二百圓之旅費者，即可由儉學會介紹至日本留學。惟二百元之年金，並不必一次籌出，可分數期寄滙，亦非給儉學會為之包辦。乃儉學會力任代為薦引布置，能保固其不踰此數。所有一切學費、宿費等，皆請本人與學校及寓主等直接自相授受。嗇約之人，定可于二百元之數，更能微微節省。偶有年幼學生，父、兄欲要會中代為經管銀錢出入者亦可。

二、儉學會並不能幫助入會人資費，亦不欲要求入會人報酬。所有儉學會事務所、補習科、招待員之開銷等，皆另由同人籌款支持。而入會人到出發時之補習費、住居費、茶酒費、車馬費等，皆請本人自己出錢。會中所擔之任務，則如應答訪問、籌備補習、留待出發、聯結伴侶、指示衣裝、照料舟車、接引到達、保薦學校、介紹寓宿、收轉信件、扶助急難等，凡可以免留學之困難者，會中務盡力焉。

三、二百元一年之數，學生無論男女，學校無論大小，一概可以強足。因境地有差別，程度有高下，必亦各有其此省彼費之處，互得其平。故無所謂大校之或費于小校，或男校之不同于女校。

四、儉學會並無在東洋有自行設立聚居若干華生之組織，因國人相聚一處，最為語言之妨害。故儉學會對于無論男女學生，其程度高而直

057

接可以入學者，只為薦引相當之學校，代覓相宜之宿所。其程度不足，正需豫備者，則薦引可以居宿之豫科男校，或豫科女校。務使分居各校，以圖語言進步之速。

五、無論男女少長、程度若何，儉學會均願介之東行。即有字母未識，自願稍受困苦，出洋以後，始在豫科學校中學起者，力半功倍，似亦無所不可。特同人私意，若能在中國時即初知日語日文，尤較得當。故同人於上海留東儉學會事務所，附設補習科，專為初學者而設，以供出洋前一半年之預備。教法務求飛速。每月學費兩元，膳宿費五元。所以不設高等科者，一則會中經費不足；二則我國學日語者到處可得也。倘問在中國將語文與普通學，習之既備，竟往直接入學，善乎否乎？則應之曰：自然大佳。但往東方預備，耗費略大而時間則減。

　（甲）在出洋一半年前，即住居補習科，預備功課。出洋有期，直
　　　　接在儉學會事務所動身。

　（乙）預先報名相約，俟有伴出洋時通知，于是集於上海一同東行。

　　　報名處暫設上海法界大馬路四〇七號。發起人：吳稚暉、王永貞、程恩普、魄醒、卜松林、重遠、張鍾嶽，憤憤。（錄自民國二年七月十三日上海「民立報」）

貳、「勤工儉學會」

一、「勤工儉學會」之發起與會約

　　歐戰延長，兵士傷亡日眾。法國之廣用外工，固已倡議于戰前，卒將實行于今日。多數華人輸入法國，勢所必然。然華工既來之後，其將組織完善，工餘求學，以進人類于平等，而示國內以模範乎？其將污穢其所居，守烟賭之舊習，低減其工價，以起他工之厭妒，而致歐人之輕視與禁止乎？其所以能達前之佳果，而免後之流弊者，無他，為教育是賴，即吾人所當致力者也。

　　法國向無華工，自民國紀元前三年，豆腐公司成立，陸續而至者三十人。每晚及休工之時，皆從事于中法文，及普通科學之講習。煙酒賭博之風，為所絕無。民國二年，有地浹泊『人造絲』廠招工，來者四十八人。由齊竺山君組織招工之機關，名曰勸工公司。此四十餘人求學之習慣，亦與豆腐公司諸君無異。民國三年春，吳稚暉李石曾褚民誼蔡子民諸君，前往參觀，並演述以工兼學之意。惟勸工公司之制度，與合同之條件，未能妥善，後乃解散。勸工公司諸君遂分布于巴黎及各處諸工廠。在豆腐公司者，亦有與焉，時民國四年之冬初也。

　　民國四年夏，李石曾君居巴黎，常與以工兼學諸君討論普及之術，並舉『平民大學』以為證。李廣安、張秀波、齊雲卿諸君然其說，遂發起『勤工儉學會』，主張以工兼學。李石曾君為之作勤工儉學傳，以為傳達之機關。茲附錄會約如下：

勤工儉學會會約

宗旨　本會以『勤于工作，儉以求學，以進勞動者之智識』為宗旨。
會員　本會由同志結合而成。凡表同情于本會者，皆為會員。會員之性質有二：
　　　（甲）以工求學者，為實行會員。
　　　（乙）本身非以工求學，而贊成此意，欲有所盡力者，為贊助會員。

會務　本會無一定之職務，亦吾一定之會費。惟各人由力之所能，以助
　　　本會之發展：或各人實力求學，或助導他人求學，或以書說之著
　　　述演講為傳達，或以經濟為傳達之資助，皆由會員隨時組織而實
　　　行之。（旅歐教育運動）

二、「勤工儉學傳」序

蔡元培

孟子有言：『一人之身，而百工之所為備；如必自為而後用之，是率天下而路也。』蓋吾人一身之需要，未有不藉他人所作之工以供給之者。顧吾人何以能受此供給而無愧？曰，吾人所作之工，亦所以供給他人之需要。通功易事，惟人人各作其工，斯人人能各得其所需。神農之教曰：『一夫不耕，或受之飢；一女不織，或受之寒。』苟有一人焉，舍其工而弗事，則人類之中，必有受其弊者，是以作工為吾人之天職。

灑掃，至簡單之工也，而管子弟子職篇著其法；農圃，至普通之工也，而孔子自謂不如老農老圃。工無大小，無繁簡，鮮有不學而能者。故自古有師徒傳受之制，而今之實業學校，及職業補習學校，幾舉吾人可作之工，而一一為教授之設備，是學而後工也。且古諺有之曰：『巧者不過習者之門。』習于工者，往往能自出新意，符同學理。吳士德因煮水而悟蒸氣之力；福格林因售藥而窺化學之奧；比耳因織布而悟印花布之術，工之中自有學在也。然則吾人當作工時代，固已有預備之學力；而且即工即學，隨在皆是，似無待他求焉。雖然，學之範圍至廣大，決非一工之能賅。而吾人學嗜之性，亦決不能以學之直接隸屬於工者為限，吾之工必以物質為原料，則礦學生物學及化學之所關也；吾之作工必以力，則重學機器學之所關也；吾之工必有數量，則數理之所關也；吾之工必有形彩，則美學之所關也；吾之工所以應他人之所需要，則生理心理人類社會等學之所關也。蓋學之不屬於工，而與工有密切關係者，所在皆是。吾苟擇其性之所近者，而隨時研究之，其能裨益于吾工者，決非淺鮮；而且令吾人作工之時，亦增無窮之興趣，此決非吾人所可忽視也。且吾生有涯，而知也無涯；飢食渴飲足以度日矣，而真理之飢渴，或甚于飲食。好好色，惡惡臭，足以表情矣；而美感之衝動，有餘于色臭。例如發拉第業釘書，而特注意于書中之電學；都耐業理髮，而好以其暇練習繪事。電學之于釘書，繪學之于理髮，若不相涉也，而好學也若是。吾因古人有以桶匠而誤易者，有以餅師而吟詩者。

易之于桶，詩之于餅，若不相涉也，而好學也若是。然則吾人之于即工即學以外，又不能無特別之學問，不可誣也。

雖然，通功易事，最完全之制，如吾人理想所謂『各盡所能，各取所需』者，尚未能見諸實行也。現今社會之通功易事，乃以吾人之工作，取得普通之價值，而後以之購吾人之所需。兩者之間，往往不能得平均之度。于是以吾工之所得，易一切之需要，常惴惴然恐其不足焉，吾人于是濟之以勤。勤焉者，冀吾工之所得，倍蓰于普通，而始有餘力以求學也。顧勤之度終有際限，而學之需要，或相引而日增，則其道又窮。吾人于是又濟之以儉。儉焉者，得由兩方面而實行之：一則于吾人之日用，務撙節其不甚要者，使有以應用于學而無匱。弗拉克蒙欲赴羅馬而習造像，與其妻日節衣食之費，五年而旅費乃足；律賓斯敦執業棉廠，而研究拉丁文及植物學醫學，所得工資，從不妄費，而悉以購書，是其例也。一則于學問之途，用其費省而事舉者。書籍，學者所需也。吾力能購則購之，否則如伯律敦之借用于書肆、吳爾之借鈔于友人，可也。儀器，學者所需也。吾力能購則購之，否則如伯拉克之以一水鍋兩寒暑表治熱學；弗具孫之以氈一方珠一串治星學，可也。勤于工作，而儉以求學，如是而猶不足以達吾好學之鵠的，甯有是理耶？

昔者李石曾之創設豆腐公司於巴黎也，設為以工兼學之制。試之有效，乃提倡儉學會。儉學會者，專持以儉求學之主義者也。而其中有并匱于儉學之資者，乃兼工以濟學。其與豆腐公司諸君，雖有偏重于學，及偏重于工之殊，而其為工學兼營則一也。繼豆腐公司諸君而起者，有地浹泊『人造絲』廠諸君。人數漸增，範圍漸廣。于是李廣安張秀波齊雲卿諸君，按實定名，而有勤工儉學會之組織。由此勤于工作，而儉以求學之主義，益確實而昭彰矣。

李石曾君又有見于勤工儉學之舉由來已久，而其間著名之學者，各具有複雜之歷史、不朽之精神。類皆足以資吾人之則效，而鼓吾人之興會。爰採取而演述之，以為勤工儉學傳。月印一冊，華法對照，俾讀者于修養德性之餘，兼得研尋文字之益。其所演述，又不僅據事直書，而且于心跡醰疪之間，觀察異同之點，悉以至新至正之宗旨，疏通而證明之。使勤工儉學之本義，昭然揭日月而行，而不致有歧途之誤，意至善也。余既讀其所述樊克林敷萊爾盧梭諸傳，甚贊同之。因以所見，述勤工儉學會之緣起及其主義，以為之序。時民國四年十月三十日也。（旅歐教育運動）

三、「勤工儉學傳」引言

李煜瀛

　　人類進化，由愚昧而趨于文明，由痛苦而趨于幸樂。其中因果之繁複，歧正之交雜，固不可勝道。然有可得而約言者，則學是也。既知學之裨於人類者至廣，則欲求吾人之發展，以速其進化之潮流，亦必舍學而莫由矣。夫學之一事，乃人生之必要，無異于飢者之需食。不幸而學與食二者，皆不能無代價以得之。然人多不惜勞力以求食，而鮮勞力以求學者，何哉？是不以學為要耶？抑謂勞力者不足言學乎？持前之說者，吾敢高聲告之曰，大而及于羣體，小而限于箇人，學皆至要。果人皆力學，則社會無智愚之異等，人生無苦樂之不均矣。持後之說者，吾亦敢高聲告之曰，勞力者之腦力，固不遜於他人。昔以勞力成學問家濟世家者，不可勝數，此其明證也。茲取前人勤工儉學之事蹟，輯為一編，名曰『勤工儉學傳』。所以明人之本質，固無勞心與勞力之可別。既不幸而錯鑄之階級已成，然終得去之而進于大同者必學也。由是則學之功用愈著，而讀者亦可以興矣。民國四年六月一日。（旅歐教育運動）

四、「勤工儉學傳」書後

吳敬恆

自禽獸進化而為人，人之所以尤進於禽獸者，何在乎？即以其前之兩足，發展為兩手。所作之工愈多，其生事愈備：凡可以善生類之羣，補自然之缺者，愈周也。

故吾人放目四矚，繞于吾身之外者，雲日也，山水也，草木也，皆天然物也。除此之外，街衢堂室，床榻盤盂，一切為遊觀之物，為居宿之物，為飲食之物。桀黠之人舉以炫富貴、傲壯麗，殉之而喪其道義者，無非人為品而已。此等人為之品，無非成之以兩手而已。雖有今日機器之奧妙，疑若能自動作。然無人手焉，撥動其機括于始，機器亦塊然廢置而已。

然則有手焉，始有人為之品。有人為之品，即所以善生類之羣，補自然之缺，是名進化。

若多此人為之品，只供一部分之人。從而喪其道義，藉以炫富貴、傲壯麗，表異于其同類。是因多此人為之品，生類中反增不道德。人類發展其前之兩足而為兩手，在宇宙為退化矣。有是理耶？

於此而得兩義：一義，凡具兩手而為人，能以其手作工，助增人為之品，使生類之羣益善自然之缺可補者，此可名之曰進化之動物。

又一義，廢置其手而不用，反盜他人之所作，以炫其富貴、傲其壯麗，是其有意貽累生類之羣，無力能補自然之缺，為顯然者，此可名之曰退化之動物。

吾固以為知此兩義者，今日之人類，多于古人。惟歧其論旨，匿其真理，用以惑亂于世者，後人亦愈多于古人。此必非後世善亦進惡亦進，宇宙之退化與進化，終相抵觸也。

此因古代人智幼稚，則研理者寡。有聰明睿智較優于人者，質直而以易知之真理表示于眾，眾亦鮮能以疑似之曲義辨焉。

後世則人智愈進，研理者愈多。研理而不能不誤，此研究繁賾之理者所不能不顯之狀態。所以理則愈研趨繁賾，雖能得真理之人，固愈確而亦愈多。然因繁賾而惝悅，遂致自誤，此愿者歧其論旨，其人亦

未少矣。久或竟藉繁賾為欺炫，用以誤人，此黠者匿其真理，其人誠亦多矣。

此正若開辯論之會，方來客未多。坐中寥寥數十人，皆謹愿者。偶有一、二長老抒其單簡之真哩，眾亦稱善。迨忽焉而方聞多學之士增以百數。雖談真理者，詞義非單簡，人數非寡少，然逞詭辯以相抗者，數亦相當，眾之稱善于兩者，反淆雜而是非以亂。

必待會之終結，談真理之輩，舌皆疲矣；逞詭辯之黨，詞亦窮矣。眾人之頭腦，亦以清晰。真理遂奏最後之勝利也。

最古之世，即若寥寥數十客之時。

迨後有所聖賢若堯舜周孔之類者漸多，則似方聞多學之士，徐徐而集之時。

今則正真理與詭辯激鬥方烈之時，吾不敢為曲說，恐猶未入最烈之時代。若其終結，自猶去之遠矣。

最古之世，能為網罟者聖人；為琴瑟者又聖人；為杵臼耒耜者又聖人；為宮室衣服舟車棺槨者自更聖人。聖人皆工人也。此中國黃帝以前之狀態，人亦無異說。

忽堯舜出而立倫理，是隱隱以為工頭與工人之父兄，可以坐食。經周孔而逮孟荀，所謂治人治于人之偽義，愈以確立。

雖至今日，帝王已纍目為民賊；官吏已自謙為公僕。治人之惡黨，其勢稍衰。然因有分工之真哩，遂更增勞心勞力之詭辯。間接為帝王官吏，保其未殲之餘勢；直接為富翁資本家，揚其代興之惡潮。

其為說也，膠黏而不清，以遂其弊混：治人與治于人，一說也；勞心與勞力，一說也；學與工，又一說也。彼此本絕不相蒙者，詭辯之徒，則牽合而為義。一若學只勞心，勞心者則治人者；工只勞力，勞力者則治于人者。

殊不知無論學與工，皆不能不心力並用：學則有研理，亦有實習；工則欲善事，亦必運思。勞心勞力，何可以為工學之分。工學彼此為聯屬：習科學者繪圖，職工事者運斤，學只為工之預備，工只為學之實施。學者當工，工者亦宜學。何與于治人與治于人之分？

將如詭辯者之旨，則必另有治人之學。通之只憑謬想，名曰勞心。玩愿者于鼓掌，遂自居于治人之列。此則吾敢斷言之曰，治人之學非學，乃賊民之技術；欲使一部分人蠹食于人類之中，自忘其為有手動物而已。

否則人與人相交際之學，能使各人自學之而自治之。何事而生治人一階級，非所謂代斲而傷其手，勞而無功，久而為害者乎？

此其義，古人早有明之者，堯舜以前，聖人皆工人，舉世無異說。迨堯舜立倫理，有協和天下之志。實乃生為梗人類之漸，故當時即有壤父譏之曰：

日出而作，日入而息。耕田而食，鑿井而飲。帝力何有于我哉？

寥寥數語，四千年以來，大道不明，只以為高隱之談。其實深符今日社會新學理之『各盡所能，各取所需』。其意簡單了當，若曰，人人能舉其工，不違乎作息，則生事皆備，生類之羣可善，自然之缺可補，不必更有治人一階級，而天下始和。（當時以此為諷者，不止壤父一人，而許由、巢父之徒皆是。足見堯舜之所為，悟其非者，其始實多。其後積非勝是，莫名壤父等之妙，遂漫以高士混稱之耳。）

壤父所以只舉耕田鑿井兩事者，乃簡單以舉例，不及備稱耳，非如後世偏重農事。（農自亦一工。）隱逸之士，只以躬耕為高尚，對于織屨賣漿，稍若卑陋。蓋即以堯舜自身為證，舜固耕歷山者，然又曾漁雷澤陶河濱。彼固立治人之偽義，而自身實仍為工人。猶未離于黃帝以前，聖人皆工人之舊也。

今欲不違乎吾人兩手發展之原理，即更宣暢人人作工之旨，使生類之羣、自然之缺，有所備而可善可補，如是而已。

惟時代愈進，人類所需乎善羣補缺之品物，決非如網罟耒耜耕鑿漁陶之簡單。故工矣，又必更求日精其工之學，一也。

不幸而過去之時代，人類生有治人一階級，民賊剷除非易。彼等之口實，皆託言吾民之食于工者，程度幼稚，無可自治，則吾人自由為奪。故工矣，不能不兼求自治之學，又一也。

合此旨者，勤工儉學會其一也。故于其發刊勤工儉學傳之末，輒贅此義，以之商確于會中諸君子。民國四年七月，吳敬恆跋（旅歐教育運動）

五、「留法勤工儉學會」一覽

　　欲知留法勤工儉學會之內容與功用，須先考勤工儉學會之主義、之性質、之成績，繼求解決其經濟與學業之問題，茲皆分述於左：

（一）勤工儉學會之主義與緣起：詳見『旅歐教育運動』，惟以限於篇幅，不及備載。其中有蔡子民先生勤工儉學傳序文，闡明詳盡（已見前文，此處不贅）。

（二）勤工儉學會之性質與結合。可於會之說明中見之，節錄於後。

宗旨　本會以『勤于工作，儉以求學，以進勞動者之智識』為宗旨。

會員　本會由同志結合而成。凡表同情于本會者，皆為會員。會員之性質有二：

　　（甲）以工求學者為實行會員。

　　（乙）本身非以工求學，而贊成此意，欲有所盡力者為贊助會員。

會務　本會無一定之職務，亦無一定之會費。惟各人由力之所能，以助本會之發展：或各人實力求學，或助導他人求學，或以書說之著述演講為傳達，或以經濟為傳達之資助，皆由會員隨時組織而實行之。

（三）勤工儉學會之成績與進行：

甲、傳達：會中於民國四年謄印勤工儉學傳，其時留法工界甚狹，每月僅數十分。民國六年，華工至法者日眾，以數千計，遂由會中與華法教育會，中華印字局，協力刊行『華工雜誌』，每月兩期，每次千冊，分布於工界，此二者皆以鼓吹工人求學為主旨。

乙、學校：民國五年，由會中與華法教育會，商組華工學校於巴黎，入校者工界同志二十四人，皆以勤工之積儲，為求學之資斧。更有少數儉學會同志，抱以工求學志願者，亦入此校。近由蠡縣段子均、段秉魯、段萬慶、段憲武、馬如林、

高陽、李石曾、李廣安、張秀波、齊連登諸君，創設保定各
鄉村勤工儉學會預備學校，其他在籌議中者尚多。

（四）勤工儉學會之經濟問題：略可分為二項：一曰赴法方法之比較；
二曰經濟之計畫。

一、赴法方法之比較：法國招致華工，以數萬計，赴法一節已成
普通之事實，勤工儉學會所希望者，則應招之人，有求學之
思想、有自修之知識，以得將來良好之結果。然於此外，會
中更有一赴法特別之計畫，亦可行之於少數之人，即自備川
資赴法，自覓相當工作，而不預定有年限之合同是也。茲將
自費赴法，與應招赴法兩者利益之比較列左：

（甲）應招赴法者，可省往返川資，並得理裝費與安家費，
共值四百元，此其利也。惟到法後之工作與工價不能
自擇其優者，每日得工價約兩元，能否多於兩元，則
不可必。

（乙）自費赴法者，往返須自出四百元，惟到法後，可自擇
工作與工價之較優者，每日約可得工價三元，或仍可
至四元。

二者比較，自費赴法者，每日若多得一元，四五年即多
得一千五百元左右，除去應用之川資，尚多一千元，此其利
益之比較。至工作可以自擇，較為自由，亦一益也。

二、經濟之計畫，既有以上之比較，可知自費赴法之益較多，惟
能自備旅費者，其數極少，茲由會中指示以籌款之法如下，
以期稍增其人數：

（甲）借款：旅費需用二百元，已如以上所云，若不能自籌
此二百元者，可向朋友或機關借貸之。借貸時，即與
在國內之法國銀行方支店接洽，將來到法後每月在法
國本行交款若干，定於六個月或十個月內，將二百元
還清，法行收款後，滙交在中國之支店，轉付債主。
其詳細辦法，另有他件言之。

（乙）保險：以將來所得之工資，還所借之旅費，此法定可
實行，惟萬一有因病與身故者，不能還款，亦不可不
設法補救，即保險是也。於未出國之先，即於保險公
司中，實行保險，每人須付之款，不過十元左右，倘

借款者身故，保險公司，當以賠款交其債主，若有盈餘交死者之家族。如是借款之信用萬無一失也。

（丙）借款之支配：借款二百元之支配，大略如下：由天津至巴黎之火車與途中一切費用約百三四十元，保險費約十元，下餘五六十元，為買衣物及內地旅費等用。

（丁）還款之預算：到法後，每人每日工價至少可得二元或三元，每月除休息兩日共作工二十八日，每月所得約六十元或八十元之譜，除去一切費用，可餘二十元或四十元。若餘二十元，所欠之債十月還清；若餘四十元，則五月即可還清。若每日得工價四元，則三個月即可還清。平均計算，大約六個月內可還清矣。

（戊）還款後之經濟：到法數月後，工作熟習，工價可增，既經還款，所餘皆為儲金。每月若儲四五十元，非為難事，作工四五年，可得二千餘元，即或有因病或他原因未能得此數，以減半計之，其數亦尚不少。彼時或以之為入學校之資，可專心於學問者二年；或欲歸國，以之為資本從事農工，亦非小補；或願結合同志，合資營業，為公司與協社之組織，若得百人，即為一二十萬元之資本，若得千人，即為一二百萬元之資本，此非僅一人之利，亦社會實業之大舉也。

（五）勤工儉學會之學業問題：欲得勤工儉學完好之結果，在國內時即須有學業預備之機關，一則研究法文及其地之風俗，為求學之基礎，與交際之便利也；一則練習工藝，以增其技能，並為到法後得優等工作之張本也。

欲實行以上二意，必有學校為之機關，就其程度年限，可分二級如左：

（一）留法勤工儉學會初級預備學校，學期一年，學課為淺近之中法文、普通知識與粗淺之工藝所作之工藝，既為練習，亦為補助學費。（參觀後列簡章）

（二）留法勤工儉學會高級預備學校，學期二或三年，學課與中學校程度略同，更加以法文與工藝教育，略似法國工藝實習學校之性質。此種學校，組織較繁，可附屬於他中學或實業學校中。（高級校章由各校隨時另訂，其性質亦與初

級學校略同，惟程度較深耳）至到法後求學問題，亦可分為二端：

甲、夜課：日間作工，夜晚受課或為淺近之補習，或為高等之演講，或專門之講授，巴黎此等組織既多且備。更有星期講習會與科學試驗所，皆為工界而設，可為勤工儉學會員所適用。惟初到法時，恐語言尚未嫻熟，不能利用以上所舉之組織，自須特設法文夜班，此法華教育會與勤工儉學會所當致力，亦已實行，而有效者也。

乙、專校：從事數年工作之後，補習法文或科學，知識已有基礎，而經濟亦已儲積，彼時如欲以全力求學，可入專門學校。法國適宜於儉學之學校甚多，詳見留法儉學會說明，與法蘭西教育諸編，茲不復舉。

（六）勤工儉學會之希望與結論：實業與教育之要，人皆知之，不待贅論。然其門類甚夥，當趨重於何項，吾人有一簡單之結論，曰『多數人之實業，與多數人之教育，乃其尤要者，勤工儉學會之組織，正可助此事之實行，此所以對於此會有無窮之希望也。』今勤工儉學會，僅行於一國，預備學校，僅發端於一鄉，非欲有所界畫，惟事實之遇合耳。法人歡迎外工，法國生活簡易，故較他國為便。至預備學校，發端於保定鄉間，因其曾有多人赴法，成績已著，故教者易得其人，學者亦極踴躍故也。近聞美國有華工開禁之說，留美鄉人，亦有工讀會之組織。許肇南君於江蘇有廣設工藝傳習所，以備招致華工之建議；四川同志，亦有設勤工儉學會預備學校之計畫。此所聞見者，雖不過數端，然擴而充之，則勤工儉學之事，外而普及於世界，內而徧及於全國，亦意中事。是時也，多數人之實業與教育，必均有可觀，此非僅中國一邦之利，抑亦世界之人，以工興學協進人類文明之先聲乎！

附保定各鄉村勤工儉學會初級預備學校試辦簡章

一　宗旨　專為赴法以工求學之預備。

二　學課　以法文為主科，附以中文及普通知識各班，除半日受課外，並以半日製造工藝品以資實習。

三　地址　第一預備學校，保定蠡縣布里村。

四　職員　設法文中文教員各一人。

五　學生與年齡　至少十八歲至多二十二歲。

六　資格　身體強壯，素有職業，尚未成婚，向無煙酒賭博放蕩之嗜好，粗通國文，得有切實保證者均可報名入校。

七　考取之學額　考試之內容略分兩種：（一）淺近漢文一篇，（二）知識與志趣知問答。隨考試所得分數之多寡，定先後之次序，前若干名即時入校，後列者，俟本校另有位置時，或第二年陸續補傳。

八　學期　至少一年。

九　學費　每月百文，書紙筆墨等費在外，由學生自付。若有遠來之學生，須備食宿，其費自付，並由本校設法使其所作工藝品銷流，以得價為用費之補助。

十　畢業後赴法旅費　每人共二百元（詳見經濟支配），此款由學生自備。如其無力自備，此款或僅能備一部分者，本校亦可借給，俟其到法後，以工讀償還。

　　詳細條件，另定契約。惟願得借款者須合以下之二條件：（一）確係自己無力出款，亦無法可向親朋借貸者。（二）經本校考驗合格者，每年本校能借給旅費若干分，隨時酌定。

十一　義務　學生赴法出發時，指導一切，到法後之照料，與代覓工作，及助其繼續求學等事，均為本校與勤工儉學會應負之義務。到法後本校學生有列名於勤工儉學會及納會費之義務。

十二　增改　如本章有未詳備盡善處可隨時增訂改良。（教育公報，第四年第十三期）

六、勤工儉學與留法

舒新城

　　民國三年，蔡元培、汪精衛、李石曾等以工人中之有求學者，因轉移其方法以學生作工工餘之暇，工資所得即以求學。至民國四年六月，組織勤工儉學會，以勤於作工、儉以求學為目的。後以歐戰中止進行。民國五年歐戰正劇，法之壯丁須赴前敵應戰，國內無人工作，而中國爾時為中立國，法政府特向中國招致華工，李石曾與之訂立條件代為招募。[1]歐戰終了，法國人口銳減，國內工廠欲恢復原狀，工人不敷分配，華工勤勞，又為法人信賴，故稍有工作能力者均可在法謀生。李等更倡工作一年讀書兩年之說，一面在國內設立預備學校，一面與法人共同組織華法教育會謀學生出國與謀工之便利；加以華林於民國六年回國，極力鼓吹各縣籌縣費遣派學生，[2]故留法勤工儉學幾為舉國公認之惟一要圖，自總統至學者莫不竭力提倡，即法人亦特別歡迎。[3]民國

---

[1]　去年（民國五年）春間，法政府有招致華工之計畫，先由陸軍部派人赴北京辦理，與交通部商議，在北京設一招工局，先招五千人。其所訂合同，大略工價則小工每日一佛郎，瓦工一佛郎半，鐵工二佛郎半，川費及食宿在外，訂約五年。如未滿五年而停工，則罰繳川費六百佛郎。而北京招工局每招一人約領酬金一百佛郎。其時在巴黎之招工局又與留法儉學會書記李石曾商議，擬由儉學會招致。李提出要求條件：（1）工價與法人平等；（2）所招之工須選其有知識而無惡習者；（3）招工之人不經手川費與工價（4）須設工人教育。其後即照此大綱訂立合同，由李廣安親詣雲南廣西等省招致。所招工人皆托各省勸學所職員及小學校教員，於各鄉村募集之。八九兩月華工到法約五千人，在馬賽登岸分赴各處。（「法國招致華工」，東方雜誌，十四卷二號）

[2]　華林曾發長文一篇，並擬縣費生約章六條，載東方雜誌十四卷九號。

[3]　沈宜甲報告留法勤工儉學情形，文中說：『本會自民國四年蔡元培、汪精衛、李石曾及其他之留法諸君，以工人中之有求學者，因轉移其方法，以學生作工，工餘之暇，工資所得即以求學。後以歐戰中止進行。此次戰事了後，李石曾即一面在京津保定、長辛店等處，設立留法勤工儉學會預備學校十餘所，一方又提前送人來法。自此事發起後，各界影響極大，每日報名入學者應接不暇，以湖南為最多，幾占全數之半。而各省當道及各地名人皆極力提倡：如湖南則有熊秉三、楊懷中及該省教育所幫理一切，且聞已設華法教育分會，而學生之來法者，又多給以津貼，鼓舞其志氣，此其所以人數為各省之冠也。直隸方面則本會根據地，其

八年底去法者已百五十餘人，在途者六十餘人。到法入工廠者占三分之二。民國九年上年勤工生在法者已千餘人。斯年八月三日並成立留法勤工儉學學生會，分工作、書報、講演、消息、會務五部辦事。當時法國需工人甚多，學生之有工作能力者，大概有事可作，工資亦可於維持生活外稍能儲蓄以備讀書之用。此事沈宜甲報告學生入廠情形中證之。他說：

「法國當大戰之後，死傷三百萬，其人荒之象，自不必言。故西班牙人在法者有三百萬，而其中三之一，即為工作者。我中國來幾千萬數學生，不過如牛之一毛，何憂其無位置。然所愁者，即在學生既無體力，又無技藝，故雖此間位置極多，工廠向會中要人，而反無人能去，此固自取之道，非人之不肯用也。……此間同學，來者共有四百人之譜，前後不下十餘次，以湖南為最多，四川直隸等次之。……到法後，有入學者；有入學數日，補習法文，而又轉入工廠者；有直接入廠者，其所入之廠，分布全法，為數數十，不能詳知。然大部分為造船、機械、膠皮、礦冶、傢具、汽車、發動機、電動機等工廠。其工資不一律，然總不出十五佛郎範圍。其故有數：法廠通例，凡有技藝者，無論何國人，其工資絕無在十五佛郎以下，如果我國工匠之在飛機廠作工者，有一日二三四十佛郎之工資。……凡入廠者，十之九皆蒙特別優待……有專為預備住所及廚房者，有借地種植者，有專門派人歡迎者。

發達情形自不待言。前次開中法協進會時，上自總統及各部總次長、段督辦、李長泰等皆捐鉅款，且曹督軍對於保定之預備學校除捐款兩萬元外，再捐機器三座，……此外最與本會關係密切者為僑工局局長張岱彬先生，凡本會一切進行，無不受其補助；且此次竟貸旅費與預備學校卒業生來法，更屬異數。山東方面，則該省有國會議員王訥等組織華法教育分會外，該省省議會、教育廳更發給學生每名四百元之旅費，並以後常年津貼數百元；且各該生縣中又發給常年津貼數百元。山西方面，則有勵精圖治之閻錫山省長，自聞留法勤工儉學會之發起，即立派學生九十一人至北京預備，其費用則由省縣分擔；此外更優先派遣學生來法，近已到二三十人。……四川方面則除該省前辦有預備學校外，此次熊督軍以數萬元送第一次留法學生六十餘人來法，以後並常年如期由預備學校畢業後即以公費送來。至於來法找工廠之事，則並不必經華法教育會，其成都法領事則電致法工部，工部即分配各廠學習，如此次來法之六十餘人，不一星期已全數入廠矣。……當生等第一次來法時，今法總理克理滿梭所辦之人道報且大登其歡迎詞，謂此班學生為交換中法文明者云。同學之入學校及工廠者，其待遇皆優於本國人；且有蒙達耳一校，更將中國國旗大懸特懸以為榮耀；各校並為中國人特開班次，特設住所。……」（安徽教育月刊，第二十四期）

有一農場一次容百人，且非中國人不可。更有一廠與李石曾交涉，謂中生如能以六月在法依其指導預備法文及工藝，則該廠可指導介紹學習一切工藝，且其自身即可用千人。……以後各廠來信索人者，有一日二十封信之多。而會中一以人數太少難以應付；二以多無技能，又難稱職，故皆辭卻。遲之又久，只好尋若干半工半學之工廠，又無技師之工作，分配諸生。故今日找工作乃極易事，惜無能工作之人耳。但入廠後……除一二處因特別關係外，其餘通信與會中無一不稱中生工作之滿意。……有一廠竟要求加五十人之多，且有因故換廠而原廠堅留不准去，此又中國人善於用手之天性有以成之也。故今日無論何廠其初莫不以三人為試驗，試驗後無一廠不加人，從未有因試驗不佳而被除者。故雖以今日無技藝者之多，會中尚可免為設法也。廠中工作每日俱八小時，無有過此數者。且大多同學於工餘之暇另請教員教授法文，計每日除工作之外，尚可讀三四小時之書；亦有廠中代請教員教授法文、機械、圖畫等學科而不另取學費者。至工資一項，若專門工作，從無有不足自給者，不過欲以餘錢求學，則為無技藝者之難事也。」[4]

中國留學生當時在法之謀工廠既如此容易，加以留學生之頭銜素為國人重視，於是去者日多而流品亦日雜。（近代中國留學史）

---

[4] 安徽教育月刊，第二十四期。

七、留法勤工儉學

莊后

居今日而可以不學乎？不學則對於己不知天高地厚，無以生，無以存；對於人，則成一廢物，成一蠹蟲。故人以學與不學定其格，國亦以學者之數、學者之程度定其格。

不幸而中國與世界隔絕，不能追歐西之科學、之工業。不幸而中國乏多數之人才、多數之金錢，不能設多數學校與工廠。不幸而中國現有之學校，不能造就多數有用於中國社會之才。不幸而中國現有之工廠，不能得合法之組織，不能使服務其間者，成一好工人；不能於工廠之外，附設各種補習學校、專修學校，使服務於工廠者，同時得知識之增進，於是有志者，各思至歐西各國留學。

以中國地方之大，人民之眾，事業之幼稚，人才之缺乏而言，留學者愈多愈好，然中央政府、各省政府之窮，執政諸公對於教育之觀念，能否多遣留學，固屬疑問，其所遣之人，能否學有成就，即有成就，能否用其所學，更不可必。最好由注意某某學某某業之機關、之工廠，遣人留學，然無論其為政府，為機關，為工廠，既名曰遣，其學者處於被遣之地，未必悉能學其所欲學，亦不能欲去則去，事出依賴，毫無主權，其志或不堅，其學亦未必勤，故尤佳者，能自己留學。

中國之風俗、之文言、之生活方法、生活程度，所具理想，所有學識，無一與歐西同者。去國遠來，豈是易事。其尤難者，有志留學之士，半出自中人之家，安得多金，度數載於生活程度較高之國，故非儉學不可。

何謂儉學？人人皆知其意矣。即少用錢以求學也。貧富不等，舉世皆然，即一學生，可以服錦繡、居宮室、食肥鮮，亦可布衣、陋巷、粗食。他國人有行之者多矣，余於大戰前，親見波蘭學生，月費八十佛郎（戰前合二十四元），攜其一妻二子，而同時求學者，尚非最苦之學生也。吾國人亦有行之者矣，吳稚暉先生，全家四五口，領一官費，而旅歐多年（每月四百佛郎，戰前合洋一百六十元）。恐若是者，不只吳先生一人也，故儉學決可行。

　　大戰以後，歐洲生活程度高出五、六倍，然於中國人之用中國幣者，則毫未加增也。試略舉之：

	（佛郎）	合銀元（每元值十四佛郎）
膳宿合計每月	340.00	24.00
早餐（麵包牛奶）每次	0.75	0.06
中餐（湯肉菜麵包）	3.50	0.25
晚餐（同上）	3.50	0.25
宿	4.00	0.29
剃頭	1.00	0.07
洗浴	2.00	0.15
便衣全套（衣褲背心）	400.00	29.00
外套	500.00	35.00
便帽	35.00	2.50
皮鞋	75.00	6.00
馬車或汽車每時約	12.00	0.85
電車每次約	0.30	0.02

　　以上所舉，指巴黎而言，其居鄉或在法國他省者，尚低於是，他國亦大都類此。德國則每馬克值0.14佛郎，物價亦有大有小，一言概之，中國人在歐洲用中國幣者，不覺生活程度之高，鎊價低也。由滬至歐之船價，大戰以後，因鎊價低落，亦有減無增，由上海啟行。（神戶橫濱同）

船公司	到處	二等價 （三等約半之）	合華幣
英Peninsular and Oriental Steam Navigation	馬賽倫敦	五十八鎊	百六十五元
法 Messageries Maritimes	馬賽	七十二鎊	二百十元
日本 Nippon Yusen Kaisha	馬賽倫敦	四百六十日金	
太古 Blue Funnel Line	倫敦	五十鎊	一百四十一元

聞自一九二〇年起，已有數公司漲價者（較戰前仍廉）。上海有通濟隆公司（Thos.Cook&Co.）可代覓各公司艙位。除上列各公司外，恐尚有他公司。近來馬賽中國領事且已有中國商輪到埠告矣。故有志來歐者，不患無船，惟以早數月定艙位為妥。

行時應備之物，亦甚簡單，約示之為：

（巾尼）衣一套	約價	三十五元
外套一件（夏日可省）	又	三十六元
軛領一打	又	三元
袖口鈕領口鈕一二付	又	二元
領結三個（可自製）	又	二元
襯衫三件	又	九元
皮鞋一雙	又	十元
斜紋布衣褲三套	又	十五元
籐包一只（廣東貨）	又	三元
皮包一只	又	七元
籐椅一張（船上用）	又	二元
修面刀一柄（能用中國剃刀最佳）		
絨布衫褲襪手巾若干件		

餘件之為中國原料者宜多備，其為外國者宜少備，價既與歐相等，且式樣甚劣也。

總計所費，至少之數，川資需二百元（船價漲後須照加），整裝二百元，到後每月五十元（或可再省，惟必須多備少用）。中人之家，可勉強為之。小康之家，為之無難。其若有遣子弟至國內生活程度高貴之處就學者，所費亦幾乎類此。

此殆所謂儉學也。須知儉學是少費錢，不是不費錢。國內不設留法、留英儉學會乎？須知儉學會是招待願儉學之學生之處，不是供給無錢求學諸人膳宿之處。故各有志求學者，萬萬不可誤解儉學二字，以為無錢可以求學；萬萬不可誤認儉學會為有錢之機關，以為可以靠他得食、得住。現在已有誤解誤認諸人，到歐受窘者，務須再三注意。

然則無錢之人，其絕對不能留學乎？則又不然。有勤工儉學之法

在，惟言勤工儉學，須記牢勤工在前，儉學在後。勤工為一事儉學為一事，願勤工儉學者，須當自己是一個工人看待，不可僅當自己是一個學生看待。須預備來做工，工後再言學，不可預備少做工，專求學，故勤工儉學，可得數解。

一、先勤工幾年，積工資為後來求學地步。

二、日間做工，晚間設法求學。

三、專做工，即在所做之工上面，留心研究。

若是則當衣工衣，食工食，居工居，入工人社會。不可自居為公子少爺，則於川資之外，再備二三百元，亦可就道。

惟有勤工之志者，又須有勤工之體格，勤工之習慣，勤工之年齡。須知為工也者，為一廠一店生利者也，若體弱之人，不能勞力，則此廠此店，要他何用。故體不強者不能做工，無習慣之人，進店進廠之後，撥一撥，動一動，廠主店主不徒不能利用他所做之工，且須加一工撥之動之，要他何用。故未做過工者，不能做工。年幼年老之人，或知識未開，或腦筋已衰，或筋力不足，或筋力已弱，廠中店中，不能得其益，即本人亦不能勝其勞，故類是者均不能勤工。

到外國做工，尚有必不可少者，文言是也。外國工人，多半能識字，能算帳，中國人若要做外國工，不徒應能識字算賬，且應能識外國字算外國賬，否則一步難行，萬分困苦。

大戰以後，歐洲工界大變，每日僅做工八時，故上午八時以前，下午四時以後，幾無舉火之廠，少開門之店，即願做八時之工者，亦日見其少。死傷於疆場者有人，倦惰於做工者有人，故無業不罷工，無國不物貴。華工來者，苟組織得法，無不歡迎。即就先至者言，可分為外國人所招之華工、自來之華工二種：

一、外國人所招之華工，管理無法，驅使不當，用之者怨，做工
　　者悔。

二、自來之工，做工勤，自治有方，有就學之處，有娛樂之法，有
　　青年社之協助，用之者喜，做工者安。

工之分類繁矣，大別之。可列為二類：

一、用力之工。

二、用心之工。

以上所言，半合於用力之工，打鐵也，鋸木也，運貨也，皆用力之工也。惟歐洲用力之工，其所用之力，實少於東方，因過重之工，有機

器相助也。用心之工，如繪圖也，化學分析也，打字也，抄寫也，皆用心之工也。用力之工，宜於向來做工者；用心之工，向為學生者優為之。用力之工，每日可得工資十佛郎至二十佛郎（合華幣七角至一元四角）其來也必通語言。用心之工，每月可得四百佛郎以上（約合華幣三十元）其來也必具普通知識，及通語言。工資一層，旅歐週刊曾詳言之，茲節錄如下：

勤工儉學生工作所得之工價

一、有實習性質者，每人每日（以下同）暫定十二佛郎半。如里昂、伯利爾之汽車廠皆是。

二、作有技能之工者，多者十五佛郎，少者十二三佛郎。多在Froges之電機廠者、如在La Masettier及Saint Etol汽車鐵工廠者是也。

三、作勞力之工者，多者十七佛郎，少者十佛郎。如北方Suipple者、如La Rochelle化學工廠者是。

四、作文字工作者，普通每日十佛郎。

五、為學徒者，此則稍有差異，有日得八佛郎者；五佛郎者，有僅三佛郎，二佛郎半者。此因為學徒時，既無益於工廠，而需人指點，需費材料，於工廠耗費甚多，自無工價之可言。

今總括可儉學或勤工儉學者為三類：

一、有錢者（不必做工）。

二、有力者

三、有知識者

三者不得其一，萬萬不可來。

留法勤工儉學會招待人數，自去年五月十日起，至本年一月二十六日止，共七百零二人。計：

到期	人數	到期	人數
五月十日	95	五月十八日	25
六月六日	3	九月二日	58
十月四日	27	十一月二十五日	45
十二月七日	204	一月十四日	150
一月二十六日	96	共計	702

其中

在廠或店做工者二百零六人，分布於三十三廠。

在校補習者，五百零五人，分布於十六校。

某君在羅歇而巴里斯廠（Rochelle-Pallice）作重工四個月，積款至二千佛郎。

某君因求補官費未遂，致得癡病。

長沙新來徐君特立，年四十三歲，十九歲時便教蒙館，前年在湖南高等師範作教員，去年在湖南省立第一師範作教員，現在來此勤工。（此節錄華工雜誌）

留法儉學會已購定會所，計三萬佛郎，合華幣二千二百元。計屋十餘間，空地畝餘，在39, Rue de la Pointe. La Garenne-Colombes（Seine），居巴黎西郊。來法者欲得招待，須行時電告（戰後歐亞通信甚遲，須五十餘日）船名及公司、人數、所到之埠，方可招待。嘗有到巴黎後覓儉學會不得，至枵腹露宿者。

去國三月，所聞所見，書不勝書。此勤工儉學問題，行前既受親友重托，到後復承同國人囑為注意。到巴黎後，於昨日至儉學會，詢一切，作是篇，時九年二月二十七日。（教育雜誌，十二卷六號）

八、留法勤工儉學詳況

　　自停戰後，以勤工儉學來法者，至今已有百五十餘人之多，而已在途中者，尚有六十餘人，此誠留學界可喜之事。聞國內青年，懷抱以工求學之志，而欲來法實行者，頗不乏人。則已來者在法之詳況，必為國內青年所欲知。茲特就所聞見，彙錄如下：

　　大凡處境艱難，懷志遠大者，其操守及習尚，必出於恆人，其將來結果如何，雖另係一問題，然此時已不失為學生界一純潔分子，此記者於記述之先，所以先表一滿腹之同情也。內中記者曾就之為親切之談話者頗多，其家庭及個人之歷史，及其思想精神上之抱負變遷，多有具非常可記之價值者。彼等並不認勤工儉學為手段，無論前途如何艱難，當有毅然直往不稍畏縮之概。聞現時已入工廠者，已占全數三分之二，其工作之成績，及與法人相處結果，皆非常之佳；其未入廠者，尚多在蒙達尼中學校補習法文，一月左右，亦將全體入廠。工廠多在巴黎附近，皆由李石曾君接洽，大概以製膠造船鐵廠等為最多。其次則人造絲及班璃化學工廠。其工資自六佛郎以至二十餘佛郎不等，大都視各人之技能體力語言為轉移，有時亦視廠主之為人。在各工廠之學生，大概分為工人與學徒兩種。內工人又分兩種：（一）為有相當之技藝者，此種最佳。在廠中與其他工人同等待遇，工資自十五佛郎以至二十餘佛郎不等，但來法者，此種較少，亦有曾於國內之工業專門以上學校畢業者，但未曾實習，亦不十分合用。（二）為小工，即以體力作工者，此本非勤工儉學所宜，但學生中有體力特大，又願早日讀書者，多從事於此。據調查，此種現時亦尚有數人，工資自十二三佛郎以至二十六七佛郎者，但過於虧弱身體，占盡時間，殊不相宜也。內有一人，在製膠廠中燒火，每日在十四小時以上，得工資二十六佛郎，此蓋係為人所不能為，故工資特多，但不足以為例。此種體力工作，大概係一時情形，並非勤工儉學會所預計者。其次則為學徒，所謂學徒，一般多不得工資，在法國多係學校畢業生往見習者，因可以於實地練習之中，學得其廠中機械之全部（作工則不然，多專守一藝，不能窺見全部或一部），故於

作工成績，不負與工人同等之責任，自然亦不能享與工人同等之工資，至多可敷食給費而已，但一兩月後，即可為有技藝之工人；有科學根底者，且尚可望升為工匠工頭等。現在勤工儉學生，在各廠充當學徒，極蒙各廠優待，成績甚佳，因此時既不致占卻廠中工人之地位，而將來又可為一最適宜之工人也。預計藝熟之後，每日儲蓄十佛郎，最易辦到，是一年作工，兩年讀書，在事實上並非辦不到也。記者前日在法華教育會晤李石曾先生，曾與為勤工儉學生之談話，李君所言，極為重要，國內有欲來法勤工儉學者，不可不知也，茲誌李君談話如下：

留法勤工儉學，在戰事以前，余及同志數人，即提倡之。嗣因歐戰，海道中阻，曾稍停頓，但余回京後，即竭力進行。在京內外，設預備班數處，一面練習法文，一面學習工作。停戰以後，此項同學，即陸續來法，實行勤工儉學之計畫。今到此者，至本月止，已有百四五十人，安插在學校工廠兩處。入學校者，係為等候適當工作，或補習法文，為入廠之預備；其入工廠者，多半係略通語言，具有技藝，或努力身體特別強大者，彼等入廠之後，成績均佳，亦有初時稍覺不適者，稍久亦即安之。惟未入工廠者，內中有一部分稍感困難，因彼等多未具有合宜資格，即於技能體力、資斧語言數者皆不備其一，此種若在華法教育會接洽之後，必不放其即來，內中多係未知勤工儉學真情，自由來法者。既已來此，勤工儉學會自然須為設法，但希望國內之續來者，不必如此著忙，免致個人與勤工儉學會皆感困難也。故來法勤工儉學者，無論如何，須於技能體力（體力強者，雖無技藝，亦可以作小工，但比較勞苦，來法作此項工作者，須自己有十分把握也）資斧（有數月經濟，能在法學習語言技能者亦可來法）語言四者之中，備具一門，方可來法。否則可先在國內留法預備班補習語言及技能，然後來法，最為妥當。最好能自備學費一、二年，來法入實業學校，肄業一種工藝，畢業之後，即以此半工半讀，最為合宜。德之勤工儉學，現在已由提倡時代入於實行時代，今以數月之經驗，已敢言完全不成問題，余深願國中志趣堅定之青年，來此一試，行此絕好之讀書方法也。

觀李君談話，特別注意於來法者之預備，則與條件符合以後，不成問題可知。據記者見聞所及，亦未發見勤工儉學有阻礙之事，將來之逐漸由理想變為事實，蓋意中事也。尤有可注意者，即已到法之勤工儉學生，遂成立一留法儉學學生會，精神及目的辦法，皆極為美備精密，其裨益於勤工儉學、扶助同人進行，猶在其次，其最難得者，即此種組

織，實具有一種創造互助之新精神，而為共同生活協力進行之新試驗。故將該會成立後進行及其組織之經過及內容詳誌如下：

六月以來，勤工儉學生分往墨蘭及蒙達尼爾尼兩校，共九十餘人，墨蘭約三十餘人，蒙達爾尼六十餘人。彼時在蒙校者，即曾發起一校友會，以為自治之助。蓋校長對於中國學生，管理極寬，一切皆極自由。暑假以後，住墨校者，合在蒙校一處，彼此多日共處，咸感一種積極組織之必要，於是遂共同發起一留法勤工儉學學生會，推舉數人起草章程，於七月二十四日開通過章程大會，二十九日，照章選舉職員，於八月三日，開成立大會於蒙校，是日到會會員有八十餘人，未幾，有金福曾、羅元叔、段子爕，及工人代表梅鈞法人法羅君及蒙校校長副校長等。汪精衛君託李石曾代表致意，黃南華少將自波爾多致電周太玄君賀大會成立。是日由周太玄君主席，開會秩序，先向國旗行禮，次唱國歌，次主席報告，次來賓演說，又次唱歌答謝來賓散會。復將主席報告摘錄如下，以見該會之精神及辦法。

今日為留法勤工儉學學生會成立大會開會期，吾人今日竟得產出一吾人心中所希望之共同組織，實無任欣幸。吾人在國內受舊空氣及社會習尚種種之壓迫消蝕，使吾人在人生基礎之青年時光中，不得受一良好適當之教育，但吾人又內不自安，必欲奮鬥進行，以覓一能償吾願之境遇。近年以來，吾人在國內不知經幾許之奔馳考慮，方得隨勤工儉學會諸君子之後，而來此以工求學之法蘭西。吾人既千回百折而有今日，則吾人之寶愛珍惜今日而思有以安排處理之，實為吾人惟一之最大職責。（中略）今會中一切籌備，已粗就序，計內容分為五部：一工作部，二書報部，三講演部，四消息部，五會務部。其辦理取分工合議制，無會長幹事理事之分，一切皆由職員會處理。會員資格，取精神不取形式，凡抱勤工儉學之志願，依章程所訂手續而要求入會者，皆可充當會員。此後於各會員分散之工廠或地址，設一通信員，每月由書報部出會務報告一次，使會員消息靈通。蓋一面籌備發行雜誌，隨時又邀諸名人為學術上之講演。其關於消費，則將參照法國之現行消費組合，而與法國工人聯合或聯絡辦理。其書籍報紙，皆漸次取共有制，以收少出代價多閱書籍之效；一面更由會員捐資購買書籍，以為藏書館之預備。俟會員全體做工收入較豐時，再陸續興辦儲蓄及其他經濟整理貯藏機關。

是日李石曾及法羅及羅元叔、段子爕諸君皆有極精彩之演說，茲因限於篇幅，未能一一登載。現聞該會即以蒙校暫作會址，八月三日為成

立紀念日，會中皆以創造及奮鬥之精神相勵，以期達到一最新式之互助組織云。

此外由勤工儉學學生一部分集合者，尚有種種之組織，其間於學術書報等，皆具有日不暇給之積極進取精神，吾國青年之前途，殊可樂觀也。聞學生會不久將出版一書，為該會成立紀念，將彼等此次組織之精神，及關於勤工儉學之各方面實況，一一詳載。此書大可作國內青年學子之研究，或亦急起直追以與彼提挈共進，以除彼有志青年無力向學者之障礙，作青年最後之事也。

但此次來法者，亦有意志薄弱，不堪奮鬥者，其最初之出國，多係出於一時之感動，其腦中既未嘗想像做工是何緒景，更不能挺身直進，與堅苦奮戰，來此未久，即到處皆成困難，漸懷疑慮退縮之心，其甚者更故意過甚其詞，或竟作詈語以自文飾。吾知國中或亦傳播有此種論調，吾甚望吾有志之青年，勿因此而自短其氣也。故吾於石曾先生四條件之外，又慎重為之增益一條，即：

欲來法勤工儉學者，須先具有堅定不磨之精神，有徹底明透之覺悟，不致於觸難思退，為言所遷方可。（東方雜誌，十六卷十二號）

九、留法勤工儉學生與中國實業之前途

亞鳴

　　自歐戰告終，和平甫現，新中國之青年，受世界潮流之鼓盪，相與聯袂西渡以工求學者，不絕於途。彼等以艱苦卓絕之精神，居思想自由學術發達之法蘭西，其關係之大，影響之巨，已不待贅言。惟記者默察勤工儉學自身之命運，與夫中國將來之前途，實有不能已於言者，謹為國人略陳之。

勤工儉學之緣起

　　李石曾先生，吾國社會改造家也。彼謂：中國之積弱，皆由多數人民昧於世界大勢所致；今欲灌輸世界之學術，以發揚吾國固有之文化，非提倡多數學子留學海外不可。故於民國改元後，與蔡元培吳稚暉汪精衛諸君，發起留法儉學會於北京，專以提倡留學法國實行儉學為宗旨。未逾一年，相與聯袂而往者，前後不下百餘人之多。旋因二次革命，袁氏專權，以該會涉有民黨嫌疑，遂遭解散。加以歐戰突起，交通阻塞，該會進行，遂爾中止。然在歐戰期間，冒險而往者實繁有徒。旋以戰爭日烈，郵電不通，經濟來源遂爾中絕，儉學同人，有暫行作工，以維持生活者；同時豆腐公司工人，組織華工學校於巴黎，以為養成華工翻譯之預備。李石曾先生準此兩層經驗，以為勤工儉學，確係可能，於是發起勤工儉學會於巴黎，并極力提倡學生赴法。但當時歐戰危急，沿地中海一帶，交戰各國，滿布潛水艇及魚雷艇等危險物，故一般青年亦不敢輕於冒險。洎歐戰告終，京滬各處重組留法勤工儉學會，於是相繼來法者絡繹於途；未及一年，竟達一千五六百餘人之多。是時留學法國名稱極盛焉。據李石曾君言，曾有五年之內，須召號兩萬人來法之計畫。使當時勤工儉學不發生若何困難，彼等計畫，或可實現。

勤工儉學之經過

　　勤工儉學之原來計畫，本擬使國內法文與技藝之充足者來法，方不至發生困難問題。詎一般青年，不安於國內枯寂之生活，赴法之志，非常踴躍。在當時人數甚少，覓工尚易，旋後來者漸多，加以法國發生歇工風潮，（歇工者，即工廠自己關門，與工人罷工，大有分別），日甚一日，本國工人尚難安插，何況外國學生而無絲毫技藝耶？故勤工儉學生之無工作者，暫由華法教育會給資維持。旋以經費不足，於一九二〇年二月後，宣布與學生脫離經濟關係，遂釀成「二八運動」（及二月二十八日也），要求駐法公使陳籙，拍電國內設法維持，並妥定常年津貼。嗣北京政府回電絕對否認，祇承認遣送回國船費。後經法國要人出而維持，組織留法勤工儉學監督委員會以監督之。未幾，朱　鈞奉徐世昌命來法運動秘密借款。學生出而反對，遂遭該會之忌，於是宣布停止維持。學生丁此日暮途窮之際，陳籙遂大施其一網打盡之毒計：一面聳悥學生運動開放里昂大學，一面嗾使法國軍警驅逐學生。卒由中法官僚加以擾亂地方治安之罪，將學生驅逐回國焉。

勤工儉學與里大

　　當勤工儉學生之初抵法境也，法國各報極力譽揚法國政府尤表好感。蓋法國自遭歐戰損失，元氣尚未恢復，此後欲圖發展東方經濟之勢力，舍聯絡華人，其道末由。況西方文化受歐戰之影響，幾有朝不保夕之狀態，此後欲圖補救，吾東方之文化，有供西人之採擇者甚多。（此後東方文化應否有採擇之價值，此係另一問題，非經多數學者研究不可，姑附舉於此，以待後效）於是法國下議院議員穆岱，乘此潮流，遂提議在法創辦中法學院，以為溝通中法學術，灌輸東西文化之機關，經多數通過，遂由李石曾先生就商於里昂當局，并由里昂市長捐校舍一座，（即現在校基）祇待中國政府籌備常年基金，即行開辦。於是李石曾先生，遂因此事回國，從事運動。臨行留別同人書，有諸君努力學業，以為異日得入里大之預備云云，則里大之屬於勤工儉學生已絲毫無容疑義。不料李君慘淡經營，席不暇暖，為勤工儉學生所創辦之里昂大學，又被國內一般貴族或學生強占而去。『惟鵲有巢，惟鳩居之，』負

有產母資格之勤工儉學生，何能獨甘？此運動開放里大之所由來也。於是遂聯合各地同學，組織各地勤工儉學聯合委員會，召集各處代表及先發隊，齊集里昂，要求該校校長及從前勤工儉學之發起者吳君稚暉解決勤工儉學之求學問題。不得要領，反被里昂軍警囚禁於里昂郊外之軍營，同學大憤，公舉代表質問陳籙，陳籙以堂堂公使，忍見國人之受辱而不負責，以致里昂被禁之百餘同學，以被逐回國聞，結果，遂使里昂大學與勤工儉學絕緣。

勤工儉學與賠款

庚子賠款，實為吾國外交失敗之極大損失，抑亦各國軍國主義侵略吾國之先聲。當此民族潮流國際平等之世界，此項賠款，應早在取銷之列，惟吾國以積弱之餘，實缺乏此種自動之精神耳。昔美國退還庚子賠款，以為留學經費，早有先例。法國雖早有仿照美例，退還賠款之宣言，然至今尚未實行，皆由吾國缺乏自動能力之故也。此案曾經巴黎和會提議，當時法政府以無多數學生留法為辭。嗣後勤工儉學之來法者日眾，此事遂引起法國輿論之同情，於是退還賠款之聲，不絕於耳。後經法國議會提議，準於一九二二年一月實行。但其用途如何，言人人殊，莫衷一是：有謂其將維持中法實業銀行復業者，有謂將興辦中法實業者，有謂將移作國內教育基金者，有謂將以一部分作海外留學經費者。但為期已逾半載餘矣，所為一九二二年一月實行者，亦不過等諸畫餅而已。此事究竟如何，局外人均莫名其妙。將謂國內之缺乏直接運動乎？然自去年以來，勤工儉學方面，亦曾組織聯合委員會，派遣代表與當道接洽，要求充作求學基金。里昂大學方面褚民誼亦乘此機會，努力進行，以為該校基金。中法實業銀行方面王克敏亦在極力運動，以為復業經費。事至今日，尚無若何結果，將來鹿死誰手，雖難預卜，然以記者眼光觀之，以無權無勢而帶平民式之勤工儉學生，與若輩抗衡，吾恐終歸失敗也。尚望國人與以相當之援助！

勤工儉學之命運

勤工儉學之事業，本為空前絕後破天荒之創舉。論其起因，不過憑二三學者之理想，與其一般青年冒險之精神，期與惡勢力奮鬥而已。而

其困難之狀況，既如上述，則欲以所得勞力之工貲，以達求學之目的，實為事實上之不可能。在當時蔡李吳汪諸君之所以敢於提倡者，實鑒於法國丁歐戰之餘，需用工人甚夥，故不惜鼓吹一般青年來法，藉以博法國輿論之歡迎，以為運動庚子賠款之張本。今勤工儉學生既已限於絕地，而庚子賠款之能否退還，尚屬疑問；將來即能博得多數輿論達到退還賠款之目的，而於勤工儉學之是否有分，亦難逆料。回憶勤工儉學與里大之交涉，即是前車之鑒。蓋今日之教育，實貴族的而非平民的，以平民式之勤工儉學生，而欲處處望人贊助，則其成功之難，何待龜卜。故現在一般不生不死之勤工儉學生，人人皆抱一種萬分失望之痛苦。目下之所以勉受困難而暫苟安於法境者，無非望政府予以相當解決。設長此以往，吾知大多數必乘興而來敗興而返，或有愧見江東父老而竟自殺者。（此事已數見不鮮）事至如此，則係青年自殺，抑係社會殺青年，吾願國人有以語我！

勤工儉學之希望

　　來法勤工儉學者，多數皆國內中等以上學校之畢業生也。彼輩願棄其苟且偷安之生活而從事勞動，其艱苦卓絕之精神，已令人欽羨不置；況吾國青年，近來受物質文明的影響，奢侈委靡之風，日甚一日。今勤工儉學生，一矯從前之陋習，養成勤苦耐勞之習慣，倘社會相習成風，抑社會改良之一法也。抑尤有進者，彼輩效力於法國各工廠及製造所得以親歷其機器上及製造上之經驗者，即已兩三年矣；迨返國時，則可運用其機器工具與製造等法，以促進中國實業；不數年間，法國式之市場與貨品，不知不覺間，發生於中國內地矣。此就工藝上之經驗而言，其利益既已如上述。設政府再益以相當之金錢，使之就學，研究理論精益求精，何者宜於改良，何者宜於改善，一有學識，不難駕輕就熟。從前之留學生，談理論則洋洋灑灑，色舞眉飛；求實際則瞠目結舌，束手無能，此皆缺乏實地練習之故也。今之勤工儉學生則不然，彼輩既多數曾畢業於中學，具有普通知識，又復親歷機器上及製造上之經驗，對於普通工業，已稍有門徑；若再加以求學機會，使之分科研究，理論實驗，互相聯貫，將來學成歸國，於吾國實業前途，必有絕大之影響。故記者敢慎重敬告於國人，使國人稍加注意焉。

勤工儉學與中國之前途

日本維新不過三四十年，而富力幾抗衡於歐美，推原其故，皆政府提倡實業之功耳。提倡實業之法，不外資本與人才二者。吾國資本雖不十分雄厚，然以之開發本國富源，尚覺十分寬裕。查民國成立之初，上海外國銀行所收中國人之存款，多至無所投放，且有向存款人徵收保管費者，此雖因國內不靖、資本不安，致有此異象；然則此足見資本一層，并不發生困難問題。至於人才一層，思之殊令人痛惜。蓋吾國昔日派遣東西洋留學者，皆肄習西學文學與夫法律政治之學。彼輩學成歸國，不過以做官發財為終南捷徑而已，至於科學，絕少研究，以致今日實業人才，殊覺缺乏。年來國內雖辦有實業學校，然以專尚理論，不切實用，結果亦毫無效果。考日本在歐戰以前，為養成職工人才起見，曾派遣多數工人分布於法德比義等國各工場，實地練習，不取傭值，一切費用，概由日本政府津貼，故日本今日工藝蒸蒸日上。我國以積弱之餘，應如何勵精圖治以圖自強，乃致一般青年，奔投海外，效力工場，而政府反置諸不聞不問，以與日本相比，其賢不肖相去何啻天壤耶！吾國今日欲圖存於列強競爭之世界，首惟發展國民經濟。發展國民經濟之道何由？是在振興實業，而欲振興實業，首在培養實業人才，如改良實業教育也，派遣東西洋留學是也。改良實業教育，其問題甚大，決非片言所能詳盡，吾當另有詳述。惟派遣東西洋留學一層，費用浩繁而收效甚緩，今欲籌一價廉而收效甚速之變通辦法，決惟以少數金錢資助勤工儉學生，以達到求學目的。使多數學子，能成就實業人材，以備為國效用，則駕輕就熟收效必宏，國家所費無幾，而社會則受益無窮矣。

解決勤工儉學之根本辦法

查勤工儉學生前後到法者，不下千五六百人，除前後兩次被迫遣送及自己請願回國不計外，目下真正勤工儉學生，不過一千人而已。（因許多半官費生及儉學生，亦假冒勤工儉學，故將來解決辦法，非嚴加取締不可。）而各人到法期間，至無一定，有三年以上者，有二年以上者，有一年以上者。但法文程度雖不一律，然皆能勉強聽講。今分勤工儉學生為甲乙兩類，以法文科學預備充足者為：甲類學生；以法文能勉

強聽講、科學尚待補習者為乙類學生。甲乙分類之後，然後確定津貼之多寡。試分述於左：

甲類學生　此項學生，多係國內專門學校畢業或肄業者，科學均有根底，故到法之後，祇要法文預備充足，便可直接升入法國各專門學校。此種學生，大概居最少數，以全體而論，最多不過十分之一而已；可由政府年助津貼四千八百佛郎，（即廣東政府所派遣之半官費生，每年均有四千八百佛郎）使之造成各種工程師之材，以備為國效用。

乙類學生　此項學生，多係國內中等以上學校畢業者，雖具有普通科學知識，然以之入法國各專門學校，程度尚覺不夠：以之入農工商各實習學校，最切實用。此種學校，法國全境，數以百計，理論與實習並重，法國各工廠工頭，皆由此種學校畢業。故此種學生，可由政府年助二千四百佛郎，（適當半官費之半）使之造成各工廠工頭，回國教授工人，運用機械。

依上項計算，勤工儉學生之能入農工商各實習學校者居最多數——大概居十分之九，約計九百人，而能直接入專門學校者，不過十分之一——約計百人。能入實習學校者，年助二千四百佛郎，合計不過二百一十六萬佛郎，能入專門學校者，年助四千八百佛郎，合計不過四十八萬佛郎；兩項統計，亦不過二百六十四萬佛郎。以目下滙價每元能滙八佛郎計算，不過年需國幣三十三萬元而已。若以三年為限，最多不過號費一百萬而已。以一百萬元之代價，能造成一百工程師之材、九百工頭之材，天下最便宜之事，孰有過於此者乎！我當道諸公及我國內之實業家，何故不起而圖之？直接可以造就人材，間接可以救國，則勤工儉學之根本辦法，亦可以從此解決矣。　一九二二年十月一日於法國素養河畔。（東方雜誌，十九卷二十號）

十、與全國各縣籌派公費留法商榷書

華林

　　中國教育不能普及，實業不能發達，以致民生日蹙，荼毒羣黎，而天災人禍，相繼而起，此皆由於人力之不能經營，河山草創未闢也。況羣生協助，致力於公共之事業，非有多數健全之分子，以促進社會之進化不可。同人有見於此，就歷年來所實驗之成績，而得至儉省之方法，以求至需要之學識，如法國農工實習學校，及女子工藝學校，其教育上之設施，較之他種學校，至為正當。蓋勞心勞力，為人人應有之工作，故男女生計之獨立，以謀社會全體之幸福，則地方生產富有，自足供人生之需求。於是一切不正當之事業，自歸泯滅，而不能表現於公道之世界。故二十世紀之文明，在各地方上平民之自覺，力求自治之時代也。按儉學會簡章所規定，每人每月赴法儉學只需四五十元，而農工實習學校為尤廉。倘中國各縣，籌派男女數人，在內地預備一年，赴法求學，每六年或八年為期，歸國在本地方上，振興教育，擴充實業，則東亞不數十年，必能使全局改觀，發揚固有之文明，產生特異之光彩也。諒各縣關心教育，不乏明哲，倘能鼎力提倡，照本國學生補助費辦法，選派品學兼優之男女各生，少則一二人，多則三四人，每月補助留學費，每人五十元，以全國各縣及學校特派與自費留學計之，可得萬人，則數十年中，地方自治之發展，自不難日臻完善。況中國共和再造，尤以民智民德先進之國為宜，而平民教育，更以法國為特長。故法國鄉村皆有男女學校，並在高等小學中，設有各種農園鐵木之工作，女子機織手工，亦極進步。可見生計發展，必以職業教育為前提；而美育德育，皆歸結於體智之中，教育之前途，藉科學之能力，而促其進步，正未艾也。故吾東亞青年，負笈遠遊，圓顱方趾，誰非可造之材，能由各縣補助，盡瘁同胞（省無益之消費，作有用之事業，各縣其自裁之），俾青年子女，吸收新世之文明，則將來教育實業，自能推廣，普及於山林草野之間，較之空談救世，不求實學者，為如何耶？況中國天然富饒之區，聽羣雄角逐，大好河山，委棄不顧，平民顛沛流離，於今久矣，同人所深

思而長歎息者也。茲特用宣言，與各縣熱心教育諸公，對於儉學前途，
一商榷焉。

縣費學生約章

（一）縣費學生，按儉學會辦法，以節省費用，推廣留學為宗旨。
（二）在國內預備期中，各縣照例滙款，由本會代存一半，留作路費及
　　　衣裝等費，不另籌資。
（三）學生赴法後，各縣滙款，由本會臨時指定銀行，寄往法國儉學會
　　　分發各生。
（四）本會另組織「協助社」，補助留法品學兼優之貧苦學生。每人由
　　　縣費中每月扣助二元。
（五）本會學生，不許煙酒嫖賭及一切傷生耗財之事，如經察覺，再勸
　　　不可，即由公議斥退，另行派補。
（六）由各地方男、女學校，自籌公款，派往留法者，亦照此施行。約
　　　章有不妥善之處，可隨時配定。
通信處　巴黎……留法儉學會（在華法教育會內）
　　　　北京……留法儉學會（宣武門外儲庫營。明春移至方家胡同）
　　　　（東方雜誌，十四卷九號）

十一、留法學生之生活狀況

十一月十五日，新聞報太玄君所作法國特約通訊述留法學生之生活狀況頗詳，轉錄如下：

現在吾國留法之各種學生，（官費生、自費生、勤儉學生）為數尚逾千人。每年歸國與新來尚能相抵，以保持此數。學生數目，雖然甚多，而生活及求學狀況，則至難得一概括之統計。以數目言，以里昂與巴黎兩地為最多。在巴黎則尤以近郊為最。而勤工儉學之大部分，即亦在碧峽古哥倫布一帶。至巴黎城中，則以做藝術工作（如繪圖、雕漆）者為多，技藝工殊占少數。在里昂則以半官費生為最多；其次則為勤工儉學之已從事於儉學者，亦多居此。其餘各大城，則不過平均各十數人耳。且工且學者，則極占少數。如以學業種類而言，學政法文學者，幾盡在巴黎。學工業電機應用化學及其他應用科學者，多在法國北部里昂及格羅布一帶。其他如水電造紙在格羅布森林，水利在朗西，園藝在凡原賽，蠶蜂葡萄在蒙北里野等，則無例外。至彼等之生活情形，則至不一致。就大多數言，情形殊甚困苦。以勤工求學者固苦，儉學者亦甚苦，其每月用三百佛郎以下者甚多。如在巴黎大學附近中等住屋，每月至少非二百佛郎以上一月不辦。但儉學者則多鄉居，每月只需數十佛郎房金，即合車費計之，亦不過百佛郎左右。伙食如在中國飯館包飯，每月至少需二百數十佛郎；即在法國館子，亦必需此數，但在家自炊，善支配者百數十佛郎已足；惟如在巴黎大學飯館用餐（須該校正式生方有此權利），二百佛郎以下亦可足。故以房錢一項，在巴黎一處之學生，有自每月四百佛郎至七十佛郎之差別。（巴黎城內至少需百佛郎，但皆在六層樓頂，屋極湫隘，只容一榻，日間絕對不能在內作事），伙食一項，有每月自三百佛郎至百四五十佛郎之差別。（自炊者並不比在外用餐者為苦，因巴黎熟菜鋪極多。中餐與法餐相反，注重滋味而不費材料）。至於學費一層，自隨各人所選擇之科目而異，凡在大學文理科肄學者費最輕，每學年分四季，每季每人只繳學費三十佛郎，圖書館費十佛郎，初開學時繳登錄費二十餘佛郎（此費在第二年以後，對於外國學

生多已豁免）。如有實習，則繳實習費自十佛郎至二十五佛郎不等（其中以化學為最貴，植物礦物等最賤）。如一人在一學年選學數門者（至多不過三門），只加繳實習費。此外法科醫科藥科最貴。至於專門學院，則收費甚貴，多者每年千佛郎以上。故勤工生及儉學生中學工業及應用化學等者，殊不多觀。

至於就學績言，據吾人所知，大體皆甚滿意。今年里昂國立音樂學校與國立美術學校之第一獎皆為華人所得，甚為法人所讚頌。而各校中之升級及證書、考試失敗，亦占極少數。而近來留歐方面，各種專門學會，亦陸續成立，更可收不少之砥礪互助之功。惟有一現象，頗為可惜，即大多數因經濟之壓迫，或半途中止，或甫有成就即匆匆歸國，未能乘勢深造。其中尤以學科學者，東西學術之環境迥異。吾國專門設備之幼稚，歸後深造，自非易事，但此非個人問題，實吾國教育學術上共有之一大問題。

至於管理組織方面，則至缺乏。雖自一般言，彼等之自治力，尚不算貧弱；（其中如性慾嗜好諸問題，在血氣未定之時，亦有只難於苛責者，須不流連忘返，妨害學業，亦即可矣）但物質上之救濟，事實之指導，以及調查統計諸事，皆一付闕如。千餘人直與一盤散沙相似，此則至令人惋惜者也。所已成立之學術團體，雖能收相當的學術互助之效，但既困於經濟，又困於人力，（因皆在求學時代，事務勢難兼顧）更說不到以上諸事也。（教育雜誌，十七卷十二號）

十二、留法勤工儉學的理論與實際

李璜

吳稚暉與李石曾的留學政策

民八（一九一九）所發起而曾於民九至十一的兩年之間風行一時的留法勤工儉學運動，無疑的是百分之百失敗了的。但是勤工儉學這一主張，其本來的意義，並沒有錯。讀書求學，原不只是有錢人子弟所專有之物，應該使一般青年人都得以享有。因之，窮人子弟，或半工半讀，或工餘而讀，或作工有錢存儲，然後坐下來讀，都不是不可能的事。因此在「五四」前後，北京各大學的知識界都在研究「工讀互助」這件事的可能辦法，我在前面第二章也曾提及。不過我們曾看得清楚，這種工與讀同時進行或先工後讀，不是每一個青年人都能辦得到的；尤其是在法國那一種外國陌生環境，語言習慣都不易相通相融；且在工業國度裡，手無技能，而驟然要中國學生去工廠中賣力氣，體力又十之七八都夠不上勞作標準，那就必然的要發生困難了。

留法勤工儉學，在並無事前國內學好法語及技能的相當準備，便不加擇別的、多多益善的，忽然於兩年之間，送去法國近二千學生；雖然哄動一時，甚為熱鬧，然而既不能工，又不能學，並且一到法國不久，多數均發生了麵包問題；遠在異國，大感恐慌，幾經周折，大部份乃獲得各式公費或親友接濟；但剩下少數人，在失望之餘，心有不甘，而成為憤怒的一群。不幸這少數的一群，又適為陰險的俄國國際共黨有意赤化中國者所乘，自莫斯科派人來巴黎加以誘惑收買；無端端的又為中國共產黨造就了一大批早期的幹部，如在今日早露頭角，為世所知的周恩來、李富春、鄧小平、聶榮臻、陳毅、李立三、徐特立、何長工、蔡暢等人，又如已死的中共得力幹部蔡和森、陳延年、陳喬年、趙世炎、李合林、劉伯堅、孫倬章、謝澤沅、王若飛、向警予等人，以及已被排斥的李維漢、張申府、劉清揚等人;在我個人記憶之中，不下五十餘人，大抵都與我有相當接觸，親見其如何受苦，如何被誘，如何在法、德、比組織國際共產黨中國支部，而又如何的受俄共訓練而活動，且留待下

回來一一分別述出。在這裡當先談一談留法勤工儉學的理想與實際不能相應，以明其事之始末。

說到這一事件的發端，便不能不先來談談吳稚暉與李石曾兩先生之為人及其理想。因為留法勤工儉學這件事，其造意、鑄型與始終經手其事，都大半由於這兩位先生，而兩位的個性特別與理想特殊，好事而又勇於去趨赴其所幻想的目的，於是始表演出不計後果的這一事件。留法勤工儉學失敗了，而失敗的後果，竟犧牲這許多的優秀青年分子，且為國家貽留下一大堆禍害；誰作厲階，至今為梗，吳、李兩先生的留學政策，是不能辭其未密察與無遠見之責的！

吳稚暉先生於民初革命失敗後，亡命英國。此老稟賦特強，能惡衣粗食，受一切苦，毫不生病。其生平以「素貧賤行乎貧賤」為信條，有一時期在倫敦雜處黑人區域中，殘肉劣菜，甘之如飴，所費甚儉，因之，其早年即有「移家就學」的主張。所謂移家就學者，即父母子女一家人都移往外國去，似乎是照一般華僑的辦法；然而又與華僑目的在「淘金」者略有不同。吳先生的移家就學，顧名思義，乃是一面便於中年人或老年人去西方可以看世界，增眼光；一面又便於子女可以在外國求取新知識。他認為，以中國人的勤儉作風，一家人聚居陋室，一鍋熟食，所費不多，而老少則俱能得著西方文化知識與外國社會見聞，則收穫甚大。——這是吳稚暉的留學政策的發端。

吳先生既是無政府主義者，故對於一般中國人，特別是中國的知識分子，要他們去到外國過窮苦生活，甚至等於叫化子的生活，未免有點難堪，損失人格與國格，這一類面子問題，似乎就從未曾注意到。他在倫敦時所過的生活是如何，我後來乃是從石蘅青（瑛）先生口中得知一二。石蘅青曾與吳稚暉於民初同時在倫敦。石於民十一之夏過巴黎，曾告我道：『吳稚暉那種亡命客，跑碼頭式的外國留學辦法，不是一般知識分子所宜效法。要想真的去讀書求學，像他每天費心思與時間搜買低廉的死魚爛肉，也就無有工夫再去安心學業，即使為的看世界，學識沒有基礎，而且只靠兩腿跑路，所見所聞，也實在有限得很啊！』

至於李石曾先生，則他的留學政策的發端，又略與吳稚暉不同。李先生在清末以大學士李鴻藻的小公子，隨著駐法公使去到巴黎，稱為「使館學生」；不剪髮辮，不改中服；一面在使館內讀中國書，一面請洋教員到使館內來教洋學問。是時李先生年二十歲，而所聘來教他的第一個法國教員，就是一個無政府主義者。因是李先生自少年起，即已受

到巴枯寧與蒲魯東的思想感染，後來又對克魯泡特金甚為佩服，故其人類互助與世界大同的見地，可以說在他腦海中根深蒂固，常不去懷的。

巴黎是一個五方雜處的國際都市，所謂Cosmopolitan，並無人類皮色的歧視。李先生在其間習之既久，而且尤佩當時名地理學家爾克呂斯（Elisee Reclus 1830-1905）的人種混合足致世界大同之說，因之特別關心於有色與無色人種混合的實施辦法。如何去實施呢？則只有大量交流，彼此婚媾，使一切人們皆變成雜種（metis）。且法國人種學家便主張雜種才算得優秀人種，以與德國的純血族為優秀之說相對抗；法國人一向自稱其國人為七十多族類相混而成，使李先生更感到法國這塊土上，是適於中西大量交流，足致人種混合的好地方。

在第一次世界大戰中，法國缺乏人力為軍事後勤工作。李石曾先生即鼓動梁士詒與法公使簽約，中國派遣華工赴法。其時中國尚未參戰，故只得以惠民公司的私人名義，招募河北、山東農家子弟十二萬人，自一九一六年即開始分批船運出洋；英國政府也照此辦法，募去七萬餘人。故中國於一九一七年七月十四月向德奧宣戰，雖無兵可派，而已有華工二十萬人赴西歐戰地；在後來凡爾賽和會席上，我國代表乃振振有辭，以駁倒日本代表說中國只是文字上參戰之說。

這批農家子弟，精壯樸質，不畏艱苦，在戰時任運輸，挖戰壕；及戰停，又除障礙，平土地；既勤且勇，犧牲於砲火下者兩萬人（在凡爾登要塞附近被炸傷炸死者特多），大為法國軍民所稱道。但送去時，所訂條件為軍事派遣，軍法部勒，並無僑民待遇身份，且須集團生活，戰事一停，無工作時，即須遣歸。（晏陽初先生曾告訴我，他即以華工翻譯身份，自美聘往法國，為華工們寫家信，甚感繁忙，而開始其平民識字教育之動念與試行，後來才在河北定縣大幹起來。當時英、美、法各國留學生為華工任翻譯者並不少。）——這一種既已大量交流，而又於戰後即須全數復員，當非主張人種混合足致大同的李石曾先生之所願見。因之他至少要使一部份華工仍留住法國。乃趕於一九一八年大戰甫停，即行動身前赴法國，我適與之同船，故得悉聞其理想與實踐。

李先生既以我華工在法工作大受歡迎，而又設想法國在戰中犧牲其壯丁甚多，復員後仍必缺乏人力，因之早於他動身前便在北京與蔡元培、吳稚暉三人志同道合的商定發起留法勤工儉學辦法，於民七便開始向學生界鼓吹起來。蔡曾提出「勞工神聖」口號，吳夙倡「移家就學」，而李則堅主「大量交流」，再加上汪精衛，四人簽名，在民七向

華法教育會提出並從事宣傳。故談到留法勤工儉學,則必聯想到李、汪、蔡、吳四人;其實汪僅署名提出,蔡未參加工作,始終其事者,只有吳、李兩先生。

一個科學見地與一件有趣故事

中國知識分子的想像力過強,故歷來對於科學上的實驗精神容易忽視,而未能忍耐的與有步驟的去求取證驗,便輕於下了結論。這在我們前一代的「老新黨」固多如此,而今日我們同輩或後一輩之研究人文科學者,也不免神經過敏,動輒去舉一反三,百世可知的樣子。但我們「五四」前的一輩人在社會事業上,本其所信而去實踐的做事,又卻比今天我們的後一輩要能堅決的獨行其是;不像現在我們所見的朋友們,去做社會文化事業,多半或徒有外觀而內容不足,甚或心口不一而別有用意。——我在此節回憶李石曾先生的一個科學見地與一件有趣故事,不惜二三千字去寫了出來,無非是說明我的上面看法,舉例以告來者!

第一次世界大戰甫停,中西輪船交通尚難恢復,而法國郵船更少。先生只訂得法郵André Le bon上兩個二等艙位,因我在北京等船已五個月,且為北京留法預備學校義務教法文三月,故他分售一張船票與我,我與他始得於一九一八的十二月恰恰月底自上海動身赴法。在船上,只有我們兩個中國人,故李先生頗有閒時向我宣傳其人種混合足致世界大同的道理,希望我成為無政府主義者。他不知我這個青年人,剛剛在上海動身前,即對於無政府主義者起了懷疑,抱有成見。因為我自北京一到上海,便被介紹認識一位自稱無政府主義者的黃介民,其人有廣結英豪,不可一世之概,但我覺其頭腦並不清楚;滿口世界革命,而並不能答復我問他的照俄國虛無黨辦法,或者照馬克斯的「工人無祖國」辦法等問題。當場有韓國革命黨在座,便要求我幫助韓國志士向日本革命;把我的名字寫在一張小紙上,當眾燒掉,就算是我已加入他的無政府黨了!——我始感到所謂無政府主義真是大而無當,而像黃介民的作法直是滑稽劇而已!

船行半月,始到印度錫蘭島的科倫波。與印度人接觸後,李石曾先生為我言,在上海所見之高大印度人,上海人稱之為「紅頭阿三」,為英租界服役者,乃為印度北方種,是與西方人同為雅利安族,故有稱雅利安族為「印度·歐羅巴」種者。本來是一種人,而何以在歐洲為白

色，而在印度皮色變為較黃黑一些，足見這是一在溫帶或寒帶，一在熱帶，因日光照射關係使然。故如人種混合，很可能成為一色的。我笑道：『像非洲人那樣黑法，便很難因混合而變白了啊！像非洲黑人那樣，除了極少極少有偏好外，恐怕不但白種人不願與之婚配，就是黃種人也不願幹，那就難於混合了！』

船經印度洋，航行又十日，始至紅海口的法國殖民地蘇馬里蘭之基卜地（Djibouti）埠停泊。乘小艇上岸游玩，操舟搖槳者均為身黑似漆，對日發光，有點可怕。李先生忽然另有發現，大為欣然！因黑人搖槳時，以腳底登在艇中橫木上，以便用力。李先生指其黃色腳底板，向我說道：『果然黑人腳底板不常受著強烈日光照射，乃不曾變黑，而係黃色。如果將這種黑人，移向寒帶日久；再經過雜交，必然會變為黃種以至白種，在數世紀後，便不會使你怕去與之婚配了！』我為之大笑，答道：『李先生不如把這些黑種人都拿來放在玻璃房子裏，調節其溫度，像養「唐花」一樣，豈不是會更快一點變白呢！』

李先生少年時是在法國學生物化學的，想必還學有心得。因為他曾在巴黎化驗大豆含的營養成份，分析出來，大豆比牛奶還多油質而蛋白質相等，用法文著書大為宣傳其素食更足以養生的計劃；其創辦巴黎豆腐公司，並開設素食飯館，皆有其Vegetarian的目的。可惜法國人吃不慣豆腐，連豆漿都嫌有豆腥味，故其豆腐公司的生涯寥落，後來只有靠法政府津貼，為參戰華工做甜豆餅干與五香豆腐干。一種普通的食類，中國以至東方人習吃甚為普遍，而西方人乃無法習慣，何況要黑人與白人去習於混合，成為大量雜種，這就更困難了！至於把黑人移去寒帶，若干世紀後，可以會褪去黑色，我總認為這位生物化學家或者過信或者誤用「生物進化論」的原理了。

李先生熱心人種混合，他對於華工與法女苟合所生產的私生子大為注意。到法之後，即託專人收養中法混血兒，不遺餘力，成績甚佳。他本人也對此事，親身勞神。且在一九一九年冬，為了要保存混血兒，託我幫忙辦了一件異國情鴛的喜事，其事甚有趣，更足見李先生為趨赴理想，不怕麻煩。

猶憶當時我尚在農校，因取滙款將由蒙達爾尼返巴黎去，在火車站門前遇見李先生自巴黎來到。他拉著我說：「正要找你幫忙；下一班車，我們一齊去。先到咖啡館談談罷！」我甚奇異他匆匆來去，所為何事。坐未幾，即見一青年華工進入咖啡館，向李先生走來，身後且隨有

一法國少女，體健貌美，不事脂粉，而臉色紅潤，有似蘋果之初熟；狀至靦覥。李先生讓坐，兩人謝坐。李氏向此一對男女寒暄兩句後，即指青年向少女道：『你真心愛他嗎？』少女點首。又問：『你願意嫁他嗎？』少女再點頭。三問：『懷孕有幾個月了？』少女低頭，笑而不答；青年代答：『有四個月了。』李先生乃嚴重告誡兩人，萬勿墮胎，墮胎危險！彼有辦法，使青年成為僑民，少女得有夫家，長圓好夢，叫他們兩人放心等候他的安排。李民隨即向該青年華工索得照片五張，男女稱謝而去。

我在旁觀此趣劇，暗嘆，此公真好事之徒！看他如何為在蒙達爾尼臨時兵營中的華工去弄得一張中國護照也！李氏為我述及，彼得豆腐公司中工人消息，此一河北華工在蒙城營中待遣回國，但與此一送牛奶的法國少女已因戀愛而受孕，兩個情侶正在惶惶之中。因此他怕少女打胎，犧牲了腹中足致世界大同的寶貝種子，故特來安定之，並為華工設法取得中國使館護照，以便逃往巴黎住下，問題便解決了。他向我請求幫忙，回蒙達爾尼時，照料一下這對異國情駕，特別要囑咐他們安心，不能打胎；只須三個月，他倆便可正式成為夫婦。我問李氏，如何去取使館護照？他答：『非有學生在學證明書不可！你如要看我如何去取得學校入學證明書，即隨我上車，中途也只躭擱你一兩點鐘。』我返巴黎，並無急事，且因好奇。即隨之上車。

火車行不及二十分鐘，即到麥南（Melun，在巴黎東南四十邁地，比蒙達爾尼尚近巴黎二十六邁），麥南城仍不大，但較蒙達爾尼漂亮，中有工業實業學校一所，附有木工場及鐵工場，其時已有少數勤工儉學生在校內讀書；該校及其校長自為李先生所素習。入城，李先生即購鮮花一束，與我同赴學校，逕入校長院內，晤見校長夫婦，年均在六十以上。李先生表示，昨得復信，知校長夫人病已康復，故特來拜望；言畢，即以此束鮮花奉與夫人。在法國的友情中，此一禮貌，算得周到而隆重了；故校長大喜，夫人立出茶點招待。李氏乘機要求校長，言有一中國學生將來校就學木工，請先發給一張入學證明書，以便其得家長信用，方准來校。李氏一面自懷中取出一紙華工之姓名、年歲、籍貫，並照片兩張，交與校長，校長欣然照辦，立即填好交與李氏，我們便興辭而出。我方知李氏自巴黎來時，即已事先有所準備的。

向例，中國僑民或學生失落了護照，只要在法有工作或學業，由妥人予以擔保，即可以由中國駐法使館補發護照一紙。李先生對於我國使

館當然更有此權威。故兩日之後，我正要回蒙達爾尼時，他即覓得我，將護照交我，請我憑此護照與入學證一紙，回蒙城協助該華工脫出兵營，逃往麥南入學。並囑我詳述此一經過與該華工，叫他如何假裝學生，如何用心學習；三個月後，即向麥南校長請假，赴巴黎豆腐公司找他，他當立即為覓工作崗位，始便成家。我重回蒙城，約此一對情駕相晤於公園中，為了說明李先生用心良苦，必須照他所囑辦理；且務必保護此腹中一塊肉，勿使受損。三個月之後，兩人便可以在巴黎結婚成家，安心分娩云云。男女聞之，皆喜極而淚下。

法人崇尚自由，其軍事管理，也非常馬虎。華工在兵營中逃出，往巴黎去覓工作自活者不少，並未加以追究緝捕。故此一華工逃赴麥南，我只送其上車，並未費我如何協助之力。次年之秋，我在巴黎的里昂車站（自巴黎南行之火車總站）附近，忽然碰見此一對青年夫婦，女子手中已抱有一初生不久之嬰兒，兩人拉著我上咖啡館，謝我啤酒兩杯；青年已在車站工廠中作木匠，所入勉可供給其妻兒了。——一年後，李石曾先生乃覓得專人，捐得專款，特設一托兒所，專收在法華工與法女所生嬰兒，其中大半皆私生子。在我回國時，聞已收得三十餘兒。這些足致世界大同的寶貝種子，不知今在何所？情形如何？李氏今日老而彌健，仍奔走於國際之間，想當能晤及之。

兩年之中來了二千學生

留法勤工儉學生之發動機構為華法教育會，此會發起於民國元年，曾推動過留法儉學生赴法多人（中國學生每年能自出六百大洋，即可以赴法國讀書，前面已曾提及）且在里昂大學肄業，而成績甚佳之四川儉學學生，如學數學之何魯、段調元，學植物之羅世嶬等皆為我深知；故我赴法，即願照此辦法。素與李石曾先生友善而對華法教育事業熱心之法人赫里約先生（Ed. Herriot）係急進社會黨領袖，多年來便任里昂市長，故願為之照料來法之中國留學生。但華法教育會並無基金，在北京與巴黎、里昂都只有一間會所，各有一書記任收發文件而已。不過因李先生鼓勵在北京、上海、廣州、成都、重慶等處創辦留法預備學校，招生授以法國語文、而中國各地的華法教育會附設於各校舍內者，尚比較辦事人多一些。

李先生到法與赫里約先生商訂留法勤工儉學事，立即進行。在赫氏

的了解，以為中國學生來後，總得先學好法語與技術，可以在工廠當工頭技師，然後徐圖深造，如法國多數貧家子弟一樣。他不知李、吳兩先生的用意特殊，目的在大量交流，而與赫先生所有的正規的作技術工與正規的求學問的想法不同。（這個話是赫里約後來因學生在里昂鬧事，而向報上發表的。）自一九一九年六月，在國內接受學生申請，八月即開始有學生到法，其初人尚不多，每一郵船，自上海載到馬賽者一次不過三十至五十人。李先生分別送入蒙達爾尼、麥南、楓丹白露（Fontainebleau）三個學校中。一九二〇年一月就忽然一船載來約兩百多人，其中大部份盡是湖南、四川籍，少數為廣東籍。凡廣東學生多半身上有五千佛郎支票，一律被送往里昂一個中學裡，由赫里約市長照料，後皆得著廣東省官費，學而有成，故廣東籍的留法學生甚少變成共產黨者。四川、湖南兩省學生則最窮，凡所帶佛郎支票不滿一千佛郎者（其時一個大洋要換十五個佛郎，則所帶真有限也），則一併送往蒙達爾尼中學，故蒙達爾尼在一九二〇年春至二一年之冬忽然中學裡住滿至一百四十幾位中國留法勤工儉學生，後且增至二百人以上。因蒙達爾尼中學收費最廉，每月食宿學費共只收一百五六十佛郎。

說到照料這一班初到學生，則問題並不簡單。我在上章曾提到李先生託我順便照科，不到兩月，我便溜之大吉，因為麻煩實受不了！最大的問題是：川、湘籍學子驟然從鄉裡跑到外國來，在名義上是出洋留學，甚為好聽；但在飲食起居上，大多數都不能一下子適應環境；吃不慣麵包，喝不慣紅酒。法國普通食餐，棹上照例一瓶紅酒、一瓶冷水，用水沖酒，濃淡隨量（但紅酒係生酒，用紅葡萄壓成汁發酵而成，其味酸苦，與有甜味的砵酒Port不同，初飲當然不大適口）。麵包則法國家用的大饅頭式，每個約四兩重，有飯碗大小。但烤時因火候較大，外表色深而碎殼特厚，每人面前一枚。——酒喝不慣；冷水在冬天，也不願喝；厚皮麵包，則吃慣白米飯者，也感到難於下嚥！午晚兩餐後，新來者都在吵食不得飽。然而有一大半的餐位前的圓麵包依然放著未動；不遇翻開底子來看，大饅頭的軟心業已被挖空取來食了！於是校長找我與李乃堯，請我們與學生說明，紅酒是補血的，非學會去沖冷水喝不可！麵包硬皮比內面軟心更富營養，因為麥精都在皮上，也非吃了不可！我去一一解釋，而乃堯且示範同席勸食，但新來者多嗤之以鼻，毫不為動，仍舊吵餓。後由校長夫人想出辦法，每餐燒滾水一大桶，且將前一頓剩下的麵包厚皮，切成碎塊，煮在湯內，各人可食兩盆湯，然後皆大歡喜。

其次，穿衣也成問題。蒙達爾尼到了陽曆一二月正冷，大雪紛飛，而這個窮學校，不但無暖氣管的設備，且戰後煤貴，連壁爐也不生火。因此四川、湖南學生、只穿西服，便抵受不住室內、外的寒氣（內有山西學生數人便不在乎）。於是大家把中國家鄉帶來的棉袍、棉短襪都拿出來穿上禦寒，花樣綢緞，一時紛陳，惹起法國學生們大為奇怪，聚而觀之，影響校中秩序。校長因又請乃堯與我，去勸大家，不要將奇裝異服，穿出寢室外走動，引起詫異！——這個穿衣問題比吃飯問題還更難解決。因為窮學生大半體力不強，而且南方人從來未遭遇過零下十度的氣候，西服外裝內衫皆不是好的毛織品，廉價貨又何能保暖。因此在寢室穿上中裝，在教室裏起一件大外套，在西俗，狀亦不合；校長經乃堯與我再三解釋，也只得不再苛求。

在我照料蒙城中學這一百多學生中，湖南籍後來成為中國共產黨知名人物的，其時有蔡和森、李富春、李立三（其時名李隆郅）、李維漢、蔡暢、向警予（蔡、向係女性，在校受校長夫人優待，其單獨寢室內有煤油火爐保暖），還有一個年較長的徐特立，彼時年或已近四十歲，學究模樣，頗得其同鄉學生的敬重。這七位在當時便自成一組，隨時都在一起；我感到蔡和森似是其中的領導人物。據其時與我往來較熟的四川籍學生告我，蔡每週末必在一個小教室中秘密聚其同鄉開會，聞所聚議者為蔡在長沙時所發起之「新民學會」，要設法國分會以招收新分子云。後來我始知此會為蔡和森與毛澤東早在湖南即已發動成立的。蔡彼時手中且有兩張王牌：一為其太太向警予，一為其妹妹蔡暢，蔡向夫婦關係並未向同學公開，而向警予貌尚可人，口才特佳，每遇學生有事開會，她必登台講話，滔滔不絕，鋒頭畢露。因是在我去後不久，巴黎發起共產黨組織後，蒙達爾尼便成為中共法國總支部的重鎮。

我因不勝麻煩，於一九二〇年的二月離開蒙達爾尼到了巴黎，即以我的照料所得觀感報告李石曾先生：第一、學生荷包不豐，在如此廉價之蒙城中學也只能食住半年，半年之內法語絕對學不好，無法去單獨應付法國的生存，而且他們大都志大言大，不像華工頭腦那樣簡單，如果一旦錢用完子，便須送入工廠去當工人，則是否能甘心勞作，且服從法國工頭指揮，大是問題。其次則少數學生自上海、廣州來法者，尚能了解一點洋人的生活習慣，而多數驟自川、湘內地來者，不但不能適應，而且易生反感，恐一旦缺乏照料，便要發生問題，以至無法安定下來。但李先生聽見我的見解，認為不足重視，一經習慣，即無問題。其時國

內待船要來的學生尚有千人之多，李先生言：『正在接洽工廠，以待半年補習後而無錢住學校者即先行入廠，有錢者即多學幾時。』他既如此放心，我也不便再多談了。

現在我再把去馬賽接船的情形略述兩句。每一法國郵船自上海開來之前，上海華法教育會秘書必先將船上學生名單寄與李先生，寫明姓名、籍貫及身上所帶佛朗支票數字。李先生特照文票上數字大小，分配其所應入學校之地點。大致對錢多者則被派入較大地方巴黎或里昂之中學校，錢較少者則分配於小城如楓丹白露，次之如麥南，再次之則到蒙達爾尼。李先生既是無政府主義者，他對這樣大的一件事，乃不講究組織，不願多雇專人司理其事，一切臨時請人幫忙，豆腐公司的老工友知識不夠，與學生格格不入，李先生乃一次又一次的請求老學生去馬賽接船，故苦差常到老同學頭上來。我雖已在蒙達爾尼看出這種粗製濫造的留學政策大有問題，決意避開；然既與李先生同船而來且相處甚熟，仍推不掉他那種殷切的請求幫忙。因之我在巴大註冊上課的初期十個月中，假期裡仍被請去馬賽接船兩次：第一次在一九二〇年七月底，這一船載來人數最多，有兩百十人。李乃堯與我同去，他在法已七八年，當然比我內行。這一批人馬裡，以川、湘兩省最多，川籍佔九十人以上。至今猶憶後來變成共產黨人的川人陳毅、李合林、謝澤沅、聶榮臻、鄧小平等均在其內。乃堯與我還是遵照李先生的吩咐，以驗明身上所帶佛郎支票數字，而分別送入各校。其時蒙達爾尼中學已有人滿之患，這些人身上略有幾文的都由乃堯分別送入麥南與楓丹白露兩校去，而腰無半文者，則由我帶到巴黎，交與李先生，暫在巴黎豆腐公司工友宿舍安身。第二次，則在九月初，我一人前往馬賽，接到廣東學生九十幾人，多係梅縣籍的客家青年，經過國內辦事人的選擇，一律高中畢業，較為整齊，且為有相當學費在身，因一併送入里昂區立中學。第三次乃是我自願前往者，時間已在一九二一年秋，因我的胞姐李琦同鄭毓秀女士及其所携的川、粵籍女生共三十人到了馬賽。鄭女士為老留法學生，長於交際，與曾任法國外交部長當時正任法國下院議員之于格勒魯的夫人（Mm. Hugues-les-Roux）有交情，夫人乃美國籍，多金而好客，故船到之前，馬賽市長代表與中國駐馬賽代理領事均得通知，到碼頭歡迎，聲勢自不同上兩次。但太太小姐們的行李特多，堆積如山，由我招呼驗關，仍感麻煩。不過這班小姐中，也有一個老共產黨劉清揚女士同來，她來時曾在船上鬧了一場笑話（事關隱私，例不記出），而到巴黎後，

她又常引起風波，容後述之。至於我接著我的胞姐到後，與她同赴法南
蒙白里葉城同住，並送之入一天主堂女修士辦的小學內，半年之中，不
得出來，所謂「置之莊嶽之間」，非如此，法文、法語學不好，便不能
去巴黎藝術院聽講了。——我也從此避開李石曾先生的糾纏了！

既不能工又不能讀

　　等到一年之後，我自法南蒙白里葉返到巴黎（一九二二年夏），勤
工儉學早已發生了工學兩難，勤儉二字更無從談起。因為荷包空空，而
食住已無著了！在我國二千年來的傳統風尚，知識分子大多數不習於勞
力為活，因之在體力上不但不能支持勞作，而且在心理上也一味勞力
為恥。並且在我國四十年前的學校，仍只偏於課室的理論，專注書本，
學校甚少注意於機械方面的實習與化驗室裡的工夫；除了絕少數大學
（如北洋大學）有機器之外，其它學校都不設備工場，教學生去玩機器
的。因之這班勤工儉學生（大半是高中生，少數為大學肄業生），對於
工廠的機械使用與管理，大都陌生。

　　如果李先生當初照赫里約的想法，要先學得一門技術，然後再去勤
工，則在法國工業或農業專門實習學校三年畢業，照第一次大戰後，佛
郎價低，也不過三年只花一萬多佛郎，合中國大洋只七八百元，最多千
元。來者能有此限制，非有值大洋千元之佛郎支票，不為擔保辦理護
照，則不致洶湧而來，來後便發生麵包問題了。然而這樣來的人數必大
有限，又不符合吳稚暉先生的「看世界增眼光」之旨及李石曾先生的
「大量交流足致大同」的主張了！

　　法國在戰後，取得了沙爾佔領區的煤、鐵補償，大小工廠多已開
工，因缺乏人手，華工大受歡迎，如巴黎城區的比揚古（Billancourt）
工業區便有華工近三百人。因此李先生送了近百學生進入了克乃梭
（Creusot，以兵工見長）與爾羅特（Renaul，以造汽車馳名），這類大
工廠每天都收工人。不過華工已到法日久，或已成熟練工人，或能賣力
氣，較法國勞力者還強，故受歡迎，學生一進廠後，則既不能使用機械
或管理機器，大工廠不是學校，不能為少數學生開訓練班，便只有撥入
翻砂部門或運料部分去作粗工，翻砂要在大洪爐前鎔鐵，熱度甚高；運
料則一肩重量，壓得臂痛；華工們當之則勝任愉快，而勤工學生當之，
則認為打入煉獄，大呼受罪不已！譬如一九二〇之秋，周恩來被送入爾

羅特廠去做過粗工，他只做了三個星期，便跑回巴黎城，見人就說吃不消，認為是非人生活。周的體力並不錯，還苦不下來，其他更可知。在我的記憶中，只有李立三與李不韙（兩個湖南佬，後來前者做了中共的領導分子，後者做了中青的領導分子），幹滿一年的工廠粗工，可稱好漢！

李先生眼見學生體力無法耐勞苦，乃又向其它小工廠交涉；設法為之安置輕鬆工作，但這類小工廠用人少，機會並不多。如做釣竿漁線或黏紙花等小廠裡盡是法國女工，我的好幾位四川同鄉體力甚差，也擠了進去，成為青年女工嘲笑的對象。不過因中國人手巧而力勤，比女工成績高明，纔能住上一年，混了下去。還有中國學生年歲長一點而腦筋複雜者，雖不用勞力，也有不甘於機械工作之單調，而發起瘋來。我曾親見一事。有四川同鄉何酒仁（此人現在大陸，聞甚得意），其人調皮搗蛋，無錢而住在豆腐公司宿舍中，又與河北工友打起來；李先生為之找一法國北部哈埠小工廠，交涉只做輕鬆工作。我曾於一個週末送之入廠。何君經簡單訓練後，只管一兩部小機器，隔幾分鐘，在機器轉盤上面，加幾滴油，如是而已，這可稱為最輕鬆而不費力了！但不到兩月，廠主忽然寫信給李先生，說何君發了瘋病，恐釀意外，請趕快派人領他回去。李先生又請我週末去哈埠跑一趟。我去晤見何君，問他何故發瘋。他說：『我並未發瘋。因為每天八點鐘，守著機器，按照時間，倒幾點油上轉盤去，實在單調，乏味之至！於是我在萬無聊賴時，便高唱川戲的「霸王別姬」或「單刀赴會」幾句，以舒悶氣，就把廠房內這班法國鬼驚動了啊！』我聽後只有苦笑；與廠主說好話，廠主認為他廠房的秩序要緊，堅不再雇何君，我只得把他帶返巴黎，交與李先生。

至於說到讀書，談何容易，要吃得飽纔能讀書，固是一個條件；然而在法國求學，法文沒有相當基礎，便去聽講，也是白費時間。巴黎大學的文科，每天都有公開的名教授講演其所專長的學問；其它如社會科學院、法蘭西學院等，都有名流定期公開講演，如當時負盛名的法國哲學家柏格森、漢學家馬伯樂等人均在法蘭西學院公開講演。既曰公開，任人入聽，並不取費。然而不但要法文好，而且非有基本學識，不能聽懂。留法學生大半都因語文障礙與基礎知識不夠，歸國後，號稱在巴大或某種學院畢業。其實是以上大學聽課來點綴門面；至於「畢業」二字，則更說不上，因為既未聽懂，如何畢業；且巴黎大學只有做學位或取得某科文憑的學生與自由聽公開講演者，從來無所謂畢業不畢業。

學生貧病交加吳李回國設法

巴黎郊外西北角省哥隆坡（Colombes）小城（這類衛星城市，巴黎近郊甚多，皆有電車或小火車直通巴黎），中有小花園洋房一所，一樓一底，樓上臥室四間，樓下客飯廳及書房，並不大，而花園中草地則較屋大一倍，佔地約中國半畝，四圍矮牆，小樹繞之，環境幽靜，名曰「華僑協社」，為華法教育會所有之產業；聞係張靜江先生（張先生以玉器商在巴黎致富，昔年曾資助　孫逸仙博士的革命活動，而吳稚暉與李石曾兩位於清末在巴黎辦中文「新世紀雜誌」與「都爾中國印字局」，褚民誼即曾在此印字局任排印，皆賴張之資力）所出資承租，以備中國貴賓居住者。因第一次歐戰中，華工去法者眾，華僑協社中即設有秘書一人，名為照料僑胞，其實華工受法政府軍事管理，不得自由外出，故華僑協社之秘書亦無所事事，不過幫李石曾司函電，而李先生亦常休憩其中。

自從一九二〇年春，大半已入廠之勤工儉學生不耐受廠中勞力工作，而紛紛自動退回巴黎，荷包已空，食住無所，都向豆腐公司工人宿舍擠進，而原有工友不堪其擾，便發生打鬥之事。李先生不得已，乃移一部份學生到華僑協社居住，且為之開兩餐飯食。住在這所花園洋房裡，當然舒適得多，於是聞風而來者，一個月中，即有一百餘人，樓上臥室與走廊固然擠滿「元龍」牀下之客，未幾，樓下客飯廳中也夜間遍地是人；初尚有兩餐飯食，繼則人馬雜眾，無法安坐，只得分配麵包與「豈士」，並燒滾水待遇之。但來客仍不絕於途，加以拒絕，便要拼命，李先生便只好又在花園草地上搭蓋一個大帳蓬，下舖地板，令群臥其中。於是在一九二〇年中，華僑協社向為招待貴賓之所，便擠進既不能工又不能學之勤工儉學生近三百人，弄得這個幽靜之居，烏煙瘴氣，狼藉滿地，勢將發生瘟疫。其時該社秘書為學農而已畢業之四川人劉厚（大悲，現在臺灣任職某農場）受李先生之委託，其初招待來客甚殷，後恐因喧嘩污穢，而受鄰居干涉，乃以軍法部勒學生，規定晨起自行收拾被蓋，輪流打掃，輸出垃圾，分隊出外散步等條例，因是大悲便被稱為「劉督軍」，以其可惡有似軍閥；但大悲聲稱，誰不照辦，誰敢打他，他便不買麵包，不燒滾水。協社秩序因是得以勉強維持著。——但學生中的野心家已在外糾眾鬧了兩次大亂子，容後記之。

　　我在一九二〇年底，其時尚未離開巴黎，即見聚集於巴黎城郊之窮苦學生大致已有五百人之眾，吳、李兩先生已弄得焦頭爛額，正要乘輪回國去求援助。李先生臨行，特別約我一談，說：『你是成都與北京兩個留法預備學校的老教員，你既然回到巴黎，請你每週去華僑協社教勤工儉學生兩次法文；我不願再打擾你的讀書時間，但在暑假中，你可以抽出一點時間的。』我為李先生之言所感動，在李回國之後，我便去到華僑協社，其中學生當然不少認得我的。我見著大半皆面黃肌瘦，且有病腳腫而不良於行者多人，因營養既不良，且久臥於草地上所鋪之地板，不免要受寒濕，心中為之惻然。但法文是無法教得下去：一則聽眾心神不屬，一望可知；再則人多而無椅凳，一律站在廳中，各執紙本鉛筆，抄寫我在黑板上所寫之文句，並大聲照唸，勢不能支持至一點鐘之久，教完五十分鐘，則紛紛圍著我尋問消息，並訴說苦況，因其中大半皆四川同鄉，其時四川正兵亂如麻，我初返巴黎，也甚少家鄉消息；欲望四川這種毫無心肝的軍閥對於遠方學子有所救濟，雖有吳、李兩先生的屢次去函呼籲，直似以石投水而已。

　　我與劉秘書大悲談，大悲認為學生之病與死為最可憂之事，如吳、李兩先生回國亦無救濟辦法，則只有大批送回國去之一法。大悲因約我入城，在華法教育會中查卷。一查之下，令人驚嘆：兩年不到，計凶死者五人，病死者六十一人，而目前送入公立醫院中者有八十餘人之多，凶死者四人在楓丹白露，且皆係四川人，其中一人為用酒精燈燒菜，不慎，致引火焚身而死，年才十八歲；三人為在林中尋野菌煮食，中毒而死；另一則為北方人，在巴黎近郊為電車所壓死者。至於病死者多係肺病，醫生在報告上大抵寫明營養不良，病深至第三期，虛弱之極，始送入院，而已無法挽救。在這已死之六十六人與在病院中者八十餘人，皆係住在巴黎及其附近而被送入醫院者，計我探悉在工廠、學校與住協社者，全數不及一千人（其餘在里昂等地者未算），而死與病竟有一百四五十人，幾及十分之二，故大悲認為可憂之事。這固由於民初中、小學校太不注重體育訓練，青年體力一般甚差；然而憂能傷人，貧能使人得病至死，卻真可悲！

政府家庭公私分別救濟

　　其實，據我所了解，以四川而論，能讀書至中學畢業之子弟，其家

非商人即地主；絕少赤貧之家，而能栽培兒女至中學畢業者；尤其在民初，其時中學教育並不普及於四川各縣。然而四川勤工儉學生，到了法國，陷於困境，軍閥割據之下，固難言政府照顧，何以其父兄也忍心聽其子弟流落異國，而不動心呢？這據何魯之（曾代理劉厚擔任過一時的華法教育會秘書）與李劼人（小說家，彼時也在巴黎讀書）兩兄調查後告我，一因離家並未得父兄許可，因此負氣不願以苦狀報告家中，恥於求援；二因平素學業不佳，行為不檢，而早為其父兄所不滿，故自己心虛，認為向家裡求援，恐亦無效者。因劼人曾病腹膜炎重病，在巴黎公共醫院病房住過五個月，與數十勤工生之先後病者同室，故他詢知特詳。劼人本好事之徒，乃發起向同鄉同學函勸各人向家裡求援；自己如不願寫此種家信，則朋友可以代寫，只要把本人家住那裡的住址告訴出來便行。劼人發起的這一運動，頗為生效：為人父兄，未有不愛護其子弟者，除了環境特別困難，一時尚想不出辦法外，半年之間，四川勤工儉學生得著家庭救濟者，我已知數近一百人！

以我經手的一批為例，四川新津縣的四人：羅竟忠、萬監周、郭清正與謝澤沅，因我的岳家一位叔岳母係新津人之故，這四家都係地主，便將錢彙交我父，滙到我手；我為之存入銀行，送之入巴黎區立中學，讀書皆有成績，但萬監周已得肺病，被校醫查出，要我領回（因未滿二十歲，我為之作監護人）；我便託去德留學朋友攜之赴西德「黑松林療養院」，後來完全醫好。謝澤沅則未得家裡救濟，便因困境，早加入了共產黨；怕我監督他，拿到錢，入中學不久，便跑往比國去了。後來謝澤沅赴莫斯科，未幾，即以「托羅斯基派」罪名，被史太林把他槍殺了，還曾公開宣佈其罪名於中國留俄學生群，嗚呼冤哉！羅竟忠則在法以電機工程師畢業，抗戰中及勝利後，均在重慶市政府任工務局長，郭清正為人謹慎，在法學法律，聞一向在中華民國外交部任職，現不知在何處。

至於吳稚暉、李石曾兩位這一次回國向政府求援，成績比一九二〇的前一次為佳。特別是張溥泉（繼）先生而北方各省政府去信，幫忙甚大。溥泉先生是標準的燕趙之士，言必信，行必果，我在法與之數面，對其印象特佳。他雖也曾於清末民初，以革命失敗流亡至法國，但他的法語說得相當流利，且能在大學聽講，自己能看法文書，可以算得是個留法前輩了。我去華僑協社教那困處帳蓬之中一大批學生法語時，一次曾遇見溥泉先生在帳蓬內，以私人名義，分送糖果，前來慰問。我親聽

見他說：『我快要回國，我一到國內，即親向政府為諸位呼籲救濟。我張繼是不隨便說話的；我珍重諸位的志向與勇氣，我一定要出力幫諸位，盼你們忍耐一下，我說話是算數的，請你們相信！』張溥泉這幾句話很生出穩定的力量，（勤工儉學生已對吳、李兩位失望了，）因為其時第三國際共產黨特派員正在命令周恩來等放手吸收中國勤工儉學生中的失學、失業分子。

先說吳稚暉於民十一（一九二二）回到廣東，那時正是陳炯明反叛了孫中山先生而得意於廣東的時候，陳炯明因令廣東各縣查明其縣中的留法勤工儉學生，一律給以縣公費每月一百大洋，至畢業回國為止。於是所有廣東籍的勤工儉學生都得著救濟了，數約九十四五人，後來造就了許多工程師與藝術家。與我較熟的為畫家林風眠（林有天才，繪畫的成就在徐悲鴻之上，現尚在大陸），陳洪學畫亦有成（早死），雕刻家李金髮則現尚在紐約。

北方晉、魯、冀、豫四省的留法勤工儉學生，其數近百人，皆由張溥泉先生以北方名宿的威望，函電請求該四省的當局，發給公費。特別是山西的二十餘學生，由閻錫山派來學生監督一人，嚴格管理，中學畢業，一律送入紡織專科學校，學習織染兩科，皆有成就。江浙學生也多數得著公費與家庭救濟。在一九二二年底，這一至為嚴重的留法勤工儉學生的生活問題，便漸就解決。

但四川與湖南兩者的學生，數近千人（四川五百以上，湖南亦四百有餘），除了少數有家庭救濟，各自尋求出路以外，其餘六七百人，兩省的省當局既不理，縣裡也無法籌措公費來接濟。因在民十一二之交，四川軍閥割據得四分五裂，各據數縣，大刮地皮，誰管留法學生的死活！湖南也在北洋軍閥統治之下，且在南北兩大勢力爭奪之中，軍書旁午，無暇考慮李、吳兩先生的呼籲。因是川、湘兩省所餘下的孤苦學生，只有待莫斯科派來巴黎的第三國際代表，加以繼續擴大救濟，此中共的高級幹部至今仍以四川、湖南兩省籍為多也！

還算好的，前後來法之女子勤工儉學生，多數為川籍，少數為湘籍、粵籍，全體共三十餘人，一併因鄭毓秀女士的請求，而為多金好客的于格勒魯夫人所救濟，每月各給三百佛郎，按期由鄭女士發給。我的胞姐李琦固領受過這個人情至三年之久，而口喊打倒資本家的蔡暢、向警予與劉清揚三女士，似也未曾嚴拒這一項美籍太太的補助金，而照領過一個時期。

剩下了無助而忿怒的一羣

在前段，我已寫出川、湘兩省當局對於留法學生並無救濟，剩下了六七百人，自然成為忿怒的一羣。不過這一羣也未便餓死在法國。我要在這一段來略事分析這一羣中有三種人：一為加入了國際共產黨的，表面是無助，而骨子裡生活得並不壞，且有第三國際送來的活動費，故在法、比等地學生與工人團體中甚為活躍，這一種人，除周恩來為江蘇籍外，以四川籍最多，湖南籍次之，俟下章中詳述之。二為始終自力為活，有助固好，無助也可以向國內賣文，得錢即以餘時努力學業；這一種人也並不少，如我們的朋友周太玄、王光祈、李劫人，以至發起組織中國青年黨的創黨人曾慕韓，他們都或以譯書，或以通訊，向上海各書局與報館換取稿費為生，在法、德等國支持多至四五年之久。三為身體強健，在工廠作工鏖持相當時間後，已得技術，而便決心以技術工人勞力自活，終其身焉，這種人我認識十多位，如湖南籍的楊合川，至今尚在法國，已娶法女生子，前兩年尚有消息。

但這三種人全數仍應稱為忿怒的一羣。不過其所以忿怒，已不是為自己的生活問題，而是對於國事了。留法勤工儉學生加入國際共產黨，其忿怒的目的所在，乃是要打倒資本家與帝國主義；至我們的同志，要去「內除國賊」與「外抗強權」，打倒國內的軍閥專政，而要求實現全民政治者，也以其憤慨心情，集中到中國青年黨的旗幟之下。這一大羣忿怒者，在民十一至十三（一九二二—二四）中，明白的分出兩大壁壘，共黨與反共黨，在法、德與比利時三地，旗幟鮮明的鬥爭起來。至於不願參加黨派鬥爭的溫和分子，也大半站在同情我們青年黨這一方面，因為共產黨的一向主張是：不是同志，便是敵人；不革命便被認為反革命了。（學鈍室回憶錄）

十三、勤工儉學問題
——致上海民國日報記者

吳敬恆

　　記者執事；這一向為了勤工儉學問題，又惹起了許多討論。貴報同各報，都載得很熱鬧，今天貴報載了學詠先生「為赴法勤工儉學者進一解」一文，中間引著和兄弟的談話，那話大約就是我們星期六在一個茶社中談的。大致所談，都是學詠先生所載的。但是兄弟遇著閑談天的時候，每每要說的空話太多，便東拉西扯，容易纏錯。其中所說，「陳公使現在已經接濟了四萬餘元」這大約是說我去年在法國的時候，知道華法教育會已借墊了四萬餘元，不知上下文如何連帶著陳公使，所以學詠先生便聽錯了。陳公使是才到了不滿兩個月。果真他肯用了四萬元，便現在這一個小小熱鬧問題，也生不出了。民國的官是最清苦不過的，如何有四萬元來救度苦學生呢？他是有心無力，也要原諒的。故特請貴報更正一下，不要叫政府疑心他這樣的揮霍，他在外面發了甚麼財，要敲他竹槓起來。那就學詠先生幫兄弟害了他了。

　　兄弟是對於這很複雜的勤工問題，不敢下什麼批評，但是我也說一句，你也說一句，集合得許多人的報告同討論，或者也稍稍的顯出一點真相，尋出一些辦法。因此我趁各人注意的時候，也來附說幾句，純粹還是閑談天。不過我自己寫了，雖依然無頭緒，但一個人坐在屋子裏慢慢地寫，比較有次序一點。比聽我東扯西拉的講話，要不容易弄錯一點。

　　我在沒有談到正文的時候，先要說幾句閑文中的閑文。這件事，我想國裏的人，不大看做十分重要。卻無論那一方面的人，都還幫忙。何以說不大看做重要呢？因為「勤工則有之，儉學則未必」，不但人人心中所有，而且事實也是如此。所以勤工局面，既鬧不出什麼大人物來，可以幫執政權。而且一鬨成市，不久即散，本是我們老同胞的老門道。大家料定這件事，終是很快烟消火滅的。

　　何以說無論那一方面的人都還要幫忙呢？因為苦學是我們老祖宗所向來欽敬的。公孫宏牧豬、倪寬做學生都養，皆成為美談。只要這個人肯去頭懸樑錐刺股、映雪囊螢起來，便沒有分什麼仇人恩人，一概的心

許首肯出於自然的。所以各方面的人，不約而同，幫忙勤工生，不是真正贊成這個辦法，是直覺的承認他們那種行為。

既看做不重要，所以黨見是生不出來的。既多少終肯幫忙，那就破壞是沒有那種心思的。何以各報的批評及討論辦法，有些不同呢？這無非是個人觀察的不同，及各人感覺的不同。現在做報是很苦的，無話說三句，又要樣樣還他一點像煞是熱鬧。所以彼此的互相稽求，就不免懷疑了。在我個人參互的看來，覺得所有好好壞壞的記載，皆容納各人盡量的說話，皆是舶來的，不是各報自己訪採。我個人是看不出何報有什麼偏見。即是官場的著急，亦是另有苦衷，然這是我一個人的感覺，不知到底對不對。好在這是閒文的閒文，我們且講閒文的正文。

講起正文，便順勢先把官場的苦衷，約略說說。官場的厭苦學生，是一個流行病。外交官的怕留學生，更是搖籃裏的小孩怕老虎，出於根性。所以每每有放了冷僻國的小公使，便自己解嘲，說缺不重要，卻也沒有留學生。留學生是官費，還有一點身分，並且牛鼻管裏有條繩，可以控制控制。見得最頭量的，就是自費生。自費生雖號稱「自費」，似乎與「官費」是個對峙名詞，然大都帶了出去了一個「自」，往往中途卻沒了「費」。這種沒費的自學生，曾經煩惱了多少日本公使，演出了多少活劇，這是無人不知的典故，也不必勞我的筆，再來贅說一句。西洋這種同樣的把戲，雖然也演過不只一次，然而到底學生老爺，不容易光降。不料有個勤工問題發生，一船一船，躉票的載將出去，這一場終要結賬的禍事，陳公使做陳次長時代早已料定免不了。所以去年楊小川告誡勤工生說：「你們不可輕易出去，不免流落巴黎。」雖有人調笑他，說：「勤工生去流落巴黎，做個巴黎乞丐，還勝似你流落官場，做個寄生官僚。」然而畢竟流落的時節，還是禍害了官場。畢竟楊小川做過公使，有先見之明，總算官場的曲突徙薪者。比起現在許秋驪只能焦頭爛額，把一千六百人電報，勞煩了書記抄出來，扛到各報館去了便算，終是不同。

平心而論，養一個勤工生，至少要一百五十佛郎，一月「一千六百個」勤工生，要二十四萬佛郎一個月。約合三萬塊洋錢，一年要三十六萬塊。陳公使若做過督軍，或者做過財政交通總長，也算輕而易舉，可惜他只吃過幾塊鑲邊的豆腐，就是真正辛苦的積成著三十六萬元，只養得起一年的學生，也就犯不著做這種好漢。所以他的電報說：「頃又據廖領報告，自本月初以來，每日由領館發給學生食費計二十七名。每日

五法郎，本晨又來學生數十人索食，勢頗洶洶，臨時分給麵包，始免暴動。」等語。所謂本月初者，即二月初，離開電報登在各報不滿半月。算他半月，十五個、二十七個五佛郎，共付去二千零二十五個佛郎，又數十人麵包一餐，以六十人計算，每人五十生丁，又付去三百佛郎，合共二千三百七十五個佛郎，計華銀三百元。他兩個電報，卻打去了五百字（兩電文詳見五日前新聞報，今日各報亦登）。三五一千五百佛郎，也化去了二百五十元，就這一項計算，他不免已經吃了砒霜藥老虎。（有人說：電報是可開公費，學生的麵包報銷出去，部裏爺爺要駁。）

我所奇異的：官是真正到了末日。官的膽子、官的肩膊，比起老百姓來，終覺得不一樣。

華法教育會裏的老百姓，已有一年多擔任了二百個學生每月的借款，到去年六月，我所知道的有四萬元，到今年我所聽見的，已到九萬元。然後才告力竭，陳公使才墊借了二十七個學生月費，發給了數十個學生的麵包，僅僅負擔了三百元，已直跳起來，駭得走投無路。所以別人說他是借題發揮，想拔去這個厭物。我卻說他是張皇失措，沒了主意。陳公使遇著了勤工生，真似交了一步破財流年運，的確苦惱。

為什麼說他是張皇失措呢？電報上的勤工生，是一千六百個，華法教育會實數的勤工生，是一千三百個。打電報要替勤工界撐撐場面，多些少些，充其量，盡行發給五佛郎一天，發了一年，也只三十六萬元。到京漢鐵路邊去，候交通部解款，截借了一筆，也沒有什麼大不了的事。就是陳公使，也是一個鐵錚錚的學生。就是丟了官，勤工生一千六百個的簿子上，替他添上一個，也沒有什麼丟臉。在巴黎流落在公使館，與別人流落在工廠門外，也分不出什麼高低，但分苦樂罷了。他張皇失措的情狀，還吃虧他做學生時，必定數學是但講高深理論，把極粗淺的實用算法，卻忘了。一千六百，與二十七與數十，數目差得太遠，他竟將二十七與數十算做一千六百。一千六百裏頭，華法教育會沒有宣告與勤工生脫離經濟關係的時節，華法教育會只有二百個勤工生，同他生經濟關係。那一千四百個，本來不生關係。乃經華法教育會與那二百個生關係的，脫了關係，卻引起了本來不生關係的一千四百個，陳公使也怕著要生關係。然而來的都只有二十七同數十與數目相近的二百，還沒有超過。陳公使偏不肯就相近的數目打算，偏要就數目很遠的，併了一談，說千餘學子，行將絕糧，要拉一個虱放在頭上去搔著。（一千六百，同啟在打電報的學生，誰有工夫點算，是依著慣例下筆，陳公使也

去上這個當。）所以我猜著他，定是張皇失措。而且他的電請提出國務會議，駁得我們鄉下老百姓，不曉得是什麼大事。下文卻請二萬元，只好養二十七個或數十個，還是養不了一千六百個。我做勤工生，不但在二百個數目裏頭的，就是本來在一千四百個裏頭，老實不客氣，聽見陳公使要請國務會議救我們，我也辭了工再說。你做了國務老爺會議庫倫，還來不及，竟有工夫來會議我們小學生，一番盛意，也終不止說出二萬元。說到小民國的財政，經那班人三出身的國務員會議，自然二萬元確是巨款。但看他們各人胸前，掛了寶光大綬嘉禾章，像煞有價事，也開不出口，說出二萬元。二萬元一底的麻雀，連他們姨太大宅子裏的娘姨，也不屑頑著的呀。國務老爺們，虧他如何肯會議呢。虧陳公使如何大著膽，開這大口呢。所以一定是張皇失措了。

好了，話也多了。畢竟官倒楣，終受人得罪。確然確然，我的的閒話白嚼，還是把一個官開了一番心，實是不公平，但是我的大目的，是要把九九數整理整理，箭在弦上，不得不發，無端得罪於人，抱歉抱歉。

然而我說了半天但批評官的沒擔當，是否用意即說官是該養留學生的麼了？不是，不是。千數的留學生，並且方去未已，定要官去養他，就是我做了官，也要跳起來，說請你們來做官，我來做學生罷，而且尋常的留學生，依賴慣的呢；十個八個，請官替他們想想法子，也是不希罕的事。至於可敬的勤工生，本來挾了勞工神聖的宗旨，不屑依賴，才去自己奮鬥的，如何歸結下來，仍望靠官生活呢？所以說全體的勤工生，都要官養，也成不了這個事實。不過出了門，一個緩急，終是有的，無論那一項勾當，人數一多，那裏免得了緩急的救助呢？不說別的，我把發財的官來說，大家難道忘了年盡歲畢的時候，大大的省城裏，許多窮候補老爺，個個拿了香，擠在大憲的轅門口，叫苦連天，跪著哭著，文巡捕、武巡捕帶駁帶勸的開發，終是沒有用。這不是官數多了時節的現象麼？官是明明去發財的，還免不了緩急的紛擾，何況勤工生本是去冒險的，怎麼反會一塵不驚呢？官是愈少愈好的東西，倒還不曾聽見官鬧窮，便要想把官一齊裁了，免得剝蝕國本。勤工生是愈多愈好的佳子弟，為什麼他一鬧緩急，便恨不得一齊送歸，才算「維持國體」呢？

這回的勤工生有了「一千六百」，同華法教育會生出經濟關係的，只有二百個。照這樣比例，無論如何批評，也可以這樣崇拜這回勤工生的程度。譬如許有十六個兒子，一同出去了，只有兩個不能自了，你做

父親的還不滿意麼？所以這件事，官也應耐了性子，幫這班勤工生想個緩急方法。去年一年，何嘗不是節節有這樣的恐慌呢？然而當時的岳代辦廖領事都委曲的同著華法教育會，幫著學生想法。現在陳公使的陳籙，一到便滿肚皮的不合時宜，想這厭物，終是橫生枝節，不如帶好帶壞，也張皇起來，順水推船，把他一齊取消，落得公使館門前風涼一點。所以有人說，他必定說：「這真可厭，這許多東西，干我什麼事！我外交尚忙不開，真正豈有此理！」這是陳公使最錯誤的地方。老實說話，現在的外交，國際聯盟會裏的專使都辦不了，要辦也在北京。巴黎的駐法公使，有什麼事做呢？少叉幾圈麻雀，幫社會國家培植點人才起來，倒是應盡的良心。他若肯放到肩膊上，就沒有這樣的張皇。然而定要望他如此，我便癡人說夢，看錯這班新官僚。我上面可惜他的張皇失措，其實還是為他自己。他用這種大聲呼救的反做法，必定牽惹了那一千四百個，也彼此相顧失色起來。一動不容易再靜，真正頓時從二百個生經濟關係的，變成一倍二倍三倍是可有的事。圍鬧公使館，做學生時代，看得官是惡物，誰不樂意去湊湊熱鬧，駭駭他也好。混鬧的結果，陳公使盼望一網打盡，乘勢一齊送回；然而便是一百元一個川資，這十六萬元，你道那電請國務會議議出二萬元的政府，他肯出麼？二萬元去了，送回那個，不送回那個，鬧得清麼？所以要不耐煩，想有個痛快辦法，若陳公使想得，我想歷來的日本公使，也不見得都遜著陳公使的高明，早已想出了。如何至今還是好好壞壞，帶一隻眼睛，只好半推半就的過問呢？所以我在旁觀的批評，卻並不是要官養學生；只是望官幫學生一下，不要墊了三百元，便不耐煩起來，真正使人了解了，若說一個人也沒有緩急，也無人敢說。然而終可以望二百生關係的，漸漸減少，不至於從二十七而數十，仍至二百，頃刻便變了全體一千六百，都去圍困公使館的。（今日報載）一千餘人圍困使館，也仍是陳公使張皇失措的表象，不然，前天不是又見勤工生會電請派萬國勞動會議代表，可見他們還有許多人在那裏好整以暇麼？什麼使人了解呢？什麼從前常有二百人會生出經濟關係呢？請據我所知的，再來說說，對不對，我不敢下斷語。

我為什麼說「一千六百」個勤工生，只有二百個生出經濟關係來，便已可欽可佩呢？因為我要問什麼叫做勤工儉學生，就是美國的一面做工一面讀書的學生麼？不是不是。法國那裡來那種機會呢！「勤工則有之，儉學則未必」，是勤工界流行的一句話。這定要認做事實。

　　所以凡是為自己，為朋友，為子弟，若問我勤工儉學使得麼？我卻勸他不要輕於嘗試。就是全國的人，罵勤工儉學為不可能的，嘆勤工儉學為無益的，笑勤工儉學為夢囈的，恨勤工儉學為騙人的，他其實都立在「我自己」「我朋友」「我子弟」的三方面著想。從這三方面著想，那種鄙陋齷齪的希望，且不要說起，單從他的正當理由著想，他想真正有點東西學學才算得來，真正能夠有點成就才算得來，白白去做工人，在國裏不好做麼？他理由實在是充足。所以在國內苟有機會，可以學得，不必去做勤工生。明白的父兄苟能一面幫幫子弟，便無異一面幫著社會國家。賣田賣地，可以幫子弟去儉學，不必勤工。

　　然而若從社會國家著想，便苦別人自己不著，苦別人朋友不著，苦別人子弟不著，他肯去勤工，這社會先生、國家老爺，便只有對他磕頭求拜，望他前去。我去年在長沙，遇他們當道及社會問我勤工的，我便對他們說，現在的勤工生，算你們湖南最多，這自然是湖南一件光榮的事情。你們湖南已經有過了兩個大犧牲，不必問從前的犧牲合理不合理，卻是時勢的關係，當時需要著，你們湖南便犧牲著，便是難能可貴。當道光咸豐之間，那種綠營兵的腐敗，你們湖南人便犧牲他的子弟，來當兵勇。當前清末年那種混亂，你們湖南人又犧牲他的子弟來做革命黨。這不是過去的兩大犧牲麼？我盼望湖南再有第三個犧牲。就是現在民窮財盡，政治的破產，已經破了，經濟的破產，也跟著了。實業實業的聲浪，沸騰在國中，實業的高等人才，那為自己，為朋友，為子弟的三方面人，已經八隻腳，賣田賣地，來不及預備，再要管那實業普通人才，那能應接得暇呢？所以譬如你們湖南子弟，冒昧的去當勤工生，「勤工則有之，儉學則未必」。今有三百人，就算其中二百七十，竟止做了工人。無論如何比例，必有二十七人，造到工頭本領，又必有三人造到工程師地位。（蓋轉轉彎彎能入學也）若如此推廣起來，滿了三千人，則三五年之後，湖南有二千七百個有學生頭腦，及在法國做工的工人，有二百七十個工頭，有三十個工程師。這報效社會國家，難道也算不得一分厚禮麼！所以你們湖南，若肯有第三個大犧牲，就是中國需要實業，湖南把子弟犧牲為工人是已。這理論，雖然個個聽了，忍俊不禁，點頭稱是；我知道實際上講起來，期望得太高，終是囈語。各國都不曾有這個前例，難道我們學生的程度，會跳過了幾層，高到如此麼？然而過去的一年半，竟能有過半數居然在那裡支持，所以不得不令我喫驚，我所以對那些人說笑話，說你們勤工的諸君，暗中占了便宜。

幸虧勞農政府沒有本領，從西伯利亞跳過庫倫打進張家口。倘使來了，你們便自由的去做工。我們被他把繰條牽去做工，又做不來，這才苦哩。我又對一種少數人說，你們不叫子弟去勤工，把他掛著中學畢業生的牌子，在鄉鎮上茶館裏去做大先生，魚肉鄉民，這才顛倒哩。

然而辛苦的遠渡重洋而去，為自己，為朋友，為子弟，也便是為社會國家。也天理人情之至。華法教育會又打起了一個勤工儉學的招旗。故此試驗的當初，即發起人也確把勤工做手段、儉學做目的。應招的勤工生，內中便也很有小數，只夢想儉學，不曾十分理會勤工。所以這少數的到了外邊，初時知道要儉學非勤工不可，已竟為難，何況發見「勤工則有之，儉學則未必」，所以更是失望。故他們責備會中辦事人，用最少限度責備，說我們是被你們廣告騙出來的，終算不冤枉麼。當時我在巴黎，聽見他們如此譏訶，我就說，這倒真是抱歉，但是大家要原諒，凡登廣告，只有陳說利益，來不及兼下批評的；譬如登香煙的廣告，只說吃香煙如何好法，決想不到再把香煙於腦子如何不利也明白說明的。然而我自從去年六月，親去看了一次，才得了三個結語：（一）中國人若能把勤工局面支持得甚久，便可以試驗出中國人種，到底不劣。（二）勤工則有之，勤學則未必，需要明白報告於國人。（三）勤工罷、儉學罷，都說不到；姑且貿然出洋去，也另有一個動機。這動機是什麼？是「看西洋景。」

什麼叫做「看西洋景」呢？因為自從我們被老番壓下了，集了那種種驚異憤慨的情緒，終要一看他們到底是什麼世界。所以出洋的動機，雖種種不同：有去求益的，有去連絡的，有去取得資格的，好好壞壞的目的，無從一齊寫盡。然而一個正直無渣滓的初念，亦可說總動機，就是要看一看他們到底是什麼世界，所謂看西洋景。故無論亡命客罷，學生罷，教育家罷，商業家罷，委員罷，專使罷，合種種不同的品類，已去的，剛去的，未去的，除了那混沌派，其餘大都有看西洋景的興致。如不相信，那朱專使又要即日動身了，他的目的任務，自然很多，然最把他驅使得興會淋漓的，就是看西洋景。他老趁著閑了無事可做，不如且去看看西洋景。自然目的任務，也帶著幹了，否則他們秦皇島上的別墅、暖融融裏，說不定還有心愛的麻雀撲克可以消遣，肯冒那風浪，離鄉背井麼？閑話少說，這種看西洋景的興會，算少年為尤盛，故一聽出洋，幾乎無顧慮、不思議的前行。豈知到了萬里之外，只有兩種人是趣味濃深。一種是旅費充足的，出乘車、入飫鮮，多游觀富交遊，映著五

光十色的西洋景，自然樂而忘返。一種是本來叫化子叫城門，叫得開，城裏住一夜，叫不開，城外亦住一夜；麵包冷水是他的盛饌；公園草地，是他的廣廈；歌聲出金石，豪氣驚風雨，鑽在那千奇百怪的西洋景裏，亦復行乎自然。這兩種極端的景遇，皆與少年絕遠，所以一看了普通西洋景，大街小巷，走了幾天，但見高的是屋，亮的是燈，摸摸腰裏是空虛，那種萬人如海裏的無趣味，可以說格外無趣味。儉學乎？無其財力；勤工乎？無此勇氣。乃不得不盼望接濟，此是不可思議的看西洋景派，有落入二百個生經濟關係者。

更有中國人徹底窮，又生出許多公私捨不得的情況：有父兄略有薄資，不肯費於子弟者；有公家猶可說法，無人培其後進者。然往往所謂子弟，所謂後進，冒險遠出，以餓死聞，逼出了家款，求到了公費。於是看西洋景之少年，有挾如是希望，而為孤注一擲者，此亦情有可原。但於勤工的勇氣，必然比人銳減。這是二百人中，亦居一小部分。

其餘，則為勤工志向甚堅，無如其文弱而低能，或則有疾病、有事故，如此則居大半。以多數一千六百人中，合各種狀況僅有經濟生關係者二百人，勤工界的可驚異，亦使我拿看西洋景批評人者，足以箝口。

然何以只有此八分一之比例？則因初去的，了解的比較的較少，後去的，比較的較多，所以二百生關係之人，皆由不了解時所積。因此，可以從長的想法，固無庸張皇，不然，無論一千六百個勤工生，全責官去救助，固為不情，即八分之一之二百人，華法教育會救助了一年，已虧九萬元，亦告力竭。如其移以竟責諸官，亦未合理。不過若分別計畫，官肯放上肩膊拿好意協助；不難將不了解的安排去了，只剩少數了解而實有緩急的，本亦備有救助的計畫。如此，便兩全其美了。如若一味張皇，到了使人了解既不易，真要取消又不能，那便官去自討苦喫了。然情勢自然今昔不同，我但把我經驗過的，下過斷語如此，若說錯了，請恕我罷。我所經驗的，下面還可以述幾句。

我所經驗過的是什麼呢？且工且讀的事實，在西洋多得很，原無足奇。因為他日夜種種的教育機關，甚是完備，所以工餘求些智識，多少終可得到一點。至於中國人在西洋試行工讀，自然拿留美粵東苦學生為先。李石曾君在七八年前，觸動了他的觀感，就聚了一班同鄉，或係師範生或係高等小學畢業生等，約有四五十人到法國去勤工。大部分是同法國北部提愛潑城相近一個假絲廠訂著合同，幫他抽絲。因為假絲是挪威所出一種松樹，製成粗草紙大小的白色紙板，溶入硫強等水內，放入

槽中，即能引出絲頭，把他搭在繰絲架眼中，即抽出源源不絕的絲條。譬如硫強溶液槽，代了繭盆，其餘的工作，都與上海絲廠的工作，毫無二樣，惟中間多一道漂白的手腳而已。假絲，粗看與真絲無異，惟兩相比較，假絲是光采大露，似「好料」之與真玉。現在凡有廉價的洋織綢緞大都用假絲，服之太不經久。假絲廠的工作，以抽絲間為最不好，因硫強氣不良於衛生，故參用華人，法國工人不相妬忌。如此，李君所介紹去之高陽學生三十餘人，質言之，亦好算做苦工，但我曾去參觀了一次，彼等在廠作工很踴躍。廠中給一住宿所，適在水亭叢間，清雅可喜，雖就廠屋改作，然皆由彼等收拾清潔。飯堂廣廈一間，即為工餘的課堂，滿掛理化博物學掛圖，每日延法教員授課兩小時，皆能勤讀。小半則在巴黎豆腐公司，亦皆有夜課。這是第一票的勤工生。後來高陽鄰近，相引而去者，至今又有百十人。其前去者或回國服務於教育及社會，有多數皆在法國境內，設汽車小肆，設飯館，設雜貨店，莫不興高采烈，一面謀生活，不為寄生蟲，一面求智識，得工商農業的進步。即現去勤工者，亦在高陽布里村，保定育德中學獲有相當勤工之智識，然後前往。故在勤工界少有高陽學生，或作或輟，為落伍之苦旅人，蓋彼等都了解勤工是種新生活，高等智識，亦可隨個人境遇，一面奮鬥而得，並非看作留學的小路，可得資格的一種敲門磚，故心志堅定，李君將鄉人實驗所得者。加以戰事發生，儉學生資費不繼者大半，適法廠亦需人甚急，儉學生群往作工，亦頗有知勤工之可行者，因此發起勤工儉學會。然當戰時，有某省學生兩人將回國，路過倫敦，與余劇談於寓舍。其一人則告余，彼在糖廠做工，將女工包好之糖，納入箱子，用軌道小車，運往別屋，他又稱，單寡味，非人所做。因其人實一學者，而當此工作，自然不樂。然此人方輟談，彼客又接說：「吾省產糖不少，惜不知提煉，故仍被日糖所壓；吾有意改進此業，惜一無所知。」兩客之談話，皆屬尋常，然在一桌上，互相問答，頗有可怪之處。因為在糖廠運小車，原決不能得提煉精糖的智識，然過屠門而思大嚼，既已相好朋友，有此改良糖業之心願，所恨他人糖廠，不得其門而入。能入其門，縱不能如大彼得的窺見荷蘭船廠之奧妙；亦必能間接直接調查得好多粗事。胡為但把「非人所做」一句憤慨語了之！大約他必有一種單一的目的，把持在胸中。

因此，我又連帶敘述我去年在里昂的經驗。一天來了六個浙江勤工生，此六人者，皆曾在內國師範中學畢業，志行皆極高明。在里昂做

工，亦極相安。其中有一人告我：「我等在此做工，工作並不十分勞苦，每日能得十六佛郎，經濟亦可支持，惟勤工則有之，儉學則未必。我想學習應用化學，不知何日方能達到目的！」言罷，甚覺憮然，我亦替他慨歎。在經濟的組織社會時代，連高明有志行的人，要得些正當的智識，亦不可得。而一種妄作妄為、揮霍在口腹賭博肉慾的倒有，真是不平！

說到此處，百忙中又要說不相干的幾句話。好在我是喜歡東拉西扯，這封信同記者先生的談話，又本來是閑話，所以不妨插著說說。就是昨天我的朋友丁芸軒君告訴我，說他家裏近來新用了一個女幫傭，伊說：「我本是在一個現在上海著名的甯波老爺家裏，服伺他的姨太太。工錢也比這裏多。太太也要我在他家，我若是再在那裏，終要嚇煞的。所以我情願少兩個銅錢，到你家來。因為太太吃雞鴨鵪鴿，終要拿毛活摛的。呀唷！摛起毛來的怕末，怕極了。那種畜牲末，終是拼命叫。最怕末，兩隻眼睛突出子，骨落骨落，相好了我，夜裏想著了那種相貌，鑽勒被洞裏子還抖哩。然而太太胃口勿好的時候，還要說我是氣煞哉，吃也嘸不好好吃一頓格。今朝末，娘姨作弄我，一定拿那隻鵪鴿末，死了才摛毛的毛，就氣到下晝裏三點鐘，頭也弗梳，老爺也弗敢說一句。」丁君說：「我是沒有的相熟報館，你為何不寫了出來，登登報，去勸勸那位甯波老爺的姨太太。這甯波老爺，說出他的姓名來，也無人不知，面子上也過不去的。」我所以趁此機會，連帶插了起來，感想幸運的「金錢入手者」，要不知足如此。雖那種無智識的女子，也是社會組織不良，沒有做人的相當教育給伊，所以害了伊做不得人，模模糊糊，有錢是狂忙狂忙，嘶喪夠了，也就自己由醉生而夢死了。我今依了丁君，寫了出來也好，某商能不能看得到，他那位姨太太肯不肯聽，都是另一個問題。然而把他同有志學習應用化學的勤工生比較起來，也就不由自主，感著社會分配的不平均。我們有類似姨太太的行為，好似什麼總長做壽哩、政客請酒哩，太高興的時節，也要留一點神。尼采的超人，的確是應用化學做成，不是活摛了鵪鴿毛所能做成的。

然而什麼不平都是另一個問題，我要歸到無可如何的正文，便對他說：人有了一個志向，能一線到底，最是可貴。但是為境遇所迫，卻只好轉轉彎彎的達到目的，應用化學，在我們國內，學起來方便麼？如其方便，自然在國內學。又能滿足麼？那更應在國內學。我們無法而出，就是一則為不方便；（其實簡直可以說不方便的也狠缺乏。）一則為不

滿足。既已如此，回去也是同應用化學沒有因緣。回去做教員做科員，雖比較於社會或多小益，而收入可略豐，親屬朋友也沾了我們些光。但是那勤工則有之，儉學則未必，還是一樣。所以我們勤工生在內國，與勤工在外國，不要加起分別來。我承認勤工在外國，所有發生的利益較多，我們在外邊，除了應用化學以外，可以俯拾即是的牛溲馬勃也就不少。譬如我們星期休息，跑到公園裏去，於吸空氣之外，也可留意公園如何構造，路是如何大小相間，草木是那種如何布置、那種如何保護，一切籬落欄杆花堆等等如何式狀，用手薄記著，如此，雖說不得造園學問，然而將來我們回到窮鄉僻壤，大家湊趣起來，要弄個公園娛樂娛樂，也就可以不慌不忙，布置一個像煞有介事的便宜公園出來。譬如我們在通商大埠，看見過洋人的，便曉得把潮煙黏在嘴上，帶起舊式面銅盆，便也總算是洋人。公園是一端，我們在國外的環境，物質上，精神上，恐怕千端萬端也不止，可以補償那做教員，做科員，做養親屬人所多的利益，也就不見得很少。所以決不可心中、目中只有了應用化學。可憐每天工廠裏，街路上，也遇不著一個姓應用名化學的先生，雖然插了標，要尋那應先生，再也遇不著。

我又問浙江的六位勤工生，你們工餘到底有些工夫供給讀讀書麼？他們說：「時間所賸，雖然不多，然而兩三點鐘工夫，終能騰得出，專供讀書。我們現在本已實行，但惜沒有學校可進；相近的學校，皆極無聊。」我說：「你們各位在國內，想來都習英文，英文是很高明的了。但怕改習法文之後，時間太短，法文的進行，還正在忙碌。然而文字本可自習，了解學術語，關乎本人的學識，了解成語，身在法國，參考書易得，查考不到的尚少。所謂文法習慣，乃不成什麼問題，英文既高明的，更是短時間可以解決，然則最費時間的一項，卻是生字。生字即有最好的教習，也不能代我們注入腦中。記得幾個字，雖是小事，然數目多了，費時自多。且專恃一個法子來注入，又不相宜，終要「熟讀」「多看」「苦記」「常寫」用盡種種方法，同時並進，纔將數千生字記起，就跳出荊棘，到了康莊。所以胡適之先生在北大演講，亦把記生字時代，算一學生初歷的苦境。這事全靠自力，雖有良師益友，愛莫能助。不過你們利用這個時候，身居法境，求法文書又易，要把法文弄到游行康莊境界，仗著自修，我個人理想，終以為容易的。他們皆點頭說：「我們亦自信容易，正在這裏進行。」我說：「好極了，但是到底終要有人指點指點，格外好些。」他們說：「正是為此，便想不在學校

的苦處。」我說：「學校正式的組織，有了不滿百年，百年以前的人，本無現在的學校，一樣大學問家，也出得起來。現在的學校，雖有種種改良的便利，自然說不盡，非我所能下個否定之詞，但是現在一般麵筋學生，迷信學校萬能，且要自己不動天君，委一切於學校，希望不勞而獲，我看姓學名校的那位先生，也要拱手的推稱；不敢當不敢當了。」

「我想，中國名『學』曰『學問』，雖因中國名詞，向來不喜單用，把一個問字湊數。但湊得也很有些趣味。或者從前名詞的時候，實未有一點斟酌，亦未可定。你看古人在學業，注重問字，也就異乎尋常。有人問孔子何以稱文？文是有學之人所稱。孔夫子說：他不恥下問，。卻把『問』字代表了『文』字。孔夫子的學生，自然要算顏回第一，他朋友曾參，表彰他為學的大本領便是以能問於不能，以多問於寡。他把問字代表了顏回一生學術。所以說到了問字，簡直還能『下問』、『問不能』、『問寡』。那就我們沒有學校能入的人，便是神仙了。因為有種種法國當地人，好作種種之問，有許多學問深深淺淺的留學朋友，都可問，恐怕比進學校還強多哩。」說得他們也都好笑起來，點頭稱是。我又接說：「這件事，其實大家實行起來，可以解決國內國外無數人仰首問天無學可入的問題。可惜別國人的性質我不知道，我國的人是最驕傲不過的。甯拼一事不知，問人是不大高興。至於『下問』要『不恥』，能夠『問不能』、能夠『問寡』的，恐怕除了孔夫子顏回就沒有第三個人。他人，我不敢十分替他判斷，就是我個人，生平最慚愧的，便是不虛心問人。最吃虧的，便是恐怕問人，人要討厭。所以這問字，恐怕很難達到。若這問字，真正流行了，做了我們學生第二生命，我們中國還要出四百兆孔夫子顏回哩，什麼區區的『勤工則有之，儉學則未必』呢？諸君皆發笑而罷，覺得他們興會高了一點。

我又說：「我們志在應用化學，雖然那位姓應用名化學的先生，走遍里昂城，亦遇不見他。然而他的行述，如應用化學書報，他的遺物，如應用化學陳列品等，我們可以一面橫八豎七，自由的亂研究，亂打聽，這便是勤工到法國來的恩惠。否則我們在中國，儘管向棋盤街等跑著，也跑不出多少的聞見來。所以我把最低的希望下判斷，譬如你要學應用化學，現在是二十五歲，做了四年勤工生，學得很好的法文法語，有頭無尾的應用化學談話，又捆載了一大麓副產品造公園等的牛溲馬勃，你料想奮鬥在勤工，奮鬥不到里昂大學，你便暫且回國。因為你把個人奮鬥來的一點小智識，做過非學士碩士的教師，終要比去國的時

候，多得幾文。你從二十九歲作教師起，再實習四年，如此，真一月能積數十元，（此外並可略潤家屬）做教師的時候，更把應用化學的預智識，預備得十十足足，然後到你三十三歲暑假後，攜了所積二三千元，再來里昂，逕入應用化學科，三十七歲畢業，也不算對社會不起。因為學問本是終身之事，你有應用化學，便是學到你同伍老博士一樣壽數一百二十歲，你也終不會真正畢業。你所以急急乎勤工則有，儉學則未必。氣悶不過，不過要想早點得些智識，幫著社會，做終身研究的基本，這本是很正當。『種田要種大麥田，生兒要生二十前。』（這諺語意義不大好，取其形容急乎及時，卻有神氣。）讀書原最要及時，但被不正當的經濟社會，阻擋了我們，祇要我們不虛度，便不是我們的罪。若說同從前老見解一般，十六進學，二十中舉，至多三十必要點翰林，從此做官，便是什麼已經學完。一行作吏，此事遂廢，只是應當白相姨太太，弄弄麻雀，吃吃館子，是人生的本分。現在把西洋學校畢業，得個學士、碩士、博士頭銜，便抵了『同進士出身』、『進士出身』、『進士及第』還是便算學完，還做他們一套老戲法。恐怕做起這種描金的造糞機器，不大好罷。」於是各人皆大笑而散。

所以這裏又要加個附言：

若大教育家等，要促進有力量有機會的學生，「及時」自奮到外國去，非入學校畢業，非得學士碩士博士不可。這用意，不過將畢業及學士碩士博士，做個他們真正學習，不浪費錢財耗糜公款憑據。我是熱誠的贊同這個意思。所以為公家設想，也非趕先培植這種人不可。然而這個美滿的批評裏頭，卻含著千萬分之一的危險，不可不知：（一）恐那進士出身的毒，遺傳在青年體內，捷獲出洋人，都是有腳路的，屏除了寒士。（二）單一的主張了非如何不可，恐對於無力量的青年，反而消極，令他廢學，生出不合理的攻擊。今天見陳公使的電報，要教育部一齊送回勤工生，讓他可以在公使館裏清靜睡覺便是這種單一主張推演出來的消極法。

今天新申報專電，載陳公使電文，要送勤工生回國。一千六百個報名，只有十個，可見他們那隻勤工的雞腿，也同陳公使的公使一般，咬住了，一時放不下。陳公使苟放得下，可以憤而辭職，何得單要求教育部另派管理員，可讓他清靜呢？足見我前天所說，他最恨的是便要想做個安樂的閑公使，偏有這種厭物去討他的厭，是不冤枉他。他最短的，便是不耐煩，沒有多少公益心。所以我說，官是真到了末日，一做官，

先講對付，保住了官再說。不曉得別人也要保住一個勤工生，同他一樣著急。勤工生自顧前途，有益於國家、社會，還比他的官重。只有老百姓是頭腦比較冷靜點；所以今天又聽見寰球學生會等，都出來想救濟方法，替勤工生保地位，便比國務會議只保陳公使地位，畫然兩樣。現在無一處不可發見官民的異同，官真到了末日！

以上述了兩端，再把所經驗過的第三端，作正文述起，就是一個多月以前，在貴報覺悟欄發表了一封通信的陳澤孚君，他與王仁君等幾位溫台同鄉，都是年年學生運動裏最有學行的人物。去年因為華法教育會添了新例，要具資格五端，方肯介紹。那資格，便是法文法語程度、技術體魄、預備費三千佛郎等。別的資格，他們諸位是容易處辦，惟有那三千佛郎，共有十五人，要拿四萬五千佛郎出來，卻是不易。因此候了半年，沈滯上海，照他們的資格本領，去當教員科員，終可得一筆很溫飽的酬報。他們不願意老死牖下，所以和我來商量，我便說：勤工儉學的苦況，如何如何，要奮鬥什麼益處出來，很不容易。但是我是一個狂信遠遊的朋友，和我來商量，我終攛掇各位到奈何橋的那邊去。（就是西天）

說到這裏，又不能不先把我狂信遠遊的偏見，先插說插話。我這偏見，從前曾借中華新報說過一下，現在再拉雜的複說一回，共有三個理由：（一）是普通的；（二）是偏狹的，（三）是遠大的。

第一個普通理由如何呢？古人說得好：「行萬里路，讀萬卷書。」好比顧亭林那班人物，生長江浙，若謬妄的打算，必以為他是生長在文化最高的地方，再沒有什麼地方，可供他的參考。然而他為著要行萬里路，還是把騾子馱著他的萬卷書，到西北窮鄉僻壤的地方去勞碌他的筋骨。他的結果，據別人的評，也就批到好處不少。我姑且順著盲目的品評，說江浙是文化高，西北是文化次；那麼，從文化高的學者，去行文化次的萬里，一樣有益。所以現在我們到日本西洋去，也不必較量彼我的文化，誰高誰次。而且竟權把他的文化，算做不及我堯舜周公孔子，比我們次。那麼，日本是幾及萬里，自然該去，西洋是竟有三個萬里，自然更應該去。而且他們的書，是尋常的公共圖書，也至少有三萬卷，不必我們將騾子馱去。如此，遠遊西洋，便是行三萬里路，又可讀三萬卷書。顧亭林老先生聽見了，或者也饞唾拖長一尺，趕緊去勤工儉學。他老當初在西北，也不過勤工差不多。自學則有之，儉學則未必。這普通理由，是說凡抱之乎者也的氣概的，都該去，不但勤工生該去。

第二個偏狹理由如何呢？「地球是吾人的宅居」，是他們的諺語。「屍骨弗還鄉，作了什麼孽」「做你個路屍鬼」是我們的諺語。他們的諺語，結果一個地球，歐洲本是他的；美洲是他的新世界；非洲他又糊裏糊塗，不題名目，實際也算他的新世界；澳洲是我們也承認是他的新世界。賸了五分之一的亞洲，西伯利亞，本是他的新世界；印度緬甸安南馬來什麼南洋羣島，又糊裏糊塗充做他的非洲。呀唷，幸虧我們調皮，把我們叫做中國，日本也算自己是天下，那是四夷的邊荒，給他們蠻酉偷息偷息，也好。如其有人說，地球若會開口，說在我什麼地面，都可以算中心，那我們就覺得我們已竟驅迫到鍋底裏偷息偷息。實際還不但如此，我們什麼梵皇渡徐家滙一帶，都年年月月的推廣出去；天津漢口廣州，也都如此。有人發憤說：這是國運不濟，外國奸細去迎西力東漸的現象；一旦丘八老爺奮其神威，叫他捲了鐵床上毛氈，拔起外國火腿，連夜動身，這是，一不知道世界的大勢。倫敦巴黎的梵皇渡徐家滙，二十年來，也是年年月月飛也似的推廣出去，他們受了什麼力西漸呢？二是不知道他們的脾氣，他們是抱定地球是他們的宅居，屍骨並沒有什麼何鄉可還，真是你丘八老爺利害，他們卻可以竟做了你的小百姓，政治的侵略，只有那小氣的倭兄弟，還自殘同種，露出全副精神打算。至於他們經濟侵略，正是被你推到地上，還是無妨你的衣袋，他還要偷摸的。所以推廣到徐家滙梵皇渡，甚而至於推廣進桃源洞，政治的勢力，自然也有效，然而便是他用單一的經濟勢力，將來我們的屍骨，也有要還苗山老鄉的一天。所以摟狗賣漿的華工，已經替我們撐了參戰的場面，那鼻涕眼淚的豬仔，也算替我們做了華僑的先鋒。現在我們想錢，也想華僑；賣弄冒險性質，也借華僑。不曉得他們當初，若沒有拼做路屍鬼勇氣，會替我們撐起現在的小場面麼？歐洲的舊主人，在耶穌紀元前，還同銘松客威廉第二的祖宗，立於同等地位，大約他們也要屍骨還鄉，所以現在只隔二千年，已經都還到西班牙小小的山裏去了。

第三個遠大的理由如何呢？他要拿他的白皮，來優勝什麼棕皮、黃皮、黑皮，我是偏狹的，有些不服氣。若說要拿我們這張黃皮代用起來，我是沒有這個心思。我以為，最好便是什麼皮色的傑蟲，都把地球當它的宅居。決不可牢在臥房裏睡著，前門後門，都去游耍游耍，不斷的雜居起來，又雜配起來，便把紅藍白黑湊成了一種最美麗的好皮，那也是促進大同的一種條件。（我不主張學士碩士博士，娶什麼外國老婆，因為他受累無窮。因為老婆的皮是白了，他的兩頰的皮，卻也厚

了，笑罵由人笑罵，寄生蟲我自為之，也斷送了他一生。所以我並不是反對他們，只是可憐他們；若能摟狗賣漿，自己養自己，那便盡可自由。）

我抱了這盲目的狂信，所以替我商量出游，我替他起起卦來，終是上上大吉。我就對他各位說：華法教育會所憂慮的，便是到我們為難起來，沒有錢替我們解決。若我們能將緩急時候，不向他責備的緣由聲明著，他純粹立於義務介紹招待的地位，也應該擔任。諸君皆贊成這個辦法，於是他們介紹著勤工便宜艙位去了。他們同了一百二十位勤工朋友，在去年六月二十邊，到了巴黎。其時我正在巴黎，也被從前去的勤工朋友小小圍困起來。有兩回，他們到了十點鐘，還不肯走，也會了些麵包賬，才解決了。那時華法教育會的劉大悲君，被人要打要罵，雪片的恐嚇信寄去，要惹特別同情的，恭維他為「劉督軍」；直接洩憤的，有說：「劉厚小兒，咱老子要錢，你若不給，我送給衛生丸你吃。」

（照這樣狀況，自從李石曾君設了一個「互助」的借錢方法出來，到現在蔡先生去改章的時候，是不斷的。司空見慣的人，也覺極其平常。我去中間看過一齣，便覺得比曩年在東京，無特別離奇。中間終有少數掀風作浪的豪傑，也東去西去，都免不了的。不過官員是看不慣的，所以一下子便請巡警邀了出去。但起初他也款待了一頓茶點，所以電文雖簡略，這一層他不肯漏而不敘，那是表明心迹。總而言之一句，當時他們便是為「無工可勤。」那麼，陳澤孚君等十五位，幾乎一錢莫名的，豈不遭了麼？那還好，他們在華法教育會院子裏木亭中，安了行李，晚間橫七豎八，在客座等瞄處睡，弄了兩天，他們是說明不向華法教育會生經濟關係的。（他們也不願意生）然會裏當然有介紹招待的義務，便說：「覓工是很難，但普通不過的，實在還容易。我們不敢亂開口，因為有苦工的嫌疑。現在巴黎南郊木箱廠，需苦工若干人，工作係將鋸好之板，裝釘成箱，每日敲釘八小時之外，別無有興味的工作。工資只有八佛郎至十佛郎，不知諸君願意俯就麼？」諸君欣然願往。我們覺得他們便是「了解」的緣故，好了，現在我且把陳君信裏的話，做我這封信的結束。

他說：「人家都說勤工是不可能的，我們居然實行勤工了。我們每天上了兩點鐘夜課，雖獲益無多，亦可算工讀並行了。我們得著工資，除房金吃飯零用，節省用去外，每人按月至少有二百法郎可剩，從現在算起，一直做到明年暑假後，倘無變故發生，每人可積二千餘法郎。」

（他下面寫他現在的工資是十八佛郎一天，想已經得到比釘木箱好一點的工作，然能餘二百佛郎一月，陳君畢竟是特別的少數。）

他又說：「學生的過處，在少數不了解勤工儉學真義的，不能切實忍耐去做工，專向辦事人方面攻擊搗亂，或想得到一較易的方法來儉學。」（這便是近來要求陳公使發給每人每月四百佛郎的反響，雖四百佛郎一個，合一千六百個，只是十萬元一月，一百二十萬一年還抵不了一師兵。然而我們盼望前去的勤工生，何止一千六百個，能有一萬六千最好。要籌一千二百萬元一年，供給勤工生，我們的官場，若有此熱心教育，一千二百萬元，固然早已籌好，那他們也就好好的招考我們去留學，不勞我們奮鬥去勤工的了。可憐，「一較易的方法來儉學」，固然也極正當，我們的勇氣，也就消失了，故煩勞官來幫忙，也是應該的。若說一個較易的方法，便要出在他身上，叫他們那樣的若喪考妣、張皇失措，也失了勤工界的精神。請再看下面陳君的話。）

他又說：「現在高魯先生受蔡李諸先生的委託，來法兼整頓華法教育會……但我們不專望於辦事人，（何等精神！）惟有我行我是，作一個雞鳴不已。」（是真了解！）

照陳君這樣的人，到底多不多呢？則看陳君信中說過：「現在住在教育會及住在學校裏想工作的人，不下二百。」我上面也是說過，真正麵包恐慌的，只有少數，是勤工界可驚異的。然若少能了解，或真不易了解的分別了出來，也就不難解決。倘然張皇的官，一味不耐煩的張皇，貪圖想出「較易方法來儉學」的，一味要越易越好，這便旁邊想救助的，也不容易。官也叫苦連天了。所以有位說死話的朋友說：「勤工儉學生！勤工儉學生！到底是什麼一回事？

我只覺得：

不孝勤工儉學生罪孽深重，不自殞滅，禍延

顯考災民府君暨（時事新報建議，欲暫借北方賑款，救濟勤工生。故云。）

顯祖考公使太府君痛於民國十年……如是而已！」

（一九一一年九月）

（吳敬恆選集）

129

十四、朏盦客座談話

吳敬恆

客問：儉學會有六百元西洋留學之計畫，果能不妄乎？

答曰：用錢之事，至無一定。繁華之城邑，比例之相差尤甚。不必言其荒唐者，即言其正當者。假如上海學校有三四百元一年方敷澆裹者，亦有百十餘元亦能敷衍者。三四百之學校，不盡為上材，而百十餘元之學校，亦不盡為廢物。一皆以其為學之勤惰，而為其人成就之深淺。假使其人生長僻邑，無學可學，其家境又不能有巨資可措，能勝百十餘元，不能勝三四百元，將來上海學乎？抑因不能入三四百元之學，反甘心蹉跎於窮鄉，從而輟學乎？則智者必不待躊躇，而挾其力所能勝之資，就上海百十餘元學費之良學校而自進矣。推而廣之，在家本穿青布長衫者，至上海而必效同學穿「熟羅」（一種有空線條夏日所穿之綢）長衫乎？在家本青菜黃米飯者，至上海必嫌三色一湯之校菜未佳，頻往馬路酒館會食乎？在家本安步以當車者，至上海必數馳車出遊乎？在家本熟讀課本或借書誦讀者，至上海必見書則購，所有預約券不肯放過乎？凡此所謂穿熟羅長衫，吃館子，坐黃包車，上棋盤街，至商務印書館、中華書局買書，皆至平常之事。即上海至高等之學生，不以為非，我亦不以為非。然必出乎在僻邑出門時之預算，與百十餘元之力量，我將多所反對，則斷斷然也。平心而論，其人挾百十餘元之始願，特只欲得某校之功課耳。而熟羅長衫之華美，館子菜蔬之滑適，黃包車之安閒，羅列群書之富麗，乃又一事。不能因百十餘元之預算不敷，遂根本推翻，歸咎建議之未當。甚而浮慕之人，必且得隴望蜀，欲並遷於三四百元學費之校，方為快適。蓋此等麵筋學生，深信高價之油鍋，炸成大個，更可不費自己腦力，謀之而不能，反至放廢無聊，輟學而歸其僻邑，始嘆故我依然，百境皆非，則悔已晚矣。今不必提起蘇州之夜航船、紹興之烏篷艇，如豕滿載，你之腳大指抵於我之酒槽鼻，為人境之至不堪。且亦有「失風」（落魄）師爺、土頭財主，旅行其間，視若尋常。今加一等，為長江輪船之三等床架，又進而為香港天津之統艙或房間。則除今之議員老爺、毛頭政客，造孽有錢，洋氣直沖外，餘所謂

「曲辮子」（上海罵人之語）之詞林文人，初赴考之青年學生，皆資為惟一交通妙境。望大菜之間，過官艙之門，皆不甚生其比較之情感者也。乃儉學會學生，初聞日本三等艙價，莫不欣然。語其實在，其待遇實優於長江之牀架、天津之下間。如安心作為內國旅行觀，方當滿足之不已。然登艙而見頭二等之快美，加以長途之厭倦，頗有人忘其乘行之本意，甚且羞詬之曰：不是人境。充此論而處處為齟齬。明明無所謂不可儉學者；竟亦可誣儉學為理想。此則天下事皆在有志者自為之矣。

客問：子所謂三等艙者，為價幾何？其實狀果奚若？可聞其詳乎？

答曰：日本有恆言：凡人當分利之年，或為分利之人，旅行例當以三等舟車為合格。分利之年則學生，分利之人則軍人。故軍人與學生，乘坐三等舟車，走盡世界，皆不以為非。非如外交官等服御不飭，乘坐街車，則傷辱國體也。例當從儉之人，更有教士。昔年有日本教士，以同教之誼，犨湖北鑛學家曹亞伯君西行。該教士自充頭等艙之侍僕，而勸曹君乘坐四等甲板。此教士抵英後，到處爭迎演講，因彼實為一日本有名之牧師。其西行之目的，即欲以演講所得之錢，歸建禮拜堂。後聞得資三四萬元始歸。由上海至倫敦、巴黎、柏林，資費出入有限。因既抵西洋，到處只有一半日之車路，多亦一二十元耳。歐戰之前，有定期之郵船四家，皆兩星期一發。四家更迭而行，近乎每星期皆有在上海開行之船，曰英、曰德、曰法、曰日本。英船無三等艙。德法三等艙，其待遇有中國內海輪船官艙之身分，故需價二百七八十元左右。日本三等分兩類，曰特別三等者，等於德法之三等，故為價亦需二百五六十元。尋常三等則價只一百八十元，即余昨所言之長江牀架，或天津下艙房間者是矣。與上海往日本之三等艙，無甚異同。惟上海、日本間之輪船常小，歐行者較大。而艙中飲食，似亦略略較優也。由上海至新加坡，三等頗擁擠。因有廣東南洋之華人，及往來南洋之日本小販賣商，而日本龜奴與妓女，亦頗不少。既過新加坡，終只有寥寥數人十數人而已。常能遇日本學生一二人，大都赴德。無論如何，每一客人，終能占得極濶之席，如岸上獨睡之床，較長江之架子，大而且高，新加坡以後，一人可占一二床舖。睡其一，其餘則陳設書籍食物玩具小箱等等。若善於收拾之人，亦能「羅羅清疏」（極有條理），安排得別有天地。三等雖不供被褥，然旅行適在熱帶之下；雖在冬間，一抵香港，直達地中海，皆如夏令。彼本有土席，所謂「撻撻米」者是。更加一東洋摺席於其上，即光軟無比矣。攜布單及毛氈毯各一條，儘足供此四五十日之舒服。食

物每日白米飯三餐，光潔可食。惟肉燒洋芋菜燒魚之類之飯菜，皆東洋風味，久居東洋者，甚以為適。未嘗東洋滋味者，莫不唾之。故若預帶醬油麻油皮蛋火腿臘腸冬菜等愛食之品一二十元，而又廣帶茶食餅乾糖菓等等。長途消遣，亦即比於神仙，且三五六七日必抵一埠，停泊登岸，就酒館小酌，攜回水菓各事，又添無窮風趣，聊用以慰辛苦，皆廉而不費。海行之極可羨慕，較長江內海之船為適。三等或較頭二等為自由者，長江內海之船，三等無寬大之甲板，可供憩息；而外洋輪船，則頭二等固特置寬大遊步場，即三等亦在大艙之面建搭帆布之棚，任客徜徉其間。海行最不可少者，為一二元一具之藤躺椅。近乎每日十許小時皆躺坐其上，啖果餌，觀書籍，談空話，望海天之浩碧，嗅海氣之潔靜，若無世俗之見，浮慕頭二等之虛榮，亦幾南面王不易其樂。而且酷暑之時，三等則科頭箕踞，惟不露赤膊等之惡相而已。儘可御日本之道袍，寬博迎風，行坐自如。若頭二等艙，則會食必整西裝，揮汗必襲重衣，拘苦或亦如獄囚也。若在頭二等艙而失其儀節，反受外人之恥笑矣。

客問：六百元儉學生飲食起居及學校修業，可聞其略乎？

答曰：學生西去必程度至不相一。今當以預備完足，可以逕入大學或專門學校者為甲類，語文及普通學各有欠缺者為乙類。今先言甲類之學生，其飲食起居及學校修業，雖因儉學之故，略當從儉，然究與尋常官費學生等亦可無甚分別。因用錢從寬從緊，決不在乎飲食起居及學校修業等之正用，惟在乎零錢。零錢之為名，雖終若不過為附帶之費；但儘可指大於股，股大於腰。譬如我等在上海包飯，一月只須三五元。然一月應酬朋友數次，共上酒樓，反可不止三五元。諸如此類，可見銷耗之巨敵，惟在零用。倘專注意於學校修業，不必十分刻嗇其飲食起居，惟與零用為嚴格之相持，則零用真為零用，儉學正有餘地矣。假如有甲類學生，籌取二百五十元之旅費，乘日本三等艙，抵英國之倫敦（二百五十元船資與小小整裝費皆可在內）。船到時必有介紹友人來碼頭相接，或竟在船邊雇一汽車，與行李同載至曾經介紹之華友寓所。其友必知來意，即為覓一廉價之　所，大約華銀八元一星期。此寓必在一中等人家之家中，普通有中國六架大小之房間一間。「局運」（運氣）佳者，以如是之價，能得較大之房間。房中上有光潔之白堊平頂，下有華美之地毯，壁糊精雅之色紙。照相畫架，必大小十數。鑪鉗插排列整潔，精銅耀目。窗光淨明，白紗花簾雙垂。書桌靠　，上覆五

色線單。軟絨交椅數事,或壁角有大躺椅一具。非有特別衣櫥,即有特別壁櫥。雕花鏤嵌,可貯書籍。獨睡鐵床一張,銅柱精擦可鑒。羊毛毯為被褥,白竹布之被褥單相裹,溫軟光潔。被頂罩以白花線單(此單乃覆被之飾,我國最近流行,取為客寓中之褥單,已屬可笑;更有妄人,用以罩桌,西人見之,必作嘔三日。西人吃飯桌上白花單,乃平花無邊鬚,絕非同物。且惟吃飯時罩之,餘時只覆色線之單。我國習慣,桌上罩一白竹布,名為洋式,此等洋式,實出杜撰。)鴨絨之枕,枕罩與被褥單皆七日一換。白磁便盆或盆箱,或簡便置於床下。一壁有大理石之面盆檯,嵌寬大之磁盆。能含斗水之磁壺,滿貯潔水。漱口玻盃、肥皂磁缸,位置於檯角(惟牙刷、肥皂必自備)。面布兩條,搭掛小架。每晨十時至十一時之頃,客必出房,或往客堂,或步出公園,讓女主人或下婢整治其床鋪、傾潔其便盆、更換其水壺、拂拭其溺牖。如不依時出房,非但此日即百物不為整理,且被看輕為妄人矣。夜睡之時,將所著皮靴,提置房門之外,明日房主亦為拭淨而上油。(有包在房金內者,有另給一辨士一天者。大約包在內者為多。)如其有衣領等應當洗濯,即於晨間出房,讓其收拾時,將應洗之衣物卷置床中,彼即取去。(不置床中間者,彼為疊好,以無欲洗之表示也。洗衣大都另給錢,惟局運至佳者,亦能得包入于房金)終之所有卑褻之勞役,皆以慣例之方式表示,不可以言語使令。雖語下婢,皆為謬妄。以上即八元一星期之寓所。房間大約占有三元五角之價;尚有四元五角,則算入飯食。以三元五角一星期之房間,鋪設至道臺之簽押房,亦不過如此。西洋儉學較諸北京儉學,租寓旗人家中廂房煨著沙鍋,實天上矣。

客問:八元一星期之儉學客寓,而其飲食又奈何?

答曰:世上之飲食,以中國為最穠郁而油膩,伊大利次之。以日本為最清淡,而英國次之。兩島國之飲食,皆清淡寡味,而頗合於衛生。然吾國寒士家風,黃米飯香,青菜熟。大多數之人民,亦何嘗不淡薄?深印一青菜黃米飯之觀念於腦中,則嘗日本白米飯黃蘿蔔之滋味,固無所謂不堪者。而食英國之簡便大餐,更如登天矣。英國儉約家風之食物,以晨間晝間為優,夕餐則淡薄。惟富貴人家,始夕餐尤豐於晨午,洽得其反也。今就儉學生八元一星期之客寓而言:早八時或八時半,主婦設早餐於客堂,叩客之房門曰:「早餐已設矣。」客應曰:「唯。」至客堂就坐,每人盤中油煎雞蛋一枚、火腿兩片者,其常;有時薰魚一尾者,其暫。麵包切片已塗牛乳者,陳於桌心,任取多少。茶注於盃,

和以牛乳方糖。一盃與兩盃，聽客之所嗜。平花白檯單上，盆盎刀叉整如。瓶花中設，且食且談。問題大都出晨報，是曰早餐。午十二時半，又叩客之房門曰：「午餐已設。」其時檯單益潔白，盆盎刀叉益增，瓶花益燦。主客畢坐，主婦割牛羊之肉或魚塊或雜膾，約拳大者一品，置大盆獻客。番薯或菜或藷，另置大碟，徧傳桌上。各色取少許，和肉以食。調味架上之鹽缸醬瓶醋樽椒盒，任客自取。肉食既罷，乃進糖食，所謂「補丁」者是也，此為英人之特色。補丁凡數百種，新婦必以能作補丁為賢慧，一如我國閨中學作餅餌，為大家女子之天職。補丁之常食者，無非杏子或蘋果補丁、葡萄乾補丁、細米或涼粉補丁、大米雞蛋酪補丁之類是也。（西洋糧食店亦售大米，即作補丁之用。在彼人視大米，一如吾人之視苡薏也。惟價格亦只倍於上海米價。運往者為南洋日本；而米質則以爪哇為最佳，日本次之。）肉食一盆、補丁一盆之外，各得麵包一塊，不塗牛乳。飲則清水，貯於玻盞。是為午餐。非有能如上海之番菜五六七種，連連而進。雖餐館與富室之餐，亦與上海番菜相同，品類繁富，然尋常中戶之食，決無有過兩三品者。儉學之寓餐，菓則絕跡不見面（惟水菓甚廉，間可自購，晨夜作消遣品）。午後五時，名曰吃茶。茶和乳糖一二杯，麵包塗牛乳或糖醬數片。客氣者復加蛋糕一盤。夜八時半或九時，又有茶一二杯，麵包與糖醬，或加餅乾，是名晚茶。或局運佳者，晚茶與午後之茶並在六時，另加冷肉或雞蛋或油魚壹盆。於是九時則進咖啡或可可一杯、餅乾一二枚，是皆可稱之曰晚餐。一日之食料乃備。大食者惟以麵包為進退。然據衛生家所說，吾人食物，但嫌太多，不嫌過少。則英人儉學生寓中之食飲，於養生之料，固已綽乎有餘。此八元之權利，除房間飲食外，又有一餘福可以享受者：則每星期得洗浴一次。今日英國之住房，雖中下戶人家，莫不各有絕好之澡房。即上海洗清池所謂洋盆者是矣。便房則潔淨精微，機關抽送，不見纖毫糞跡。又必近於我等臥房，夜半清早皆便。

歐洲嗜茶之國，以英吉利、俄羅斯為最。大陸視茶，僅如我國之視咖啡，偶飲之而已。俄羅斯之狀況，吾不能言；而英國則視茶為主要之食飲，故晚餐則名曰「茶」。我國救荒，則燒施粥，佐以鹹蘿蔔。英人振貧，則送麵包及茶葉。故若茶價之上漲，一如吾國米價之漲，使人愁歎。茶飲如是之普，亦不過七八十年以來。吾於五六年前見倫敦日日電報一報告：言一八五〇時，華茶進口七兆元，印茶僅半兆元；一九〇九華茶增至二十二兆元，印茶則增至四百五十兆元。如此次大戰聲中，糧

食以缺乏為憂，不應反阻華茶。某先生曾以歐洲阻止中國絲茶進口為問，余愧於商貨未有調查之經驗，尚未能一答。據西報之傳說，則因潛艇萬險之中，欲載其急者，而暫置其不急者。華茶本為上等人家之飲料，在所不急，故暫多載印茶，少載華茶，此必為確因。若絲則為奢侈之品，更遭暫禁，又無可疑。然絲但進口於法國，聞法國不欲於戰時減少女工之生計，並不禁運華絲。若英國則本少大票華絲入口也。英國華茶之價，平時至少兩元一磅，若印茶只六七角一磅，故茶店印茶只售五分或一角一杯，華茶每杯至少角半。故如小茶館及中下戶人家，華茶絕跡。彼中人未嘗不珍視華茶，無如力抽重稅，使其價至昂，以保障印茶。故華茶欲其如何發達，恐終暫無希望。

客問：住此八元一週之寓所，飲食起居，則已無問題發生矣；其學校修業之法，則將奈何？

答曰：每年星期五十有二。四百一十六元之房金，並年終致送小小禮物，對於房飯錢一項者，共支四百二十元。無論習法政文學工科理科，皆能選得年費一百元之專門學校入之；其餘八十元，則以四十元為添補衣履，洗濯領衫等之用。二十元供給郵票車費。二十元供給筆墨書籍。若夏期旅行，購買書報等等，當然皆只可以近邊公園、公家書樓等代用，不復能與資費寬綽之同學相比例矣。若有人但欲於學校修業上多得利便，而飲食起居能自減損，尚有自炊爨之一法，此法不惟省錢，在不佞與李石曾先生之理想，以為新時代之人物，於飲食一項，應當設一簡便法，以適於旅行。不當煎熬炰炸，務為繁瑣，使口腹一項，造出許多不便。故即如圓心火油燈，在歐洲儉約之家，仍復廣用，因其價較電燈煤氣燈終只得半。火油燈加一文明燒架利用之以為個人之煮飯爐，配以華美輕巧之鍋壺，頗不礙於觀瞻，置之書桌之上，一面燒煮，一面寫讀，亦不害於時間。一人之食物，若「料量」（計畫）周到，配搭精審，於食器可無贅餘，於衛生可無妨礙，於滋味可無厭倦。余曾介紹二三人，在倫敦實行此法，皆稱無少費事。內有兩人，因房東止供電燈，且皆以火酒點之，每人每星期約費兩元，能使食料不減於寓主之所供給。且偶參家鄉風味，於口福略增，足償手足稍忙之勞。如此覓一三元一星期之房間，但管床鋪收拾，不管飲食者，亦甚易易。以三元之房金，加上食料兩元，不過五元一星期，年只二百六十元之房飯金；賸下三百四十元，供給學校修業及添衣買書零用，便精神上大增愉快矣。我等方擬配置精美之燒飯器具一副，總括而置於小皮包，又配合食單一

紙，購辦食物簡便法之說明書一小冊，以供願就簡便生活法者所採用。不惟可適於儉學也，且並適於我等之旅行，及輕便之家居。如內地食物店之不潔，直以性命相委託。方知個人自炊爨之風尚成，亦社會不良時之衛生法矣。

客問：所謂乙類之儉學生，其赴歐之情狀則奈何？

答曰：乙類之儉學生，則於詳述居歐狀況之先，有可以討論者甚多。所謂乙類之學生，即指預備工夫不甚完足，不能直接竟入大學或專門學之人，或簡直尚有不識字母之丁東者也。昨得某先生書，欲僕詳答英、法、德、美之學制。淺陋如余，安能縷答。且一部十七史，從何說起？即調查書籍，詳細開列，必成巨冊，非雜俎欄之談話所能容。況此等爛朝報之章程，書肆必已有譯本。然僕揣某先生之意，必非泛問學制；其意必代為親友訪問，欲知如何進度，能入如何學校，有所準備耳。此僕可以簡單之詞答覆，且可併於討論乙類學生之時，夾帶而出之者也。今最要者，又當分乙類學生為三種：

（一）年齡幼稚者為丙種。

（二）已成年而欲得一種系統之學問者為丁種。

（三）無論已未成年，限於境遇，只能於雜藝雜學隨便獵取者為戊種。
而黨人遊子墨客奇士與夫頂出洋之招牌，吸文明之空氣，尚非荒唐鬼者，當附庸於此。

今當先定丁種學生之標準。此等學生即欲由乙類成為甲類，入大學或專門學校，

學習有系統之學問者也。其預備至何程度，方能合格入學？則可武斷言之曰：無論日本、英、法、德、美，即走盡世界，當先有三件要事：

（一）學於何國，必何國之語言十分精熟。此即不係乎發試儘可「七纏八紐」（亂七八糟）南腔北調，勉強混列學籍；然至上課之際，但能心領神會；考試之時，不免借抄講義，一樣半生半熟，得畢業文憑而歸。其畢生之受用與否，惟有個人自覺之矣。

（二）學於何國必何國之文字，看讀書、寫作比諸中國舊學，有高等秀才之程度。而且因試驗之關係，於該國之地理歷史，亦當勉強研究，熟其大概。

（三）算術則於數學代數幾何三者，皆有今日國中中學校最優級之程度。
此三者為基本。倘於此三者無所欠缺，不必問英、法、德、美學制

如何，皆可有有系統之學問可學。否則必歸於戊種學生內計算。三者之外，又有兩事：

（一）無論古文如希臘拉丁或今文，除所在國之文字外，假如去英國者，英文之外，或法文或德文，必當兼習一種。其兼習之古文或今文一種，程度雖可稍低，然照例亦必看讀寫皆有規模。否則雖二、三兩項已經入格，此第四項或可通融，尚有以華文替代等之把戲。當於自己前途之學業，甚多吃虧。

（二）於理化博物中，必有一小門特別研精，毫不歉於中學之程度。

二者雖於前三項預備充足之後，補習至易。然欲正當而習有系統之學問於入學之先，亦不可不一並預備也。

故若上五項工夫，出國時已經完備，是曰甲類學生。若猶待出洋添補不足者，名曰乙類學生。自小出外添補者，乃乙類之丁種。無論丙種丁種，無法於五項添補滿足者，即無系統之學可學，是即乙類之戊種。其人儘亦有此項有系統學問之招牌，實皆野雞學生也。野雞學生，何嘗不能成「家造博士」或「發明大家」？然此為別一問題。論及戊種辦法時，或再討論之可也。

客問：如子之言，乙類丁種學生之程度，似皆可於內國預備滿足，成為甲類學生而後出。

答曰：此乃正當之辦法，雖然事有未易一概論者。一國之立國，自有一國合理之辦法。譬之如中國之中學校，照情理而論，極能造成出洋入大學之甲類學生。無如在理論上與實際上，皆未易造成出洋入大學程度滿足之學生。因出洋求學，乃一時之現象，必非永久之事局。苟將成其為一國，必計畫國內有學可學。此理論上之中學，應當為正式中國之中學，不能看作出洋預備學校者也。出洋求學，終為至少之數。全國多數中學之青年，但求受一中等教育，而供其一生職業上之應用者，乃居百分之九十。此實際上之中學，應當為中國中等教育完全之中學，又不能辦成出洋預備學校者也。故必欲於中國中學，求達預備滿足，無歉於甲類學生之程度，在勢定有所難能。惟有特別供備出洋之學校，如北京清華學校之類者，可以副此目的。然昔年吾鄉胡君敦復主該校教務時，極微嫌辦事人無意使程度切合，建議欲增高其學程，至齟齬而退，乃發憤集合同人，至滬上發起大同學院。極數年之擘劃，一意傾向此目的而進行。無如往學者多數皆非有直接出洋之計畫，仍只以一良中學或高級文科視之。辦事人欲周旋於二者之間，心力乃為之愈勞。舍此以外，惟

一二外人所設之中學大學等，差亦易副預備滿足之希望，然而學費亦幾等於出洋之儉學。惟其人苟於經濟有精密之計算，殊亦值得少安毋躁。在此等國內之校中，預備滿足，然後出洋，三年只需兩年外洋之費用矣。但有最要之一言，貢諸學生之自身者。無論在國內學校，或外洋補習，真能滿足其程度，且生許多之活用者，必其主要恃自力。切不可委之於學校照例之功課，以麵筋學生自持，以為學校中照例功課之力量，能使我等自然發展、自然滿足。若但委其運命於學校照例之功課，在國內悠忽歲月，滿足無期。遂思偃苗助長，或入西洋之火油鍋中，可以不勞而獲，則大謬大謬。成年學生至西洋預備普通中學之困難，乃異乎尋常之困難，在儉學為尤甚。因其為成年之人，而正式之官立中學不得入，只可入私立中學。因其為儉學，高價完備之私學不得入，只可入飯桶私學。（法國公立中學雖成年者亦可強入，然此等能許成年人強入之公立中學，其情形亦與飯桶學校相等）所謂飯桶私學者，乃吾臆造一遊戲之名詞，形容其真相者也。其立校之宗旨，直如我國從前之私塾。乃一種之營業，專門供失風文人，為無聊中之飯碗者也。而在英國為尤甚。英國社會，表面上之階級雖平，而心理上之階級，實為世界最重之國。雖今日官立之中小學，日良一日，其功課遠勝於私學。然官學則平民子弟必多，而高等社會之父兄，必不願其子弟與平民子弟相周旋，故甯出高價，就學於有名之私學。中等社會慕效之，卻不能勝高價，於是荒謬絕倫，舍卻甚良之官學，情願入飯桶私學。供求相應，飯桶私學即因之而盛。每至暑假後第一學期開校之先，廣告中登載某某私學招盤，或某人欲於某處租一私學，或買一私學，觸目皆是也。（私學皆為中小學之程度，其受國家之監視，自亦不必說。然有名無實，必為經濟困難者原諒，中外所同也）

客問：然則成年之乙類學生，初至外洋，可入者即此飯桶私學乎？

答曰：在儉學生之預備好區處，即此飯桶私學為最佳。客或驟聞之而駭，然討論終結，或又頗增想望。倘其人不耐國內中學之曠日持久，即竟赴外洋預備，亦無不可。國內三年之費，固只能供給外國兩年。然亦未嘗無意外之捷獲，可償費用之稍增。惟其兩事，仍當留意：

（一）必具獨修精神，富於自動之力。此即在國內學校，亦所傾重，至外國為尤要。非惟飯桶學校，其照例功課之敷衍，遠甚於我國腐敗學堂。即良好之官學校中，亦少硜硜講解，大都側重自習，其名即欲發達其自動之精神。

（二）無論如何，文字必粗通文法，算學為略有根底，然後可以成行。
　　若不識字母之丁東，不知數目之多寡，冒昧而行，除是其人甘為
　　戊種學生，否則若有作系統學問之希望者，未免吃虧太巨。因其
　　人雖有自動之力，然動無可動。當言語不通之時，雖至淺之講
　　解，飯桶校長，亦願效忠。而無如彼有其口，我無吾耳，亦窮於
　　指點。則初習一二年，或至非常困苦，亦未可知也。

　　倘既具自動之精神，又有淺薄之根底，且行篋中多攜良好之字典文
法書等等，則坦然成行，必收好果。

　　客問：子將述乙類學生到歐之生活，即指生活於飯桶學校耶？

　　答曰：正即指此。前述甲類學生之客寓，若乙類學生，非為戊種，
而為丁種，則斷不可住。吾人亦已深知預備不足之學生，若赴日本住於
下宿貸間之中，即斷送其留學之生涯。即甲類學生，縱使號稱預備滿
足，然至少有過半之數，於語言終未精熟；或有一二項功課，亦未針對
於系統學校之試驗，不得不稍有補習。有廣東刁君作謙者，上海約翰書
院之特班生，功夫為全校之最。約翰操語素熟，然彼於十三年前赴英，
尚先住飯桶私學八九月，然後方入劍橋大學。若乙類學生，非特功課諸
多欠缺，而於語言一項，必更形幼稚。若居私家客寓，終日只有三言兩
語，甚少講話之機會。其餘則徧國無與立談。理想中以為置之莊嶽，齊
語自來，此或齊楚同住在域中則然耳。實驗之於域外，語既成熟，亦或
多此機緣。若在格格不吐之時，必當擇地甚善，庶講話之機會較多。富
人則擇地易，而儉學則必以住宿人多之學校為最好。學校而有住宿生
者，惟私校而已。（成年之乙類學生，官中學固不能入。在英則官中學
且不留宿。大學則如看戲然，上課時，畢集而聽講，課罷則各散。若言
語格格不吐之人，有誰耐與共話耶）故即戊種學生，為言語計算，亦以
先居飯桶學校稍久，最為有益。

　　客問：飯桶學校之情形，姑請隔一日而再談。吾子近數日之談論，
似于學習外國文字，極如「剛八度」（滬語：洋行買辦。英語之音
譯。）聲口，注意於語言者甚至。然何以吾子平日勸人自習外國文，又
以計較聲音為多事，毋乃自相矛盾歟？

　　答曰：孔子有言：「言非一端而已，夫固有所當也。」昔日「細
蕙」（洋人之傭僮）「剛八度」等之學習外國文，僅注意於語言，並不
曾由文字而進研學問，故相承而為習外國文字者之詬病。然此事大可相
恕，以昔年此等學習外國文字之子弟，其父兄之希望，本以細蕙剛八度

為一種之職業。此種職業，最適應用者，即普通之語言及淺俗之文字而已。對其職業之應用上而專注研習，亦何所病？即細蕙剛八度，至今畢竟為一種正當之職業。吾即有子弟，如其不堪大就，而性質實近於細蕙，或近於剛八度，吾必勸其針對應用，仍專注於普通語言、淺俗文字而止。此實為特別之另一問題，非可與學校學習外國文字，一概比而同之、混而言之也。然畢竟因數十年前，我國開始學習外國文字，有此一段之歷史，至今留遺兩大謬觀念，為絕相反之阻礙。吾之矛盾，正欲針對兩謬，而求各適其所適。

其第一謬曰鄙薄語言，

其第二謬曰拘滯聲音。

鄙薄語言之結果，凡我國官學校之學生，皆以不作外國語，矜持其高尚之聲價，在號稱側重國文之校為尤甚。彼夫滿口鈎輈格傑，作小滑頭之形態，不惟詞林文人惡之，即我亦必為之忍俊不禁。況厭薄作他種之語言，以語其所親，古今中外，皆有此特性。故六朝人之痛惡鮮卑語，鄉父老騰笑仕宦回里者之作官話，與今日官校不說外國語，為同一之條件。但平心思量，矯枉實有其不可過正者。撲以「執事敬」之要義，吾人既耗費寶貴之光陰，研究此項之文字，以為參考學問之資。此種文字，又實有接近語言之性質，為以相當之場合，加以相當之習練，一既可為交換外人之資，二復足為考詢學問之助。倘有出國遨遊，吸收世界學問之機會，尤為唯一之要素。如此設想，竹頭木屑，皆為有用之物。矧已捐棄時間而習之，而不順收其旁效，豈智者之所為乎？且不惟國內官校詬讟外人「教校」（教會學校）之故，有此不語鳴高之趨勢。即挾此性習之人，往往流行其病於外洋。一至外國，貪與二三幫人為晨夕之相伴。好高騖遠，但閑閬街頭，購買門面之書籍，以不求甚解之法讀之。欲求其避地鄉僻外人之居，先以家常閒話為生活者，不可耐亦非所屑也。實則彼所謂研究有得，或畢業學校者，因此口耳不重之故，暗中失卻無限效果，為其勢力所應得之物，而僅得其十分之六七或四五也。僕之言此，乃為公言。因僕亦訑訑拒人，格格不唾之一物，與不語鳴高之諸君子，素屬同調者；並非舌底瀾翻，挾其所長，攻人之所短也。僕實見夫在外國入學，不熟外國語，真撒木屑於頭上，自稱鋸匠者也。

客問：所謂拘滯聲音者奈何？

答曰：學外國文字，而望兼習熟於語言，此固我之所主張。既欲從

此語言，而聲音自不可不重。但吾意則又以為文字自文字、語言自語言。世俗慣語，以為西洋語文合一，此實似是而非。世界無論何國文字，莫不相同，皆有高深與淺俗之分別。淺俗之文，則與語言密切相近。近世紀之談教育者，知高深之教育，能受者必為少數；倘以艱深文字作普通教育之器具，而大多數實受其敝。因此，普通教育，皆主張以近語之文，撰述其課本。西方遵此目的而改良者，已有數十年。中國近來有經驗之教育家，自編國文課本，亦群矚此說。我等學習外國之初等課本，本皆近語之文。細葸剛八度之目的，又只借粗淺課本之文字，作為熟習語言之資料。於是西洋語文合一之說，矗然遂奉為典要。且吾人素性自大，以為外國蠻夷之文字，照例自不能脫其語言粗俗之本質，故中心已預斷其語文之合一。語文之合一不合一，乃為別一問題，我今不必縷論。且即其人信仰合一之說，於吾蘄求學習外國文者，必兼熟語言之旨，亦無牴觸。惟牢固此說於胸中，而有兩種人，則大受其阻礙：

（一）為境遇不能德良師佳校之人，則姑犧牲語言，僅可任聲音之小舛，而在文字上多記生字，精核文法，實大足為異日得遇機緣之預備。惟中語文合一之毒，以為今日聲音之偶乖，即全般工夫之徒作。若將聲音不密合之文字，自由研究，非徒無益，而且有害，此真不通之謬說。自小習中國語言，尚能改讀外國文字，豈有偶乖聲音，異日得良師或外人之指導，不能追改？縱改之之時，略生困難，然較之輟學以待時，坐失辨認字體、研精文法之許多工夫，豈不大為可惜？況語言即習於內國之佳校，亦不過粗得大概。若欲聲調腔口，為彼中人所許可，仍非久居彼人之中，不能為功。故聲音之事，究如何而能得其正確，非索居內地，任一二良師之指導，即可圓滿。至於聲音之規則，在今日西文字典，及獨修書籍，頗多精確之昭示，而大端不謬，實閉門亦能達到。故拘滯聲音，而苦學之士，為之阻礙研讀外國文字之興會，其弊一也。

（二）為年歲既長，或職業相拘，其人實富於學識，而有考文治學之能力者，此實不必再習語言。但視外國文字，如鐘鼎篆籀，治之如說文，則有華解字典及獨修書籍，橫七豎八習之。其人若富於記憶力者，一樣一二年之歲月，即能看書讀報，儘可自闢一參考之途徑。吾以為老少積學之士，無不可自治一二種外國文，作為消遣之品，自亦收其多解外籍之效。惟又中於語文合一之毒，以為

字體固可自辨，而聲音必經師傅，一若聲音談乖，即文字難通也者。故以為我輩名流，與彼教西文之流氓，曰師曰弟子，有所不屑，遂於此事亦無意問津矣。豈知四十年前江西有吳子登者，算術名家，曾國藩之畏友。我國初次派遣出洋幼童百人赴美，吳即為監督，而以粵人容閎氏副之。吳之治西文，非但不屑談其音，並且不屑寫其字。ABCD而以甲乙丙丁代之。然頗能讀算書、看日報。吳之迂頑固可笑，然其不為聲音所拘，不願從師，以玩索之自力，了解外文，實非今日受欺於語文合一，不敢無師津者，所敢及矣。故拘滯聲音，而積學之士，又為之阻礙研讀外國文字之興會，其弊二也。

觀此二弊，則吾所謂鄙薄語言不可，拘滯聲音又不可，各有一義，非矛盾矣。

客問：乙類學生之飯桶學校，請言其狀。

答曰：此等學校，為我被之以飯桶之遊戲名詞，未免令人有不快之感，實則其內容甚有足述者。惟吾若不先予以貶詞，恐一言學校，而客遂以為外國學校盡屬此類，而又不免貽誤。今則又有一問題，而於詳述飯桶學校之先，所當略論。吾國風俗，惟舊日有遠道受業名人之家。不惟承受其學業，而且薰炙其品性。除此以外，其寄食人家，皆因貧困以倚親友，或因遊觀以候朋好；從無有為慕效他人之言論豐采、行動習尚，忽議借居其家者。因中國除客舍廟宇之外，亦斷斷無居家留寓客人之事。西洋則不然，凡純粹之住家，皆可留宿一二外客於家中，與之同起居，同其飲食，視若家庭之一員。在英國尤為普通。欲覓上戶稍艱難，必得介紹，而中下戶則幾乎十家有五，皆如客寓之招客。有空房者，則懸帖於窗際。此等中下戶，前述儉學生八元一星期之寓處，即包括於此類之中。每一街巷，人家數十百，而窗上懸有招客寓宿之帖者，多必二三十，少或十數。寓宿之目的，異乎客寓，（倫敦客寓大小亦有數千。）大抵不出乎左所列之性質：

（一）亦有近於客寓之客者，則由他城邑而來，遊觀至一星期以上，適朋友在左近，遂亦寓居此等人家，即費用亦可略省。

（二）因在商店作夥，或在學校作學生，或去家太遠，或來自外方，而終年住宿一人家，有至數年者。

（三）簡直並無家室，其職業則為夥計、為教師、為工匠、為報館主筆等種種事業者，即寄宿人家為此家庭之一員；甚有同居一世，遷

居即隨之同遷者。故所有不娶之男、不嫁之女、已鰥之老人、守
寡之老婦、為兒媳所離居之老夫婦、為父母所析出之小夫妻,皆
可自由選擇,寓居人家,享一室團聚晨夜笑語之樂。不似中國鰥
夫寡婦,及老年無倚靠者,即廣有資財,獨立門戶,尚為僕婢所
欺。如其僅有過渡之資,則尼庵僧廟,皆至感不便。吾人親友中
頗有似此孤獨之人,常為之無法安排,搔首不寧。所以今之社會
改良家,頗議中國之家庭,應當改變組織。其事固甚不可緩,然
而社會生活之法,若不能先變,則新式之家庭即出,必有一時甚
感困難。

(四)即青年子弟,或外方遠客,欲薰染性習,擇一良好之人家而居者。

其第四類,本亦為留學所急要。惜有名詩書之人家,地位每居中
上,非有二十元一星期之費用,不能必得。必富家子弟,或公費學生,
始能籌辦其資。至於儉學生,甚難如願。若八九元一星期之寓,人家亦
儘可善良,大都必無學問之顧問,或理道之商榷,及儀式之講求。其補
救之法,欲覓上等之窮人,古今中外,惟有教書先生而已。諺云:十條
黃狗九條雄,十個先生九個窮。西洋亦復如此。故又可曰:飯桶學校
者,不惟可以讀書,並為儉學生良好之寓所也。

客問:洵如子言,飯桶私校,又可為儉學生之良好寓處,不知比較
於八元一星期之宿舍,其得失若何?

答曰:此又一言難盡,姑先略敘飯桶私校之情形,而後再與尋常宿
舍為比較之討論。所謂飯桶私校者,即個人或一行人,集資設校,得學
生之束脩,藉以開銷,而此個人與一行人,復倚以為生活者也。其等類
亦至不一,儘有校長學問高明,聲名佳好,而建設已幾代,規模甚可觀
者,則其校脩亦可年需千金,非儉學生所能入。儉學生所能入者,其等
類皆居中下。中下卻亦不盡以功課分,而分在飲食起居而已。甚或只分
於聲名之微著而已。雖為中下之飯桶私校,其房舍之外貌,必遠較八元
一星期之寓舍為潤綽。且以招徠學生之故,往往皆建設於清雅之僻街,
或山水之佳處。此等私校,全英國不下二三千處。年來以儉學之目的,
曾細細調查,且曾約得十數校,皆許以學生源源而去,約成一至廉之
價。學校本論學期,以暑假後九月初開學為第一學期;正月初為第二學
期;四月中為第三學期。年假半月,春假半月,暑假兩月,例當別納高
脩。吾人近來所約者,乃不論學期、不問假日、某日入學,扣算至兩月
後之某日,為十足三月,納費一百元。束脩膳宿洗衣,一應在內。如是

則每年實納四百元。較諸八元一星期之寓舍，反廉二十元。間有教法稍優之一二校，則年納四百八十元。此等校舍，皆在鄉僻，或在他城邑，卻頗有屬於名勝之區者，如英倫南海邊第一名勝，所屬白麗登、黎庶昌、薛福成等皆為之作記者。亦有約定儉學之校在彼。倘以消受山水而論，富翁或有費數千金一月，方能居此。何物儉學生，居然與享幸福，四百元真極廉矣！惜此等約價低廉之私校，在絕大城市、相近大學或專門校者甚少。故甲類學生已入大學或專門校之後，即無從寓居此等學校，不得不住八元一星期之宿舍矣。（最近於倫敦城之西南郊，覓得兩三校，近處有大學及專門校可入。此後如有願受私校之拘束，而得顧問之實益者，或於入大學之後，亦可不寓尋常寓舍，而住此等之私校矣。）私校飲食起居之不如尋常寓舍者，每晨不能天天有雞蛋火腿，只間有火腿一片。大都則麵包奶茶之外，復有麥粥等而已；午餐之肉食，亦不能如寓處之豐；晚餐只有麵包奶茶，間有糕點，此飲食之略菲也。住房，因華人喜在房間作事，故曾與訂約，給一房間以獨住，雖桌椅床舖俱全，然不能如尋常寓舍之華美，此起居之稍遜也。（然亦有開明之人，因圖說話之便，喜與英國學生數人同居一房，效法西人之性習，願在公共之地作事，自修等等，皆在課堂。此尤為飯桶校長所歡迎，因不必供給房間燈火矣。華人非關門不能作事之惡習，實為受累，且與新時代公共生活，甚多衝突。故頗有人不願要求獨居之房間。）而所得利益，則疑難有所顧問，身體有所約束，說話能多得朋友，鄉僻能多得空氣，洗衣不要錢，看書頗可借。而且名為預備，自力強者，真正大可預備。

客問：然則飯桶學校，遂無功課可言乎？

答曰：此又一言難盡。以飯桶學校，而遇麵筋學生，雖竟斷之曰絕無功課可言，亦非厚誣。因此等學校，除校長一人外，多則二三幫教，少乃一二而已。常有中學一二班，小學三四班。故並師母、師姊一同幫忙，亦覺人人日不暇給。所謂成年乙類之學生，以年齡而論，中學已嫌難插。以彼中功課而論，語言尚不盡達，小學亦且不合。故在彼校，本只能作為野雞學生。此等野雞學生，中國人本為少數，普通者為德、奧、法、比之少年，特來英境熟習英文英語者；而尤多者為西班牙、南美洲及印度之人，或來專習語文、或亦預備求學。故往往中小學諸班之外，又有野雞學生數人，即或多給錢文，或廉價預約，必求校長於課餘另給功課。自然亦頗有懇切施教之校長，或熱心指示之師母；然亦有名

為教書,使學生循讀課書一過,先生一面看報,不問錯誤與否,但以Very well等之應酬語,敷衍了事者。其各班講堂,野雞學生之權利,例可自由選擇,隨意旁聽。然彼中亦只剩柴瘦之雞肋,棄之可惜,食之無味。蓋旁坐惟聞發問演習等事。幾乎彼中教習,全不知詳細講解究為何物也。(彼亦自有彼之長處,乞勿誤會,致嫌我國教習過於認真。不學李太白做詩,但學李太白吃酒,介紹短處,往往容易普徧。僕恨雙管不能齊下,但隨手各舉其實,若與他處談話,互相參觀,自無弊病)必得自動之學生,隨處皆能發問,逢人便相請益,又能納交於幫教之先生,或同校之高才,自能開此門徑。則此飯桶學校之利益,又幾乎為國內最佳學校所決未能得者。故即冒昧出國,舍國內懇懇之講解,而易客居寂寂之自修,亦不為過於吃虧。蓋其優點約略有三:

(一)發生於自然,不與飯桶學校相干者,在國內所讀外國之書,雖意思亦能了解,然未嘗目覩情形,頗多不知所語云何。迨身入其中,日日親見其社會之生活、書報之爭論,則於所讀之書,甚多目注而即心通。此於進步之時間,可望縮短也。

(二)一「齊」為傅,而咻以眾「楚」,於語言固受敝矣,即屬文尤少佳望。蓋雖國內良校教以西人,於文規詞格,講解入細,然鼓盪於故鄉空氣之中,文情文思,俱有鄉味,不合殊俗。充其量,作得高等中國腔之外國文而已。惟日沉浸於彼中富有詩書之氣者之中,方能落筆即成洋調。富有詩書之氣之人,儉學生之所能遇者,惟飯桶學校中之寵君校長、夫人師母,(校長常有碩士學士之頭銜,開校時必戴「寵君皇帝」之帽,師母常扮成Lady式以壯觀瞻)維新幫教、進取同學而已。故飯桶學校,足為儉學生變化文章氣質,乃為惟一之道路。

(三)熟習語言,非至外洋不可。儉學而求其語言稍高等,非住宿於飯桶學校不可,前已論之略備,不必更贅。

若我前所謂養成甲類學生,能入大學或專門學校,其滿足工夫,若全恃飯桶學校,或仗自力,即亦殊難達到。惟飯桶學校,實為預備之第一段,斷不能先入者耳。

客問:飯桶學校,既不能備得滿足入學之資格,而乙類學生究何從而變為甲類學生?

答曰:若仗飯桶學校之力,文筆能圓轉,口耳能靈便,第一難關已過,不但無虞於入學工夫之預備,而且畢生之受用無窮。至於自力甚強

之學生，預備入學工夫道路類多。方其在飯桶學校之時，一年之費用，只需五百元而足，尚有準備百元，最好充為函授學校束脩之用。在英國如劍橋郡之函授學校，不惟入學資格，可由函授而預備，即學位考試，亦可由函授而通過。且飯桶學校之教師，大都如我國八股冬烘，談說考試，口津欲滴。聞其野雞學生，兼從事於函授學校之工夫，非惟不妒，而且必從旁指示，深以通過入學考試、能進專門學校等等，為彼校無上光榮。惟欲速則不達，倘語文並未在飯桶學校中，得有把握之時，不必急想天鵝肉，勉強從事於函授。且苟索居飯桶學校，自力與耐心，皆足成就筆舌，使之達於佳境。即脫離飯桶學校，適都會而改入大學等之預備科，亦儘有學費在百餘元之數者。倘其上課而講解領略至晰、講義抄錄至完，預備科中自無預備不成，亦無預備不速。故飯桶學校者，實為成年乙類學生根本之根本也。

客問：乙類學生中之戊種學生，本不求預備入學滿足之工夫，惟隨便獵取一材一藝，或為黨人游子墨客奇士，只求吸文明空氣，或為異域之遊觀者，當與飯桶學校無緣矣。然耶？否耶？

答曰：是何言歟！凡適異域，無論所求何事，如其書報不能暢讀，語言不能通曉，必將一步不可以行。

惟目的真只求遊歷一周，或不得已而避地海外者，此又另一問題。旅行西洋，除義大利、西班牙、俄羅斯等文明程度稍下之國，或多欺人之事外，餘皆賓至如歸。即為啞旅行，亦全無困難。較諸旅行國內偏僻之鄉，尤安全快樂也。

書報或能仗自力而乞靈字典，久久亦或通曉。惟語言則非蟄藏於相當之場所，耐有短時，與國人離索，幾莫能自修。甚有數千年流寓而依然啞巴者。所謂相當場所，窮人之力量，亦惟飯桶學校是求。至於青年而往習一藝，欲求速成而歸，尤需嚴格的先獨自住一飯桶學校，最好一年，少則八月。故飯桶學校者，實為乙類學生出洋後必過之要關也。

客問：乙類學生中之丙種學生，即指年齡幼稚者而言，亦與飯桶學校有緣乎？

答曰：此斷斷與飯桶學校無緣者也。飯桶學校，必其人已有自治力者，始能入之。如年齡幼稚之學生，必託管理之人，始能出國。既有管理之人，而學生之年齡又適合中小學，則逕入官立中小學，其功課之真足，斷非飯桶學校所可比倫。倘在內國，得有高等小學之程度，其造此程度之時，又或稍偏重於洋文算學。洋文讀過讀本三四冊，文法能了解

其大概，無多錯誤。尋常算數各要法演習略完，又稍解代數。如往英國者，於英文已有上舉之程度外，復於法文或德文，讀過一二冊，拼法甚熟，而又略知文法。如往法國、德國者，德、法文程度稍高外，對於英文，當知其粗淺者亦同。年齡十四或至十六，如是而出國，逕入彼等之官立中學。此等學生，將來所得之成績，必尤較在內國預備滿足，逕入彼中之大學或高等學者為優良。因各國之學校，最致謹於中學。因彼中合格之中學（不合格者即中下之飯桶私校）循途而入大學，如在鐵線孔內抽過，當其為彼中大學學生之時，自然另有一種針鋒相對之合格。惜此等學生，若無父兄或負責之親友可託管理，則必高價而託之於上等之西人，甚難由幼稚生之隨眾而自往。因公立中學除少數特性者之外，大都無宿舍。使年幼之人，自由寄居人家，終不妥善。亦有特別強有力之少年，性行至高明，青年即具老成之資格者，其年齡或已至於十七八甚而達於二十，西人頗有量其身材狀貌，可作十五六者；在內國預備之工夫，亦過於高等小學之程度，於吾上文所舉洋文算學等等，其程度皆有增無減；此人本為丁種學生，嘗入飯桶私校，而亦未嘗不可寄宿人家，逕入近處之公立中學。但此畢竟為少數。吾儕之所熱望者，最好望有開明之父兄，設法攜其幼稚之子弟，得有相當之監督，俾能早年就學於外。其足以助長我國能力、教育之發達，結果必不甚小。既有父兄為籌相當之行動，亦且不必限於中學生之一項。即年齡甚幼，須入彼中公立小學者，亦未嘗不相宜。其行動之法，大略有二：

（一）逕為子弟讀書而遷家海外；

（二）湊合成數之子弟，結團設監以為之。

客問：子所謂移家西洋，以適於子弟之就學，無乃小題大做歟？

答曰：吾人論事，無論何人，皆不能無動於一部分之感情，而輕有所主張，其實凡一人之主張，必實有適宜於一部分者在，而復實有不適宜於他部分者亦在。假如我國近時受美人衛琴西氏新教育論之影響，致年來教育部遣派學生，取限制主義。衛氏所謂：「必須成年之人，年在二十五歲以上，曾於本國受有完全教育者，始可出洋留學。蓋留學目的，端在極深研幾，或特別調查。彼英、德、法、美諸國學子之互相遊學，莫不如是。」此與日本派遣留學，限定卒業大學，曾任助教，且限額五十餘人，其旨趣亦合。然吾不必多下斷語，即以衛氏英、德、法、美諸國莫不如是一語反詰之。中國今日之國情，及學界之程度，得比英乎德乎美乎？抑退一步言之，得比日本乎？當無不以為甚滑稽者也。衛

氏之新教育論，趨重力役，吾五體投地崇拜之。至於所論派遣留學生法，若作為教育部方面，挑選出洋學生時之鵠的，於此一部分，亦至為切當。年來成年而受過比較完全教育之人，日多一日，教育部取其僅少之學額，多選此等人，自亦在情理之中。若衛氏又謂採取彼之方法：「則派遣學生出洋留學之舉，直無所用。」此實謬說！其謬點，以我血誠所論斷：彼但欲取信其說於吾人，故不覺推挹太過。以為吾人感情既洽，而信其力役之說亦固。殊不知獨立文化等之諛調，全不適用於新世界。人類惟以力役優劣之結果，為文化消長之現象。力役之真理，重在真美與真適。必就世界為比較，萬不能偏於歷史而獨立。衛氏抵華，所遇者皆為國拘之詞林文人，彼以為大多數心理如此，進言必求先合於輿情，故聊復云云。觀於彼所專注發揮之力役論，全不與國粹問題有所關連，即可見獨立文化等之楔子，皆應酬世故語也。但此問題太大，非今日談話中所能盡情討論。且衛氏言論，實有適於一部分之價值。即吾移家留學之言，正居其對面，自亦不過適於一部分。倘執吾之說，以為國內學校，可以不開，皆應移家就學西洋，非特吾無其意，亦即變為滑稽之談矣。終之，吾敢為大前提而斷言者：

今之新教育，皆有覺悟，當趨重力役。

即力役之教育而論，是世界的，非一國的。

力役之智識，是世界的，故交通愈廣博，而成就者愈多。

我國力役之教育，既已發達，尚不可忽於交通。當其未發達，尤應多設交通之法，促此教育而進之。

移家就學西洋，亦為交通諸法內之一種。

且以力役之教育為大前提，學生豈止學校而已？則移家之說，已殊有可以討論之價值存在矣。

客問：移家就學之說，甚為離奇，子且姑妄言之，吾將姑妄聽之。

答曰：今日中國之所缺者學校教育，與所謂力役教育內之高等能力，皆知出國而求之矣。其實與人類相關之事物，有待乎增進智識、逐一改良者，實為千端萬緒，非僅講學之一事。必事事能多換智識於世界，而後適宜於時勢之俗尚成，乃得優存於人羣。移家之事，取吾一部分人之家庭生活；生活於世界改良之城邑，取吾一部分人之起居習慣，習慣於世界進取之社會。即無子弟就學問題，已覺移家之重要，況就子弟就學而論，我國學校之驟難完備，尤於高等力役之能力，一時決不能取諸官中而足。而又因社會上四周圍現狀之無所補助，故即在學校中成

績最優之子弟，往往不比於留學普通畢業之學生。（所謂普通畢業學生者，乃指實地學習，特成績非甚優者耳；決非指頂一留學招牌之麵筋學生也）即因一則於學校外無所聞見，一則聞見於學校之外者甚多耳。就學常赴通都巨市，即取近證而易明。如北京上海，亦有議之為阬陷子弟之魔窟者。但無可如何，父兄寄託其子弟，或親率其子弟，合四方而集者，仍比較的視為子弟可望成學之地。雖勝朝之逸老，詞林之文人，開明之樸學，寒素之老儒，皆別有適宜於此中之生活，不盡為子弟之學業。然其間亦頗有夾雜此問題而滯留。以北京上海作一小影，擴而充之，即知有特別之一部分，可以紛遷於倫敦巴黎，並非離奇。且不惟為子弟得佳校、廣四境，終能充其力役之能力而已。即於其父兄之生活，亦豈無可以適宜者？特上海北京，不以為遠者，習慣而赴之；而倫敦巴黎，以為甚遠者有素，憚於輕赴耳。倘去之者多，共忘其遠，又爭先恐後赴之矣。比倫敦巴黎稍近，而較遠於上海北京及東京神戶，二十年前視若天邊者，今皆作為檻外也。頑固如不識丁東之京官，亦且販賣舊書而往。彼特未知倫敦巴黎類於舊書之事業，或較可發展之把戲，彼能開創者尤多。所以吾且不暇為種種部分之人計畫，但為帝制派如梁士詒、楊度輩設想，彼若全副骨架內有一兩根雅骨，改其伺隙香港天津之陋觀念，挾其多財，為倫敦巴黎之生活，超全家於海外實業、世界學問之途徑。彼之所以興家者何如？而間接即所以拯國者又何如？即若二太子之袁克文，以其一生中在上海為惡濁生活之化銷，移而為海外改良之度日，其前途及家庭之結果，亦必大有影響。故其人而不安於窮鄉僻壤之老生活，輸送其資，為內地洋場之浪費者，皆可勸移海外。比較的所得結果，不至為洋場下臺之下劣也。雖然此等移家，亦為一部分耳，非即吾所希冀移家就學之一部分。吾所希冀移家就學之一部分，仍就力量僅足之人著想，或簡直又為窮措大作好夢耳。

客問：移家就學有若何之狀況，可名曰力量僅足；若何之狀況，則稱為窮措大？

答曰：此只能大概言之耳。所謂力量僅足，所謂窮措大，隨人之觀感而異。終之即吾所謂力量可名僅足之人，決不是富豪，此亦客之所能會意者。且吾昨日之談話，雖有盼望梁士詒、楊度、袁克文等，亦可移家域外，然此終是癡人說夢！況自維新以來，凡能棄八股而就學、冒百險而遠適者，其初皆為窮措大。故今日面團團活畫官僚態之學生，向日皆婁人子。未嘗經官風味時，痛罵官場腐敗。十許年前我在南洋

公學，對此輩寒乞子弟，即勸彼等未吃燒烤，且勿亂罵。今日果然，頗有若干寒乞鬼，已為政治上之大蠹。即梁士詒、楊度，十許年前，亦寒乞隊中之人物，今日適從何來，遽集於此，居然亦稱元老矣。今且勿說閒話，凡與新事業奮鬥，必先為窮措大；而貴官富人之子弟，初皆勿屑也。必至大勢所趨，無可如何，於是方施其近水樓臺之手段，亦使子弟濫公費，行捷徑，讀外國八股，就外國考試，而十之八九仍用以為進身之階。真實研究者，仍讓窮措大。迨窮措大成學而歸，即如彈詞中破窯內入物，中了狀元，招贅於宰相之家。故無數舊式官僚之千金，許配寒乞子弟者，今亦成為流行之佳話。此即表明世家大族門當戶對之子弟，鮮有成學者之實證也。且今日舊家子弟，拼命擁戴張勳之徒，必欲復舊式政治，不管與世界適宜與否，為民國之大梗者；畢竟即為彼等仍不屑從事新學。即有出洋者，亦銀樣蠟鎗頭，所謂留學生遊蕩，即彼輩居多數。一部分舊家子弟，富有舊學者，其腦中只有官缺幕僚，期得替大帥相國，發揮電報謀有位置，即算了事。彼輩亦儘有聰明鈔襲法政書、翻擷張冊報，居然亦有爭法律談政策之大文章，頗可傳誦。所以倒楣之國，每由世家大族，篤舊不化，貪喫現成飯，死保老位置。而方興之國，即從世家大族子弟，嗜學如命，藉登高易呼之勢，而成才眾多。烏乎！此中消息，向誰痛哭乎？故移家就學等之廓落語，為貴人世家富翁等所掩耳不欲聞。諺云：患病人向鬼商量。仍只有商之於寒乞相之窮措大，或反興會淋漓耳。故所謂力量僅足之人之狀況，與夫窮措大之狀況，初無何等分別。吾自議論儉學而及移家，總而言之，皆對窮措大言之而已。故後此談話，姑名力量可僅足者，稱曰：高等窮措大；力量不能足者，稱曰普通窮措大。

客問：所謂高等窮措大者可比況而說其情狀否？

答曰：假如其人夫婦子女五六口，住居上海，租寓兩幢或三幢之房屋，子女三數人入學，自身略有補助之事業，每月一二百元之開銷，可合其家本有之出息，支持之而寬然有餘者，此即為高等窮措大矣。以彼寓居上海之費用，寓居西洋，斷無不足。第一次出發之費，及到歐置備家具之費，約需二千元。倘此款不能特別增多，則可於三年內，將在歐之家用撙節，以資彌補。今姑略述生活情狀，合於此類之高等窮措大者，以便與上海比較：

（一）住房；

（二）飯食；

（三）家用；

（四）學費。

客問：住房奈何？

答曰：上海兩幢之屋，合巡捕捐計算，常至三十元左右，三幢則需五十元。今以倫敦同品類之房屋比較，同於兩幢者，只需二十四元，同於三幢者，只需四十元。

惟二十四元之屋，大都工人居住，客居之讀書人，必住四十元者為宜。倫敦之屋，本無所謂三幢兩幢。今以三幢兩幢比較者，指其間數之作用言之耳。倫敦之屋，自然即上海洋房之款式。四十元之住房，雖比於上海七八十元租金之洋房，外貌不能如彼之大，而內容之便利華美則過之。約有正房六間，副房如竈間等三間，一律皆裱糊上等之花紙，舊則由房東改裱。樓上樓下，有廁房兩所，亦裱糊精緻。抽水管子等，樣樣俱全。浴房一間，裝置新式洋浴盆，一壁另裝自來水之洗面盆，四壁皆糊上油花紙。洗浴洗面之熱水，由廚房通來，需熱水者，將熱水龍頭旋放，冷水龍頭，即在熱水龍頭之旁，更可自由開放。浴罷則提起橡皮之塞，不必再管，穢水自然流去。（次等住房中之浴房如此，其上等者可知。而上等之客寓，且每一客房，即於套間內備一浴室。故西洋無澡堂之必要。略有公澡堂，皆備下等窮民之用。）廚房中燒煤之鐵竈、燒煤氣之鐵竈，皆裝備完全。其鐵竈等均位置精整，銅柱鐵座，燦然耀輝。非如上海煤氣鐵竈惡陋，直軍營中，供布帳內用者耳。煤竈之上，安置一巨大鐵箱於壁間，約可容水兩擔，鐵箱通於冷水管，滿則有塞抵住，稍空則冷水流入補之。另有管條，以放熱水。煤竈熱火，一面可以煮菜燒飯，一面即將鐵箱之水，騰灼而熱，常至於沸，故不惟供洗浴等等，而且終日熱水不斷，不啻開一節儉之「老虎竈」（上海專售開水之竈）於家中。因廚房惟有爐竈等耳，然其位置得宜，與房東做現成之雕花玻璃門壁廚等，相映成趣。窗明几淨，儉樸之家，將客堂關起，即就廚房為小客堂，兼充飯間。好在英國絕便宜之煤，終日爐竈之火融融，熱水取足焉，飲食取足焉，一室之暖氣取足焉。假如夜餐之後，電燈通明，三數子女，圍桌而坐，補習夜課。父則倚窗下大椅讀晚報；母則就爐旁躺椅休息，撫弄狸奴，觀彼跳躍花毯上。即此廚房之生活，已勝過三幢房子內廂房之生活矣。若上海所謂亭子間、所謂屋，真地獄也。廚房近接後院，其外必有套間。壁上裝有冷熱自來水龍頭，下承以大石盤。凡菜物盞碗，皆就盤內洗濯，穢水由盤底自然流去。通宅之內，裝

自來水龍頭者三五。到處自由取水，萬無取水院中。至於拖泥帶水之事，石盤之旁，煎衣之大鍋竈在焉。西洋洗衣，皆用大鍋之水，浸衣於中，加入鹼粉，熱煤燒煮，略搓於稜板，復以清水淋之即畢。凡一切家用之要具，皆由房子內預備完全。大門之外，必有隙地，密植常青小樹，略闢花圃。臨街繚以短垣，鐵檻鐵門，花色翻新，務極美觀。後院必有一進房子之寬，什蒔花草，或成遊步之場，各隨寓客之意而置之。故四十元之住房，雖號稱間數作用，僅抵三幢；而精美之與惡陋，安適之與阻難，迥不相侔矣。

客問：飯食奈何？

答曰：飯食問題，若獨客異域，自然俯就他人之食物，尚當生出適口不適口等之分別。至於移家海外，無異即移家他省，食品之不能甚繁，種類之不能無異，西洋客居之中，自有此感覺。但較之道路不通之邊徼，與生產不富之窮省，定當彼善於此。故若閩、廣、江、浙之人，欲在陝、甘、晉、豫等之腹地，備具閩、廣、江、浙之食，略有為難。若陝、甘、晉、豫之都會人家，遷居閩、廣、江、浙之中邑，欲備具陝、甘、晉、豫之食，終能略得近似，因原料尚易求也。至於西洋貴重之食物，真可稱龍肝鳳肺，無所不有。然此必非措大所能問鼎。但舉尋常食用必需之品物，較之上海，必不及上海之多；然較之天津，決不能算少。故無論其為陝、甘、晉、豫之人，為閩、廣、江、浙之人，必能自由備具其陝、甘、晉、豫之食，或閩、廣、江、浙之食。或豐或儉，各照在上海旅居中一樣處辦可耳。惟實行措大風味之限制，必當牢記：若如上海一月中必有數次宴會，竟享富豪盛席，此或不能無所犧牲。假如僕本江蘇無錫之下等窮措大，即照無錫普通窮措大家之食物備具：

早上無錫人食粥，我家在倫敦，則改食蘇格蘭之粥，加入白糖牛乳，即省去鹹菜。蘇格蘭之麥，名曰「Oats」，上海惟福利公司等有之。西醫勸人病中買食，富人得嘗其味，因上海價昂，半元方得一小罐也。上好之白糖、新鮮之牛乳，皆彼中俯拾即是。此豈不衛生之至乎？

午間實行三色一湯，一葷兩素，或兩葷一素之老套。佐以淨素之白米飯，全是「惠泉山」（無錫之山）下風味，毫不雜一點西洋氣。

晚間吾鄉儉陋，將日間之飯泡煮，名曰泡飯。佐以鹹菜三四碟，幾乎通於無錫常州之上下。飯時所剩飯菜，西洋日本例當傾入垃圾桶，吾鄉則寶之，以為泡飯時特別之佳餚。此雖洩漏於外人，殊欠文明，然好

在此種談話，惟一二同志之窮措大能讀之，亦不妨一述。乃其有合乎孔夫子甯儉之旨，或文人碩德，亦有取焉。如此晚上食物，更窮形盡相，為純粹之鄉味矣。

歲時令節，與夫星期日休息等日，或做餅餌，或下湯麵，或具多肴，亦聊代家鄉之宴會。至於碗盞鍋罐之屬，彼中皆色色靈便，可用者多。惟華式之碗筷、煎炙之淺鍋等，必國內攜去，較為受用。且略帶小石磨、煮炙器等雜件以磨豆腐、炙麵筋、漑豆牙、切刀麵。到彼想念華物，自然不學而能，而且決不憚煩，以為甚有味之工作。可見魯賓遜漂流海島，變成百工皆備於一身，決非人類之不幸也。至於華用器具，應帶何物，此乃南北嗜好不同，待客真將移家西行時，自度處備家鄉風味，何器必不可少，開單問我，再答西洋有無其物，以便將缺者帶去可也。至於食物之品類，明日再談，亦可藉博一粲。

客問：西洋食品之詳，可得聞乎？

答曰：西洋食品雖覺寥寥可數，然足以供窮措大之食料而有餘，必無疑義。今且不以食品為嚴格之分類，姑從出售之店鋪性質類敘之如左，尤覺略有興味也。

（一）雜糧店

西方生活程度略高，固為物價昂貴之由來。然因店面裝飾，日趨文明，而品物必加以絕好之袋匣瓶罐，決無中國原料堆積散售之狀，則加包裹之費，而物價又暗增矣。其品物必秤準分量，包裹完好者，不但形式美觀，舖中陳列整齊，及買客取攜便當等而已。且因西方情勢，今日皆現大資本家掃滅小資本家之狀態，凡日用飲食之店，皆組織大公司，貨品配自總店，分設數十百小店於全市，故雖大街開大店，小街開小店，其情形略同於上海。然若細細留意其招牌，而大街之大店，小街之小店，皆係一家。因總店配達分店之故，袋匣瓶罐畫為一式而包裹。其檢數既易，而售法亦遂畫一。故在西洋購物，不惟不索虛價，無講論之繁。而且認定袋匣瓶罐之式狀，惟國與國稍異，而一國之中，城與城則大同也。購物數次，即能到處一見而知。

售賣麵粉、雜豆、大米、苡薏米、煮粥之蕎麥、通心麵、餅乾、糖醬等等；又馬食之「真珠米」（老玉米）、麥皮、狗食之餅乾等。大米去自南洋美洲，（亦有中國）皆供補丁之用。彼中人雖一星期內只食一兩次，然雜糧中則品物不缺。爪哇米最佳，日本次之，然皆大貴。而南洋之米，其價甚平者，尚潔白適口，過於上海通常之米。以華法計之，

價約十五、六元一擔。彼中常為一辨士半，或兩辨士一磅也。爪哇日本米，則貴至三四辨士。加一辨士約加銀洋五分。以華法算之，則加價太多。在彼只知加一二銅幣耳。故輔幣最下層者之價值既大，物價遂愈覺不平。譬如小制錢盛行時代，十錢之物，因品質略好，驟加至二十錢，人為譁然。今行銅幣，則一銅板者加為兩銅板，人頗安之。西洋用錢之低昂太過，即為幣值過高之故。往往有同一品物，或包裹之粗略華美不同，或天然物之大小略不同（如果品等），華美之包裹，及略大之果品，售於大店，售之富人者，可半元；粗略之包裹，及略小果品，售於小店，售之窮人者，可五分。因此層層之不齊，故有廣東盧姓兄弟姊妹五人，每人年用二萬元，亦並未浪費；公費生二千元一年亦留學，儉學生六百元亦留學，移家就學者二三百元一人亦留學也。平時麵粉之價，約合華價六元一百斤。故若北方之家移彼，烙餅扯麵片兒湯炸醬麵等，尤較大米飯備之易而食之廉矣。

大約關於食品之店，所當略略補敘者：一糧食店，二蔬果店，三糖物乾果店，四雞魚店，五鹹肉店，六鮮肉店，七糖茶店，八雜貨店，九饅頭店，十牛乳店。十者之外，亦有攤賣車賣者，別依類附敘。我國生活之程度，自決不如西洋。然西洋人在彼國所見，以水手華工洗衣等人為多，一若我國之人所見印度安南人，只有「阿三」（上海用以稱警察）。遂彼此心疑全國之人，皆同此品類，自為錯誤。即我國之人，在上海只見洋行老班，又疑彼中全是如此之體面，亦屬過於推崇。在其對面者，見小說中敘述流氓竊賊乞丐等等，又覺彼中頗有我國之惡狀，則又同一謬誤。今為括言，則曰：走盡世界，其職業同品類同者，而狀貌則無不同。故西洋教書先生與中國教書先生，其寒酸同也。西洋屠夫與中國屠夫，其肥頭胖耳同也。西洋乞丐與中國乞丐其苦惱同也。所不同者，文明程度高者，惡狀必減；文明程度低者，惡狀必增是也。故糧食店之夥計「出店」（對外辦交涉之跑街），雖全無翻米籤麥之事，然殊覺其面上有米灰，則一見即知為糧食店內之人物也。倫敦亦有糧食大市場（不零賣），吾入其中，則覺此中人之卑劣，亦如吾鄉米儈之卑劣也。其潤綽亦如吾鄉米儈之潤綽也。唯妙唯肖！何以相隔數萬里，其職業既同，而精神狀態，竟不能不同如此！

客問：子之敘述食品，本為窮措大旅寓之飯食起見，可否於每品之下，皆示以價值？即如昨日雜糧店中所售之雜豆，果何種豆乎？亦能分別言之否？

154

答曰：每品皆標價值，將變為海關貿易冊。而調查詳悉至此，不惟僕既無此智識，即談話之趣味，將成乾燥。僕為備辦飯食見起，如其關乎旅費之統計者，必有線索，擇要舉示。譬如於雜糧店特舉大米麵粉之價，因此將占飯食預算表內之巨款。且既舉一、二種價值，則他物之價值，儘可以華法類推。如華法米價與豆價之比例，西洋亦同此比例。如真有大不同者，僕當特別提論。至於豆類，因省略談話，稱為雜豆，似亦允當。以豆類乃極微之食料補充品，不必縷縷言之也。惟客既問此，引起一有味之談話。則當知西洋所謂豆類：僅有扁豆豌豆及鏡豆三種。扁豆有大小及紅、白、花數類；西洋扁豆，常出現於上海番菜館。豌豆之老者，廣售於雜糧店。其嫩者裝入玻璃瓶，亦渡重洋而來上海也。鏡豆者，其大如小豌豆而扁平。凡讀書顯微鏡及照相鏡等之中心厚而四旁薄者，皆即取此豆之名以為名，蓋肖物以名之耳。嗣後除照面孔之鏡子外，凡一切穿光之鏡頭，皆以此豆之名名之。其足跡似未到過東方，法國食之最廣。蠶豆則新鮮者亦為蔬類中之上品，而老者僅于糧食市見過甚多。據云：以飼貴重之馬，人不食也，故雜糧頗不多見，所見者惟種子，以供園蔬家之取求。至於黃豆綠豆皆蹤跡全無。李石曾君農學專家也，詳考於法境，據云：歐洲土內少此微生物，故黃豆不能產生。年來千萬擔從關東運入歐洲，皆供工作油類之用，直運工廠，不見於市場。惟法國豆腐公司，近將黃豆製成饅包餅餅乾糖醬豆腐漿等，廣銷市場焉。

（二）蔬果店

蔬與果同售，即上海虹口等之供給西洋人而設者，亦同此例。然亦有果自果，蔬自蔬者。有果與花為類者。果有攤賣及車賣者，蔬亦如之。惟西洋人不肯肩挑，則少擔賣者耳。（西洋上落貨物，則用背駝。惟稍有距離，則必用小車，不肯常駝。車必推，不肯拉。惟車亦只距離甚近之地。如果既車賣，則必駕驢；比利時至於駕狗。日本人以甚有氣骨之民族也，不知何以作俑無後，創出人力車！拉勢雖省力於推，然其人格上太多問題。吾於上海聞人罵人力車夫為兩腳馬，車夫，亦氣阻懊喪，坐者必不甯。此等損傷他人人格之慘事，大約東方日增月盛，西方則必不染及。因摩托車之勢將代替一切，即驢馬亦可告卸義務。何況人類？蓋東方賤丈夫，隱隱尚有不尚奇技淫巧之觀念，牢固於腦中。本其牛馬之生活，以為美德也。）車賣蔬果之人亦必舉其品物一叫於街中，（複街及小街耳，大街不准叫亦不准停）與中國日本無異。即此亦見品類同則舉動無不同也。西洋街中叫賣者：一即蔬果車，最喧嚷；二為牛

乳車，尖利其聲；三為煤車，沉宏其音；四為收舊貨車，慘怛其調。其餘街頭巷口，有喚賣報紙者而已。一切響器禁用，惟巴黎有吹牛角者，倫敦禮拜日下午有搖鈴賣餃糕者耳。若如日本以鼓吹揚廣告於市中，西洋絕無其事。

蔬果之品類，決不能不稍稍詳敘，俟諸明日。

客問：蔬果之品類，西洋大約將大異特異矣。

答曰：決決無此事。地球之小，造物主能造物品之少，果有上帝，上帝亦誠可笑。六足者為環節動物，四足者為椎脊動物，外型雖略異，而內容不稍更動。舉此以類推，八十餘原質，幾遍大千世界而皆同。上帝之懶，上帝之草草，其造物之法，真上海所謂撒爛污者耳。若以小小立異者，遽駭其殊觀；遂嘆造物多能千奇百怪，則真受給不小矣。用此矮人觀場之法，以觀世界，真王聘卿罵李厚基，所謂大驚小怪者耳。宜乎對於洋鬼子，藐之之時，既已看做蠻夷；而畏之之時，又復看做神聖。其實一齊弄錯。又宜乎其簡單之機輪汽電等等，不過因其尺寸略大，轉彎略多，又復忽而不屑而技巧之，忽而崇拜而神異之，皆大驚小怪之結果。此等閑話今日不必深辯，姑述西洋所謂蔬果者，皆不過眼前常見之物，其形式略異而品物卻同。

蔬之類：一年四季常常有者，則為番薯。彼中雖無山藥芋頭之類，凡蒸山藥、爐芋頭、烙慈菇片等，皆可以此為代。

青菜一類：則有類於山東黃芽菜之大捲心菜，有如馬鈴大之小捲心菜，有類於捲心菜之菜花。雜菜則有菠菜，有萵苣菜。彼中人皆食其葉，而長條之根則棄之。其實長條之根，削剩其心，即絕嫩之萵苣。彼無鹽漬醬拌之法，故不能不拋棄。有蘿蔔莢，我國蘿蔔莢有辣味，彼則無之，燒爛後味如上海之油菜。又有極嫩生菜兩三種，價略昂，其不中燒，然拌之以醬油，為甚佳之粥菜。有芹菜，白梗潤而大，可燒可拌。

有新蠶豆，出市之日子不多，價較平常菜類略貴。有新豌豆，出市之日甚長，價亦較廉，可燒可炰，較之我國之生毛豆，似乎優勝。有扁豆莢。

有葫蘆，而無冬瓜，亦無茄子。有王瓜。有白蘿蔔，切片煨肉，切絲醬拌，無乎不可。胡蘿蔔最多且好。有小紅蘿蔔，鹽食煮食皆宜。

有鮮蕈，出世之日既短，且其味決不如吾鄉之松蕈，價亦不廉。有洋蔥頭，北人必大賞識。有胡蔥，惟無大蒜，亦無韭菜。又有番茄，嗜之者甚多。

蔬類略盡於此。惟法國則生菜之種類略多。故欲比江、浙蔬類之繁富，已不相敵，何況閩、廣。然即以上之區區，勉供窮措大之旅食，亦已無虞不足。

客問：果類如何？

答曰：果之類：惟蘋果產自歐洲。廣柑來自西印度，終年不斷。今日上海南京路等亦有洋蘋果、洋廣柑，其味實勝於華產。

有香蕉，亦去自西印度羣島，亦幾乎終年不斷。

有葡萄，種類甚多，皆產自法國、西班牙。

有橘子，小者如洞庭橘，大者如上海所謂蜜橘。然出市之日子既短，且不普及而昂。偶有波蘿蜜則去自南洋。

有嘉慶子，無花紅。有腰式之杏，且有黃紫多種，出世時極普通。有桃，則為珍貴品。

有梨，產自法國等處，其嗅如檀香，其味甘，其質軟。今上海亦植有此種梨樹。梨且有大小數種，惟色香味略同。

既無荔枝，亦無甘蔗荸薺，亦無枇杷。

西瓜則法國南境頗多。偶至英境，食者甚稀。西洋只有似西瓜又似香瓜之物，名曰：「美倫」，約如小南瓜大小，出市時買食者尚多。

有草莓，而無楊莓。英國以草莓出名，在暑天出世，皆作西瓜食之。味甚甘甜，汁水亦多，洵佳品也。

乾果則有鮮核桃、有栗子、有榛子、有杏仁。栗子出市於秋冬之間，街上烘栗子之攤甚多，惟高等人不能在街上自購。有落花生，亦非高等人所食，而小孩且生食焉。

果子本非飲食所取材，今既有此種種，慰情亦聊勝無。至問蔬果之價值，平均皆倍價於華市而已。

客問：第三類所謂糖物乾果店者，略如上海之南貨舖乎？

答曰：不甚相類。因中國之南貨舖，包品太多。所有南貨舖內之魚翅、海參、燕窩、乾貝、金針、木耳、香蕈、扁尖、蝦米、皮蛋等等，不惟糖物乾果店無之，即徧歐洲亦無人嗜此。此等物品皆華人飯食內所不可缺。僥倖又有唐人街，故於西洋各類食品店之所缺乏者，皆可於彼取足。姑俟述西店既畢，更附詳焉。

（三）糖物乾果店

出售黃白糖。白糖皆蘿蔔糖，呈方塊者，供客座茶盃、咖啡等使用。而粒糖，上海所謂盆粉者，供甜食料等使用。粉糖所謂雪花者，供

添加補丁等使用。黃糖為蔗糖，皆作糕餅。各糖平均合華銀一角一磅。

售大小各種葡萄乾、乾杏仁、乾榛子，土耳其尖棗、烏棗、蜜橙皮蜜瓜乾，種種罐頭果食，種種餅乾，間售咖啡茶葉。

此類糖物乾果店，彼中因每飯必有補丁，店中貨物，皆補丁要料，故開設極多。若華食則不甚急要也。

客問：何為雞魚店？

答曰：彼中牛羊豕之宰殺，皆非宰自零星小戶，乃宰自上海所謂殺牛場。惟魚與雞鴨，但為小鮮可以零殺。彼中常常併合一起，大約職此之故。然此定為余之穿鑿其詞，在彼實不過習慣同售，無甚意義也。且凡大魚市及禽鳥市，又並不併合。

（四）雞魚店

雞雖我稱之為小鮮，而彼人則視為貴品。尋常一雞之價常過一圓。故彼中中上戶，一年只食數次。鴨則尤為貴重，普通店家不恆有，食之者皆富人，必兩元一頭也。火雞自然尤貴，每頭終需五六元，我國惟變戲法人，在城隍廟作珍禽異獸陳列。其冠能變五色，常常開屏放屁，故我國小孩，又名之曰放屁雞。西人食之頗多，富人常年食之，窮人於度歲時，亦必勉購一頭，且親友互相饋送。聞郵政局於耶誕後數日，檢點失去住址無法郵遞之火雞，常堆積成山。火雞之味，確勝於尋常雞鴨，我家年尾亦買食之。用華法與栗子蘿蔔等同燒，栗子蘿蔔，亦變為異常可口。鵝則介乎火雞與鴨之間，若極窮之人，度歲不能得火雞，只購一鵝，皆憐其至苦。鴿與野鴨等亦有之，亦如我國，不視為常品。雉則略少，且頗貴重。

吾國市遠不能兼味，始殺雞為黍。故鳥類食物，即不易多得，固無妨於措大之生活。況物既矜貴，則滋味愈覺無窮。如魚翅燕窩廉若蘿蔔青菜，家家食之，天天食之，老饕饜味之情，即不能如今日之濃。惟其價貴，偶一食之，淺吞細嚼，遂信得嘗異味。憶三十年前在北京致美齋得方寸之南豆腐，和新椿頭及香麻油食之，始識豆腐真味。不然居吾鄉大盤佐餐，直戚戚以為以豕食自奉耳。故于西洋一年中雖只食三數次，其滋味實遠勝於中國。且一雞常食半月，尚有殘骨可咬，扯算亦頗廉賤，姑發凡於此。他物之稀有者，無礙其稀有，可即此而類想其情也。

客問：魚類如何？

答曰：英國為島國，四面環海，魚類定然不缺。惟魚皆海產，而河魚則為珍異之品，少見出售于普通市店。法國雖亦三面環海，然巴黎去

海較遠，且法人不甚嗜魚，故魚食較英國為銳減。魚在英國市上，合於華餐者，以其肝可熬油，名曰魚肝油之鰵魚為最普通。其魚之外形，在中國每於藥瓶及藥房告白上見一人背負而立，其魚肉亦與吾鄉之青魚為最近，其肉略嫩，頗可算一佳魚。油類為吾人身體內所不可缺，然諸油皆有礙病者之衛生。惟此魚肝中之油，既得油之益，並無油之損；故用為藥物，稱為補品，足見此魚性尤宜人矣。價尚不昂，約二角左右一磅。又有一種貴重之魚，名曰「薩門」，肉發紅色，其味恰如中國之新鰲。據云：我國東三省亦有之。若在出產地，裝為罐頭者，價頗廉，三角可買兩磅，新者五角一磅。又比目魚，魚狀平扁，其肉味亦如鰵魚而尤嫩，此魚較鰵魚為廉。且倫敦無數窮街，皆設炸魚之小店，比目魚及番薯絲同炸，一角能食一大盤，足供一飽。吾人食之，皆以為美味。然彼中雖窮人買食，富人以為有礙衛生，以其用豬油炸也，吾人又適以為佳品矣。窮街小學之生徒，道遠不能回家吃飯者，即以炸番薯為飽。魚則多有不能得者，彼中富人唾而不食者，窮人又欲食而不得，貧富不均如此。所以食番薯者皆倡社會主義。我國以為救饑最易，何不食肉糜之徒，於社會主義亦多所駁難。若以番薯一品，常年飼之，亦必變調矣。其餘尚有雜魚數種，兩種皆煙薰，有七八寸長，彼中以供早晚代用火腿雞蛋者也。此兩種之魚，新鮮者亦間有之，味如吾鄉鰣魚。又有甚小之一種，皆三四寸者，亦有一二寸者，味亦如鰣魚而略損，其狀則如貓魚，吾鄉婦人孺子亦喜食之。上三種價皆廉。

有海大蝦，常約尺許，可零切而購，價如「薩門」，頗昂貴也。有類似中國內河之蝦，已燒熟，來自荷蘭，一銅板能購一木筒，約有數十頭（銅板乃彼中銅板，即所謂辨士，值我國五銅板。木筒者，量器，約吾升四分之一）。粗人小孩消閒食之，亦如天津之食蟹，作為花生、瓜子之小吃觀也。但從無自由啖食於途中，如天津之食蟹法。倘買兩筒，駁其肉，亦頗可充作蝦仁，特味不若我國蝦仁之鮮美耳，慰情聊勝無，亦足解嘲。另有英產之河蝦，則有新鮮者，其價三四十倍於此。蓋必每辨士一頭，余未素食以前，亦從未敢問津。蟹有小海蟹，價亦廉賤，味乃如嚼木屑，故炒清蟹一品，決不能借以搪塞也。

英國有著名之海蛤，為羅馬凱撒大王所賞識，故看作珍品，過於張翰之四鰓鱸。價頗不廉，只能用彼法嘗食，若欲烹為華菜，恐一碗之價，必過銀一圓，未曾嘗試也。尚有內何小蛤，尖長過尺許則為賤品。小蛤肉燒菜，價如吾鄉食蟲蛾肉耳。有小螺，亦如荷蘭蝦之賤，且有小

攤，挑出其肉，聚三五於小碟，供過客之食。此等過客，自亦無非車夫腳戶之流亞。惟無「田螺」（實為蝸牛），而法則有之。英小孩聞法人食田螺，一如吾人聞閩、廣食蛇，吐舌而駭。其實小螺食之矣，於田螺又何致怪？真俗拘而已。亦有鰻魚、鱔魚，常售於窮街現食之小店，不售於雞魚店，故恐另有怪現象。且我家皆不慣食鰻魚等等，故未一詢其價。且但售於及時之一季，非終歲有之也，價必不昂。水產之物，亦略盡於此。黃河之鯉魚、南越之嘉魚，諸若此類，未可悉數。我國魚產之富，當數倍彼中也。

客問：其五為鹹肉店，想即所謂外國火腿之類矣？

答曰：然。

（五）鹹肉店

鹹肉者，火腿為一種，鹹肉又為一種。火腿一種，復有好壞數類。外國火腿，只能用外國吃法，切薄片而油焦。若以之湯煮，則味同嚼蠟，全與中國火腿不同。若用華菜燒法，或惟蒸燉尚可。價六角至一元二角一磅不等。鹹肉亦有數類，有價比火腿者，有廉過鮮肉者。最廉之鹹豬肉，僅三角一磅，大都去自南洋澳洲，亦有從漢口運往者。有人亦頗以中國鹹肉為佳。然彼中鹹肉商之澳洲派，則構造謠言，謂華豕食糞，並在街中食死人，故亦有聞而作惡者。若以為空中樓閣，必不盡然。因聞長江一帶之踱街豬，實有嚼食糞穢等事。而散走荒郊，在義塚齦食露骸，亦或千中有一。但聞漢口之鹹肉，皆外國人設廠自製，且運往國中後，必經衛生檢查員檢過也。惟何者去自澳洲，何者去自中國，我等卻不能十分分別。鹹肉店內又有薰香腸出售。香腸之種類甚繁，而以德國為尤夥，且嗜之者眾，故英人予德人以綽號，即曰：香腸。大者如王瓜，小者如香蕉，惟無有如廣東香腸之小而味且濃郁者。此亦如外國火腿，與中國火腿之別矣。外國大香腸能切片而售，然不中於華菜。

又售「雞絲」（Cheese乾酪）牛奶油。「雞絲」者何物乎？以牛乳淋去水分，一變而為奶漿。今日上海流行之「冰忌廉」（冰淇淋），外國即成自奶漿。由奶漿分出油分，再變而為牛奶油，即番菜桌上塗麵包吃者。西洋上中戶人家用以燒菜，最合衛生。據云：油類之最無弊者，魚肝油第一，牛奶油次之。惟氣味皆有劇烈之不快刺激性，故魚肝油只入藥，而燒菜則無人請教。牛奶油則中國之「阿官」（少爺）小姐，亦嫌有牛腥氣，而嗜之者亦眾。由牛奶油壓而成乾，則名雞絲。

牛乳本與豆腐漿同性,其成分及滋養料,幾無不同。故以牛乳與豆腐漿對照比較,而奶漿則如豆腐腦子,或曰豆腐花。牛奶油則水豆腐(惟油分不充,無可塗麵包。)雞絲則醬油豆腐乾也。「雞絲」之味,則如臭豆腐,而臭氣尤烈。且上品者必蟲蛆活動,霉點綜橫,價亦甚昂。嗜之者如命,不嗜者掩鼻而過,真與雞屎同視矣。西人所食不近人情之物,惟此是也。

又售椰子油,椰子油顏色性質,與牛奶油正同,惟無劇烈之牛腥氣,且帶鹹味。中國婦女不喜食牛奶油者,皆喜用椰子油塗麵包,價又略廉於牛奶油。此油產自印度,今則中下人家貪其價廉,替代牛奶油而食。食牛奶油之家四,食椰子油之家六,此亦近時之變遷也。西名「馬加林」(Margarine),頗亦足為性質善良之油,故豆腐公司之豆粉水桃酥等,即用此油和烙。西人美之。我家燒菜,亦常用也。不知上海番菜館已有其物否?不食牛奶油者,可乞「馬加林」一試之。又售豬油。豬油蒸餾而成,其色潔白。團成方塊,以油紙包裹,價亦廉於牛奶油。約三角一磅。彼中雖製糕餅等等,用之甚多。然羣以為不合衛生,故下戶燒菜,年來亦改用馬加林。我家則因中國難得此好豬油,仍以中國觀念,視為油類可食之一種。若視之為有合衛生,則亦未也。然除此之外,既無豆油、菜油、麻油,只有橄欖油,則窮於取用矣。橄欖油,見雜貨店。

又售雞蛋,雞蛋雖舖街皆是,而合之華價則不廉。最廉者必四十錢一枚,昂者一角半。低昂如此,不過略判新陳大小而已。此又為輔幣之價格高也。雞蛋價雖甚高,決不能如吾鄉之村人待女婿,烹二十枚一碗。然兩枚三枚之雞蛋製成或湯或炒之一品,亦未嘗不滋味無窮。且可作為常食之品也。鴨蛋亦間有之,價等最昂之雞蛋,故我家未嘗問津。

客問:子嘗言西洋之屠夫,酷肖中國之屠夫,則鮮肉店之情形,必略與中國相似矣。

答曰:維妙維肖。既有大木板之肉砧,又於簷下壁間縱橫懸掛鮮肉,所謂賣肉者之屠夫,(彼不屠也,惟屠後剮之而已。稱屠夫者,從便言之耳)手持尖刀,腰圍短裙,肥頭胖耳,三五雜立,頗有致也。而且其野蠻之程度,過於我國屠夫。向吾言叫賣街頭者,只有賣牛奶、賣蔬菜、收舊貨諸種。而喊賣於舖頭,如中國衣店,及上海民國路賣肥皂、洋傘等之把戲,西洋亦有之。一即熱鬧市中之小拍賣店,一即英國之鮮肉店是也。鮮肉店自然無力設於頭等市街,然二等之體面市街,則

頗有之。體面市街部本不許負販人等叫賣，然不能禁鮮肉店之喧叫。彼等之喧叫，且非尋常之喧叫。往往一面連聲亂叫，一面將手內之刀磨於石上，為霍霍之聲；或擊於砧上，為登登之響。在小街為尤甚。常有數家鮮肉店，望衡對宇而設，則叫聲如沸，出於燈火千盞，人頭萬點之中，亦足為星期六日一種之活劇。更有趣味濃深之一事，則星期六夜間十二時，（平時十時一律閉門，惟星期六日至十二時）大鮮肉舖之門外預立窮人數十百，以老婦及幼女為多，衣衫亦不藍縷，惟皆為下戶人物而已。俟時間一到，該肉店即將剩下之肉，立高檯而拍賣，一霎那拍賣罄盡，歡聲雷動而散。其價自然大廉，而肉亦多為「零頭落角」（零零碎碎），不成片段者也。

（六）鮮肉店

十店有六、七只售牛羊肉。然亦有二、三兼售豬肉。豬肉固不為彼中主要之肉食，卻亦未嘗看做低廉之物。即在事實上豬肉亦貴過牛羊之肉也。豬肉以排骨為最貴，上海番菜館內所謂豬排是也。而蹄肉為華饌所需者，價反較廉。豬肉大約四五角一磅，牛肉則三角至五角，羊肉有廉至二角者。

牛之臟腑，令有窮店出售。豬肚之物，惟腰子夾於蹄肉中，餘未見出售。

鮮肉店復售鮮香腸。間有小鮮肉店，下午出售燒熟之肉，豬肉亦有之。（另有熟肉店，以不關於措大家之取資，故不列於十類食品之店中。即麵包店亦為食物取求之必要，然不關於華餐，故亦不敘。而麵包至廉，一角二分一枚，四人放量食之，不能盡也，故人如有以麵包為之要穀食者，亦極相宜矣。）

復有一種小店專售白燒豬腳爪，中國偶有老饕，買歸重新紅燒，價自低廉。

鮮肉復有肉市，其大過於上海大馬路之小菜場者十倍，只有鮮肉，不言其他。即常見有巨大馬車，每車載羊頭數百，連接二三十車行動於市柵之外，真其奇觀也！

客問：何謂糖茶店？

答曰：向者不云乎？茶乃為英國食品大宗之一。中國荒年救饑，則燒施粥，滕以鹹蘿蔔乾。英國救饑，則麵包及茶葉，或加以糖；因茶又非糖不食也。如是，英國之視茶葉店，幾視如中國南方之米店。故取印度茶與中國茶競爭之大公司，名「李布敦」之類者，皆徧設數千家茶店

於全國。有如倫敦一市，大街小市，如李布敦者，有數百家。其門面裝飾，同一格局。惟大街則規模較大，小市則局面較小而已。遠遠望之，皆能辨其為李布敦也。今與各同樣之大公司，又有兩家，亦皆全國開有數千家，而且售茶者，除專門之糖茶店外，而已敘述之糖物乾果店亦售之。近又新發生大咖啡店一家，名「雷杭」者，兼售茶葉。在倫敦城內之耀武揚威，如日本人之售仁丹然，製成小小招牌，徧送一切小街之小店帶售。

（七）糖茶店

糖則與敘述於糖物乾果店者無異。亦分方糖末糖，黃白數種，其價亦與糖物乾果店者無異。因百物市價漲落，皆另有機關司之，非能隨奸商之意，十分低昂也。

茶葉在糖茶店內者，以印茶為主，難得華茶。華茶惟得之糖物乾果店等而已。所謂茶葉者，皆惟紅茶並無綠茶。中下戶常食之印茶，大約五六角一磅，貴至一元二三角；華茶必起碼一元二三角一磅也。印茶味苦，而香氣亦遜。然彼中一般人，則以茶內反正必和糖與牛奶，而卻以味較濃苦者為足「殺渴」（過癮）。亦贊美華茶有香韻，然殊嫌其苦澀之程度不足，不能痛快，故華茶在一般之銷路上，難與印茶爭鋒。非特價昂，且嫌味淡，所以華茶幾又成為奢侈之古董品，但被賞於少數之高等人物而已。華貨幾莫不如此，凡銷流於外洋之華貨，非原料品，即奢侈品。若日用飲食品，惟有彼貨銷於我國，決無我貨能奪其毫末之利權者也。（印茶萬不能用華人泡食法，故糖茶店惟糖與他物，足供我等居家之取材，茶葉則無需問津也。供華食採用者，惟一至六諸店而已。自七以下，皆帶敘之耳。故尚有抱歉一事，麵包店實列於我所類敘之十店中，昨偶忘之。若以為不數此店，則歧誤甚矣，幸讀者恕之。人家方做皇帝，我輩尚數米鹽，宜乎顛倒錯亂，談失其次矣。）

又售豬油、牛奶油、椰子油，則與鹹肉店所售者無異。又售咖啡、可可，則從飲料之類也。我家有常來常往之人，華茶常堆積一二十斤。惟年尾轉送西人，因舉家不甚喜茶。惟買咖啡末子一小罐，為價一角，加少許於開水中，其味略同炒麥芽所泡之湯，終年以此為飲料，一角之罐，能供一二十天。據云：此等乃假咖啡，係德國一種草類所成。真咖啡由豆式之物現磨而成者，價常倍蓰。然我等不喜真咖啡，正喜德國之草末也。

客問：雜貨店有何食料可取？

答曰：雜貨店中可取之食料，自然無多。然此店實與居家有密切之關係，而且所可取之食料，雖屬微末，卻亦為不可少之品物。

（八）雜貨店

關乎食料者如鹽，此一日不可少之物也。西洋無物不較中國為昂；惟英國之鹽，則廉於吾鄉。吾鄉並不距產鹽之地為甚遠，然年來已昂至六十錢一斤，而英鹽則六十錢可得兩斤，且精細提煉，其白如霜，其味鮮美。近來上海裝入玻璃瓶出售之洋鹽，即其物也。雜貨店中出售者有兩種，研至甚細而包裹略精者，名曰桌用鹽，價亦微昂；成塊而大包者，即普通燒菜所用，其品質實與桌用鹽無異。

亦售糖。

又售素油，如橄欖油。而燈用之油，若火油之類者亦售焉。又售醋，及燒物之火酒。惟可飲之酒，必得之於酒店。吾鄉燒菜必用酒，米酒自然不可得，而代以麥酒（即皮酒），居然功用香味皆同。麥酒即當求之酒店。又售西洋醬油，西洋醬油有多種，一一皆已出現於上海之番菜館，皆不中於華菜惟有番茄醬油一種，或食北方醬炸麵，偶有取焉。華菜所最不可缺者醬與醬油，西洋皆無其物。聞西洋醬油之原料，仍含東方醬油在內，惟加辣味及果汁等在內，已全失其本味，且價亦太昂。市間惟偶有日本醬油，由東方貨物店附售，惟價亦甚昂，大約合一元三角一磅。幸而英國則有唐人街，中國之醬油法去自南洋，價約三角一磅，可以取用無窮。醬則絕無其物矣。且曾以黃豆試使發霉，迄不可成。曾造麵醬，其霉點亦異于中國。據云：成醬之微生物，西方空氣中所含極少，故不能製醬。

又售胡椒末、茴香辣椒末等等。其餘不關食料，而出售於雜貨店者，如缸磁碗盞、笤帚糞箕、肥皂蠟燭、繩索釘鐵、火柴木炭之類，凡家常應用之物，無所不有。其店亦布滿於大街小市之中。

客問：子既言麵包店當數於十類品食之店中，請亦約略言之。

答曰：麵包與糖茶兩店，在彼則視為糧食舖，而於華食固關係甚小。前既置在數中，當畢其詞。

（九）麵包店

麵包有成個而售者，其大如小西瓜。則吾前日所謂一角二分能買一枚者也。普通於英之全國，偶有製成長方形者，分量亦同。法國則皆為木棒之式，長至三尺餘。英人戲臺上戲以法國麵包作打球之棒，即調笑法人。法國麵包於法人聚居之地亦有製售者。

其餘拳大之小麵包、月牙形之小麵包等，亦間售焉。德國普通之麵包皆小。

並售糕餅，其花色甚多。今上海南京路之廣東店，頗有仿製者。在英國市價，粗者三十華錢一枚，精細者一角一件。

麵包於北方人，固可作為主要之食；即南方人因其合宜於衛生，亦頗喜取以代飯。惟糕餅之值太昂，僅買供客點。而措大家中之小點心，皆可另用麵粉等，按中國各鄉土之花色而自為之，既可口而值亦廉。

客問：請言牛乳店於食品之作用而終結之可乎？

答曰：牛乳在西方，既取攜極便，且於衛生為最良，故居家不能不與之有緣。牛乳萬不用取求於店中，因街頭牛乳之小車，絡繹不絕，皆即近處牛乳店所分配。每家新遷，牛乳車人即來訂說。每家每晨，皆有牛乳瓶安放門前，不能我家而獨無，故至少與訂每日一辨士，合華銀五分，其量有尋常飯碗一滿碗。牛乳瓶皆為厚錫製成，蓋既嚴閉，不易傾出。每晨人家未起，即置其門外墻邊地上。偶亦有野蠻小孩偷食而並竊其瓶者，然一年中此種案件甚不多也。

（十）牛乳店

售賣牛乳外，又售雞蛋糖漿。雞蛋則以為來自鄉間，糖漿亦稱鄉間土製。大約賞其新鮮，或家造之味濃耳，故價亦略昂。間售麵包，乃販自麵包廠。星期日麵包店往往停歇，則緩急向牛乳店購之。所以十種食品店之內，惟牛乳店甚少交涉也。

客問：綜吾子所舉十店之所售，西洋之食品，詢不為多矣。所謂英國幸有唐人街，而於旅食可得之品物，能詳言之乎？

答曰：西洋食品固少，然即所舉十店之所有，閉目而凝想，亦足供措大之消受。華餐不可缺之要物，為西洋所無。而唐人所有者，約舉如左：

即向所舉之醬油，及花生油、麻油等一也。

在華售於南貨店之物，如蝦米、香蕈、冬菇、東洋菜、金針菜、木耳、紫菜、粉條、海參、江瑤桂、魚翅之類二也。海參、魚翅之屬太貴，然非居家常食所需要之品。餘物之價，大約一倍或二倍于上海。

廣東之香腸、臘肉、鹹魚、風魚之類三也。

而雜物如乾豆腐皮、廣東鹹菜、醬乳腐及一切大蒜、生薑、廣東罐頭、竹笋、油魚之類四也。

利物浦又有粵人，集三萬金設一菜圃於郊外，專種華蔬，頗能獲利。故常有廣東晚菘菜，售於倫敦之唐人街五也。（自亦可取中國菜子

植於寓處之園圃，我等亦曾試為之，惜占地太少，儘產絕美之滬菜，僅供五六次之大嚼，已空其圃。）

再增右舉之唐人街上物，則旅食之物品亦能算為完全。我等再添以家造之三物，而盤餐愈覺豐富。

其一為豆腐。即去兩年，方從中國攜去小石磨一具，黃豆亦載自中國。（中國載輸食品之法，本一旅居節儉之法，尚未十分試驗妥當。談話有餘興，當別論之）我等不完全之造腐法，先以黃豆水浸一宵，以磨碎之，用布濾取汁煎於鍋中，沸後傾於盆，入以滷汁，嚴蓋之。少待，腐已成。入布中壓出其水，則豆腐成。壓之甚緊，成為堅塊。以豆豉同煮，則成醬豆腐乾。每為一次，能食水豆腐者兩三天，食醬豆腐乾者半月，且可送人。（因醬豆腐乾，憶及漏去之一事，即雞魚店或鹹肉店中，廣售野兔，每頭約四五角，上中下戶皆作為常食。以華法煮食亦好，取其肉撕為絲，與醬豆腐乾絲，及綠豆芽，用醬油拌食之，兔肉之味，竟同於雞絲。亦可作為小碟中之美味）惟磨煮豆腐一次，全家終日忙碌如狂。人人至於腰痠腳痛。故不能常為之。豆漿點花，用石膏者其豆腐嫩，然在西洋試之，迄無效，大約功夫未到之故。

其二為綠豆芽。綠豆唐人街出售，或可運自中國，製法最為簡便。用五十文在雜貨店買一裝肥皂之空木匣，於其底間開一大孔，約二三寸。另以密鑽細洞之馬口鐵補之，以便瀉去積水，然後入浸過之綠豆一茶盃，每日澆以微溫之水四次，置近鑪火，必常保溫度華表七十餘度（夏令隨地可置）七日，而滿匣絕肥白之豆芽成矣。可食五六日。有兩木匣，輪流為之，終年不虞缺乏。惟黃豆在西洋不肯發牙。故無法可以食黃豆牙，亦一憾事也。

其三則為麵筋。說到麵筋，因有麵筋學生之故實，已忍俊不禁，且頗亦有小小佳話，明日再談。

客問：麵筋有何佳話？

答曰：此乃極可笑之故實，無所謂佳話。佳話云者，雜俎諧文中張大其詞，以取一笑而已。我等肩不挑擔、手不提籃之措大，誠有如吳縣張東蓀先生氣矜用事之批評，所謂：太無常識者也。

其三製麵筋之法，習見鄉人皆淘洗自麥麩。麥麩在西洋為馬料。一日就糧食店買取最粗麥麩兩磅，回寓淘洗麵筋，用盡氣力，竟無麵筋蹤跡可見。所謂最粗麥麩，即純為麥皮，色作深黃，無纖毫粉跡在內。以為此中所含麵筋，必愈加豐富。既淨麩不得麵筋，乃換買灰色麥麩，含

有粉跡者淘之，始得麵筋少許。余遂主張改用上白麵粉淘洗，乃得多量之麵筋。始憶通天曉之常識須知中，所謂麵粉中含有小粉質若干部分，麵筋質若干部分，某某等質若干部分，我等乃習焉不察耳。吾人習慣以麥麩淘麵筋，乃一廢物利用法。因向日磨粉之法太簡單，欲於麥麩中取淨餘粉，頗非易事，故就中淘取麵筋。至於麵粉，則製麵作餅尚不捨得，安肯用以淘取麵筋乎？不知到底如何。因此種常識，尚未有工夫去理會清楚，只好暫時閣起。求麵筋於真麥麩中，無異前代王孫公子，謂飯米產自席子包裹，同為一種顢頇可笑之佳話也。法以麵粉一大碗，用少水拌勻，勿使過濕，但令可以揉搓成團而止。余則立時即以淘洗，內人則主張稍加食鹽，隔一宵而淘洗。因中國在麥麩中淘洗麵筋法，即如是也。究屬何法取出麵筋較多，卻從未有工夫去稱量比較。中國用竹器浸多量清水中，將麩團在竹器上擦出麵筋。余則但將麵粉搓成之團，在多量之清水中，輕輕在手上揉搦，則小粉之質，如乳漿溢出。揉搦甚久，而一團之生「生麩麵筋」握於手中矣。此生麩麵筋，摘之成塊，或拉之成條、捩之成繩索之形，即可用多法煎煮為飯菜。此生麩麵筋，即僕輕薄之語，形容今之學生者也。設取此生麩麵筋少許，放入沸油之鍋，如學生之入學校然，頃刻即成中空之大個兒。余等在西洋，則用橄欖油滿鍋沸之，入以生麩麵筋櫻桃大之一團，即得柑大麵筋一個。余等所得者，且純然與無錫麵筋毫無分別。無錫麵筋，質堅而體韌，有大名於近郡之四鄉，以為出此百里，即水土異宜，決不能製無錫麵筋；他鄉之人，亦認定無錫水土有此特產。然我等竟在三萬里外之倫敦得之，豈製自無錫人之故歟？一笑！此亦一佳話也。沈澱而得之小粉，又取製吾鄉所謂麻腐，亦入菜品。惟此非綠豆之澱粉故粉皮粉條，尚未有法製出。

終之，除卻以上豆腐、豆芽、麵筋三事外，可以杜製之物，尚當不一而足。可笑我等所具常識太少，且在家鄉，習慣俱求於市上，區區食品，不願以貴重時間理會。所以知識與能力，反俱減少。因此而悟魯賓孫飄流海島，百工之所為，必取備於一身，決非人生之不幸。因海外之家居，增出無數有味之食品手技，亦一趣事。即如吾鄉多有在居家自造餛飩皮子者，然決無自造切麵。因留寓西洋之故，雖義大利之小束麵（西名浮未賽利），頗足代切麵食之，然終不如切麵風味之佳，而價亦太昂。於是即由餛飩皮子，試為切麵，習慣久之，頗為易事。其捲甚捷，其切如飛。一黃昏在竈間共相笑語為之，明日即開一壽麵之筵，到客十數，而數十碗之切麵，出諸廚下矣。新若歐戰既罷，英、法、德、

日四國之郵船，每一星期，皆有在上海香港出發。四十立方尺之貨箱，不過取水腳三十元。而大米、黃豆、綠豆、麵粉、南貨醬油、麻油、菜子、瓜種，一切皆可運自中國。價必銳減於唐人街。至於火腿、皮蛋、笋脯、菜乾、泰豐公司之罐頭食物、老大房之茶食等，固已常由出洋之人便中帶送，我等之旅寓中，未嘗有缺乏也。

述食品既罷，而措大移家，其樂固有如是，一家去而三四人材必能成就。數十百家去，而於國亦不無小補矣。且地球者人類之住宅也，彼能來，我不能往。感想於靜安寺路霞飛路一帶之風景，他人入室，能不興反報而搗其巢穴之思乎？及此淺隘之陋見，亦不能安土重遷，忍受實逼處此之後災也。

客問：窮措大移居西洋後之住宿飲食，依如何狀況而布置，已聞其略矣。請舉第三項之家用，及第四項之學費，更詳言之可乎？

答曰：家用者乃廣漠無垠之問題，每家不能相同。然就普通舉要言之，亦不外乎衣著之資，遊娛之資，酬應之錢，日用之具，數者而已。

衣著之費，真可謂之為無問題。因在上海要穿衣，在西洋亦不過穿衣。力能移家之措大，當寓居上海之日，四時衣裝，略備綢綾，兼襲羊裘，亦必有百數十元之障身物，逐年之添補亦必數十。若居歐洲，如英、法諸國，氣候頗較上海為佳，無酷暑，亦無甚寒。我等在倫敦，往往自元旦至除夕，終年可著一套之衣，不必更換，乍寒乍暖，則以裏衣添減而已。倫敦巴黎製西衣，又廉於上海，西衣且較華衣為經久，每人製備三四十元之衣裝，可以開始敷衍。此後則年年增補一二十元足矣。靴襪之類，所費亦與上海相彷彿。因現在上海新人物，本亦線襪革履，以趨便當，習慣化此小錢者也。

遊娛之資，在上海偶赴大舞臺或遊新世界，或至吳淞看飛機，或向西湖看香市，一年之中，亦有數次之適興。即以其資，為同樣之娛樂，亦無不可。若省卻上海上酒樓吃館子之消耗費，移作遊玩博覽會、旅行暑假節之用，亦已綽乎有餘。

酬應之錢，雖遠赴重洋，必增多簡牘往來之郵費，或客邸同鄉之交接，然家鄉之婚喪喜壽年禮節敬，遠避海外，例可暫免。轉移此錢，補添彼費，亦必無有出入。即或兩斤茶葉、一對磁瓶，年尾貢獻，以為子弟學校校長之壽，亦復所費無幾，大足引起猢猻王之好感矣。

日用之具，若拂塵掃帚之更置，窗簾地毯之補添，肥皂油蠟之耗費，皆為上海措大所不能省者，為西洋措大亦不能省。區區日用之附屬

品物，西洋並不遠昂於上海。

　　故略略分剖言之，舉家用全般之實，皆可謂之為無問題也。

　　客問：請言子女之學費，又校中有無零雜之費用？

　　答曰：就移家而言，專為未成年之子女入中小學，欲得父兄照管，其父兄或則亦有入學之祈嚮，則必為大學或專門學，其學費已詳答於從前諸問。亦或父兄並不為入學，專為一家同遷，省子女之旅費，亦且遨遊海外，樂文明之人境。又或考訪殊俗，為內國之改良。否則研究外國語言文字，視與研究說文廣韻相似，藉讀其書報，以求擴充調查之能力，而亦增旅邸之娛樂。凡此種種校外之計畫，均不必論及學費。因研究書報，藉以增擴智識之語文，儘可仗獨脩書籍而自治；加以虛心咨詢，萬不需形式授課之教師，化去多額之脩金。視乎各人之識力，有志者頗可深造。惟自脩之學問，如往日之研治經史者然，儘可為名山著述之家，而不能為操勝利於名場。欲操勝利于名場，必造八股大師之講壇，如今之入學校是也。故移家就學之學費，但述中小學子女之費用可矣。若入英國之小學，非特學費全免，而且書籍紙張筆墨，盡歸校中供給。英校最重家課，故每日必有三四問題於下午散課時發出，以備夜間在家中作答。作答之格本，亦校中所發。吾從前已言之矣。若我國使館人員，及留學高等學生，並不悉英國小校內容，但聽一般上流社會之論調，頗蔑視公校，且以出於公校為恥辱，此實其階級心過重之弊。故致飯桶之私校林立。其實，普通之私校遠不及公校之成績。近十年來，時人亦頗覺悟，故上中戶之子弟，改就公校者，亦日多一日。管理國民教育之人，亦暗將窮街之子弟，歸入一校。將上中戶之子弟，又歸一校，聊遷就於人情。雖不能顯然分別甚清，然因公校每區至多，派撥學生，主事者自有其權，不至過使就校太遠，而暗中略加分配，人亦不能有言。我國學生入校，頗有自然享得之權利，分配於中上戶學生之校，因彼不欲以窮戶子弟之破落情態，令外人熟見也。且不若在日本欲入其公校，頗非易事。而西洋則彼負其義務，倘子女年在十四歲以內，雖為外國人，亦不准不入學校。不入公校，即當入飯桶私校。常有查察之人，在區內周行。倘有學齡兒童，查出不在學校，無論國籍外籍，一概處罰。蓋學校歸入自治，非為國務，自治之團體，只問住民，不問國籍，故我等賃屋而居，即出房稅，（即上海所謂巡捕捐）即于區自治所內，有選舉之權。吾人不知其市法，而香港華人充議董，人詬之曰入籍洋奴。（亦因其人入籍者居多數之故）曩年上海人亦不屑為之，今方知

其為**輸納市稅**之結果。因公園書樓學校等等,皆不為華人設備完全,欲爭添議董之額,彼人已持而不許矣,若子女入中學,必有學費,平均為五十元一年。筆墨紙張,由校中發給。書籍則有特別數種,應由學生購買。大約又需五六元一年。西洋中學,最為精嚴,凡子女能在彼中學從容卒業,不患無極良之根底。且當此十五六至二十歲,最為吾人一生製造氣質之大關頭。以彼中社會之良好,子弟習尚之正當,受此四圍之感化,決不至弄出中國式青年之狀態。吾勸人移家之主旨,尤以此點為重要。所以中國學校,今日無論辦得若何良好,即使功課能駕歐美而上,亦未可定,然能有一校長敢出而擔保曰:吾校習尚,能多得西洋式之青年。吾敢斷其棘口。因校門外之空氣,非此空氣,學校不任其咎也。(吾所謂中國式西洋式者,決非指土頭土腦,或洋氣十足等等。所謂中國式,即指輕薄、佻(達)、浮華、猥鄙等言之。所謂西洋式,即指翔實、勇壯、誠信、快美等言之也。)貽子女以善良多能之教育,較貽以產業為得計。在家得賢嗣,在國得良材。恐中國如是之社會,非有完全西洋式之人物數千百,不足改變此沉痼之社會。成此數千百之人物,斷賴有數十百家之賢父兄,能有決心而移家。

客問:子又言中小學之學生,可組織住宿機關,湊合各親友之子弟,由長者挈之而行,其法若何?

答曰:觀於移家之情況,變通而為結伴遊學,(若彼此成年,結約於朋友之間,此當別論。恐青年意氣一時之投,甚難持久。吾尚未能見此種團體,存在於一地也。今所論者,以父兄師長之資格,挈未成年之子弟以行耳)亦即有極省之法可行。譬如有人具鄉里尊行之資格,自挈一二子弟,而親友亦各以子弟相託,定其名分,為國學之教師,俾可受其監護,且能稍理華文。

華文問題,於子弟出洋學習者,言人人殊。在我則曰:已通順者固佳,即尚未貫通者,亦未嘗不可暫拋。國家學校,必以國文為重要,此一義也。吾人之天職,國文應當通曉,此又一義也。變通辦理,可以暫置而出洋,此又一義也。吾個人之信仰,以為文字者不過記號耳。學者也,由記號而得智識。無論由何種記號,以得智識,但使智識能極高明,則其人之性情與才力,皆足造福於社會。故若果使子弟能從容卒業於外國之中小學,從而更入大學,復卒業焉,其子弟必不為棄材。而復自小扶植於文明人境之社會,受其相當之教育,而氣質亦十有八九,自有可觀。若復有同國老成之師長,與之相處,不必朝課夜談,困以無謂

國文之功課，但稱述圖史、遊覽書報，為晨夕之談話，即足利用其學校遞高之智識，相說以解。引導少年之子弟，第一當戒勿矮人觀場；若能引之使有超解之識力、自動之觀察，半年一載，可以頓悟。否則「十死笨伯」（極端之笨人），雖十年教督，亦如導龜上山、牽牛下井，勞而少功。且吾所注意於新式之子弟，必使專習科學工業，所需於喋喋自炫之文字者至少。苟此人無志大成，則使衣食於功能，較以文字媒於勢要者為善。倘彼實命世之英，則必發明奈端之律，而或創造瓦特之機，亦不失為宇宙一偉人也。況夫壯年成學以後，外國文且必兼通三五，何有於國文？果子弟各有異稟，其天才近於文學哲理，如其能深通外國之文學哲理，而其篤好國文亦必出於成年後之自動。嚴幾道非亦近時一通品乎？其留學英倫時，年亦二十二三矣。曾頡剛之日記有云：嚴生宗光呈文三篇，才氣頗有，而瑕疵尚多。吾為改之。此後回國，猛攻八股，赴鄉試者八。天演論羣學肄言等之結果，皆中年以後之學力成之也，然嚴先生時代，至於十年以前，實為舊式留學時代，其學於外國也，不必果曾為合格之學生，而國文又不通，故「剛八度」「細蕙」等之嘲笑，騰於留學之界。今新式之留學意境頭腦，皆先有讀書子弟之氣息，而在外國能為合格之學生者又日多，故此後十年，無復再有「細蕙」「剛八度」之學生，國文將無復問題。且更有一事當分明者，除文學哲理之學生外，國文當至若何程度，皆非今日父兄所能臆斷。今日之父兄，大都尚受斗方名士干祿腐儒之毒。一若子弟非文質彬彬，足令徐菊人、張季直、梁任公輩，留坐紗帽頭椅子之中，不足稱佳子弟。事實老牛受累不足，誤國不足，尚欲隱驅其子弟，陷入腐敗之官僚窟中者也。吾言雖激，亦或一解。

客問：國文之問題且勿論，所謂集合親友中子弟，由長者挈而聚居，其要點何在？

答曰：以移家之法，暗組一少年留學之寄宿舍，則費用可省至無可省也。譬如有子弟八人，年均在十六七歲以下，（偶有一二年稍長，可入專門學者夾在內，尚可處辦）挈此而行者，為此八人內之父，齒學俱足服人，其人亦饒有漫遊海外之興會；更隨一體力俱強，忠實之健僕，以司飲食、以理門戶；其縫紉洗浣之事，可於彼中短雇一女僕。倘出門時能得甸來家中服用之忠僕，本與其妻同役主家，年事在四十內外，本不生育者，得此夫妻同住，更為得力。今為約計費用如左：

房金年四百八十元。

十一人（假定有男女二僕）飯食每人平均計七元一月，年共一千元。
男女僕工資二百元。

此三項，由八學生分擔，每人年二百十元，挈行之長者，不取照料
費，故學生為任房飯錢。此長者之零用等等，則歸自理，亦略擔逍遙域
外，吸受新空氣之義務也。

此外，每學生應需零用及添補衣履等費五十元。入中學者又需學費
六十元。則每年每人之總費，小學生為二百六十元，中學生為三百二十
元也。此皆從寬估計，如兩僕工資，或六元一月，亦算不菲，則不需二
百元。飯食七元亦可略省。倘為習話便利起見，不帶華僕，到彼盡雇西
僕，亦無不可。蓋兩僕來往船費八百元，勻計於四年之內，連原應年給
之工資二百元，有四百元。有四元之僕人費用，亦已相差無幾。蓋一僕
二十元一月，一僕十五元，合計適符此數。惟略得談話利益，而飲食間
不免稍費。蓋不能以中國之飲食法示外人，未免多所擲棄，故欲嚴格的
省儉，不如仍帶華僕為善。且多得兩人往吸文明空氣，亦有利益。至於
寓中之家具，每生但於初去時各派五十元，已綽乎有餘。赴頭三等艙之
船費，其以個子高者，出全費，為二百元。個子矮者，出半費，百元可
矣。（吳稚暉先生全集）

參、華法教育會
　　與勤工儉學生的離合

一、華法教育會之先導、發起與成立

（一）先導

　　吾人旅居法國，凡有所組織進行，均不能不與周圍之境界，有所關係：以學理言，固有互助尚同之誼；以事實言，亦有問俗問禁之說。是故欲促旅法事業之進行，亦必有華法共同之團體。此團體者，言之已數年：如南迠氏籌商建設中法學校于中國，紹可侶氏計畫人地學社，及法文協社。在歐戰前與法國自由教育會之接近，以及中西印字局之合組，皆其先導也。

　　民國五年，國體顛危，更有聯接同志國之需要，遂擬組織『華法聯合會』。其功用有二：一當革命之時，可利于當時之進行；二如傳達教育等事業，為永久之進行。後與法國同志相商，多主張畫為二事：旅歐民黨一部分，專力于政治之進行，其事詳『旅歐民黨記事』；其他一部分，專力于教育與社會之進行，宜組織教育會。此易聯合會為教育會之原因也。

　　于法國方面為教育會之主動者，為法士乃穆岱諸君；更由穆君介紹于自由教育會會長歐樂君與書記輩納君，遂共同組織『華法教育會』。至其方針，即取『世界社』之事項而損益之，此即教育會之演進。其發起也，其成立也，以及進行之報告、組織之大綱，均分述于後：

（二）發起

　　民國五年三月二十九日，開華法教育會發起會于巴黎自由教育會之會所。首由穆岱君發言，略謂『自吾與留法中國團體諸君交接以來，見其關于教育之計畫，精深宏博。既有裨于中法兩國精神上之發展，亦有裨于人道。此事之希望與結果，必極偉大，為吾人所極端贊同。』並宣其宗旨與作用，列為三部。（宗旨與作用三部見後，茲不複載。）

　　次由蔡子民君演說此會之意趣如下：

「今日為華法教育會發起之日，鄙人既感無限之愉快，尤抱無限之希望；蓋嘗思人類事業最普徧最悠久者，莫過於教育。人類之進化，雖其間有遲速之不同，而其進行之塗轍，常相符合。則人類之教育，宜若有一共同之規範。顧考察各民族之教育，常若不能不互相區別者，其障礙有二：一曰君主；二曰教會。二者各以其本國本教之人為奴隸，而以他國他教之人為仇敵者也。其所主張之教育，烏得不互相歧異。現今世界各國之教育，能完全脫離君政及教會障礙者，以法國為最。法國自革命成功，共和確定，教育界已一洗君政之遺毒。自一八八六年、一九〇一年、一九一二年，三次定律，又一掃教會之黴菌，固吾儕所公認者。其在中國，雖共和成立，不過四年有奇。然追溯共和成立以前二千餘年間，教育界所講授之學說，自孔子孟子以至黃梨洲氏，無不具有民政之精神。故君政之障礙，拔之甚易，而決不慮其復活。中國又素行信仰自由之風，道佛回耶諸教，雖得自由流布，而教育界則自昔以儒家言為主。儒家言本非宗教，雖有祭祀之禮，然其所崇拜者，以有功德於民，及以死勤事等條件為準，與法國哲學家孔德所提議之人道教相類。至今日新式之學校，則並此等儒家言，而亦去之。是中國教育之不受君政教會兩障礙，固與法國為同志也。教育界之障礙既去，則所主張者，必為純粹人道主義。法國自革命時代，既根本自由平等博愛三大主義以為道德教育之中心點；至于今且益益擴張其勢力之範圍。近吾于彌羅君所著『強權嬗于權強論』中，讀去年二月間法國諸校長懇親會之宣言有曰：『我等之提倡人權，既歷一世紀矣；我等今又為各民族之自由而戰。』又于本年三月十五日之日報，讀歐樂君之『理想與意志競爭論』有曰：『法人之理想，不問其為一人、為一民族，凡弱者亦有生存及發展之權利，與強者同。而且無論其為各人為各民族，在生存期間，均有互助之義務。例如比利時塞爾維亞葡萄牙等，雖小在體魄，而大在靈魂、大在權利，不可不使占正當地位于世界以獨立而進行。』其為人道主義之代表，所不待言。其在中國，雖自昔有閉關之號，然教育界之所傳誦，則無非人道主義。例如孔子作春秋，區人治之進化為三世：一曰據亂世；（由亂而進于治）二曰昇平世；（小康）三曰太平世。據亂之世，內其國而外諸夏；（內者親也，外者疏也）昇平之世，內諸夏而外夷狄；太平之世，夷狄進至于爵，（與諸夏同）天下遠近大小若一。（以上見何休公羊傳解詁）教化流行，德澤大洽。天下之人，人有士君子之行，而少過矣。（以上見董仲舒春秋繁露俞序篇）孔子又嘗告子游

曰：『大道之行也，天下為公，選賢與能，（與者舉也）講信修睦。故人不獨親其親，不獨子其子。使老有所終，壯有所用，幼有所長，鰥寡孤獨廢疾者皆有所養，男有分，女有歸。貨惡其棄于地也，不必藏于己；力惡其不出于身也，不必為己。是故謀閉而不興，盜竊亂賊而不作。故外戶而不閉，是謂大同。』又曰：『聖人耐以天下為一家，中國為一人。』其他如子夏言『四海之內皆兄弟』、張橫渠言『民吾同胞』尤與法人所唱之博愛主義相合。是中國以人道主義為教育，亦與法國為同志也。夫人道主義之教育，所以實現正當之意志也。而意志之進行，常與知識及情感相伴。于是所以行人道主義之教育者，必有資于科學及美術。法國科學之發達，不獨在科學固有之領域，乃又奪哲學之席，而有所謂科學的哲學。法國美術之發達，即在巴黎一市，觀其博物院之宏富、劇院與音樂會之昌盛、美術家之繁多，已足證明之而有餘。至中國古代之教育，禮樂並重，亦有兼用科學與美術之意義，書云『天秩有禮』，禮之始，固以自然之法則為本也。惟是數千年來，純以哲學之演繹法為事，而未能為精深之觀察、繁複之實驗，故不能組成有系統之科學。美術則自音樂以外，如圖畫書法飾文等，亦較為發達。然不得科學之助，故不能有精密之技術，與夫有系統之理論。此誠中國所深欲以法國教育為師資，而又多得法國教育家之助力，以促成其進化者也。今者，承法國諸學問家道德家之贊助，而成立此教育會。此後之灌輸法國學術于中國教育界，而為開一新紀元者，實將有賴于斯會。此鄙人之所以感無限之愉快，而抱無限之希望者也。敬為中國教育界感謝諸君子贊助之盛意，並預祝華法教育會之發展。華法教育會萬歲！』

次由李石曾君發言，略謂：『關于本會發起之意旨，與中法兩國教育之學術，已由穆蔡二君詳述，茲不復言。吾所欲言者，則本會之內容，非惟理想與計畫而已，實已見諸實行。就第一部言之，業經由中華印字局刊行書報若干種；就第二部言之，已有遠東生物學研究會與留法儉學會之組織；就第三部言之，已有工人團體之結合。惟任重事繁，必賴法國同志之贊助，方能大發展。此所望于本會者也。』演說之時，並以中國團體刊布之書報與各種建設（印局生物學研究會儉學會等）之影片出視，到會者，咸極稱道其成績。

次由輩納君與李石曾君宣布到會者、通信報名者，及向盡力于旅歐教育者之姓名如下：

法國 皮乃歐（學務使）皮凱納（工部秘書長）米沙（小學校長）沙
伯（中學教授）沙娥女士（小學教授）沙爾伯（著作家）伯雷
（文學博士）伯雷女士 伯地業（中學校長）宜士（共和工商會
代表）法露（農科實業學校教務長）法士乃（社會學校教授）南
達（大學教授）亞和（都爾日報主人）栢唐（巴黎大學教授）
栢爾葛（中學校長）施亞宜（大學教授）馬珊（工部書記）馬
萊亞（下議員）高斯（正誼書局）紹可侶（比京新大學教授）
葛樂（百科書局）萬桑（下議員）達尼斯（醫學博士）愛友（上
議員）雷格（前教育總長）裴納（中學教授）蓋而尼（人權會代
表）穆岱（下議員）歐樂（大學教授）歐思同（音樂家）顧來
（學務司長）
中國 方君瑛 吳玉章 吳稚暉 汪精衛 李石曾 李汝哲 李曉生 李聖章 李
廣安 李駿 余順乾 范淹 姚蕙 徐海帆 陳冰如 陳子英 張溥泉 張
靜江 張惠民 張秀波 張競生 陸悅琴 曾醒 彭濟羣 褚民誼 黃仲玉
齊致 譚仲逵 梁耀鸉 蔡子民

終則推舉幹事、擬定會章，及組織進行各事。

會長　　歐樂 蔡子民
副會長　穆岱 汪精衛
書記　　裴納 法露 李石曾 李聖章
會計　　宜士 吳玉章

（三）成立

民國五年六月二十二日，開華法教育會成立會于巴黎自由教育之會
所。首先由歐樂君發言，茲錄其演說詞于下：

「諸君，今華法教育會開成立大會，吾為主席，不勝榮幸。因本會
之計畫，實至偉大。本會宗旨，在發展中法兩國之交誼，尤重以法國科
學與精神之教育，圖中國智育德育與經濟之發展。其詳已見本會大綱，
少頃即將陳于諸君之前。今之時會，于吾人之進行，實持之有故，言之
成理。中國政治之穩靜，似無動機者數百年，今則駛雄才而成潮流矣。
中國之風俗與哲理，浸漬于自由平等者久，因以成其民國。其始也，似
有梗阻，今則似入于統一組織之途。中國之民，將有大作為于世界，亦
未可知。是故法人與之接近，益為密切，益為契合，斯誠其時矣。蓋當

此偉大變化（世界革命）之時，是二民族，誠不可不互知互解而互助也。顧于今日，其相識也尚淺；語言風俗之距離、歷史之懸殊，皆所以界畫其間者。中國有長城，法國亦有之，是實愚陋與成見所築成者耳。華法教育會之所欲堅忍以破除者，即此梗也。其所欲者，則中國之古道德，與法國之新道德相交換，而持以敬愛之誠焉耳。

夫中法之道德，其相異也，本非如常人之所想像。于本會發起時，蔡君之演說，已表明其近同之點。近世法國思想行動之精意，實與過去及現在之中國相同。同志法士乃君直接而知中國，吾則不過懸想其大略耳。法士乃君于所著『中國革命之經過』一書中，述及有中文之法國革命史，廉價售于滬市，以為傳布。且謂：『其中插畫有萬歲邑之舊宮；千七百八十九年六月二十日之誓約；路易十六之斷頭臺；若百必馬若拿破崙羅蘭夫人之小影；以至盧梭以皮圍冠之像，皆不為作者所忽置。』夫中國孔子與諸子，本為法國革命之先覺。今者其徒黨又于法國革命史中，得其先哲之情意矣。今中華民國之成憲，本于平等之誼，保障人權，略與法國人之人權宣言相似。凡諸政治與社會之道義，固吾授中國以先例而觸動之。然吾人當不忘中國知之言之公布之，皆遠在吾前，且遠在吾父羅馬、吾祖希臘之前也。夫理為人道獨一之根本，實為理學大家孔子之所彰著。孔子固非其最早出者，然最明顯。其為教育也，以開明治人，而不以愚民之術治人。而其昌明博愛之義，不止行於國民與國民之間，且行於人與人之間，而尤遠在西塞倫以前。至于以愛人為仁，則尤其最著之名言也。中國此等教育，法人于十八世紀知之。吾今以服爾德之言，告於諸君：蓋服氏恆以精美之詞，宣揚孔子之意。服氏常云孔子不欺；又云闡揚人類之美德，無能過於孔子；又云孔子以友愛與人道為當然。服氏恆以孔子之哲理與中國之先例，攻宗教之專橫與舊制之無道。是中國之哲哩，固曾於法國革命先導之實行家，有所張明而感觸之。華法教育會之成立，若服氏不死，必以為大快也。中國之同志乎！吾人之樂於徵引古人，固亦與中國人之好古無異。孔德有言，『先治治後治』。此語必為孔子所樂聞，吾人亦何獨不然。吾愛吾祖，吾受吾祖之遺風，而培養以滋長之。吾之大革命，即歷史之所遺；而吾人至勇之行為，亦即往事之表幟也。

中華民國與法蘭西民國相同，皆欲以教育為要務。諸君欲為真實之革命，非僅易其衣表，實更易其身心；非但求中國之益，實求人道之益也。諸君為此高誼之行為，而求助于法國，因其有改革之經驗。（然亦

固未完竣）然華法教育會之助中國，亦即所以助法國也。此并力之工作，誠與二國以平等之益，與平等之榮也。此會之完全發展，必在聯軍既勝『同化于普之德』之後。彼欲奴隸全世界，且至消滅精理，如吾會之所主張者。然吾不欲待戰事既終而後有所進行，吾已成立，吾已進行，吾已得有結果，華工學校已活動而興盛矣。吾會之書記以不息之強，獨立而從事于此。將以本會之緣起與首先之成績，報于諸君。吾今所欲語于諸君者，惟其大旨耳。吾僅以法國革命史家之名義，為本會臨時之主席。凡欲以教育進其群於自由平等博愛之組織者，皆以革命之義，而愛法國也。」

　　次由裴納君報告，並宣布擬定之會綱，經全體認可。其報告與會綱分錄于左：

華法教育會臨時幹事會報告

　　華法教育會成于千九百十六年三月二十九日，今六月二十二日，始集此大會，審定所擬之會章，為期似亦久矣。惟臨時幹事會之進行，非僅在擬定會綱，並致力于他事。今法國工藝，須藉重中國之人工。然中國工人之忽入他鄉，各事皆異，不無流弊。故擬建設華工學校，以養譯材。然非僅傳達言語而已，且為立身之先導，以助其鄉人也。本會得工部與教育部之贊助，立得校所。李煜瀛君集得二十餘人，彼輩不憚犧牲其工業，自備資斧而來肄業于校中。四月三日，蔡元培君考驗新生。五日，歐樂君于東方語言學校，行開校禮。米沙君擔任組織教授，歐司同君每日到校，教練語言。校中課程，遂漸就緒。如度量權衡普通智識以及工藝圖畫，皆以法文授之。更有盡義務之中國教員若干人，或以中國語言教授衛生修身諸問題，或擔任助教及傳譯。學生進步之猛，實足為教員之榮幸，而為吾人始願之所不及。雖然，非謂其組織已達于完善，吾人希望其日進于改良。吾願同人之有所助力，本校成立之始，僅有『共和工商會』之助款五百佛郎、中國諸同志之助欵千佛郎而已，吾望會員之會費，及公家與個人之助欵，（法政府允助華工學校年費萬佛郎）繼至以助其事之發展。所言之華工學校，不過本會各事業中一事而已，吾更欲繼『留法儉學會』之事業而擴張之。該會創于千九百十二年秋，以傳達法國教育，介紹多數人來法留學為宗旨。留法儉學，已得良果。李煜瀛君進行甚力，法露君亦力助之。節錄法露君之報告如下：

『留法儉學會創于千九百十二年，是年來者六十餘人，次年則達百人。分入蒙城芳丹白露蘭萬森各地中校。及歐戰起，少數者回國，其他則至杜魯司濮都商得內穆爾大三梅桑諸校。半工半學者，亦不乏人。學生中有數十人，已入大學及專門學校，習化學工程建築礦學商業農科等。中國學生至為勤學，可與法國學生相競。其幼者，二年後曾在小學畢業；其長者，如皇甫輝君在蒙城農科實習學校，卒業考試得第一。李麟玉君在杜魯司大學化學院，卒業考試得第一。皆其例也』關于介紹留學，今華法教育會，惟有隨其先進之前例，而力行之可也。本會之計畫，即會綱之第二條所分之三部：曰哲理與精神，以書說為傳達；曰科學與教育，以學會學校為組織；曰經濟與社會，為實業與華工問題。其範圍至廣，吾已有所為之。又欲組織華工俱樂部于華工所到之地，亦此意也。此種事業，必不能免困難，吾人之所固知，然必可勝之而不畏也。歐戰之前，德國已設大學于青島。欲得結果，則犧牲亦巨。美國以六十兆之賠款，為助中國學生留學于美之經費。吾人縱不要求若大之犧牲，然亦深望法人之欲傳達法國精神與物質者，有以助之也。

華法教育會大綱

宗旨與組織

第一條　茲由同志結合團體，名曰『華法教育會』。年期無限，會所在巴黎。

第二條　本會宗旨，在發展中法兩國之交通，尤重以法國科學與精神之教育，圖中國道德智識經濟之發展。其作用分三部如下：

（一）哲理與精神之部分　以傳達法國新教育為務，如編輯刊印中法文書籍與報章，亦其職任。

（二）科學與教育之部分

（甲）聯絡中法學者諸團體。

（乙）創設學問機關于中國。

（丙）介紹多數中國留學生來法。

（丁）助法人遊學于中國。

（戊）組織留法之工人教育。

（己）在法國創設中文學校或講習班。

（三）經濟與社會之部分　其作用，為發展中法兩國經濟之關

係，與助進華工教育之組織，以法蘭西民國之平等公道
諸誼為標準。

第三條　本會之會員有三：曰名譽會員，由大會推舉，不納會費；曰公
　　　　益會員，（即實行會員多納會費者）每年付會費至少二十佛
　　　　郎；曰實行會員，每年至少納會費五佛郎。各項會費均可于一
　　　　次總納，以免按年零付。公益會員須交四百佛郎，實行會員須
　　　　交百佛郎。

第四條　評議會有認可公益會員與實行會員入會之權。欲入會者，須有
　　　　會員三人保薦。團體亦可入會，會費每年至少二十佛郎。凡入
　　　　會者，須完全承認會章及所定之條件。

第五條　會員之失其資格者有二端：

　　　　（一）自行辭退。

　　　　（二）由評議會決議除名。除名之理由，或因重大之問題；或
　　　　　　　因過期一年不付會費。被除名者，除已向評議會申辯
　　　　　　　外，尚可質諸大會。

　　　　　　會員之辭退，或被除名者，不得有會中之權利。其已付之
　　　　會費，完全為會中所有。

經理

第六條　本會之經理，由評議會主之。評議會員共二十四。於大會時，
　　　　由公益會員與實行會員中推舉之。任期三年。如有闕額，由評
　　　　議會推補之，惟須得最近之大會認可。

第七條　由評議會中，推舉幹事，以組織幹事會。幹事會設會長二人，
　　　　副會長二人，書記二人，副書記二人，會計二人，皆中法各一
　　　　人。　幹事會員任期一年，期滿可續任。中國會長，代表本會
　　　　于中國。

第八條　評議會每三月開會一次。每次開會，由會長召集，或由三分之
　　　　一之會員請之。必有四分之一之會員到會，則所決議事件，方
　　　　作為有效。　評議會若連不到會四次，且無正當之理由者，即
　　　　視為辭職，照第六條更代之。　開會時須作紀事錄，由會長與
　　　　書記簽名。

第九條　評議員與幹事員，皆純盡義務。

第十條　評議會對于本會之財產事業，有完全經理之權。惟購換房屋、
　　　　押欵借欵，與定租約逾九年者，決議後，皆須由大會認可，始

為有效。 會中一切費用,由會長主之。本會對于法國之詞訟或常務,由法國會長代表之。 本會代表,須有民事權,及政治權者。

第十一條 本會每年開大會一次,其居法國之會員,皆與會。開會之期,由評議會決定,或由五分之一會員請之。 開會之次序,由評議會決定。 大會之幹事,即評議會之幹事。

第十二條 大會之職務有數端:聽評議會關于物質與精神之報告;認可過去之結帳;決定將來之用費;準備評議員之改推,皆于本日大會中決定之。 關于評議員之改推,不到會者,可用通信選舉法。 決議須從到會會員之多數。 開會紀事錄,由會長與書記簽名。

存欵與常年經費

第十三條 本會契約,由本會負責。會員及評議員,皆不以箇人負責。

第十四條 存欵之集合:(一)提取常年經費百分之五;(二)一次總納之會費;(三)捐款。其已另指用途者,不在此例。 存欵由評議會經理,可用之購置本會所需之不動產。

第十五條 常年經費之集合:(一)會員之會費與捐募,(二)公欵之補助,(三)捐欵之指定用途者,(四)產業之生息。

章程之改變及會之解散

第十六條 改變會章,必經評議會或全體會員五分之一之提議,由幹事會于一月期內,開大會議決。如會員到會者,不及三分之一,開會作為無效。當更集議,至少必相隔十五日。此次無論到會者,足數與否,皆當決議。 無論如何,必得在會者三分之二認可,方能改章。

第十七條 會之解散,亦須具第十六條之條件。 若已決定解散,由會中委任一人或數人,為之指定會中財產之用途。

內部辦事章程

第十八條 內部辦事章程,由大會決定之,以便實行本會之大綱,並決定內部經理之條件。

又次推舉評議會員及名譽會員。惟有未到會者,及不在法者,俟得本人之承諾再布。幹事會員臨時推舉者同。

最後由法士乃君演說中國近狀,即數年共和事業之經過。法氏顧中國人在會者云:『……此為諸君所共知,非為諸君而言,乃為法人之忽

于遠東近事者而言。……」故法氏之演說文，未錄于此。然法氏之意，有可記者：則其謂中國之習慣，頗合于民國制度。又謂當民國制度尚在幼稚之時，縱有未當處，亦不足為病。當日法國革命後，又何不然。法氏曾著書說多種，皆深望中國民政前途之發達，此亦吾人所得相慰相勉者也。

　　右之所記，皆本會自發起以至成立時期之大略也。本會大綱所規定之作用三部，當努力進行。俟有成績，再次第報告于教育界。民國五年九月十五日記。（旅歐教育運動）

二、華法教育會演說辭

華法教育會。開會歡迎沙來博士。其演說大意如左。

蔡子民君「今日為本會歡迎法國沙來教授之期。既承沙來教授允以演講『法蘭西之教育與中國。』在法國方面。承瑪德代理公使使署諸君及旅華學者惠臨。在本國方面。又承教育部及國立、私立學校諸君參與。本會榮幸之至。感謝之至。鄙人今先為諸君略述沙來教授之歷史。及今日講題之關係。沙來教授。為巴黎大學哲學博士。曾為國立各學校教習。又為國外教育會師範學校教習。為人權會組織人。以二年之久。環遊地球。曾留中國數月。大戰爭中。從軍受傷。今為法國議院之友邦聯合會代表。赴中日兩國考察現狀。留日本三閱月。在東京帝國大學及日法協會演說。到我國後。先在北京大學及留法儉學會演說『法國與科學』又在平安電影演說『大戰爭中法國之盡力如何。』前者自哲學始。進而為物質科學及科學的哲學。以歸宿於社會學。後者自陸海軍始。進而及工業財政。以歸宿於道德。兩者實有因果之關係。非有大科學家之發明。則國民之毅力。必不能如此發展。顧德國之科學。亦何嘗不發達。在大戰爭中。亦何嘗不顯其非常之國力。然而我等莫不友法而敵德。何哉。同此科學。同此國力。德人用以侵略弱國。而逞少數貴族之野心。法人用以抵禦強敵。而保多數人民之權利。以公理為標準而判斷之。德必敗。法必勝。德可仇。法可友。不煩言而可決也。顧科學之程度略等。由科學而形成之國力又略等。德人必用之於彼。而法人乃用之於此。是何以故。曰。平日教育之主義不同也。德人之教育。以神權、君權為骨幹。以競存說為社會存立及進化之條件。以威權為生人之道德。法人之教育，超然於君權、神權之外。以互助說為社會存立及進化之條件。以自由平等博愛為公民之道德。故其所以應用國力者不同如此。吾人習聞俾斯麥克以普魯士戰勝奧、法，歸功於學校教師。今茲聞法國國力之發展。亦不能不歸功於教育可知也。吾國團體與法同。今之為人道主義而與德宣戰。亦與法同。則我國教育之舍德派而取法派。理所當然。此即本會所以成立之理由。而亦今日沙來教授所以又有『法國

之教育與中國』之講演也。諸君即可傾聽沙來先生之宏論。鄙人不必贅陳。惟鄙人尚欲乘此機會報告於諸君者。我國人所習外國語中。法文不甚發達。本年北京大學文理二科招考三次。法文生及格者僅四人。不能成班。蓋我國中學校多習英文。而教會所立之法文學校。則除法文外。其他教科。均不與我國中學校同等。因是本會欲組織一華法中學校。以為他日直接入大學之準備。當俟方家胡同校舍接收後。定期開辦。至本月間擬先在方巾巷開辦一華法女學校。業已聘定教員。半月內可以開課。而此間所設立之留法儉學會預備班。亦擬遷往方巾巷。并加增普通學科目。以為漸漸接近中學校之組織。而留法儉學會。則仍設一通信處於此間。以便交通也。又本會預備學校開辦時。曾承法公使捐助款項。今日瑪德代理公使又允賜以良言。而鐸爾孟先生曾為預備學校義務的法文教員。於留法儉學會。多方贊助。今日又允譯瑪德代理公使之演詞為華語。此皆本會所不勝感謝者也。」

法國代理公使瑪德君「中國為正誼公道之勝利。亦與協約國一致進行。匪但可以武力相助。並反對德國武斷之教育。德國之智育。素以專斷為當然。而盡棄國民與個人之自由。此已為中國毅然而棄絕之矣。以中法兩國友誼之親摯。思想之相似。國體之相同。故吾人對於助中國文化事業之發達。與吸收國外科學。固為應盡之義務。就此言之。吾國之教授、技師、醫家，固曾追隨於先賢而有所致力。吾人於中國。已曾致力於教育問題。如上海震旦大學之創設。天津北洋醫學校。法國醫家之助力。以及成都等處。亦皆以教授法國科學為職志也。雖然。此所已為者。去滿足之地位尚遠。吾所深望者。則華法教育會之事業。得圓滿之結果。與中國留學法國者日眾。必皆受法國之歡迎。對於國外學生之良感。固巴黎大學之習慣也。此兩文化之相接近。與兩國相知之愈真切。必可使兩國之友誼。已著手協力之拒鬥者。由此而益增進無疑也。」

沙來博士「今承組織斯會者。以演說教育問題見囑。演說本非吾之所長。教育則為吾之素業。今就法國教育。可供中國參取之點。與法國教育。適於華人留學之用者。略述之。法國教育之特點。則強迫教育。免費教育與中立教育也。法國教育。分為小學、中學與高等教育。此人人所知者。其最要之點。則小學惟強迫教育。不分男女。皆當實行。強迫與放任二者。當日本為爭點。後則終實行強迫。何哉。因教育非僅個人之關係。實全國之關係。如農工商與學者及擔任公務之人，皆以其工作效力於社會。故應受適宜之教育。軍人亦然。又如有選舉權之人。尤

必使有完滿之知識。因其實為主持國事之要素。更必使受教育。總之強迫教育之要點有三。即工作或經濟問題、國防問題與政治問題是也。然應受教育者。未必皆有受教育之力。故必實行免費而圖普及也。」

「法國教育之更有一特要之點，則其中立性。即教育與一切宗教皆無關係是也。此中立性非一消極之性質而已。實乃以科學與道德為主要。科學及乎實行。道德本乎人道。以科學言。孔德不云乎。賴科學告人以所以然。吾乃知所當為矣。以道德言。愛己愛家愛國愛世。此乃正當之義理。而與民國主義最相符合者也。」

「如以上所云，法國之教育，實適用於中國。中國文化之進步。本不讓歐西。其所缺乏者惟科學。故有介紹西學之需要。吾前已於大學演說中言之。如戴楷爾精於哲理。鹿華西作化學。陸謨克發明進化學。裴事德發明生理。巴斯德發明總生物學。孔德發明社會學。此種種科學。皆可有所裨益。至法國不偏於一教之道德。亦適與中國相近。徵之於古。中國本為人道之道德。孔子高深之學理。固主張大同。徵之於今。國體既同。則主義亦相同也。由以上諸端。故謂法國教育有可供中國取資者。於是，留學法國與夫在國內之補習。均成需要。亦即華法教育會預備學校之所致力。今中、法兩國日益接近。而以學術為宗。此誠最善者。故於華法教育會之發達。為吾人所切望者也。」（東方雜誌十五卷一號）

三、華法教育會的人事與工作

李書華

　　一九一九年初留法勤工儉學會組織成立，是年五月第一批勤工儉學生約九十人到法。

　　先是第一次世界大戰時，法國壯丁全被徵調，後方需用人力甚多，外國學生在法易覓工作。因之李石曾、吳稚暉諸先生發起留法勤工儉學會。學生先去作工，再以所得報酬求學；或一面作工，一面求學。在國內設立機關，幫助學生出國；在法則華法教育會為學生代覓工作與代找學校。勤工儉學會之成立，在五四運動以前。時國內青年大半欲出國求新知識，而苦於不得其門。此會發起後，一個學生如能籌得大洋一百元的四等艙位旅費，便可赴法。所以此一號召，發生了很大的吸引力。

　　第一批勤工儉學生約九十人，係由上海經英倫於一九一九年五月到巴黎。自是年五月以後每月均有勤工儉學生到法。每次少者數十人，多達二百餘人不等。計一九一九年到法學生約有七百餘人，一九二〇年到法之學生有一千二百多人。最後一批到法之勤工儉學生約在一九二一年二月。總計前後到法之勤工儉學生約二千多人。

　　第一批勤工儉學生到法後，華法教育會設學生事務部，以劉厚（大悲）為主任。嗣將事務部辦事處遷於巴黎近郊華僑協社（地址在：39Rue de la Pointe, La Garenne Colombes, Seine），為學生覓住、覓校、覓工。因學生源源而來，人眾事繁，會中又聘請向迪璋、羅世安、周元圭、吳樹閣、李鶴林、樊澤培、吳琢之、彭襄諸同學襄辦其事。時李璜（幼椿）、周無（太玄）、蕭瑜（子昇）、華林諸同學亦將參加工作（據劉大悲民五二年五月十五日來信）。至一九二一年，大悲辭職，華法教育會乃將學生事務分別派曾仲鳴任覓校、李廣安任覓工、齊致（青雲）任會計。何魯之亦參加工作。旋李光宇（闓初）亦擔任事務部職務。

　　華法教育會職員與勤工儉學生間的感情，初本彼此融洽，職員熱心為學生覓工作；組織講演會，張溥泉先生擔任第一次演講；成立遊覽團；在華僑協社內組織鐵工實習。李幼椿、向迪璋為學生補習法文；法國友人如參議院議員于格儒（Hugues Le Roux）夫婦等亦熱心幫忙。後

來學生因換工、貸款、招待各問題與教育會職員發生意見。而一九二〇年那一年到法之勤工儉學生一千多人，大多數無錢，適值工廠閉門不易覓工作（據一九五四年卞孝萱輯留法勤工儉學資料）因之教育會大感困難。

巴黎和會時李石曾先生又到法，一九一九年十二月復回國。一九二〇年八月間，蔡孑民與李石曾兩先生派高魯（曙青）到法，處理勤工儉學事宜。高先生於十月初抵巴黎，因其同時調查各觀象臺近狀，對於勤工儉學事宜，未能多所盡力。

蔡孑民先生為調查各國教育，同時調查勤工儉學生情形，並籌備里昂中法大學〔亦稱里昂中法學院（Institut Franco-Chinois de Lyon）簡稱里大〕於一九二〇年十二月二十七日到馬賽，即赴里昂住數日。一九二一年一月二日到巴黎。李聞初、張申甫與蔡先生同到法。蔡先生抵巴黎後，將當時勤工儉學情形電告教育部，該部遂於民國十年一月八日發布停送勤工儉學生公告。

一九二一年最初的三個月，留法勤工儉學生總數在兩千人左右。多數居住在巴黎附近。此時法國許多工廠停工，因此許多人失業。華法教育會每人每天發給維持費五佛郎，終以維持費之來源不能繼續，遂有二月二十八日包圍駐法公使館之事。時公使陳籙係於一九二一年一月到法。

當時勤工儉學生因志趣及信念，形成若干小的組織，例如：曾琦（慕韓）、李幼椿、周太玄原為少年中國學會的重要分子（此學會乃民七年六月李守常、曾慕韓等所發起，刊印《少年中國雜誌》。一九二一年夏間，太玄曾託我為該刊寫過一篇短文）；陳延年、陳喬年（此二人係陳獨秀之子）、李卓、華林等的工餘社；蔡和森、向警予、薛世綸、李維漢、蕭子璋、李富春等的工餘世界社（據陳澤學世界社的精神從勤工儉學到社會化，世界月刊二卷六期，民三六年十二月）。

一九二一年三月以後，法國各工廠相繼恢復工作。華法教育會與駐法使館和法國政府洽商結果，由若干工廠容納中國學生入場做工，不少的位置以抽籤決定去取。法國各工廠中以克鄒（Le Creusot）地方什內代（Schneider）工廠（法國最大的鋼鐵廠及製造廠）內勤工儉學生做工者為最多。

一九二一年初里昂中法大學校舍修理完畢，而由國內招考錄取之第一批學生尚未到校之時，勤工儉學生以未能入該校深為不滿，遂有「爭

回里大」之呼聲。九月二十一日巴黎與克鄒等處勤工儉學生先鋒隊趙世炎、李隆郅（即李立三）等百餘人到達里昂，據說是陳籙叫同學去的。先鋒隊隨即向里大校舍作占領的進攻。法國警察認為學生妨害治安，將其一律拘捕，禁閉在里昂兵營中。時吳稚暉先生已到里昂，而章行嚴適在巴黎。吳先生即去巴黎擬託章行嚴疏通陳籙設法營救被捕的同學。但法方遣送學生回國船位都已定好了，無法挽回。十月上旬一百零八個學生被押解乘火車到馬賽登船回國。後來趙世炎、李隆郅、馮克毅等，都在該船到新加坡時脫身輾轉重回法國；陳毅等則乘船回國後轉入北京中法大學。

從此以後留法勤工儉學生發生很大的變化。有些人得到雷鳴遠神父的協助轉往比國求學，有些人仍投工廠做工。陳延年、陳喬年、趙世炎、李隆郅、王若飛、周恩來諸人加入中國共產主義青年團。曾慕韓、李幼椿，進行組織青年黨，一九二三年年底正式成立。中國國民黨經過民國十三年的改組，旅法黨部亦展開活動（據陳澤學世界社的建設精神從勤工儉學到社會化）。

蔡先生一九二一年一月初在巴黎查明勤工儉學生情形，約一週後赴瑞士，一月二十一日回巴黎，三月初赴比，三月半再返巴哩，旋赴德奧考察，四月初赴羅馬，嗣往荷蘭、瑞典轉英倫，再由英往美國考察，八月間經夏威夷返國。蔡先生在法時曾參加籌辦里昂中法大學事宜。我與蔡先生在巴黎晤談數次，所談者多為關於改善北大理科問題。（碣盧集）

四、華法教育會之成績

　　法國無線電社巴黎通信云。自中國憲法採用民主制度以來。華人之生活習慣。勞働制度。生產方法。傾向歐風。進行極速。表示殊覺自由。職是之故。近年中法人士。乃有華法教育會之設立。以謀增進兩國之交誼。法人方面。會長為巴黎大學講師賀拉氏。熱心倡導。不遺餘力。任祕書長者。為勃斯那氏。其餘中法兩國著名人物加入者甚多。中國學生一團。共一百二十人。藉該會之助力。已行抵法國。尚有候下次船期預備赴法者。不下六百餘人。此項青年。在本國至少已讀過法文一載。赴法後，當一入蒙達爾齊、方丹、麥倫、納勃羅、聖梅克桑各中學，專攻法文。其中數生已入學肄業。並預留學額。為後來學生入學地步。將來畢業後。當陸續入各項職業學校、格里濃農學院、巴黎大學、巴斯德醫學院修業。其餘則入大工廠中實習。而尤注意於克勒沙鋼鐵廠。數年之後。學成返國。無論側身商學農工各界。必能以法國文化之原理及思想。輸入中國。然為完成中、法兩國教育事業起見，法國青年亦將赴中國乎。吾人曾以此項問題詢諸華法教育會秘書李煜瀛氏。李氏操極純熟之法語答云。吾人在北京創設中法教育事業聯合委員會之目的。即在是。該委員會於去歲十二月開會。曾議決創設法國各種學院及教育事業於中國也。吾人復發問曰。法國青年赴中國後。其前途如何。李氏答曰。在各種社會事業中。前途希望極大。中國為有名之古國。現正開始輸入歐西文化。在昔帝制時代。德人已希圖輸入德國式之學術。日本亦然。當是時也。吾曹共和黨人。起而力爭。歡迎法國式之思想。蓋自由主義。實吾人所渴想而最崇拜者。惟吾人之志願。見厄於帝制主義。今者共和告成。形勢不變。政爭雖劇。然關於國民教育方面。尚能一致吐其懷抱。吾人已實力團結。採用法國式之思想。擬設法遣派學生二萬人赴法留學。職是之故。吾人乃在北京設立一留法儉學會。吾人深望法國加以援助。不觀於美國乎。美國退還庚子賠欵。在北京設立清華學校，每年經費定為二十五萬元。英、日兩國亦擬效之。法國自當有同一趨向。吾人復問曰。以上規畫。係為教育中國青年計。然則法人將如

190

何。李氏答曰。吾人殊歡迎法人之來華。且確有需用之處。中國力足以
供給勞動雇傭之人。而領袖及指導者。則付諸缺如。工程師、醫生、教
員、博學者、實業家、財政家是也。（教育雜誌，十一卷八號）

五、旅法華僑協社試辦簡章

（一）性質與宗旨　本社性質與歐洲Cooperation ou Societe cooperative 之
　　　性質相同。其宗旨在聯絡多數之人，共同購買物品，轉以廉價供
　　　諸社員；並以餘利組織公益事業：如贈書報，設學校、專課、藏
　　　書樓、閱報社、俱樂部等事。
（二）社員　本社社員有三：
　　　（甲）公益社員　如關于公益團體或簡人，其所入股本利息，指
　　　　　　定為公益之用者；
　　　（乙）股份社員　入股于本社者，其性質與股東同；
　　　（丙）贊成社員　贊成本社之宗旨，暫不能為以上兩項社員者，
　　　　　　不入股份。
　　　　　除入股與經理外，以上三項社員，有共同之義務及權利：義
　　　務，即購取本社之物品；權利，即于所購物品得百分之幾之減
　　　價，並得享受本社組織之公益事業。
（三）股份　每股五十佛郎，每年交十分之一。每人或每團體，至少擔
　　　任一股；願擔任多股者聽，惟決議權仍與一股同。股本應得百分
　　　之幾之年利，餘利另定。
（四）經理　合甲乙兩項社員，集開大會。推五人為評議員，謀本社之
　　　進行。惟評議員至少有勞動實行家（至少曾做工兩年者）五分之
　　　三。評議員皆盡義務，不受薪水。
　　　　　由評議員中推舉二人為幹事：一司書記，一司會計。若幹事
　　　之事務過繁，所費時力，有妨本人之職業者，由評議會議給相當
　　　之酬償。
　　　　　若舉辦一種特別事業，為幹事所不能兼顧者，可由評議會推
　　　舉一人為經理，予以相當之酬償。每年開大會一次，遇有要事，
　　　可開特別大會。評議會至少每月開會一次。評議員與幹事任期三
　　　年，可被重舉；經理人任期無限。

（五）事業　凡本社社員所需之物品，皆可次第置辦。現在先試辦應用之圖書文具，名曰『華法圖書協社』。辦事總機關，設于巴黎。其詳另見他章。

　　關于公益事業，俟有餘力時，或得特別捐助，再議舉辦。

（六）交通　本社與法國同類之協社相交通：凡法國已有協社之處，本社社員即可入社，不必另組，以免競爭。凡其所未有之處，或未有之物（如中國物品），當由本社組織之。（旅歐教育運動）

六、華法教育會之處境

熊卿雲

　　華法教育會乃法國之中國教育機關。正會長，中法各一人。法國會長為現任巴黎大學史地主任教授歐樂博士；中國正會長為現任北大校長蔡元培先生，副會長為汪精衛先生，書記為現任北大教授李石曾先生。會址在巴黎城中。會內設有學生事務部，專辦理中國學生事宜；辦事處在巴黎西部哥倫布華僑協社。前李蔡吳諸先生提倡留法勤工儉學數年之間，留法學生驟增至二千。或工而讀，或讀而工，其交涉學校、工廠及接待自中國新來之學生，均賴該會維持。但近年來，法國工廠不如歐戰期間需人之孔亟，兼之學生做工，頗難勝任，故學生中能做工而自謀生活者，實居少數；其大部分無工可做之學生，則向賴該會維持生活。但該會基金有限，而國內又無源源而來之大宗款項以濟其窮，故亦甚困難。十年二月巴黎中國學生之包圍使館，九月中國學生之被迫歸國，其原因雖甚複雜，但學生之無法生活實其主因。現聞法國退回庚子賠欵，不知對於一班苦同學，究係如何解決也。又華法教育會附設有轉信處，我國旅法者之來往信件，均可由該處收轉，并可在該處探詢在法任何人之住所。（教育雜誌，十五卷四號）

七、代擬華法教育會致勤工儉學會函

吳敬恆

　　謹啟者：本會經濟支絀之狀態，久在諸同仁洞鑑之中，切候內國接濟，冀救眉急。乃今吳稚暉君來自中國告知：李石曾君四出奔走，迄未能得具體之助力。前代諸君挪借之款，積有十三萬佛郎之巨，前途催討甚殷。雖得湘中來款償還七萬有零，餘欠六萬，債主尚需催迫。是以近日會中既避債無台，自更不能為諸君續行挪款。因決議自六月半起，一切借款暫時謝絕。俟將來接濟有人，再行商借。敬此奉聞。力量有限之處，伏祈亮恕。並頌公綏。

　　但在六月半以前，尚未得有工作之人，本會竭力另行設法。彼等目前維持之錢，仍為繼續代挪，至本會代為覓得工作而止。惟工作勢難苛刻選擇。（但與現在大多數同學正在擔任之同樣工作，本會便當依次通告。若有工作，即行停止借款。倘有人欲從容苛選，務請自行維持，且請自行尋覓更滿意之工作可也。）（吳稚暉先生全集）

八、致勤工儉學諸生函

吳敬恆

　　諸位先生大鑒：弟由華來法，李石曾先生暨華法教育會同人囑告勤工儉學諸君子一言。因年來會中款項異常支絀急迫，從前代為諸君子籌借之款，前途催討甚急，幸經湘同人撥款十一萬佛郎，始將前為湘生所借之債七萬佛郎歸還債主，而湘生每人又得小潤（清單另附），暫免破產。然望先生等格外慎重，因華法教育會代勤工儉學生暫借應急之款，純係會內一二個人之友誼。全體會員早有煩言，以為介紹勤工，既完全立于指導之地位，如何能負代借債款責任，致危及會務？所以協議，暫行謝絕代借款項，俟將來款項有人籌畫，再行另商。所以先生等若嫌現在所介之工作未能滿意，除先生等自能另覓外，不可輕易辭退。因辭退以後，倘一時賦閒，無從代覓維持之借款。且本會于先生等已屢次作介他人，初次覓工者，反令失望。彼此同有友誼，本會亦難于偏顧。故最近短期間，本會代他覓工，尚虞不給，暫時又未能代先生等再覓工作也。力量有限之處，務乞原諒。即頌公綏。（吳稚暉先生全集）

九、華法教育會與勤工儉學生之衝突

舒新城

（上略）我國學生因素無技藝上之訓練，工作能力原不及法國工人，是以能耐勞與法國一時缺人之兩條件勉強在法廠自活。當初亦有因能力不足被各廠辭退者，不過為數甚少，華法教育會之主持人為熱心於中法文化溝通者，於盡力介紹工作外，並常向各處募集款項維持其生活。及法國社會經濟發生變動，國內工人尚且失業，素少專技之中國學生，當然不能立足。民國十年初，在法勤工儉學生之待維持者達千七百餘人。華法教育會既無款維持，而且該會之組織亦以輔助學生覓居覓校為主旨，[1]並非法定之責任機關，但學生平日無工可做時，多在該會領維持費，一時不應，遂發生種種衝突。該會於民國十年一月十二日由會長蔡元培向勤工儉學生申明該會之性質，及其與儉學會、勤工儉學會之關係，並欲學生分途組織儉學會及勤工儉學會。其通告原文說：

「元培到法以來，在法勤工儉學生，以及學生事務部任事者，先後向培聲述各方面困難情形，及詢求解決辦法。培觀察所及，知由於學生事務部組織之不良者半；由於華法教育會、儉學會、勤工儉學會，多有不辨其性質，混為一談，因而發生誤會者又半。今既欲解除一切困難，不得不先辨明此三會之性質。成立之歷史，儉學會最早，成立於民國元年；宗旨以納最儉之費用，求達留學之目的。勤工儉學會則成立於民國四年六月，以『勤於工作，儉以求學』為目的。自此兩會，先後成立，來法人數日益增多，同時法國方面亦多注意中法兩國文化之提攜，為言欲達此種目的，非特設機關，共同集議不可，於是始有華法教育會之組織。是華法教育會為兩國文化上之總機關，儉學會、勤工儉學會不過其

---

[1] 該會章程六條，第四、第六兩條係規定對於儉學會之責務者，特錄於下：

四、會中可助儉學會員之點　到法在車站客寓之接待，與覓居覓校之介紹，以及在公府報名社會交游接洽等事。

六、新會員與會之接洽　出發前一個月，由同學會開列中西文對照名單三份及每人入會書，交組織人之一寄法。火車將到巴黎之前，由公學會發電告以到巴之日期，俾會中招待員屆時至車站接洽一切。（新青年三卷二號）

事業內之一部分。今則混為一談，多以為勤工儉學事務，即華法教育會全體之事業，勤工儉學事務辦理之不善，益以委罪於華法教育會，如此誤會，是直以華法教育會為勤工儉學會之代名，此實大謬不然者也。欲矯此誤，惟有儉學會、勤工儉學會對於華法教育會為部分之分立，由兩會學生自行分別組織，華法教育會從旁襄助一切。……」

一月十六日並由蔡通告華法教育會對於儉學生或勤工儉學生脫卸一切經濟上之責任。其通告及辦法如下：

「……在本會方面，一年以來，借貸學生之款，虧空之數甚巨。本會原無基金，又無入款，挪借之術，有時而窮；而告貸之學生，方日增無已。今則虧竭已極，萬難為濟。惟有竭誠通告；華法教育會對於儉學生或勤工儉學生，脫卸一切經濟上之責任，只負精神上之援助。……

辦法兩條：

（甲）關於儉學者：

（一）儉學生以前在本會存有款者，一律在本年二月初十起，至三月十五止，由該生親到事務部結算清楚，（或親筆函索亦可）本會不再擔負保管之責；（二）儉學生無存款，一向請本會貸付學費者，一律自本年二月底止，以後由該生設法自理。

（乙）關於勤工學生者

（一）現在工廠者，自通告之日起，以後如有辭出工廠情事，本會一律不發維持費；（二）現在勤工儉學生之在學校者，其請貸付學校用度，一律於本年二月止，以後由該生設法自理；（三）不存上述之規定，而現在仍來本會領維持費者，本會概不答覆。」[2]

通告出後，在法勤工儉學學生大起恐慌，紛紛往使領請求維持。時陳籙為公使，連電北京國務院、教育部並各省督軍省長報告困難情形，請匯款接濟，結果中央只准為無力自給者代購船票遣送回國，各省則以為此項學生非經省派，不能由省負責，而令各生家屬自行籌款。此項消息到法，學生堅執不受遣送，於二月二十八日集數百人要求使館每人月給學費四百佛郎，四年為期。公使無法應付，而法政府及輿論均不以遣送回國為然，並由法外部派人至使館請將遣送費移作維持學生之用，法政府當竭力幫忙。乃於五月十四日由中法兩方面合組委員會專辦勤工儉學生事宜，並由朱啟鈐捐五萬元計三十萬六千五百佛郎，與使館所籌遣

---

[2] 安徽教育月刊，三十七期附錄。

送費二十五萬佛郎，法外部捐三十萬佛郎，滙理銀行捐五萬佛郎，共九十萬六千五百佛郎，以之發給候工學生每人每日維持費五佛郎。而在法學生千七百餘人，[3]流品既不齊，失工者亦多，八九月間，領維持費者達八百餘人。適中法實業銀行改組問題發生拒款風潮，法政府於九月撤消該委員會，十月十五日起，不復發給學生維持費。適於九月二十一日，勤工儉學生百人占領里昂大學，法政府盡數驅逐，暫行安置於附近兵營，並主張驅逐出境，後經公使多方交涉，以內部問題不能解決，終於十月十三日由法外部派員到里昂護送學生一百四人往馬賽乘船回國。在法學生，因經濟困難亦逐漸自返。民國十四年以後，雖間有去者，但為數甚少。現在勤工儉學生之在法者，不過四五百人耳。（見李璜：法國留學問題，中華教育界十五卷九期）

民國八年南北兩政府爭關餘時，吳稚暉、李石曾等竭力鼓吹，經政府及各方面之贊助，於民國十年設中法大學於法國之里昂。校址為一舊砲台，法國原定永久給為校址，後由永久改為二十五年，再改為十五年，最後改為九年。開辦時費修理等費二百餘萬佛郎，常年經費約六十萬佛郎，由廣東政府給四十二萬佛郎，北京及法國政府共給十七萬五千佛郎。初意原為勤工儉學生，後因種種原因，向國內招收學生，但因校舍與經費之限制，學生不過百五十餘人。校中有特待生、免費生、正式自費生之分。此事不獨在留學史上開一新紀元，且為中國在海外設立大學之始。（近代中國留學史）

3　據民國十年華法教育會名冊登載：湖南三百四十六人，廣東二百五十一人，江西二百二十八人，福建八十九人，浙江八十五人，河南二十人，陝西九人，貴州九人，四川三百七十八人，直隸一百四十七人，奉天五人，山東十五人，湖北四十人，江蘇六十九人，山西二十八人，安徽四十人，雲南六人，廣西七人，又新到之生尚未列冊者一百餘人，其間籍隸四川者九十餘人，統共一千七百餘人。（安徽教育月刊，第五十三期）

十、留法勤工儉學生使館請願記

（天一）

　　自有勤工儉學會後，學生先後抵法者，已達一千三百餘人，誠不能不謂為留學界尚特放異彩。惟歐戰既畢，各國經濟，皆受無窮之損失，法以首當其衝，尤屬凋敝不堪。故各大工廠，多不能繼業，而戰場解伍兵士，先後歸來。碩果僅存之數大工廠，已皆形人滿之患；何能再用外人，此勤工目的之所以不易達到也。縱有竭力設法，獲得粗笨工作者，當此戰後生活之高，終日胼胝，亦僅敷糊口，即能勤工，亦斷難儉學。莘莘學子，負笈遠來，東借西湊，典裝鬻產，作此孤注一擲。詎知一抵法境，與國內所聞之理想勤工儉學方法，大相逕庭，識者早引以為慮。初時人數尚少，華法教育會在各處所籌之款項，猶可接濟；覓工亦較易，雖該會辦事人與學生因借款關係（按該會於未得工之學生例係月貸一百五十佛郎為生活費用）時有衝突，然補苴罅漏，尚可敷衍一時。各學生亦多知保持體面，雖力苦役，亦能容忍。聞在La Rochelle及北方戰地各處，有終日肩負百餘啟羅格郎姆運送上下車者，其中苦況，國內知者恐少，即華法教育會中，亦不能盡知。迄至去年年底，來者愈多，會中之款日絀。然學生多不悉會中經濟狀況，內容亦甚恐慌。嗣蔡子民抵法，見此危狀，以為與其靜待破產，不若早行通告，俾學生各自為計，遂有一月十二日及十六日之兩次通告。

通告一

　　元培到法以來，在法勤工儉學生，以及學生事務部任事者，先後向培聲述各方面困難情形，及詢求解決辦法。培觀察所及，知由於學生事務部組織之不良者半；由於華法教育會、儉學會、勤工儉學會，多有不辨其性質，混為一談，因而發生誤會者又半。今既欲解除一切困難，不得不先辨明此三會之性質。考此三會成立之歷史，儉學會最早，成立於民國元年；宗旨以納最儉之費用，求達留學之目的。勤工儉學會，則成立於民國四年六月，以『勤於工作，儉以求學』為目的。自此兩會先後

成立，來法人數日益增加，同時法國方面，亦多注意中法兩國文化之提攜，為言欲達此種目的，非特設機關，共同集議不可，於是始有華法教育會之組織。是華法教育會為兩國文化事業上之總機關，儉學會勤工儉學會不過其事業內之一部分。今則多混為一談，多以為勤工儉學事務，即華法教育會全體之事業，勤工儉學事務辦理之不善，盡以委罪於華法教育會。如此誤會，是直以華法教育會為勤工儉學會之代名，此實大謬不然者也。欲矯此誤，惟有儉學會、勤工儉學會對於華法教育會為部分之分立。由兩會學生自行分別組織，華法教育會從旁襄助一切。其組織方法，暫由華法教育會代擬。一俟兩會成立，種種組織及辦事規則，完全由兩會學生自行訂妥後，此種代擬辦法，即行作廢。如此解決，既免以前之誤會，而兩會學生自行組織事務所，對於本團體情形，觀察較周，知悉較切，一切措置，自當勝於今之學生事務部。且學生諸君來法，多富自治能力，及新生活之精神。此種辦法，尤與諸君心理吻合。所擬方法及說明如下，幸即速行組織，元培不勝厚望焉。民國十年一月十二日。

代擬儉學會、勤工儉學會組織方法及說明

（一）由兩會學生各就所在區域，分別調查各本會人數，先期擇定就近地址，開籌備會一次，討論組織事項，及定期選舉，公決會務通則，及辦事規章。

（說明）

A 按區域，係指法國著名都會城鎮而言，如巴黎、里昂、都爾、蒙達爾尼……。

B 又按，現在留法之儉學生及勤工儉學生，幾近兩千人，如不各就所在區域組織會所，勢必有下列各種困難：

　(1) 兩會學生散處各地，如定巴黎一處為一大會所，在巴黎之兩會學生，固無不便之處，而在其他各地學生，勢必難免跋涉之勞，時間經濟，兩受損失。

　(2) 此種組織，本為長久之計畫，絕非一時的，或一次的可比，故兩會各就所在區域，以其工作之餘暇，辦理會務，當無妨礙；如定在一處，非會員常有因赴會務而棄置工作之苦即會務因會員路途隔遠，不能到會，而有停頓之虞。

C 會務通則，及辦事規章，兩會各依其性質分訂，不必相同。

（二）開籌備會日，應再就兩會人數，分別調查每省若干人。

（說明）

　　按現在勤工儉學生之無工作者，每月受華法教育會維持費人各百五十方，華法教育會本無基金，又無入款，其付與學生之維持費，均由他處輾轉騰挪而來，此種辦法，斷難持久。而在法學生，無論其為勤工儉學生，或儉學生，常有經濟困難，難以維持者。故為長久計，必由各省學生自結為小團體，向本省為經濟維持之請求，并對於本省父老兄弟，報告留學及工作狀況。此種組織，無論對於本省、對於自身，兩有裨益。

（三）兩會內部，得各組織評議部及幹事部。

（說明）

　　評議部，討論關於本會之一切問題及事件。

　　幹事部，執行評議部議決之各項事件。

（注）兩會細則，由兩會各自訂定。

（四）評議會及幹事其選出方法如下：

　　一、各區儉學會學生，應各就本區同省學生中各自投票，公舉代表二人，一任評議，一任幹事。

　　二、集同區各省所選之代表，共同組織各該會會務。

（注）各區勤工儉學會之評議及幹事選出方法，與此方法同。

　　茲再列表說明，可互相參考。

巴黎（區）……勤工儉學會（會）{ 直隸省學生代表二人
湖南省學生代表二人
四川省學生代表二人
廣東省學生代表二人
某某省學生代表二人
某某省學生代表二人 } （省）

（五）評議及幹事之選舉，用記名投票法行之，以得票最多者為當選。

（說明）選舉票格式

```
評　議--
幹　事--
　　　　--舉
```

（六）評議及幹事任期，均以一年為限，限滿開會另選，得聯選聯任，
但不得過三次。

（注）評議或幹事任期未滿而有辭職者，其辦法由兩會另訂。

（七）兩會學生應繕具詳細履歷書，分別交所在區域之儉學會或勤工儉
學會存查。

（說明）履歷書格式

	姓名	民
	別號	國
	籍貫	
	年歲	年
	已婚嫁否	
	家庭狀況	月
	父兄職業	
	本身在國內所經歷之學校或職業	日
	在法所經歷之學校或工作	
	在法已經幾年	調
	國內通信處	查
	備考	

（注）此表不過舉例，如有不合宜，或應更改之處，儘可修
改。『在法已經幾年』一項，最好於寫幾年外，標明民國〇〇年
來法，及西元〇〇年來法。

（八）各區組織之兩會，其組織大綱，及辦事規章，須與他區組織之會
有共同之精神及通則，不得各為風氣，出入過甚。

（說明）

按通則須徵求各處大多數之意見編製之。

又按各區雖各組會，而對於其他各地同會，有聯絡相通之義
務。如甲地儉學會，與乙地儉學會有互通聲氣之必要，以其同為
儉學會也。甲地勤工儉學會，與乙地勤工儉學會有互通聲氣之必
要，以其同為勤工儉學會也。各地各自分立，所以謀辦事之方

便；而同時各地又互通聲息，所以策全體一致之進行。其甲地某省人與乙地某省人應互相聯絡，可以類推。

（九）儉學會及勤工儉學會，得每年定期各自召集全體大會一次，但若無重要事件，經各區同會過半數之同意，此會即可停集。

（十）儉學會或勤工儉學會，於認為與全體有必要時，經三處同會之同意，得聯名通告各處，開儉學會或勤工儉學會之全體大會。其全體聚集之會場，得臨時商定之。

（十一）各區兩會之組織，統限於通告之日起，十五日內完全成立，將組織通則及辦事規章，報告於華法教育會；學生事務部，亦定於通告之日起，二十日內宣告取消。

（十二）以前之衛生互濟會辦法，由各區兩會自行商定，繼續或停止。

（十三）華法教育會對於兩會，在能力範圍以內，仍有襄助一切之義務，但兩會須將其組織通則，及辦事規章，報告於華法教育會。

（十四）華法教育會與兩會間相互之關係，俟兩會完全成立後，再行協商會訂。

通告二

元培前以學生事務部組織不良，亟應改弦更張，曾於本月十二日通告表明此意。并希望學生諸君速即自行組織，以便辦理各儉學會或勤工儉學會事務。在學生方面，自當奮作新猷，彌補前失。而在本會方面，一年以來，借貸學生之款，虧空之數甚巨。本會原無基金，又無入款，挪借之術，有時而窮，而告貸之學生，方日增無已，今則虧竭已極，萬難為繼。惟有竭誠通告，華法教育會對於儉學生，及勤工儉學生，脫卸一切經濟上之責任，只負精神上之援助。學生諸君，幸勿誤會本會之接濟有始無終。須知本會既無源源而來之底款，則此與日俱增之接濟，何能應付。本會迫於萬不得已，具擬以下辦法。學生諸君，當能諒解此苦衷，不以逾情之非難見責。元培謹代本會竭誠宣告除卸經濟上之關係。仍當盡其能力所及者，以補助在法學生諸君。惟諒察焉，幸甚。民國十年一月十六日

華法教育會正式通告與學生脫卸經濟之關係辦法

（甲）關於儉學生者

（一）儉學生以前在本會存有款項者，一律自本年二月初十日起，至本年三月十五日止，由該生親到學生事務部結算清楚，（或親筆函索亦可）本會不再擔負保管之責。至其結算之手續及時日，均由學生事務部會計處另自訂定，通告辦理。其一向請託本會由其存款項下代付學校費用者，一律結至本年二月底止，以後均由學生自理。

（二）儉學生無存款，一向請本會貸付學校費用者，一律結至本年二月底止，以後由該生設法自理。

（乙）關於勤工儉學生者

（一）現在在工廠者，自此通告發出之日起，以後如有辭出工廠情事，本會一律不發維持費。

（二）現在勤工儉學生之在學校者，其請本會貸付學校之費，應一律結至本年二月底止，以後由該生設法自理。

（三）按照學生事務部章程第十二條辦法，曾經貸過正月分維持費者，應再貸與一月，至二月底止，以後概不發給。

（四）不在上述二三項之規定，而現在仍來本會領維持費者，本會概不答覆。

學生久居困境，朝不保夕，今得此通告，而希望全絕。由是有所謂學生代表會議、各校聯合會議，及種種宣言書、種種公啟，人多論雜，終無頭緒。而他方面則有領事館之暫時發費維持候工學生，華法教育會長留歐監督與學生代表之會議及公使館領事館留歐監督處華法教育會四機關所組織之勤工儉學學生善後會，均限於經濟，未能為所欲為。其中最困難者，為僅學不工之數百學生，一無所入，而不能無所出。縱有工可做，恐力有不逮，更不如曾做過工之學生，一時雖閒，尚可希望其覓得工作而去也。數機關籌畫十餘日，終無具體解決，乃有所謂二月二十八日之使館請願。

請願之前，有未具名之函。投至巴黎警察署，告以留法中國學生對於本國使署將有此項舉動，請警長勿加干涉。警察署得函之後，即通知外交部，外交部以電話通告中國使署，同時警察署亦派警在使署左近巡視。至是日，各處學生群集巴黎，其數約三四百人，以法國警察章程禁止結隊遊行，未得共入使館，僅舉十一代表晉見陳籙氏，餘散布近處，

聽候消息。代表各學生，無論如何，必達到勤工儉學目的，請求政府每月給費四百佛郎，以四年為限云云。陳籙答稱，如做得到，無不樂為，惟須轉達政府，看如何解決。至現在諸君可暫入學校，此間擔任三月內一月學膳用費，俟有覆音，再行通告。代表堅持須公使立時許可每月四百佛郎四年為限之請求，陳公使謂使館無權應允。代表乃謂，某等係由數百同學公舉而來，此時同人均在某公園等候回信，若不得具體之永遠解決，無辭回覆同人。陳使謂，既如此，我與他們說去。遂至該公園，隨行者有留歐學生監督高魯及巴黎副領事李駿。既抵公園，陳使中立，脫帽，向園中學生演說。學生人眾聲雜，大約謂非請公使一言妥決答應每月四百佛郎至四年止不可。陳使言無權答應；并謂盡我的薪水所有，也不能供諸君數人的費用，縱令我答應，若政府不許可，也是無效。爭持再三，陳使見演說既不能解決，遂舉步欲去，數百學生圍之，不使行。守衛法警，見外國公使被人圍困，向前干涉解眾人之圍，護出陳使。學生互相擁擠，帽落襟破，一時嘈雜，仍被法警解散。陳使及高李二氏返至使館，而學生代表尚在客廳，再三勸其暫歸，再圖良策。代表堅執前言，不允退出，李駿氏因常時與學生多有接洽，代表半皆熟人，以友誼進勸，代表仍以目的未到，無論如何，不能歸見同學為詞，李亦無法而退。時已七句鐘，使館辦公時間，至六時為止，館前法警，入問館內有無驅役之處。陳使乃令勸各代表出館，代表仍不允行，與法警稍有衝突，末請其帶至警署，法警為給其出館計，允之。陳使聞此，恐法警偕學生至警署，釀成他變，令李駿追往接洽，并勸學生歸宿。李至警署，分請各代表商勸，各代表除三人堅辭謝外，餘皆出署，餘三人至次晨始歸。請願事遂告一小段落。請願既經失敗，學生漸知際此國庫支絀，司農仰屋之秋，何來餘資津貼海外學生，乃有發傳單聲言勤工自給不仰求政府者。使館亦極力設法，大約分作三類：（一）已入學者，暫給費至三月一日止。（二）凡候工者，除每日發給生活費外，極力向法工界各團體接洽，設法安置。（三）凡志願歸國者，資送歸國。然此皆僅顧目前之計，全法二千人，每人每日必須之食宿費以五佛郎計，每日須一萬佛郎，即華幣二千元，每月為六萬元。無論此款無來處，即有之，可完全辦一大學校矣，何必遠適異國，工不像工，學不像學，疾首蹙額，呼號奔走，以求一飽為。烏乎，留法勤工儉學。（教育雜誌，十三卷七號）

十一、教育部布告暫行停送赴法學生

十年一月八日，教育部布告暫行停送赴法學生。

文云：「案據北京華法教育會函稱，敝會昨接巴黎華法教育會來函，略謂內地學生赴法儉學及勤工儉學者，兩年以來，數近二千，足徵青年學子好修之誠，斯誠社會國家前途之幸。惟勤工儉學生到法後，招待布置，較儉學生不同，儉學生僅須送入學校，勤工生則須覓工維持。其條件具備者，得工亦自容易，但兩年來所來者，多半不諳技能，不通言語。又皆貧寒子弟，棄舟以後，即已妙手空空。且來法者倍極踴躍，一船抵岸，接待未畢，一船數百，相繼復至。此間同人，以此為扶植後起，苦心維護，勉任其難。又賴友邦歡迎，力予贊助，致以前到法之千餘人，相安無事。但最近到法正待安置者，尚不下二三百人。請於國內再為宣布，赴法學生，暫緩停送，方免壅滯而利前途云云。敝會前亦疊接巴黎同人此類函電，曾經宣布暫行停送。但仍有學生自行赴滬，且謂預備數年，候船數月，前途茫茫，旅費將盡。又請滬上同人略為通融，代覓船位。敝會同人，本欲稍竭棉薄，使有志無力之青年，同有出洋深造之機會，故始之提倡勤工儉學；繼以可造青年，多數境遇太苦，儉學費用，亦難自給，乃又提倡增加苦學之力，實行以工兼學。故於有志赴法求學者，本無阻人進取之理，更無阻人進取之心。但為便利進行起見，敝會現已決定暫行停送赴法學生。恐處地較遠者，不易周知，及已抵滬，進退維谷。特懇大部轉知各地教育機關，凡有學生願赴法者，從緩預備啟程，一俟各方布置妥當，敝會當再通知，勉為繼續介紹等情到部。查來函所稱各節，證以本部迭接駐歐留學生監督及領事陳報文電，確是實情。凡我學界人士，應即一律遵照，除訓令各省教育廳外，特此布告。」（教育雜誌，十三卷二號）

十二、教育部再阻勤工生赴法

　　年來赴法勤工學生，人數過多，無法安插，教育部前據北京華法教育會函請轉知各地教育機關，凡有勤工儉學生，從緩起程赴法，當經由部布告周知。日前部中又接廖世功等由法來電，請立即阻止勤工儉學生赴法，並仿湘粵魯各省成例，設法匯款接濟。聞部中現已分行各省查照辦理。廖等原電如下：北京教育部總長鈞鑒，勤工儉學生來法國者，多不合所訂條件，攜款太少，又無勤工之志，且工亦難找，教育會維持彼等生活，挪借經費，為數甚鉅，萬難繼續，現已絕糧，擬請籌畫各省，按照湘、魯、粵各省成例，在本省地方從速設法滙銀接濟。計人數湖南三百三十人，四川二百七十人，直隸一百五十人，浙江八十人，江蘇五十人，安徽四十人，廣東三十人，福建二十五人，湖北二十五人，江西二十人，山東十五人，貴州十人，陝西五人，山西五人，雲南三人，奉天三人，廣西三人。并祈立即阻止各省遣送勤工儉學生，否則萬無辦法。廖世功、蔡元培、高魯。（教育雜誌，十三卷三號）

十三、咨湖南等省長抄送駐法公使
關於勤工儉學生詳細紀實文

　　為咨行事令准外交部公函開准駐法陳公使函開關於勤工儉學生回國事近閱國內報紙登載宣言等誠與事實不符未免顛倒是非淆亂觀聽查此案發生之時本館於十月三日將詳細情形電達貴部在案茲再將本案經過詳細紀實並附抄電稿一件函請查照再第二批六人第三批三十人回國均係出自該生等個人請求自願回國陸續在總領事館報名有案並非強與遣送合併聲明等因到部相應抄錄該詳細紀實並電稿函送查照等因并附抄件到部相應照錄該件原文咨請貴省長查照此咨

附抄件　留法勤工儉學生之經過情形紀實

　　初李石曾、蔡子民二君，創設華法教育會，招攬國中少年凡志願來法半工半讀者，以至微之學金可得最新之工藝智識，有志之士聞風而起，先後到法有千數百人之多，可謂極留學界一時之美觀。不料法國生計倍蓗，戰前工人要求增值，廠東負擔過重，因此營業不能發達，而工人失所者亦比比皆是，吾國勤工儉學生值此困難時期，更無插足之地，無工即無以自存，自費又力所不逮，故常因經濟問題與華法教育會時起衝突，適蔡子民君來法，覩此不可收拾之情形，遂於本年二月間有本會對於勤工儉學生脫離經濟問題之通告。

　　通告一出，學生大起恐慌，紛紛往使館請求設法維持，陳公使連電北京國務院教育部，並各省督軍省長報告學生困難情形，請速匯款接濟。教育部復電稱此案經提出閣議，結果因中央政費奇絀，按期籌款維持，萬難辦到，其果係無力自給者，准予代購船票遣送回國。各省督軍省長復電均以此項學生非經省派官廳無擔負維持責任應令各生家屬自行籌款，語尤淡漠江蘇教育會來電聲明本會認遣送之費不認維持之費，以上各電使館先後宣布學生等堅執不受遣送，二月二十八日集合數百人於使館附近之公園，先由學生代表十人女生代表一人入使館要求每人每月給學費四百佛郎，四年為期。陳使勸令回校，靜候辦法，該生不肯散

去，至下午一時，公使與留歐學生監督高魯前往公園，即大眾聚集地點，多方勸喻，因不允四百佛郎之請，將公使圍住，勢將用武，經當場警察保護始得出險。按此次報名回國者僅二十一人，於三月二十五日由馬賽乘船回滬云。

勤工儉學生之人數，據華法教育會名冊登載，湖南三百四十六人，廣東二百五十一人，江西二十八人，福建八十九人，浙江八十五人，河南二十八人，陝西九人，貴州九人，四川三百七十八人，直隸一百四十七人，奉天五人，山東十五人，湖北四十人，江蘇六十九人，山西二十八人，安徽四十人，雲南六人，廣西七人，又新到之生尚未列冊者一百餘人，其間籍隸四川者九十餘人，統共一千七百餘人，以儘數遣回論計，川資需費二百餘萬佛郎。

遣送之新聞傳出，法政府及輿論均極注意，謂於法國文化上頗受影響。法外部派人來使館言，不如將遣送費移作維持學生之用。法政府一面竭力幫忙，陳使甚以為然，中法兩方面，遂合力組成委員會，專辦勤工儉學生事宜。該會於五月十四日成立，中國方面朱代表啟鈐為名譽會長，陳公使為名譽副會長，使館館員二人、總領館館員二人、華法教育會辦事員一人，為會員。法國方面前總理班樂衛為名譽會長，現外交部秘書長白德洛為名譽副會長，外交部工商部各派一員，銀行工廠素與中國有往來營業者，亦派代表來會均充為該會會員。

委員會之經費，朱代表捐中幣五萬元，合法幣三十萬六千五百餘佛郎，使館所籌遣送費二十五萬佛郎，法外部捐三十萬佛郎，滙理銀行捐五萬佛郎，共計九十萬六千五百餘佛郎。

候工學生每日發維持費五佛郎，其中潔身自愛不與窮苦學生爭此區區支費者，固為不少，而儉學生假冒勤工來會冒領，及無法檢查是否有力自給者為數亦多，計領費之人日夥，至七八九月間，竟達八百餘人之多。

委員會一面發費維持學生，一面與在會之工廠代表商議為學生速行覓工，覓工之難前已詳言之。然於無可設法之中，幸覓得數起工作，學生拒而不就先要求作便易之工，不作笨重之工，浸假要求讀書不作工，與勤工二字大相背馳，委員會別無良策，勢不能坐視其受餓，祇可照給維持費，以任其自然，法人於此始知此項學生應付之難也。

委員會對於學生拒絕工作問題，開會討論結果，學生既願讀書，應允所請，十月，各校開學，令其自行投考，入殼者，自屬可造之才，委

員會宜特別優待維持學費。罷斥者，自知學有不足，應不敢再作入校之請求，此時勸令做工必可就範；其不願作工者，遣送回國必無辭以對。計畫甫定，而拒絕捕風捉影之巴黎簽字，中法借欸問題發生，學界若狂，開會反對，法人始知此項學生含有政黨意味，并非專心求學。而前此如荼如火之熱腸，不啻冰消霧散矣。

四月間，吳君鼎昌奉財政部命來巴黎，與中法實業銀行董事會接洽事宜，巴黎銀行團提出中法銀行改組計畫六條，第六條稱法國政府以中國政府扶助該銀行進行可以不拘國內現行禁止外債之例，准由中法銀行於改組後即行招募三萬萬佛郎，交與中國政府，其餘備作公家工程，或舉辦實業之用，應照中國政府與銀行約定條件施行，而所需外洋材料等務，向法國廠家訂購云云。經吳君電告王君克敏轉呈財政部慎重考慮，王君復電稱該集團計畫萬無允理。適銀團代表法人自滬來京，知此計畫不能行，決定由彼自電巴黎銀團，將計畫取回，此項借欸業不成事實。此借欸不成事實之內容也。

拒欸風潮發生之後，法政府因使館館員被毆，極表不安，且聲言惜未按照本年三月中國政府之主張遣送回國致生枝節，遂決定撤銷委員會，並於九月十五日止不復給發學生維持費，於九月三日發出通告，學生等以通告發表太晚，又到使館要求，再予維持一月，以後自籌辦法，使館又與法政府請求繼續維持一月，法政府不得已又撥給十萬佛郎，聲明此為最後之捐助，十月十五日以後，一切不願過問。

先是六月六日，王若飛等二百二十五人，開會決議，要求將里昂、中比兩大學改建工學院，收容勤工儉學生，函請使館主持贊助。九月十日，又開會爭回里昂大學，徧發傳單，而里昂大學適於九月間落成，吳稚暉君攜帶新招學生百餘人，當於是時抵法而勤工儉學生聞訊於九月二十一日組織先發隊百人，號曰爭回里大，并移學生總會於里昂。據所述之理由（一）里昂大學與勤工儉學生有極重要的關係，這是李石曾先生回國時留別我們的話；（二）中國已有千餘學生來法，開辦里昂大學自是刻不容緩，這是蔡子民先生答進步報記者問何以在法創辦里大的話；（三）里昂大學是公開的、普通的、勞工神聖的，這是吳稚暉先生說的話。

先發隊占領里昂大學後，該大學校長法人蘇邦大形掣肘，就商里昂市政廳，召集警察將百人之先發隊於次日全數驅逐，暫行安置於附近兵營內，里昂府尹將情形報告法內務部，文牘內有中國學生藉眾占領房

屋，損害治安，並於警察總監入勸其出校時，而受侮辱；又在里昂散布傳單，種種違犯法律等語。其最為里昂官廳所不滿者，即暗中交結過激派省議員，致里昂府尹橫受該議員之質問。法政府以學生等涉入政治臭味，遂主張驅逐出境。法外部則主張遣送回國，使館聞訊，先用口頭交涉，請其釋放，復用書面請其取消遣送回國之主張，同時與章行嚴君討論辦法，章君主張考試以最優者送入里昂大學；中、西文不通而體格強壯者，代為覓工；均無以上資格者，遣送回國。以上辦法宣布後，學生全體反對，適吳稚暉先生於十月三日由里昂到巴黎，遂於三日邀集吳稚暉、章行嚴、高叔欽、李顯章諸先生、鄭毓秀女士，在使館大廳討論最後解決辦法。吳稚暉先生提議辦法如下（一）章行嚴先生擔任籌款，向國內各處募捐，每年九萬元；（二）公使擔任向政府募捐，每年三萬元；（三）捐款未到之前，先由使館借墊；（四）學生五百人送克魯梭工廠，餘覓相當學校。大家同意分任辦法，并由使館向法政府商量克魯梭工廠事。

學生全體聞信後，以吳稚暉所提辦法出自理想，大家不能贊成，仍要求開放里昂大學為根本解決。吳稚暉先生於四日在客寓候學生代表來談，候至竟日不到，吳先生遂於五日仍回里昂。七日，章行嚴知無辦法亦往柏林而去。法政府方面經使館屢次解釋無效，遂於十月十三日由外部派員到里昂，護送學生一百零四人往馬賽乘船回國云。

民國十年十月三日駐法使館致外交部電

二月十七日接教育部電開將勤工儉學生無力自給者遣送回國等因，當時因法政府有意維持，未及履行，九月二十二日，里昂大學開辦，吳稚暉君帶來新生百餘人來法，勤工儉學生百十人聞信先期前往里昂，入居大學。里昂府尹以擾亂治安，令警察將勤工儉學生等送入砲台拘禁，昨接法外部照會稱，儉學生等屢次擾亂，且在里昂違犯會章，決定將在里昂新拘之一百餘人遣送回國，所費川資約一萬元，由船公司抵華時，向華政府取給等語。籀以法政府用強力遣送，有傷國體，屢向法政府交涉無效，究應如何辦法，乞速電遵至示。中法委員會宣布，於十月十五日起無款接濟，所有每日維持費停止發給，十五日以後，籀決不能坐視千餘人餓斃，而法政府已聲明不復維持，如何辦法，亦懇同時提出閣議決定情形急逼鵠候電示籀三日。（教育公報，第九年，第五期）

十四、海外工讀十年紀實

（盛成）

　　華法教育會的地板，倒是一張好床鋪！我一到巴黎之後，即住在上面，那時布棚裏，還沒有空缺，須睡在地板上候補。睡了幾天，骨頭睡硬了，才知我這骨頭，今而後，是華法教育會的古董了。儉學生到了巴黎不久，即到外省公學裏念便宜書去了。有幸福的勤工儉學生，也可經由華法教育會辦事人的介紹隨著儉學生去的。

　　勤工儉學生，在中國、在外國，幾乎同共產黨、同流氓的意義差不多。然而勤工儉學生中非共產黨者居大多數，惟青年熱血，有時過度，則難免耳。

　　以我看來，勤工儉學生，簡直是心有餘而力不足的可憐蟲，然則華法教育會呢？

　　華法教育會在巴黎已有兩個：一城內、一近郊哥倫埠。在中國，有北京、廣州、上海各處的分會。

　　巴黎城內的華法教育會與其他的華法教育會不生關係。會長歐樂先生有一天對我的老友白理愛先生說：「那勤工儉學生事，完全是李石曾先生管的，我不能負責，因為與我無關。」

　　巴黎近郊華僑協社裏，黏有華法教育會辦公處的字樣，牆上掛出總書記李先生的來信：

　　「……勸諸君稍安毋躁……此番回國專為諸君謀……將來「里大」……諸君工學不成問題……」石曾。題不題那上海與巴黎無關的華法教育會和那一位姓沈的，害煞了多少由內省不遠千里而來上海的青年，送出了多少不合資格的勤工儉學生。題不題在這位姓沈的之前，那位姓洪的，苦學生頭上，也可以大揩其油的。

　　可憐青年學子，那知世味酸鹹。拜讀吳先生鼓吹勤工儉學的文章之後，逼迫父兄，賣換家產，去到上海而出洋。

　　由內省到外國，鰲金卡兒太多。到了巴黎，都成窮措大。華法教育會所能供給勤工儉學生的，一是地板；二是布棚；三是維持費。

　　布棚，是法國上議員于格儒先生的美國夫人名碧細送與中國同學

的。維持費的來源，極其複雜！由中法兩政府的施捨，一直到儉學生的存款都有。

布棚。

想起了這座布棚，好像引起了我天方夜譚之千〇一夜中的佳話。那夜大雪。雪下墜，我早起的時候，正一頭頂上去。有一位同學也同時如此。我笑對他說：「我們和希臘古宮人柱一樣。」他也笑回我說：「焉知我們不是中國將來的柱石麼？」這說話的是誰？是四川有志青年張俠逸。可惜他死在醫院了。

布棚中既窄狹，又多人。所以天天希望去做工，脫離這倚賴生活的維持費。忽然間，門前掛出了一個新聞。有八個工位。要考。天啦！考甚麼？四個四川人，全考上了。當時代理總書記是四川劉先生，外號劉督軍。會計是四川向先生，外號向省長。

那時同學心理都極端崇拜李石曾先生，雖是華法教育會辦事人有不滿人意處，李先生犧牲為懷，竭力代我們奔走。他日之「里大」即是樂園；今日暫時受苦，方可作他日之代價。

有一天，我遇著李先生從前的書記繼倫女士，談到勤工儉學生與李先生。她說：「李先生人是好人，可惜做事，有頭無尾。昨日事今日忘，今日事，明日忘。計畫千千萬，有始有終者無一個。」當時，我極信仰李先生，我對繼倫女士說：「你是社會黨報紙「人道報」的記者，所以你不滿意李先生！」她說：「李先生與我，都是無政府黨。卻是我這無政府黨，絕不和外交部第二公事房中的人來往的！」

繼倫女士不知道東方的文化與邏輯，所以誤會了李先生的外交。繼倫女士的為人，非常直率。歐戰萬險中衛護了她的愛人德國畫家一位無政府主義者！

當時我非常愁悶，因為知道了華法教育會與工廠無聯絡以及華法教育會找工的方法！一禮拜中辦事人乘包車去會工頭，找了幾個工位，就來耀武揚威的考同學。住大旅館，飽享「三美」的幸福！他們同我們布棚中的生活，相差太遠！然則他們不曾收入勤工儉學生馬賽初到的二百方釐金麼？

我正在恨悶中，忽然接到年哥—盛白沙——寄來粵幣百元。可親可愛之年哥面目，卻在一張滙票上含露著。

我去也，再見吧，布棚！

到了萬多門，進中學，再起頭念法文、學數學。

　　我自從「五四」以來，心散神馳，一時收斂極難。野花家植，自非一朝一夕之事。所幸那樂爾河曲曲悠悠洗去了我不少無端的惆悵！早六時鐘鳴即起，寢室中有五十多人。飯堂分內外兩間。門前有巴爾沙克的銅像。萬多門龍沙之桑梓、中學，巴爾沙克曾讀書其間。法國詩祖，當推開宗音律的龍沙！法國文豪，雖說服爾德派稱正宗，但是巴爾沙克在世界思想上，足可代表法蘭西文化。可惜法蘭西人不悉世界人對法蘭西文壇之真正的觀察。俄國道斯陶以也渥斯基出世後，巴爾沙克之名益彰。將來之巴氏，或可代服爾德而領袖法蘭西與世界文壇也。此其間，不過懷疑派與篤信派之分耳！

　　樂爾河直穿中學，分全校為兩部，河東與河西。花園占四分之三。校長與監學，視中國學生與法國學生無異同。管理至嚴，不能自由出入。法國學生，確少自治能力。歐洲社會，沒有法律，真無天日。法國中學，沒有監學，學生要造反了。自治的能力，是華人的特長。中國雖無政府，人民并不覺得，因為道德的訓練自祖先以來已含在遺傳性裏。中國的文明，幸而是非法治國。

　　楓丹白露同學組織一個遊藝會，宣傳中國文化。海外聽琴聲，自不少低頭遠想！而拿翁故宮，卻引領望我。

　　春假，巴黎華法教育會開勤工儉學談話會。萬多門中學委我代表列席。當時討論工學同學出校入廠之問題。忽然間文牘蕭先生宣布李石曾先生最近由國內來函，并報告里昂中法大學之經過。蕭先生得意洋洋，劉先生向先生皆喜形於色。全場菜葉面孔的勤工儉學生，氣為之振！

　　錢用盡了之後，跑回巴黎找工。華僑協社，新到同學，比前更多，不說布棚沒有空位，即是新開闢的地窖子，也無缺額。

　　所幸我自己出去跑了不久，就找著了工。才知找工不難，并不要手藝，只要舌頭滾出幾個洋字來，讓人家聽得懂，雜工「馬老五」有的就可做了。我起初在巴黎火車站旁邊一家木工廠裏找著了工。去的時候，填了合同簽了字，管理人驗了我的居留證，然後聽說：「去上工吧！」

　　搬木頭、扛木頭、頂木頭，不要手藝，倒要一付硬肩背，倒少不了一塊大好的頭顱。第一天，做了六點鐘，回來倒在床上，飯也不想去吃，連大小便，都懶得起來去解。一刻閑，都是好的。今而後，才知禍福苦樂，是沒有絕對的，完全比較中來的；是沒有理想的，完全是血汗的結果。第二天，清晨五點半，那無情的鬧鐘噏噏不住的來叫，好似說：

「起來，穿衣服，去上工廠！」

我卻來去的思索，看去好還是不去好？一想起了布棚，連想起了地窖，再想起了那維持費，撲突！我想起來了。

冷水、麵包、可可糖，接連咽了幾咽。北風兒，你吹我吧！我不抖，也不動。

穿上工衣，好冷！

工頭來了：快快做！

經理來了：快快做！

廠主來了：快快做！

我這才辨別出來工人與資本家是兩個階級，一上一下、一壓一抗，彼此相爭不讓而成的階級奮鬥！工頭與經理，不過是中間人物，幫助資本家來壓迫勞動階級的。

我每天晚上，工餘之暇，遂專讀馬克思的資本論與克羅泡特金的革命者的話、麵包略取，以及其他社會學說的叢書。漸漸的我遂變成一個社會主義的信徒而傾向於無政府方面了。

忽然間，木工場無多工作，歇工。工人全都站在馬路邊步行台上喝西北風！工廠出品至多，出品銷廠至少。往返不能週回，工廠因以停閉。歐洲大多工業，都是如此，暢出奢侈品，造物不問生產與消費，有無關係，只要一時有大銷場，立刻千千萬萬的大批造出。與日用消費品有妨礙與否，這不是資本家所可意料而計及的。不過一旦市場充滿，貨不能銷，資本家關上廠門貼出「歇業」兩字就完了。他已發了橫財，再去另開工廠。這裏有手藝與無手藝的工人，同是一樣的餓肚子。

這種工人不安的現象，在歐洲遂造成極激烈的階級奮鬥，社會的均率，因生產與消費懸殊太重，再也無法還原。而奢侈生產、破壞生產原則，比日用消費，高出萬萬倍！簡直是物不應需！資本家，欲求補救方法，遂實行工業集團與資本合一。幾家小店，合成一家大店，幾家小工廠，合成一家大工廠。糧食公司說賣多少錢一石麥子，少了一文，也買不來。糧食公司要叫巴黎人餓肚子，巴黎人只好餓肚子。

資本組織，既穩固而又完備，對我們這種東方無組織的國家用經濟來殖民，我們能有命活下去麼？他們把我們的麥子稻子，一切糧食與布帛以及造屋的鐵石磚木，用極廉的價買去，操持他們自己國內的商場。他們將奢侈品運給我們，餓了不能當飯吃，冷了不能當衣穿。我們的均率自然大變，我們的社會，如何又能安寧呢？他們反說華人好內亂！

　　然而歐洲資本制度，就永遠能不搖不動麼？等到民眾無衣無食無住之後，階級戰鬥成為最烈事實。資本家不能銷售集中的產物，經濟不能輪還，資本制度之末日，可要到了。

　　我敲了一下門，裏面有應聲說：

　　「進來！」

　　「吳先生，我特來看你。」

　　吳稚暉先生新從國內來──民國九年六月──大家都以勤工儉學的耶穌救命主到了。我正去看他。

　　他的神色，倒有一些兒不自在。他來，他不是辦里昂中法大學來的嗎？他來，他不是替我們勤工儉學生來解決工學問題的嗎？昔日鼓吹勤工儉學的吳先生，今日來實行解決我們水深火熱中的工學問題。

　　吳先生，我致敬你！你是我們的耶穌，你是我們的上帝！

　　他說：「華法教育會是李石曾辦的，里大是我辦的。」

　　又說：「我吳稚暉的里大，與他李石曾的華法教育會，是沒有絲毫關係的。你們勤工儉學生要去找華法教育會。將來要進里大須報名投考。」

　　這一來我們才知他的葫蘆裏賣的甚麼藥。可憐蟲的勤工儉學生竟是廣州政務總裁會議席上的犧牲品！

　　吳先生是我們的老朋友，他此番出來，在興辦廣東大學的海外部里昂中法大學之外，自然也有一椿心愿要還的。

　　幫幫勤工儉學生的忙。既然吳先生也是華法教育會的會員。我們勤工儉學生沒有能力來華法教育會向我們報賬，也沒有能力，組織勤工儉學會的評議會，請吳先生幫忙。他立刻允許了。他晚上到我住的巴黎客寓裏來，和我談了好久，關於華法教育會以及勤工儉學生解決的問題，我對他備述其詳。

　　華法教育會辦事人迫於吳先生之命，只有召集勤工儉學生大會。在巴黎哲人廳舉行，人為之滿。開會後，華法教育會辦事人李璜先生，叫我做主席；而勤工儉學生方面，則公推吳稚暉先生。吳先生就主席位之後，有一位四川人起立向我質問道：

　　「盛先生，李石曾先生給你多少錢來辦勤工儉學生會的？」

　　我還不曾有時間回答，但聽得一片合奏的聲音，答復道：

　　「華法教育會的走狗！」

　　全場秩序大亂。吳先生竭力維持秩序。一片聲音：

「報賬！」「報賬！」

劉先生登場，說了幾句話。只聽：

「報賬！」「報賬！」「報賬！」

賬如何報得出來呢？從來寫賬之時，就隨隨便便。到了結賬之時，個位十位百位千位萬位都弄不清楚！勉強總計起來，差得太多！好歹從前寫賬之時，不過自己騙自己，是夢想不到要報賬的。誰知中國光復之後，人民思想大變。而自「五四」以來，簡直不能「混賬」了。

華法教育會既不能報清賬，勤工儉學生會有自治的必要，大家議決組織評議會，責成華法教育會召集。另外請電上海停止再送勤工同學。

吳先生無話再說，回國去了。隨後華法教育會仍然是華法教育會，勤工儉學生還是勤工儉學生。國內華法教育會還不斷的一批一批向法國送。勤工儉學生的問題，愈不可解決了。

同學方敦元拳打華法教育會書記劉先生。同學看了這齣全武行，覺得痛快！

劉先生辭職養病他去。

「─ ─………………」

華法教育會中國會長蔡子民先生來法之後──民國十年五月一住在里昂，發去中國的一個電報。這個電報的譯文是：

「……既無勤工之志又乏儉學之能……」

他宣言說：

「華法教育會與勤工儉學生脫離關係！」

早一些宣布也好，遲一些宣布也好。在華法教育會未組成勤工儉學生獨立評議會之前，在華法教育會陸續送來同學至一千多人之後，華法教育會對於勤工儉學生負的責任，到了無以復加，那時蔡先生來宣言與同學脫離關係。

同學王演繪死在旅館，二日，無人過問，領事館推公使館，公使館推華法教育會。華法教育會說：「我們與勤工儉學生脫離關係了。」王君王君！你何不幸死在這個時候，你又何不幸生在這個時代？

同學張俠逸在醫院解剖後調治，聞華法教育會與同學脫離關係，連醫藥費一併脫除，遂遷居平民醫院。病轉劇而死。張兄張兄！伊誰殺汝？

我不批評華法教育會，我但說勤工儉學生來法後之死亡人數在二百之上──吃菌子死的、吃炸白薯死的、失蹤死的、肺癆死的、瘋癲死的。

天主教青年會都來救濟流落海外的苦學生。

法國外交部也來組織中法維持委員會廣行慈善事業。後來改成中法友誼會。機會極好利用，出錢即可收買洋奴！

民國十年正月陳籙公使也正由國內來法，聽說：他與李先生意見不合，但倒有心來幫忙。

勤工同學不曾吃教飯的都聚集起來去公使館要求生存權與求學權。那華法教育會維持費是再也領不到手了。

向警予女士哭啼啼的叫出：

「生存權！求學權！」（共值幾百方一月。）

那「二八運動」即二月二十八日完全如同一群喪家之犬，無路可走，聲聲狂吠。泰山的華法教育會既倒，危卵的公使館，如何抓得住呢？生存權！求學權！幾百方一月？……

陳公使已允立刻將全體送進學校，并允四百方一月維持三月，靜待北京政府回信關於善後辦法。同學怕「公使滑頭」，不肯讓步。有叫「打」者！陳公使已由法國警兵保護出使館。千百同學，被鎗把及警棍亂擊抱頭鼠竄，退出公使館，嗚呼，治外法權！

有的同學，與警兵對打，當時巷戰至久，才退到塞夫方圍。中法大戰尚未解決，法國方面派初維持巴黎治安最有名的警備馬隊來毒打徒手同學，傷者無數。「五四」，中國學生與中國軍警衝突，「二八」則中國學生與法國軍警戰鬥。誰敢再說，中國人怕外國人。

同學玉木跑回哥倫布，走到曲路口被電車碰死。有的同學拾得他一塊血淋淋的心，放在火酒裏面，以作「二八運動」失敗的紀念！

北京徐總統送了法國一份隆重的禮物，巴黎大學也就報答他一個名譽博士。徐總統特派專使朱啟鈐來辦理接受。——民國十年三月——同朱專使來者，有吳鼎昌。巴黎同學，極關心吳之使命，聽說來交涉借款五萬萬元。後來在哲人廳開華人大會，——同年六月——請陳公使出席答復。使館一等秘書王曾時代陳赴會答復，不得結果遂被打。

陳公使先後電回國內，都說勤工儉學生亂打人，以致國中父老把我們都看作流氓再也不來接濟可憐蟲了。唉！里大！唉！華法教育會！唉！公使館！

我暑假中由蕭梅臘做紡絲工出來到里昂預備去參觀生絲檢查所，住在聖意乃納山上協和飯店內。對門就是「里大」。

閒時也遇著褚民誼先生，談東談西，偶爾說到勤工儉學生與「里大」。他說吳稚暉先生的話：「里大與勤工儉學生，是沒有關係的，你

可對同學說說清楚。」我望了他兩望。這是民國十年九月初。

忽然九月十九日李隆郅——即李立三——從克魯索來了，對我談道「里大運動」經過情形以及巴黎同學要來里昂種種。我當時對李隆郅說：「里大運動」與我個人毫無利益，我是不願來里昂念書的。而且我反對這種與會館相同的一座「里大」宿舍。不過在道理上說來，我應該加入這種運動，但是要依我下列三個辦法：1大隊同學暫不來里昂；2代表先到謀與「里大」辦事人開對席會議；3在里昂輿論界作運動，擇日去見愛里友穆岱雷朋古朗等人，引起同情。假如不是如此，我立刻脫離運動。李當時允函達巴黎同學。

忽然間李接一電，二十一日早晨，巴黎大隊全到，占據「里大」。李急找我辦交涉。去見羅因省政府代表，與敍「里大」運動來源。他說：「剛剛你們發去公使館一個電報，說你們被軍警包圍，今晚有極大危險，這電報是不是你發的？」我簡直莫明其妙。旁邊的褚民誼先生插進來一句話：「問他，是不是陳公使發車費叫他們來的。」

我這代表關在悶葫蘆裏，不得已去問總代表趙世炎，他說：「再不來，大家就要散了。」我再問李隆郅，他才把陳公使叫同學來占「里大」的情形，對我說了。我登時發氣道：「我確再也不過問了。」李回說：「正好利用官僚！」我遂離里昂。

後來聽說代表全逃走了，只有李隆郅同一百零八同學一齊被武裝軍警兩個押解一個學生，如同遣戍囚人，離開了法國回中國去了。巴黎方面，那時有陳籙有章行嚴有吳稚暉都竭力來幫勤工同學忙的。勤工同學走的時候，——十月——正是國內新招來的同學到里昂的時候，他們命運的懸殊，就是廣州政務會議席上的一句話。究竟甚麼是里昂中法大學簡稱「里大」的？不過是舊砲台上蓋了幾座新房子，化去七十萬元，定了九年合同的一座中國學生寄宿舍而已。後來聽說褚先生也被打跑了，吳先生也被趕走了。外國人花弧中將代理校長——究竟是舍監是校長，必也正名乎？

民國十一年二月，巴黎出了一件怪事：李鶴齡鎗擊陳籙公使。李鶴齡代被押回國同學報仇，鎗擊了陳籙公使。這個李鶴齡，是清華學生，人長得極漂亮，英法語又極其熟練，愛運動，同學多與為友；惟家境極寒，志氣倒不小。為報復被遣解同學之恨，輾轉介紹得為鄭毓秀女士的秘書。鄭女士家裏女同學極多，而宴會也多。公使、專使、南方北方的外交偉人，庭為之滿。那天，在陳公使偕某君出鄭女士寓所時，李鶴齡

乒乒乒三響，鎗雖未傷陳公使，卻嚇壞了人不少。某君肩頭開去了一塊，他對人說：「我再也不敢去鄭小姐那裏了。」

一部勤工儉學史，非常複雜，不過我簡單記出有關於全體的一些重要事實。

「里大運動」雖說失敗，確是成功。何以故？勤工同學從此得了一樁極大的教訓，天上飛的雀兒肉，我們這些苦命的蛙兒，是吃不到的。

從前做工是一個名辭，勤工儉學，是一段故事，大多數同學的心理，都以為那苦的工，中國學生如何做得？做這種苦工錢，去求三四年的學，那豈是可能的事！因此去爭「生存權」與「求學權」，釀成「二八」與「里大」兩個不幸的大運動。有一部分同學，主張實事求是：既來勤工，就該好好的去學習，勤勤的去做工！

「里大運動」失敗之後，維持勤工儉學生的機關，只有教會與外交部合辦之中法維持委員會，同學中有不少恥食嗟來之粟者，輒去做工。

此番入廠的同學，大都矢志勤工，手藝既精，法語又熟，各工廠都十分歡迎中國勤工儉學生。我們卻感激蔡李吳諸先生提倡勤工儉學運動之成功了！

民國十一年秋北京政府匯交巴黎華法教育會分給勤工儉學生款項十萬元。——聽說這筆款子是李石曾先生奔走多時的結果，那時正是直奉戰爭之後，徐世昌退位，黎元洪復職，王寵惠代理內閣。李先生拿自己的車費代我們奔走，我們非常的感激李先生。

平時并沒有勤工儉學會，同學聽說款到十萬元，立刻組織勤工儉學會，同學任卓宣被舉為總書記，遂發生共產黨把持總會的結果。

平時也沒有華法教育會，實際就是一所轉信的機關。李卓走後，是弓鎧在那裏；後來是楊鶴川，遂發生青年黨把持華法教育會的事實。

十萬元到，華法教育會也有了組織，來管理分配，與勤工儉學生發生關係。蔡孑民先生也不能料有今日。

華法教育會當時的書記，是高陽李光漢先生，他與法國上議員于格儒先生就組織了一個分款委員會。于先生與碧細夫人愛中國文明之心，人所共知。他們喜歡幫中國人忙，更樂於幫中國苦學生的忙！于先生在分款委員會不過掛名而已。後來李光漢先生竟將一部分公款，買成馬克，希圖獲大利！同學全體不得已去見于先生并加警告。于先生急得淚下，說道：「我是好心好意的來替中國無恃無怙的苦同學幫忙，從來沒有拿過一文錢，你們現在倒要到法庭去告訴我侵吞苦學生的款項。我年

已將七十，兩個兒子陣亡，髮白的人，不曾到過公堂去對證，你們現在還叫我去到那鐵柵子前面去做被告麼？」說畢不住的流淚！

中國人的笑話，引起外國人的哭訴，總不算壞！華法教育會的書記李先生算走了。帶去德國的馬克，千千萬萬，不過紙捲一堆而已！

當時，勤工儉學生總會組織極好，調查各同學的履歷，亦極認真辦理，審查勤工儉學的資格，彙造成冊。各省勤工儉學會協同總會辦理此事。各省勤工儉學會亦分頭向各省運動省款，同學各人，已有不少存有儲蓄。較之昔年，人人都喜形於色，人人都想代「勤工儉學」四個字增光！

可惜黨派運動，極其激烈！共產黨，學青年會與天主教以及法國外交部來收買勤工儉學去念馬克思的列寧主義，服從莫斯科第三國際的命令，於是乎有第一批第二批第三批以及候補赴俄的共產青年團。與共產黨針鋒直對的有國家主義的青年黨。其外有共同反對青年黨的社會民主黨，以及工餘雜誌社的無政府黨！後來才有國民黨。

一個堂堂的勤工儉學生總會，為苦同學解決終身問題的機關，遂變成海外中國的政治舞台。你這一黨來把持，他那幾黨聯合起來反對，甚至於常演出一些全武行！

好了，共產黨大多數去俄國，沒有人再來把持總會，勤工儉學生總會遂亦不幸消滅了。

那末，最後，要說到民國十五年勤工儉學生爭分庚款聯合會了。爭分庚款的運動，始於蒙白里同學，當時朱洗發起。他說：「明知不可得，但不能不爭。」我贊成，諸同學附議，遂組織蒙白里勤工儉學生爭分庚款會。他們推我做書記，并舉我去巴黎籌備聯合會的事宜。一面通信各地，勸其組織分會。我到巴黎後，立與諸同學接洽；而黨派分歧，極感困難。所幸我是無黨，而又高倡以勤工儉學，聯合同志。當時，青年黨的態度懷疑；國民黨有三處！一、三民派；二、南京國民派；三、漢口國民派，都主張一致爭分庚款，極力贊成；共產黨人數已少，雌伏在漢口國民派中，爭款贊成，不來合作的；社會民主黨與無政府黨均竭力助聯合會之進行。

各地分會，先後成立，巴黎各地分會，亦按區成立，此次打破各省勤工儉學會的模型，組織各地同學分會；又打破勤工儉學總會的把持，組織聯合會，向各處進行，做爭分庚款的運動。先造名冊——東方雜誌上曾發表過——審查結果，彙為五本。一呈法外交部、一寄北京庚款管

理處、一留法使館、一交穆岱先生、一存聯合會。當時我與鄭延毅同為聯合會書記。

李聖章先生來了，由里昂到巴黎；他來向勤工儉學生擺一擺架子，鬧一鬧脾氣，就走了。

法國方面，已運動成熟，外交部裏人已滿口應承，下議院中各地議員由各地同學分頭接洽，都允幫忙；而穆岱先生問分給的方法。我們說：「入學者支款。」法國報界亦極幫忙，兩處報紙，將我們的宣言登出，並加極欽仰的批評。羅曼羅蘭更有信來獎勵同學。

當時有一種傳單現譯如下：題為「我們是些甚麼人？」

「我們，勤工儉學生，昔日在中國，曾在北京南京廣州上海各大學，各高等專門學校，各省中學校畢業。我們到法國來了之後，腰中無錢；但我們的希望，是來求高深學問的。因此，我們首先矢志勤工，我們已經做了好幾年的工作，現在還在下列工廠做工呢：西特羅恩，婁暖，畢爾里埃，義斯巴洛瑞沙，勞倫，法爾曼，安里友，巴提牛，地雍補同，白松電話公司，于慶松以及其他諸公司，以上在巴黎；在外省：就在雪乃帶爾大廠克羅索總部，費爾米尼，奈威爾，哈佛爾，聖德田，聖沙門諸分部，在窩休省，力爾，羅昂，里昂各織廠，葛洛布紙廠，凡爾賽的苗圃，天藍岸的花園，大西洋上的沙灘，樂麼的田莊，蒙白里的農場，里昂的植物院以及其他各處的田園。

我們，勤工儉學生，做一極短時期的學徒後，遂變成有手藝的工人，或工頭，或畫圖，或工程師助手，以及其他職務。

我們矢志勤工之後，得下了的工錢，儲蓄在一旁。然後我們去進學校，進大學，入專門。差不多法國各著名大學專門皆有中國勤工儉學生的踪跡。比如巴黎大學，使太師堡大學，蒙白里大學，力爾大學，葛洛布大學，里昂大學，士魯司大學，南錫大學，婁納大學，克來孟大學，以及其他各大學比如：國立高等農業專門學校，格力農，蒙白里，婁納；巴黎農學院，多埃農業工藝專門學校，凡爾賽國立高等園藝專門學校；巴黎高等礦業專門學校，聖德田礦業學校，各國立工藝專門學校，里昂中央學校，南特寶利太克尼可學校，北方工業院，葛落布電術院，葛洛布法國造紙專門學校，南錫高等林水專門學校，聖錫爾陸軍學校，巴黎高等梁提學校，高等電學校，國立藝術專門學校，以及其他學校。

我們大多數勤工儉學生都在農業、工業、或商業實習學校畢業，或是在都挨與亞賽礦工學校畢業。

有許多是已經得了碩士，其餘的已將要得了。

有幾位已經得了博士，回去在廣州南京各大學當教授去了。

有的在歐洲大學做教授的助手，有的做專門教授實習的主任。

要談到專業人才呢，勤工儉學生中可分兩種：其一、純粹科學人才；其二、應用科學人才。

其一、有地質人才，植物人才，動物人才，生物人才，數學人才，物理人才，化學人才，地理人才，以及其他各種人才。

其二、有電氣工程師，農學工程師，機械工程師，化學工程師，礦物工程師，梁堤建築工程師以及其他工程師。

其餘的學文學，藝術，法政，醫學與藥學。

以上種種不過欲以簡單的文字將中國留法勤工儉學生經過，一切實在的情形寫在極短的篇幅上。總之，勤工儉學的宗旨是來研究歐洲文化，尤其是法國文化，希望將來回東方之後，改進中國的命運。無論如何，他們是中法親善與中法友誼的建築者，在工廠裏，與工人共生活，在田莊裏，與農人相往來，能說能談，能溝通勞動社會。在學校裏，與教員、學生交接，致知格物，能溝通智識階級。

那末，我們勤工儉學生終日所做的事，莫非華法教育會的事業。

因此我們想來，或者，也可以有分一部分法國退還庚子賠款的資格，況且這筆款子退還的時候，是指作教育經費用的。」

中國留法勤工儉學生爭分庚款聯合會書記盛成鄭延毅始終沒有接得回信！北京李石曾先生也不給我們回信！後來結果只落得：敬候北京解決！……

我現在來做一個結論，與國人談一談我們勤工儉學生的使命。俗說：「吃得苦中苦，方為人上人。」又說「苦盡甘來。」

我國自戊戌政變以來，留學生至今日，可列許多等！留東學生、留美學生、留歐學生！可是這些留學生在海外的時期不多，或則拿官費在海外立家庭，而對於海外沒有一種真確的認識。自從「五四運動」以來，中國青年忽由意想趨於實際，留學生的階級增多，有官費生，有自費生，有儉學生，有勤工儉學生，有華工儉學生。後二者，破除一切成見，去研究歐洲實際社會的組織，惟最是歐洲社會的現象與牠的循環法。在外面看來我們勤工儉學生是受社會化、共產化與無政府化，其實我們是「知行合一」的堅決信徒與實行家：「四海之內，皆兄弟也。」我們勤工儉學的主義是：

「工者必學，學者必工。」

一部勤工儉學史，敘到此處，可以完卷了。但是社會的改革，往往以多數的犧牲，造成少數的結果，古詩云：「一將功成萬骨枯。」

雖然，勤工儉學成功者，不曾枯了萬骨；但是天演公例與社會原則，還是給強者勝者以成功的機會。

強者勝者，是吃盡苦中苦者！

自然，從前提倡勤工儉學運動者，可以說：「有志者事竟成。」又有誰給意志薄弱者一些堅強的意志呢！（海外工讀十年紀實）

十五、留法十五年鱗爪

王奇生

華工總會的成立和教育運動的經過

我們華僑，在海外謀生，尤其勞動界，向來沒有工會的組織，所有的不過是商會或會館一類的團體。至于說是組織一個工會來從事政治運動，或是改善勞工待遇，是向來沒有的。可是旅法的華工總會毅然的成立了，這個旅法華工總會，是民國十一年由工界的優秀分子，和外界的李石曾、李曉生、劉厚、華林、齊致諸君共同努力而成的。華工總會，也經法政府批准立案，會員約八千人，分會六十四處。其最大的任務，是連絡工界感情、增進智能、援助青年華工得以求學，以備歸國後，為勞動同胞謀利益。工人們對于總會的捐助，約有數萬。不幸後來因為鬧派別，漸形渙散。當民國十五六年間，旅法各界發生政黨風潮時，這個工會，大有舉足輕重之勢。（作者已另文述之矣）其次，就是華工教育運動，這種運動是由工界本身，和外界合力進行的。當時一般人的見解，說中國勞工知識薄弱，在世界上不能立足，國內的勞工的地位又太低，應先在海外勞工中培植力量，然後回到中國去改造勞工的局面。中國留學生出洋的潮流，日趨薈進，現在華工既到了外國，也和留學生出洋是一般的境遇，學生為求學來，而華工教育也是很重要的工作。當時「勤工儉學」的宣傳，非常澎湃，勞工的地位也因之提高，在國內也有什麼社會主義運動，因這種種關係，大家都承認旅法華工教育，是件重大的事。還有一部分華工的子女的教育，亦當注意！華工與法女結婚的人數，在民國十六年，共有二百七十餘人。將來這般華工子女長大，他們的教育，也非常重要，所以一般人就把這個問題詳加研究并請中法兩國政府援助。同時，法國方面的中國「勤工儉學」生的求學問題，也鬧得天翻地覆；素以華法教育事業自命的，如李、蔡、吳等要人也弄得束手無策。後來一方面向國內政府請款，一方面進行向法國交涉，退還庚子賠款。中國政府，無款接濟，法國的庚款確是退還了；鬧了兩年的華工教育運動，乃歸烟消火滅了。勤工儉學生求學運動也就此終止了。

留法儉學會與華法教育會

留法儉學會，是一般留法的官費生出來組織的，主張求學以儉為本，在法國留學生中，這班學生算是最好的青年。如果中國出洋留學生，個個像他們這樣，真是一件可喜的事。作者曾經親眼見著他們的樸實生活，與埋頭求學的苦心。最近數年間，在國內教育界，及建設方面，留法儉學會的會員，頗占了些重要的地位，所有李、蔡、吳諸君的事業，都是由他們操縱主持。

巴黎華法教育會，是法國的學者和慈善家，協同留法老前輩蔡元培、李石曾、吳稚暉、汪精衛、張靜江、張繼，褚民誼等，共同組織的，以法人歐樂為正會長，蔡元培為副會長。這個教育會的宗旨，是增進中法文化事業，連絡中法邦交的感情。兩國政府，均從旁協助。在法國方面的要人，對中國的觀念分兩派：一派是輕視中國人的，遇中國的事，總是攻擊和仇視，對中國人向來不說好話；另一派是主張提攜的，每遇中國人的事，都極力幫忙，也不想假藉文化，或是經濟來侵略。他們的用意，不外是想把法國的文明，介紹到中國來，以盡他們人類的職責，這一派人是屬於法國政界左派人物，如已故去的內閣總理班樂衛氏，和上議員于格儒氏、巴黎大學校長歐樂、里昂市長兼社會激進黨領袖赫里歐、現任外交部長那鳳、下議員穆岱，其次幾位法國駐華公使，實在法國人不論在朝在野，除去幾位殖民部的事務人員外，對于中國侵略思想，倒是少有；即是右派國家黨，或保皇黨，也沒有侵略中國的表示。因此，中國華僑，在法國比較在西歐各國能夠自由些。凡到法國的都可以感覺到的。巴黎華法教育會，在這許多法人援助之下，便在巴黎正式成立了。後來又在巴黎西郊哥侖坡，成立一個華僑協社，代華法教育會專辦留法勤工儉學生的教育事業，或代留學生介紹學校，及代勤工儉學生找工作。但以後勤工儉學生都相繼歸國，這個協社也就結束了。

留法勤工儉學會之組織

中國在十幾年前，社會上發生了一種新奇的運動，就是北京的教育界，紛紛提倡「工讀互助」，要一般青年學生，不但讀書，又要做工！

吳稚暉、李石曾等，極力提倡這種主義。各地的青年受了蔡、吳、李等的宣傳，也就成立了許多「工讀互助團」，與「工讀互助社」。國內這一種新運動，正在發芽的時期，國外的一般留學生，同時也起來提倡勤工儉學了。

留法勤工儉學會是齊雲卿、劉厚、李光漢等久住法國，眼見彼邦人士，都勤於工作，遂感想到中國學生若能夠往法國工廠去做工，將所得的工資儲蓄，二三年後，便能求學。（按法國工人待遇，較國內為優，月可賺百元，且每星期只作四十八小時。）齊劉李曾親自去試驗，結果很好，因此才提倡勤工儉學。但在法的人很少，遂又在國內宣傳。華法教育會，主要人等頗贊成是議，也從中援助，留法勤工儉學會的起源，大致如此。

留法勤工儉學會，組織健全以後，就派代表回國，在北平上海等處，組織分會，而國內一般中產階級的青年，也有機會到法國去實行工讀主義了。

中國勤工儉學生赴法情形

勤工儉學會的招牌，在國內開幕以後，不到一年，報名加入的竟超過三千餘人。向來中國青年出洋留學，每年生活費、學費，最低限度，非五千元不可，若留學五年，需要數萬元。中產子弟自然無力供給子弟出洋留學，今忽有留法勤工儉學會，能介紹會員赴法勤工儉學，只要能夠籌得三五百元作盤費，便能到法國。既無須帶學費，只要能辛苦一二年，便有錢入大學，誰還不願意呢？況且勤工儉學會又不考選，只要中學畢業就可以。所以不到一年的工夫，到法國的勤工生就有一千四百多人。候船還有二千多人。這般勤工生因少了選擇，身體和氣力，往往不能勝任工廠中的辛苦；還有找不到工作的困難，於是勤工儉學的主義不能不宣告破產了。考其原因，在提倡的方面，以為勤工儉學，是任何人可以做得到的，但未料到，假使無工可做，又怎麼樣辦呢。因為無工可做，就無工資的收入，求學的問題就不能實現，並且還要解決生活問題啊！在實行的方面，意志不堅決，仍以做工為恥，又受不得辛苦，所以勤工儉學，不滿一年，就失敗了。

中國勤工儉學生求學運動情形

　　勤工生，到法最盛的時代，共有二千七百餘人，其中有十分之三是四川人，有十分之四是湖南人，其餘江浙鄂皖冀豫魯陝桂粵黔滇約占全數十分之三。其中有一部分的家境尚好，個人的生活也能維持。還有一部分，不須去做工，直接入了學校，全數約有四百人；所餘的二千三百人，不是沒有工，就是沒有生活，求學問題更談不到了。這個難關，在留法勤工儉學會的本身，是沒有力量供養這數千人的生活，華法教育會，雖願幫忙，也沒這筆巨款。但兩國政府，因為勤工儉學會，是一種私人的組織，撥款補助，也辦不到，況且這般青年對當事人往往不加體諒，越軌行動，時有發生。比喻：華法教育會的辦事人，常遭毆打，示威運動、圍攻中國公使館等等都是令人不滿意的地方。於是駐法中國公使陳籙，電政府及各省當局籌款，將這般勤工生遣送回國，這消息傳出後，而勤工學生努力更加緊急。此時雖有數省，已經滙到一筆巨款，準備遣送這般勤工儉學生回國，可是沒有一個高興回國的。正巧，蔡元培先生在這時候到了法國，二千多勤工生向他大請願，乞憐的態度、強烈的手段，都表演過，仍然沒有結果。後來蔡先生因為勤工生對他攻擊得太利害，致惱羞成怒，毅然聲明，華法教育會與勤工生脫離經濟關係。蔡先生世華法教育會華人方面的會長，李石曾、吳稚暉兩位先生，早已跑回國內，避免和勤工生發生正面的衝突。

　　學生方面，得到蔡先生聲明書後，空氣異常緊張，因為他們若和華法教育會不發生關係，個人的生活與求學的種種問題，又必須自決，這一幫初次來到法國的青年，人地生疏，言語不通，將怎麼辦呢？「工讀主義」，是蔡先生們首先提倡的，在試驗中，免不了發生障礙，若是置之不理，這數千青年，在進退兩難的當兒，不能不往蘇俄方面所提倡的工讀主義去了。

留法勤工儉學學生總會之成立

　　留法勤工生的命運，既已危殆，他們知道，如果沒有大團結和大犧牲，是沒有生路的。因此有一部分眼光較高的學生，提議組織學生總會，用團體的力量，向中法兩國政府請願。于是勤工儉學學生總會，就

在這個需要的時期產生了。在法境凡有中國勤工生足跡之地，都先後成立分會，以壯聲威。學生總會成立以後，繼續請願工作，經過二年奮鬥的結果，得了中國政府二十萬大洋的津貼。巨筆款分配以後，除了他們又向本省，或本縣，或自己人家屬，請求接濟外，所餘的問題，要靠自己努力了。在這一次運動中，勤工儉學的目的，雖未如心願，確養成了他們一種自立的精神。這種精神確在一年後，法國華僑的政治運動中，整個的表現出來了。蘇俄政府遂利用這個機會，來吸收這些找出路的青年，在這種情形下蘇俄的金盧布，確收了極大的成效。今日中國的共產世界，就是在這個時候發源的。

勤工生進佔里昂大學

法國里昂中法大學，是國人都知道的。這個大學的來歷，就是留學法國的幾位前輩李吳蔡諸先生，想把中國學生介紹到法國里昂大學去讀書，并得了里昂市長赫里歐先生，（社會激進黨首領）的同情，遂把里昂郊外一座砲台的營房，（此砲台今已廢去）捐給中國學生作宿舍，這所樓房共有四層，平式的禮堂一所，裏面除了一間圖書室外，還有臨時課堂，以備中國學生補習法文之用；至於正式上課，要跑到里昂城裏大學去。所謂里昂中法大學就是這座宿舍的門前的四個大字，叫「中法大學」。在這個時候，中法大學，共有一百二十幾位學生，女生占二十餘人，校長華人方面，是吳稚暉，另有一法人充副校長，教務主任就是褚民誼，秘書長是曾仲鳴。學生的待遇分了幾個等級，什麼優待生、特待生，還有讀書不給錢而支薪金的高級生。經費是由南北兩政府補助，法國政府也有接濟。這留法勤工儉學生，自從求學的運動失敗後，有一部分思想激烈的，又暗中組織請願團，集合了八十餘人，作強占里昂中法大學的運動，以冀達到求學的目的。他們的理由是里昂中法大學未開辦以前，曾拿救濟留法勤工儉學生的名義，收得各方面捐款很多。及至該校成立，所招的學生都由國內選送，在留法勤工生中竟未聞提選一人，曾有一度的書面請願，也未蒙批准。這種捨近求遠的辦法，確是令人難堪，所以才激成強占里大的大示威運動。但學校當局並不示弱，得到消息後，戒備甚嚴，結果還是被這八十餘學生占據了。查青年為求學而強占學校，這樣的新聞，是甚少見的，因此各方咸認這幫學生有背景，或

有政治的企圖。除嚴密監視行動外，限期自動解散，否則決遣送回國。結果大部分還是被押送回了國。

留法勤工儉學生經過這一次的打擊，知道留法求學無望，于是各行其事，四百五十餘人往俄國去了。中法友誼會，也吸取了一部分，約數十人，算是親法派的人才。天主教的雷神父和中比友誼會，又吸收二百多人去。其餘的參加了華工的隊伍中實行勤工儉學的初志，一場求學運動的風波，遂告平息。（宇宙旬刊，二卷一期）

肆、里昂中法大學的設立及其問題

一、海外中國大學未議

吳敬恆

（一）理由

　　海外中國大學者，將中國大學暫設於海外。即何處擬設大學，倉卒欲籌備完全而環境與教團，兩缺其適當者；乃暫時借海外適當之處開辦；視之如與在國中同。迨至開辦若干年，籌備略齊整，教團亦組織粗完，遂並可遷之教具，及已成之校風，完全遷移於自國應設之地點。

　　即不必每設一大學皆照此法；縮至極度而言，似亦當有一二處，毅然作一試驗，或亦可為千百應舉新事業中之一事。此未議者，即雜取其優點缺點等，討論之而比較之，以供當事者采擇焉。

（二）改良學生環境養成完美教團

　　吾人受教育之際，得校內之課程，若並得社會環境之補助，則其效果，必不相同。此時中國，即有此能力，得建完美之大學；尚無此改造社會之速度，並予學生以完美之環境。如社會凶暴惰懶穢惡等之現象，觸目皆是；加之以下等游戲之場、親朋淫博之習，皆令今日內國之大學生，平添一層防制之辛苦，此環境在消極方面之未適當者也。又如上海、北京、廣州之通都，欲求一有益書報，已如鳳毛麟角。若高等之科學儀器店、製造工具鋪，無論在鐘表、呢羽，山珍海味之大市上，不能尋得一家。更其論博物院、科學會、新品工廠等之文明人境乎？此環境在積極方面之未適當者也。

　　假如易上海、北京、廣州而為巴黎，其環境之相差為何如？即或消極方面，巴黎亦有中國相同之劣點。然即或任其自然，不加補救，而所得非凶暴非惰懶非穢惡之教訓，已足補償其所失而有餘。何況所有巴黎劣點，若亦有近年來蔡子民先生長北京大學後，其學生自治之清議，日益有力之效果；則防制之辛苦，巴黎自減於北京。此所以竟在巴黎設立中國大學，較今日留學生之各個散處，單獨活動，甚不相同，此事後當

別為專條論之。

（三）於精神教育中並可注重物質教育

今日中國大學，能竭力以高精神教育之程度，則能力漸足；若欲並提高物質教育之程度，恐無可為諱，幾乎萬分竭蹶。精神教育，必以物質之能力相調劑，而後社會足與世界均和，此無可蔑視者也。物質教育之教師，不免借才異地，即在今日之日本大學，尚不能免；何況中國？中國近來頗有淘汰外國教育者，此另一義，因以高價所延之洋教習，其能力不如留學生，自不如辭去為得。若留學生竟能滿副理想之大學教授，恐居極少數，此又無可為諱者也。以區區四五百元之月金渡重洋而來教者，必為下材，曾一度遊歷西洋者，無不知之。然四五百元月金，在巴黎當地延聘，俾即教授於巴黎中國大學；幾不難得彼中大學教授，論鐘點而兼任。

如此，在內國大學，因洋教員之有名無實，則不敢請；而留學生之上等有能力者，又不可多得，物質教育之受損，以較海外中國大學，至少終當減色數成。

況就作用言，為目前社會國家救急之需要，物質教育，終當有一部分之大學特別注重，方足適應現狀。所以試設一巴黎中國大學，肩此注重物質之任務，亦極相宜。並且迎受巴黎環境中之精神，而於精神教育方面，亦不至比今日北京、上海、廣州有損色也。

（四）他人慈善的已建許多大學於海外吾國；吾乃為利益的豈反不可建大學於海外他國

立大學於海外，求諸先例，因恆所知太少，可云此為創格；然比例設想，亦極尋常。其一，語其近似者，則有上海日本同文學院，其目的因欲詳察中國內情，故有此特別組織。然吾則挾有改良環境，增進教材，期俟組織稍完，遷建內國之目的，亦何嘗不可仿辦？其二，有可對照比較者，如香港之有英國式大學、上海約翰之漸改美國式大學等，皆歷費鉅款，或過於我等今日所提議之中國大學也。彼等建設大學，其目的為慈善的，用以教育他國人民。我國若有慈善之力量，足見即建一中國大學於巴黎教授法人，亦不過如近日北京政府捐助美國哥倫比大學漢

文科等，且無所謂怪特。何況今所議建之巴黎中國大學，其目的只是利益的，只以教育自國人民，豈反有不可之理？此所以議雖近創，實則甚平常也。

　　既籠統而言海外中國大學，篇中又時時指定巴黎中國大學者；鄙意擬設之海外大學，最急為兩處：一法國，一美國，皆以其國體相同，物質而外，精神亦調和也。有美國則英國可省。且巴黎與歐洲各國，接近在片壤之中，英、德、伊、比等，皆巴黎中國大學學生所能常往遊歷之地。不注意日本者，日本近在咫尺，已留學者太多，留學之勢，已成駑末，無從別立一校，自為風氣。且帝國教育之暗潮，亦有與現象衝突之處。所以先注意巴黎者；歐洲學子，遠不及赴美之盛。欲使歐、美潮流，平均輸灌，故先及巴黎。倘能美國海外中國大學，同時並建，亦未嘗不馨香禱祝之也。

（五）英法文兼重正可圓滿學術與辦事兩方面

　　有人云：驟建中國大學於巴黎，目前必發生一甚困難之事。因中國學校，向來注重英文，不惟驟然欲招向習法文，可入本科之學生，必寥寥無幾，即招預科之學生，亦為少數，必至所設預科，程度甚低，開辦本科，曠日持久。

　　對曰：此事正即無所最為注重之處，否則顢頇了事，如今日留學法文國，及留學英文國之學生，各執其所習慣，不惟將來國中派必生小小衝突；而且即就應用上論，（應用雖非大學所注意，然在現狀中實可算一條件。）東方英文之勢力，雖日本久傾德系，亦不能減少英文流通之全量。故若僅習法文，辦事於東方，必有一部分之扞格。不知此校即為溝通，且兼習英、法兩文之利益。在歐洲時利用英、法兩語，由調查而得之進步，亦有影響也。

　　兼習兩種外國文，當日日本高等學校即以為欲入大學條件之一；而歐洲大學，必兼習一二種外國文，亦有慣例。即今日中國學生，留學英、美國，兼習法文，留學法、比國，兼習英文者，本亦不算少數。故在巴黎中國大學，以法文為主要語；以英文為必修科。（苟有少數有高等德、俄文，即可減輕其英語科。）決非夷中國為瑞士，必人熟數國語文之意也。又既習一種歐文，更複習一種歐文，事半功倍，早有定論，固非如以漢文學者，複習一種歐文之難。

因此，巴黎中國大學既建，一面固可在內國鼓吹法文之加增；一面
徑可採：所招新生，全錄高等英文，及普通學科已合本科或預科高班資
格者。（如有高等法文之生，自然更應取錄，使之補習英文，正如使英
文生補習法文同一條件）。英文程度既臻高等，加教法文一年，即本科
學課全以法文教授，亦無難通解。況巴黎中國大學之主旨，所以設立於
巴黎，其一半之用意，為學生得較良之環境；又一半之用意，使教團就
近取法，較使得完美其組織。並非因法國已有之大學，不足為我學生留
學，必疊床架屋，徒設此不稂不莠之中國大學，用以替代留學。（此義
後當專論）故此大學之組織，當視之無異在中國。所有教師，惟高等特
別學科，方延外國講師，而教授仍悉聘留學生，或相宜之學科，竟以國
語講授。如此，即以教授而論，倉卒之間，不難盡得之於法、比留學
生。本須兼延英、美留學生，故當第一年開辦伊始，而本科初班，即全
招英文高等學生，亦不必一年中全供預備。本科課程，自可用特別法講
授。故至多於第一年損耗半年時間，餘年之本科學生，皆取自預科，即
免此損耗。總而言之，即算高等英文學生，已合本科資格者，學之於本
國，可減一年日力；學之於巴黎，即增多時間一年。然就此一年間，多
習一種法文，多增一年預備，在利益上並計，還是得算也。

巴黎中國大學學生，因有英文為必修科之故，於是在授課之中，得
參考英文書，在畢業之後，得調查或研究於英、美。在歸國之後，辦事
得在英語流通處，並無扞格，其能力豈不大加？如此，建設中國大學於
巴黎，目前與將來，均無困難，只增優勝。又西南外交，本來最好兼善
英、法兩文，此雖於大學不成問題，然恰為連帶之適當。

（六）派遣留學與自設大學於海外兩不相同，兩宜並行

有人云：與其以我國留學生作教授者之能力，使之在巴黎與彼中大
學教授比力，不免絕臍之可笑，而巴黎中國大學亦即以程度幼稚之狀
態，貽笑於外人。何如直接爽快，增派留學生，同一耗費，豈不收效
良多？

應之曰：然。留學生之大學教授，不免絕臍，當有其事。巴黎中國
大學之狀態，必較諸彼中大學，始終幼稚，亦我所承認，增派留學生由
我所企禱。（過去時代中國當道太早計，因日本留學歐、美學生，只有

五十餘額，所以截止各省自由派遣留學，而減縮其額數，自以為取法日本。不料日本於歐戰後頗有覺悟。陶孟和先生赴美時，即聞其當道預備三千萬元之經費，欲派歐、美留學生六百人，日本尚如此，中國可知。故張之洞、端方雖皆可議；惟其能作留學生之販子，高出於今日督軍招兵為盜，固萬萬也。）然客之所言，亦未免太直截，此中曲折，正當反覆詳究，方知顯然各別。

一、留學與自設大學，當分途並進，此為定論。故巴黎留學，為留學方面之事；巴黎中國大學，為自設大學之事，二者絕非同物。自設大學，設之於廣州，與先設之於巴黎，然後遷回廣州。若經費利益，全不相謀，方可以廣州折倒巴黎，此為一條線上之比較。若以留學巴黎，折倒巴黎中國大學，此不在一條線上，只是普通謬誤。巴黎、廣州間，經費利益之比較，當專論或分論於下文。

二、留學生只有此數。在北京、上海、廣州所能延得者，其人肯往巴黎，終不至反為劣品。此等敢上巴黎之留學生，在北京、上海、廣州能延充為教授，當眾口一詞，不算對不起北京、上海、廣州之大學。何也？因非延請外人，欲請留學生，只有其人也。然則其人在巴黎絕臏，在廣州即遊刃有餘乎？其理不可通也。是除卻用隱眼之法，遮掩其絕臏之醜，不能再有別種結論。故留學生之教授，在巴黎絕臏，在廣州亦絕臏。巴黎中國大學，並非作為留學生作教授者之出醜懲戒場，正即欲兼為我國大學教授之改良所。留學生教授，即我國尤可造就之一種。正因其一行作吏，此事遂廢。淺嘗於外國，虛氣薰天，歸而留傳其謬種。故設巴黎中國大學之苦心，亦正欲得有志之留學生，不自畫於故步者，共上巴黎，相與「完美」（動詞）一大學之教團。故彼之絕臏，大學同人且共保持之，使預尋補丸，如是巴黎即較易尋。或補丸所不及助，即代覓外人之助手，如是巴黎原較易覓。如是若干年，遷回廣州，廣州大學即得較良好之教團。

三、巴黎中國大學程度，即至若干年遷回之時，亦必幼稚於巴黎法國大學，此何待言。巨人長年，決不責勝衣童子之學步，此法國方面無所謂取笑。淮南雞犬，亦不作上仙之夢，而國人自亦相諒。故程度之幼稚，我可無辯。惟或有人倘謂學生何罪，使之遠居巴黎，不令入法國大學，而令入中國大學，受此幼稚之結果？此有可解釋者，不惟於本節一條之討論，不可遺忘。蓋此等學生，本欲留之於

廣州者，今已載之於巴黎，使得較良於廣州之環境、較良於廣州之學課。不算辜負其人否？則我亦可反詰之曰：汝何癡愚不欲在巴黎授課？寧至在廣州授課，反得「隱眼法」（誷人）之教授。彼將何詞？

就使與留學比較，即不必比較荒唐之徒，以留學為門面者（留學局面，無論如何選擇，十人中必有二三荒唐鬼。巴黎中國大學，有管理規則，有自治清議，荒唐之徒，比較可少），直比較好於好學孜孜之留學生。若本科前半截之學程，巴黎中國大學或以本國教授之講解近情，及外國講師之補助，可望不損色於法國大學（言留學所得之效果，非言法國大學之本身）。惟在結末高深之處，其結果姑認不相及；然充其量，必欲泯此缺憾，可令巴黎中國大學之畢業生，研究高深學程於英、法大學一兩年，補償最優留學生同等之學力，亦非所難。由巴黎中國大學切實之擇校研究，經費與條件，皆可適當。故更觀下文巴黎中國大學畢業後補習之資費，與普通留學經費之比較，而兩者釐然各別，各有所當之理由，更谿如矣。

四、故若謂設一巴黎中國大學，即可替代留學，此太早計。又為謂添留學可替代巴黎中國大學，亦屬膚論。數百學生，能使同時受課於巴黎中國大學，卻不當同使留學於巴黎。巴黎中國大學所不能代留學之利益者，因種種特別之學科，不能盡在巴黎，乃分散存在於各地。我國缺乏之學術太多，欲種種（學術）有人研究，必使分散各地而留學。所以留學之局面（雖有巴黎中國大學），仍宜擴充，不應收縮。惟散居各地之留學生，與聚居一校之學生，其費用大不相同。聚居一校之學生，可由教團切實料理，使之節省畫一；若散居之學生，處辦較難。故政府所定歐、美留學之經費，不管學校地點，畫一錢數，固足詬病；然其不得已之處，亦可原諒。即因散居各地，縱派有監督，彼眾我寡，無法代為經理。照目前學額費而言，亦有少數，欲為高等之研究，實有不敷，然未嘗不更有一部分，就其實在，有可酌減。惟必酌而後減，誰則能之？故若照舊留學，只能因循於畫一錢數之制。如是，則一留學之費，可供數巴黎中國大學學生；觀下文經費實數之比較，當益見二者之不同。且留學之不易處辦如此者，正因只有官場傳舍之監督，及胡亂兼理之外交官，所以毫無頭緒。倘真有巴黎中國大學出現，有教團之代為研究，有巴黎中國大學學生之輿論，而酌加者自可酌加，則高等學術

之人才當增。酌減者竟可酌減，尊重公費之風氣亦開，留學卻以秩序愈完而增盛。此所以海外中國大學，並可有益於留學，惟非替代留學，而留學亦不能替代其事。

（七）海外大學所發生之附帶利益

　　且建設中國大學於巴黎，其主旨固有為學生改良授課時之環境、為教團完美其組織，然後遷回中國，作一較良之大學。然當此社會混亂，國家危急之秋，在此巴黎中國大學，又有種種附帶之作用，亦可分條論之：

一、假如此大學，亦有如北京大學最近之現象：於許多新事業中，即出版品一項—如日刊、週刊、月刊—新舊雜出不窮。巴黎中國大學居歐洲，言論當尤較發舒，觀察當尤較真切。將於中、日一切情形，早愈有所宣傳，過於今日少數學生會之困苦告語也。而且有此屬於耳目之建設物，日與彼都人士相接觸，群知有中國，群知中國之消息。此中傳之較真，何至如此次巴黎和會，華事為彼中多數所不知，任日本之強梁，其人淡焉漠焉，無所用心乎？

二、又假如以北京大學「五四運動」之精神，在巴黎為相當之講演，不又愈於少數國人，僅在一、二要處行動，致彼中社會，全無感覺乎？此雖特別條件，不望其熱度之常烈，然相當為自國之表示，亦必欲有一顯著之團體，而後引人鄭重。故即不必輕示聲色，而知中國有此大舉，大學中有此數百人，亦無形中不使人漠視。即新聞訪員，亦必常有蹤跡，欲向此間得可靠之消息矣。

三、然以上僅臨時發生之事項，吾意亦不願此等作用，常常苦累我學界。但即以文明事業而言，吾人以個人或一小組合，與彼中學術界作小小之接觸，或有之矣；未嘗用一高等大團體，常與彼中學術界為不斷之接觸也。今既有此大學，則彼中杜威其人，可常常邀請演講。巴黎中國大學運動隊，亦可與法國某大學為比賽運動，甚而比賽至於倫敦、柏林。即吾國學說雖無重大之價值，但如中國哲學、歷史等等，亦何嘗不可往彼中講壇，聊放厥詞？因欲適應於高等智識，吾人自更搜羅材料，為特別之研究，必有許多新著，相引而產生。並且我國教授，易其在北京、上海、廣州之塵俗酬應，而為巴黎「學會書報」之生活，包圍於博士、著作者、發明家之空氣中，

安見吾人無科學上之小小供獻，能報告於彼中實驗室乎？凡此皆恃有大學之文明大團，而後能增加因緣。

四、現在內國寥寥數大學，幾皆孤立，不獲與世界大學，共聯聲氣，此無可為諱，半因幼稚之故。程度固無一蹴可幾之希望，故即最近之將來，仍無緣與世界大學交通。今自國設一大學於海外，亦聊可作世外之交往，內國文化之演進，由各大學報告於巴黎；海外學術之變動，由巴黎傳之於各校。此雖彼此幼稚，無多特別之利益，然甘苦共語，頗有緩急之可商。至於一切調查器物書報等等，有此固定之大組織，而書記職員皆備，可代國人廣任急要；較之今日，只有使館之高不可攀、學生會之散而無紀，稍不同矣。

五、因有講義書報之刷印，必宜由大學特備機關，然但須在開辦時提款三萬，備足中國銅模、字粒；更招排手數人，附屬在一巴黎印局，即一切無異上海。（從前中國印字局只有數千個字粒，且缺排手，故動多不應。）印刷既便，著作翻譯等事，自紛起全校師弟之間。即大學創一日刊，並載全歐學界消息，如此則人多手多，真有歐洲幾成消息，得流輸於內國；並有重要譯述，能歸餉於母國矣。

六、地位不同，感知與觀察皆異。所以留學生雖日居彼中之學校，親受其教育。然恐辦學及教授上之曲折，鮮有入細注意。所以巴黎中國大學之中國教授，雖實際上亦不過同一旅居海外，觀察學術，但因地位之不同，及職責之所迫，於辦學及教授方面之觀察，必大異其趣。即巴黎中國大學之學生，因見校師竭蹶之研究，及師弟推誠之推論；而學生注意之點，亦與尋常留學生不同。倘更加以特別期望，凡本校高等畢業生，助使轉學歐洲各大學，加以深造者，並使為將來母校教授之預備，即內國各大學之教授，此校亦可幫助養成。所以巴黎建中國大學，優勝於僅僅派遣留學，又別有在。

七、至於巴黎中國大學既建，所期之校風，為平民的，為勤儉的，為勞工神聖的，為清潔無倫的，自不待言。即在經費上欲使不與廣州有多大之懸殊，亦必務求節省之法，故所有自販食用必需之物於中國，設立消費社，學生款項設立校內銀行，寄宿舍實行嚴潔的自治契約，所有今日北京大學及其他北京高等師範清華學校等已行之良組織，固全然采用，即尚待改良增添者，亦博訪舉行。蓋以此事為吾人辦學能力之第一大試驗，大學之成敗，幾全繫於是。此自須用全力經畫，用不斷之長力照顧。倘果能副於預望，能得理想之效

果，則不惟大學以內，得以鞏固，即大學以外，所有留學儉學等組織，亦必大受影響，多所改良。而所以先立中國大學於巴黎者，亦即欲以試驗及格之校風歸還於廣州也。

（八）留學生之缺憾待此大學而泯

又有一餘事，即內國篤舊之士，詬病留學界，不外數端：一曰增添西洋嗜好；二曰忘卻內國情形；三曰拋荒國粹。今一二兩端，巴黎中國大學既有不斷之交通，與合格之管理，自此留學界改良者無論矣，而且所以該大學期在必延蔡子民、胡適之諸先生之倫之黃面孔者為教授，不全託於外人，用意固在期有中國學者興味，以成中國大學之特點，並非專注意於篤舊家之所謂國粹；然篤舊家國粹之希望，亦能曲副。蓋此校學生若北京大學康、傅、羅、許之倫者，將來必有人在。然則留學界之缺憾，巴黎中國大學實可為之全泯，則巴黎中國大學學生可保無荒唐鬼也，可保不至洋氣沖天也，可保不為沒字碑也。因此，巴黎中國大學，復開海外求學之新紀元者也。

（九）預算

今欲估量巴黎中國大學，教員額數、學生人數、費用約數等，先當取內國大學專門學現狀，列表以見其凡。今按去冬專門學校會議時，教育部所刊列者，錄要如左：

校名	教員	職員	學生	經費
北京大學	149	44	1659	560000
北洋大學	20	6	441	220000
山西大學	38	17	675	90000
南洋公學	41	25	167	156460
唐山路礦學校	11	7	174	110216
北平工業學校	39	18	242	126360

右表惟南洋公學學生未計預科，應酌加預科學生二百，以三六七人計算，每一教員配合學生之數如左：

北京大學	11
北洋大學	22
山西大學	18
南洋公學	19
路礦學校	16
北京工業	65

再以學生配合經費，每一學生應合若干銀元，列之如左：

北京大學	330
北洋大學	500
山西大學	133
南洋公學	425
路礦學校	633
北京工業學校	522

就右之所計，酌量以定。假如巴黎中國大學學生人數，姑擬如左：

學生　七百人（此就山西大學之數而定，因西南大學之希望，雖不能驟如北京大學之誇張，亦必對於北洋大學、南洋公學等有所不滿意。故酌中而照山西大學之數定之。）

教員　亦酌中而以十八學生配一教員。

教員　四十人

經費用於海外，自應照唐山路礦學校最高之額定之。

經費　四十五萬元（照此經費雖在北京大學可教學生一千四百人，然該校連法、政學生並計，法政學生與科學學生不能並論。科學學生若北洋大學、北京工業等，至少亦需五百元之數。今巴黎中國大學有中國教授三十人（共教員四十，其十人請外國講師。），與派遣考察無異。以考察人員而論，例須予以一個半留學之費。則除此九萬之暗中補償，每一學生還只能配合五百元，與天津北洋大學、北京高等工業相同。）

如此比較，留學經費，七百學生應費一百三十五萬者，一年可敷三年矣。若以此四十五萬派遣留學，才派得學生二百三十五人也，且三十教授更無一人可出。

（十）

四十五萬元年費之開支，約計如左：

教員薪水，十六萬元。

無論中國教授，外國講師，以四百元一月為最高額，二百五十元為最低額。今平均以四千元一人為約數，故十六萬元。（教授必有攜帶眷屬等事，外洋開銷，非北京可比。然此校既為組合暫寄之性質，不能與尋常內國新法，及外國慣例，不管食宿之法相比。而教員宿舍等亦如唐山及浦東各校，妥為籌備，惟非完全供給，然既有此補助，則開銷與徑租西洋人家住宅者不同，飲食亦可由校內廚房代辦，或向消費社購取，亦不至於與往常旅居西洋者同一繁費。故所定薪水，雖不甚過高於北京，亦儘夠事蓄。）

況此項經費，在西洋講師方面，目下尚可省節。向時倫敦高等講師單獨教授，亦不過一鎊一小時。今算每月聘任四十小時，目前只需二百元以內。前以此項所省經費，或擴充西洋講師鐘點，或積貯而為中國教授完備其供張。

職員薪水，四萬元。

校長亦定四百元。（唐山校長即少於教員之費，或可與教務長勻扯其數。）學監一人二百元。舍監二人共三百元。（宿舍實行自治，舍監只為查察及照料之人，故不必多設。）庶務長一人二百元。書記、幹事八人共一千元。（多者一百二十元，少者八十元，參用女打字人。）

右職員十三人，較之北洋大學數已略多，因有若干事關涉學生者，皆可由學生自由也。校役三十人，共一千五百元。（全用法人，或招華工。）宿舍、廚房等不在內，其費皆計於該項之下。此所謂校役，揩窗收拾課室之類也。排字人六名等，亦可在此項經費內開銷。因上文開明之數只三萬一千三百元，尚有八千七百，即並門房及高價役人等，皆可於此取足矣。

學生川資，三萬元。

巴黎中國大學學生，照北京大學學生辦法，一切皆由自備，惟以遠赴外洋之故，代出船費，約每年招生一百五十人，畢業送回一百五十人，共三百人，每人船費一百元。既有如此大團，當用特別辦法，與法

國船公司訂明，為開大艙一所，其間舖設，由校內製備相當之床褥等二百副，自行舖設。請撥廚房一間，自帶廚子燒飯。因此學生只坐四等艙，其舒服可與在家相同（船上必定承認此種辦法者，因從前看見日本船在香港裝載華僑赴新加坡，彼等皆居艙面，價較四等為廉；然彼供給鐵爐、木炭，任華僑之老闆開舖，大抽鴉片，任其隨僕殺雞燒飯，狼藉船板，反欣然笑容之，比待三等客為優。故知船上只需多數包其下等之區處，彼以貨物牛、馬視之，不甚計較。若巴黎大學學生復以文明之法自處，彼必甚歡迎也。所以自行舖設、自行燒飯之法，必然可行。）飯資即在百元數內扣除，彼亦樂從。

學生飯食貼費七萬元。學生雖曰一切照北京大學辦法，歸彼自理，然暗中仍只可每年令出二百元。惟外洋費用不免較昂於北京，故雖免除川資、免除學費，恐飯食亦不能如北京之廉。（雖力謀廉好，凡可載自中國者，--如米等--皆自行運輸。）故每人校中又為預備百元，補貼飯食等。而此項經費，則並宿舍、廚房之役人工錢等亦在其內取足。

教科試驗費等一切在內，十二萬元。

此即四十二萬元經費開支之大略也。

（十一）

以上為經常經費，此節則約計開辦經費。

講室試驗室等房屋……宿舍……五十萬元。

試驗工具……　　　　　　　五十萬元。

此為自由約計之數，在中國可達目的，到底法國如何，必有待乎調查。然稍從素樸，或目前法國人工太貴，可在中國投標請中國包工人載華工往建，否則或有相當空校，可以借賃改作。終之，苟其預備五十萬元，亦不至尚是空中樓閣，萬難實現矣。（地皮自依西例，不過租借而已。）

惟此項造屋之錢，全然因巴黎之故而耗費，因異日不能遷回；然亦有數端可以聊自慰藉者：

一、假如十年之中，成就二千學生，其學費固較留學為省。然不必計算，惟取其川資一項相比較，今留學所定川資往來一千二百元。此二千學生每人僅貼二百元，人省一千，二千學生共省二百萬元。取其四分之一，補償此項耗費，已屬有餘。

二、大學遷回之後，安見無別種用處發生，適合異日之要求？又安見不
　　因此建築，生出他種有益之設施？則今之造因，斷非徒然。

三、亦或將來可以租賃生意，略得餘潤，足為別項事業。

　　鄙意巴黎中國大學姑開三科：（一）文科；（二）理科；（偏重應
用化學）（三）工科（特立機械、電機、礦科三門）。其餘有特別學術
為中國所急者，一面仍可派遣留學，或酌量在學生中擇派彼中學校學
習，因此試驗工具僅定五十萬元。倘此項不敷，應盡量籌備，因此所購
備異日皆可拆遷內國也。

　　倘試驗時仍有不備者，偶有一二特別功課，預先酌量，竟就法國大
學選定，走往法校上班，作為旁聽辦法，按課納資。

（十二）

　　現聞雲南等省擬自設大學，最好亦從緩開辦，附入此校。如此常年
經費，由粵、桂、滇、川合力擔任，以四百學生為數省分配之額，而以
三百學生之額，讓全國應考，亦一辦法也。

（十三）

　　倘西南大學之名義必當成立，且國內又不可不略有建設，以振耳
目。則有人獻議，可如南洋公學規模，以十五萬元招五百學生，以四十
萬元為房屋教具之籌備，開一文理混合之科，並建於西南相當之處。

　　如此名內國者曰西南大學內國部；名巴黎曰西南大學海外部。倘真
能籌得常年經費五十七萬元、開辦經費一百五十萬元者，尤盡善盡美也。

　　結末尚有熱禱之一言，此次西南而有籌備大學之舉，亦算差強人意
之一事。其實即籌擲三百萬元，亦不過砲火須臾之一闃，即占其數。因
此當事賢哲，能以破壞之精神行之，辦此大學，即算擲於虛牝，則款若
愈多，必成效愈著。否則僕乃目光如豆之夫，諸所估量，皆從狹隘，恐
僅如所呈約數，結果必僅得形式，精神未能醋爽也。

　　金錢萬歲！中華民國萬歲！（吳稚暉先生全集）

二、里昂中國大學海外部的經過、性質、狀況

　　里昂中國大學海外部，大家沒有曉得很詳細，因此來問辦法的這個問了去，那個又來問。況且各個人的揣測，大不相同，也有希望得太高的，也有批評得太遠的，一般沒有關係的人，讓他知道到如何程度，原不相干。惟現在開校就在今年的暑假以後，對那準備進這學校的人，不能不有一個明確的報告，使他得著一個去就的標準，才免了許多誤會。因而借這個報告，使一般社會，亦可了解這個學校的作用。便對于他，必能多給著同情，或多給著忠告。

　　（附言）經辦此事的人，雖他們本身，確然各有一個黨派的信仰，但他們相信教育是給人智識。大學更是給人高等智識，智識高明的人，都是有力量製造信仰，或選擇信仰的，不是能盲從他人信仰的。所以要借教育施行催眠術，都是謬妄，更借高等教育行催眠術，益發可笑。倘若不信，但看前清張香濤君、盛杏生君、端午橋君等，不遺餘力的熱向教育，籠絡學生，然彼等自己的信仰，有他幾個學生表著同意麼？現在為甚麼要附說此意，因為為了這個學校，下文所述交接的人物，真叫做中中外外、形形色色。恐怕揣測的人，都莫名其妙，也可疑心誑騙，也可疑心阿附。其實可正色的答覆，說道只是為了學校，與個人黨派的信仰完全無關。個人的信仰分毫不願攙入學校；為學校所交接的環境，亦分毫移不動個人的信仰。這個里昂中國大學海外部，只是為中國挾各種信仰的人，增添一個求高等智識的區處。故必須各種人都給他的贊助，報告的人，把什麼都報告出來，也含著努力公開的意向。

（甲）他的經過

（一）運動賠款退還是設校的動機

　　民國八年巴黎正開和會的時節，中國本有退還庚子賠款的條件開出，但要求的用度，紛紛不一，外人卻無所適從。其時汪精衛、李石曾兩君就這個退還賠款的問題，對於法國賠款，也幫著運動，他們所指的

用度，只是供給教育。最初，李石曾君求和會總代表陸子欣君，介紹去見法國教育總長，陳述意見。法國的教育總長欣然應允，囑他做一個計畫書出來再說。

同時李君又去接洽法國眾議院議員，今任教育總長的奧拿拉君，奧君自去與他們的外交總長說明。外交總長回奧君一信，說他于退還賠款辦教育，很表同意；但有許多由賠款支應的用款，都要經財政部研究抵撥，況且他們中政府忽然在和會中將退還賠款的條件撤回，足見財政支絀；現在當賠款停付期內，若退還撥充教育，反需支出現款，所以中政府願不願意，也是一個問題；我們為友誼起見，不願中政府受困，故必得中政府同意。奧君抄此信密示李君，並囑彼時只好告訴有關係的少數人。李君即將這個信稿交給陸子欣君，陸君云政府沒有不願意，正要求彼等速還，和會撤此條件，因與各國皆有問題，陸君並因此事關涉外交，不關和議，故把信稿又轉交駐法公使胡馨吾君，李君遂將接晤陸君等的情形回覆奧君。

法國眾議院既聞奧拿拉君與李石曾有此接洽，于是復有議員莫岱岡達斯兩君，擬聯合多人，提議于議會。二君曾與奧君聚議一次，決議要求外交部退還一小部分。（在八年時節，應償法國賠款，約尚需四百兆佛郎，照美國退還一半之例，可得二百兆佛郎。）正式提議，且俟大選舉完畢以後，故遲至九年六月十八方提出，交付審查，至今尚無結果。

（一）因要設巴黎海外大學影響到里昂

一日，李石曾君往候莫岱君于里昂，恰遇里昂大學校長儒朋君新從中國游歷回國，莫君介紹李君往見。儒君云：「倘在里昂有什麼教育上的計畫，我當盡力幫忙，君可詳細告我。」

會蔡子民、吳稚暉二君在上海寄信與汪精衛、李石曾諸君，請他們何不陳告法政府。倘疑我國得了退還的賠款，不能涓滴在教育上使用，何不即將此款，在巴黎設一規模較大的中國大學，使他們耳目便于覺察，我們教育上亦得了一個新發展（倘使從前美國的賠款，建一中國大學于美國，已過的「賠款留美學生」當可三倍于今日）。汪君等接得此信，頗極贊同。李君重至里昂，與儒朋君、莫岱君、里昂市長愛侶友君、里昂大學醫科學長雷賓君等相晤，陳說此意，商量運動。雷君道：「退還賠款，不是一朝一夕，可以解決。恐怕候款太久，建設中國大學之事，反至無形消滅。不若先得一校舍，由中法分擔小款，辦了一個雛

形，可促成賠款的退還。」儒君先表同意，就在他的大學評議會，提出討論。討論的結果，決議此校將來由里昂大學扶助，並向公中索取公房，做他的校舍，市長愛君亦贊成，指出兵房一處、舊日教會學校一處，及空地一處，任李君選擇。

（二）里昂海外大學口頭的成立

惟彼等所稱中法小款，法款由彼等代請于法政府，中款必由李君要求中政府付出。李君遂往見陸子欣君，其時陸君退休于法國南方海邊最有名的名勝地方，叫做尼斯。陸君于先行設校里昂，非常贊成，他說回國一定幫忙。李君敏問幫至如何程度，陸君云：「一則先請府中捐款；二則要求政府出常年費十萬佛郎。」又云：「三此事定要做，就使無款，借款亦要做。」陸君如此的高興，一半亦因當時葉玉虎君欲將東方文化，傳布法國，允由交通部出費，在巴黎大學中，設一中國學院，將中國書，教授法國人。今聞又要在里昂設中國大學海外部，將法國學問，教授中國人。一東一西，彼此交換輸授，確係熱鬧之事，所以他高興起來。

李石曾君將晤見陸君情形，至里昂報告，他們皆極歡喜，也允在法政府方面，運動同樣之款。李□□□市長愛侶友君，倘華款無著，有否借款的方法，彼云：「借款並不難，只要中政府正式表示□□。」

迨陸子欣君返國時，李石曾君又往馬賽見他，交一說帖，且述里昂市長之意，陸君允回國一定交涉。李君由馬賽回巴黎，與莫岱君同見教育總長龍伯那君，龍君亦欣然贊同。經費問題，當晤該部專門司長，龍即介李與專門司長會晤。司長云：「補助小款，可以逕即替你們列入預算表。若欲較多之款，必再商之于外交部，彼部有國外教育費一宗當可分助。」遂與莫君更往外交部，晤見東方政治局長，彼云：「事極贊成，中國政府能出十萬佛郎，法國必出同樣之數。然無論如何，必令教育部分擔一點，其數雖小，亦屬無妨。因這事為教育問題，非外交問題，外交部可擔任半數，餘下的半數，教育部不能全出，當令想法子補足。」

（三）得西南大學的大助力

然而只說定了二十萬佛郎的常年費，在當時不到華銀一萬五千元（現合約三萬元），即照儉學辦法，亦只能招生四五十人。且修葺房屋、製辦校具，所謂開辦費者，即一錢莫名，故李石曾君就回國想法。

　　李君于九年正月到了上海。先是廣東由陳兢存君提議將關餘設立大學，繼續由章行嚴君等再請，于是經軍政府議決，建設西南大學，舉汪精衛、章行嚴二君為籌備員，復招陳仲甫、吳稚暉兩君，亦去幫忙。吳君自計，在彼個人，既不配參與大學教育，且彼個人的見解，以為中國大學雖少，然把現有的竭力改進，已覺財才兩窮，不必急急乎再設掛招牌的大學，能暫設大學于海外，改良單純的留學局面，使能勝大學教授的人數增多，再添新大學，方為合算；不如將西南大學暫設海外，議上而不見采，故辭不赴招。至是，李君囑去上海會晤，吳君聞里昂有此計畫，力請汪章兩君，主持海外之議，汪君本極贊同，章君詳聞辦法，亦極感許，但以掛招牌的空氣甚濃，彼等幾無法變動，允在西南大學經費內，畫出一部分，在里昂中國大學海外部內，設一西南大學海外部，定出開辦費二十萬元，每年經費亦二十萬元。李吳二君遂隨汪章二君同赴廣州，聽候政務會議。去時，孫中山、唐少川二君贊助海外部，亦為作書致軍府。至粵後，伍秩庸、岑雲階二君亦極熱贊，遂于三月二十六日政務會議，將西南大學及海外部大綱，全部通過。

　　越三日，海外部領得開辦費港幣十五萬元，交由汪精衛、李石曾二君存貯銀行。

（四）得西南大學助力以後的餘望

　　李石曾、吳稚暉二君于歸途偕胡展堂君同赴漳州，晤見陳兢存君。因彼曾允捐西南大學經費五萬元，請彼撥入海外部。

　　南洋鉅商陳嘉庚君來會于漳州，他聽了海外部的目的，很為贊同。彼言：我立小學，覺小學覓不到合意的教員，因而辦中學與師範學，去養成他；中學師範學更覓不到教員，所以近來議設廈門大學。吳君便問：將來大學倒儘多教員麼？他也莞爾而笑，因約赴彼集美村，參觀集美學校。李、吳二君言及海外部，意欲造就最高等的學者，然待遇學生，遠不能及現在的官費生，恐程度較高的學生，年齡必大，又需從容研究，多費時日，個人經濟，難於支持，最好有一借錢之法，在受學期間，或四五年，或七八年，按月借與若干金，待畢業任事，仍按月償還。如此，必捐得一巨款，作為借錢基金；意欲向海外各處，與僑胞商量，必請君先贊助。他說：「此法甚好，但我想，有錢人固然很多，肯出錢的，恐是很少，這事容我思量，不必泛去募捐。」過了一天，彼去廈門中和棧，與李、吳二君會晤，並偕集美校長池尚同君同去。他

囑池君傳話，他願每年借出新嘉坡銀十五萬元。臨別，彼又自言力量薄弱，只能借六七年，惟借與之人，必程度甚高，已經在什麼大學畢過業的。李、吳二君回說：厚意極佩；惟到借款之時，章程由君自定，然後實行。嗣後吳君至法調查，鑒於華法教育會勤工儉學生之互助借錢，反成官費定額一般，發見借數年之錢，將來分數年勻還，此事在歐美固數見不鮮，恐在我國，雖高等學者，無此履行契約之習慣，將來借錢之人，或執教鞭于大學，或作大官於穹衙，又不能派巡警力索，必使仗義僑胞，張眼而受欺蒙，學界且為之掃地。故至今未與陳嘉庚君續行提商，擬將此意作廢；將來補助寒苦之高等學生，擬另想種種方法。如從前格致書院考課辦法，亦或可行，於每一學期，擇在里昂大學得到成績優美之人，各獎一二百元，三四百元，作為津貼。其款即臨時徵募于國內之要津，或國外之富人，每一次歸一人給獎，令出數千元，成此美舉。

（五）在北京再求擴張的情形

李石曾君到滬，得蔡子民君來信，言晤陸子欣君，陸君云：「府中允助里昂中國大學海外部開辦費十萬佛郎，當即匯法。」九年三月尾，李石曾君回歸北京，往見徐菊人君，陳說里昂中國大學海外部情形，及僑民教育情形。他說很好，很贊成，你寫一個具體的辦法來，我必然幫忙，惟你也須與教育財政機關去接頭。

又往見陸子欣君，陸君云：「府中的補助開辦費十萬佛郎，已由外交部匯至巴黎。至于常年費，你可以再寫一說帖來，我們同財政部商量，最好請他躉付三年，免得臨時缺乏。」李君云：「如此甚好，惟款愈多愈好，已在府中說過。彼囑往各方面接洽，故我且向各方面接洽過了，再提十萬佛郎之款。」

李石曾君遂往尋張岱杉君，因張君向于法僑教育，甚多贊助。張君曾想出幾個方法，皆不能實行，最後張君云：「財政部窮極無款，若向稅務處去商量，當有所得。」張君往晤稅務處督辦孫慕韓君，回言，孫君極贊同，當在稅款內，撥給僑工教育常年費十萬元、里昂海外部常年費十萬元、法文補習學堂常年費五萬元；現在只需由僑工局及北京大學合向國務院請求此款，孫君無有不從中幫忙。李君又自去晤見孫君，孫君云：「國內很難讀書，大學不易辦好，即蔡君辦北京大學，亦辦不甚好，裹著風潮，不獲安穩讀書，不如暫且辦在國外。二十幾萬元的款子

很有限，只要國務院通過，稅務處可以照撥。」並允代向財政交通兩方面勸說，李君亦自向各要人處進言。

先向北京大學請願，請彼亦在里昂中國大學海外部內，設一北京大學海外部，以便北京大學出面，向國務院請求稅務處之款。嗣遭北大評議會否決，僅允北京大學作為里昂中國大學海外部之贊助者，委蔡子民、李石曾二君，代表北大進行贊助之事。

于是二十五萬元請求稅務處撥款之案，遂單由張岱杉君以僑工局名義，送致國務院。蔡子民、李石曾二君復以二十五萬元之案，抄送節略于府中，復請教育部幫同提出。

七月某日國務會議否決，當時因海軍薩言經濟困難，農商田言法國學風不好，教育傅言有款當辦于國內，不當送國外；實則因教育之傅惟一不願助成。迨李石曾君輾轉設法，託上海方面，得王揖唐君信，致意交通之曾、教育之傅，共允再行提出，即當通過，而安福部倒敗，傅之阻力雖去，國務員之人物亦換，不及做那好夢。

（六）北京所得的小贊助

八月初，張岱杉君由僑工局籌出十萬佛郎，贊助海外部，致電里昂大學校長儒朋君云：「二十五萬之款未成，寄此區區，聊以表意，將來當盡力以求巨款。」儒君回電感謝，且言已告法政府及里昂當局。旋蔡子民、李石曾二君亦代借十萬佛郎，寄交儒朋君，作為北大贊助里大之實證。此款告商范靜生君，范君允代商還，且在北大臨時費內報銷。

九月范靜生君曾電駐法使館，囑向法政府道謝，並向里昂各方面道謝他們贊助海外部，且言已派高魯卿君前往接洽。

先是，四月吳稚暉君去法，往里昂調查一切，且至巴黎見彼教育總長奧拿拉君，以表感謝之意。其時里昂校舍，已由張溥泉、褚民誼二君同往擇定，定用聖提愛內嶺之兵房，房圖等皆由該處師團長交出。里昂報紙沸傳中國將有二千學生不日送到，故吳、褚二君偶在里昂市內購書，已有店舖託介生意。

（七）結束里昂的初議

九年冬，李石曾君重欲請范靜生君將稅務處之二十五萬元案提交國務會議，范君度國務席上，了解者少數，且當時內國教育費尚無著落，恐提出定遭否決。李君又欲單將海外部的十萬元提議，並囑汪精衛君、

孫揆伯君、孫慕韓君等，分向交通外交陳說，迄無頭緒。吳稚暉君去北京，頗憐李君之癡。在北京的空氣中，欲為什麼叫做海外部的東西，商量如此巨款，不免人人絕倒，以為卻不要將陸子欣所允之款，所謂十萬佛郎者，已在法政府方面作口頭之報告，為海外部正式成立之名義款項，或聽他漂去，則法政府之助款，亦將搖動。西南大學海外部的常年經費，又只寫在紙上，海外部將根本搖動。于是李君姑將奢望收去，同蔡子民、吳稚暉二君，去晤陸子欣君，寫成說帖，請彼提此十萬佛郎之常年款案交國務會議，陸君欣然允諾。

不料明日陸君大發牢騷，說赴外交部，顏君對他說，法國中國大學十萬佛郎經費一年，早已通過，這不干你事。所以陸君不願為提案人，李君屢往，避不見面。李君乃自向顏君說明，告訴他，已通過的十萬佛郎，乃交通部所提的巴黎中國學院款。顏君云：「你們又是一局麼，我當贊助。」適其時蔡子民君將赴歐洲，向徐菊人君處辭行，李石曾君同去，說明陸君所允之款，已報告法政府，不能二三。徐君大以為然，言你去具一說帖，即由我處交院提議。彼時法公使卜柏君亦得法政府訓令，言法政府所允海外部之常年費，今已正式籌定，故徐君送院交議的十萬法郎案，算于十一月十九日在北京國務會議通過。

（八）西南大學助欵的無著

然到底做了許多好夢，仍是那二十萬佛郎的常年經費。其時正鬧統一，范靜生君勸李、吳二君，將西南大學所允之海外部常年費二十萬元，向北京政府在關餘項內交涉。二君欲使學校立于政潮之外，不願將甲處所允之款，在乙處紛歧交涉；故當蔡子民君赴歐，道出上海時，吳稚暉君同去，遂交說帖，向西南大學校董，催交常年費；並在北京動身時，商告章行嚴君，請將西南大學附屬的上海編譯局，暫設里昂，章君贊同。故說帖中併著彼款十萬元，共請三十萬元。蔡吳二君親向　孫中山君、伍秩庸君、唐少川君、岑雲階君四個在滬的董事處，將說帖投遞。　孫伍唐皆允到粵經政務會議後，知照總稅務司撥交。岑君亦說款子應該快交哪！

十年正月西南軍政府在北京交涉之關餘，不易就緒，郭復初君致意李石曾君，以為莫若商懇軍府，先將教育費單提，似較易得外交團同意。吳稚暉君又建議，廣東已將一千一百萬元一年的賭稅，毅然棄去，區區二三百萬元關餘，何不盡撥歸西南大學，俾南北當局及外交團三方

將款監督，現款並可即託外交團代存，目前則取息以供西南大學常年應支之款，久後西南大學可望有基金五六百萬元（因其時已有之關餘為二百六十萬元，未來之日，因鎊價日高，所餘無幾，然說不定尚可加增一倍，則五百萬元或有可望。），便要算國內最結實可靠的大學。馳書請汪精衛君以此意在粵陳說，汪君不及建議，外交團已將關餘允給北京政府。其中有所謂駐外使館經費，獨無教育費，哀哉！官不能不肥，而學生可瘦，強權世界，真無公理可言。里昂中國大學海外部，遂停停當當，只剩了最初的二十萬佛郎常年經費（並聞法政府之十萬佛郎，外交部出五萬，教育部出二萬五千，其餘二萬五千，尚在籌撥中）。

（九）廣東再給助力本校得活動開辦

當蔡子民君去歐，道過香港之時，陳兢存君將從前允捐西南大學，並移撥海外部之款五萬元，送交船上。蔡君言：「里昂海外部現所缺者，以後之常年費，至於開辦費，受了西南大學的恩惠，已經粗足，可否將此五萬元，作為比國曉露槐工讀大學中國部的開辦費？」陳君允諾。

陳兢存君治粵，以為惟有教育費，無論如何拮据，必當盡力籌措。彼為西南大學的倡始人，彼語汪精衛君轉電吳稚暉君，言關餘即無著，海外部的進行，粵亦可助。吳君於十年三月至廣州，其明日，即聞關餘已由外交團為不公平之處分。于是即進請陳君，謂倘得年款八萬元，可選粵籍學生百人入海外部，預為將來廣州大學養成教材。此粵生百人的一局，即作為在里昂中國大學海外部內，增設一廣東大學海外部。陳君頗首肯，汪精衛君亦贊同，遂擬定辦法，由汪君正式陳請，經陳君核准，並請黃莫京君助籌撥款。于是里昂中國大學海外部，又稍添活動之氣。

以上為已經過的情形，不知日後如何變化，全看前去之學生，能還出特別成績與否。二、三參與此事之人，因李君籌措經費，扶病奮鬥，勸彼少息，以為國人的迷夢，未易破除。號稱二十年內，已有六千學生，在各國大學畢業，然曾無六人，能向世界自許為高等學者。以比日本，真當愧死。乃猶虛憍自足，或因噎廢食，阻滯出國留學。十年後方始追悔，已不可及。惟過去的法國留學成績，亦不能使人滿意，里昂一局，雖當局人頗抱奢望，但謀諸我國有二千年遺傳策對舉業式毒的學生，成敗正未敢預定，故驟欲向不相諒之人心，商請巨款，徒然癡人說夢。不若私祝前去之學生，出于庸中佼佼，竟僥倖而能多還出一點特別

成績，將來自能得多數同情，漸漸擴大，所以這里昂中國大學海外部的運命，全卜于前去之學生。

（乙）他的性質

（一）校名的解釋

里昂中國大學海外部，若按了他的名詞，老實解說，已經可以明白他的性質。他的名詞便是說，中國學生要學得大學程度的智識，或已經得到中國大學智識的人，要研究比中國大學較高的智識，往往跑去海外，這也就是設在海外能夠副他願望的區處，故叫作海外部，那是中法兩國人，互助了專為中國與大學兩字有關連人設的。凡是中國與大學兩字能生關連的人，不到別的海外去，儘可到這里昂海外部去，他的願望，也一定可以達得。

（二）海外部的本科便是法國里昂大學

要問這海外部共設幾科，這是問錯了。里昂中國大學海外部，並不與從前原擬立在巴黎的海外大學一般，也不與前半年吳稚暉君在報上鼓吹的海外大學相同。當初，巴黎海外大學是想得了法國退還的賠款，用五百萬元作開辦費，每年用一百萬元作經費。吳君勸西南大學暫時移設海外，也要用一百萬元作開辦費，每年用五十萬元作經費。那兩個若成功了，名詞必叫做海外中國大學，不會叫做中國大學海外部的。

若問分別何在？便是他兩個若是成功，在經費上是較有力量的，可以自設某科某科。學生的大學功課，完全在校牆以內學習（惟設備費很大的科學，還設備不起，要在所在地的法國大學參習），算得中國一個大學，設在海外，故應該叫做海外中國大學。至於里昂的一局，東湊只有一萬二萬元，西湊只有十萬八萬元，遇着了西南大學一個大施主，亦才得了十五萬元的開辦費，二十萬元寫在紙片上的常年費。若是到人家大學旁邊去班門弄斧，也要設起一科一科，請起許多外國教授來，這個大學的內容，便如何的望他不可笑，勢必至於可笑。所以他是自己無科，凡有大學功課，都在法國里昂大學去學。里昂大學所有的某科某科，這個校內的學生，本着自己的意願，無不可選擇了，進去學一個成功。所以這個學校，不過是中國與大學兩字有關連的人，在海外求得大學智識的一部，或求增大學智識的一部，故此叫做中國大學海外部。

雖海外中國大學、中國大學海外部，各有複雜的原因結果，不容易可定這個、否定那個。然現在普通的比較起來，這中國大學海外部，也就比冒險的海外中國大學，還穩確得多。因為自設大學，能及他人大學與否，還是別一個問題，即設起來的困難，遇著這種時代，便恐不小，不比現在里昂海外部，享著現成。但是，當初不曾料有里昂的法國朋友，能給我們如此好意，所以里昂中國大學海外部，卻不是我們初意就有這種計畫，這是感謝里昂法國朋友的好意，無意中助成這個局面。

（三）本校的奢望

然則這個里昂中國大學海外部，便是我們在海外立不成中國大學，借著他人的大學，過著大學癮。所謂凡中國與大學兩字有關連的人，不到別的海外去，這也是能夠符他願望的區處，便是為中國與大學兩字有關連的人，增多一求學地方麼？答曰：事實雖只是如此，但說他的希望出來，若把一個普通求大學智識地方看他，也還揣測錯了。

現在講他的希望，是要在這海外部，借那很平常的戲台，唱起很高等的曲子。所謂操了一蹄一盂，視著滿溝滿車，抱了奢願也，就顧不得可笑的。這也是為環境束到如此，並不是李石曾君同里昂一行人初次會晤時，原來就想如此。

故理由且候慢慢的申說，先把他的招牌掛起：

> 他不是製造人才，
> 他要想製造學者。
> 他不是製造資格的學者，
> 他要想製造真研究的學者。

那就

> 他決不是願意製造把學問做敲門磚的學者，
> 他一定要想製造算學問是消遣終身的學者。

他附帶著的一個小目的，便是盼望這里昂海外部裏的辛苦學生，將來都做了中國各處大學裏的得力教授。

所以，中國各個大學都可以委託這海外部，養成教材，也就都可以認他為自己的海外部。故此他的名詞，也就自己題作中國大學海外部，在他名詞上，再加了這一個解說，他的性質，那就格外分明。

（四）重要誤會的解答

一是中國人才破產，什麼一項，所需要著支持的人才，國產幾乎都不適用，都還要用舶來品，故都走到海外製造；應該製造的人才，是種種色色，應分走各國，不是里昂一個地方，所能製造得成功。這是反對里昂海外部人的理由。海外部便對他說：是呀！惟其如此，足見得什麼一項，都不可缺少。種種應用的人才，多數的，應該讓他們分向各國跑去，那人才裏包括的一種，將來望他製造國產人才，代用舶來才人。叫做學者的。這是借著里昂山明水秀，學問也不錯的地方，可容許一小部分人去製造的呀！反對客便說：那也可以試試，我就幫忙一下。

二是普通人畢竟人才觀念太重，他認將來大學裏得力教授的學者，也是一種人才。他便說：在我們東方，若說把學者應用起來，是英美製造的用處廣，里昂製造的用處狹。這又是反對里昂海外部人的理由。海外部對他說：這可以放心，里昂海外部是製造高等學者，不是製造普通學者；現在世界的高等學者，那有不兼通數種文字之理；極少把所有最通行的法德英三種文字兼通了，才可以研究高等學問，所以海外部定章，在預科，便要英法文兼通；將來里昂海外部製造成功的學者，做起得力教授來，就是要要求他用英語教授，沒有叫做不能的。反對客說：原來如此，那也可以試試，我就幫忙一下。

三是拆開板壁說亮話，里昂大學的程度，在法國，固然巴黎之下就要算他；然而世界各國比他程度高的大學，正還車載斗量，不可勝數，何以把高等學者，偏委里昂大學去製造呢？這又是反對里昂海外部人的理由。海外部對他說：這是最普通的一種似是而非的觀念，發生此觀念，求他最好的總動機，便是中國人才缺乏，急火煮生米，好像派一個賊，到富翁人家去偷摸一下，盼望揀個頂富的人家走去，可以匆匆忙忙，順手多牽著幾條羊；這個幸運，不能斷做沒有，然而真能得到最好的結果，還靠著那賊的眼光及手段；儘管他房子裏東西較多，笨賊還是拿著不值錢的跑，所以好多人用低廉之價，在中國設學，且把眼光手段，練起一點，再派他去牽羊，也非全無理由，也應該做得，也正在做著；但是中國辦學的環境，太在水平線下，供他練練眼光而已、手段而

已，都是十分困難。要求一個里昂大學那種環境，供給我們的毛賊，練著眼光手段，綽乎有餘的，卻不可得；因此，里昂海外部便承了這個乏；若說起牽羊並且還要牽牛，世界那裏來這種大學，能不出他的大門，便完成了他最高無上的志願呢？都不過練起眼光手段來，還要互相往外邊去牽羊牽牛的，里昂大學的學者，當跳到高等地位的時節，固然再要大往牛津大學去牽牛，就是牛津大學的學者，偏偏少了一羊，也要上里昂大學去牽羊；所以里昂大學，只是夠我們現在去海外部的學生，成功了高等學者的坏子，他們到了時候，還是要偏走世界的。反對客說：這還說得過去，那也可以試試，我就幫忙一下。

四是照選擇方法的原理而論，揀個比較滿意的，那是愚者所知。難道世界上沒有比較里昂好一點的地方，去設海外部，偏偏必要設在里昂麼？這也是反對里昂海外部人的理由。海外部對他說：這是無可奈何，天下不如意的事，十常八九，本來要想賠款退還，海外部設在巴黎，無如退還賠款的問題，不容易解決，到得了結果，各方面容許建設海外部，或是不能容許，還是一個問題；好似美國退還的賠款，當初何不將他設一海外部于也爾，那不是現在清華學校的一千學生，都在也爾讀書麼？他的五十個教授，都在也爾研究麼？你相信北京城外，現在果然少不了一個清華學校麼？中國添上了三倍、四倍的也爾大學畢業生，你料到北京的清華園，以後終不會建起一個莊嚴燦爛的學校，如現在清華學校的麼？偏偏也爾不曾肯擔任設海外部，巴黎也爾，都可以說比著里昂，算做滿意，無如他們皆與中國大學海外部，還未有緣，只有那里昂的朋友，掬著無限的同情，許我們且在他那裏，彈起無弦琴來，叫我們慰情聊勝於無，這還有什麼選擇可言呢？故甚願把里昂海外部，惹起了各方面的同情，不久使巴黎哪！也爾哪！牛津哪！劍橋哪！柏林哪！賢那哪！逐個的，海外部發生出來，就使凡有海外部，都不過製造些高等學者，中國還不嫌多，草草不工的應用人才，還可讓多數有著西洋景熱的去分頭製造，因為中國巨大的人口，本要高的低的有許多出路，才夠滿足他們的分配；照此說法，海外部雖是一種不必很多的組織，望他在各國有十個八個，還要那就里昂海外部，也不枉做起他們的先鋒。反對客說：還說得通，那也可以試試，我就幫忙一下。

照這種一駁一解，還有許多，好再引著幾條，做個例證，已經夠了，也不必繁瑣的複述。縱使前面所引的幾條，都是強詞奪理，聳著對面人的傾聽，故得到勉強的同意，說「那也可以試試，我就幫忙一下」

然海外部因為用了這種解答，才能成著事實，得人幫忙了試試。話一說出，真是駟不及舌，除了甘心欺詐，便只有照做，所以說為環境束住了，將來不得不借很平常的戲臺，唱起很高等的曲子來。

雖當初里昂法國朋友勸立學校的本意，只是盼望立了一個雛形，去促進賠款的退還，更追到從前初意。許多人要想把退還的賠款，在巴黎設立中國大學，又要勸西南大學，暫時辦在海外，大都只是注重在試驗辦學方面。以為可以在海外，就近摹仿他人，辦成了一個合法大學，遷回內國。至於學生，與其一樣的在北京上海廣州上課，莫若設法不加負擔，改在巴黎倫敦上課，環境究可較好。從前的計畫，都不曾在學生身上，生出特殊的希望，現在海外部的目的，乃是層層的辯護，逼到這最狹的尖點。

質言之，便是李石曾君動議的諸人，本都是鼓吹儉學，或勤工儉學慣的，望人出國求學，不限資格，多多益善（這是別一問題，又有別一理由，恐他們以後還是如此），所以對面的人，起初聽見什麼里昂海外部，一定便是苦學生棲流所的別名，雖李君等初意實較普通，然與儉學問題始終不相關連，惟不是辯護又辯護，逼到了最狹的尖點，不能博得對面人了解了，明白絕無棲流所意味，方答應試試，答應幫忙。這亦何怪對面之人，有此懷疑，恐不經以後實做了出來，沒有人願意相信。可以引著兩事為證：一、吳稚暉君到了巴黎華法教育會，勤工儉學的諸君包圍著問道；里昂幾時開校？我們幾時搬進去？吳君說：你們肯去甚好，但他的大綱，你們也見過，是要合他資格，才見許的。大家便嘰嘰的嘰起來，說道：原來還是貴族大學，並非平民大學。二、蔡谷卿君親在杭州某督軍席上，聽見某公使說：什麼里昂海外部，也不過是幾個黨人的機關罷了。這兩種議論，都不算什麼離奇。一是說：容許苦學生都住進去，廣廈千萬間，大蔽天下寒士，才算平民大學，確有至理。一是說：黨人不能一日無機關，學校是群眾集合之地，利用為機關，最是便當。揣想亦非渺茫，但依著前說，是讀不高書；依著後說，更讀不成書。都同成立此校的契約牴觸，故可以明白的答復，這個很平常的戲臺上，是要唱很高等的曲子，這種隨意點著的戲目，只好輟演。

（五）請學生特別注意的各點

本著那兩句話，所謂借很平常的戲臺，唱很高等的曲子，解說里昂中國大學海外部的性質，已經明白透徹；現在就順便將這兩句話，對了

準備進這學校的人，給他一個確當的了解。

一是這個戲臺很平常，待遇學生的利益，不但遠比不上官費生，就是每一學生，拿了自己應貼的錢，省儉著用用，可自由上法國無論那一個大學去儉學，都差不了許多。自由上任何大學儉學，選擇都可隨意，非如海外部所連結的大學，只有里昂。由海外部進里昂大學，與自己徑進里昂大學，里昂大學的待遇他，又一毫不生分別，白白地被海外部于既通法文之外還責他兼通英文。所以入里昂海外部留學，與自己往法國儉學，兩相比較起來，並不能在海外部得到特別利益，徒然受著一個契約的拘束。

一是要唱的曲子很高等，這種不近人情的希望，本不敢望諸人人，只望著極狹的一部分相宜之人，必其人已實有學力，又實在了解學問為終身之事，不留意于家事的擾累，不傳熱于事業的野心，自然有愈研愈精的興會。天生著弗明弗措的脾氣，乃為上選，否則同于上方之人，稍有出入，亦能不虛所望。若義形於色，願替海外部盡心，痛哭流涕，必為海外部爭氣，海外部固感之，已深望其再三而後進矣。

現在再分三事，具體的實告，作為報考此校之標準：：一志願，即有心為高等學者；二資格，即已有海外部所要求之學力；三力量，即能勝應貼之費用。

（甲）三者皆備，自然最歡迎。

（乙）具有資格力量，但無志願。志願固無從預先試驗，海外部自必取錄，然終究奉勸本人，不必俟要求速化之時，始半途改轍，空令海外部失望。果其資格力量，兩者粗足，但無久學之志願，儘可要求儉學會，介紹往法，自由儉學，由捷徑畢業，不必投考海外部（即英、美去儉學，亦較往里昂貴不得多少）。

（丙）志願資格皆有，但無力量。海外部最樂為此等人籌畫；但籌畫不出方法時，只能告恕，所以自度無貼錢之力量，又不聞海外部有津貼之條例，決不可以為海外部內可行勤工；既勤了工，便無時間可在海外部上課。

（丁）志願力量各足，但缺資格。海外部決不能破格取錄，但彼儘可要求儉學會，介往相宜之地儉學，不必強求加入海外部，因海外部並無特別利益，上面已經說過。

（戊）但抱志願，既無資格，又欠力量。對于他最抱歉不過，勤工儉學會尚無法安慰此種志士，海外部被章程束縛，更無可設法。

（丙）他的狀況

（六）里昂全境的概略

里昂是法國巴黎以外第二個繁榮的大城，他的商務，拿絲織物著名，每年中國的蠶絲十有五六載往里昂。他位在法國全境東南隅的中心，靠近了瑞士，所以我們東方人抵法，先到南邊地中海上的大海埠叫做馬賽。馬賽去里昂，還有五六小時的火車路程；從里昂北上巴黎，更有十許小時的路程；從里昂到瑞士的日內瓦大城，便是現在萬國聯合會議開在那裏的地方，倒只有兩點多鐘路程。

貫里昂全城的，有兩條大江，並行了都由北而南，在東邊的一江，叫做虹江，這江發源於瑞士日內瓦東北的山中，由東而西，到了里昂，便由北而南，直達馬賽出海。這江雖淺灘極多，水流又是湍急，但在一年中的相宜時節，也靠著他做個運貨的要道；又利用他的水流急湍，里昂全市的電力，都靠著水流機製出。西邊的一江，叫做淞江，發源在里昂西北數百里以上，流到里昂城南，便彎過去入了虹江，兩江並行時，相距約華里三四五六里不等。最繁榮的市街即在兩江之間。治絲業者，約市民十之一、二，有十四萬人，都聚市街北境。兩江之上，各有絕美麗的石橋或鐵橋六七八座，交通頻繁，街車如織，自不待言。虹江東畔，全市之半在焉，但家屋工廠居多，市街雖層層不斷，皆只供居民購物，少有頭號商店。里昂大學四本科的兩大建築，就在虹江東畔大學橋邊；其餘各專門學校，除去一二特別例外，六七大校，都與大學相距或一二里，或三四里，皆在市中，淞江西畔，岡陵亙迤，沿江如屏；陵邊公私建築，密布江畔，清美異常，與大市北段相對一嶺上，里昂第一名勝羅馬時建築之教堂在焉。堂旁有鐵塔，故嶺即名叫鐵塔嶺。巴黎最高的有名鐵塔，叫做安弗爾者，其尖顛即仿里昂鐵塔之式。鐵塔顛之南，又在一嶺上，即撥為中國大學海外部校舍之兵房在焉。嶺名聖堤愛內嶺，故兵房即名聖堤愛內堡。由堡循級而下，走至大市，約十分鐘；至里昂大學本科，約二十分鐘；若乘上下嶺顛之軌道電車，則三五分鐘，能達大市。由嶺而西，雖只覺為高地，其實為重嶺複沓之所成。林木蔭茂，村屋別墅徧布其間，且亦康莊四達，並非羊腸鳥道也。西南諸嶺上，尚有較巨大之舊堡三四，里昂當局云：倘中國大學

需地更多者，尚可撥一大堡充之也。嶺之下，穿有火車之隧道，北去巴黎，穿嶺而出，即行此隧道中。嶺上東望，瑞士白山諸峰，連亘天際，里昂全城如畫，故有不急急於功名富貴之士，終年讀書其上；復得里昂市上各學校、各圖書館、各博物館的圖書儀器，常供參考，亦少年時一段勝史，何必但博畢業文憑。草草人生，挾以抗塵走俗，早與酒肉為緣乎？

（七）校舍記略

海外部的校舍聖堤愛內堡者，里昂舊時防守重要地點之一；四十年前普法交戰時，尚為必不可少之物，現在戰器改變，戰術更新，遂公認為可以廢棄而不用。所以便偃武修文起來。昔為碧眼將軍的天險，今借做黃面書生的課齋。里昂市民對於諸堡的歷史，皆覺其榮顯，因經拿破崙及毛奇將軍兩次內外的大兵役，惟有里昂獨全，兵鋒不曾能越里昂各堡一步。聖堤愛內堡最近市，故占地最少，惟中間亦有羅馬古牆三堵，列為里昂重要古蹟之一，故該堡在近日本少駐兵，也算做可參觀的一名勝。

聖堤愛內堡占地固然最少，也已經有華畝二百，惟圈在堡內的祇有十之三，其餘都餘在堡外。歐戰發生以後，堡外餘地，便借作市民畫分植蔬之地，每人認領一方丈，培植園蔬，早晚治事之暇，各往灌溉，以免戰爭中食料之缺乏，今尚繼續灌治。倘海外部有款添建校屋，立可索回，但今則堡內十分之三，供給目前的海外部，已綽乎有餘。惟視賠款早還，或中國發了財，真正添建校屋，再去經營餘地，並請另給南郊數百畝之大堡，亦可做到也。

堡屋門樓一座，為七開間的兩層，進門左旁兵房一所，約十六開間的四層，這算全堡最大的建築。今改課堂八個，住二百五十人的齋舍六十餘間，齋舍每間擬居四人，本可隔之為四，亦可各得一小房，因隔費太鉅，且空氣光線，皆有阻礙，所以俾四人合居，但用屏架生出界限，比較適用。兵房之西北，在堡內之南端空地中，昔當為軍中司令部，有七開間高屋一所；今改為兩層，樓上作圖書室，樓下作禮堂。羅馬古牆三堵，即列此堂之後，古采盎然，一經他來點綴，全校生色。堂之稍北迤西，為九開間三層的大樓一座，昔為元帥府，今則擬葺為教員宅及女生宿舍，若全為宿舍，能容百餘人，今畫一部分只供三四十人用也。此為全堡中正正當當之屋，其餘如營倉了，更房了，兵庫了，地窖了，此

處彼處，或在堡隅，或隱堡牆，可以叫做不可勝數，拿來充作印字房了，校役室了，洗衣間了，縫衣所了，修鞋匠屋了，泥木匠作場了，都還用個不了。即是那正屋，就現在他的工料而言，都用又巨大、又方正的石頭，他是為著堡壘，要堅固到萬年不壞，故爾不惜工本。若中國人自去建造校舍，原不必用那樣高價的石料，故他的原價，我們無從估計。惟就拿北京文科大學，及南洋公學上院的材料去建造，恐怕照目下的價值，我們來公平估量，非有四五十萬元，終造不出這些屋宇。

進堡以後，雖空曠異常，然皆坡陀居多，除禮堂前一片斜上之廣地外，另外沒有一個廣場。惟堡外東北餘地，有治為操場，未經植蔬之一方，足有三四畝大，圈入作為蹴鞠之場，但堡牆有兩重皆方石精疊，堅整異常，倘異日取其石以建屋，可建大樓五六層一所，能居五六百人而有餘；即牆一毀，基地亦適可容此大建築。因現在兩牆之間，所謂戰壕者，闊逾十丈，逐段畫開，能容網球場二十個也。又四面坡陀之上，皆有五六丈六七丈廣闊的平坡，以供登眺。大門右邊一長坡，本栽花木，起亭榭于其上，在小縣城裏有此，便可號稱公花園了。學生安息之日，或坐坡草之上吟新體詩，或聚小亭之中下黑白棋，儘可不必要定上鐵塔嶺、金地園、美庭場等處去遊觀也。

（八）海外部亦能無負中國大學的名稱

英法境內之所謂某某大學，皆不是但限于一牆之內，皆是合了一城程度同等的學校，算做某城大學，固然亦有本科附校等的分別，然空洞說出他的名詞。如云里昂大學，便合四本科、十二專門學校，及幾個特別研究院等（如里昂有微生物研究院之類），皆在其內。他料我們中國大學海外部，亦必有高等特殊的研究，將來這個海外部，自然也算在里昂大學之內了。

有人說，請問海外部所教者只是預科，大學功課，皆就里昂大學各校學習，我們的高等研究物，究屬何在，亦冒大學之名，豈非滑稽。

這真到了討論海外部的本題，當先正色而告來學之諸君，我們勿妄自菲薄。海外部從表面上看，從實際上看，似乎都像祇是與各個人分頭儉學，毫無以異；不過像合尋一個寄宿舍，合開一個補習班，如是而已，然世稱高等學者，學哲學的，畢業了里昂大學的文本科；學科學的，畢業了里昂大學的理本科；學工藝的，畢業了里昂大學的工業專門

學校，就算已盡心了麼？似乎沒有這麼簡單，就他的本學講，固然研究將研究得一個不了；就他為東方的一個高等學者論，他的東方智識，不是十個人到有九個，決不能就將未進里昂海外部以前的智識帶去了就算，那就他人意中料我們必有高等特殊研究之問題沒有猜錯。

從前流行一種中學為體，西學為用的狹隘武斷語，固出於國粹派舉業派的偏見，他的用意，確是要不得，然矯枉而過其正，亦不可不知。若吾人曾居東方，竟不能數說東方文化、批評東方文化，也如何算得是高等學者。異日諸君至止矣，海外部固不願請什麼善編變相古文觀止式講義的國文教員，來涸清聽，亦復請不起能編漢學師承記式講義的文科教授，來備顧問，然諸君愛海外部，海外部亦幫諸君，將海外部的空氣，鬧成有百分之一的詁經精舍南菁書院的意味。縱不能有正式鐘點供著弦誦，真正口頭各以不空疏相期勉，做新體詩下黑白棋之外，手中竟有線裝的宋版書出現，便他人替法國人盡心。一個中國學院，建設巴黎大學之中，算得巴黎大學一部分。諸君合三個臭皮匠，成一個諸葛亮，替諸君自己盡心，建一無形的中國學院于里昂大學之中，也算得里昂大學一部分，誰敢否定者。所以里昂中國大學海外部，敢說將要改良留學者，即靠諸君之贊成此意，不妄自菲薄。里昂中國大學海外部不過一個寄宿舍，不過一個預科補習學校，敢說這是特別的寄宿舍，這是特別的預備學校者，亦靠諸君之贊成此意，不妄自菲薄。海外部能包括在里昂大學之中，返顧無所愧怍，即諸君手中的線裝宋版書，他們不能設這一科，苟設這一科出來，也不能叫做中學，這就是海外部也真正算得大學，還靠諸君不妄自菲薄。

這並且是主張海外部的，于泛留學之外，又鼓吹別設海外部的主旨，請批評海外部者，加個特別注意，似乎海外此風，非取吾人聚居于圖史略備，一堂風雨之中，莫由鼓扇。

（九）學科自由選擇只望能登峰造極

所謂里昂大學有四個本科、十二個專門學校者即：

文本科。 } 在一個建築。
法本科。
理本科。 } 在一個建築。
醫藥本科。

這兩個建築，並峙在虹江東畔
大學橋邊。

化學工藝專門學校。 } 在一個建築之內。
製革專門學校。
工業專門學校。
建築專門學校。
美術專門學校。
音樂專門學校。
商業專門學校。
農業專門學校。
獸醫專門學校。
製絲專門學校。
紡織專門學校。 大都各為一建築。

以上各校除獸醫略遠設在郊外，農業正在遠鄉設備外，餘皆環繞於里昂市中。又製絲本為里昂特有的一科，因學生比較為少數，故未特別建校，即附在商會建築之中。

凡此諸校，皆為高等教育，任海外部學生，各本志願，擇一科以研究，將來每日上課便就各校上課，各校千萬學生，下課後各歸其寄附人家之寄宿舍。而海外部之學生，即回歸其海外部，吃飯、住宿、自修，及共談東方之文化。

權稱里昂各本科、各專門校為高等教育，乃是隨宜稱呼，非即此便符海外部之奢望，謂足予海外部內學者以高等智識。高等智識，不能即得於一本科、一專校，且亦非海外部於學期內，能有（形式的）給予。諸君在海外部，所得於里昂大學本科及專校之教育，不過予諸君以研究高等智識之發軔，海外部不過盼望諸君在海外部內，成功了要做高等智識人的坯子，一生往那條高等智識的路上行去，或是在里昂大學以上的一段。海外部還能幫同商量，或更進一段，諸君自向世界求一個不已。此意在性質篇第十四節第三條，已經說及，可以參觀。現在為什麼要鄭重的再三申明，因為空洞的高等智識四字，又連帶著盼望海外部辛苦學生，都要做大學得力教授話以外皆容易引起了偏重玄理的誤會，現在標

明，那一種學問，都仗著高等智識去登峰造極；海外部奢望，只盼望海外部的辛苦學生，無論習那一科，都要登峰造極，將來我們大學裏，任何一科，都要登峰造極人去做教授，才自然得力。再具體的申明，便是說，里昂大學四本科十二專門校，雖流俗判斷，必謂文科、理科與高等智識近，製革製絲與高等智識遠，這種繁複的是非，且不必管，海外部則絕對不曾有此差別的觀念，任憑學生願入何科都好，只祝他們將來必要登峰造極。

（十）學生必先進預備科使考入法國大學的力量滿足

海外部有特別的契約，便是學生當了入大學之先，除把入大學各種必要之資格，應有盡有外，必兼有英法兩文相當之程度。其實這件事，似乎是最易辦到，因為在中國要招程度較高的學生，他所具外國文的資格必是英文，恰能滿海外部之意。

惟這種但習英文已高的學生，請他對於海外部，卻要了解得清清楚楚，便是說，海外部是辦在法國里昂，由海外部去學大學功課，是進里昂大學。里昂大學內，講解自然全用法語，他還有入學考試，又全用法文來考，那種考試，是法政府派人辦理，便是里昂大學自己，無法替人通融，斷斷不能因海外部經他贊助，能發生絲毫特別允許。因此，無論高到何等程度的學生，英文合格，只合了海外部的格，不曾合里昂大學的格。那就無論在國內大學專門學已經畢業，他的智識，是可以進彼大學，研究高深科目；但法文未有相當程度，亦必先在海外部預科，學習法文。學習一種文字，能合入大學的程度，無論何種天才，至少兩年，故望他應當先就環境上計算明白，能夠拼得多著兩年工夫，才可報考，否則寧可別尋機會；另赴英美留學，確然可減少兩年的時間。海外部只知替人在高等智識上計算，多兩年法文的工夫，即多一種研究的工具，比較方便，比較值得，不能更為別人就種種不得已之環境上計算也。

故又必有少數，別種學力及法文程度已合考入里昂大學之資格，但英文的程度不合，那請他一徑自己去投考里昂大學，不必入海外部。入了海外部，反令他在預科補習英文兩年，也遲了他大學畢業的年期，所以他來報考海外部時，也要慎重。

因此，可以申明，海外部的預科，不必列舉的問他學些什麼，他是對各人要入里昂大學何科，里昂大學所要求於他的資格，何項欠缺，海外部便替他補習到滿足。惟另外有一種英文，里昂大學即不曾算在資格

之內，海外部亦必自己要求其滿足。海外部的契約，也好說是特別，也好說是簡單，便只是如此。

　　一個入大學資格似乎不值一笑，實在是最難恰好。國內能造入外國大學資格的學校，既居少數（有亦自然有，所苦不是人人能遇），出國預備，又非甚易。說到出國留學，既有資格之人，欲進大學，最是不難，惟去預備資格。十分艱困，非多化銀錢，即多化光陰，而且往往因渴求速化，揠苗助長，連換三校，反弄到浪宕十年。即或手段高明，以外國學生求恕，居然得到通融，學士博士，一樣頭銜取得，但比於從前風檐寸晷，三篇差人帽子的文章，見得官，見不得朋友，無害乎進士出身，求無內愧於心，即不能說笑（少數之人，入學資格未備，而畢業功課甚好者，頗亦有之。茲但普通論述，幸恕其措詞之不周到）。終之為著這入學資格的問題，主張必在國內預備，與主張可赴外國預備，各有強烈的理論，照中國各方面的現狀，幾幾乎爭持至再一百年，亦無從解決。因為把那傳染依賴、祇想不動天君的學生，配著了萬方一概，盡係說嘴醫生的學校，兩個主張，終歸同一坍臺。海外部妄想於此事或有所鬆動，亦一要設海外部的連帶目的，因海外部預備功課，皆請法國教習擔任；若設在中國，便無力全請法國教習。海外部預備功課，皆對了各個人應入里昂大學的資格預備；若泛進一法國預備學校，即不能遷就如此；能遷就者，所費又必昂也。然區區資力之小，逼住了，做到說嘴醫生學校的地位，很抱這種恐慌，還靠著學生諸君，勞煩各人的天君來幫忙。

（十二）學生注意自治的榮譽

　　海外部課堂、宿舍、飯廳、病房、門禁、假章等，種種關涉學生學業經濟衛生諸事，完全由學生自治會自定章程，且定期逐漸隨時宜而修改，交由部長及教職員執行，惟部長等遇有可盡忠告之處，得指出理由，要求自治會修改，或要求加以說明。

　　學生自治會自立之法，不惟執行人當格外留意，務求不成空文，為世界好笑；並願立法之人，互相維持，成全此海外部特創的榮譽。

　　海外食物昂貴，東方的日本，及西方的英國，飲食皆至菲，法國雖較優，惟海外部所計學生膳費極約，但求合於衛生與飽食而已。倘有不甘淡薄者，宜預先自計，不必投招，若至於作無謂的鬧飯，實際鬧亦無用，則學校與自己，兩受其弊（廚役皆由學生自治會自行擇用，校中本不干涉，惟限于定費平常，即鬧亦不能特別也）。

（十三）行期等的預述

海外部校舍，由堅固砲眼的兵房，改成窗櫺，由不加隔別的廠屋，改成齋舍；加以大戰以後，泥木各匠，皆極缺乏，故修理較遲。本擬十年正月，即當招生，嗣以修葺工程，至三月方完，加以床桌校具等等，皆未湊手，故必遲至十月或十一月，方可開校。因在國內七八月招生（塡期另登報），又須待特別一個最好的郵船出發，到達里昂之期，說不定必在十月矣。

現在船價，三等昂至四百餘元，尋常四等，尚不及華法教育會所請得之廉價四等為好，亦要二百六七十元一票，故只可開特別交涉。此屆里昂中國大學海外部學生，仍請得廉價四等出發，其價為每人一百餘元（塡數另在臨時報告）。其費自出，或海外部代出。另在下面別一條內說明。

預備行裝，皆歸學生自理，惟當學生取定以後，隨即當將最廉儉、最恰好的詳細品物開示，大約終不過百元。有力豐備者，自然聽其如何整備，校中人惟告無力者以不可最少之數，及不必多費之錢之經驗談而已（師生皆乘廉儉艙位，倘有不習勞苦者，可以不必投招）。

出發在上海及香港兩處，護照由本校該兩處之辦事處代辦，照費想能邀免，印花皆歸自貼，在應辦之先，當特別通知。船上本校派人照料，到達法國，亦派人接待，惟各人由家中赴上海或香港，各歸自管。

（十四）考試的門類

從前西南大學大綱內所定海外部考試簡章，大約以後考試，無甚出入。除有免試資格者不論外，其應行考試者，所試即國文、算學、法文、英文四項。簡約說明如下，臨考時倘小有變更，當登報申明。

（一）國文

要有中學以上程度；惟若本人算學程度甚高者，國文但稍有程度，亦可相抵錄取。

若算學只能及格，則國文亦必及格。

（二）算學

代數、三角等，皆要有中學以上程度；惟若國文可列最優等者，算學程度可以稍恕，但亦最終當有中學相當之程度。

（三）外國文

英、法文皆有中學以上程度者，自然最合。

如英文有中學以上程度，法文頗淺，可以但試英文。

或法文有中學以上程度，英文頗淺，亦可但試法文。

惟兩種文字，皆只淺涉者，不必赴考，因海外部所取錄，必要有一種外國文，程度已達中學以上也。

至於別種學科，或擇要試驗，苟無大謬，皆即見恕，期去海外部預科補足。右之考試法，男女生一概適用。惟一般理論，有言女生入高等校者比較少數，考試必當稍恕，但亦必有充分之中學程度。

（十五）海外部所取學生之性質有種種

海外部係容受各種組織，集合而成，雖待遇學生於校內，於教授上、於管理上，皆無分別。惟於名額學費等，則視從何種組織而來，其委託不同，故待遇亦不同。今可分之為三：

一可權稱曰海外本部，即最初所成立，將以中法政府各出常年費十萬佛郎支持之者也。

一西南大學海外部，即出過開辦費十五萬元，曾定常年費每年二十萬元者也。

一廣東大學海外部，即每年常年費八萬元，助海外全部進行，內將五萬元為特別之待遇者也。

擬請稅務處年款十萬元，設北京大學海外部，款既未成，議亦否決（但望將來重能成功，且各大學能多少皆附海外部於里昂）。

今西南大學海外部之常年費，尚無著落，不得不暫且停頓，則該組織本不招生，從前定在西南大學大綱上待遇其海外部學生之簡章，現在暫不適用。下面單說海外本部，及廣東大學海外部，各自待遇其學生之法。

（十六）海外本部的學生

今年暑假中，海外本部將招生六十人，不分男女，不分籍貫，取錄之法：

（一）在國立大學專門學，及中外公私所立之大學專門學，畢業其本科者，驗其文憑，認彼所入之校，實有相當價值。彼之文憑，實可作為充分之信據者，可免去考試，即通知取錄；其認為不充分，

或已經額滿時，即說明理由，將文憑發還，或准其考試。

（二）在相當之大學專門學，正修業於本科者，交驗該校校長所出之修業證書，認為極充分者，可免考試，或試一部分。

（三）在相當之大學專門學預科，有該校校長所出之修業證書，或畢業相當之中學，交驗文憑者，皆可照章考試。

（四）無相當中學之畢業文憑交驗者，不必赴考。此因海外本部經費竭蹶，額數甚少，恐不限資格，反多勞赴考者空受往返之苦，甚不安也。

此項海外本部所收之學生，其待遇之法如下：

（一）往來川資，必由自理；惟本校當為請得廉價之艙位；行裝等當然亦自理。

（二）每年交飯食費二百元，分上、下兩半年，在開學時納交（女生無力者，酌減五十元）。

（三）里昂大學各科應納之學費，由本校代納；惟其特別試驗費，應臨時酌商。所有一切賠償損壞費、書籍講義費等，概歸學生自理。

（四）學生書籍紙張衣履零用，概歸自理。

（五）入校時必有一殷實可靠之人或商店，出保證書；如有拖欠應納之費，本校經費支絀，無從墊借，惟有將該生送回，其所欠之費，及送回川資，均向保證人收取。

（十七）廣東大學海外部的學生

今年暑假中，廣東大學海外部同時招生一百人，不分男女，惟籍貫必限隸屬廣東一省之內者。且交驗畢業文憑，或修業證書時，倘載明別省，臨時申明原籍廣東省，概歸無效。

取錄之法

（一）但為廣東籍貫之人，無論在通國任何之大學專門學，若已經本科畢業者，驗其文憑，認彼所入之校，實有相當價值；彼之文憑，實可作為充分之信據者，可免去考試，即通知取錄；其認為不充分，或已經額滿時，即說明理由，將文憑發還，或准其考試。

（二）在相當之大學專門學，正修業于本科者，交驗該校校長所出之修業證書，認為充分者，准其考試。

（三）在相當之大學專門學預科，已修業一年以上，交驗該校校長所出之修業證書，認為充分者，准其考試。

（四）但有中學畢業文憑者，可報考海外本部，不必指明廣東大學海外部報考，因廣東大學渴望養成教材，故用特別待遇，期請學力較充之人，先去幫忙。

其待遇之法

（一）往來川資，各給廉價船位票值一百十元；治裝等皆歸自理。

（二）每年酌給津貼洋二百元，分上下兩半年在開學時發給。此項津貼，即補助學生書籍衣履零用等費，其有不敷時，概歸自籌。

（三）每年定飯食費洋二百元，由本校代給。

（四）將來里昂大學學費，平均約一百元，由本校代給，或多或少，皆歸本校扣補，與學生無涉；其特別試驗費，當臨時酌商。至于賠償損壞費、書籍講義費等，概歸學生自理。

（五）入校之時，必邀可靠之人，出有保證書，倘有特別不適當，應該送回者，其川資向保證人收取。

（十八）學生疾病待遇法

學生倘有疾病，在校小病由校醫診治，當然連普通之藥資，亦不收取；至于校醫認為必送醫院診治之病，所有醫院費用，概歸自理。

（十九）海外部旁聽法

法國大學，本來公開，故里昂大學，不禁旁聽。今國內如北京大學等，亦設旁聽之例，海外部自亦不當拒絕旁聽。

惟收容人數，必視課堂能否收容為定，故請求旁聽者，必預先知照，約定而行。

旁聽皆在校外通學，膳宿概歸自理，將來考入里昂大學，亦自去接洽，學費等亦歸自納。本校惟許其在預科講授時，倘課堂確有餘席，即容受聽講而已，其私人一切經濟關係等，概與海外部不涉。

（二十）經費的概算

經濟狀況，依公開之例，亦一般社會所欲知，惟海外部因過去一年之中，變遷極多，組織未能確定，且現在物價與鎊價，都是漲落不定，海外設校，同人又很少經驗，所以預算表久未定出，今姑言其大略，恐諸多不當，必俟試辦後，款既實支，再作詳細報告，由中外監督人暨學生三方面檢核，用布大眾可也。

　　法國定例，凡境內正式學校，應具報教育部，設有董事團監察款項，方准建設。因恐怕有奸人借公益斂錢之故，故里昂中國大學海外部，除在國內已有西南大學董事會等監督外，在法國，將以里昂大學校長儒朋君、醫本科學長雷賓君、里昂市長愛侶友君、里昂議員莫岱君、華法教育會會長巴黎大學教授豪拉君，暨中國駐法公使等，組為董事團，監察款項。現在滙法款項，暫交儒朋君經營，修葺校舍、置備校具等，招工投標，亦由儒朋君會同里昂諸人進行云。

收入預算

　　中政府每年佛郎十萬。

　　法政府每年佛郎十萬（現只籌定七萬五千）。

　　廣東大學海外部華銀八萬元。

　　海外本部學生所納飯食費一萬二千元（恐有女生減收之數尚須減少若干）。

計共收入佛郎二十萬（已定者實十七萬五千）、華銀九萬二千元。

支出預算

　　法國教員十人，佛郎十二萬。

　　英國教員二人，佛郎二萬四千。

　　　　以上兩項，即以實有之十七萬五千佛郎開支；雖尚多三萬一千佛郎，或將來法政之款籌足，可多佛郎五萬六千，然恐現在歐西生活程度日高，預定一千佛郎一月之教員，不能十分滿意，教員為學生預備資格時成敗所關，應當增加聘修之時，必當籌增，故所餘收入佛郎之數，即預備補貼，倘或尚有不敷，還當緩支他項，別籌以給也。

　　部長一人，兼教務主任，每月二百元，合二千四百元。

　　學務交涉主任，每月一百六十元，合一千九百元。部務主任，每月一百六十元，合一千九百元。

　　華教習二人，每人每月一百六十元，合三千八百元（教員自以外國教員為主要，然有時亦需本國教員作明決的解晰。）

　　其他職員，約開支每月三百元，合三千六百元（此數擬加意設法撙節，大為減縮，然會計庶務書記等等，必有萬不能少者，在外國請人，月給三四百佛郎，再不能少，故必備有相當之款）。

　　校役費每月二百元，合二千四百元（若用八人，恐此數尚不敷；姑定此數，所缺者再酌撥）。

　　以上除校役外，擬概皆實定華銀之數。因收入為華銀，若定煞佛銀，倘佛銀直縮，無款可補，不如共為伸縮，得薪之個人，吃虧有限。擬每月放薪，即按照該月十五日佛郎市價付給。華匯躉款至法，當然于匯出之日，即合佛郎，以貯銀行。想來以後鎊價，有漲無落，躉匯之佛郎，與逐月折付之佛郎相伸縮，可有贏無虧，薪水上所得鎊餘，或畫作增補校役費，及特別委派人員之費用。

全校一百八十人飯食（于學生外增多二十人者，因請教職員與學生共食，則甘苦共嘗，可免偏枯之感，既強迫共食，故食費應當校備），每人每年一百五十元，合二萬七千元。

一百八十人飯食備補費，每人每年五十元，合九千元。

　　飯食一項，當此物價鎊價不定之際，最難預算。前面要求海外本部學生各人交納飯食費二百元，指定廣東大學海外部學生飯食費亦二百元者，照現在鎊價而論，只合一千二百佛郎。一百佛郎一月之飯食，恐已為難萬分，若異日鎊價再漲，佛郎又縮，必更不堪。但終當想盡法子，多運華糧等，以資彌補，不任超過。

　　惟何以又定為一百五十元，將備補之五十元畫開呢？那就盼望全校共在飯桌之諸君，必于飯桌上，時時籌議，務令又廉又美，足供衛生，且竟將一百五十元支持得過。則海外本部學生，可望每人給還五十元，減輕負擔（女生更大更輕）。而廣東大學海外部學生，亦可多得津貼五十元，旅費愈寬綽矣！所以預分兩項計算，以期達此目的。校中終應全出二百元，且設或生活昂貴，達于極點，二百元竟不能敷，一時又未能擔負于學生身上，學校且將大大躊躇。終之海外讀書，無論官費儉學，所籌之款，過半數皆累于口腹、飯碗問題，真不易解決。

廣東大學海外部學生津貼費每人二百元，合二萬元。

電燈三百五十盞，約每盞每月一元，合四千二百元。

煤斤三千元（里昂山上，必有四五月，應設溫煖房屋之方法）。

水費五百元（山上自來水，恐此數尚不敷）。

醫藥費一千八百元。

理化試驗費三千六百元。

書報費二千四百元（無躉費將圖書館設備得周備，故所有新出版之要書等，必當陸續添置）。

修理費二千四百元。

紙張、洗濯、滌除等雜費一千八百元。

以上各費，皆應實支佛郎，姑以華銀計算，且亦漫估而已，都未確當也。或所列未必需及，或意外費多要項，一時亦未能徧計。

上海辦事處一千二百元。

將來減輕飯食、減輕學生之私人零用，必恃上海設有定點，專人在彼輸送相當華物。

右之預算，雖以收抵支，已虧九百元，且當有今年應給廣東大學海外部學生川資一萬一千元，然所定收入之款，已無可再增，惟有將前開各款，于實行時，力求撙節，以資彌補。又將來至第三年，應代學生平均交納里昂大學學費每人一百元，合一萬六千元，則屆時可將預科教員裁退移撥。終之，佛郎若能稍定，必無大恐慌，倘直縮至于從前每元換二佛郎半之數，必大受影響矣。

（二十一）經收欵項的略狀

前收西南大學港幣十五萬元，又徐菊人君等各款，詳細支出的報告，李石曾君尚待實支後開具。

今惟將各款的著落，順便一說而已：

九年夏季，換去港幣十萬元（其時每元換十三佛郎半），得佛郎一百三十八萬一千八百三十五強。

兩次匯交儒朋君佛郎一百萬。

兩次匯交里昂籌備處作零星小用，佛郎二萬五千。

存貯匯理銀行佛郎三十六萬六千八百三十五強。

又港幣五萬元（因佛郎日縮，未敢兌換，豈知愈候愈縮，故至今未換佛郎）：

三萬元存匯理銀行，作為長期存款，年息六厘半，餘不足二萬元（因當時以港幣變京幣有耗）作為活支款，所支之數，報告皆俟同造。

徐菊人君助開辦費佛郎十萬，又僑工局十萬，又北京大學十萬，以上三十萬佛郎，亦匯交儒朋君。

用款都未全行支出，且儒朋君處報告亦未造出，惟知校舍修葺費，原估佛郎四十萬，校用器具，原估亦四十萬，學生床鋪費甚鉅，尚未估定，其他試驗室圖書室等之設備，均未估定，不日將有確耗。

三、里昂中法大學始末記

劉厚

　　里昂中法大學之一生，除極少數人外，至今甚少知悉者。該校第一位創辦人，吳稚暉先生，去世已廿一週年；其他的一位，李石曾先生，亦於上年十月逝世。我雖在該校服務八載，但自民國十八年，我奉派駐巴黎專任中法教育代表團的事務後，不能常去里昂，對於該校的進行，自然無從詳悉，故本文所敘述者，對於里昂中法大學（以下簡稱里大）前期之一切一自民國十至十八年一當然較為詳細，後期自民國十九至廿五，不免較略耳。何況現在臺灣，里大資料奇缺，雖託人在法搜得若干，然亦係東鱗西爪，自不免掛一漏萬，茲篇之作，如有不確不詳之處，敬希閱者補充而指正之。

（一）創辦里昂中法大學之遠因

　　創辦里大，實啟源於吳先生發揮的一篇，『海外中國大學末議』。略云：『海外中國大學者，將中國大學暫設於海外，即何處擬設大學，倉卒欲籌備完全，而環境與教團，兩缺其適當者，乃暫時借海外適當之處開辦；視之如與在國中同。迨至開辦若干年，籌備略齊整，教團易組織粗完，遂並可遷之教具及已成之校風，完全遷移於自國應設之地點。即不必每設一大學，皆照此法；縮至極度而言，似亦當有一二處，毅然作一試驗。或亦可為千百應舉新事業中之一事。此末議者，即雜取其優點缺點等，討論之而比較之，以供當事者采擇焉。』於此開宗明義第一章後，吳先生又列舉了海外大學之優點七項，及在國內外設校經費之比較五項，共為十二項。茲從略……

（二）吳文之影響及巴黎華法教育會開會之熱烈

　　吳先生這篇文章一出，轟動全國教育界人士，可說是民國七年的一件大事。首先贊成者，即為蔡孑民張靜江兩先生。其時李公石曾適在巴

黎，蔡張二公聯名致函，請李公就地進行，在法創辦海外大學。李公當即提議召開巴黎華法教育會理事會，蓋該會之中國秘書長即李公本人，（法方者為白拉先生）而重要理事如里昂市長赫里歐及國會議員穆岱者，均為熱愛中國之老友，聞設中法大學之議，首先熱烈贊成，赫市長並稱在里昂西郊三台山上，適有報廢兵營一座，內有房舍，可容二三百人，週圍約百餘畝，交通便利，環境清幽，最適於教育用地，如有需要，彼可設法撥用云。穆議員續稱：「里昂與中國，通商最早，因有蠶絲牽連，兩國人民來往甚眾，友誼尤密切。還有一點可注意者，在法國各大學中，設有中文講座者，除巴黎大學外，恐以里昂大學為首，可知里昂教育界，著重中國文化之接受，故創設華法學校於此地，必為各界所歡迎也。赫穆二公，不僅是中國之好友，且為法國政教之權威，其地位聲望，在法國與國際間，均不亞於我國吳張蔡李諸公，今在理事會中，發言如此熱烈，在座之其他理事，全體熱烈鼓掌。時主席歐樂先生（歐君為巴大權威教授，乃華法教育會法方會長，中方為蔡元培先生）當即起立發言，此案獲得如此熱烈支持，我們無須往下再議，我們當全體一致請託李先生為代表將我們的意見轉達華方的友人，並希立即從事建校的一切進行，定獲我們全體的支持，我們惟冀早觀厥成云。散會之後，李先生與法方各理事，一一握手致謝，狀極愉快。是日余得以華法教育會學生事務部主任的資格，代表華方未能到會之理事出席該會，乃此生莫大之榮幸也。」

（三）李先生回國獲得南北政府之贊助

數日之後，李先生遂即乘輪返回，晤吳先生於上海，並同往晉謁國父，報告此事，當得　國父熱烈贊助，並允致函與廣州七總裁府，囑予吳李兩公以精神物質之援助。該府當允撥給相等於壹百萬佛郎之華幣。聞此款正合修理校舍之開支，是固為建校成功之第一步。但其時廣東七總裁府與法國無正式邦交，並與中法兩國設有正式使節之北平，尚有敵對之行動，此種微妙之難題，如何能解決，頗費李吳二公之籌畫。幸而北方政治當局，此時正想亟力拉攏法國，先後曾邀請政教各界權威訪問北平，如里昂大學校長儒班君之來平接受國家最高勳章、巴黎大學中國研究院院長班樂衛君之被授榮譽博士學位等等，均來中國作了許多親善的宣傳，使北方政治家們，不敢以國內政見敵對之故，而阻在法設

立海外大學。又以吳李二公皆黨國元老，素為北方政權所敬重，海外大學，又恰為二老所籌辦，故彼等不惟不好阻礙，反而給予象徵性之補助（聞為十五萬佛郎），使大學早得辦成，以利法國朝野之觀聽。孔云：「兄弟鬩於牆，外禦其侮。」乃中國倫理之最高明者，此次南北政府敵對，竟未影響國民外交。石公在時，每與吾人談起此事，謂此為中國國民外交與國際史上之特例與奇跡，值得大書特書之一事也。

（四）里大校舍之修理及里大協會之組織

法國獻地，我國捐錢，於是褚民誼君奉命，立即開始修理工作，以為短期可告完成。孰知碉堡改建民房，殊非易事，耗資百萬，費時年餘，早知如此，新建較便。所有男女學生宿舍禮堂教室食堂辦公室等，恰夠一百五十人之用，請閱前院後院各照便知。

里昂中法大學中法兩方協議之合同，係於民國十年六月由北大校長蔡元培（代表華方）及里昂大學校長儒班（代表法方）簽訂的。華方從此以每年一佛郎之租金，租得全座營房為安置學生之用，蓋以法國法律，不得以國土贈予。合同簽訂後，當即由中法兩國人士會同組織中法大學協會，以為管理之機構。計會長二人：雷賓（法）、蔡元培（中）；副會長一人：沙木拿（里昂商會代表）；秘書二人：古恆（法）、褚民誼（中）。中法大學創辦人理事兼首任校長吳稚暉。至於其他理事，法方有市長赫里歐、教授波理甲，及商會第二代表達爾讓等；華方有李石曾謝壽康劉厚等。今李公已逝世，在臺者僅謝劉二人耳。以上係民國二十三年前的組織，以後協會改組，理事變動情形不詳，故未贅及。至於學校方面，吳校長駐校一年後，即由褚民誼代理校長，一年有半，又由曾仲鳴代理半年，然後聘請法國軍官樊佛愛君專任三年，樊君退休後，即由秘書長劉厚兼代校長，一年之後，國內特派何尚平來擔任，約半年而孫佩蒼至，而彭濟群，而宗真甫，而……最後聞為蕭瑜君，及法人呂巴碧君……足見里大校長，調動頻繁，凡此均無資料可稽，茲姑記之，以供後人之考證而已！

（五）招生及赴法入校情形

民國十年夏，李公假北平中法大學辦事處，吳公在上海兌社，分別

招生，並定於八月中旬齊集上海，起程赴法。不料在集體購買船票之時，發生一點波折：緣法國輪船公司與留法勤工儉學會所訂的由滬赴法特別統艙，每人華幣一百七十元的辦法，經已取消，該公司不肯為這批里大學生售減價船票，時李公在北平，特派徐海帆先生南下交涉，亦無結果，隨後仍由李公逕電越南總督，請其轉圜，乃獲船公司允許特別破例，並稱此為絕對的最後一次破例云云，此殆極富趣味之一插曲也！吳公親率平滬所招各生並在香港與廣東申送學生會合，共為一〇五人，浩浩蕩蕩，至九月二十五日，乃達馬賽。船中校長與學生，同艙共席，趣談極多。本刊所載商李黃蘇諸位校友大文，都有詳細報導。即入校以後，一切起居問題、讀書問題、分科分類研習問題等，均隨各人性之所近，自行選擇，極端自由，即與法人交際往來，亦無約束，惟各自以尊重團體榮譽，謹守校規，保持人格，互相砥礪為原則，此乃里大特有精神，聞自始至終均如此也。

（六）里大學生之省別與學別

里大的學生，除民十整批進校之一〇五人外，以後年有出入，即視每年畢業回國若干，即招收補充者若干，其大部分來源，以北平中法大學、廣州中山大學、浙江大學、中央大學等申送者為主，倘國內送來人數不足時，里大亦直接在留法自費而成績優良的學生中，招考若干以補充之，故自民十四、十五年後，里大學生的來源，比較複雜了。茲自里大開學始（民十）直至民二十四年止，所有學生共四百十一人的省籍，就該校的統計列表於下：

廣東	109人
河北	67
江蘇	52
浙江	45
湖南	30
四川	30
福建	18
河南	13
安徽	12

湖北　11

山東　5

江西　5

遼寧　3

山西　3

貴州　2

廣西　2

甘肅　1

陝西　1

綏遠　1

雲南　1

　　　411人

就上表觀之，里大學生總數四百十一人，來自二十行省，以廣東一〇九人為獨多者，則不能不歸功於中山大學鄒故校長海濱先生之贊助也。茲再將里大所製的學生分科表，仍自民十起至二十四年止，依照學習科目統計之如左：

科目　　人數

文學　　90

法律　　59

商科　　10

美術　　15

音樂　　5

圖書　　1

科學　　125

電學　　16

工業　　10

紡織　　6

建築　　2

公共工程　14

航空　　4

蠶絲　　4

農學　　　18

製革　　　5

造紙　　　1

製圖　　　1

軍校　　　4

礦學　　　1

醫科　　　32

藥科　　　4

獸醫　　　2

共計　　　429人

　　以上所列兩表，總數不同，一為四一一人，一為四二九人，相差十八人。如以我從各方調查所得之資料，試將每生按名列出，則自民十至二十四年止，僅得二一六人，相差幾為一半，殊為驚人，不知何故。茲特按照學生姓氏筆畫，依次列出，一則供里大同學之參考，作為補充改錯之資料，一則使後之學者，研考里大問題時，得知該校傑出之士的姓名，則不僅為里大之榮，及創辦里大之吳李二老，亦將含笑於九霄也。

1. 丁作韶

2. 于炳烈

3. 文華宙　方岑　方乘　方學芬　方蘊（女）方裕（女）王祉　王靜遠（女）王作謙　王樹梅　王燦芬　王超　王鴻燾　王培驟　王臨乙　尹贊勳

4. 古文捷　田渠

5. 伍伯良　朱洗

6. 沈宜申　呂斯百　汪屺　汪德耀　汪奠基　狄福鼎〔君武〕李其珏　李煦寰　李昉蓀　李定一　李亮恭　李丹　李光宇　李文翔　李佩秀（女）李珩　李濟歐　李樞　吳續新（女）吳文安　吳鎮華　吳凱聲　吳樹閣　何衍濬　何兆清　何然　何其昌　何熾昌　何經渠　何穆

7. 周發歧　周崇高　周元圭　周松　林寶權（女）林克明　林崇墉　邱代明

8. 洪紱　胡助　范新瓊（女）范新順（女）范秉啟　段家銅　姚葆之　姚冉秀　姚碧澄　侯晉祥（佩尹）

9. 馬竹健　馬光啟　馬光宸　夏敬隆　夏亢農　徐祖晉　徐頌年　徐寶彝　徐靖　孫立人　孫福熙　孫宕越　唐學詠　袁久祉　袁振英　袁擢英

10.梁天詠（女）梁道貞（女）梁夢生 陳書農 陳永強 陳洪 陳紀斌 陳昭遠 陳錦祥 陳鴻燾 陳藎民 陳錫爵 陳彝壽 陳錚宇 陳揚祚 陳節堅 陳耀東 商文明（文立）章桐 陸鼎恆 陸振軒 陸霞飛 張雲（子春）張宗文 張繼善 張曼孫 張務源 張文甲 張若民（女）張瑞矩 張璽 張農 郭偉棠 郭冠傑 曹錫三 常書鴻 崔其煒 崔載陽 康清桂

11.單粹民 黃秉禮 黃明敏（女）黃偉慧（女）黃國佑 黃葉 黃式輝 黃涓生（尊生）黃巽 黃枯桐 黃履健 黃國華 黃綺文（女）溫鎬 彭禮端 彭襄（海庵）彭師勤 曾同春 曾錦春 曾慎（吉夫）曾義 曾覺之 曾伯良 區藻喧 區聲白

12.路三泰 葉譽 葉蘊理 葉桂華 董平 董希白 楊堃 楊潛 楊超 楊潤餘（女）

13.趙仰之 趙銘軒 趙開 趙進義 趙之偉 翟俊千

14.劉無為（女）劉翠微（女）劉抱蜀（女）劉天放（女）劉克平 劉樹楨 劉為濤（洪波）劉懋初 劉俊賢 劉啟芬 鄧楫 鄧鄂 劉石心 潘玉良（女）潘景安 鄭彥棻 鄭大章 虞炳烈 虞和瑞 黎國材 黎國昌 蔡仲文 蔡時椿 蔣國華 蔣君五 賴維勳 賴國高 譚文瑞

15.霍啟章 霍金銘 盧德（大德）錢翔孫

16.閻維民 鍾巍 謝清 謝維安 謝民 謝振芳 謝承瑞 龍詹興 韓旅塵

17.顏繼金 顏實甫

18.羅振英（女）羅易乾 羅濬叔

19.蘇梅（雪林）（女）蘇茀第

20.顧楫 顧文霞（女）

以上共七十七姓，二百一十六名。

結語

綜觀上列名表後，我們對於里大在短短十四、五年的生命中，所有各種來源不同的學生（包括國內各大學所申送者、里大在法招考者，以及特別補助者）總數僅有兩百十六個名字可考，但其中成績優良之同學，於歸國後，為國家為社會作了最大的貢獻者，為數仍佔極大多數，（少數不肖分子，當然除外，）茲篇特將調查所得的同學姓名一一列出，俾使閱者得以直接了解某某同學之成敗，即間接可作里大的成敗之總評也。

　　至於吳校長在里大雖僅短短一年，但以其道德文章，不僅深得同胞之敬愛，即里大協會諸公，對之亦肅然起敬，尤以會長雷賓先生，可說五體投地的佩服。一日雷先生與余閒談中，言及彼所崇拜的中國二友人，一為李煜瀛，一為吳稚暉，蓋前者品貌優秀，思想活躍，法語用字優雅，一聞而知其高貴。至於吳先生，則道貌岸然，魁梧奇偉，偶聞其妙論，即可知其為非常人物，並以Erudit（博學者）稱之。蓋雷君為醫學院長，為心理學大家，最善於察言觀色者，而彼之所謂妙論者，即於每次會議中，常聞吳先生幽默談話，口若懸河，極為折服。一次，吳先生在會議時，因古恆誣報里大男女之事（請閱本刊彭襄兄報導），最為光火，突向坐在傍邊擔任翻譯之我說了一句：『他又在放屁』。不知如何，被古恆聽得，便問我：「何謂放屁？」我說：「Peter」……此字發音為白塔，其意為放屁或放炮，大家聞此，轟堂而笑！古君遂不復言，亦足見吳先生在法人心目中之敬重與威嚴也。

　　本篇關於里大的前因與後果，就記憶所及，已一一言之矣，茲尚有關於吳先生與我的兩事，不能不記之於此，以作我最後的感懷。（１）緣民國十年夏，我已辭去華法教育會學生事務部主任的職務，而去瑞士湖邊哀委養山中的巴喜樂大農場，作實習工作，故吳先生到里大時，乃問為何劉大悲不在里大？立囑華林兄致函叫我回里大。我一見吳先生，便對我云：你多年為華法教育及學生事務奔走，你的研究工作未得完成，今里大開辦，請你來當一個有職無事的秘書或做點翻譯工作，你可靜心盡力讀幾年書云。不料他於一年之後離校，繼任的褚民誼、曾仲鳴亦於兩年或三年相繼離校，弄得里大的事務，仍然放在我肩上，致我的論文拖到民二十一年才完成。（２）我於民二十二年回國時，實業部部長陳公博，囑李平衡、常宗會兩兄堅約我去實部服務，其時徐海帆兄正任農業司長兼漁牧司長兩職，決辭漁牧司讓我專任，此一安排已為陳所接納，並已下令。吳先生聞之，大呼不妥。因其時漁業問題，正與日本人多事之秋，非我離國二十載對國內情況不甚了解之人，所能應付，於是立即函陳請為我另派技正之職，俾腳踏實地，先獲經驗云。以上兩事，足見吳先生對於後進愛護與照拂之無微不至。及今思之，益足見吳先生之偉大矣！（吳稚暉先生一百十歲誕辰紀念特輯）

四、吳稚暉先生與里昂中法大學

李書華

民國九年（西元一九二〇年）冬，吳稚暉、李石曾、蔡孑民、赫禮歐（Herriot，一八七二——一九五七，當時為法國眾議院議員、里昂市長；後來曾任法國國務總理、法國眾議院議長）、雷賓（Lepine，當時為法國國立里昂大學醫學院院長）等諸位先生發起里昂中法大學，亦稱里昂中法學院，簡稱里大，法文名稱為Institut Franco-Chinois de Lyon。設立里昂中法大學協會（Association Universitaire Franco-Chinoise），即為里昂中法大學之董事會；中國會長為蔡先生，法國會長為雷賓先生。後來雷賓退休，由季伯爾（Gilbert）教授繼任。協會秘書原係古恆（Maurice Courant，國立里昂大學文學院漢學教授）。後來古恆病故，由狄巴爾別（George Dubarbier，國立里昂大學文學院漢學教授）繼任。此協會至今尚存在，狄氏最近還和我通信。里大之設，目的在以比較經濟的組織，利用法國國立里昂大學及里昂其他專校，為我國作育有志深造之人才。

一九二一年初，蔡先生到法後，亦參加里大的籌備。是年五月　國父孫中山先生就任非常大總統。由於吳稚暉、李石曾、汪精衛諸先生之提議，廣州政府允撥開辦費，修理里大校舍。吳先生六月到法，查看該校舍，不久仍回國。該校舍原為一座炮臺，由法國政府租予里大使用，年出租金一佛郎。開辦費撥到後，由褚民誼負責修理該校舍。

是年暑假吳李兩先生在北京上海與廣州分別招考里大第一批學生，結果共錄取狄膺（君武）、劉石心、章桐（警秋）、張雲（子春）、李劬寰、周發歧（康之）、劉為濤、張璽（爾玉）、何衍瀎、劉俊賢、黎國材、翟俊千、單粹民、方子芬、馬光晨、馬光啟等一百多人。由吳先生親自率領乘法國郵船赴法。十月間里大開學，吳先生任里大校長，褚民誼任副校長，曾仲鳴任秘書長。

里大學生在校內食宿，組織特別演講及補習課程，但到法國國立里昂大學或其他專校上課與預備學位，後來中法教育基金委員會對里大予以補助。里大學生來源（第一批以後）有幾種：北京中法大學（後改

稱：北平中法大學）三個學院每院畢業生前五名滿七十五分者送往里大，由平校擔任往返旅費並給每月零用費；學生入里大後食宿及在法國國立里昂大學學費，概由里大擔任。廣州中山大學陸續派送學生鄭彥棻等多人至里大。江蘇、浙江、福建等省亦派送學生入里大。此外里大在法就中國自費生中招考或選擇成績優良者收入。

褚民誼於一九二二年初，離里昂赴斯他斯堡（Strasbourg）習醫學。吳先生亦於是年冬去英國，不久由英回國。曾仲鳴於一九二三年秋返國，中法大學協會經中國會長蔡先生之提議派劉大悲代理里大秘書長，至一九二五年一月真除。吳先生離校後，校長職務兩年有餘均由秘書長代理。迄一九二五年就中法雙方同意聘法國退伍上校樊佛愛（Colonel Favre）任校長，三年期滿離校；校長職務仍由大悲暫代。至一九二九年夏北平中法大學派孫佩蒼到里昂任校長；大悲則辭職赴巴黎，至一九三三年十二月回國。孫佩蒼之後，彭志雲繼任校長；彭志雲之後，宗真甫繼任（據劉大悲民五十二年五月十五日來信）。第二次世界大戰時則由秘書潘季屏會同蕭子昇在協會主持下勉強維持。德軍占領里昂後，里大校舍改為軍用醫院，勝利後始收回。至一九四七年里大因無經費始陷於停頓。

由一九二一年至一九四七年里大學生人數每年平均八十人至一百三十人。除戰時五年以外，每年平均有十五至二十學生畢業離校，同時有同數目新生入校（據狄巴爾別一九六三年八月二日來信）。二十餘年里大造就中國學生總數約有五百餘人，成績甚佳。

吳先生任里大校長時，每次到巴黎，必到拉丁區我的旅館來訪。吳先生素極健談，一談便是幾小時。某一次吳先生偕褚民誼來訪，曾接連不斷的談了八小時之久！

稚暉先生一生從不願擔任首長名義，獨於親自創辦里昂中法大學之後，親自招考第一班學生，親自率領第一班學生送往法國，且毅然擔任該校第一任校長，這是很特別的。

里大乃中法合辦，性質特殊的學校，恐為教育史上僅有之一例。該校有二十餘年之歷史，前後造就中國學生有五百餘人之多。這種成績，全是由於稚暉先生開始創立了很好的基礎所致。凡此一切，均值得大書而特書。

民國五十二年九月二十六日紐約（吳稚暉先生逝世十周年紀念特輯）

五、稚暉先生與里昂中法學院的誕生

李亮恭

　　里昂中法學院（Institute Franco-Chinois）也叫里昂中法大學，是吳稚暉、李石曾、蔡子民三先生聯合法國名流學者所創立，校址在法國中部的里昂市西境的一座山崗上，由法國政府所捐的一座堡壘（Fort Saint I r'ene'e，昔為駐兵之所，久已廢棄不用。）改建而成。關於里昂中法學院創立的經過，另有專文記載。其開辦初期的領導工作則大部分為吳先生所主持。

　　民國十年七月，招考第一批學生，預定北平上海各招二十名，廣州招一百名。北平的考試由李石曾先生主持，上海由吳先生主持，廣州則由革命政府教育廳主持。我是在北平投考的，見到報紙上的招生廣告後，即到設在南池子歐美同學會內的辦事處索取簡章，同時領到一本吳先生所撰寫的小冊子，對於這個學校的旨趣與內容有詳細的說明。這是我初次讀到吳先生的文章，覺得他的文筆有與眾不同之感。讀後知道這個學院本身只供給住宿與膳食的便利，除法文補習班以外，不開設任何課程，學生所要學習的專門學科，則各人自己選擇，去分別考進里昂大學的各學院及專科學校，入學費用則由本學院代為繳付。這樣就完全解決了生活與讀書二方面的問題。

　　我們那時對於法國的生活情形，以及前往法國，旅途上的情形，一無所知。錄取後不免到辦事處向管事先生們問長問短，他們只有一句答覆：到上海去問吳先生便知。

　　我們這第一批學生預定由吳先生率領——乘法郵博爾多斯號（Porthos）於八月十三日自上海出發。我和另一位同學於六月二十二日到上海，按址找到設在二馬路的辦事處。這個辦事處和北平的辦事處大異其趣。這是一間小間鋪面的二層樓房子，門口掛的一塊牌子上寫的不是某某學校辦事處，而是『兌社』二個字，好像是一家商行的樣子。但它的業務不是兌錢，而是兌人。從馬路上跨進大門便是辦公室，兩張小桌上坐著二位先生在辦事。我們說明身分，並請見吳先生。一位辦事先生說，吳先

生就在樓上。我就要上樓。他又說你不必上樓，吳先生馬上就會下來。
果然，二分鐘後，吳先生下樓來了。這是我初次見到吳先生。

這間辦公室很狹小，除了二張小桌二張椅子供二位辦事先生用之
外，別無櫈子之類，所以我們始終是站著談話。然而這第一次談話竟談
了一小時之久。我們本來只想請教應辦的手續、行前的準備、旅途情
形，以及法國的生活情形等等。吳先生一一答覆，不憚其詳。說到治
裝，勸我們不必帶舖蓋，不要帶網籃。那時候，我們中國人出門所帶的
行李是標準的三件：箱子、舖蓋、網籃。吳先生告訴我們，在西洋，所
到之處有床舖就有舖蓋，不必自備。船上、旅館，固然都供給舖蓋，就
是租有傢俱的房子，房東也供給舖蓋。里昂中法學院的宿舍也供給舖
蓋，所以不必自備。至於網籃則不能帶；因為西洋習慣凡代運行旅，必
須包封或關鎖完整，像網籃這樣敞開的行李決不接受運送，徒然自找麻
煩，所以不能帶；不過為船上便利起見，不妨攜帶，到馬賽上岸之前棄
入大海。

說到途中情形，吳先生勸我們多帶些罐頭食品，並再三叮囑一定要
每人自帶一張帆布躺椅，上船之後，我們才知道這兩樣東西的重要性。
後來談到法國的學制，如幾年畢業之類，吳先生借題發揮，勸我們出去
後不必急於回國，儘可能多唸幾年書。還恐怕我們志不在學，而重視事
業，舉了好幾個例子給我們聽，某人在某國學了幾年，得了一個較低的
學位回來了，後來只做了什麼事。某人多學了多少年，得了較高的學
位，一回國就做了什麼事等等，起頭是有問有答，到後來變成了吳先生
一人演說，我們成為聽眾了。

吳先生為使大家省力省事起見，一切辦護照、簽證、買船票等事，
概由辦事處代辦，我們只要交照片與交費即可。我們借交照片與交費的
機會，又得與吳先生談了半小時。本來這些事是與辦事先生接洽，但吳
先生聽見樓下有人，就自己下樓來了。話匣子一打開就是半小時。幾天
之後，我們在街上購買零物，遇到吳先生也出來買一隻手提箱，這只空
箱子是很輕的，他如果只想和我們招呼一下，就不必放下他的箱子，但
是他一遇到我們就立即把箱子放在地上，準備佇立長談的樣子，於是又
在街頭上立談約十五分鐘之久。吳先生這種對青年人的誠懇態度，以及
誨人不倦的精神，使我們非常感動。

八月十三日上船。我們這一批由上海上船的共四十餘人。廣東方面
錄取的同學五十餘人則在香港上船，總共一百零五人。博爾多斯號是當

時法國郵船中最巨大的一艘，在第一次世界大戰中曾改裝為運送傷兵的醫院船，此時尚未完全恢復原狀；在船頭甲板的同一層上還保留著一個大艙，裏面有一百幾十個舖位，位置在三等艙的上面與二等艙的下面，跨出艙門便是船頭甲板。我們這一批旅客就住在這個大艙裏，成了我們的包艙，我戲稱之為特等艙，因這個艙原來並不供應一般旅客，是經過特別安排，專為我們而設的，一切都很特別。聽說此次航行以後，這個艙也要拆除改裝了。我們吃飯借用三等艙的膳廳，我們先吃，然後再讓三等艙旅客吃。不過伙食不一樣，我們每餐都是牛排煮老四季豆（在中國只吃嫩的四季豆莢，在歐洲則兼吃像黃豆那樣的老豆子），四十天如一日。於是吳先生教我們攜帶的罐頭食品大派用場，成為調劑口味所不可或缺的東西。

艙內只適於睡眠。在白天，如無大風浪，大家都要在甲板上活動。船上只替三等以上的旅客預備了藤椅子或帆布躺椅，數目不多，當然沒有我們的份。如果吳先生不再三叮囑我們多帶一張帆布躺椅，我們只好整天站在甲板上或躺在床上，這四十天的旅程很不好打發了。現在我們可以躺在自己的躺椅上看書或談天，十分自在。

吳先生本可以搭乘普通艙，但他要和我們同甘苦，也加入我們的特等艙，因此我們朝夕相共四十餘日，每天必有一段時間聽他談話。每當他不坐在躺椅上看書而在甲板上閒眺的時候，總有一二位同學上前去問些什麼，於是話匣子就打開了。其他同學也就圍上去旁聽，也可以插嘴發問，並且得到答覆，甚至因此轉換話題。但每次都是以對話開始，以講演終結，到後來大家只有聽講的份了。這種無拘無束的閒談，從家常瑣事到哲理玄談，四十日間，讓我們聽到很多故事與笑話，增長許多見識，受到很多啟發。

船到香港，只停半天，我們連日為牛肉燒豆子所苦，急於上岸進餐飯，並補充水果。下午回船後發現，各人的自來水筆一律為扒手扒去，無一倖免。我們想吳先生對於國際旅行經驗豐富，必不至於像我們的遭遇。豈知問詢之下，他也未倖免，而且失去的不是自來水筆，而是三十元大洋。香港扒手的本領眾皆歎服。

此後經過西貢與新加坡，每處停三天。我們除遊覽外，照例要進中國餐館調劑口味，並補充水果。但到達下一站錫蘭島上的哥侖坡時，不能上岸，因為我們的護照未經駐上海的英國領事館簽證。那時英國領事館的簽證費很貴，而東南亞的殖民地如新加坡等處一概不需查驗護照。

哥侖坡一處上岸遊覽與否無關緊要，為此一處而化很貴的簽證費大可不必，所以吳先生為替我們節省，不必要的費用計，沒有替我們向英國領事館辦簽證。不過等移民官員離船後，有幾位同學向守衛的錫蘭警察塞幾個小費，也能過關。

那年的中秋節是在航行紅海中度過的。船上有幾位廣東茶房，帶了不少廣式月餅賣給我們。我們並在這天晚上舉行了一個遊藝晚會，請船長以貴賓身分蒞場。晚會的籌備雖然是由熱心的同學効力，實際上是吳先生在幕後指導。因為有法國貴賓在座，需要有一篇法文的主席致辭。吳先生寫了一篇簡短的中文演說辭，由一位搭三等艙的震旦大學畢業生，赴巴黎學醫的，譯成法文，並於開會時宣讀；因為我們同學中還沒有那樣好的法文程度。吳先生當然是並非熱心於過中秋節，不過因為大家在熱心籌備，也加入湊趣，使事情做得更好一點而已。

船過蘇彝士運河，在埃及的賽得港停泊一天。那時埃及還是英國殖民地，但沒有英國簽證的護照也能上岸遊覽。從賽得港出發，航行六天，就到馬賽了。在到達的前一天，吳先生寫了一張通告，貼在我們出入必經的艙門口，叫我們把網籃和帆布躺椅在入夜以前投入海內，『向海龍王進貢』（通告原文）。他並且以身作則，在下午六點鐘左右，拿著一只空網籃站在甲板上欄杆邊，準備把它投入海內。大家都各帶一隻網籃，大都是裝的食物。四十天以來，食物也消耗得差不多了，網籃也差不多空了。看見吳先生一領頭，近百隻網籃一齊投海，倒也頗為壯觀。至於躺椅，有些送給海龍王，有些則應茶房的要求，送給了茶房。這兩樣東西若不拋棄，上岸後搬運起來將不勝其麻煩。

九月二十三日清晨，船在馬賽碼頭靠岸，從八月十三日上海開船算起，總共在船上渡過了四十二天。當時正在法國的留英法老前輩石瑛、彭濟羣、李曉生三位先生來迎接。他們已經和一家運輸公司約定，從船上搬到碼頭，再從碼頭送到火車站，不論大小，每件行李四個法郎（那時約合中國銀元六角五分）。上船搬行李的人都穿制服、掛徽章。吳先生關照我們，除輕便的手提小件自己隨身攜帶外，其餘一概留置艙內原處不要動，叫由搬運人去搬出，堆集在甲板上，然後用起重機吊到碼頭上。各人只要看見自己的行李吊下去了，就可以下船自由行動。如此辦法，確是簡單周密，不會有錯。

迎接我們的三位先生把行李處理完畢後，分批率領我們到火車站，約定當天乘夜車赴里昂，大家可以自由活動，只要在一定的時間以前回

到車站集合。於是我們幾人一羣各自在馬賽市內各處遊覽。法國各城市的馬路上咖啡館很多，而且有一特色，都把座位擺到門前的行人道上。我們走過一家咖啡館，看見吳先生和一位我們沒有見過的中國學生坐在行人道上的座位上談話。我們匆匆走過，沒有聽到他們談的什麼，但從神情看，顯然是很激動。後來知道這位先生是一羣到里昂鬧事的勤工儉學生所派的三位代表之一，到馬賽來「迎接」我們的。在他們的心理上，迎接的意義等於擋駕，雖然不一定希望我們原船打轉，至少要我們知道，我們這一羣人不受歡迎，而他們才是有優先權做中法學院學生的人。但是我們這一羣人一下船就四散了，他們二人找不到發表高論的對象，惟一可行的辦法是找吳先生談談了。

　　一部分留法勤工儉學生，認為里昂中法學院應當給他們加入的優先權，不應當在國內招生。於是採取行動，在我們快到達的前幾天，浩浩蕩蕩，湧進中法學院——占據了宿舍。法國治安當局不能容許這等行動，把他們請到一所軍營裏面暫住。但少數領導人物仍容許出外活動。後來這批人由駐法國公使主持強迫遣送回國，領導人物則蹓之乎也，如陳毅李立三等人就蹓到俄國去了。民國三十九年我在臺中，吳先生寫給我的一封長信中還提到這件事。

　　九月二十四日晨七時，車到里昂。里昂中法協會（即董事會）的執行秘書古郎教授（Professeur Maurice Courant）及中法學院的辦事人員來接。古郎是里昂大學文學院的漢學教授，年近七十，讀過一點線裝書，在清末也到過中國，但對於民國以後的中國情形，尤其是五四以後的學界情形，一無所知，頭腦十分冬烘。車站與中法學院的距離很近，但一在平地，一在山上，要爬二十分鐘的山，也有電車可以通達。迎接的人準備我們步行上山，但也預備了一輛可坐二十人的大客車，給需要坐車的人坐。吳先生本可以坐車，但他堅持要和大家一起爬山，使得古郎先生也只好一起爬山。那輛車就只有女同學坐。

　　到了中法學院，為宿舍房間還沒有分配，大家先到大禮堂休息。除膳所外只有那裡才有這麼多座位，而膳所正在準備早餐。十分鐘後到膳所早餐，然後又回到大禮堂。作為勤工儉學生的代表的陳毅，利用這個機會，借了廚房的鈴在禮堂門口搖兩下，聲稱開歡迎會。大家坐定以後，陳毅登臺致辭。第一句就說：『我們今天歡迎諸位，同時也就是拒絕諸位。』接著說了一套他們有優先權，我們無權進入中法學院的議論。辭畢，邀請我們發言，我們只有苦笑，無言可發。默然相對，形成

僵局。此時，吳先生登臺解除僵局，他說：『大家坐了一夜火車，沒有好好睡覺，現在宿舍都還未曾分配，一切等待安頓；再加初到此地，對於這邊的情形也不明瞭，還是改天再談罷。』陳毅乘勢下臺，宣布散會。一幕滑稽劇算是結束。

宿舍的房間很寬大，放了四張小鐵床，中間放一張四人對坐，中央有書架的大桌子，和兩個大衣櫃，還很寬敞。吳先生叫我們自己自由組合，四人一組，把四個名字寫在一張小紙上交給他。他在禮堂上監督當眾抽籤。那一組抽到某一號碼，這四個人就住進這一號寢室。抽籤完畢，從此各有歸宿，皆大歡喜。

初到的幾天，我們有很多事要辦。如辦居留手續，種牛痘、編學號、添置衣服等等。在上海時，吳先生告訴我們，法國定製衣服當然比上海貴，如買成衣，則反而便宜，所以我們只製備當時要穿的衣服，其餘打算到里昂買成衣，果然比上海便宜。我們在中國穿袍子，通行外加罩衫，以便洗滌。穿西裝則無此習慣，容易穿髒。我們年輕人想不到這些問題，吳先生早替我們想到了。他提倡穿形如大衣的工作服。忽有一天他穿了一件米色的工作服，同時全體辦事人員也都穿了同樣的工作服。中法學院的校舍是三座樓房，大門在東邊，門口一座二層樓，樓上是女生宿舍。南邊一座很大的三層樓是男生宿舍，樓下是教室與膳所等處所。西邊一座二層樓是禮堂。北邊與男宿舍相對的是一座小山崗。中間圍著一個長方形的大院子。地是斜坡地，由門樓到禮堂緩緩傾斜而上。在院子中間，靠近山崗的一邊有一大塊水平放置的石頭，大約六七尺長，二尺寬，一尺半高，好像一座潤大的石樘。推想當初必有重要用途的；現在則成了曬日黃的地方了。吳先生穿了一件米色工作服，手裡拿了一本小書，坐在這塊石頭上看書。像在輪船甲板上一樣，就有人圍上去談話或聽談話了。看看圍攏的人漸多，吳先生就替工作服宣傳。他說法國學生只有星期日到教堂做禮拜才穿得整整齊齊，平時是整天外罩工作服的，既洗滌方便，又可保護西裝，勸我們也穿。其實法國學生只有在實驗室或工場穿工作服，吳先生推而廣之，成為整天，除了走出中法學院大門以外，無時無地不穿工作服，為便利大家購買，並且叫服裝店送到中法學院來賣，我們每人購買一件或二件，從此中法學院大門以內，人人一件米色工作服，儼如制服。我們養成了整天外罩工作服的習慣，幾年之內，節省不少服裝費用。

　　一星期後，大家關於生活方面的事務辦的差不多了。十月初的一天，吳先生召集大家在禮堂集會，宣布今天就算正式開學了，隨即開始上課，補習法文。按法文程度分為四班，共聘教師七位。里昂中法學院就此正式誕生。

　　開學後不多幾天便是我們到法後的第一個雙十節。因為初到，大家忙於料理生活方面的事務，接著又忙於上課，未能籌備慶祝。但住在六號寢室的四位同學舉行了一個小型慶祝會，他們在室內張掛一面國內帶來的國旗，屋頂掛滿紙綵，準備了一些糖果，在晚飯之後，敞開室門，邀請同學自由入內，同申慶祝。房間雖不小，二十餘人一站也就站滿了。吳先生聞訊，也欣然參加。他戲稱此室同學為愛國黨。大家齊唱國歌（那時唱的還是卿雲歌）。然後請吳先生演說，辭甚簡短，但我的印象深刻，至今不忘。吳先生說：『我沒有預備，就拿「沒有預備」做題目。當年辛亥革命，事前沒有什麼預備，革命也成功了。我們中法學院沒有什麼預備，現在也開學了。希望諸位將來沒有什麼預備，也都能在學問上很有成就。』吳先生明知辛亥革命是有長期的預備的。中法學院是他親自籌備的。至於學問的成就更是非下苦功不可。他故意反過來說，引人深省，使大家各自警惕。以上所記乃是里昂中法學院開學前後的瑣事，處處可以看到吳先生的苦心與偉大。（吳稚暉先生一百十歲誕辰紀念特輯）

六、回憶就讀中法大學、永懷吳校長稚老

鄭彥棻

一、

民國十四年，國立廣東大學（後改名為國立中山大學）選派第一批赴法留學，就讀于該校設在里昂中法大學的海外部。里昂中法大學是我國政府利用法國歸還我國的庚子賠款另撥專款而設立的。創議人是吳稚暉、李石曾、蔡子民諸先生和當時里昂市長赫禮歐、里昂大學醫學院院長雷賓，由吳稚暉先生主持，以「勤工儉學」號召國內各地學生赴法留學。開辦後，第一任校長就由吳稚暉先生擔任。廣東大學校長鄒海濱先生與稚老素有交誼，民國十二年為著贊勤 國父籌開中國國民黨第一次全國代表大會，由香港同赴廣州。民國十三年吳先生被邀往勸陳炯明向 國父表示悔過，由上海抵香港，鄒校長又特往迎接，同返廣州，旋復同往韶關晉謁 國父，更多接談的機會。廣東大學之所以決定在里昂中法大學設置海外部，可能是鄒校長贊同吳先生創立海外大學及其留學政策的結果。

我是民國十三年畢業於國立廣東高等師範學校的，畢業後留校任附屬小學訓育主任。同年 國父下令將國立高等師範學院和廣東法科大學、廣東農業專門學校合併為國立廣東大學。我一面在母校服務，一面也在大學部選修教育課程，所以翌年選派學生赴法留學時，我也是其中之一。同批被派的教授一人：文學院教授吳康先生；同學十人：謝清、陳書農、龍詹興、李佩秀、劉克平、黃綺文、顏繼金、張農、彭師勤、姚碧澄。其中李、黃兩位是女同學。

當我們辦理赴法手續時，法國駐廣州領事館不允為我們在護照上簽證。因此，不得不于民國十四年冬離粵赴滬，再辦簽證手續。延至十五年二月二十七日，才由滬乘船赴法，到里昂中法大學入學。留滬期間，鄒校長適亦在滬，對我們備加親切訓導，這時恰值農曆過年，鄒校長更約我們偕往杭州遊覽西湖，歡度春節，盤桓數日。鄒校長遊興至佳，曾賦五古長詩以紀其事，有「偕行皆同學，春風舞雩侔。梅花正盛放，登

山涉水求……同學皆年少，難為湖羈留，行將辭國去，且盡酒一甌。吾華久不競，西子失自由，力學以報國，雪此湖山羞。」等語，對我們勗勉期盼甚殷。返滬後，鄒校長，並將此詩親書，贈給我們留念。我們離滬之日，他復親至碼頭送別。師生同人，莫不深為感奮。

二、

我們沒到里昂大學之前，以為該校的設施，也像國內的一般大學一樣，事實上卻並非如此。該校校舍原是一座礮臺，由法國政府以每年一佛郎租金，租給該校作為校舍使用的。該校把原有礮臺房舍，修改為三層樓房，備作辦公室和學生宿舍，並設有禮堂、補習法文的小教室、飯廳等。另外在校門樓上，闢為女生宿舍。在校舍空地上的一角，又建有一個可供休息的簡陋小亭子，據說這是前校長吳稚老實踐「勞工神聖」「雙手萬能」的理想，領導員生親自動手興建的。

在校內，除了法文補習的功課以外，沒有本校自設的課程，也沒有自設的教師。但所有中法大學的學生，經核准後，都可以自由地到里昂大學各學院，或其他專科學校，甚至里昂以外的其他學校，選習自己愛讀的課程，深研自己原習的學科。這種性質特殊，而由中法合辦的大學，可能是我國教育史上僅有的。但事實證明：這一所特殊的學校，卻造就了不少學術界成名的學者，也替國家社會培養了不少傑出的幹才。吳稚暉先生創制的功勞，是值得崇敬而大書特書的。

住在中法大學校中的都是中國學生，大家在一起，說中國話，吃中國飯，過中國方式的生活。這對由國內新來而法文還沒有基礎的，無語文不通的困難，自然很方便。不過，天天的生活如同在國內一樣，缺乏訓練語文的環境，也沒有多大機會和法國社會人士接觸，我覺得不大妥當。尤其是我以為要學好當地語文，非和當地人經常接觸不可。所以，我進校不久，便申請奉准到當地的「花園中學」去就讀。在此期間，祇有放假或者沒有功課時，才回到中法大學宿舍去。

三、

我在法國留學期間除了在里昂有中法大學或花園中學可住以外，不管在格城或巴黎，我都是食住在法國人家庭中。既然可以多些講法語的

機會，還可以熟習法國的家庭生活習慣，更獲得一些像家庭般的溫暖，比之住在旅舍要好得多。根據我的經驗，法國人對中國學生相當親切友善，而法國人的習慣也許比之其他的西方人，較為接近東方人的生活。我非常幸運，所有的房東對我都是愛護備至的。舉例來說，格城的一家房東白朗樹先生和他的夫人，知道我每月收到里昂中法大學的費用是有定額而且為數不多的，房東太太有一天突然對我說：「鄭先生，中法大學每月給你的用費既然有限，我覺得你不會夠用，以後我每月收你的費用，不管實在用去多少，都不超過此數就是了！」這使我內心非常感動。巴黎近郊的一家房東路野士先生和他的夫人，也破例准我在他們家裡用膳。我曾經患了一次黃膽病，他們對我的照顧有如家人。我曾一度因參加本黨三全大會，離法回國數月，可是房東還保留我住的房間，沒有收我的房租。這些都使我在留學期間，減輕了經濟上的負擔，給我不少精神上的安慰，有助於我對學業的完成，令我永不能忘的。

四、

在我整個留學期間中，留在里昂的時候，事實上祇有一年多，可是有二三小事卻常常仍然活現在我的腦際中。

說來可笑，我的國語，是到了法國以後跟里昂中法大學的同學學習的。記得我出國以前，到上海去辦護照，因為不懂講國語，想買點東西，坐車說到四川路懂廣東話的店舖去，才能交談無阻。本來團體裡很多對外交涉的事情，是由我負責的，因為當時不懂國語，也就無從負責，祇是偏勞懂得國語的同學了。可是，當我們到了法國里昂，原在里昂中法大學和中山大學海外部的同學開會歡迎我們，我卻被推舉出來致謝辭。我不好意思推搪，初時祇好鼓起勇氣，想勉強用國語代表新到的同學來講話，但是講了幾句，就講不通了，只好仍舊講廣東話，另請一位同學翻譯為國語。這一件事給我很大的啟示：它說明沒有講國語的能力便不能達成任務，因此卻激發了我學習國語的決心。也使我更了解，既然到了法國留學，就非得專研法文不可。

民國十五、六年的時候，留法學生，思想紛歧，各黨各派都有。當時共產分子滲透分化的陰謀，日益顯露。我們同一批到法的同學，思想上也漸不一致，為求健全組織，不能不把傾附共產黨的分子清除。可是

他們被清除之後仍然企圖強行奪走我們負責保管的圖書，尤其要爭取我們從國內帶到里昂的那一套三民主義大字本。為著保存我們僅有的少數書刊，作為宣傳與訓練所必需的工具，我們自然不能不起而抗拒，結果雙方互相爭奪，打成一團。我方幸有一位忠勇負責的劉克平同學，身高體壯，力大無比，卒把來搶的人打退，圖書終獲保存。由此可見，當日海外同志革命情緒之高，對敵人鬥爭之烈，與乎對主義之重視。同時，也充分說明了當時的讀書環境也不是很安靜的。

里昂中法大學的同學中，自然也有些是家庭富有的子弟，然而就我所知，家貧苦學之士實為數更多。住在中法大學的學生，有些同學的生活，極度艱困，連吃飯也成問題的。我確實知道有一位專攻音樂的同學，富有指揮才能，他經常的生活非常簡單，飲食也十分粗劣，他的抽屜裏面放著一些乾麵包，餓時把它泡在開水中，就聊以充飢了。可是他在學術上卻獲得很大的成就。根據李書華先生的估計，二十餘年間，里昂中法大學造就的學生，約有五百餘人，其中不少在學術上的確已經負有盛名或者對事業已經有了很大的成就。

以上幾件小小的事實，不獨可以反映里昂中法大學學生那種刻苦、奮鬥、力學、愛國的精神，也說明了稚老創設該校的真實價值和該校對國家對世界對學術的偉大貢獻。說到這裏，我自覺深深的慚愧：留學期間，由於東奔西跑，未能專心致志，把精力全部貫注於一門學問上。因此，雖然同在一優美的學習環境中，學術上仍然沒有高深的成就，一如其他同學一樣，每自反省，實在有負國家的培育。假如我對國家社會，在事業上，尚有些微的貢獻的話，那實在是得力於獲有機會赴法留學，然而若果沒有鄒校長的愛護，我怎會被選赴法留學？若果沒有稚老創立里昂中法大學，鄒校長又怎會有機會選派我到法國留學？因此，飲水思源，我對於兩位校長—海老和稚老雖然是同樣崇敬和感激。可是，沒有吳校長的海外創校計畫，我就很難有機會赴法留學了。

五、

我在去法之前，雖然讀過稚老的文章，也熟聞他老人家的大名，可是從來就沒有機會面聆教誨。我到里昂時，他卻已離開，只從老同學的言談中，常常多聽一些有關稚老的情況，然而對於稚老還是沒有深切的認識。還是回國以後，尤其是從我到中央服務起，才慢慢地從石曾先生

處，對稚老之為人、治學與處事，多些了解，同時在各種集會中，也常有機會獲聆教益，因而更使我對稚老益為孺慕！

對日抗戰期間，我在國際反侵略分會服務，有一天，記不起為什麼原因，我和尹葆宇兄同訪稚老請教，記得他住在上清寺一家小店舖內的一間房子裏。他為了省電起見，不用電燈，而利用空罐頭，在罐子上打幾個孔，插上燈芯，罐子裏頭放著煤油，視所需光度的強弱，點多或點少。我還看見他所吃的飯菜，都是非常普通的。他還對我們說，剩餘的要留在第二天來吃。他的衣服臥具，和室內陳設也和一個普通的基層公務員差不多，甚至等而下之，這種儉樸刻苦粗衣糲食的平民生活，和力行實踐的崇高精神，使我深受感動，肅然起敬。

民國四十二年稚老八十九歲，因病住入了臺灣大學附屬醫院，出院前一天我去看他，見他在病房寫字，便請他提賜墨寶，他欣然揮毫寫道：「蹤橫十萬里」，正落筆寫「上下五千年」的：「上」字時，旁邊一位先生提醒他道：「稚老，『蹤』字該是糸字旁的『縱』字才對嗎？」稚老聞言，看了一下，便改「上」字為「足」字，成為「足下五千年」了。以「足」對「蹤」，當然貼切，而意思更為新鍊。因為一個人的蹤跡橫互十萬里地方，足下踏著五千年歷史，也就不凡了。稚老的捷才，可謂人不可及。而他老人家在病後出院的時候，特地為我題字留念，更令我視同至寶，永感不忘！

今年三月二十五日是吳校長稚暉先生一百一十歲的冥壽。劉大悲先生送函約我為文紀念。因就被選赴法留學的經過、在里昂中法大學就讀期間的情況，以及我的一些感想，作一簡要的報導，藉向開國元勳、多士師表、高風碩德、一代完人的吳校長稚暉先生表示崇高的敬意。（吳稚暉先生一百十歲誕辰紀念特輯）

七、吳稚暉先生與里昂中法大學之今昔

黃尊生

　　海隅養病，目疾正深，忽得劉大悲先生來函，言吳稚暉先生逝世已二十年，今又值一百十歲誕辰，從前里昂中法大學同人，將出特刊，以作紀念，囑為撰文。我忝列吳先生之門，為里大舊人，離開里大，又於三十年後重到里昂，撫今追昔，情不能已，爰就記憶所及，聊草此文，以誌感想。

　　我第一次見到吳先生，是在一九一四年第一次世界大戰發生之際。其時吳先生舉家由英倫返國，途經星洲，星洲國民日報同人設宴歡迎，我因任譯事於該報，亦得叨陪末座，又因獲讀新世紀報，同時渴望往英倫求學，故不憚多所叩問。事後吳先生頻詢諸人，此少年為誰，此是一段可紀之回憶。西南護法時期，吳先生與李石曾先生來過廣州，我追陪兩日，已經相熟。到了民國十年，里昂中法大學成立，吳先生帶領一批學生，由上海香港乘船往法國，我亦列名學生，隨同前往。

　　這一段行程，如果當時執筆，親眼把他記下來，一定有聲有色，而且使人感動。可惜當時無此紀錄，事後遺忘，追記不易，而今祇得一個模糊的印象而已。

　　時為民國十年，即一九二一年之夏，我們乘的是法國郵船，名「波多士」（Porthos），坐的是法國政府用以運兵的四等艙。當時在上海廣州兩地分別招生，吳先生在上海已經錄取了一批，即從上海下船。船到香港，由廣州錄取的那一批，又趕來香港下船。匯合起來，一共有一百多人，浩浩蕩蕩，由香港出發。四等艙本以作運兵之用，這一百多人，自然容納有餘。船艙打通，一排排鐵牀，分上下舖，擠到極點。一日三餐，則在三等餐廳用膳。除四等艙甲板之外，並可以在三等甲板散步休憩。全部旅程，由香港至馬賽，為三十一日，而由上海香港以至蘇彝士運河，超過四分三之旅程，均在南中國海、馬六甲海峽、印度洋、紅海之間，日日在熱帶烈日炎蒸之下。

　　我們的校長兼領隊吳先生，誰也想不到，亦同在四等艙之內，臥在一個上舖，意態十分安閒。暇時則與同學們談天，指點海上風光。至於

辦公—他有很多文書要辦—則在四等艙的甲板上，自製一個小天地。拿一塊板，幾根柱子，做一張小方桌，來作書案，上頭張一面布篷，以免雨淋日曬，這就是他的辦公廳了。如果當時有照片，攝取出來，陳之歷史博物館中，則是一件希有之珍品，足以興起後人無限之景仰。在這二十多日炎暑驕陽之下，四等客自然會覺得難堪，而且印度洋的波濤，奔騰澎湃，風浪一來，還要嘔吐不止。但他老人家卻怡然若無其事，使那些後生小子都驚詫不已。

實在講，他老人家亦何嘗不能像那些帶領學生出洋的一等大員。儘管學生們坐三四等，他自然要坐頭等。每日由頭等跑下來，巡視一回，慰問幾句，做個樣子，這樣，就可以保持自己的尊嚴，免得大家囉唆，同時也使你們這班傢伙，不敢動其輕侮之念。當時亦有人以此為言，頗怪他過於降尊屈己。但他老人家必不肯如此。這是由於他的大同觀念、平等觀念、淡然榮利之心、刻苦耐勞之習，使其如此。

中法大學之創立，追溯起來，可以說是導源於滿清末年巴黎之世界社與新世紀報。此兩機構是由吳先生與李石曾先生張靜江先生創辦，而蔡子民先生在德國，亦參與其事。其主旨一方面是提倡自由平等、大同無治，又一方面則提倡科學真理，灌輸世界知識。民國成立，吳蔡李張諸公即起而提倡華法教育事業，發起留法儉學會，其後又發起留法勤工儉學會，鼓勵青年學子負笈法國。吳先生且有倡辦海外中國大學之計畫，又有海外移家就學之議。惜因二次革命失敗，其事中輟。至袁世凱死後，舊事又復重提；其時法國方面，政壇中之先進領導人物，如班樂衛、赫里歐、穆岱諸公，均主張對華親善，歡迎兩國教育事業之合作，故未幾即成立華法大學協會，加強兩國大學教育之聯繫。

華法大學協會Association Universitaire Franco-Chinoise之組織，華法雙方均有其負責人。華方由蔡子民先生，法方由班樂衛先生任會長，吳李諸公則為委員，而里昂之中法大學即由此孕育而生，其所追求，則為吳蔡李與班樂衛赫里歐諸先生之理想，故中法大學之創立，實負有此種精神上之使命。

中法大學之名稱，法文為法華學院Institute Franco-Chinoise，位於里昂之聖提里尼堡Fort St.Irene。此地原為駐兵之所，由法政府租與華法大學協會，年納象徵式之租金一佛郎，再由大學協會加以修葺，成為完備之宿舍。其間課室，寢室，盥濯，潔淨，水電，膳食，學費，雜費，普通醫藥，一概供應俱全。所以大家由上海香港一到，即獲得安居，此為

初到海外極不易得之事。

照吳先生所規定，大家來此，須在堡內（校內）先行修習兩年法文，修畢始能向里昂大學及各專門學校報名攻讀，所以預先聘定五六位法國先生，在校內開班教授法文，班級則視其程度而定。這個意思，本來好到極。如果照足他老人家的規定，大家的底子必定好得多，可惜祇讀得一年，即告中輟。此事雖小，但關係極大。還有一件事，他十分注重翻譯工作，他認為翻譯必要翻得可靠、翻得確切（一個信字），翻出來讀者可以一目了然，不至如墮五里霧中（一個達字），而其文又不至於佶屈聱牙，味同嚼蠟（一個雅字），必要如此，然後西方的學術思想方能灌輸入來。不然，隨便亂翻，祇有阻塞學問之路，其罪非小。他老人家有一套翻譯計畫，曾經約同十個人，把那部「法國之科學（La Science Francaise）」拆開分章翻譯，如果成功，再有進一步之計畫。可惜這件事也沒有甚麼結果，祇留得他的理想，成為陽春白雪而已。

當時是吳先生當校長。不過他不愛管事，須有一位副校長負對外之責以佐之，此職即由褚民誼擔任。至於校內日常事務，則歸秘書處理，由曾仲鳴任之。我們的校長，雖然不管庶事，校長一職，好像若有若無，但有了他，便覺得有一個依傍，如孺子之有父母。此在其離開之後，大家尤其感到。他在校內，飯後無事，愛在院子裡草地上和青年談天。他常常說，這裡祇是一座很平凡的草臺，要大家唱出一隻很高等的曲子。他又說，青年人須要光明，須要樂觀，須要有希望。此三點，這幾十年來，我們始終記著。如果一個人能夠心地光明，遇事樂觀，而又長存希望，則可以無往而不善。他當校長，所能做的，就是這種精神領導、人格感化的工作。

校內一百多人，有一半是二十左右的青年，其中亦有一部分，已是三十開外的中年人物。然無論是少是壯，都是未長成的孩子，有些還是很淘氣的孩子。淘氣本非罪過，但有時淘起氣來，會使人難受。他老人家立身行事，雖然十分謹嚴，但其性情，本來就不羈到極。以他這種不羈的性格，何能久繫於一個校長職位，所以大約祇有一年多，他便離開返國了。他離開事前無人知道，到了第二天早上，地下大廳的布告板上，貼上一張字條，寫著：

別矣
這座很平凡的草臺，要請諸君唱一隻很高等的曲子，都珍重則簡。

　　末署吳敬恆三字，並誌年月日。大家始恍然如夢初覺，為之錯愕不已。這張條子，我請曾仲鳴事後除下來贈給我，作為紀念。我一直保存了十多年，至抗戰期間，逃難時遺失，痛惜無極。這座草臺，草不草可以不管，至於這隻曲子，唱得出唱不出，則是大家的事，看大家爭氣不爭氣。然而他老人家的心事就在這裡，臨別仍以此為贈。

　　吳先生去後，褚民誼亦去，後來曾仲鳴亦去，由劉大悲先生出任秘書。中法大學之經費，本由中法兩國政府分擔，而中國方面，廣東省似亦分擔一半。自民十一年以後，國內政局，動盪不安，廣東方面，變動更大，影響所及，中國政府所協助之經費，無形中斷，乃由法國政府墊出款項，予以維持。從此以後，大家的生活，一路困難，因為經費斷了，津貼也斷了，各人須要自行掙扎。幸而學費與膳宿費不必擔憂，賴有大學協會出而維持，然後可以捱下去。是時吳先生在上海亦趕往北京，向總統徐世昌請求撥款救濟。以後中國及廣東方面，或斷或續，時有款項寄到。

　　由此可知，這幾年來，大家在這座草臺，都是困苦艱難，極力掙扎。其成就如何，我們身在其中，當然不敢恭維，然亦未便予以過低之評價。所慶幸者，是能在吳蔡李諸公啟導之下得有所秉承，以為依據。當時吳蔡李諸公都有一種氣象，眼光看得遠大，心胸開得寬廣。這種氣象，這種胸襟，到了晚一輩，便不容易見到了。

　　我於一九二六年之初，離開里昂，一隔三十年，復於一九五四年重遊歐土。在英國牛津住了一年，翌年夏天，再到法國，復到里昂，重溫三十年前之舊夢。

　　雖然經過一場大戰，而且經過不少破壞，但里昂的面貌，與從前髣髴一樣。兩條江，La Rhone et la Saone，江水縈回，一帶石橋，橫跨兩岸，我們落山，一過江，便是里昂大學，一邊是文理學院，又一邊是法醫學院，這是大家知道的。舉頭一望，山上浮維Forviere大教堂，塔頂圓穹上畫，每逢慶節，晚上燈火通明，砌出「主祐我們Dieu nous protese」四個大字，這亦是大家知道的。城內市中心區，由貝爾古廣場Place Bellecour起，沿共和道Avenue Republique 一路到歌劇院Grand Theatre，這一帶是最繁盛的地方；而今依然如故。這裡有兩間咖啡館，使我們不能忘懷，一是在貝爾古廣場內窗牖玲瓏之「金屋Maison Doree」，一又是共和道之高等咖啡館Café Royal，都依然無恙，而且風味不亞於往昔。

　　還有可注意的，入共和道，即赫然見到那間進步報Le progres。經過一場大戰與政局變遷，巴黎那些大報時報Le temps、日報Quotidien等都倒了。里昂的也倒了。惟有進步報在從前是里昂第一間大報，現在仍然掌領報壇，巋然卓立。這是因為該報在戰爭期內，不屈不撓，自動停刊，戰後乃得光榮復版。

　　來到里昂，恍如重返第二故鄉。我要做的有兩件事，一是訪候舊友雷賓M.Levin與世界語同志一聚；又一是探訪中法大學的舊址。而今一述後者。

　　舊跡追尋，我先到貝爾古廣場Place Bellecour，眺望一回，然後出來，循路而行，那裡有幾間書店，和從前一樣。再往，是市立圖書館，右邊一轉角，便是里昂最老的聖若望St.Jean大教堂。對面，便是上山纜車之起站。由此乘纜車上山，到終站下車，便是聖儒士St. Just區。這一區，從前最熟，雖屬郊外，而人煙頗稠密，住戶人家、雜貨小店，如鱗次櫛比。而今不同了，人煙少了，店戶也稀疏了。一路行來，頗覺蕭條，而且有荒涼之感。一到三叉路口，已清楚見到聖提里尼堡，此即舊時之校舍。大門外橫額，仍然刻著褚民誼所寫的中法大學四個字，心中不禁怦然。

　　時大門緊閉。按鈴後，有人開門，我即道達來意。闇者引至樓上（即從前之女生宿舍），見負責之舍監（仍稱Econome）。這位舍監一見到我，即說，我知道你來了。問其何以知道，則說從報上讀到。大約報上之新聞，是由里昂世界語會發出，預先為我排定幾項節目。

　　舍監見了我，十分歡喜，談了多時，為我解釋一切，隨即帶我巡視一周，知道戰時里昂曾遭砲火，此堡收回駐兵。戰後將軍隊撤出，復交還大學協會，由大學協會再加修葺，仍然作學生宿舍之用。不過此時已無中國學生，祇有法國學生了。

　　宿舍那棟樓房，還是和從前一樣。惟一入大門那一大塊空地，從前算是校園，供散步之用，而今已有一小部分，改成籬落，略植花木，雖有點綴，然反覺其狹隘，不如以前之寬廣開闊。至於校門對入後座那部分，從前是廢址，現在已經改建，略有房舍。

　　我所要知道的，是從前那些紀錄冊籍、文書檔案，如何處置，據說，已移交大學協會。我尤其關心的，是從前有一間小圖書館，收藏不少華文書籍，其中有一部分十分珍貴，是吳先生親自帶來的那一批六書音韻訓詁的舊籍。吳先生專精此學，與章太炎齊名，而篆書之高妙，則

遠過之。我當時因未起草論文（埃及象形文與中國六書），曾經將這些書借出來，下過一番功夫去研究，所以印象甚深。據云，此批圖書亦全數移交大學協會，歸入里昂大學圖書館之內，而另成專館。

與舍監談過之後，我再眺望一回，然後興辭而出。一出大門，對面本來就是從前的協和飯店，而今已完全改觀了。路口右邊一間最大的Epicerie（雜貨店），從前貨色甚多，顧客不絕，我們日常用品，以至紅酒水果之類，多取給於是，而今亦不見了。因為思潮不斷，餘興未闌，我就在路左一間小咖啡館坐下來，細細沉吟，以作排遣。

翌日，我仍然乘纜車上山，不過到了半山，即行下車，轉往浮維Fourviere大教堂，作一番瞻仰。又翌日，偕老友M.Levin及世界語同志往遊「髯島'lle Barbe」及里昂附近一座十三世紀之古城Perouge，這些都是從前流連過而繫念不已的。

里昂歌劇院Grand Theatre de Lyon從前是有約必到的地方，當時最有名的一位藝員是Mme. Yakowleva。院內座次，多至不下十種，票價最昂的是前座Fauteuil d'Orchestre，四十佛郎，最廉的是最高的第五層，兩佛郎。由兩佛郎以至四十佛郎，我幾乎沒有一等不曾坐過。此次因為夏季停歇，不得入院一觀，深為可惜。

此次重來，由英國以至法國瑞士義大利，我做了六十幾首六言絕句的記遊詩。來到里昂，訪尋舊校，亦得三首。錄之於下，以作一個結束。

> 寺塔圓穹凌矗。江流雙水洄縈。遙望石橋黌舍。不勝依戀之情。
> 去後前賢殂謝（吳蔡班樂衛諸公已歸道山）。歸來舊壘依舊。
> 一代江山未老。卅年人事全非。
> 尚有摩挲手跡。多年曾此宮牆。舊館倘容停駐。新知重與商量。

這三首詩的最後兩句，是我當時所深深感到的。假如此地容許我停下來，則我必然再作努力，重新向學海沾濡一下。如此，則不祇返回少壯，而且無異獲得重生了。（吳稚暉先生一百十歲誕辰紀念特輯）

八、隨吳稚暉先生同船赴法記

商文立

考取里昂中法大學

我於民國十年七月某日,在南京高等師範(即後來東南大學)學校閱報時,看到法國里昂大學招考學生廣告,約偕同鄉張廷休何兆清三人去應考,同去應考的尚有我同班廣東學生何衍璿君。因為那時正是學校放暑假,江浙等省同學都回家度假去了,所以高等師範只有我們四人來應考。大約是在七月某日,我們四人到了上海,何君係住同鄉家,我們則住在法租界辣斐德路,試場在南市大同大學。我們坐電車去南市,在車上我們遇見一位身材高大而非常健康,目光炯炯,身著黑色西服白褲白鞋,年約五十以上,嘴上蓄有短鬚的長者,與我們同車。我非常詫異,因為那時著西裝人很少,老人著西裝更少之又少,我想他或許日本人或華僑,殊知我們在大同大學門口下車,他亦同我們下車並到大同大學去。同鄉張廷休君當時尚未習慣坐電車,下車稍快,跌了一交。我們在考場便見這位老人是來考試我們的。考生並不太多,不過一百餘人。上午像是考國文英文,下午考數學,都是老人親自出題,英文數學則是先印就一張試卷,國文題則是老人寫在黑板上。考完出來,我們問這位老人是誰?有知道的便答,他就是鼎鼎大名吳稚暉先生。當天晚上我們就回南京,也不預備考上。因為我們看中法大學章程是完全自費,一切船費治裝都要自費,且每年學雜費要千元之譜,即使那時佛郎價賤,也要七八百元方能濟事。比起我們在南高師學宿膳等費都由學校供給,我們何能到法國去讀書呢。所以我們亦未想到會考上,但不到一禮拜,通知單來了,說我們四人都被考上,要我們趕快到上海去治裝,辦護照準備上法國郵輪「波朵時」號,何衍璿君因有同鄉幫忙,治裝上船,都無問題。我與何張兩兄要打電報回貴州去籌款,亦來不及,往返非一月以後不可,我同兩位商量,無論如何能夠考取總得要去一試,因為我早有決心,要到外國去,即使如何辛苦,也要去的,不過遲早而已。計我由黔離家不到兩年,我的母親及我結髮徐女士都相繼去世,所以

我傷心極了，非學有根底不能回家。張何兩兄他們不如我積極。我當時獨自一人，寫一封信給吳先生，說我們三位考取的貴州學生，打電報回家籌款，要一月以後方能到，請先生把我們考取的名額暫時保留，等到貴州款寄到後，我們便自己來。大約三天以後接到吳先生一封掛號信，是吳先生親自寫的，他說你們三人家住貴州，一時籌款也來不及，當是實情，祇要你們校長郭秉文先生能替你們擔保，船費及治裝費每人二百元，我可以先借給你們的。但是事有湊巧，當時郭秉文先生考察教育在國外，尚未回來，我們回信吳先生，感謝吳先生好意，祇是郭秉文尚未回國，我們可否請一位大學校長，河海工程專科大學校長許肇南先生替我們擔保，當得吳先生許可。我們在民厚南里找到許肇南先生，許先生一口承允蓋章擔保。緣許先生他是留美工程專家，又是貴州人，我們所以敢於請許先生者以此之故。將擔保書交吳先生，當給我們每人二百元治裝費，我覺祇有二百元治裝費恐怕不夠，又向朋友借了三百元，方能勉強上船。張廷休臨時變計，決計不去了。貴州同鄉只有我和何兆清二人而已。後來我們到里昂後，收到家中款，亦將各人二百元還與吳先生。

黃浦灘上船

我還記得那是八月十三日上午八時，我們由小火輪在黃浦江中接送到「波朵時」，到了船上，吳先生當又先到了，有好多同學上船，一時弄不清楚，因為北平到了一批由李石曾先生考取的學生多人亦同乘此船到法。到船上看見吳先生，同時看見章警秋先生，因為警秋兄他們在吳先生處，所以我們一初治裝及請護照都是他幫忙籌辦的。

船一開出楊樹浦，便見大海一片汪洋，了無邊際，心中說不盡的暢快。因為我們貴州邊地人，那有機會到法國去留學，不是吳先生給我的機會，那能舒舒服服的考取而留學去。在前一年有一批貴州留法勤工儉學生約我們到了上海，商量到法國去，我們覺得沒有把握，所以未同他們去。此刻我們考取里大，似乎前途要光明多了。

廉價艙位

我們由楊樹浦上了船，吳先生章警秋等諸人遂引我們到房艙中，各定舖位。那本是船上病房，臨時改作四等艙。容納我們將近二百人，此

種房艙，床架是鐵的，分上下二舖。女生是在角上，用木板隔了一大間，歸他們有二三十位女生住。吳先生是同我們一樣住在一大艙裡，船位雖然四等，但用餐在下面三等艙餐廳。我在前幾天纔聽到徐廷瑚兄對我談起，交涉這種艙位，尚費了不少氣力。事情是這樣的，本來李石曾先生同法國外交部交涉中國勤工儉學生乘法國郵船到法國，是由法政府向法國郵船公司交涉，坐這種病房床位，專為中國儉學生而設。船上本來沒有所謂四等艙，因為對中國儉學生要特別廉價，不能坐普通三等艙位，船費只是大洋壹百元，用餐也是特別廉價，每餐只有葷素兩菜，葷菜是紅燒牛肉，素菜是安南出產四季豆，船上尚要供應冷熱水及洗澡用水等，勤工儉學生去的多了，已經達數千人，郵船公司賠了大本。就在我們去的前幾天，北京法國公使館通知李先生，船公司對於我們這一批坐法國船的，不答應再用前時每人一百銀元的廉價船費，要每人收四百元大洋，才許搭這樣床位。李先生不答應，法國公使說，我國船公司是私人企業，不是政府所能命令他們減價的，他們賠本太多了，船公司無錢再賠。李先生只得向上海法國總領事寫信，請他想辦法，無論如何，我們學生都已考選出來了，我們不能向學生食言，不能廉價坐船。信是由徐廷瑚兄親交上海法國總領事，法總領事接到李先生信，因為他和李先生交誼很深，他便向法國安南總督交涉，准許此次到法國去的學生，仍坐廉價艙位，但以此次為限，下不為例了。當徐兄向吳先生說明此次交涉成功，吳先生高興極了。所以我們能坐這次廉價船，其中曲折甚多。李先生在去世前幾天，曾向徐廷瑚兄談起，要將這次交涉原委，請徐兄特別記載出來，以資紀念，我得徐兄允許，將此段交涉始末記錄於此。

船到香港

船離開上海第二天早晨就到了香港，因為法國郵船走得甚快。大約早晨七點鐘船靠在香港水灘中間，由小輪轉送到海岸，我與何兆清何衍璿兄同乘一小輪上岸，到先施永安公司買些小物。回船來看見汪精衛君同陳璧君引了一批廣東同學來到船上。因為里昂大學經費是由三方面湊合而成，法國外交部出了一筆錢，中國外交部與外國同一樣出錢，但尚不夠，後來廣東要送一批學生出國，因此與李吳兩先生商量，廣東省政府亦出一大部分錢，凡廣東在高師及法政專門學校畢業的學生，或在北京大學及其他大學畢業的廣東學生，都可以去，不必經過試驗，去到里

昂進法國各大學或專門學校，都是公費；除學費及食宿而外，尚有津貼若干，因此這一批廣東學生，就比較佔多數，而且他們都是公費。何衍璿兄雖然是由上海考取的，亦取得同樣待遇。

汪精衛精神強健，身體魁梧，看是吳先生所稱白面郎君，而陳璧君就顯得蒼老，看起來不像一對夫婦，我非常詫異。汪且向吳先生報告，說廣東局勢很好，劉震寰已打到廣西，不久廣西就有變局，陸榮廷等都被趕走，大元帥就要北伐了。吳先生及我們大家都很高興，將來中國局勢顯得更好，我們在外國，想來也能安心求學。汪精衛非常尊敬吳先生，處處都顯得他是後輩的樣子。看見吳先生坐在同一艙位，就替吳先生擔心，恐怕這幾十天行程，吳先生太辛苦了，便要吳先生換艙位，吳先生那裏肯，說這是最好與青年接近的機會，你不必替我擔心。不久汪下船，我們就別了香港，船向西貢馳行而去。

船開西貢

船一開出香港，因為人多，天氣亦很熱，船上甲板面積太小，每人一張帆布椅就安不下，所以許多人就到三等艙或二等艙甲板上去聊天。吳先生便在艙門口貼上一小條，警告大家不要亂跑，恐遭船上洋警員干涉，那時只好自認晦氣，真不好看。船上規矩很嚴，上等艙可以下到下等，下等艙不能上到上等艙，除非有熟人領帶，這是洋毛子不平等觀念，也是維持秩序不可少的規定。在四等艙甲板上，只要太陽光不太熱，大家都圍到吳先生所在的地方去，聽先生上下古今談。三等艙用餐亦不理想，因為菜只有紅燒牛肉，天天吃著不是味道，所以只要有機會，大家都買一些罐頭等類，臨時添菜。試想一百大洋船費，要行三十多天，船東當然非賠本不可。所以香港到西貢，只有三天途程，船行亦穩，沒有風浪，亦未有人嘔吐，即使有也不算大，不覺就到了西貢。

西貢是越南南部商埠，土貨出口集中於此，法國船來往，照例都要停兩三天，以便上貨下貨。商埠很繁華熱鬧，堤岸集中華僑甚多。華僑聽到吳先生在船上，便派人來請吳先生到堤岸去游樂一天，我們有少數幾個人亦跟著去，那知華僑很客氣，大宴吳先生，又開歡迎會聽吳先生演講，演講完了，又請吳先生寫字，鬧了一整天。第三天吳先生累了，就未上岸，在船上住了一天。西貢天氣很熱，濕氣又重，幸虧只有三天，否則便要悶死人。西貢街頭到處都是法國人塑的銅像，我當時很討

厭這些銅像，悲憤填膺，不覺吟詩數句：「銅像巍巍樹滿街，亡國之禍自天來，澎湖海上孤拔死，猶令約成費疑猜。」因為中法戰爭我們在澎湖砲臺擊中法軍主力艦，將其主帥孤拔打死；又在鎮南關劉永福黑旗軍將法國陸軍打得投盔棄甲，殺死三千餘法軍，傷者不計其數，而北京總理各國事務衙門恭親王不知我軍打勝，硬將安南讓與法國，此事在我國是一奇恥大辱事件，亦見當時消息不靈通一至於此。我不大研究中法戰爭故事，海上打死孤拔與劉永福黑旗大勝法軍一事，是否在此一時連在一起，手中無參考書，不敢斷定，不過中法戰爭很多誤事大臣，當時不知法軍虛實不能撐持，活活將我國臣服數千年之越南放棄，實在可惜。

船開新加坡

法國船在西貢上貨三天，第四天開出西貢，像新加坡進發。船行仍無風浪，四天後到了新加坡。新加坡是英國屬地，法人在此無大生意，只停了幾個小時就離開了，所以我亦未上岸。新加坡華人甚多，印度人亦不少。新加坡上來很多印度人，都是些小商人，印度人用右手抓飯，左手洗汙物，我見他們常常用左手提一香烟罐水，最初我不知道提此何用，後來到廁所見到徧地是水，才知道他們是用手將水洗屁股，印度這種惡劣習慣，真是不堪入目。第二次我由法國回國經新加坡時，才上岸去一遊，方知新加坡全是華人勢力，街上完全和本國一樣，到新加坡如到上海香港，徧街華人商店，招牌也是用華文，英國人有名無實管理了新加坡幾十年。第二次大戰後，新加坡便獨立自主了。中國人到西方勢力以新加坡為止，過了新加坡，則華人華僑便少得多了。

船開哥倫坡

哥倫坡是錫南商埠。由新加坡到哥倫坡要行四天。這四天正是八月中秋時候，每夜月明如晝，我們在甲板上談到深夜，船行亦無風浪。在此明月之夜，常常令人回思無窮。想到學校前途，萬一家中滙不來款，將如何是好。又想起我母親如何去世，又想起愛妻如何因病回家，死在她娘家，這些都使我悲傷如絞，愈想愈難過。所以最好往人多地方去找人閒談消遣。常常同吳先生一起，聽他說古道今，倒還可以解悶一時。我在船上第一討厭狄君武，那時他的名字叫狄福鼎，他是太倉人，北京

大學文科畢業，有點看不起南京高師學生。我在船上，他問我是那省人，我說我是貴州人，他不客氣說：你是貴州苗子，我說貴州全賴苗子開闢，如沒有苗子，便沒有貴州，你這傢伙什麼都不懂，你江蘇地方也未必有貴州那樣寬濶廣大，寶藏也未必有貴州那樣多。後來我到法國，一直不與他講話。我在里昂辦理國民黨支部，我索性把他開除黨籍，但後來到了南京重慶，纔慢慢恢復感情，又和好如初。我在船上，有一天問吳先生，這一次在上海考的學生究竟有好多人，未見發榜，我們也無從知道，是不是考取的都來了，或者還有多少未來，是那人考得最好，他說考取的差不多到齊了，考得好的如以英文國文算學三種分數平均，你算是第一名了。我當時也未表示向吳先生致敬。實在是我生平為人短於言辭，不能因應環境，所以我非外交官材料，也非做官材料，平生就是這樣胡裡胡塗混日子，不想上進，也看不起比我上進的人，但我甚想交友，也得許多朋友幫助，有困難有機會的時候，總是朋友把我提升起來，所以想到儒家五倫八德，實在道理深沉，朋友比父母兄弟是一般重要。在船因為天氣太好，夜夜都有月光，不知不覺便將印度洋四天海程度過，不覺到了印度錫南海港哥倫坡了。哥倫坡是英國殖民地，法國船無多大生意，停船也不過數小時——上煤上水而已。聽說岸上亦無多大好玩，所以我也未上去。我第二次到哥倫坡，是回國經此，倒去看了一下，盡是印度風味，不見一個中國人影子，地方倒滿清淨，小商人賣假寶石真寶石都有，然而談不上大生意，比起來新加坡西貢都不如了。

船開紅海

聽說由哥倫坡到達法國屬地「其布的」要七天海程，船上有哥倫坡許多小販，順便買了一些食品東西。在船上多天了，也認識船上廚司，這些廚司，多半是寧波人，聽說船上機器間、燒火伙伕也是寧波人。歐美船隻都是一樣的，廚司是中國人，伙伕一律都是中國人。中國人在船底部燒火，或者做廚司，都是比較辛苦工作，洋毛子不願意做，所以才落到中國人來做，也因為這些苦工間，船警很少去察看，所以伙伕每當船回到中國時，都帶一批豬崽出國，所以我們那些到大西洋或者渡過太平洋到檀香山的老年華僑，都是豬崽出身，就是這個道理。這些人到了繁盛地方去，最初幾十天或數月找不到工作，便在華僑會所吃飯不要

錢，等到找到工作，才慢慢還吃飯錢。多住幾年，他們便有了儲蓄，這時或在外或在國內娶一門妻子，他們便立業起來，也有成大器做大生意的，而多數開華人小店如洗衣、剪髮、廚子之類。而華僑在外國起初做的是食品小販，我在新加坡遇到的華僑小販，都是賣食品的，而他們這種做法，也是很合理想的，因為每天總有三餐飯要吃，缺了一餐都不行，他們賣食品是先把自己食的問題解決。在馬來西亞或者安南或者新加坡，因為天氣熱，房屋住的問題容易解決，穿的不成問題，華僑就是這樣滋生發達起來的。聽說山東河南人下關東，或者到西伯利亞去，也是一樣的先做包子麵食等類，將吃的問題先解決。我們在印度洋度了很多，從西貢到「其布的」要坐二個禮拜的船，而由哥倫坡到其布的比較是久而無可看的日子，每天都是汪洋一片連飛鳥也不見一個，倒是船邊水中有好多小飛魚，輪船一過，他們便出來了，他們是來撿船上流出來許多小吃物，他們游泳比較船慢，遇到船一接觸他，他便飛起來避船，倒非常有趣的。到了晚間，水中多有小星星，聽說是水母之類，他們身上有電光，所以水中便發出小電燈，但是太小了，看不到大的。倒是有一天我們遇到大海魚羣，大約是劍魚吧，那一羣魚有幾百里路寬，輪船觸到他們，他們都跳躍起來，此起彼仆，大約有半個鐘頭，全洋都是此種長有四、五尺長的大魚，煞是好看。聽說有時跳得很高，有的跳上船來。

船上生活與蘇彝士運河

自從我們與寧波廚子打交道，我們食的問題要好點，因為可以向他買小菜或點心或零食，不一定要吃紅燒牛肉，而亦有法可令肚飽。船由哥倫坡開出，天氣均好，我們此次船行未遇到大風，連大雨也不見，真是幸運。吳先生精神真好，每天要照顧我們，又要與國內及法國方面通信，每天總寫了很多信或是打電報。通常他都起的很早，起來照例叫吳銅构兄到處打掃檢字紙，船上通是乾乾淨淨。船面甲板上則是船上水手的工作，每天一大早，便見水手放水沖洗船面。甲板沖洗好了，我們又放開每人所帶的帆布椅，大家坐而談天，水手見我們都是學生，都沒有粗穢言辭或猙獰面目。因有吳先生在，我們學生都很膽小，男女在船上談心的，可謂絕無僅有，僅有的是邱代明與潘玉良女士，因為他們倆是上海藝專同學，他們有的時候藉寫真為名，將畫板放在膝上，兩人藉繪

畫而談心。當時我以為他們是夫婦，經調查是同學而已，每天如此，不免令人羨煞。有時覺得他們太過分親熱，心中又不以為然─可見那時男女問題，尚不如今天開放。船到「其布的」未停多久，因為那地方太熱，沒有幾人下船。不久就到了紅海。紅海海水是黃色，被太陽一照都像是紅的，所以名為紅海。聽吳先生說此地一年四季都不下雨，很少幾年有一二次雨，所以非常熱。岸上都是赤土黃山不見一棵樹，也沒有人家，聽說那個半島全是如此，一片沙漠，白天人都躲在洞裏，到了晚上氣候又要降到冰點以下。

紅海雖小要走三天。過了紅海則達蘇彝士運河南口，蘇彝士運河只是一條水溝，僅能容一輪船開行，對面來的船要避到運河小灣，經常有人管理船隻，所以每天也可能有十幾隻船來往。開此運河是法國人才門博士，當時是公司組織，發行股票，英國人買其大部分股票，所以航行全是英人操縱。現在則被埃及用兵收回。起初英法想聯軍爭回，而美國人不答應，英國艾登內閣就因此下台。民國五十六年以埃戰爭，以色列占據西奈半島，運河就關閉了。運河全長只有八十多公里，所以不到幾小時，就到了北口地中海了。到北口見到地中海很多小帆船，氣候也不同了。海口之西是「波賽」碼頭是埃及城市，氣派也如歐美城市一樣，不過清潔則不及。我在「波賽」到一百貨公司去買物，該公司一小姐楚楚動人，他看我那時年輕英俊，眼睛不停向我看，我與他說一兩句英文，他便熱情接待我，真有異鄉愛慕之感，可惜只有幾分鐘情調，至今猶能想像其面貌，亦可見男女愛慕出於自然，沒有國界也無種界。人類到無國界，我想其實現必不在遠。此則科學之賜、機械之賜，人類自由平等，則是天經地義。我認為強權主義共產主義都是多餘，大同思想科學主義此則為吾人今後之不易方針也。

過地中海到馬賽

波賽到馬賽要走兩天工夫，或者有時要到三天。地中海管轂歐亞非三洲，埃及文化西伯來文化希臘羅馬文化發祥之地，猶太教耶穌教回教倡行之所，東西文化分隔之區。到了地中海，就置身於歐羅巴洲了。波平浪靜，經年碧綠，航行在此海中，真令人無限放懷，也無限感慨。回想古代埃及波斯希臘羅馬多少英雄多少帝王出沒於此海，近代拿破崙惠靈登諸豪傑於此海亦大放光芒，永垂歷史。

　　由波賽開船第二天，便過意大利西西里島，遙見島上建築宏偉，一抹煙霞空繚繞。第三天早上便到目的地法國南方大鎮馬賽了。船一靠岸，便見褚民誼石藕青李曉生先生等在碼頭恭候。不久他們便一個個都上船來了，我們便由他們指揮，把護照行李都拿出來，經過檢查便都上岸，只見吳先生在發脾氣，石藕青先生連忙賠不是，不知甚麼道理。我們在碼頭行了一段路，也未坐車，便到一家飯館去用餐，在船上吃了幾十天紅燒牛肉，到此才大嚼一餐，真是夠味。我還記得一種水果甜瓜，非常有味，吃過飯後，便自由三五成羣逛馬賽公園等處。因為坐火車到里昂，要到晚上九點鐘才開行，以便晨間到里昂，好下車下行李，不然晚間到里昂便費事了。在馬賽街上一走，便見路旁許多小菜攤，一如家鄉小菜如江豆四季豆茄子黃瓜之類都有，心中便覺十分高興，很詫異外國也有四季豆江豆。馬賽街頭也整齊清潔，但與上海香港一比，房子是整齊，都是一律六七層，沒有平房，也沒有高樓大廈，街上行人則比較少，因為外國人不是星期天都無時間逛街，街上警察也少，我們便悠然在馬賽多處街頭、小公園玩玩，到晚上用過晚餐，便上火車向里昂進發。火車上睡了一覺，開窗一望，天色已將要天亮了，氣候亦覺有點冷，只見法國田園都很整齊，夜色中看到一排排白楊樹，不久便到里昂車站「伯那雪」了。只見法國人中有一鬍鬚花白老者來歡迎我們，他與吳先生為禮，而李曉生褚民誼石藕青先生等都與我們同車來，下車後行李都是李先生幫忙照顧，所以也就樂得手中各人提一小包而已。由「伯那雪」到里昂中法大學，要走一段上山路。吳先生上山不覺得疲倦，那位鬍鬚斑白老者則有點喘氣，後來打聽，便是中法教育協會秘書長古恆先生。

到里昂中法大學

　　我們上到山上，便見一個大門，門上書有「中法大學」四字。進門一看，在右邊一棟石牆高樓，樓高五層，經過新近裝修。二到五樓有學生宿舍一百餘間，每間都有熱氣爐設備，窗明淨几，有衣櫥、書櫥及寫字桌一大張，四人或三人或二人都可用，有床有很厚軍中用厚墊，每人各一。我便抽到二樓靠外一間，與何兆清何兆璿三人同住，這便是我在法國五年寫讀的一間房子，五年中我都未搬過房間。大樓底層有教室四大間，有餐廳，有客廳一大間，有洗澡淋浴數間，另在大樓外面上方，

上兩道右階有大禮堂為開會及集社之用。由外面大門進來，另是一棟石屋，下面有外會客室有門房有門房宿舍，樓上則為女生及女學監宿舍及女生會客室等。由大門進來便是斜坡，斜坡之中有石一方，可坐六七人。在石之左有一小坵，循小坵小徑而上，另有草坪一大片及數株丁香花，在此小坵之上可俯覽里昂全城。向東一望便是阿爾卑斯大雪山及虹河和數座建築宏偉極富美感的大橋。過橋便是里昂大學各學院及里昂大學區諸專科學校。循禮堂而左，進到後坡，另有一大棟石屋，由樓下穿走後山，有草坪小坵數十畝，中有大樹數株。小坵外又有石溝，寬達數丈，石溝包圍後山及於前坡達數里。溝邊另有隧道，可以直通前面大樓。原來此處是拿破崙第三時代興建的軍事砲臺，故其四面軍事細石磚砌，大樓等石堅工細，石溝可以進水阻敵過來，城高地深，堅固異常。但自從修好後，沒有一次遭過攻取，故法國要人如赫禮歐學人如雷賓等主張借與中國，作為里昂中法大學中國學生宿舍之處。學生在此食宿，法文預備好後，方到里昂附近各校去上班求學。我們有一百餘學生在此美好的環境裏用心求學。頭一年預備法文，有教師八人皆飽學之士；第二年則有多人入里昂大學，成績甚佳，法人及法報均嘖嘖稱道。我在此讀了整整五年書，電機工程師法學博士文憑都拿到手，急急回家。我要感謝吳先生的栽培；我要稱讚中法人士之高瞻遠矚，造就如此眾多人才；我要高歌中法兩國互相攜手合作為學術為和平而奮鬥。（吳稚暉先生一百十歲誕辰紀念特輯）

九、里昂零憶

崔載陽

　　記得民國十年，我還在國立廣東高等師範學校讀書。到暑假的時候，廣東省就招考留法公費學生。我現在已記不起自己當時投考留法的最大動機是什麼了，但他好像充滿著吸引我們青年嚮往的力量，就是當時領導和主辦法國留學的人物，即為吳稚暉、蔡元培、李石曾諸先生。我們對諸先生雖不認識，但無疑早已聞名敬仰，深信他們的留學方針和辦學方法必沒有錯，所以就隨大家熱烈報名投考去了。

　　不知是否由於一時的幸運，或是其他原因，當時被錄取的廣東公費學生似有三十餘人。到八、九月時，法國一艘載重約二萬噸的郵船，名叫「波多士」，由上海經香港開往法國南部。我們就在香港上船，會同各省留法同學一百零五人，一同前往。在月餘載運中，眼見吳稚暉先生與我們同起居、同飲食、同談笑，絲毫沒有隔閡，這已給我們青年一種最深刻的印象與安全感。

　　「波多士」郵船到了法國南部馬賽，我們學生團體便改乘火車直達法國中部里昂。位在里昂西北部一小山上，有一座舊式的碉堡，當時已經改名為中法大學，用作我們自修與食宿之處。此碉堡樓高三層，內部寬敞，可容納數百人。在碉堡區域範圍內，還另有一座大禮堂，一大塊空地，和一個小山岡。因此無論天雨天晴，就是關起校門，都有我們輕步遊散，或聚集漫談之地。除了環境清靜可愛，在小山上並可望到整個里昂與桑河、虹河的滙流，景緻優美，令人難忘。創辦中法大學的人，能夠選得這樣理想非常的勝地，無疑是富有眼光和經驗的。

　　里昂中法大學的同學，食宿自修在碉堡裡，但上課研究則分頭到里昂大學文理法醫各學院。各同學來自國內各省，大家語言不同，習慣不同，所學不同，但都各有專長，而且多極勤奮，各人彼此之間因而都常有極良好的影響。例如一位唐同學，他對鋼琴頗有天分，不只琴彈得好，而且常對我們大談貝多芬、舒伯特的風格，使我們這些音樂門外漢，一方面對音樂擴大了見識，增加了情操，另一方面也提高了人性，美化了心靈。這或就是中法大學之所以為大學之處。

稚暉先生與我們同住年餘，他的生活真是樸素無華，穿的都是破舊衣服，每餐飯時，只要進他房間，便會發現他除了陽春麵或煎蛋夾麵包外，就不見有更多可吃的東西。有些同學就常暗中懷疑，吳先生對維持自己的康健，是否已足夠。殊不知正是這樣，他就一直達到九十高齡。尤可欽佩的就是他的充沛精神，無論他坐在小房間內，或在空曠院中的大石頭上，他對我們一開口就常說個不停。他似乎不是一個什麼專家，但他內對文史政教，外對物理天文，都是上下古今，無所不談，無所不熟。最有趣的是我們廣東青年，那時一方面正熱烈讚歎他老人家的遠見宏識，與博學多能，一方面還得細心體驗和靜氣理解他的方言國語。

回憶我們初到中法大學時，每都以惡性補習法文。我在國立高等師範英語部原曾學過兩年法文，所以再加補習，亦頗不覺困難，故到了第二年後，我即去里昂大學文學院報名上課。里大那時開的功課有哲學、教育學、社會學、倫理學、邏輯學、哲學史等多種。我除聽課外，這年並準備投考一張最高教育文憑（約當碩士學位文憑）。其後到第三年（即民十三年）我再進一步準備博士論文研究；問題是有關法美兩個著名學者教育哲學的比較。

在第一次世界大戰前後，代表法國最高精神創造的人文與社會科學，當推巴黎大學涂爾幹教授（Prof. Z. Durkheim）所領導的「法蘭西社會學派」。這個學派最重是「社會」，認社會為一集體意識，先個人意識而存在，為個人意識的根源。這與英美個人自由學說迥然不同。尤其在教育方面，他們這種集體意識的教育，確與美國杜威等人的實用主義和工具主義教育甚為差異。只可惜民國十五年，我寫好了這篇有關法美兩派領導人物教育哲學的比較論文時，吳稚暉先生此時已離開里昂，回國參加革命，再無法請他對如何調解法美教育思想的問題，多予教正了。

法國里昂大學文科當時名師輩出，如Segond教授，如Bouchard教授，他們對我們青年的學問與人格，都甚有裨益與提示。但除了各名教授誠懇研究與認真教學，我們中法大學對於法國當時的各大人物，更還常有機會接觸和瞻仰，例如里昂市長赫禮歐，他就是一個很負盛名的文學家，又是法國後來著名的內閣總理，始終與我們中法大學發生聯繫；又如法國極有名的法蘭西院士和數學家班樂衛，也因創校之故，常與中法大學發生教育事業的關連，而獲得我們青年極崇高的仰慕和追憶。

到民國十五年，國立中山大學曾派鄭兄彥棻等多人來里昂中法大學留學，中法大學便開始與三民主義和中國國民黨發生密切聯繫。我和許

多同學除直接研讀三民主義，更加入中國國民黨，並且負責留法區黨部黨員訓練的工作。其中經過原因雖多，但造成這種結果，無疑也受了稚暉先生之道德人格無限感召的影響。由此說來，無論有意無意，吳先生顯然都是我們一生精神中最主要的培養者了。

我留法七年，除在里昂讀書、寫作，如寫與當時論文有關的「近代六大家心理學」、「近代六大家社會學」，和譯涂爾幹的「道德教育論」等等。此外，亦偶然到里昂大戲院看看名角Yakoleva演戲，或到里昂公園中聽聽音樂會，喝鮮奶咖啡，或約友如黃尊生兄等，到郊外去買些葡萄、香蕉，或花生米，邊走邊吃，過著些極清靜休閒的生活。可是從未離開過法國到各國旅行。

然而回國十年以後（即民廿七年）從中山大學得有機會到法國巴黎參加國際民眾教育會議，並宣讀研究論文「中國民族教育哲學」。開會終了更趁機會趕到里昂中法大學一觀情境。那時碉堡門雖虛掩，然已人去樓空，我乃緩步繞行一週，並在禮堂前空地的大石頭上靜靜坐下，或心潮澎湃，或沉思默想，始知中法大學的歷史，只有十五六年的歷史，而養成各種專材卻已布於全國。

其後，我索然起身出門，到意、瑞、德、波、俄、丹、英、美等國隨意考查一年。但這有什麼關係呢？無論何時何地，一當我想及在里昂時曾長期過著一種寧靜致遠的精神境界，我即承認這纔是我一生中最美好進步的時光。現在如果有人問我，若再有機會回復青年生活，應該做些什麼纔好？我將毫不考慮的告訴他們，還願再回里昂讀書去呢！

民國六十三年三月於臺北新北投（吳稚暉先生一百十歲誕辰紀念特輯）

十、憶里昂

── 三訪中法大學

丘正歐

一

提起里昂，許多中國人都聽說過或遊歷過這個僅次於巴黎與馬賽的法國第三大城；而且不少中國留法同學都曾經旅居斯地，並在這裡度過他們求學生活的一段時間，留下或多或少值得懷念、永難忘記的事蹟。

那是因為里昂獨有一座「中法大學」，這是法國，甚至世界各國，都未曾有過，足供中國留學生安居歡聚，一如家庭的場所。

里昂中法大學，是在中國友人，里昂前市長及法國前內閣總理赫禮歐先生主持贊助之下，經由吳稚暉先生與李石曾兩先生所創設的。創設中法大學的主要目的，在使我國留學青年獲得一個海外學生之家，可以安置他們、照顧他們，減輕他們舉目無親之苦，而得以安心求學；同時，經由這個中法大學的設立，可以促進中法文化的交流，加強中法各項的合作。這實在是極富意義的一件大事。

因此，自從中法大學創設以後，先後收容了許多我國公費派遣的留法學生，並由此造就了不少人才；而在中法文化交流及各項合作上，也獲致了優良效果。吳李兩先生創設里昂中法大學之功，實足永留史冊；而赫禮歐先生始終同情中華民國、熱愛中國文化，為吾國之忠實友人，亦令人永不忘懷。

由是，里昂與里昂中法大學，也就為中國人，尤其中國留法學生所嚮往、所熟悉、所懷念了。

二

就我個人而言，我赴法留學的第一站，就是里昂。我雖然不是公費派遣留法的學生，不能進住里昂中法大學，但因為在出國前聽說里昂生活便宜，還有這一所中法大學，似乎多少有依靠，所以我也就決意先到

里昂。

我於民國十五年冬（一九二六年十一月），偕同鄭漢生兄及另一位羅君，首次來到里昂。

一到里昂，我們馬上就找中法大學，而且很快就找到了。當時，望見門樓上「中法大學」四個中國字，心裡頭真有說不出的高興。一進中法大學，就碰見好幾位中國同學，並獲得了他們親切招呼；我們也就感覺到有他鄉遇故知的欣慰，忘卻了旅途的疲勞，安定了徬徨的心情，消失了人地生疏、舉目無親之苦。

當時，中法大學的校長，是吳稚暉先生，吳先生不在，請了一位法國軍官樊佛愛先生代理；但在實際上，當時中法大學事務，是由劉大悲（厚）先生以秘書長名義，負責主辦。

住在中法大學的同學，都是公費生，大多數來自北平中法大學，還有一部分是廣東公費生。記得當時住在中法大學校內及其附近的同學，現在臺灣省者，尚有：鄭彥棻、林崇墉、崔載陽、彭襄及其夫人范新瓊、商文立、李亮恭、蘇雪林及劉厚諸位，其餘多已凋零散失，令人不勝慨歎！

我那時到了中法大學以後，恰好遇見正在里昂大學醫學院攻讀的同鄉同學姚碧澄兄；並由其介紹陪同，即於第二日遷往鄉間一個退休小學教員家裡，補習法文。（前聞姚碧澄兄已不幸於毛幫「文化大革命」期間，在廣州被迫跳樓自殺慘死，至感悲憤）

我因開始補習法文，必須處於法國人的環境中，少與中國人接觸始能獲得經常學習法國語文的機會，較多進益，所以到了中法大學，雖然得到中國同學許多照顧，深感便利與溫暖，但為學習法文計，則不得不住居法國鄉下。不過，我在鄉下補習法文的兩年間，卻時時想念中法大學，渴望見見中國同學。因此，每月總有一、二次回到里昂這個家，享受一下家人團聚的溫暖。的確，在這裡，得與中國朋友們見見面、聊聊天，閑話家常，暢談時事；或則比賽乒乓球興高彩烈，歡呼狂笑；或則在校內外散步閑行，遊哉悠哉，心曠神怡；最好是去到校旁的惟一中國飯館，飽吃一頓中國菜飯，享受一下口腹之樂，回味無窮；還有必定做的一項，就是檢閱中國報刊，藉悉國內情形。因此，每次來到中法大學，總是帶著愉快輕鬆的心情返回鄉下。

在鄉下補習了差不多兩年法文之後，我就進里昂大學修習社會學；並在距離中法大學不遠的半山裏，租住一間小房，每天早晨跑到山下里

大去上課。但在無課時或星期假日，我又跑上山頂中法大學去會晤中國同學，依舊享受溫暖愉快的生活。

可惜再過二年，我就於民國十九年冬轉往巴黎了。但在里昂過去四年的情景，尤其關於中法大學的情景，總深深印在我的內心裏。

三

在離開里昂十多年後，我又於民國卅年（一九四一）重臨里昂，再訪中法大學。

這是第二次世界大戰期間，德軍占領巴黎之後，隨著我國駐法使領館人員撤退巴黎，我又回到里昂，仍租用上次寓所，住了兩個月，自然，也重訪了中法大學。但經過了十多年，雖然中法大學門庭依舊，而原在那裏的老同學，多已星流雲散，不可復見了。而且那時大戰正劇，我國對日抗戰更在緊急關頭，每個愛國的中國人，都正想如何盡力去共赴國難，而少有悠閑心情去享受往日輕鬆愉快的學生生活。因此，里昂中法大學的情形，也與往昔不同了。我曾幾次去到中法大學，也只與在校同學談論抗日救國的有關問題。他們一般同學都表現高度的愛國熱情，準備參加抗日救國的工作，令人興奮。

那時，我國里昂領事館，是由蔣恩鎧兄主管，陳雄飛亦在該館服務，我也常去他們那裏探詢里昂或祖國情況。

及後，我國所有駐法使領館人員，全部下旗歸國，我也就隨同離開里昂，前往葡京里斯本去了。

四

天下有許多意想不到的事。在我第二次離開里昂廿五六年之後，我復於民國五十七年（一九六八）五月第三度再來里昂，重訪中法大學。

本來，我偕內人本在意大利休假旅行，適逢法國五月大暴亂，全國總罷工，我們不得不急急趕回巴黎。因此，經由意大利進入法國南部尼斯，交通已經停頓，乃輾轉駁車而至里昂，並在那裏住了三天，等待並找尋私家車輛返回法都。於是，我們乘此三天的時機，又特地上山再去看看中法大學。

　　當我們走近中法大學，望見它的門樓及那四個中國大字時，我不免有點驚喜意外的感覺。因為該校經過了四十五六年那麼長的時間，復遭逢世界大戰的變亂，我原以為吳李二先生辛苦創設，富有歷史意義的中法大學，或已不再存在，不可復見了。但是，現在矗立在我們面前，映入我們眼簾的，竟然依舊是原有的中法大學門樓，原有的「中法大學」四個中國大字，這真使我感到意外的驚奇與高興。當即我和內人就在這象徵中國學生海外之家與中法文化交流的古堡門前，拍攝了兩張照片，以留紀念。

　　但是，當我們走進門內觀看時，又使我感到另一意外。因為原在進門右邊的那座樓房，所有大門窗戶全部緊閉，像似已被廢棄，無人過問的冷宮，自然也就見不到一個中國學生了。反而在進門左邊的原有校園空地，則已有新建的幾座高樓大廈，接連門外的許多新式樓房。後經打聽，原來，這一地帶現已成為大學城，舊有的「中法大學」，也就僅留一個門面與招牌了。這個收容中國學生、培育中國人才、交流中法文化的歷史機構，就這樣的廢棄了嗎？因此使我感到說不出的一種惆悵，並在這古堡門外徘徊瞻望，沈思默想，無限感慨，依依不忍離去。惟希望中法大學將有復興發展的一天，不負創設人吳李兩先生的苦心。

　　這一次來到里昂，除了探訪中法大學外，我也乘便去看看我在前兩次在半山裏所住過的房子。那所住宅還是和從前一樣，甚至我以前所用的木做信箱，仍舊掛在那裏，只是姓名換了而已。可惜原日的老房東，兩老夫婦，均已逝世，僅有他們的大女兒和她的丈夫居住這個老屋。他們想不到這個老房客，離開了廿多年的中國學生，會突然偕同他的太太來看他們。因此，他們表示非常高興，熱誠招待。在談話中，他們非常感慨的告訴我們：從前你們中國學生，無論是住在中法大學，或是住在附近這一帶的，都非常規矩可愛。現在中國學生沒有了，換來一批北非人，他們常不照付房租，並在房子裏吵吵鬧鬧，在外邊惹是生非，真使人厭惡。比起你們中國人尤其中國學生，實在相差太遠了，真使我們懷念汝們。從他們這一段話裏，足見我們中國同學留給法國人的深刻的、良好的印象，值得我們驕傲、安慰。

　　以上所述，僅就我個人對於里昂中法大學懷念所及，摘要概陳，聊資紀念。（吳稚暉先生一百十歲誕辰紀念特輯）

十一、我記憶中的吳稚暉先生

蘇雪林

　　李白上書韓朝宗，有「生不用封萬戶侯，但願一識韓荊州」的話。蘇轍求見韓琦，也以泰岱華嶽比那位太尉，謂不可不瞻仰。的確，世界上的大人物是不可不一見的。朝夕從游，是謂親炙。除及門弟子外，別人無此機緣，但若能拜謁一次，接其聲音笑貌，將在你腦海中留下一個永遠難忘的回憶。聆其片言隻語的訓辭，也會教你畢生受用不盡。

　　我雖不是一個足跡不出里閭的人，對當代所謂大人物則所見極少，並非沒有機會，實因秉性過於羞怯，見了大人物便踧踖不安，半句話也說不出，自知有此弱點，只好藏拙。因此所見偉人僅寥寥可數的幾位。新文化大師胡適之先生之外，便是吳稚暉先生。

　　民國十年，法國里昂中法大學——實則應名之為中法學校——成立，吳先生在京滬兩處招男女學生百餘人，親自率領，由滬啟航赴法。在海輪上一個多月，朝夕都可以看見吳先生。他的形貌，我曾在「吳稚暉先生與里昂中法學校」一文中曾加以描述：『一張紫褐色的圓臉，兩撇鬚角下垂的鬍鬚，一對炯炯有光的大眼，看見他的人會把這位已近花甲的老人的年齡縮短三分之一。他的身裁是胖碩的，但並不高，穿著一身不大合體的半舊西裝，看去頗似一個「鄉佬」，又似乎是工廠裡一個「工頭」。的確，吳先生在一般大人物之中是最缺少所謂大人物氣度的。他的儀表也與他談話正相類似，一味率直，一味不拘繩墨，士大夫階級裝腔做勢的身分和他們滿口引經據典文雅高貴的談吐，是他引以為最討厭的。』航行三四十天均屬熱帶，我們除了三餐和睡覺外，艙裡待不住，每人一身寬大的和服、一張輕便的帆布椅都到甲板上呼吸海風、納涼。每當吳先生出來，便有許多男生上前圍繞，他們互相說：「我們聽稚暉先生的『上下古今談』去，這是一個絕大享受，不可放棄。」我後來才知上下古今談是吳先生所寫的一部小說，是一部通俗的科學小說，民元前便已出版，我一直在民國三十年抗戰尚未結束時始讀到在重慶出版的重版。

　　吳先生靠在船舷的鐵欄杆上口講指畫，興味淋漓，聽者也疊疊忘

倦，偶爾聽見吳先生口邊爆出一個笑話，則大眾為之鬨堂。他所講的當然不再是上下古今談一書的內容，但其上下千載、縱橫六合的談話資料則亦庶乎相近。聽吳先生一席話，等於上了幾十位名教授的課，可惜這耳福都歸男同學們獨享，我們女生則惟有遠遠望著罷了。

到了里昂，男女學生安頓已畢，分班上課，生活細節亦有先來留法的人員照料。吳先生雖為這個學校的校長，卻並不居校長之名，留住校中日子不多，或回英倫家中小住，大部分時間則奔走歐洲各國，為學校前途發展籌畫，每到一處必有致同學的公開信，正如我前所寫的「吳稚暉先生與里昂中法學校」中所敘：「評敘各地的風俗人情、文物制度以及新發明的事物，千言萬語，不外提倡西洋科學精神，而希望我們迎頭趕上。」信張貼於布告板上，每個同學都可覽及。

吳先生是極力提倡「移家留學」的。他有一個親戚馬太太率幼年子女數人住在我們女生宿舍裡，吳先生也常有信給她，我偶爾看見，但見滿紙都倔曲如蟲豸的符號，一字不識。馬太太說這是吳先生所發明的「豆芽字母」，在國內時訓練文盲的親屬，均能運用自如，十分有用。我請馬太太讀一段則均是無錫土話，又半句不懂。我想這個豆芽字母的方法一定很簡單，因文盲的馬太太不但能讀，且能以此寫覆信。當時若請馬太太將方法教我，豈不多認識一種文字。記得我們初抵里昂時，世界語初發明，正在推廣，中法學校也請來了一位義務教師，開始時，聽者滿座，數週後人數減了一半，最後僅剩小貓三五隻，那位教師抱著傳教士的熱忱來傳播世界語，現僅有一人肯學，他還是照常來，但最後僅剩下一間空蕩蕩的教室，功課當然只有停止了。當時我也是僅聽數小時即退出者之一。於今頗覺懊悔，設非太懶，學了這門語文，益處是不小的。

吳先生早時曾和李石曾先生共倡進德會，標榜不喫肉，不娶妾，不做官三原則，他終身履行不渝。他在校時每日與同學共桌進食，某生性饞，日嚷肉食不足，吳先生輒以自己一分挑在他的盤中。他到老所食都是青菜豆腐加少許牛乳雞蛋。旅遊山水時任何小館所供的粗麵條糙米飯坐下就喫，別人不能下咽，他則甘之如飴。他攝取的營養分是這麼絕少，也不知像他那樣魁梧壯碩的身體是如何維持的，並且還活上八十九歲的高年？這叫營養學家永遠也不能相信。

第一次大戰後物質短絀，吳先生經濟狀況又總是欠佳，所穿一身西裝，敝舊得變了形和色。有一次他從巴黎回來卻換了一身新裝，人家說這是紙做的，仔細穿也穿得一年半載，只不能下水洗濯，一洗便爛了。

　　吳先生在中法學校僅半年光景，同學們為爭平等待遇，鬧了一個大學潮，倡始者共有二十八人，自詡為「二十八宿鬧天宮」，吳先生一怒便離開里昂了。以後雖亦來校，但已不管校務。那次學潮，其曲完全在我們這幾個少數同學，不幸的我因年輕無知也名列於二十八宿之內。以後我非常的追悔，作文自懺，其詳具見「吳稚暉先生與里昂中法學校」一文，現不贅。

　　民國三十二年學術界為慶祝吳先生八十大慶，編輯紀念冊，我被逼寫了一篇「天問三神話中的舊約創世紀」，從此開始了屈賦研究。雖發現屈賦中許多域外文化資料，但不知其所以然，而且理論也難成系統。知道這個研究鑽故紙是不行的，非去外國探究不可。大概是第二年吧，政府擬派學生百餘名赴法國留學，我異想天開也想附驥同去，寫了一封很懇切的信給吳先生請他鼎力為我設法以職員名義在這個團體裡位置一席，吳先生並未覆我的信，當然是由於我這個請求是太荒唐了。

　　四十一年自巴黎返國，閱報知吳先生患病住醫院，不久即癒次年又病，又住院。吳先生的姪孫女吳續新女士乃我里昂中法學校同學，向和我交情特厚，那時亦在臺北，約我到臺大附屬醫院探視他。兩人同到病房，見吳先生靠坐在軟椅上，臉色雖有些蒼白，身體卻並不怎樣瘠瘦。續新介紹我道：「叔公，這個是里昂中法學校的同學蘇梅，你還記得嗎？」吳先生向我微笑，點頭，斷斷續續有氣無力地說：「記得……記得，是蘇梅，什麼時候來臺灣的？」吳先生似乎還想同我寒暄，但已不能再說，只以殷切的黃臉笑容向著我表示關注，使我非常感動。我和吳先生已有二十餘年不見面。他是黨國元老、學術前輩，受他培植的青年，盈千累萬，居然還能記得一個區區的我，可見老人記憶力之佳，無怪他的成就是那麼的大。

　　但，即說記得，略一頷首以示禮貌即可，又何必那麼殷切呢？過去我因懵懂無知，跟在同學背後和吳先生搗過蛋，吳先生竟一點不怪我。聽說吳先生一輩子愛護青年，無論青年怎樣反對他，侮辱他，他還是站在青年一方面。曾云：「中國人謂『天下無不是的父母，我則以為天下無不是的青年。』」這話我也不過聽人這樣說，是否出於吳先生之口，則不可知。不過吳先生對青年之寬大、仁厚，即我之事，亦可為證。

　　吳稚暉先生是近代史上一位怪傑，也是一位曠世奇人。他的成就是多方面的，想介紹他非常不容易，正像海洋之淵淵無際，深不可測，決非幾句話所能描寫的。現因留法比瑞同學會擬為吳先生刊一百十歲紀念

冊，徵文於我，只好拉雜寫此一篇。我非常愛讀吳先生的「上下古今談」和「一個新信仰的宇宙觀及人生觀」，前者我保有，後者曾在玄學論戰集中粗略讀過，惜臺灣尚無單行本，我以為黨部或竟以政府之力將此書重印，以廣流傳，則比出紀念冊為更有意義。（吳稚暉先生一百十歲誕辰紀念特輯）

十二、一個五四時代青年的自白

蘇雪林

　　一隻冒著黑煙的巍峨大艦，載著幾百個滿懷希望、渾身快樂、像春花才放的青年，自上海黃浦碼頭，向茫茫無際的太平洋出發，其中有一個渺小的我、一個偉大的吳稚暉先生。這就是一九二一年秋天，吳先生與李石曾先生在法國里昂，創立了里昂中法學校，在中國招考了一羣學生，由吳先生親自領導赴法的開場的第一幕，也是作者認識吳先生的開始。

　　赴法留學的人經濟狀況都比留英留美的壞；那時正值歐戰結束，佛郎貶值，但自中國赴法，那筆旅費也頗可觀。吳先生體諒到這一層，特與法國船長交涉，在四等艙特為我們開闢了一片園地。所有男女生都睡在統艙裏，但與其他搭客的鋪位略略隔離，男生用的是繩索，女生則用木板——好像統艙裏另開了一間客房；因為女生人數不多，所以蒙此優待。吳先生和男生睡在一起，他的鋪位正當女生客房的外面，我們朝夕進出都可以看到吳先生的尊容。

　　一張紫褐色的圓臉，兩撇鬚角下垂的鬍鬚，一對炯炯有光的大眼，看見他的人會把這位已近花甲的老人的年齡，縮短三分之一。他的身裁是胖碩的，但並不高，穿著一身不大合體的半舊西裝，看去頗似一個「鄉老」，又似乎是工廠裏一個「工頭」，的確，吳先生在一般大人物中是最缺少所謂大人物氣度的。他的儀表與他的談話正相類似，一味率真，一味不拘繩墨，士大夫階級的裝腔做勢的身分，和他們滿口引經據典文雅高貴的談吐，是他所最討厭的。吳先生很早便是提倡手腦並用的一個人，在陳獨秀先生所辦新青年上寫過「青年與工具」一文，曾贏得中國青年的迴響。他陪著我們睡四等艙，一路上掃除房間、整理床鋪、綑紮行李、搬運箱籠，一切有待於僕役的事，都由他自己做，也教導我們做。然而我們這些學生雖說大都出自清寒之門，但既頂著一塊「讀書人」的金字招牌，便非擺出傳統讀書人架子不可，一個個五穀不分、四體不勤，喝杯開水，也恨不得教人送來手上，說到「勞動」兩字，當然更要視為畏途；吳先生雖對我們苦口勸喻過，並躬親示範過，我們始終

革不了這幾千年相傳下來的不良習慣。以我個人而論，還是這一次八年艱苦抗戰，才把我從象牙之塔趕到十字街頭。然而我現在雖說能劈柴、能種菜、能做一點木匠和水泥匠的工作，卻還不能好好烹調一頓穀膳、好好洗清一牀被單、一頂帳子、好好縫紉一身衣服，若非家姊和我生活在一起，免不了還要受女工的惡氣。

這雖說是我自己天生的無能，但過去讀書人的習慣其實深深陷阱了我。聽說吳先生自隨國府西遷以來，以八十之高齡，黨國元老之尊貴，居然能夠不用僕役，灑掃煮飯都由他老人家自己動手，豈不教我們愧死！一個人光陰精力有限，既要讀書寫作，對於家庭瑣務當然不能兼顧，像我們現在捨棄應為之事而不為，整天在柴米油鹽的漩渦裏打滾，這種生活，我也不認其為正常，但老天既生我以兩手，不能解決一身之事，一旦環境變遷，便鬧得手足無措，有志氣有骨頭的人，咬緊牙關忍受，到倒下來完掉；或日坐愁城，長吁短嘆，免不了心理變常。沒有志氣，沒有骨頭的人，就要與惡勢力妥協，做出許多不利於抗戰前途的事來；甚者投降敵偽，甘心作國家民族萬世罪人。所以過去士大夫整天鼓吹「安貧樂道」，整天叫人「體認孔顏樂處」，而偏把一雙手籠在袖裏，或蓄養著幾寸長的指甲，矜誇為讀書人的標誌，那些話也就成了紙上談兵。像吳先生這樣，才算著能把古人的教訓實踐出來呢。

不能自己洗衣煮飯，還是小事，抗戰並不是一萬年抗下去，況所貴於文化進步者，以能利用機械代替人的勞力，像我們現在儼然成了漂流荒島的魯賓遜，樣樣都要自己蓽路藍縷地來開創；或者恢復了我們老祖宗原始生活，一飯一粥，都須以無窮血汗換來，也就太缺乏做人的意味了。但科學之事非實驗不為功，晏然高坐於書齋，憑腦袋裏的空想去致知格物，如何能格出什麼？中國科學不進步，原也害在「勞心者役人，勞力者役於人」那句話上。吳先生所寫「青年與工具」一文，當時雖說曾引起青年界一點迴響，但迴響終於迴響而已。若當時大家能把吳先生的話深切體認一下，我們現在抗戰也不致於因科學過於落後，而吃這麼大的虧吧。

到了里昂，吳先生把我們安置妥當以後，有時回英國他的家庭一趟，有時到比利時、德義等國替學校奔走。每到一處，必有致同學的公開信一封，詳敘各地的風俗人情、文物制度，以及新發明的事物。千言萬語，不外提倡西洋科學精神，而希望我們迎頭趕上。他也曾在里昂中法大學對同學演講過幾次（講演照片見卷首），他的話像是一股洪流，

開了閘口，便滔滔滾滾的永遠流下去，一口氣講兩三個鐘頭。這樣長的時間，也許會叫聽眾不耐煩，但吳先生的談話融貫中西學術原理，而以莊諧雜出之語調出之，妙趣風生，令人樂而忘倦。讀吳先生的上下古今談是愉快的，讀吳先生的黑漆一團人生觀更其愉快；然而聽吳先生演講，愉快應該加上三倍，因為我們除了耳朵溢洋著那大海潮音的妙奏，眼前還湧現著一個縱橫揮霍、元氣淋漓吳先生的法身！

吳先生抱了為國育才的目標，又抱溝通中西文化、促進中法友誼的宗旨，不辭辛苦，在海外設立許多教育機關，叫中國青年去讀書求學，然而他所得於青年的報酬卻是出乎人情之外的惡劣，簡直可以說叫人萬分憤慨。雖說為羣眾服務者照例要領受這一分荊棘冠和十字架，然而也是那時代青年過於狂妄無知所釀成的結果。當時我也是那些狂妄無知的青年之一，曾做了一點大對吳先生不起的事，於今回想起來只有疚心，只有好笑。吳先生始終愛護青年，原不以此芥蒂於胸；而且時過境遷，我們也無懇切向吳先生表示懺悔的必要。但自五四運動以來，青年誤解個性自由的真義，而蹈狂妄無知之過者，至今流風未泯，那麼，我以過來人的資格而向青年說這句話或者不是毫無意義的吧。

五四運動之起，像一股初出三峽莫可阻攔的奔流，動搖了數千年來封建的壁壘，衝決了最森嚴的禮教的藩籬，打破了蒂固根深的傳統習慣，於過去的制度典章、歷史上的聖賢豪傑，都要重新加以估價，而估價的結果，總覺得都是一文不值。那時個人主義大昌，人人以發展個性為惟一要求，個性發展到了極度，則以叛逆為美德，以反抗為勇敢，以破壞為當然手段，我們都是二十歲上下的青年，都是這個時代思潮沖激震盪出來的人物，學問雖談不上什麼，經驗也異常貧薄，但上述這些論調卻早跟著時賢之後，聽得慣而又慣了；自己談話寫文，開口即至，搖筆即來，也熟而又熟了；而且居然認為天之經、地之義，誰敢反對，誰就是思想落伍，並可以說是不齒於人類了。帶著呵佛罵祖、抹煞一切的「狂」，抱著壁立萬仞、惟我獨尊的「妄」，與生吞活剝、一知半解的「無知」，到了自由平等先進之邦的法國，以為我們的個人主義，更可以發揮盡致，不意法國之一切，並不如我們所理想，他們傳統威權倒是很大，青年很講究服從。我們閒與法友談起我們的思想來，他們每每點頭讚嘆道：「你們是太前進了！」如果在現在我們聽了這句譏諷的話，也許會引起一點反省，但在當時卻反揚揚得意，我們比自由平等的法國人還要前進，豈不光榮嗎？譬如吳稚暉先生辦中法學校，雖有學生數百

之多，吳先生對於我們的前途卻並不抱如何的奢望，他曾和他幾個親信人說，將來能出得一個「胡適之」，也就不枉他一番辦學的苦心了，但我們聽了這話，竟大不以為然，我們不但人人都將成為胡適之，而且還要勝過胡適之，因為那時候，五四思潮已轉了方向，而趨向於社會主義，馬克思、列寧，成了我們所崇拜的偶像，胡適之在我們眼裏早已變成過時人物。又譬如那時我們在國內讀了幾本什麼愛倫凱的戀愛論，都成為戀愛至上主義者，男女社交更要講究要絕對自由。聽說吳先生家有男女公子數人，而家教甚嚴，不許自由結交朋友；有某男同學對他某位小姐獻了點殷勤，便大遭吳先生之白眼，一回，那男同學又贈他女兒以鮮花一束（或者還附了一封情書），他老人家竟勃然大怒，賞了那魯莽青年一個耳光，揮之大門之外，從此再不許上門。這話教我們聽了，不惟當做笑談，而且深為驚訝。於是我們批評吳先生說他究竟是半路出家的新人物。他接受先進各邦的思想，敢於革滿清政府的命，但他腦筋裏還保留中國傳統的觀念，所以不敢革舊禮教的命。現在我們已忽忽到了中年，閱歷已比前加深，對於五四以來青年由盲目衝動所鬧的戀愛悲劇，所見也已不少，才知吳先生那種持重的態度，是為人父母所應取法的。

　　字典和人類良心上所有「愛戴」、「尊敬」、「感激」那類字眼，到惟我主義面前，照例是不能存在的。吳先生雖是革命元老、思想界前輩，我們卻並不知如何敬重。吳先生雖費盡了苦心與勞力，把我們弄到外國，給我們一個優美安適的讀書環境，我們卻認為分所當然，對吳先生並無半點感謝的表示。吳先生初見世界大戰結束以後，歐洲各國勞工缺乏，以華幣折合貶值的佛郎，又可以得到許多便宜，遂與李石曾先生等發起勤工儉學運動，領導上千的清寒子弟赴法留學；然而這些青年學生原屬於「醬缸倒了醬架不倒」的中國讀書人，那肯流汗出力去做工人的事？他們到法後，只知終日包圍著吳李諸公討索生活費用；不滿所欲，便咆哮怒罵，並且發傳單、登報章，百般侮辱。及吳先生與法國政府在里昂辦了中法學校，各地勤儉學生麕集數百人，毫不客氣將我們校舍來一個鵲巢鳩占，法政府見他們不可理喻，只好將他們一概押返國。他們當然不甘，返國後與吳先生起訴，登報毀罵，足足糾纏了兩三年，還不得清爽。當他們在里昂鬧得最激烈時候，原已宣告要與吳先生拼命；吳先生也曾對我們嘆道：「以後我都不能自由在街上走了，也許他們會當胸給我一手槍的。」

　　勤儉同學把弄他們到外國來的吳先生當做大冤家大仇人，可說太不知好歹。想不到我們中法學校的同學其不知好歹比他們竟有過之無不及。我們到了里昂的第二年便鬧了場要求「平等待遇」的大風潮，竟把吳先生由他手創的中法學校轟跑了。原來中法學校雖說由中法合辦，但法方僅供給校舍，經常費則由中國擔負，大部分的錢，出自廣東，所以廣東學生特受優待，不惟旅費由公家代出，每年學膳費豁免，並且每月還給幾百佛郎的津貼；其他各省同學則每年須自出學膳費華幣六百元之譜。這比之自費留學英美已不知便宜若干倍，所以事前我們原已欣然允許了校方的；但六百元的華幣雖為數不鉅，而在寒士家庭也成了一個重負，不出豈不更好，況且還有額外津貼呢，於是有數位同學發起要求學校平等待遇，學校不允，風潮遂起。不但出了許多傳單揭帖之類，將吳先生和幾個學校當局，攻擊得體無完膚，並且幾次開會把吳先生請來當面質問。我們既想將自己的要求變成百分之百的「有理」，不得不把「無理」推在對方身上；竟牽強附會地指出吳先生許多罪狀。吳先生有親戚馬女士率求學的子女數人住在校中，我們即指他為「徇私」；吳先生辦有某項學術團體，邀同學某某數人加入，我們即指他為「植黨」；我們原主張男女社交絕對自由的，但這時偏又擺出道學先生衛道的面孔，指摘某某學校辦事人與女同學往來之不當。當雙方言語衝突到極激烈時，呵喝之聲，連校舍的牆壁都像為之震動，校外行人都為之佇足而聽，若非校方預派有力校工數名將吳先生援助出去，吳先生也許在我們的盛怒之下挨一頓毒打呢。

　　吳先生一向把我們當小孩看待，凡事都不計較。這一氣非同小可，即日帶領馬氏全家離校赴英而去。我們的鬥爭居然獲到勝利，尚恐國人不諒，又寫了幾篇宣言寄回國內各大報紙發表，署名共二十八人，我亦附於驥尾。我們把那一次向吳先生的質問，認為「開庭審判吳稚暉」，而報紙宣言則誇為「二十八宿鬧天宮」。同國內朋友寫起信來，非常沾沾自得，以為這是我們革命精神之表現，連吳稚暉都被我們打倒了。

　　所奇者，我們鬧這場風潮的本意，原是為了私人的利益，但既藉口於學校待遇不公，鬧到後來，竟完全忘其所以，覺得自己的動機非常光明純潔，舉動非常熱烈悲壯，儼然感覺自己是一個極力與黑暗及不公道搏鬥的革命志士。凡不敢附和我們舉動者，非視之為「懦夫」，則斥之為「叛徒」。記得初發起風潮時，曾邀平日比較接近的幾個朋友參加。

楊潤餘女士本屬我們的密友,因其兄端六先生與吳先生私交頗篤,未便對吳先生公然採取敵對行動,婉辭謝絕,我們對楊女便立刻鄙夷唾棄起來,說她圓滑,說她沒有肩膀。又有幾位同學良心未安,中途脫黨而去,我們也不把他們當人類看待。當時憤慨之情,至今猶能記憶。這才知青年的正義感和熱忱是可以誤用的。自由權利之濫用,也是非常危險的。——羅蘭夫人的「自由!自由!天下幾多罪惡,假爾之名以行!」誠足令人警惕。

但假自由之名以行惡固可怕,因自由之故忘其惡而反以為善則尤可怕,以其可以流為「暴民政治」而不知。法蘭西號為自由平權先進之邦,而他們社會一切都非常講究秩序,他們的思想,也比我們五四青年為保守,可說是大革命時代暴民政治給了他們以絕大教訓的緣故。五四以後,有許多熱血青年,醉心破壞與革命,為了追求光明,走上偏激的道路,不但葬送自己前途,而且敗壞國家民族多少大事。他們的心地,我是可以原諒的,但他們的行動,我卻不敢讚許。為的我也是在「暴民政治」裏翻筋斗過來的人啊!

凡屬青年,都免不了要幹幾件糊塗事,吳先生雖屢次受我們之辱,卻始終愛護著我們。他回國以後,勤儉同學和里昂中法學校的同學還纏著他不肯放鬆,日夜包圍著他聒絮,聒得他老人家看不耐煩了,登出了一個活死人吳稚暉的哀啟,訃告全國,吳稚暉現在已經死了,你們不必再來尋他吵鬧吧。這篇妙文,想大家還記得。在他人處此地位,一定要對青年灰心失望,從此決不再與青年打交到了,但吳先生還是一批一批護送學生出洋,遇著國內與人爭論時,他總愛站在青年一方面,替青年說話。吳先生之所以永不失「青年導師」資格者在此,吳先生之偉大處也在此。

但是先生對青年雖以期望太過之故,免不了流為過分的寬容,而青年卻不該永遠糊塗下去,所以我今日借著慶祝吳先生八十大慶的機會,作這一番誠懇坦白的表示。這在吳先生誠然是多餘的,然而在我卻覺得若不如此則不能求得良心的平安。但願閻羅天子不算那筆「秤鉤賬」,讓吳先生在人間八十年,領導青年完成莊嚴燦爛的祖國復興工作,以後青年想不致再像我過去之糊塗了吧。我誠懇地希望著!

民國三十六年寫於四川樂山

　　蘇雪林女士這篇大文，寫於吳先生八誌誕辰迄今三十年矣。這篇大文，文筆優美，現身為青年說法，在本屆青年節前夕，實在值得青年們一讀再讀，尤應引為殷鑑。其所敘故事，遠在五十餘年前，此中人今皆年逾古稀，倘重溫斯文，追念前事，其必將無限感慨而抵掌大笑也（編者附識）。（吳稚暉先生一百十歲誕辰紀念）

十三、赴里昂留學

蘇雪林

赴法留學

　　我在北平女高師國文系肄業二年，再一年便可卒業。卒業後，回安徽本省，至少可任一個初級女子師範或女子中學校長，但我竟捨此不圖而出國留學，這也有其原因。第一原因是我肄業女高師的第二年的下學期為批評北大一個窮學生謝國楨一部新詩集，與北大學生易家鉞、羅敦偉諸人引起一場筆戰，最後易君發表了一篇小文題名「嗚呼蘇梅」惹起一場大風波，各界均對我同情而爭相譴責易家鉞。易只好倉皇南下。餘波及於京滬，報章雜誌每日「蘇梅」、「蘇梅」的令我大不自在，想離中國，躲向另一地方去，恰好遇見法國里昂中法學院在北平、上海、廣州三處招考學生，我國文系同班生林寶權、外文系學生羅振英想去試試，邀我同去，我便去了，一考便都考上了。我雖想出國，但想留學則赴美國，並不想赴法國，為的我們在女高師總算學過二年英文，程度雖淺，究竟算稍有門徑，法文則從未學過一個字，從頭來太不經濟，況英語在中國在世界均風行，法文則否。學了法文將來回國無甚用處。不過既考上了，機會放棄亦可惜。

　　第二個原因，青年人誰不想出國讀書做個留學生。赴美留學經費太高，非我所能負擔，赴法則便宜在一倍至二倍以上。父親時在北平等候差事也贊成我去，答應我赴法旅費及到法第一年的生活費共六百銀元，說將來可申請安徽省教育廳的津貼，家裏便可不負擔了。

　　我遂於民國十年即一九二一年與本校一同考取的林寶權、羅振英到上海，與男女同學一百零五人，由吳稚暉先生領率乘海輪「Porthos」四等特艙，航行三十餘日抵達法國馬賽，改乘火車赴里昂而入中法學院了。

　　這個里昂中法學院與勤工儉學是不同的。現且將勤工儉學與中法學院，分別簡介於下。

（A）勤工儉學

先是李石曾、吳稚暉、蔡元培等之在英法本身即儉學，由其經驗，謂儉學可行，國內各省遂有儉學會之設立。在北平且有法文預備學校之設立，學生入校肄習法文作為留法之預備，民國三年世界第一次大戰爆發，牽延數年，法國人口本少，壯丁皆入軍中，後方工廠及各種工作無人做，乃向中國徵求，中國供以勞工五十萬，那些人法文一字不識，法語一句不會，連中文也是文盲，但不要緊，他們需要的是你們的體力，不是腦力。他們只須叫一個中國人發佈簡單的命令，便可叫這些工人築戰壘、掘壕溝、修鐵路……歐戰不久結束，原在戰場的壯丁大都回來了，這些華工便用不上了，中國政府只好將他們運歸。

李、吳諸公看了華工的榜樣，啟發了發起勤工儉學的觀念，以為將國內知識份子召集來做工一年可以讀書二年，吳稚暉先生尤主張「舉家留學」，在中國各地大發廣告，召集學生不需考試、不限年齡、不問性別，只須能自籌六百銀元即可成行。於是各省學生風起雲湧爭為赴法之舉，約有二千人之眾。其中有大、中、小各級學校之學生，有教師，有工人，有農民，有商界，有年近五十者，有僅十五、六歲者，以湖南人最多，四川次之。他們都帶了錢來存在中法實業銀行以備不時取用。不意那個銀行忽然倒閉，於是勤儉學生生活立陷絕境。

這些勤儉學生中有日後共產黨重要份子如周恩來、鄧小平、李立三、陳毅等。他們於民國十年九月間糾集百餘人進佔里昂甫成立的中法學院校舍。後被法警包圍，一起強制回中國，其中有陳毅、李立三、蔡和森等。周恩來坐鎮巴黎未曾波及。其未被押送回國者，第三國際乘機派人以盧布收買，每人每月津貼三百佛郎，並延師教授法文解決其生活上一切困難，於是被共產主義吸收而去約有數百人，甚至千人。另有天主教神父雷鳴遠亦拼命為勤儉學生服務，被吸收入天主教者又有數百人。其超然於此兩大勢力者，唯有咬緊牙根，硬繃頭皮，度他們的苦日子。

（B）中法學院

吳稚暉、李石曾等以為勤工儉學失敗，想另創一教育機關召收程度較高之學生。先是吳先生有海外設立大學之議，謂設大學於國外，師資問題容易解決，研究環境亦較為清淨，不致如中國大學之常鬧學潮。待學生程度達大學水準時則遣之回國進入大專學院，遂有「海外中國大學

未議」一文之發表。法國政界教育界亦有多人贊成其說。但憑空設立大學談何容易。適里昂郊外有一廢棄之兵營，有房屋可容二、三百人，有曠地百餘畝，略加修繕，即可應用。其地在聖蒂愛納（Saint Iréné）校名里昂中法學院（Institut Franco-Chinois de Lyon），人常稱之為里昂中法大學，則係受吳稚暉海外大學四字之感染，實則為一學生寄宿舍，稱之中法學院尚係溢美。

不過中法學院環境的確優美。男女學生分住兩處。男生百餘人住於一座二層高樓，女生僅十餘人住在學院入門處一座小樓房。我們以抽籤方式決定住房運氣，有兩三人共一房者，有單獨住一小房者。我抽得一小房，單獨居住，也可算好運道。

我們抵達法蘭西這個文明先進之邦，終日混在中國人淘裏，說的聽的是中國話，吃的是中國飯菜，住的又好像是中國屋子，起居習慣無一不中式化，就像仍在國內一般，法國的歷史文化，為了我們法國語文程度太淺，無由考察，法國的風俗人情當然更不能知道，只知法國倒像是個重視傳統，非常守舊的國家。譬如法國王朝早已傾覆，國內居然還有若干保王黨。中法大學裏有一位重要職員古恆先生竟是保王黨。我想路易十六上了斷頭臺後並無子孫留下，古恆保的是什麼王？是路易十六的王朝？或是路易第三的王朝，我未細究，不過同學對古恆感情不協，提起他來，便以他之為保王黨為笑。法國女孩上下學，家庭必接送。學生若請假離校必向學監申述理由，學監也留其字條以便向其家庭交代。女孩子也不能隨便與男子交遊，必須家庭監護許可始得如意。我們都是經過五四後思想大解放，行為上是自由放縱慣了的，那在中法學校裏的尚守些規矩，那流落在外邊的勤工儉學生，便不能如此了。法國人提起中國勤儉生人人搖頭，批評的話真是不堪入耳。譬如說有一次有四個男生在一個女生房裏通宵達旦，想必做醜事，這真是豬狗不如的，人類怎可這樣？結果那房東連原住女生都趕出了。又有一個勤儉女生與一男生結婚，婚後那女生患了某種婦女病，這也是常事，而法國人談起來又有許多不堪入耳的話。其他這類對勤儉學生醜惡批評，由中法學校女舍監和幾個女工傳述著，每日洋溢於我們耳鼓。我們勤儉學生行止固多不檢，法國人守舊習慣也未免太可怕吧！

一勤儉生對法國人自稱是滿清的王爵，辛亥革命淪為平民，但宣統若復辟，他回去還是一位王爺。法國人也奇怪，本是自由平等的國家，偏偏崇拜貴族，重視爵位，聞言對該生敬禮有加，他賃屋寄膳，都極其

優待。年輕女郎甚至願委身相嫁。又聽說有一個法國少女，對一個勤儉生說，你們總說你們的文字極其藝術化，求你在我衣服上寫幾個如何？那勤儉生便用毛筆在她衣服的背面，大大寫了個「斬」字，對她說這是個「龍」字，我們中國只有皇帝才能在他龍袍上繡龍的形象和龍字，我替你寫了這個字，你便是皇后。那個少女信以為真，而穿那件衣服到處炫耀。中國人見了莫不匿笑。後來遇見一個厚道些中國人，才揭穿這個惡作劇。

五十萬華工雖被遣返，也有少數不願回國的，滯留異邦，在各酒館、各店鋪執業謀生。他們中竟有纏小腳的婦女，為了博取幾個法郎，竟當眾解開纏布展露赤裸的纖足。我們中法學院的同學認為有辱國體，函駐法的中國公使，把那個婦人強制押送回國。

其他關於殘留華工的事也不少，不能備述。

我們那次赴法，認識了黨國元老，革命前輩吳稚暉先生。他回中國在京滬招考了一百數十名男女學生，便率領著赴法。吳先生之表現真令人欽佩。他能吃苦、能耐勞，一點架子也沒有。赴法途中陪學生睡四等艙，吃的也是同等伙食。中國讀書人是四體不勤、五穀不分的，是醬缸倒了，醬架子不倒的，無論怎樣貧寒出身，這種習慣總是不改。吳先生則講手腦並用，收拾屋子，綑紮鋪蓋、搬運行李總是親自動手。他對學生躬行示範、殷殷勸誡，學生固肯聽從，無奈千百年傳下來惡習慣，一時也改革不了。

上了海輪後，吳先生每到甲板上眺望海景，呼吸海風，躺在帆布椅子上，學生便圍繞來，說「我們快去聽吳先生『上下古今談』去，這是『與君一席話，勝讀十年書』的好機會，萬不可失。」『上下古今談』是吳先生手撰一部小說，是想從天文地理講到五千年中國歷史，惜僅至天文而止。那天文方面都是最新的科學原理，我在北平時也曾借到一部略加涉獵，自恨學問淺薄，不能深入瞭解，略知皮毛而已。現在也想去聽聽吳先生的談話，以增見聞，無奈那是男生的利權，我們女生無份分享，只遠遠望著罷了。

輪船到了里昂。中法學院法國重要人員來接，見吳先生穿著十分寒傖，認為隨舟僕役，後才知道他是大名鼎鼎的吳稚暉先生，連忙改容相敬，道歉不迭。

吳先生到了中法學校，並不以校長自居，校務自有褚民誼、劉厚、曾仲鳴等辦理。他住男生宿舍大樓裏，吃飯與學生同桌。他曾與李石曾

等立了一個會，除不做官而一定要過問政治外，尚有不吃肉、不納妾、不乘人力車等戒條，堅守不渝。某生性饞，總是想吃肉。吳先生便把自己盤中肉都夾在某生盤中，自己僅吃點蔬菜類。像他這樣一個魁偉肥碩的身裁，這點子營養如何能維持，但他一生竟維持下來了。某年冬季，他從巴黎回來。穿了一身筆挺的西裝，同學告訴我，那是紙做的，價甚便宜，仔細穿也可穿得一年半載，並極能保溫，只不能下水，一下水便爛。

吳先生也常召集全校學生在大禮堂開演講會，他話匣子一開，便如長江大河，滔滔不絕，可以連續兩三個鐘頭尚不肯停止。他說的都是淵深奧博的學理，而深入淺出雜以詼諧，令聽者忘倦。他又常離開學校到義大利、西班牙、比利時、德意志等邦去旅行，每將那些國家的風俗人情、文物制度等等寫信告訴同學，揭在揭示板上，俾眾同覽。可惜我懶，若把那些信件都抄錄下來，也可成為一部好書。

吳先生有姻親馬太太也攜子女住女生宿舍樓上。我每見她寫給吳先生的信，另成一種字體，他出示吳先生寫給她的信亦然。馬太太說這是吳先生發明的「豆芽體」，因每個字都像豆芽。吳先生深感中國文字難寫，婦女不識字之可憐，發明了一種新文字，用無錫話拼音，很容易學。馬太太和若干不識字的女眷很快便學會了。我一時好奇，也想學，請馬太太教我，惟以不會說無錫話，沒法學，遂作罷。中法學校也曾請一位教授課外義務教我們世界語，我倒去聽了幾小時，後來同學都陸續退出。我也退出了。那位教授曾說若班上僅剩學生一人，他也願意教，不意我又是因為懶未學，至今以為悔。

我們學生對吳稚暉先生雖然尊敬。不過年輕人多喜歡做糊塗事，後來又做了一件大大對吳先生不起的事。那就是我們到里昂的第二年，為了想爭取像廣東學生的平常待遇，少數人故意找吳先生的岔，把他召到一個教室裏當面質詢。指吳先生「徇私」「植黨」，還有種種欲加之罪，何患無辭的亂指控。其實里昂這個中法學院原是廣東政府與法國政府共同出錢辦的，廣東學生學膳費全免，還可每個月領取幾百法郎的津貼，他們由於官派性質，原也無可厚非的。我們鬧事的少數人是為自費去，未出國前本已與學校說妥，每年自己負擔六百銀元的學膳費，這比之留美學生低廉數倍不止，還鬧什麼？原來六百銀元在當時的中國是一筆不少的數目，貧寒之家，實在負擔吃力，遂不管未出國前與學校所立的契約，要求學校豁免這筆學膳費。

　　我的家境本非寬裕，自考上中法大學，所交學校的六百銀元，還是父親向北京一位本家借的，至今尚未償還，我申請安徽教育廳的津貼，尚未批准，經濟正在拮据之際，同學邀我加入要求平等待遇的行列，我便胡里胡塗答應了。當吳稚暉先生被我們氣得離開中法學校以後，學校只好答應我們的要求，我們算是勝利了。我們竟以一念之私當作熱烈悲壯爭公理的舉動，自鳴得意，寫了幾篇文章在國內報刊發表，有一篇好像是由我執筆。其題目好像是「開廳審判吳稚暉」子題好像是「二十八宿鬧天宮」。因那次鬧學潮簽名者共有二十八人，我亦附驥者之一。

　　我那時只覺得我們是百分之百地有理，並不以自己食言背信為恥。當時不肯簽名鬧事者，則視為異類，為寇仇，不以人齒。這才知青年的正義感和奮鬥的熱忱是可以誤用的，自由利權之濫用，也是非常危險。在抗戰末期衛聚賢先生想借他辦的「說文月刊」為吳先生八十誕辰，出個慶祝專號，徵文於我，我寫了「一個五四時代青年的自白」，就是記述那次為爭平等待遇，氣走吳先生之事，衛先生說他要的是學術性論文，此文體裁不合，我只好又寫了「天問裏的舊約創世紀」替代。衛先生於大陸將淪陷時，仍將我那篇懺悔錄在他辦的另一種刊物刊出，未知吳先生曾讀及否？吳先生那時已隨政府來臺，大局正是亂哄哄鬧成一片，誰還有心情讀那時出版的刊物，況且衛先生那份刊物並未寄到臺灣。

都隆養病及搬入里昂城中

　　我現在要回轉筆鋒寫我們初入中法學校學習法文的事了。我們這個學院雖只算學生的寄宿舍，學校也聘請了幾個法國人來教我們的法文，想學生補習法文兩年，法文有了基礎，然後分別入各校研究。學生中有的人已在上海震旦大學念過幾年法文的，有的已找人補習過若干時期法文的；有的法文雖未念過，英文卻很有根柢的，現在叫他們讀法文並不難。我的英文本不行，學法文又是從ABCD發音時學起。記得曾從褚民誼讀一點啟蒙用的法文教科書，半月以後便隨班上課。這一班還算最低的一班，學生程度可不低。上課幾小時後，便要求教授改授短篇小說。若用莫泊桑短篇小說為課本也好，為的莫氏文法明確簡單，易於領解。偏偏教授採用的小說課本多是屬於文理奧曲，意義隱晦一路的。又多講十七、八世紀文學，如郭乃依、拉辛的悲劇，盧梭、夏都伯里昂的文章，都是不大好懂的。程度好的學生連篇累牘聽下去，行所無事，我們

這些才學會ABCD法文發音不久的學生當然苦不堪言了。下課後，回到自己房中只是翻字典，直翻到深夜，還是翻不完。每日生字總有一、二百個，雖將中文註解記在一個簿子裏，記過了便丟開手，那有溫習的時間？也有許多生字字典裏尋不到，無處可以問人，只有擱在那裏不去管它。我這樣躐等讀書法，當然毫無進益可言。

同學潘玉良、邱代明一到里昂，便進了里昂大學的分部藝術學院，我來法國不是想學藝術的麼，也進了這個學院，僅數月便又退出，原來我想繪畫學好也不過是個畫匠，我要研究藝術史，以便回國著書。想著書，不懂法文怎行？

前文已述，我在母校附小教書，因住房地勢窪下，一雨成災，我感受很重的濕氣，後又以想升學北京女高師，與頑固的家庭奮鬥，與惡劣的環境奮鬥，本有淋巴腺結核的我，遂大病了一場，幾至送卻小命。到北京升學過了二年，一直是病懨懨地。北京有個有名的中醫，父親請他為我診脈，他說我的生理狀況像個六十歲的人，若不講究衛生，恐怕活不過四十歲。考上中法學院後，校中伙食開始尚好，過上幾時換了一個包伙的，伙食便壞起來，每餐是回生的麵包、開水湯、發黃的蔬菜，難得見魚肉，學校經費本不足，我們鬧平等待遇學潮後，學校憑空增加許多人的膳費（我們鬧事的學生雖簽名的僅二十八名，爭取平等待遇到手後，未簽名五、六十名的自費生也都受惠）當然難以支持，伙食變壞也是難怪。這是我們自取其咎，無話可說。我的營養既欠佳，心緒又惡劣，因家鄉傳來消息，伯兄病亡，母親悲痛過度染病，臥床不起。致我日夜憂念，噩夢頻頻，尤其可怪者，每遇心靈悸動，若有大禍之將臨頭者，次日必得家裏不幸消息，才知萬里之隔，心電竟能交流無礙，這是一件令我不解的神秘。

受不住這身心兩方面重大打擊，我竟至於病倒了。入本地醫院治療月餘，稍愈，以里昂冬季濃霧將屆，恐於病體不宜，須至法國都隆等地休養，便轉到北部去了。

到了北部都隆，覺得精神一振。因該地與瑞士相鄰，有日內瓦湖又名Lac Léman，我們把他譯了個富於詩意的名字，叫做「來夢湖」，那湖十分廣闊，蔚藍波光，有如洋海，湖濱山峯簇擁，林木青蔥，呼吸著湖光山色，如處神仙世界。我也在都隆一所女子中學掛名上課，認識了原在校中的兩個隸名共籍的中國女生，她們也是勤工儉學那陣留學潮衝來的，受第三國際經費的援助，能得入學讀書，免於流落街頭。

她們想爭取我入黨，一下課便來向我宣傳共產主義，又不知從何處弄來許多中文小冊子，叫我閱讀。我對於共產主義本茫無所知，對之也就無愛無憎，於今讀了那些宣傳品，始知凡為共產黨者，不許講國家主義，要講國際主義，人人都以解放全世界為己任。就是說工人無祖國，以蘇聯為祖國，共黨是蘇聯的前衛，就是替蘇聯這個祖國打先鋒、賣命，徹底的犧牲，不得有二言。其他還有許多離奇乖謬的議論，大拂我意。我把那些小冊子退還給她們，說道共產主義原來這麼一回事，我是一個民族主義者，講究愛國，無論如何不能接受你們這種主義。

她們還不肯死心，又引我去參加他們什麼紀念會，只見男女黨徒，結著大紅領巾，頭戴紅帽，或披著紅衫，法籍青年居多，中國人也不少，滿口馬克思，史達林，狂呼亂叫，跳蹦如狂，我看了既駭怕，又憎惡，下次再有這種會議，無論她們怎樣相邀，我總是堅拒不去。

這兩個中國女生都是北方人，一個法國文念得甚好，一個滿臉麻子，容貌醜陋的，神經似受過刺激，頗為失常，在這個中學裏雖隨班上課，其實一句書也念不進，教員們都知她只是陪伴她朋友住校而已，只要她能按期繳學膳費，誰也不來問她的功課。

這兩個中國女共黨見我不肯上鈎，那個能念書的倒也罷了。只有那個麻子憤憤不平，我曾聽見她對她朋友說這個蘇梅不肯聽我們之勸，入我們的黨，反說她是什麼國家民族主義者，將為我們之敵，我們不如剷除她，為黨的前途除一障礙，說著連連舉手作剷除的姿勢。

我才知道共產黨是獨裁主義者，不能容異己，真所謂「附我則友，逆我則仇」在法蘭西法治國家，那麻子是不能殺害我的，不過同這種人相處，她一朝突發瘋症，是什麼事都可以做出來的。

里昂冬天霧季已過，我的健康也已恢復，便又回到中法學院。校中功課既跟不上，被人死拖活曳像隻鴨子般拖著不是辦法。那時許多同學已到城中各中學肄業或請人補習，我也跟了一個補習老師讀法文，又覺得在中法學院中國人環境中讀書不會有進步，也到城中的中學從一年級讀起。許多功課我不上，只上法文、歷史兩門課。後來爽性在城中找到一個寄宿舍住下，朝夕與法國人相處，在這個時期中我的法文果然大有進步，能與法友交談，也能寫出幾百字，文法尚無大誤的文章了。

到了暑假，便到里昂鄉下那宿舍主人的別墅裏居住。那寄宿舍所收不限於學生，有各行各業的女職員和法國屬地的黑種人，不過都很年輕，待我非常友善，我初搬入城中這個寄宿舍便知它富於宗教氣質，其

中設有經堂一座，常請神父來獻彌撒，寄宿人早晚入這經堂祈禱。宿舍中有幾個女工，都是修女，有一個名叫馬沙吉者家境富有，其父是一個礦公司主者，瑪沙吉原是一位千金小姐，卻來這寄宿舍執賤役，每當她清除廚房及各寢室，常弄得灰頭土臉，而她並不以為苦，我於是漸漸認識了天主教的精神與其價值。

蘇雪林，《浮生九四──雪林回憶錄》
（臺北：三民，1991），頁48-62。

十四、至情至性的吳稚暉先生

彭襄

　　吳稚暉先生離開我們已二十週年，在日立德立言立功三不朽，早經蓋棺論定，國人稱之為黨國元老，聯合國尊之為世界偉人，胡適之氏崇之為我國近代大思想家，表彰崇尚無以復加，除　國父孫中山先生外，莫與倫比，筆者忝為其學生至微至陋，尚何贅言餘地。茲應劉大悲楊愷齡兩兄之屬，聊將親炙細微瑣事，為識其小者之記述，以誌永思。

　　吳師提倡西洋科學而不崇洋，讀線裝書而不泥古，衝析藩籬，昂首天外，至情至性，獨往獨來，出入於安那其老莊百家之間，以八不主義自律，凡所作為，無不臻於真善美之環界，彼固未曾宿意於三不朽者，此其所以最為偉大！

　　民八之春，筆者以清寒學生應吳李石曾兩師之號召，離開北大，去法勤工儉學。到後，李師命我至巴黎西郊華僑協社，經理旅歐週刊、華工雜誌等刊物發行及助理華法教育會學生招待事宜。猶憶其時刊物執筆者為蔡子民吳李三師，汪精衛張溥泉諸先生暨曾慕韓琦李幼椿璜周太玄無諸同學，極一時之盛，時國內學生湧至，兩年之間達兩千人，初尚相安無事，繼則部分學生既無錢入學讀書，亦不欲吃苦入廠工作，終至受法共人道報影響及蘇俄特務人員引誘，喊出求生權求學權一些口號，全賴華法教育會維持生活，會長蔡子民師至是認為長此下去，難以為繼，乃宣布停止維持，並結束學生事務部工作，釀成當時國內外一大新聞，且成為日後我國共產黨之起源。今日北平諸匪酋大多為當年在巴黎叫喊口號之學生，不意星星之火竟至燎原，此則固非當日蔡吳李諸師提倡勤工儉學之初心及所逆料！

　　民十十月法國里昂中法大學成立，該校原為蔡吳李諸師與法方友好協力創辦，旨在濟儉學及勤工儉學之窮，作為日後此類學生成績較優者完成學業之所。首任校長為吳師，一到里昂，為酬我在華僑協社之兩年義務工作，收我為該校公費生。一日侍立校院中閑聊，詢我生活情形，比告以食、住、學費皆得解決，惟苦缺衣著等零用錢矣，言者無心，聽者有意；次日即袖我法幣一百佛郎，且謂「適亦無錢，乃借自馬太

太」。馬太太為其戚，攜子女隨之到法移家就學者。又日後章行嚴士釗先生間自國內託褚民誼氏轉交我以零用錢，章固素識，既為北大老師，又在巴黎常同為鄭毓秀公館食客，我時為鄭講習中文，並為料理書牘者，德國馬克貶值，彼且欲攜我前去辦理刊物，我以年輕學淺謝之，但從未向之告幫求助，思之思之，是必出於吳師之招呼。蓋章自德返國，道經里昂，吳師曾延之到校講演。猶憶章登壇演講時，有學生郭冠杰者原陳炯明舊部，起立搗亂，吳師當場斥之以「乳臭小子不得無禮，章先生奔走革命的時候，汝還在吸汝媽奶水」云云以了之，只此等區區學生零用錢事，尊為校長者為彼，竟亦縈懷張羅，不師而親者乎，言念及此，猶為感傷！

學校學生分為公費生自費生兩種。公費生為北京大學、中山大學等校所送之畢業生；自費生來自招考。一年以後部分自費生竟要求平等待遇，抗不繳費，利之所在，自然一唱百和，有其瓜葛親自費生何某者，一日我見其在校院中，為此事與吳師辯駁，吳師認其不知好歹，憤而當場給以兩記耳光，不意經此一擊，何生反頓時清醒，默爾不息，是師兼姻親，鞭作教刑，勝於理喻多矣。

學校有一董事會，該會秘書為法人古恆，里昂大學漢學教授曾在我國四川某地做過領事，略識漢字，好攬權，作威福，利用一漢奸學生做內線，向之打小報告，故校內事無大小，彼輒知曉，自謂精明，時學校男女宿舍各別，不相往還，只馬太太稚齡么女間去男生宿舍覓其鄉親玩耍。此所謂宿舍亦即自修室，每四生占一間，或者此女幼不更事，獨不與該鄉親親近而招怨，成為其小報告之資料，古恆不察，據以函校長吳師，謂事關風紀，應嚴男女之防云云。一日古恆到學校食堂會餐，同席者為吳師、褚民誼副校長及筆者四人，忽吳師令工友覓此馬女至，立桌前，食堂同學皆莫名其妙，至此吳師指謂古恆：「先生日前函指之有關風紀女生即彼，先生認其能發生男女關係之風紀問題乎？」古恆搪口結舌，不知所對，尷尬萬分，全堂學生無不喜形於色，且有噴飯者。古恆經此教訓，從此稍收斂。吳師久住歐洲，深知洋人習尚，凡事拿出證據來，若一味忍讓辦外交，則莫不失敗，此為一例。當時席間，我即親見褚民誼不以吳師此舉為然，是其相去固已甚遠矣。又此漢奸學生日後一回到國內，即在上海掛牌做大律師，繼而外放，榮任駐某國公使，可見其身手自命不凡；抗戰期間，聞其在汪政權下討生活，後即不悉其下落矣。觀人於微，不幸吳師門下，亦有此不肖之徒。

　　吳師生活因陋就簡，實事求是，在校日不見有校長辦公室，亦不見有校長公館，起居飯食，皆與學生同，又凡事多親自動手，不假手於人，自己寫布告，貼布告，甚至自己搖鈴，亦不見任何校規，似乎彼之所在，即規則之所在，有時到教室為同學講線裝書，以增進同學對我國固有文化之認識，有時據校院中石墩上，為團團圍繞之學生談天說地，男盜女娼，口不擇言，如英國紳士多患花柳病，而法國人則否，蓋前者裝正經、講面子，寧忍痛而不欲丟醜，後者則恬不為怪，公開就醫，故花柳醫生招牌街頭巷尾到處可見。至貴族主僕間偷雞摸狗艷聞故事，尤如數家珍。猶憶學校置有一醫生，為當地醫師公會之秘書長，學生每因不適向之求診，結果多告以「汝無病，去找個女朋友好了」，女朋友竟為藥方，應為一新發明。又一次學校請花柳皮膚專家到校演講性病常識，此對二三十歲血氣方剛之學生可謂對症下藥，而非誨淫，此在吳師亦不過實事求是，不作調人而已。

　　吳師食事簡單粗糙，不是營養，而身體至健碩；養身之道，不外清心寡慾，睡眠充足，有時日上三竿，猶見其蒙頭大睡；外出每安步當車，尤不坐人力車，雖曰出於人道同情，亦一健身之法。在校日我常見其衣袋中藏有花生板栗等零食，隨時隨地取出享受，自亦補充營養之道。我妻范新瓊曾且一次見其齒間板栗內一鮮白肥大肉蟲掙扎跳躍，為之驚呼，而彼仍嚥下如故，且泰然笑謂「此最滋養」。又其時住其鄰室一學生狄福鼎膺、君武同學最貪嘴好吃，常於夜深，用酒精燈，煮食消夜，必分敬吳師一碗，吳師必笑納不卻，是皆可謂吳師之滋養補品。

　　吳師提倡留學，其觀點至為寬泛，認為能留得碩士博士歸，自然甚好，但鑒於當日我國上焉者之糊塗昏聵，下焉者之黑漆一團，故主張移家就學，認為回國以後，能改良毛廁，不亂拉屎尿，起帶頭作用，亦大好事。有人批評吳李諸師辦理勤工儉學為失敗，是亦觀點之不同，有之，惟當日一般青年習於故常，不能擺脫士大夫舊觀念，放下身分刻苦耐勞，從事體力工作使然。如李匡立三當時語人：「無家庭餘蔭，無裙帶關係，讀書亦無出路，搞共產黨，或尚有出頭之一日。」證以今日匪區事實彼果出頭矣，是亦不過糊塗昏聵、黑漆一團之所促成。又事實上，即改良毛廁之議，亦值得存疑。如一次，我招待一些新到學生住入旅社，日後在北平任匪教育部長之徐特立即其中一人；事前我對在法生活應注意事項，大之如飲食起居，小之如呵屎拉尿之微，無不一一向之解說詳明，但結果仍有人焉，於廁不關門，且必需蹲在坐板上始拉得屎

下，因之弄得洋婦洋妞驚呼狂叫，狼奔豕逐，致旅社主人下逐客令，使我手足無措，哭笑不得。未知此等頑梗不化分子來日歸來，究能達成吳師改良毛廁之希望否？

民國十八年三月我與鄭彥棻同志代表駐法總支部回國出席中國國民黨第三次全國代表大會，一到南京即先去組織部報到，由秘書張某出見，此公亦曾留法，當年黨務僑務場所從不見其蹤跡，此次見面劈頭第一句歡迎詞：「你們亂七八糟，鬧出三個黨部。」我亦火起，回敬以「你糊塗昏聵，中央黨部不亦三足鼎立乎？我們才為擁護你們者。」不歡而散，後謁常委胡展堂先生於其寓，陳明在下無法統一黨部之苦心，此次可由中央統一之，提出每一總支部出一代表辦法，深得胡先生之贊許，最後一次常務會議由組織部提出三代表名單，我方為鄭同志，原亦我所主張，不意最後一次常務會議中，吳師不明經過，見名單中惟獨缺我，便說：「我只知駐法總支部負責人為彭某，且已代表到京，為何獨無其名。」蔡李兩師亦附和其說，於是譚祖安先生提議加上，胡先生亦未加以解釋，結果成為我方代表兩人，而彼兩方為各一人，終致缺席不到，天下事每多一時附會，鑄成大錯，亦此之謂。中央日後派褚民誼去法整理黨務，最後由其提名派充委員者非當年武漢分子，即改組派人員，是乃全出於派系之私，非若吳師之知無不言，舉不避嫌，至情至性之所為。

會後我原擬返法，但吳師勉我留在上海，到國立勞動大學協助校長易培基氏整理校務，校為吳蔡李諸師所倡辦，以培值農工幹部者，認為辦理尚未臻於理想。該校農學院有廣大農場，工學院有八個工場，原皆來自沒收之軍閥財產，此等財產又多與上海金融界有關係，因而不免造作蜚言中傷，說該校為共產黨或無政府黨機關，學生皆為共產黨徒或無政府黨徒。實則全非事實，教職員幾皆為國民黨黨員，學生皆為清寒子弟，素質甚高，只因全部公費，學雜各費一律免收，致有考不進大學部者，竟又考讀中學部。我到校時，依照大學組織法，增設社會科學院將原設於農工兩院之社會、經濟、教育等係收入之，由我負全責外，後並兼任校本部秘書處事協理全校校務。時適張學良氏歸附中央，當局擬空出兩三部會，位置其高級幹部，某教育當局探知其將被迫回任某校校長原職，因易氏為在北京政府黃郛內閣做過教育部長，有接長其部之可能，於是一方面，乃在學校教職員中以陞遷為餌，製造事端；另方面，利用中央政治會議所議定中央院部會以不兼大學校長之原則，於學年度

開學前一日利用易氏正在上海處理校務，免去易氏校長職務，而又不派繼任校長，且派員接收學校，為釜底抽薪之計，旨在打擊易氏，摧毀其在教育界之潛力。校長既空懸，我以名義及職責關係，自當代行一切，弦歌不墜且拒絕接收，但部分學生心情不免浮動，吳師此時以學校董事身分馳函社院一系主任，揭發此中陰私，一經公布，真相大白，羣情頓息，某氏旋亦去職。此為吳師不為權勢，路見不平拔刀相助之至性表現，確因此結怨甚深，似乎時至今日，猶陰魂不散，禍延子孫。

我在滬日，間爾探候吳師於其志豐里寓所，猶憶首次前去叩門，聽到裝婦人口音者問誰，經道明姓名，門即立啟，但闃不見人，正困惑間，而吳師自門扇後出，謂下次來前，可先給一字條，此似為吳師迎拒訪客之憑藉。日後聽到一故事，說某一不受歡迎客到訪，適彼立陽臺上，為其瞥見，迫得無奈竟自稱為吳先生之哥哥以脫身。從此一故事，可見吳師機靈幽默之一斑，今日憶及，猶為發笑。

吳師客廳即書房，中亘一桌，長且寬，其上小報狼藉，當日滬上或甚至全國各色各樣小報，恐均應有盡有，此無怪其對社會之形形色色，幾無所不知、無所不曉，致每次話匣一開，恆亘三數小時不休，有時且筋爆氣漲，口不擇言，「某也該死」、「某也該殺」之聲，不絕於耳，至情至性，容易激動，是誠性情中人，只可惜滿口方言，我有時只能心領神會，能懂幾分之幾耳。

晨李石曾師邀早餐於其福開森路世界社寓所，參加者為蔡吳兩師暨筆者，餐後無事，三老興起，為我揮毫消遣，蔡書一橫披，吳書一中堂，李書一楹聯，寫前見蔡師自其所攜書包中取出一詩集、一屏筆，顧我笑謂：「如此可隨時隨地使用，不方便乎。」是當年身繫黨國安危而平易近人之老人風範令人嚮往，非一般志滿意得裝腔作勢者之可同日而語。

國家多故，抗日剿匪，輾轉流徙，不惟相見日少，即函候亦疏，一則無可告慰，徒滋煩擾，二則恐勞其裁覆及慣用「敬稟者」一類字眼，使人受不了。惟時於新聞報導、友好傳說中，得知老人一些情況，而默祝老人為國珍重，康強逢吉而已。

到臺後，老人經已病故。一日見報載其銅像將於某月某日在敦化北路揭幕，屆時特趕去參加，但場地警衛森嚴，禁止交通，我與許多看熱鬧的老百姓被摒立於兩三條巷口之外，不許接近，我以為最高領袖至，一俟典禮完成，近前一看，殊覺得無如此隔離之必要，因念老人海中有

知，必慨嘆主事者為孺子不可教，未能借此機會為之接近民眾，是花錢為其立銅像事易，而免費師其為人則難矣。

　　老人病故臺北之日，筆者羈留香港，書寄「畢生風塵，滿腔涕淚；一代師表，萬古雲霄」十六字聯語輓之，以慨其一生，此聯語未見收入其紀念集，而散見於其它書刊，今姑附此，以留紀念。（吳稚暉先生一百十歲誕辰紀念特輯）

十五、我與稚暉先生

徐廷瑚

吳稚暉先生生於民前四七年農曆二月廿八日，到今年三月廿五日，正正好是一百十歲誕辰。各界亦將集會紀念，並擬將先生生平事蹟彙印成冊，以垂永久。楊愷齡先生熱心擔任紀念冊編纂之事，囑余供給一些有關吳先生與留法勤工儉學事情的資料。茲就記憶所及，拉雜陳述一二。

我與稚暉先生在民國八九年接觸較多，因為我在第一次歐洲大戰結束後，受北京大學蔡子民校長之聘，於民國八年間由巴黎回國，以生物化學教授名義在預科擔任法文（當時生物化學系尚未成立），並任華法教育會總幹事及法文專修館主任，（蔡子民先生兼任館長），故對中法教育及留法勤工儉學事與稚暉先生時通音訊。民國八年底或九年初，我已記不清楚，稚暉先生攜馬光晨到北平，我們打算請他住金臺旅館，吳先生不肯，住了北京公寓一個小房間，自己燒飯，叫馬光晨跟我在石達子廟同住，吳先生說：「這個小孩子最淘氣你不要客氣，要好好管教他，因為他最愛吃炸醬麵，他和你們一塊吃麵食，一定很高興。」

吳先生住了幾天，就又回上海去了。

里昂中法大學校長吳先生已允擔任，當時即籌畫在上海廣東北平招考一批學生，隨同吳先生赴法工讀。在北平招考學生事宜，由我擔任。本來報考資格以大專畢業者為限，後來因為北京大學師大附屬中學學生成績最好亦准予考試。借第四中學教室，作為考場，李石曾先生親自監考。發榜後，師大附中在前十名已占三四名之多，第一名夏康農及李亮恭等，均係師大附屬中學學生。當時錄取的確實在人數名單，早已遺失，就我所記憶者，則有：夏康農、李亮恭、趙進義、張璽、楊堃、周發歧、劉為濤、翟俊千、單粹民、黎國材、狄君武、方子芬、蘇梅（即蘇雪林）、汪廉（未赴法），尚有在上海廣東等處錄取者，計有劉石心、劉俊賢、章桐、張雲、何衍璿、馬光啟、馬光晨、陳洪，及黃女士姊妹及其弟弟（名字遺忘）。各地錄取學生，預定集中上海，隨吳先生搭法國郵船公司（Messagerie maritime）船隻赴法，因為該輪船公司對留法勤工儉學一向特予優待，保留經濟船位（Place economique），每

人國幣百餘元，即可到法國留學。乃各地學生會集上海後，吳先生即照舊例，攜款赴該輪船公司定購船位。不意該公司當事人聲言，此項優待辦法自大戰結束候早已取銷，應按三等艙價交款。吳先生與該公司中國經理一再交涉，幾至衝突，始終不得要領。學生大起恐慌，因為他們每人所帶旅費有限，那能買得起三等艙呢。吳先生亦異常焦急，打一快電與華法教育會，我即趕到上海，先到總社，訪吳先生探詢經過情形。吳先生早已在大東旅社為我預定一房間居住。當時法國上海總領事，係衛爾敦，後升法國駐華公使，此人對中法教育事，素極熱心。翌日我就去看他，堅請他幫忙，他說：「對這個問題我應該幫忙，但郵船公司屬駐越南總督管轄，我不能直接指揮，我馬上就給總督打電報試一試。」他一面說話，一面就擬了一個電報稿叫我看，語極肯切，我重重的握手向他道謝。過了兩天，越南總督回電答應令輪船公司照舊案辦理。我就拿電報給吳先生看，他高興極了。當時就帶電報到輪船公司定購船票。該公司經理，雖不高興我們拿大帽子壓他，但上級命令他又不能不聽。

　　吳先生定妥船位後，我又到總社找他談天，吳柳甫先生亦在座，吳先生請我到馬玉山吃西餐，吳柳甫說：稚暉先生請客不是常見的事呀！住了幾天，此事料理清楚，我就又回北平。東方旅社房飯賬吳先生早已清算，他老先生對此小過節，如此周到，真令人欽佩不已。回憶往事，匆匆已五十多年，茲逢先生一百十歲誕辰，追懷先生高風亮節，實不勝傷感也。（吳稚暉先生一百十歲誕辰紀念特輯）

十六、回憶稚老在里昂中法大學校長任內瑣事

朱伯奇

　　稚老逝世二十周年，今年適逢一百十歲誕辰紀念，主編索稿，因憶及十周年紀念特輯中，有李書華先生所寫「吳稚暉先生與里昂中法大學」一文，茲篇所記，係在里昂中法大學任內瑣事，以見稚老之人格、精神、處世與做人，當為讀者之所樂許。

　　民十夏末，吳氏由上海親率里昂中法大學學生數十名，乘船赴法，其中一部為自費生而甫畢業中學者，此輩實多出自親故名門之所介紹，紈袴弟子，初出茅廬，至船上起居飲食甚至大小便之微，亦須吳氏苦口婆心，指點講解，不料有冥頑不靈者，視吳為三家村老學究，而故意違抗之，仍花生壳滿地，香蕉皮亂丟，弄得吳氏只好隨時隨地親自打掃，而不以為忤。

　　吳氏儉樸，素不講究衣著，人且以為不修邊幅，但率領學生到達里昂之日，竟全副西裝，雖不筆挺，但衣帽鞋襪，無一非白色，惟均已斑斑轉黃，當為其早年留歐舊物，此在吳氏以為了不起之排場，但在法人目光中，則未免窮酸之至。是日該校董事會秘書長古恆亦到站迎迓，遇吳氏不以為禮，以為乃學生沿途照料之聽差，經人介紹，始駭然與之握手，從此，兩人每積不相能。

　　稚老癖性，喜通宵工作，而白晝則埋頭酣睡，非深知及特約，無由晤面。抗戰期中，住重慶上清寺一小屋中，白晝客人往謁，必嘗閉門羹，但晚間一過九時，必座上客滿，清談達旦。又吳氏每察知客人有所干求，而為其所不能接受者，不俟啟齒即天地古今、東西南北，大擺其龍門陣，一談數小時不休，令人無從插嘴而退。當年向南京各機關謀差事，只須吳氏一紙八行書，無不馬到成功。蔡子民氏介紹信雖滿天飛，但百無一效，蓋蔡來者不拒，有求必應，而吳氏從不無的放矢，故百發百中也。

　　今屆吳氏一百十歲誕辰紀念，緬懷舊事，誠不能無言，所盼吾人光大發揚其不朽之精神，永誌勿忘。（吳稚暉先生一百十歲誕辰紀念特輯）

十七、在里昂大學學醫

孫雲燾

求學經歷

　　法國在第一世界大戰中雖為戰勝國，但由於戰爭中人力及物力損失慘重，以致戰後經濟凋敝，財政困難。對於償還庚款事，雖有承諾，但一時無法籌得鉅額款項。於是先成立「中法文化基金委員會」，法方推派Eliot, Lépine，我方推派李石曾、李書華等人擔任委員，擬定推行會務辦法是先由法國政府撥付部分款項配合我國經費在北平成立「中法大學」，另在法國里昂（Lyon）成立「中法學院（Institute Franco-Chinois）」。部分優秀中法大學畢業生亦得派送赴法進修。派遣學生抵法後即寄宿於里昂中法學院，免費入法國里昂大學進修。

　　中法大學藥科是由宋梧生博士等人向中法文化基金委員會申請在上海設立的藥學專科學校，名義上附屬於北平中法大學，但藥科的行政和經費均係獨立。早幾期前二名畢業生也由學校資送赴法進修，實際上等於是中法文化基金委員會的獎學金名額，經由學校管道遣送的。中法藥科雖未從中法大學獲得經費補助，但由中法文化基金委員會、法國政府、上海工商界多方資助，所以經費相當充裕。宋老師擔任藥科主任，他用高薪聘請許多知名教授，如二位外國教授都是月薪五〇〇兩（銀兩），本國教授是月薪五〇〇元（銀元），這在當時是很高的待遇，其餘教職員薪津也較其他學校優越。

　　按我國高等藥學教育肇始於民國前四年，即清代光緒卅四年（一九〇八年）北洋軍醫學堂首先成立藥學科。及至民國以後軍醫學堂乃改名為軍醫學校。迨抗戰勝利後又改稱為今名國防醫學院，設有藥學系。民國初年教育部公布大學規程，醫科分為醫學、藥學兩門。修習年限，醫學門定為四年，藥學門定為三年。民國元年，江蘇、浙江、廣東等省均開始設立醫學專門學校，其中僅浙江省醫學校兼辦藥科，定名為浙江公立醫藥專門學校，校址設在杭州。其修業年限：醫學科預科一年，本科四年；藥學科預科一年，本科三年。自民國十七年國民政府奠都南京

後，教育部先後頒布大學法以及訂定藥學專科以上課程。最初藥學課程係參考日本藥學校課程所擬訂。日本在第二次世界大戰以前的藥學教育仍為三年制，直至戰後始改為四年制。教育部於民國卅六年修訂藥學課程時，曾徵詢藥學教育學者以及專家意見慎重研討修訂，所訂課程內容幾包括歐美、日本等國四年制藥學課程的各科科目。有人批評這項修訂的課程表似覺龐雜，繁重。教育部復於民國五十四年再修訂藥學院系課程表。嗣後幾每十年修訂一次以符實際需要。

中法大學藥科於民國十八年在上海成立，首先採取四年學制，此為我國高等藥學教育學制由三年進入四年的新階段。迨民國廿四年在南京成立國立藥學專科學校為獨立的藥學專科藥校，亦係四年制。嗣後教會學校如山東齊魯大學醫學院及華西大學理學院先後成立藥學系。及至抗戰勝利後，瀋陽的前南滿醫學院藥科改為國立瀋陽醫學院藥學系。此外國立北京大學醫學院，國立浙江大學理學院及國立上海醫學院等院校都增設藥學系。在民國卅五年時，全國計有大學藥學系及專科藥學校十所。

中法大學藥科雖然規定肄業年限為四年，但是加上六個月的校外實習，所以實際肄業年限當為四年半。在那半年實習期間內，還需參加四次畢業考試，分別重考四學年中每一學年的重要課程。至於教學課程乃是依照教育部規定課程再參考法國藥學院課程釐訂的，可算是相當完備。如在藥品鑑定，毒物檢驗，法藥學（forensic pharmacy）以外，還加列食品分析，水質學（Hydrology and Water Analysis）等課程。至於考試方式則完全引用法國制度：就是期中考試採取筆試，大考則採用口試。許多學生常因考試（口試）不及格而留級或被開除。

我真佩服宋老師的能耐，他有勇氣把一部分法國教育制度如課程和考試方法等引用到私立中法藥科來，居然行得通，沒有學生站出來反對，也真是異數。宋老師更別出心裁，在我們畢業時，不僅頒發一張中文畢業證書（教育部蓋印的），還特別發給另一張拉丁文畢業證書作為紀念，讓中外人士都大開眼界。後來我到法國進修，才發現那張拉丁文畢業證書的用處。

宋老師在法專攻內科醫學，但對有機化學，藥化學卻造詣頗深，極為Prof. Grignard（曾得諾貝爾化學獎）所賞識，特將宋老師借調到他的實驗室去工作，終成為Prof. Grignard的入門大弟子。宋老師回國以後，除創辦中法藥科外，還擔任宏恩醫院院長，中比鐳錠院院長，中央研究院化學研究所兼任研究員，中法、中比文化基金委員會委員等職。他一

人身兼這許多重要職務，實在忙迫異常，以致無暇再做研究工作，十分可惜！我在中法藥科畢業後，除修讀法文準備出國外，還從事研究防治黑熱病的有機銻化合物的合成，由於所製各批成品的毒性尚不穩定，也常向宋老師請益。再有北平研究院藥物研究所就設在中法大學藥科大廈的五樓。主持人趙承嘏博士（石民，Dr. C.Q.Chao）研究延胡索（Corydalis）甚有成就，對於植物成分的化學構造式和藥理作用諸多問題也常請教宋老師。

我們到南京衛生部實習時間是從民國廿三年七月一日至十二月卅一日整整六個月。我們於七月一日向衛生部報到當天，即由孟目的技正（主任）帶領著去晉見劉瑞恆部長（Dr. J. Hung Liu）。我們實習學生四人分成二組，每組二人分發到衛生部化學室和中央醫院藥局去實習三個月。在實習期間內也去醫政司見習瞭解藥事行政，管理事項。此外，參觀衛生部和中央衛生實驗院的有關研究部門。按民國十七年及三十六年兩度衛生部組織法，規定衛生部設置醫政司、藥政司、防疫司、保健司、地方衛生司及總務司等。據稱皆因當時無適當藥政司司長人選，所以未成立藥政司，有關藥政事項歸醫政司兼管。民國十七年底成立的首屆衛生部即粗具規模。當民國廿二年我們前往衛生部實習時，那時衛生部已有相當建樹。衛生部大廈連同中央衛生實驗院及中央醫院等衛生機構聯合在一起形成一個新園區，座落在靠近中山門的黃埔路上（在中央軍校隔壁），很為壯觀。民國廿三年十月在南京舉行第九屆遠東熱帶病醫學會議，有遠東國家及歐美各國代表五百餘人參加。會中提出各類論文有關傳染病、熱帶病、公共衛生、微生物學、藥理學、藥學及生物化學等論文計二〇三篇，就中半數以上係我國代表所提出，受到與會專家的重視。

我們前去實習的衛生部化學室是在衛生部大廈內。化學室負責有關藥品檢驗，衛生檢驗的研究工作。像南京下關地方發生食鹽含鋇中毒事件就是由化學室檢驗出結果來而公布的。我們跟著做各項檢驗工作，勤奮匪勉，不敢稍有懈怠。衛生部所訂實驗室管理規則很嚴，工作人員不可在實驗室內會客，吸菸、飲茶、看報紙等等。大廈走廊上放置飲水器、拿臘紙杯飲水。這在當時相當守舊的南京社會，算得是創舉。衛生部那時還附設藥物研究室和製藥研究室兩處。藥物研究室由劉紹光博士主持。劉氏是研究藥理的。他研究麻黃，分離得副麻黃鹼（pseudo-ephedrine）以及若干中藥成分。他專長藥哩，對分離植物成分實非其所

長。有時所分離出來的成分並不精純，以致影響藥理作用的正確性。製藥研究室由馮志東氏主持，他研究大風子酸酯類之製備等項工作。

我們在中央醫院藥局實習，參加他們藥劑製備和調劑工作。他們調配處方藥品時切實認真，需經另一人稽核，發藥時還需再稽核一次，並簽字以明責任。我還被指派去作糠皮浸膏（Rice-Polishing Extract）和丙種維生素濃縮浸液（Vitamin C Concentrated Extract）的製備工作。衛生部化學室和中央醫院藥局兩處都由孟目的技正擔任主任。孟氏對藥劑學有豐富的實際經驗。他為人風趣而幽默，後來出任南京國立藥學專科學校校長。

我在民國廿五年六月啟程赴法進修。學校的獎學金包括赴法旅費、治裝費，旅法時期（年限未定）的學雜費等。當時出國尚無民航飛機航行，需要乘坐郵輪。承蒙宋老師厚愛，替我訂了法國郵船公司Felix Roussel 號郵輪的二等經濟艙位。從上海到法國南部港口馬賽，需經四十天航行。沿途經過香港、新加坡、西貢、可倫布（斯里蘭卡），吉波地（法屬北非）、賽得港（埃及）等處港口，都停留一天半日，可以下船遊覽。船上設備豪華，每天用餐五次，週末都有盛餐晚會。二等經濟艙和頭等、二等艙畫成一個區域，倍受優待。這四十天的旅程，簡直與搭乘豪華遊輪渡假旅行一樣，真是十分享受。

抵法後便辦理申請入學手續。里昂大學醫藥學院因無前例，不允許我進入研究院博士班。我於是向法國教育部申請准予入研究院攻讀。附上中法大學藥科所發的拉丁文畢業證書，證書上列明修讀課程種種，表明我們的學制和修習課程均符合法國藥學院的規定。於是法教育部特別授權里昂大學醫藥學院舉行確認考試（口試包含重要藥學專門課程及藥品分析的實驗考試）以定取捨。我終於通過了特種確認考試獲准進入研究院攻讀。

我選定Prof. Leullier, Prof. Revol二位做指導教授。他們的意見，認為自一九三五年發明磺醯胺藥品（sulfa drugs）以來，這類新型藥品衍化物的發展極有前途。對於研製這類新型藥品及測定其新陳代謝作用是一項值得研究的課題。於是我便決定研究方向，乃針對磺醯胺問題去作探討。研究的重點放在（一）製備新型磺醯胺藥品，（二）測定各類新磺醯胺藥品在豚鼠體內的新陳代謝作用。當時還沒有所謂藥品代謝動率學研究（Pharmacokinetic Study）這項新名詞，我們祇稱這項研究為「磺醯胺藥品在豚鼠體中之代謝作用研究。」

我向指導教授說明我從前曾做過有關有機銻化合物的合成研究，希望有機會再做一點這方面的研究工作。Prof. Revol便答應將來可介紹我到巴黎巴斯德研究院化學療學實驗室Dr. J. Trefouel（Chemotheraphy Laboratory, Institut Pasteur, Paris）那裡去工作，較為合適。當我在一九三九年七月通過博士論文考試後，Dr. Trefouel便允許我到巴斯德研究院去工作。可是當時歐洲風雲緊急，戰爭有一觸即發之勢。我於是面臨留在法國工作還是趕緊回國這兩種途徑中作一抉擇。我想繼續留在法國會對我的學業進修有所幫助，可是如果戰爭一旦爆發，也難預測局勢會演變到何種情況。每當念及我們國家正在艱苦抗戰中，每一國民都有共赴國難的責任，我豈能置身事外？所以便決定回國為國家奉獻一點心力。

我覺得歐洲戰爭已是無可避免的事，於是趕緊預訂九月一日的船位。就在一九三九年八月卅日離開里昂去馬賽上船。那時真是風聲鶴唳，人心惶惶。適巧那艘郵輪正是我一九三六年來法時所乘的那艘Felix Roussel號，我上了船，稍覺安心。當時所有乘客都擔心那艘郵輪能否在九月一日啟行。不料德國竟在八月卅一日轟炸波蘭華沙，於是法國和英國就在九月一日向德國宣戰了。既然戰事爆發，我們所乘的郵輪能否開航，確是一個問號。那時船上有中國乘客廿二人，一部分人要留在船上等候消息，一部分人卻想下船避難，真是議論紛紛，亂作一團。我因為和船長相識，又能講法文，所以大家推我為代表向船長那裡聯繫，探聽消息。我那次回來是坐的三等艙，三人同房。豈知其中一位國人張君是從蘇聯回來，另一位是年約四、五十歲的德國人，他的手提箱裡放著各式手錶樣品，說是到香港去接洽生意。我想這一下可麻煩了，不會遇到共黨同志和納粹工作者？不料適時有一位德國少女來尋找那位德國乘客，經介紹認識後，她即故意離開那位德國乘客和我接近，整天寸步不離。我暗中觀察，料想她可能也是一位納粹工作者。在這樣紛亂擾攘中，有人說：船上有德國間諜，要用炸藥把船炸沉。也有人說：船上裝有軍火，敵人會來炸船，大家留在船上，簡直是死路一條。我總找好話來安慰大家。據船長說：船上有許多盟國軍官，因假期中回歐洲渡假，此刻需要返防。另外，意大利雖為軸心國之一，但在戰爭初起時還保持沉默。且稍作等待，大概總有開船希望。後來終於得到消息：由四艘法國軍艦護航，郵輪決定在九月三日離港啟行。依照指示：乘客們需在夜間穿上救生衣，大家也都不敢熟睡，真是緊張萬分。等船到達蘇彝士運河口埃及賽得港（Port Said）時便將德、意、日三國乘客護送下船。我

們一路擔驚受怕，直到郵船安全地過了地中海再通過蘇彝士運河進入紅海時，才算避開了戰事的威脅。那艘郵輪從馬賽航行四十二天，才平安抵達上海。

孫雲燾，《八十自述》（1993），頁23-29。

十八、回憶里大的變化

李治華

里昂中法大學海外部

1937年10月7日晚，我和11位中國男女同學到達里昂中法大學。

里昂是法國第二大城，文化和工商業都很發達。羅納和索恩這兩條河經過市內，至南郊匯合以後，只以羅納河為名，南流投入地中海，市內兩條河上架著許多座形狀不同而優美的橋樑，交通方便，兩河之間是本市繁華的商業區。中法大學海外部處於索恩河西岸的山坡上。北京中法大學保送留法的學生都在這裏住宿。校舍是由一座舊軍營改建的。里昂市政府以一法郎象徵性的租金租給中法大學。在我求學時，這座古老碉堡的確清幽可喜，四周街道上很少汽車或行人往來。現在城市的繁榮漸次擴展到郊區，汽車的噪音驅散了往昔的寧靜。

學校大門建在坐西朝東兩層樓下的中央，圓拱形門洞上面的石塊上刻著「中法大學」四個顏體漢字，下面刻著法文校名：Institut franco-chinois。進了門洞，右手是門房，左手是法國庶務的住宅，樓上是女生宿舍。過了門洞，是一個西南高、東北低的寬敞大院，院中是一片草坪，對面是禮堂，禮堂上邊是校長住宅。右方有一幢坐北朝南的大樓，是男生宿舍。男生宿舍和女生宿舍之間，有一排平房，是我們的廚房。大樓對面是一個籃球場。大樓西角與禮堂後面還保存著古羅馬時代幾段石筑引水渠道聳高石壁的遺跡。由禮堂往南過一小木橋，穿過一座舊建築物下面的石拱門，有一個網球場，四周小丘環繞，仍保存著舊時的防禦建築，這就是我們所謂的後山，是我們讀書散步的好地方。

男生宿舍一共有四層，牆壁全是用方石塊砌成的，異常堅固，樓下東首兩間，緊靠廚房，是我們的飯廳，男女同學在一處用餐。出了飯廳是庶務辦公室，書報閱覽室，裏面陳列著中法文報刊；再過去是彈子球和乒乓球室，鋼琴室和醫療室。每星期有一位法國醫生來給同學們看病，他名叫Docteur Blanc，我們採用意譯的辦法，管他叫「白大夫」，由一位學醫的同學陪同著給那些有小病小痛的同學診治，重病時

當然送往醫院治療。西翼有兩個教室，我們初到時，有一位名叫盧霽野（Rougier）的法國教員每星期來給我們上兩小時法文課，但不久這個法文班就取消了。再過去有一間接待室，男女同學可以在這裏會談；旁邊是本校秘書的住宅；再過去是法籍校工西蒙和他妻子的住宅；最西端是淋浴室，每星期燒兩次熱水，專供男同學沐浴之用。樓上三層，除去兩間圖書館以外，其餘的房間全是同學的臥室。樓上每層中間有一個廁所，兩翼各有兩間灌濯室。

女同學住在東樓上層，由樓下院內小門進去，上樓梯就是。裏面大約有十來間臥室。當時校規甚嚴，男生不許去女生宿舍，女生不許進男生的房間；只許在大樓樓下或院中聚會。1941年以後，有些歸校同學已經結為夫婦，另外一些在校的男女同學的關係也很密切了，因此有些男同學常去東樓。在校期間，我從未去過女生宿舍。學校停止活動以後，大樓改成法國學生宿舍，我校圖書館的書籍全部堆在東樓的兩個房間裏，為了查閱報刊，我曾去過幾次。因此我不太清楚當時女生宿舍內部的布置與設備，只知道裏邊有一間浴室，那還是偶然在一個笑話裏聽到的：據說有一位學哲學的女同學，外號叫孫猴，喜歡抽菸、喝咖啡，但不愛洗澡。其他女同學每星期把孫猴逮住一次，脫去衣服，強行入浴。她長得嬌小玲瓏，聰慧健談，同時有三位男同學拜倒石榴裙下。她選中了一位科學家，結婚，生一子係白癡。歸國以後，其夫另有新歡，她自殺身亡。不料那麼一位冰雪聰明的才女竟落得如此悲慘的下場！

海外部那時大約有六十多位同學，加上我們12個新生，一共七八十人。男同學每兩個人合住一個房間。我本來應該和文學院經濟系的龍吟兄合住，但龍兄剛與中國著名科學家李書華先生的女公子結婚，請假一年，尚未到校，所以我就同周麟兄合住了。以後我又與王振基兄合住過。王兄是廣東人，和我同船來法，專攻法律，歸國後曾任周總理和郭沫若先生的法語翻譯，參加過毛選的翻譯工作，現任人民郵電出版社的譯審。後來同學們陸續回國，大多數同學都可以每人占一間。朝街的房間沒有太陽，朝院子的房間陽光充足。我剛到時住朝街的房間，以後就搬到有陽光的房間了。房間很大，設備簡單：中間有一張長方形的大桌子，上面用一個大木板架從中間一分為二，每個人各在一邊安心工作，互不相擾。每人一張鐵床，兩把椅子和一兩個木板釘的書架。

我們那時所有的同學全是一樣的待遇：食、宿、學費皆由校方供應，此外由北平中法大學派來的學生每人每月還有30元的零用錢，按照

市價，合成法郎發給我們。因為法郎陸續貶值，還勉強敷用。同學們的生活一般說來都很樸素，比方說，除了床單等大件，每星期由外面洗衣局派人來取送之外，其他內衣皆由我們自己濯洗。有的同學還備有電熨斗，可以熨襯衫和西裝褲等。我既不抽菸，又不坐咖啡館，積蓄一點錢，購買一些書籍，最貴的要算工具書，比如我買了一本相當厚的拉丁文字典，並且還以分期付款的形式買了兩部法語詞典，都是大開本上下二冊，這對於我後來做翻譯工作都起了很大作用。

我們到校以後，中日戰爭已經爆發，同學們愛國情緒很高，每月每人都從自己的零用錢中拿出一部分來，作為愛國捐，集在一起，交給中國駐里昂領事館，寄回國內，支援抗日戰爭。校內的法文班取消之後，有些自感語文水平不足的同學就到華友社去補習，華友社是天主教會辦的，在山下索恩河西岸一條小街上，離學校不遠。當時指導神甫是法國人，名叫杜佩雷，還有兩位教會學校的女教員也來給我們義務補習法文和拉丁文。他們這種忘我的服務精神很值得我們學習，我在這裏謹向他們致以衷心感謝。

我們的學校實際上只是一個學生寄宿舍，同學們按照各人的學科分散在里昂大學各學院或專門學校學習。文、理、法三個學院都在山下市內羅納河的東岸，離我們宿舍不算太遠，步行抄近道半個多小時就可到達。我一般無論上下都是步行，除了要到商業區購買東西時，才乘電纜車或無軌電車返校。醫學院比較遠，學醫的同學往返都需要乘車。

里昂中法大學從1921年創辦到1951年結束，在30年間一共培養了473位同學，有些人名揚中外，位居顯要，為中國人民和國家做出了卓越的貢獻。我個人自從1937年來到里昂，一直定居下來。另外還有三位同學也留在里昂。其中之一是李樹華兄，廣東人，1923年入校，學習音樂，與法國女子結婚，夫妻二人一同回國。李兄曾任杭州藝術專門學校音樂系主任；藝專被迫停辦以後，又在浙江大學教授法語及鋼琴，1956年全家離開中國，其夫人帶女兒先回里昂，李兄自己在香港及其他地方工作了幾年，1962年回到里昂，現在里昂郊區居住；伉儷二人白頭偕老。他們的女兒李塵生出生在中國，精通中、法、英三國語言，現任里昂第三大學中文系副教授。第二位是陳儉，福建人，1938年入校，學習物理，曾在里昂工廠任工程師之職，現已退休。第三位是石貞德女士，其父石光彥先生，山西人，第一次歐戰後，1919年來法留學，與一法國女子結婚，在里昂定居，生有二女一男。貞德是他們的大女兒，生在法

國，1946年入校，是海外部最後的一位同學，學習制革與圖書館學。她和陳儉兄結婚，生有三個兒子。在這四百多個中國同學裏只有我們四個人還留在里昂，李兄年逾八旬，陳兄患心臟病，二人深居簡出，所以有中國朋友來里昂旅遊，想參觀里昂中法大學舊址時，常常由我做嚮導。最後一次是1984年1月，我校第一屆同學汪德耀兄應法國邀請來法訪問，特別來里昂參觀母校，由我和李塵生陪他去的。汪兄江蘇人，1921年入校，1931年離校，現任廈門大學生物系主任。離別了55年之後，又重遊舊地，真是感慨萬端。汪兄雖年逾八旬，瞿鑠健步，不畏寒冷，攀登山坡，到處參觀，興致勃勃。

我們的母校變化很大，現在是里昂市的大學城了。不過校門的外景沒有什麼改變，「中法大學」四個漢字依然無恙地裝飾著圓拱形的石門。東樓改成大學城的收發處，大樓改為辦公樓和托兒所，樓上已不住人；兩樓之間的廚房早已拆去，院中的草坪改成一個花圃，上面種植著樹木花草；兩座頹廢的舊樓和籃球場也拆掉了，在小橋後邊那座舊樓的地基上修建了大學城的食堂和電影放映室；西、南兩邊的圍牆已經拆去，裏外溝通；後山的小丘依然存在，網球場改為籃球場，另在山坡平坦處新建了兩個網球場；古堡四周的空地上建起了七八座高樓，這就是里昂市的大學城。

我們來到里昂不久，大學開學，我們就開始上課。文法科的中國同學一般只在里昂大學請一位教授指導寫一篇大學論文，就可以學成歸國。我們來之前那幾年，學生的法文水平漸次提高，少數文法科同學試著進修碩士班。學校當局認可了他們的做法，於是我們一到法國，當時海外部校長宗真甫先生就向我們講話，希望我們所有文法科的學生都先入里昂大學碩士班，獲得碩士學位以後再寫博士論文。留法年限可以延長一些。我們只好接受他的勸告。朱錫侯、周麟和我立刻選修美學。第二年6月，三個人都考過了。我們高興得不亦樂乎！

四一同學

1941年，里昂中法大學發生了一個重大的變化。自從法國被人為地畫分為兩個不同的地區後，有些在巴黎進修的里大同學，如羅大剛、齊香和黃家城等都陸續返校。此外還有25個非本校學生而在巴黎或占領區其他城市學習的人也獲得來校繼續進修的機會，他們在1941年11月到達

里昂，因此我們管他們叫四一同學。一下子增加了三十多個同學，學校
又大大活躍起來。新同學裏有現任中國科學院副院長錢三強（他不是我
校學生，但因戰爭關係，暫時在校借住）、雕塑家周輕鼎、音樂家陳德
義和研究中國音樂的陳燕俠等。

　　可能就是在最後這兩位的推動下，我們成立了大路歌詠隊。因為我
們學習的第一支歌曲是《大路歌》，所以起了這個名字。歌詠隊的成員
一共有二十幾位，除了上述幾位之外，還有朱錫侯、周麟、陳儉、吳
斌、宋守信、梁健榮和王振基等人。王兄的字寫得很漂亮，就擔任了抄
寫歌詞樂譜的蠟板工作，錢三強兄擔任指揮，陳德義兄彈鋼琴給我們伴
奏。我們一起學習了《義勇軍進行曲》、《打回老家去》、《松花江
上》、《長城謠》、《滿江紅》等。

　　第二件事就是由學生會主辦了一個中文班，使里昂華僑子女有學習
自己祖國語言的機會。這些孩子在學校裏只學法語，不學漢語，既不會
讀中文，更不會寫中國字。每星期六下午授課兩小時，按照學生的年齡
分成兩班。由我教年齡較大的那一班，由陳燕俠教年齡較小的那一班。
她的教授法很活潑，利用唱歌、遊戲進行漢語教學。我那班的學生學習
態度比較嚴肅，我還記得最用功的一位就是華友社社長石光彥先生的大
女兒石貞德，她從來不缺課，學習的成績也比較優秀。

　　里昂還有一位耶穌會的朱神甫，對中國文化做了不少的宣傳工作，
他在他們的教會裏組織了一個中文班，請我每星期去給那些外國神甫們
教授兩個小時的中文課。這兩份教學工作都使我得到一些報酬。

李治華，〈我的回憶〉，《里昂譯事》
（北京：商務印書館，2005），頁43-53。

十九、一九三二年里昂中法大學三要聞

樊佛愛著　呂慶龍譯

　　本文載於一九三二年出版之里昂中法大學校刊第二三號一五一二一頁。按樊佛愛先生，曾任中法大學校長三年，於退休後，仍任該校刊總編輯。（編者附註）

（一）與中法文化一切合作事業的關係有不可分離的李煜瀛（石曾）先生，於本年九月初到法國，特別蒞臨經他與吳稚暉先生創辦，並使之繁榮的里昂中法大學視察，住了好幾天，我們對於李先生及夫人敬致歡迎之忱。李先生此番來法，對中法各種友好關係，都有促進之益處，我們謹祝李氏賢伉儷在法旅居愉快，身體安康。

（二）據里昂八月十六日「進步日報」登載消息如下：里昂中法大學昨日開會歡迎一位，在中國極負盛名之戲劇大家程硯秋先生，程氏為北平戲曲研究院及南京音樂及話劇學院副院長。他於參加尼市國際教育會議之後，將赴歐洲各國考察戲劇教育而過此者。程氏身材適中，眉清目秀，並有一張極富表情的面孔。在擠滿該校禮堂的歡迎人員中，程氏特歌唱數闋，以娛大眾，每曲一罷，四面鼓掌聲歡呼聲、震動屋瓦，「安可」、「安可」，直至天晚方罷。我們雖不懂中國歌詞，但覺其歌喉婉轉，如泣如訴之情，殊屬感人，實足見其技藝之高超矣。……程氏在里昂停留三日，乃北上繼續考察云云。（里大歡迎程君照片見卷首）。

（三）本校秘書長劉厚先生於今年暑假前，在巴黎大學理學院通過他的理科博士論文。吾人樂於將巴黎天然博物院副院長格尼班先生寫給我們關於這一篇著名及值得注意的論文的來信，附錄於下：

　　「劉君論文題目是：『中國及越南樟科植物之分類及其分布』，研究工作，是在巴黎國立天然歷史博物院內進行的，他利用了舉世收集最豐富的資料，此於遠東國家而言，是珍貴的，尤其是對於我們的屬地：越南。

　　劉君並未將他在這方面的認識及比較研究的雄心，偏限於這裡特好的資料中；因為他還逕自從紐約、北平、南京等地要到了許多很重要而

為本院所無的樟科植物標本。他的工作是基於大約一千八百多件標本其中六百八十二件是經他命名的。

凡是經他研究過的樟科植物中的每一種類的歸屬，及其目錄參考、地理因素，及系統的觀察等等，都極詳細。並對每一種類都摘錄而列於該屬之表內。

植物的並行分類法（Les clefs dichotomiques）確是極端困難的。吾人可說須利用此種方法，一切工作的優劣才能判斷的。而劉先生在這方面的成就，是極其傑出的。」

作者不畏辛勞，在他的分析圖表裡，證明了他想了解每一種花的細節。凡遇著偌多的艱難情況時，在實驗室裡，他對最具經驗的學人，都請教其判斷，冀獲其協助，此正證實了他所做的工作，是極細心的。

從分類或描寫的觀點所獲致的成果而言，他發表了一個新屬、二十六個新品種和其他很多種未曾被提過的變種。還有許多已被發現的品種，被他提供了進一步了解與解釋的貢獻。

就植物地理觀點而言，劉君確立了他研究區域內的植物，與鄰近地域的植物的親緣關係。就他所做的若干證明之後，我們可以這樣地來演繹著：中國植物羣與越南植物羣的共同性，是兩倍於印度及南洋羣島的。

這種演繹，除了跟純粹的地理情況一致外，並且還跟其他熱帶或溫帶植物的地理分布情況完全一致。

就各觀點而論，劉厚先生精細的論文，對我們遠東地區植物的認識，是一種極其有益有用的貢獻。　　巴黎天然博物院副院長兼顯花植物實驗室主任格尼班署名。」

格君這封讚美的信札，使我們對於劉厚秘書長的科學貢獻，一目了然，毋庸置議。他在學術方面，得了如此的成就；而最值得加倍稱讚的，是他在研究進行時，曾經為公務中斷了好幾次。凡有關於中法文化的事業發展之要求，劉先生從不猶豫，放下他的研究工作，而為公事貢獻其服務的熱忱。若干年來，他於巴黎華法教育會、里昂中法大學的事業，盡力之處，難以枚舉，即對那些在大戰中來法的中國工人，只要對他有所請求，他也是熱烈的幫助，足見其為人服務，無類無別，此種精神，凡認識他者，無不同聲稱讚。

余今還要一提者，是劉先生在里大服務期中，國立中山大學請他兼任海外部代表，中國中法大學代表團請他任團長，中國政府，亦曾幾次

令他代表出席在洛桑，及安威等處舉行的國際農業會議，劉先生對於每一任務，無不圓滿完成。

在法國政府方面，我們教育部曾於一九二六年獎以大學官徽章Officier d' Academie一枚，今年（一九三二）我們的政府又授以騎士勳章Chevalier de la Legion d' Honneur，以酬庸劉先生在法二十年所作一切的貢獻。

今劉先生行將離去而返回其多年闊別的祖國，見其多年不見的父母，余自當為彼慶賀並祝福，但一思及即要與如此好友分手，委實不勝依依，若說Adieu（訣別之意），更難以開口，只能講Au Revoir, Abientot！俟不久回法再見罷！

樊佛愛署名（吳稚暉先生一百十歲誕辰紀念特輯）

二十、里昂之中國大學校舍

　　自中法兩國教育界提倡在法國設立中國海外大學後，即有里昂大學校長儒班氏極力出而贊助，鼓動法國陸軍部及教育部，以里昂城中之聖底勒兵舍捐為校舍，尅日動工修理。校舍係在里昂西城小山，上有電車直達山頂，不過十分鐘即至。校址當門，即一層樓之樓房一所，入門右係四層樓之洋房一所，長約六十餘步，與北京大學之文科校舍大小相等，每層有二丈寬三丈長之房間十八間。此房將來即作學生寢室，每室至少可容四人。合計此座樓房所容，二百二十人而有餘。與大門相向，尚有一層樓之房舍一所，長三十五步，聞將來作為講堂之用。四層樓房之正對門數丈外，有一土坡，如照壁然。其斜對門二三十丈外，又有一三層樓房，將來擬作女生寢室。一層樓之房舍後，又有平房三間，其左亦有平房一排。此數所房屋，位置頗似北京之四方天井；一層樓房正對大門，頗似上房，左廂為一四層樓房，右廂為一三層樓房，但彼此相距均在十丈二十丈以外。房屋四圍數丈外，皆係土坡，坡約丈餘，高與寬亦丈餘，登土坡四望，里昂城盡在眼中。坡外所有菜園空地，東以樹林，北以街為界，約數畝，即將來學生體育之場、圖書室，及教員居屋建設之地。並謂有土木工人修理，定於一月完工，因二月內即須開預備科，以便預備至暑假後，正科即可始業云。（教育雜誌，十三卷二號）

二十一、里昂中法大學一瞥

熊卿雲

里昂中法大學，在里昂城外聖地乃（Saint Trnee）山上，係法國舊式礮台之故址。校長為吳稚暉先生。該校最高統治機關，為里昂中法大學協會，其正會長為里昂大學校長儒班博士，副會長為褚民誼先生。中法大學一切事務，概由該會主持。常年經費，中法政府各出十萬。校內學生共分三級：首曰優待生，每月除供給膳宿費外，另給零用費若干；此曰官費生，不納學費，並供給膳宿；次曰自費生，每年須繳洋三百元，以作學膳費之用。

此校之設備，並非完全大學，不過為里昂大學之補習學校而已。校名Institut Franco-Chinoise，並非Universite Franco-Chinoise；譯為中法大學，蓋美其名耳。該校專辦法文預備班，二年卒業。卒業後，各自往里昂大學或在里昂指定之專門學校上課，不收學費，而以該校為寄宿舍。愚於去年過里昂時，曾參觀該校，不過見有法國女教員及曾仲鳴君等數人在講堂內教abcd……等字母而已。（作於法國果倫公學）（教育雜誌十五卷四號）

二十二、里昂中法大學之近況

　　里昂中法大學，係於民國十年十月十日開校。時男女學生約一百三十餘人，其中除少數已在國內學習法文，能直入法國大學聽講，餘則均隨校中所特設之法文預備科。此科共分七班，延請教授十五人，分別授課。十一年秋，考入各專科大學及高等專門學校者約半數；法文預備科教授辭去十一人；另聘文科大學教授一人，演講法國文明史及文學，理科教授一人，演講科學。又另設數學科兩班。十一年秒，添招學生二十一人。今年七月，各生在里昂各校考試成績，頗為優異。茲分述如下：（一）醫科大學：考得醫科博士學位者一人，考試及格升入第五年級者一人，考試微生物學證書者二人。（二）理科大學：考得理科碩士學位者一人，考得數學科高等文憑者一人，考得化學科證書者一人，考得數學科證書者八人，考得植物學證書者二人，考得PCN證書者一人。（三）高等商業專門學校：由商科第一年級考升第二年級者一人，由紡織科第一年級考升第二年級者二人。（四）美術學校：雕刻科得第二獎章者一人，圖案科得第一獎章者一人，圖畫科得第二獎章者一人，建築科應考及格者一人，音樂院年考得獎章者一人。（六）高等工業專門學校：得電科技師文憑者三人，第一年級考試及格升入第二年級者一人。（七）高等化學專門學校：由第二年級考升第三年級者一人，由第一年級考升第二年級者三人。（八）製紙學校：（葛爾落誠）得技師文憑者二人。

　　現在里昂中法大學學生人數，掛號者共一百六十人，內除病歿回國轉學等，實數係一百四十三人。（甲）病歿者三人，（乙）因病或因事回國者五人，（丙）轉學他國者六人，（丁）告假者三人。百四十三人中，男生一百二十九人，女生十四人。

　　百四十三人省份之分配如下：廣東六十七，江蘇十五，直隸十二，四川十二，湖南十二，福建四，湖北四，浙江四，安徽四，河南三，貴州二，廣西一，奉天一，江西一。（教育雜誌，十五卷十二號）

二十三、里昂中法大學管理學生章程

招生條例

一、北京中法大學此後能選送免費學生於里昂中法大學，此項學生受食宿之供給，其學費則由中法大學協會按照下文『學業條例』之規定給予之。

二、此項學生由北京中法大學委員會選送，以北京中法大學各院畢業學生之前五名為合格，又其平均分數須在百分之七十或二十分之十四以上。

三、在未啟程赴里昂中法大學以前，此項學生須受法國公使指定醫生之檢驗。

四、此項選送條例，並適用於廣州中山大學學生，受北京中法大學相似之委員會之監督。

五、已經居留在法國而有優美成績之留學生亦可收錄。收錄之名額，以學校缺額為限，此名額數由評議會決定之。其收錄條件於次：

A. 未受中國任何公費補助者，由駐法中國公使或總領事及該生本縣縣長證明之。

B. 由駐法中國官吏之介紹。

C. 已得法國大學某科學士證書兩張，或有大學附設學校或高等專門學校兩年以上之程度，或有同等成績之學位者。

D. 有由協會評議會幹事部指定之醫生簽字之健康證書者。

E. 受協會評議會幹事部委派之主考員之試驗而及格者。其試驗：（一）為法文作文或敘述記錄一篇；（二）為法文翻譯中文一篇。

學生往返中法旅行條例

中法大學只擔任管理學生自到里昂之日起，至離里昂之日止。

　　北京中法大學[1]（或廣東中山大學）擔任其所申送學生之回國川資；在法國收錄之學生，則由中法大學協會擔負之。

附：一九二六年七月一日以前入中法大學學生暫行條例

A.一九二六年七月一日以前入中法大學學生，其待遇如次：

B. 北京特待生（現有三人）：此項學生繼續領受零用費，至其學業終結為止。

C.半特待生（現有六人）：此後稱為免費生，但無零用費。

此兩種學生回國時，給予三等船票費。[2]

D.自費生：此項學生對於中法大學代其所付出之一切用費為債務者。

E. 廣東特待生：其待遇如A項，其回國川資由廣東中山大學直接擔任。

學業條例

一、中法大學之設立，所以謀該校中國學生在里昂大學各科或附屬於里昂大學與否之各學院及各專門學校求學之便利。此種專門學校計有：

　　　　高等工業專門學校
　　　　高等化學專門學校
　　　　製革學校
　　　　高等商業專門學校
　　　　建築專門學校
　　　　國立獸醫學校
　　　　美術專門學校及音樂院
　　　　最末二校（油畫雕刻音樂）每年只許進學生三名，且只限於極有技能之學生。

---

[1]　1.本章程係中法大學協會幹事部會同北京中法大學、廣東國立中山大學兩代表所訂定，經以上兩校及法國外交部批准。即日施行。

中法大學協會會長　雷賓簽名

2.本章程譯文與法文有出入處，悉以法文為憑。

[2]　北京中法大學決議（一九二七年十二月二日函）沒有成績之學生只給予四等回國艙位。（一九二八年四月）

二、無論學習任何科學，應先請問主任教員之意見。其准許權則屬諸評議會幹事部。

三、如得評議會幹事部之特別許可，亦可送至里昂以外其他高等或專門學校求學。

四、學生如不得評議會幹事部之許可，不得擅自變更其學程，否則開除學籍。

五、如未得法學學士學位，或最少法律速成科文憑之學生，不得報名入法科大學博士班。

六、如未得學士學位，或經評議會幹事部審查其有相當之科學或文學學位之學生，不得報名入理科及文科大學博士班。

七、免費生學業期限：

法科	法律速成科	二年
	學士	三年
	大學博士	二年
	國家博士	三年
醫科		六年
藥科	藥科文憑	五年
	大學博士	一年
理科	學士	三年
	高等研究文憑	一年
	大學博士	二年
	國家博士	期限無定，由評議會幹事部商准主任教授意見以為增減，但最多不得超過三年
文科	學士	三年
	高等研究文憑	一年
	大學博士及國家博士	其辦法與理科同

此外得主任教授之同意，修業期限可延長一年。

各專門學校之修業期限，即依各校所定之修業期限，但可延長一年。

習美術（油畫及雕刻）及音樂者，修業期限，平均五年。

八、一切註冊報名費及學費，均由評議會幹事部給付。

實習條例

因特別理由，評議會幹事部可准許學生一實習期間。在規定學業期間（上課及實習）以外，學生不得居留中法大學。

衛生條例

在修業期間，學生因病遷延至六個月尚不能工作時，評議會幹事部考察其情形，得請其脫離中法大學。

協會獎金及文憑條例

一、各科大學及專門學校文憑交到時，即由協會會長簽名發給在中法大學畢業文憑。

二、獎金為一千佛郎，專給予學業完結而成績特別優良之學生。欲得此項獎金者，可依據其歷年在學所得之成績，及教員之報告，具函請求。評議會幹事部審查其請求，以定給獎與否。此項獎金之給予，不限定每年皆有。

懲戒條例

一、損害學校光榮之過錯，及貽累學校聲譽及利益之動作　無論犯此任何一種過失，即由校長臨時開除學籍，並報告協會會長。倘學生反抗此種處分時，則由會長或由會長委託評議會幹事之一，加以審查，召集紀律會議，按照其反訴實情裁判之，或恢復其學籍，或決定開除，或受下項其他紀律的懲戒。

二、違犯紀律　輕犯學校校規，或擾亂學校秩序時，由校長告戒譴責之。　重犯學校校規時，即由校長報告會長，由會長命令予以追究，如上述第一項辦法，由評議會幹事部開紀律裁判會議，或予以嚴重之譴責，或勸戒，或為短期的開除，或完全開除其學籍。完全開除學籍者，無領受中法大學文憑之權。

三、學業成績不及格　專門學校只許留級一年。　各科大學凡滿兩年，尚不得理科或文科學士文憑一張，或法科學士或法律速成科第一次考試即落第者，開除學籍。　按照學業期限，延長一年，尚不及格者，（參看學業條例第七項）開除學籍。

依主任教授之意見，評議會幹事部得予以例外之通融。

結婚條例

學生未得畢業文憑者，不得結婚。結婚後即失去居住學校之權，並不得保留房間。

其他條例

校長不在校，或因事阻，由評議會幹事部任命代替者，臨時代理者為學校總秘書。

學校總秘書任職三年，得回中國休息六個月，（旅行時間在內）此六個月仍舊支薪，來回皆給三等船票費。

二十四、關於中法大學經費之意見

吳敬恆

　　各位先生：這一次中法大學的預算，我們中國人方面均不能同意者，自有不得已之苦衷，為各位先生述之如左，伏乞原諒而審慮焉：

一、中法大學經費，照收入之數已經不敷分配，不能再扣存儲備津貼，遲到借用一款四萬「方」（法幣佛郎之簡稱）。

　　　　如款項偶爾一兩月遲到，已有去年贏餘約十萬方可以暫墊。（去年贏餘另見下），倘竟永遠不到，現在經費每年全額五十四萬，若每年扣存四萬方，須扣十三年，方敷一年之用，所扣區區究屬何用？

　　　　且懼款項遲到，而預算上列有借用一款，無異教籌解經費人，以為既有借用之款，已默許其遲解；則扣者僅少數，因之而遲至者為多數，反自啟糾紛。

　　　　又款項既要遲到，一到當付正用，將何款可扣作此項借用？此又未合於「論理」。

二、學費僅定八千方，則于暑假前已口頭允許學生代給之實驗費等，相差過鉅，至少更定三萬方。

　　　　中國原來章程，照別國習慣，以為學費千方，實驗費只數十方，故定實驗費學生自給與否，臨時酌商。到法才知實驗費比學費超出數倍，此非招來之苦學生所能負擔，故不得不由校中代給。

　　　　本Institut 既無高深之學可給學生，必使出而求之于里昂各專門學校，在理亦應代出各費，以補本校所對于學生之缺憾。

　　　　抑吾人更有區區之意，請求于法國方面諸位先生贊同者。校中最要之款為教費，此款已有著。學生先有學，可學一切，自僅枝葉。今校款最速捷而可靠者，即為法政府七萬五千方之款，以之專為教費最屬可靠。根本可以先□，此其一也。里昂之市給中國學生以安居，法政府給中國學生以教育，使中國學生永永□□紀念，故不必以法政府款項納入別款，以補無目的之款項，此其二也。本Institut 第一年延聘法教員費約七萬餘方，今第二年法教員費三萬六

千元，一半入里昂各校，若定學費、實驗費共三萬八千方，亦七萬餘方，自明年起全校皆入里昂各校，其學費、實驗費亦約七萬餘方，適可敷用，此取法政府款項，專作教費，剛剛恰好，此其三也。

三、既仍定一部分學生免繳飯費，則一部分繳費者依然繳費，處置亦為欠當，應將繳費生十四人之四萬五千方，亦行免去。

中國定有特待免費等名目，皆就經濟現狀而定，皆有所不得已。猶夫此次雷賓先生等鑑驟除特待，恐飯費無著，所以繼續寬以時日，免飯費一年，使自籌措于整理之中，仍尚體恤之意。所以延雷賓先生而為此體恤，正與一年前，道中國而為特待相同。然則特待等之苦衷，正不必多向雷賓先生等解說，雷賓先生等自問其所為，即可豁然而明，啞然自笑。

其實狀則因中國出外就學，富者大都不願為，願為者往往皆貧。又惟其有人不願為，故願為者若獨盡義務。所以法國人入學為己得學，自應自己出錢；中國人出而求學，若為國得學，當公家出錢。此固我國國民一弱點，不應以告外人。然外人不明其故，往往憤慨我國學生，在法二十年來，鬧事者非一次。問其鬧事之原因，無非欲迫公家出錢，並無別故。此次本校繳費學生，以特待為口實，亦趨爭鬧。然特待等之名目，明揭于去年預算，何不起鬧於當時，而必鬧於現在？則因實有不能繳飯費者過半，五、六月即來要求普免飯費，我等因經費無著而不能應，因之借端起鬧。今雖一二雪私憤者，已鬧去其同學之特待，且要求免費無效，姑相且忍。然實不能繳費者，依然輾轉不安。故我等此次發見，凡貧苦之學生，只能少數由彼借貸於親友而出則可、若有社會團體介紹，或公家公費補助而出者，非代為想法，即決絕送回。上法外更無第二法責使繳費，徒留學校之不安寧而已。故勤工儉學生既已截止，此校學生亦不復再招，似已來之學生送之回國，未免可惜。既經費可以騰挪，似應一概免去飯費，以省將來無窮之爭鬧。（吳稚暉先生全集）

二十五、關於中法大學伙食賬的 調查比較與說明

吳敬恆

飯食改良問題，是緊要得很。

飯廳穩當的問題，亦很緊要。

現在先把改良問題，就今天調查所得，供各位參考一下。於是把改良的限度，有一個把握。可改良的，亦不要放過。做不到的，亦不必討論。那飯廳就穩當太平了。這是我們幾個人報告最近的所聞，供參考的，沒有一毫去取在內。

一、**廚房趙君報告的物價：**

豬肉	每K	七方上下
牛肉	每K	六方上下
魚	每K	四方五〇生上下
雞	每K	十二方上下
小牛肉	每K	一〇方上下
羊肉	每K	一〇方上下
兔肉	每K	一〇方上下

二、**懂燒飯事情的殷君報告的物價**

豬肉	每K	八方
牛肉	每K	五方五〇生
小牛肉	每K	六方五〇生
羊肉	每K	六方五〇生
雞	每K	一〇生
兔	每K	七方
魚	每K	三方五〇生

比較下來，殷君比趙君買東西，買得便宜。到底哪一個確實？好在躉買若干、零買若干，我們化幾點鐘工夫，合了三五人去調查，馬上可以清楚。

但是，這種調查，我們另自進行。

我們且把殷君的便宜價錢，請他開個預算出來，他給什麼東西給我們吃呢？我們倘然滿意了，就是懶一點，不再去調查物價，亦好。

他今天下午來，把預算切實的開過了，現在把它寫在下面：

一、早餐

咖啡牛乳一碗，即是現在的飯盆：

每一利脫牛乳沖十碗，一百五十人的牛乳	三〇方	
咖啡共用一K	一〇方	
糖每人兩塊，共用二K	五方	早餐共
糖漿每人一大調羹，共用兩K	六方	六六方
麵包每人一塊（一〇〇加蘭姆）共用	十五方	

二、午餐

（肉）每餐一品輪流更換：

豬八百加蘭姆	六方四〇生	（共）46.45
牛一K	五方五〇生	（七日均分）66.33
小牛八百加蘭姆	五方八〇生	（以二六桌乘之）
羊一K	六方五〇生	每餐共用肉
兔一K	七方	一七二方四六生
雞一K	一〇方	
魚一K半	五方二五生	

手段呢？

這是今天下午殷君親自來算的。他說我再要去算算，我們且候他再算來的賬如何？

我們又可以問問趙君，他照了殷君的賬，願意做不願意做呢？

我們再把殷君所說的狀況，實地討論一番。

到底已經合我們改良的目的麼？

我想再容易是實地試驗。

我們幾個人貢獻的方法如下：

一、早飯

把一百加蘭姆的麵包加一塊	
把一利脫十人分的牛乳分在一器	這一餐文明早餐現在
把咖啡碗放在面前	陳設在遊戲室內桌上
把一大調羹糖漿擺起來	
把兩塊糖閣著	

二、午餐

殷君說每桌一K豬肉，買一K豬肉來。

菜每桌約九十五生丁，他是躉賣，

我們買一方二十生丁來　　　　　　　　　　實燒兩盤菜出來

油是每桌一方，我們買一方四十來

殷君十二方雞燒二十六缸湯　我們可取二十六缸水把一隻雞燒出來

雞湯　一隻雞做二十六缸湯　　　　　　　十二方　｜午餐

素菜　平均每餐共　　　　　　　　　　　二五方　｜二七

油　　共用　　　　　　　　　　　　十三方五〇｜一方

米　　每四人吃一K，每K一方三十共用米錢　四五方五〇｜四六

茶　　共用　　　　　　　　　　　　　　三方　｜生

最後殷君說：以上雞是每禮拜吃了兩次了；然便是吃一次，平均計算，亦就所差無幾了。

三、晚餐

晚餐相同，惟雞湯變肉湯，減半扣去六方　晚餐二六五方四六生

四、工錢

殷君自己不願取薪，情願報效。

減用五人，皆甚刻苦，每月共化工錢九百方　每天工錢三〇方

以上合早餐　六六方

　　　　午餐　二七一方四六　　每天共六三二方九二生丁

　　　　晚餐　二六五方四六

每天工錢三〇方

收進一百五十人每人每月一〇〇方

共一萬五千方，以每月三十日　　每天共五〇〇方

計算每天共五百方

除收進，殷君每日淨虧一三二方九二生丁

　　　　　每月三十日計算共虧三、九八八方五〇生丁

　　　　　每年十二月計算共虧四七、八六二方

這殷君一年賠墊的四萬七千八百六十二方，合中國錢，照目前便宜的鎊價算，不過五千元。然而合了馬克，要八十萬了，犧牲太大了。他還是同我們開頑笑呢，還是他別有頑把戲的？

這是殷君第二次自己開來的賬。

他因為預算不敷，所以把什麼都核減了。

譬如牛乳三十方，現在改了二十方，倘容積太少了，不好看，必定仍要沖些米湯，才能了事。

肉兩餐減至二百二十方（五十二桌勻分，每桌不夠四方半了），雞是料想瘦得不成樣子了。

油、鹽、醬、醋、茶，縮到合共三十方，是又不免白煮白燒了。

然而他還是無經驗的估量罷了，不說別的，就是六方兩K的糖漿，夠分上一百五十大調羹麼？這還是疑問。諸如此類，他有什麼真憑實據教我們相信改良呢？我們第一先把十方的一個雞，用二十六缸的水燒燒看，燒得出雞湯，那就第一個改良了。其餘他先說平均六個佛郎多的肉，現在又說四個多，到底燒成什麼狀況，也要實地試驗一下。這個試驗，不但為試驗殷君的預算，還要藉此可以促使趙君改良。

但是，就依殷君第二張預算，他們的工錢，只有三十四方一天，到底他為什麼如此克己呢？也不能不教我們想想。（吳稚暉先生全集）

二十六、爲報載因中法大學籌款見黎總統事更正函

民國十一—十二年

　　大記者執事：讀貴報五日專電，有吳敬恆爲中法大學籌款入京見黎總統一條，係傳聞之誤。恆與里昂中法大學在十年冬間早已不任何職，現在亦不曾聽說該校有籌款之舉。恆向來不敢無事出入公門，在鄉從不曾見過知事，偶到北方訪友，豈敢輒去擾動將來題起墓碑爲最尊榮之總統？事關籌款，恐淆聽聞，乞將此函賜登來函欄，以當更正，至爲企禱。吳敬恆謹啟。（吳稚暉先生全集）

二十七、述中法大學之實況答覆學生

吳敬恆

　　汪先生的一篇寫實小說，頗有百讀不厭的價值。所以他注意我們讀者，不必輕易揭去。敬恆亦深表同情。但掛滿了一板，在校外喜歡我們校內常常有事，非叫我們這學校夭折不可的人，又多了一個甚可喜的材料。所以敬恆大膽，把他簽在一起，要讀者還可以讀。汪先生雖又注意我們不必批評，大約他祇怕我們，你注一句，我注一句，大家不肯簽名，弄得是是非非，莫名其妙。想來如有人誠意的與他商榷，他也很願意得一個第三者的同意。故敬恆又大膽加上一紙，且深願同我們全校的朋友，做一個普通的商榷。

　　什麼中法大學？乃是後來盼望諸位將研究的蔴煩時代了結了，有了空工夫，我們中國的財政也寬裕一點，給諸位來辦，或者真能名副其實。現在完全是牛皮。內容是一個寄宿舍，是清清楚楚，寫在說明書上的。所以這裏什麼辦事人，完全就同一個客棧裏的伙伴一樣。寓客同伴見了面，大家說一聲「蓬霞而（日安）」，就完了。辦事人始終拿這種精神與諸位周旋，在諸位或以為滑稽。有時終要拿著中法大學的辦事人看待。待他厚，故責他也不輕。各位惹盡了氣，對面的人還是莫名其妙，近乎只叫校外人看了很有趣味罷了。辦事伙伴的沒有能力，處處使各位受盡不方便，乃所謂無牛狗耕田，真對不起，只有請各位原諒。我們中國在過去的時代，真叫做人物破產。因此，所以求求拜拜，但願各位高興，共雪這個奇恥。所以請各位到這個客棧裏住著，或者占一點所謂法國里昂大學的光，先助各位做一個起點。還要到世界的各種文化集中地走走，才有人能說到辦事；否則便是我們老著面皮，居然來提議這寄宿舍，居然獻一個計畫，根本上已極可笑。無非終望各位原諒，真是無牛蚱蜢耕田的辦法呀。

　　我也曾經拿籌備員中一個的名義，對「洋鬼子」渾鬧了什麼叫做Director一陣，那無非是對外的唱戲。所以對說不明白的「洋鬼子」，呼馬即馬，呼牛即牛，不過叫作沒法，漫應罷了。這裏所謂伙伴，他不辦事時，一樣都是個淘氣的朋友，同各位也是一樣。筆也健，嘴也快

（我大膽僭說，我也是一個），決不希罕竊一個名號，聊以自娛的。有時同外人周旋，沒法，居個名目，也叫做沒法罷了。便是他放幾個法國屁，還請法國人改著一改，這正是便是伙伴，也少坍臺一點愈好，乃審慎之至。這件事，只有得各位稱讚，乃不料反得各位批評。這真正同紮了幾天燈，忙了發昏，吃力反不討俏，左右見個罪了。這無非是各位太厚待我們，以為中法大學的辦事人，必妙選國人所矜式的人物，說外國話，至少要勝過外國人，才是稱職。這幾乎以師禮相待。各位歷次的下教，皆有當仁不讓師的精神，所以又是「多少年尚沒有畢業」（褚民誼）等等；以為各位戴著我們這種老夫子，實在羞恥，所以常不能無言。各位意思中原無如是之存念，然形式上竟不免如是。敬恆把他一揭穿，各位亦必縐眉不樂曰：是誠何心哉，我倒楣才弄筆。

所以若清清楚楚，想到真正中法大學，正候各位擔任了才有。各位是留學法國里昂大學，這裏是一個寄宿舍。乃所謂辦事人者，並不是國內羣起反對的校長教習，乃住在法國客寓裏的伙伴。當他校長教習，匿名漫罵，是太尊我們的人格；當各位「養的一隻狗」，各位也太失平等的精神，各位也一定不屑做那種專橫的主人的。

我個人，庸妄可笑。隨著朋友，提議什麼苦學，糟蹋了許多賢者。所以罪大惡極，也不想還要遮什麼面皮；因此什麼都已經糟了，何在乎這個寄宿舍，也一同糟了。決不敢要求各位十分屈意，使這個寄宿舍不糟，為李石曾先生一般理想家，爭一個光彩，我亦想與有榮耀。我不久便要想做一篇廣告，把我自己痛罵一頓，免得後人再來受苦，是我的贖罪。

我意影之間，有一點替各位計算，弄筆頭的無益，實十分無益。

（一）若把這個寄宿舍，要算做大學，想精神形式，一齊整頓，不是替「她」自暴自棄，終是相去太遠，一定徒勞無功，一定反耽誤了各位研究的時間。

（二）沒有一毫交涉的伙伴，忽用九牛二虎之力，開出交涉。人類好看熱鬧的性質，乃是普徧的。再接再厲，大家費了的閑氣，一定不少。且小題大做，也真會鬧成一個「亂毛潑在糊粥裏」的局面。

（三）中法大學這張牛皮，各方面的對外，也未嘗無一部分廣告，使各種對于各位之助力，他們樂于貢獻。果然常常為了米鹽瑣屑，詬誶相責難，傳者必云「糟了」、「腐敗極地」。恐歸罪必不獨歸罪于伙伴，各位也真無處伸冤，說不出的苦處。

（四）如其真有校長教習；又一換校長教習，便日進無疆，當值得做個
　　　交涉。現在僅僅有幾個伙伴。閉了眼睛一想，照法國所有的人物
　　　而言，去了聾子，說不定還是換個瞎子。不但換著伙伴，換不出
　　　新花樣；恐夾纏到洋鬼子，他來進步，那格外受不得。說不定只
　　　好散局。在我個人判斷，終覺我們並不要因米鹽瑣屑，來生那種
　　　大病。

　　諸位先生！敬恆更要下一判斷：中法大學不但此時完全不是，即待
各位出來，能辦中法大學，果有此等中法大學之必要麼？這種問題，尚
待後日討論。現在各位似乎一刻千金，把里昂大學的一步走了，愈快愈
好，最是緊要。我的朋友，有棄十分優厚的地位來此者，我告之曰：
「先生，此行特為欲達目的地耳。然在途間，切勿還是常常一路勸相
打。如是則攘臂下車，眾皆悅之，其為士者笑之，不免教孟老爹又嘲弄
了。」故我覺著各位很有興會，常常將我們小小伙伴教導教導，終未免
獅子搏兔，小題大做。各位要做千里之行，卻一路隨便把精神耗于勸相
打了。所以敬恆借著汪先生的寫實小說，獻一個末議。

　　至于汪先生的文章，說到伙伴，乃是順便點綴。其主旨乃因五月七
日之國恥，大家不免淡忘，所以感慨。感慨到前天音樂會場上，洋鬼子
才有坐位，我們黃面孔者大半侍立，皆足鳴一個不平。故汪先生那篇文
章，卻非我所謂弄筆頭，故他署了名，更是他的高貴。他乃別有傷心之
處，敬恆亦不能不表一百分之同情。

　　惟國恥之淡忘，實是我等不合。至于法賓之皆坐，似乎又是我等應
有之禮貌。那種什麼三六、二簧，在我等聽了，也覺肉麻，以之為國粹
供獻，乃是無法可施，原不是唱與我們自己聽的。那天似乎也是應當。
這個意思，汪先生本也說著。但他連帶了五七，想起外國人，襯出一種
感情，也是文章應有的取徑。吳敬恆。

　　我不聽汪先生所注意的，無端來夾纏了三張紙，真抱歉得很。（吳
稚暉先生全集）

伍、勤工儉學運動的逆流
——中國共產主義運動在法國

一、中共在法成立正式組織的經過
（一九二一－一九二三）

李璜

莫斯科第三國際派人來了

在莫斯科第三國際派人來在巴黎宣傳、領導兼組織中國共產黨之前，在法國奠立中共的初基，要算是陳獨秀的兒子陳延年。陳延年、喬年兩弟兄是第一批留法勤工儉學生，到達巴黎時間，大概在一九一九年夏秋之交。他們弟兄是不是奉有父親之命，來法從事共產運動，不得而知。但延年、喬年到法不過半年，便在巴黎成立了一個小小的書報社，推銷國內寄來的新文化書報，特別有多份的「新青年」雜誌，任人借讀，來向留法學生界活動，又似與其父親有所呼應。延年人很活潑，其弟喬年則較沈靜。但在一九二〇年初，延年即由宣傳而得到一個有力的同志—四川青年趙世炎；其人有頭腦，好活動，既傾向於共產黨思想，便極力促成組織，約同在蒙達爾尼的蔡和森、在麥南的王若飛等，於一九二〇年之夏，在巴黎成立了「社會主義青年團」。這時候，延年的父親在上海已有組中國共產黨的意圖，但尚未正式打出旗幟，這或者是延年等只成立社青團（Ｓ・Ｙ・），而未直稱共產黨的原因。不過這一共黨雛型組織發展得很快，一年之中，便網羅留法勤工儉學生至一百人以上。周恩來、李富春、李立三、李維漢、徐特立、陳毅、向警予、蔡暢、聶榮臻等都算是初期加入陳延年、趙世炎與王若飛、蔡和森四人所發起的這一雛型組織的成員。

這一共黨的在法雛型組織之所以發展得快，是有其必然的原因：第一、因勤工儉學生到了法國，法文進步很慢，無書可讀，精神煩悶，只有陳延年的書報社裡中文刊物供給其精神食糧。第二、因為第一次大戰後，法國的共產運動大為發展於法國工廠與學校之中，華工能說法語而早在法國工廠工作，已有首先加入法共工人的組織者；而在法國中學之窮教員中也有不少共產黨人。因是對於勤工儉學生之在工廠與學校者，雖然他們工、學兩無成就，而對「工人無祖國」與

「全世界無產者聯合起來」等口號，多少已受著感染，而思進一步有所研求。

但黃面孔在法國白人社會中，雖已有傾慕共產，且已有加入法共的小組中者，然而仍舊因皮色不相同、語言不大通，與當地的大組織格格不入。陳延年等仍舊是本其自有的小組織，自行研討，而所根據的紅色刊物，還是限於國內寄來中文作品，如「共產主義ABC」、「社會主義運動史」以及「新青年」雜誌而已。故在一九一九之秋至次年之夏，法國留學生中的共產運動並不顯著，沒有人看得出來，只有我從趙世炎處略知大概。無政府主義者之吳、李兩公，自然反對俄共極權專政的，但他兩公也未察覺。

不過，即在此稍後時間中，第三國際已自莫斯科派有人來，專門來做留法勤工儉學生的工作了！莫斯科的俄共代表來到巴黎勾引中國學生，其初大費手續：一因這班雖已傾心於共產主義的中國學生既不能說法語，而能用英語交談者也百不得一；二因莫斯科派人來巴黎勾引中國學生，與派人到中國接洽實力派的性質不同；在這裡，對中國青年知識分子，乃是要從思想訓練下手。蜾蠃螟蛉，必其似我，方能結為死黨，聽其指揮，故俄共要在這裡去做工夫是相當深細的。

巴黎光明社與小說家巴爾比斯

俄共從事宣傳，初步往往要利用一種所謂「同路人」去勾引被宣傳者，使被宣傳者由淺而深，不大警覺的便墮入其陷阱中。這種同路人頗似中國俗傳所謂虎倀之類，倀並非虎，乃甘願為虎工作，而誘人以膏虎吻。——法國小說家亨利‧巴爾比斯（Henri Barbusse），即為共產黨之同路人，其所建立的巴黎光明社（La Clarte）即用以專門引誘非法籍的巴黎外國留學生去研究馬克思主義及國際共產革命的。

巴爾比斯曾以其所著之「火」（Le Feu）一本小說而略有名於時。一九二○年之春，我自蒙達爾尼返回巴黎大學上課，有暇仍助周太玄繼續支持之巴黎通信社譯寫特稿。一日忽見某文藝週刊載有「光明社」宣言一則，大意略稱：戰爭之所以發生而不能避免，乃由於各國人們之未能相互了解，而一任其國內之資本家的自私與政治家的誇大，謬誤的引導到彼此利害衝突的道路上去。因之人們要免除殘酷的戰爭死亡，必須進一步來求取相互了解。光明社之設，乃為外國留法學

生，特別是東方學生，助其了解西方；且為指示西方落伍思想及其不合理之處，而共趨光明之途云云。（此一宣言甚長，文字寫得不錯，我譯出後，曾由巴黎通信社寄與上海「新聞報」登載過，可以覆查。）光明社宣言後署名即為巴爾比斯；下有住址，並稱每週末社中講演會或茶話會，歡迎外國留法學生自由前往參加，並不取費。

太玄鼓動我去窺探一下光明社的內幕，在他認為，我去訪問後可以多增一篇通信社的訪稿；我則認為，西方人對予取之道（give and take）看得甚為分明，今忽以「光明」一字，招待外國學生，花錢開會，其中必有所圖；我不宜隨便暴露身分，且試往靜觀之。第一次按址前往，則巴爾比斯正在講演，其說也甚普通，聽眾不過二三十人。惟令我驚奇者，則講台上坐一妙齡少女，在巴黎女郎中，也算得姿色特佳，且裝飾入時，足令青年人為之動心。我歸告太玄，太玄聞之欣然，要我有暇陪之同往一觀，作為周末之消遣。我因在巴大正式上課，讀書興趣正高；乃經兩月，始因無法謝絕太玄的糾纏，與之再度前往光明社。此一週末，值其茶話會，巴爾比斯待客以咖啡，而妙齡女郎則為客加糖送餅，眉目含情；我笑語傍我而坐的太玄道：「他看上了你這個東方美男子了啊！」但左顧不遠，乃另有一東方美男子在坐，濃眉大眼，滿面笑容，其時我並不認得，在以後始知其人為周恩來。

茶會之間，巴爾比斯促請來客提出問題，或以英語，或以法語，他均能為之解答。但提出甚為淺薄而籠統的問題，如何者始足稱為「光明」，而「光明」的途徑如何進行之類，皆為白種青年，而在座之印度與中國人都未發言。於是忽有一年在四十左右之中國北方人來我座間，用國語問我及太玄，聽得懂否？如不了解，彼可為我翻譯。我立答以能懂不必有勞。此一中年人乃以兩本小冊子分送我與太玄，其中之一，即為馬克思著的「共產黨宣言」。我受之，與太玄離去。歸途，我告太玄，窺探已得結果，是為國際共產黨的宣傳機關，此後不必再往了。

然則，我可以斷定小說家巴爾比斯為「同路人」，而非真正的國際共產黨人。因為我以後雖未再到光明社去，但我與巴爾比斯通過一次信，他答復得很詳細，在其回信的文字中，我看出他固然是贊成國際共產主義的，但同時他的思想仍是一個本於法國傳統的自由主義者，而並未為馬克斯的唯經濟史觀所籠罩。一九二一年夏，我與太玄為「少年中國月刊」編一期「宗教問題」專號，執筆者有會員周太玄、李思純（哲生，當時在法留學）與我，並約定同學李潤章（書華）寫一篇「宗教與

科學」。但我感到內容還不夠豐富，乃發信與巴大社會學教授補格來、中國文化學院講師格拉勒，以及巴爾比斯。這三位都有回信，補格來並在回信後附了他一篇舊講稿，名「該當要一個宗教為平民麼？」我都把這些文字翻譯了出來，為這一期專號增色不少！（詳見民國十年八月一日在上海發行之「少年中國月刊」第三卷第一期宗教問題號）

巴爾比斯在回我的信中間，有一段寫道：「……要防止新教或舊教（案指基督教）在你們那個世界裡很有力的且很有野心的衝擊，據我看來，至少暫時為防禦計，不如還是提倡你們崇拜祖先的習慣。因為這還是有真正的人道觀念，又確是與西方宗教不能相容的。不過要人羣真正獲益，還是該全世界都團結起來，實現一種純理性的道德規律，內中不含一點神奇或玄想的分子；我們的國際共產主義的思想，就建築在這個觀念上面……」（見該刊三十八頁）

在這一段文字裡，我們很可以發現巴爾比斯，他還未拋棄小資產階級的人道觀念，雖然他的結論是認為國際共產主義是較合理性的。這也有似法國大文豪紀德（Andre Gide）與英國名哲學家羅素（Bertrand Russell），他們兩位的思想深細，然而感覺敏銳；在第一次大戰裡的傷亡慘重與戰後的經濟破產中，以他們兩人的睿智，也逃不掉國際共產主義的誘惑，因誤認莫斯科為新的耶路撒冷，而曾經前往「朝聖」，一時成為共黨同路人，為之鼓吹，影響法、英之共產黨發展均甚大。然而後來他們看穿共黨的極權黑幕，竟發表出批判史太林並不合理的政權文字來。〔紀德為此寫有「自蘇聯歸來（Andre Gide——Retour de l' U‧R‧S‧S）」，羅素寫有「布爾什維克主義的理論與實際（Bertrand Russell——Practice and Theory of Bolshevism）」；而詳論此一類經過的，有一本好書，係英國克羅斯曼著的「修煉不成的神（Richard Crossman——The God That Failed）」，臺北華國出版社曾譯稱「破滅了的信心」，李省吾譯，至今仍有一讀之價值。〕

一個個生活好轉起來

我並不認為周恩來等人在巴黎之加入國際共產黨，毫無情緒上與思想上的感染，而完全為盧布（Rouble俄幣名）所收買。但當時在法國勤工儉學生中，如我前章末節所述，剩下來這忿怒的一羣中，確有少數是無法自活，而麵包問題逼得很緊迫的。故第三國際自莫斯科派來的

人，固然縝密的要從主義的宣傳下手，而同時他也看到，既宣傳上手，便非立刻加以金錢的救濟不可。

我在一九二○之夏，每週末或週日，去哥倫坡華僑協社，對住在帳幕中之勤工儉學生教以一點多鐘的法文、法語時，有兩次，我便很詫異的遇見在光明社送給我與太玄的馬克斯「共產黨宣言」那位四十左右的中國北方人。他還與我打過招呼；我教完書，怕勤工同學與我糾纏，匆匆而去，未能與之談話；但我一目了然，他乃奉命而來，分送馬克斯的「共產黨宣言」的咧。

事隔兩月，華僑協社帳幕中夜睡地鋪日啃麵包的住客，便有十餘多人移住於巴黎拉丁區的學生旅館中，上小館食餐，坐公園看書，與我們儉學生的生活相同了。——這非每月至少有三百佛郎者莫辦。我曾問管理華僑協社的秘書劉大悲，是不是他的住客有了減少？他認為很奇怪！有三十幾位偷偷的搬走，並未通知他；而且華法教育會並未為介紹工作，也未轉有國內任何種滙票給他們，他們何以能夠毅然離開協社帳幕，一去不返；並且搬走之時，都在早晚，鬼鬼祟祟的怕他知道！我笑道：「你太不管事了！你的住客在被第三國際自莫斯科派來的人勾引走了啊！常常來的那位四十左右的北方人便是勾魂使者，你該當注意他，並盤問一下，到此何事？」大悲笑道：「我不願過問。這班住客擠在帳幕裡，他們很苦，我又無法解決其困難，就聽他們被勾引而自尋其出路；去到天堂也罷、地獄也罷，我只有默念一聲「阿彌陀佛」算了！」

事實是很明顯的，協社帳幕的住客偷偷的移住拉丁區的小旅館後，一個個生活便好轉起來。每早盧森堡公園的水邊林下長椅上坐著讀書的黃面孔學生也日有增加。我是習慣每早八時出來，在小咖啡館喝杯牛奶與一個小餐包，便到盧森堡公園散步或看報，直到九時始上巴大圖書館，至十二時半回寓。早間，我一入公園散步，或剛坐下閱報，便有協社帳幕中人前來問字。我是他們的法文教師，義不容辭；我不問他們是張三李四，我照書解釋不拒。但他們都是讀的那一本書：馬克斯的「共產黨宣言」。這本薄薄的小冊子，不過二十頁，在比較法文好一點的學生，兩點鐘便讀完了。但他們各帶一本佛和辭典（日本人所編法日兩國文對照字典）或一本法華大字典（上海商務印書館出版，書甚大而字很少），旋翻字典，旋用紅鉛筆註中國字於法文字之旁，註得密密雜雜，仍不能懂得其中許多句子的意義。因為讀者的法文程度尚未將「時態」（tense）弄清楚，而法文的動詞變化又非常麻煩，比英文動詞變化還

多，必須先將動詞活用表（Table of Conjugaison）讀熟，然後看書才方便，不只是能用字典將生字查出來，就足以了解原句的。因之我與他們解釋「共產黨宣言」中的句子，相當費事，只能略說其大意。至於拿「人道報」（巴黎法共機關報）來向我請教的，我便拒絕解釋。我說：『看日報，還要查字典，又要在上面旁批頂批中國字，像一分報這樣密排著，一天的時間很有限啊！』我一看錶，快九點鐘，我便推說上課時間已到，急步而離開公園。

我認為，這樣未能將文法書弄清楚，而便去求取了解法文談政治經濟以至宣傳主義的小冊子，其結果至多是一知半解的。故在巴黎這批中共黨人，雖然已經自稱是馬克斯主義者，其實對「唯經濟史觀」，與所謂「科學的社會主義」，並無了解，他們只是跟著學時髦，高喊幾聲打倒資本家與打倒帝國主義而已。不過這也難怪，留法學生的語文基礎能夠真正夠得上聽文科、法科與看懂書的，即使有錢能安心求學，也並不多，這是因為當時國內的高中與大學都只注重英文，而年青學生能夠早點打下法文基礎者甚少；北京、上海、成都、重慶等處的留法預備學校的法文課程又太不符「預備」兩字的工夫，何況吳、李兩先生還放任不懂一句法語的青年，只要交得出二百大洋旅費，就大批的准其來到法國呢！

鬥爭訓練與學生界從此多事

莫斯科第三國際代表在一九二〇年秋與中共的雛型組織「社會主義青年團」連絡上了之後，周恩來的地位在組織裡忽然重要起來！這個原因並不是周在組織裡戰勝了陳延年、趙世炎與蔡和森等，而是周在天津南開大學，雖未畢業，而受的英國語文訓練基礎較好，周可以用英語直接與俄共代表接頭，而不須翻譯，故周便成為「近水樓台先得月」，自然的在接近高層方面有其優勢，不同別人了。但是俄共代表在其初的目的，是加強思想訓練，其次是教以鬥爭訓練，而在一年半之中並未變動陳延年所發起的組織，只是緊緊的抓住陳、趙、周等幾個人，透過他們，來從事訓練。

然而思想訓練是要靠書報的閱讀與了解的。我都看得出這班盧森堡公園中新學生讀法文書報的艱難，而俄共代表豈有不知之理。而且在一九二一年正是留法勤工儉學生生活最艱苦的時期，於是俄共代表為引起

387

多數學生注意，便於大量吸收分子起見，遂訓練社會主義青年團團員們從事鬥爭：藉故煽動，糾合群眾，指定目標，從事打鬥、示威，以便引起多數學生注意，附和與一起鬥爭，而用以擴大外圍，增強組織。但這一來，法國學生界從此多事了！

第一次的鬥爭，小試而有效，攻打巴黎的中國留法學生會館。原來，在前清光緒末年，留歐美各國的學生漸多，滿清政府除令公使館特別照料或特派有留學生監督外，還為學生設置一個課餘退休聚會之所；永租一所公寓房子，其內有一書房，設備中國經史書兩架；一客廳，有上等桌椅，並有鋼琴一架；一廚房，內碗碟用具俱全，備學生自行燒中國菜飯等，由公使館派人管理之。其目的在使學生不忘故國，用意未嘗不善。但自民國以來，公使館因經費不足而缺乏人員管理，便令老學生自行推舉同學照料。這班老學生，或因革命有功，由稽勳而來留學者；或因家中富有，而留學並不讀書，只知玩樂者；一來巴黎，十年八年，吃喝嫖賭，樂不思蜀；因之在巴黎之中國留學生會館，便成為這班老學生的俱樂部，天天在館裡打麻將、玩妓女，藏垢納汙，烏煙瘴氣；駐法中國公使館從未加以過問，而好學生大抵認為是有損國格之地，從不涉足；當然這一情形乃是不理於眾口的。趙世炎、周恩來等認為這是鬥爭的好目標，在一九二一年一月某週日，約同二十餘團員打入學生會館，將正在打麻將與玩妓女的老學生打了一頓，趕了出去；而在門前貼上一個條子：「不怕死的便再進來！」這班老學生驟遭此變，見著同學便哭訴一番，但同學們素來討厭其為敗類，不加理睬；訴之公使館，公使陳籙始派人出來干涉。但趙、周及其同志們業已自行撤走；自認為大快人心，完全勝利，從此對於鬥爭愈有興趣。不久即糾眾而演出兩幕大戲，第一幕相當成功，第二幕便完全失敗，趙、周等大為損兵折將；然而確將中共組織從此擴大了。

圍攻使館與進軍里昂

第一幕攻使館的戲，上演於一九二一年二月二十七日。事先社會主義青年團發動其在各中學與工廠中的團員，呼朋引類，各派代表，齊聚巴黎，共約二百人，其中大半並非他們同志，而是沒有工作而經濟發生恐慌的勤工學生。但他們發動的口號是：「爭取生存」與「要求救濟」，而要中國駐法公使陳籙立刻拿出辦法來。

當日之晨十點鐘，大夥聚集巴黎有名之一大百貨公司名「廉價」（Bon Marche）公司門首，其地有方場，轉角即中國公使館所在。先舉代表十人，其中即有趙世炎、周恩來、王若飛、蔡和森、向警予等，進入使館，要見陳籙。陳籙派秘書出見，不予接洽，並稱二百人將打入使館中來。當時中國使館地方本小（只有今日中共代表所佔據者三分之一大），但在樓上即可望見廉價公司方場中的群眾；堅持至午十二時許，陳籙一面通知巴黎警察前來保護，一面帶著秘書步至方場，來接見全體。陳籙表示：勤工儉學生之大量來到法國，吳、李兩先生應負其責；而照料其事有華法教育會；今遇困難，公使館同人絕對同情，並願電告北京政府，請求對學生即加救濟。群眾中有人高呼：「公使便是代表政府的，要立刻拿出辦法來！」陳籙答道：「那怎麼辦得到！我只有去電為諸位呼籲救濟，我無法負責為諸君開飯。」又有人高呼道：「已有三十萬佛郎救濟費滙來，被公使館吞沒了！」陳籙聽見這一呼聲，知道不妙，回頭就走。於是群眾中有四五人上前拉他，法國警察拿出警棍，一陣揮舞；陳籙走脫，而群眾也紛紛潰退。但有人高呼，「往華法教育會去商量」。於是群眾有一大半又復於當日下午聚於該會。會中本只有一個收發在守屋子，地方甚小，只有大家擠起站著，聽蔡和森、向警予等先後講演一番，說要奮鬥到底，以爭取「生存權」、「工作權」與「求學權」；並當場發起「留法勤工儉學學生會」與「工學互助團」，要求大家參加；大家鼓掌贊成。故我說這第一幕大戲，俄共指揮得法，中共相當勝利，因他們增加了兩個外圍組織，勢力擴大了。

至於第二幕大戲，進軍里昂，比前一幕的規模還大。因為中共覺得小試大試的兩次鬥爭，都得心應手，聲威既擴大，組織也開展了；這一次更可以大顯身手，把留法勤工儉學生哄動起來，造起更大的示威運動。但這一次卻犯了急進冒進的錯誤，幹得太兇，結果不免於打下敗仗，損兵折將，從此無法公開大舉了。

事緣吳稚暉先生在廣東陳炯明處募得一筆基金，而傳聞北京的「好人」內閣又經王寵惠的提議，撥款大洋十萬來救濟留法勤工儉學生（這是一個疑案，詳見下章中），因之吳、李兩先生與里昂市長赫里約先生商妥，撥出里昂城近郊的一所舊兵營，修整之後，可容二三百人，作為學生宿舍，以便勤工學生來此食住，並正式上課學習法文，一面且可去里昂大學選課聽講。其時在一九二一年秋，吳先生已到里昂接收了這所兵營，從事整理。不過兵營至多只能住宿三百人，而勤工儉學生有千人

之眾尚無安頓辦法，其勢非加以選擇不可。於是吳先生決定兩個原則：
第一、基金多半為廣東陳炯明的省政府所捐出，則廣東籍學生應有優先
入住之權利；其次、既名為里昂大學的學生宿舍，則最好要先選擇法文
較有一點程度的，以便多有幾個人前去里昂大學聽課，然後纔說得過
去，以免有「收容所」之譏；因此入住者要先報名，預備來一次法文試
驗，以憑選擇。

這個消息傳到巴黎後，勤工儉學生紛紛議論。自己覺得法文程度好
一點的，便加緊預備，靜待試驗，以求取及格之後，從此食住有著，安
心求學。但法文程度不好的是占大多數，聞此消息，反而心情惡劣起來，
忿忿不平。於是在巴黎的中共周恩來、趙世炎等又得著大好的鬥爭機會
了！在圍攻使館之後，他們已成立了兩個外圍組織，號召群眾，比前便
利。因此便由留法勤工儉學學生會與工學互助團發出通知，聲稱：吳先
生要先讓廣東籍學生入住里大學生宿舍，這是偏私之見；要用法文考試
來選擇，更有作弊之嫌；食住人人需要，讀書大家有份，不容偏私作弊，
非群起主張並干涉不可！於是便首由留法勤工儉學學生會主持人王若飛
站出來，召集一百多人開會，王且自告奮勇，赴里昂去與吳稚暉辦交涉。

交涉當然無結果，王若飛回到巴黎，還加油加醋的說，吳稚暉態度
強硬，聲言學生如不照規定，不守紀律，便無辦法，只有引起法國軍警
干涉，被送回國了事云云。這一宣布，更激怒了群眾，於是在一九二一
年九月二十左右，中共趙世炎、蔡和森、李立三、李維漢、聶榮臻、陳
毅等人率領了群眾計一百三十餘人，浩浩蕩蕩，乘車去到里昂。（車票
完全由中共出面分送給這些「進軍里昂」的追隨者，說是公使館送的車
票；這明明是第三國際給予中共的活動費項下開支，不便明說，特別嫁
禍陳籙，使與吳、李發生誤會，這足見共產黨凡事用心甚深。陳籙是老
官僚，他焉肯出錢買是非。）

據一位當時接近共黨，而後來並未加入組織的同學對我訴說經過，
這一次鬥爭的安排，是周恩來坐鎮巴黎，以便與俄共代表密切聯繫；趙
世炎為前敵總指揮，王若飛往返取連絡。中共由俄共代表訓練鬥爭作
法，已獲取了兩次經驗，故這一次遠道出擊，便參加了組織中人三十幾
個、同情者四十餘人、莫名其妙而盲動附和者又七十人。這一大批人
馬，一到里昂，便由王若飛領路，一直打入尚未開辦的里大學生宿舍的
兵營中住下，大叫擺床鋪、開晚飯！那知到了半夜，這個兵營被里昂的
法國軍警三百餘人包圍了。但是，床鋪照擺，麵包照發，還有罐頭茶

水，只是進出都被站崗的警察擋駕，困在營中了。王若飛並未進去，他又與吳稚暉交涉，無結果；又跑回巴黎約了兩年長的徐特立與黃齊生（若飛的舅父，此人也是老不長進，而喜歡時髦，自命新人者），到里昂來與吳稚暉善說，要求准許已入住的學生便住下去。但吳先生此時也無法個人去自行決定辦法了。

事情鬧到這一地步，里昂報紙素來反急進社會黨一派的，對於赫里約市長大加攻擊，認為中國學生如再大隊前來，里昂社會秩序便要發生問題，必須市長趕快善後，否則市議會便要提案追究此事的責任問題。本來，如果容許這批打入者安然住下來，則聞風而來者，必尚有若干大批人馬無疑。於是事情僵持至一月之久，初而吳先生宣布，已住入者必須受一次法文試驗，及格者方許住下來，這當然無人答應，因所有的人都對考試無把握；繼到最後，吳先生宣布，以來法之先後為甄別，先收其中最早來法的兩批人，這一辦法更難得著多數同情，且在營中被蔡和森挾持，羣眾又何能自由表示其意志。

一月之中，往返傳達吳氏的通告者，為華法教育會收發褚民誼與中國駐法領事李駿，而隨著李駿能自由進出兵營通消息者，則為一百餘人的代表趙世炎。他不但隨時同李駿見吳稚暉，並且到里昂市政府去會見赫里約，侃侃而談，由李駿為之翻譯，於是趙世炎之談話與照片數次見於里昂報紙，其名一時大噪。但事情拖上一月，羣眾情緒日形低落，中共更煽動絕食抗議，於是情緒低落者便開始逃走。法國人崇尚自由，軍事管理也並不十分認真，被困者要在夜間逃去，非常容易；即在黃昏，只要荷包裡有錢，暗遞兩張十元佛郎票與站崗者，說「請你吃紅酒」，也就可以走出營門，揚長而去了。故初而盲從附和者繼續一個兩個溜出營門而去，先後便已有二十餘人，最後即參加中共組織者，如聶榮臻，也與我後來相熟的一位川籍同學沈默士，兩人共同以一張五十元佛郎票運動崗警而逃走了。

因此，到了十月底，法政府與中國公使陳籙得了吳稚暉與赫里約的同意，共同決定遣送這批兵營中食住一百餘的學生回國，押上鐵皮車時，一點數，只有一百零五人，少了三十幾人。參加中共組織的如蔡和森、向警予、李立三、李維漢、陳毅等約三十人都在被遣之內，惟有趙世炎，在臨到遣送上車時，因其與李駿有交往，而被留下來；其餘六十位盲從附和者，也一併遭受遞解回國之災，竟成為中共鬥爭訓練中的犧牲品，真是冤哉枉也！

趙世炎洩漏組織機密

趙世炎，四川秀山人；秀山在川東南盡頭角上，斜插湘黔之間，民風剽悍，素稱難治之區。世炎少小時，即由其兄世炯攜往北京讀書。後世炯赴日留學，與曾慕韓同學同班相友善。慕韓因反對中日軍事協定而於民七之夏罷學歸國，在上海辦「救國日報」；次年世炎即自北京來上海，以世炯自日本有函囑慕韓照料，世炎便來依慕韓。是時世炎年纔十八，短小精悍；助慕韓辦報館事，能力甚強，慕韓甚器重之，輒呼老弟而不名，並介之加入少年中國學會為會員。慕韓以勤工儉學名義於一九一九年十月赴法，即約世炎俱往。

世炎性格活潑而多幻想，好讀李白詩歌，並慕游俠人物，與慕韓之性謹厚、凡事講求尺度，大不相類。一到巴黎，我便察知世炎屢次不顧慕韓之拘束，而喜遊蕩市廛，津津樂道其亂看得來之形形色色。我告慕韓，此子天馬行空，非轅下之駒，須送之入學，好好讀書，使其就所自行擇別之軌道前進。慕韓亦以為然，即分其通訊所得之費用，送之入麥南工業實習學校，補習法文並實習鐵工。但不三月，世炎即逃學回巴黎，不知以何因緣，而與陳延年弟兄搞在一起，有意與慕韓疏遠，慕韓也無奈之何。但不料世炎便成為發起留法學生中之巴黎共黨組織的有力創始人！

在一九二二年夏之前，慕韓與我們雖非共而尚未反共。曾於一九二〇年五月，有「少中」會友自上海赴德留學，路過巴黎，慕韓因約集在法之「少中」會友歡聚時，也約世炎前來相聚，並不改其常態。人總是具有情感的，何況我們年長一點的會友大都器重世炎，世炎彼時也並未真的便成為馬克斯的信徒，而遽認為我們都是小布爾喬亞，不屑與談。因之，此後世炎有時也來與慕韓、太玄、劫人等小聚。不過在一九二一年中，世炎已成為巴黎學生界中之忙人，我們知其所幹為何事，也未問及，待之殷勤如故。

自進軍里昂失敗而歸，世炎既擔任的是攻打里大學生宿舍的前敵總指揮，然而幾乎被押上鐵皮車，遞解回國，心情不免苦悶。一日來慕韓處小坐，慕韓曾見報上所載里大一幕種種情形，已有通訊專稿寄登上海新聞報，為被遞解學生鳴不平，言之世炎，世炎感動，為之淚下。慕韓因乘機詢問在巴黎年來彼與陳延年等從事共黨組織的內幕，世炎在情感

激動之頃，即將他與陳延年、喬年弟兄如何經營其報社、如何組織社會主義青年團、如何兩次鬥爭勝利、如何此次進軍里昂失敗，其團員蔡和森、李立三、李維漢、陳毅等三十餘人皆被押解回國；而彼返巴黎後，還不能得周恩來等人諒解，至為喪氣云云。盡情傾吐後，慕韓安慰之者再，並囑其後彼苦悶時即來與老友們聚談，一時得失，不必煩惱。慕韓後來告我（在一九二一年之冬，我已在法南蒙城讀書），我笑道：『世炎受俄共訓練不夠，這類機密，照共產黨的規矩，乃是不能容許黨員隨便告訴外人的。』慕韓其時尚想勸世炎回頭，但為時已晚。或者世炎事後認為，自己一時感情衝動，不應將所有機密（但世炎並未告慕韓以第三國際有人接濟指揮之事）告給組織以外之人，故此後乃避面不再見慕韓、太玄諸人，至次年大約在夏秋間，世炎便赴柏林，旋往莫斯科受訓，未久回國。

世炎在莫斯科大概甚為第三國際的俄共主持人所重視，於歸國之後，即於民十三在北方主持中共黨務，深得其同志所信服。一直到革命北伐中，又主持北方工人運動，都表現其冒險苦幹，且富組織能力。今日在香港曾與之彼時共過事之張國燾與李秋生兩位都向我誇稱趙世炎確是人才。惜其在民十七清黨時在上海遭捕殺，年尚未滿三十歲。（學鈍室回憶錄）

二、中共在歐擴大組織及鼓動鬥爭
（一九二三－一九二四）

（李璜）

中共建立旅歐總部

據中共黨史記載，中共在法國建立正式組織，是在一九二二年七月，由巴黎的社會主義青年團與上海中共取得聯繫後，將這一陳延年與趙世炎所發起的組織改稱中國共產黨旅歐總部，而同時成立旅法支部、旅德支部與旅比利時支部。

這個紀載，說明了兩件事：一是說明蔡和森等被驅逐回國後，把在歐洲自動組織（如果強調第三國際的引導力量，也可以說是被動）的中共，與國內陳獨秀正在創立的中共中央，聲氣溝通，打成一片；二是被驅逐回國的蔡和森等不但穩定了當時正在搖擺不定的陳獨秀的中共中央方針，而且加強了國內中共主持者對依附第三國際的決心。後一事尤為重要：陳獨秀起初不大贊成第三國際代表馬林的態度專橫，而他不願事事聽命於第三國際的政策支配的；後經在巴黎受過第三國際訓練成熟的蔡和森等，對於依附國際共黨的革命方針，向陳獨秀再三分析說明，然後中共中央的對內對外政策始行大定。一九二二年六月十日，中共的第二次代表大會宣言，便決定了中共自民十三（一九二四）以後的內外一切活動方針──這足以表明留法勤工儉學的徹底失敗，即為俄共所乘，在法國造成一批中共黨徒，其關於國家命運前途鉅大的所在！張國燾先生是在一九二二年與自巴黎回國的蔡和森等密切合作的一位中共創黨人。在他回憶錄裡，也曾特別說明蔡和森等回國後，對於中共中央決策的重要性。因此，我不能不在此把張國燾著「我的回憶」第三章「從聯合戰線到加入國民黨」中間的文字抄出兩、三段，以證明蔡和森等主張的重要性。這文字已見香港「明報」月刊第八卷第八十一、二兩頁中，我這裡只是剪裁其比較重要的話句約五百字，寫在下面：

「……中共中央根據黨章每年舉行一次大會的規定，正在籌備第二次大會的舉行。恰好在這時候，蔡和森、向警予等同志被法國驅逐回

國。他們兩夫婦受了歐洲共產主義運動的影響，成為虔誠而熱烈的馬克斯主義者。……他們滿懷憤恨，準備回國大幹特幹一番。……」

「……他們對於中共中央所發表的第一次對時局的主張，雖一致贊成，但也覺得有些不滿的地方。蔡和森首先指出，這個文件並未將中國無產階級和其先鋒隊的中共的作用完全表明出來。他認為中國的資產階級不會有法國革命中法國資產階級所能起的作用。中國是一個半殖民地，中國工人應聯絡廣大農民與小資產階級，形成反帝國主義的聯盟。……」

「陳獨秀先生很重視這些從外國回來的同志們的意見。他表示從國外歸來的同志能增加中共的新血液，又可以糾正國內同志那種受環境影響的散漫心理。他同意由第二次代表大會草擬另一宣言，來補充前一宣言之不足。……」

「這個宣言正式宣告『中國共產黨是國際共產黨的一個支部』；特別強調無產階級去幫助民主主義革命，不是無產階級降服資產階級的意義，這是不使封建制度延長生命和養成無產階級真實力量的必要步驟。……」

據張國燾先生所寫出，這個宣言所正式宣告的一項，便將中共的命運決定了，也把中國從此必為俄共所擾亂的命運決定了！至於第二項所特別強調之點，則明明在民十一已表示出，中共之贊成並加入國民黨以從事民主主義革命，乃是「養成無產階級真實力量的必要步驟」！奈何，國民黨在民十三聯俄容共以後，方纔明白中共之加入國民黨，乃係別具野心也！

在一九二二年六月中共第二次代表大會開會後，蔡和森即一躍而成為中共中央三巨頭之一：陳獨秀、蔡和森、張國燾三人被選為第二屆中央委員，陳獨秀任書記，蔡和森任宣傳，張國燾任組織。這一蔡在中共中央的重要性表現出來，當然給予在法國的中共組織的刺激是很大的，因是在七月裡隨即在巴黎建立了中國共產黨的旅歐總支部及其它在法、在德、在比利時的各分支部。

不過，從一九二二年七月之後，在法國的中共黨人，以周恩來、趙世炎、陳延年、王若飛等為首，為整理其內部，擴大其組織，向外鬥爭一時反停頓下來，改而積極準備在巴黎出版宣傳國際共產黨主張的中文刊物了。

「赤光」半月刊油印發行

中共的旅歐總支部成立後，陳延年與趙世炎兩人便編印了一個小刊物，用蠟板來油印的，名為「少年報」，送與黨員及外圍組織的分子閱讀。這種油印的中文小刊物，編輯為陳延年，工作並不甚難。因為其時他們這班共黨領導者對馬克斯主義雖然仍舊了解不夠，但經第三國際代表在巴黎對他們耳提面命已有一年以上，他們少數人中對第三國際所主張的世界革命的任務：反封建與反帝國主義、全世界無產者聯合起來、中國革命是世界革命的一部分、全世界的共產黨必須服從莫斯科第三國際的指揮等等，簡單明瞭的國際共產黨的目標及其戰略算已了解清楚，而且加以信奉的。因此，陳延年所編「少年報」上的文字，大抵是這一套文章，周恩來、任卓宣等都也寫得不錯。但是趙世炎負責寫蠟板，而且要一張一張印出來，就比較編撰還麻煩得多。而且世炎辦組織的事甚忙，就拉了鄧小平來擔任。鄧小平也是世炎一類型的人，精幹機警（俟在後節詳述鄧之為人及其在法經過，因此時鄧尚未成為重要分子），於是鄧小平一直負責油印下去，在隨後出版的「赤光」半月刊，還是他負責，愈印愈好，因此鄧小平在其同志中有「油印博士」之稱。

「赤光」半月刊代「少年報」而起，其性質已是對外發行，擴大宣傳共產於留學生與華工之間，出版於一九二三年夏初，由任卓宣任主編，鄧小平任寫印。其時陳延年與趙世炎已經由巴黎赴莫斯科受訓後回國了，周恩來便成為中共旅歐總支部對內對外的惟一忙人，要去多方肆應一切。因此由周總其成，任卓宣、鄧小平負責宣傳；王若飛、蔡暢負責華工運動，在學生與工人中，其組織都相當進展；可以說，在一九二三年一月至六月這半年中，乃是中共在法國、德國與比利時三地發展組織與吸收同志的黃金時代。

可惜，在得意忘形之中，「赤光」半月刊的文字便有時不免狂妄起來！在法國言論絕對自由的這一地方，為文痛罵「法帝」或主張打倒法國資本家；為與華工表同情，而在「赤光」上公開批評法國的工廠待遇黃面孔不平等，都不會遭干涉，可以放言無忌。何況「赤光」又是中文報，法國人一字不識，更是彼此不相干的。但「赤光」每每批評留法學生中之不贊成他們主張的人，便公開指名指姓，稱之為媚外墮落，那就漸漸要引起反感了。

　　兼之，在「赤光」半月刊出版之前，巴黎已早有一張華文報，名叫「先聲週報」，也是手寫油印發行，於民國十一年（一九二二）十二月就已出版，成為在法僑民各界所必讀的一張報（後來成為中國青年黨的旅法機關報，詳後節），因之偶有被「赤光」鋒銳批評所誣蔑的旅法華人，非報復或辯論不可時，便在「先聲週報」登啟事或投稿反駁。其實中共是有意引起筆戰的，否則他們的共產理論又不太多，國內消息又不喜載，只有引起與當地僑胞或學生大事辯論，纔足以發揮其膚淺的共產宣傳，且較能引起閱者注意的。不過，也最容易引起反感，於其擴大組織上利害是參半的。譬如，「赤光」攻擊謝東發先生一事，就曾引起旅法各界之不滿。謝東發是一華父法母的混血兒；其父上海人，在法赤手興家，經商致富；但東發雖安享父業，其人甚愛祖國，國語也說得不錯。因之凡中國人在法有任何事，他都願義務幫忙；而因其在巴黎社會中交法友甚廣，人緣甚好，中國駐法公使館也有時倚重之（後曾任使館顧問）。謝東發是一個好好先生，對於留學生一視同仁，他並不了解學生界內幕，在一九二一之後，即已日趨複雜，因此中共找他幫忙時，他也盡力之所能及。不知何事中共對他有所求而不遂意，「赤光」便為文指名罵他是「法奸」，是「賣國賊」，於是多數學生與使館中人都為謝東發不平，而在「先聲週報」為之辯護。因之「先聲週報」本以新聞消息見長，而為不深通法文的學生與工人所必讀的一份華文報，便日形趨向與「赤光」半月刊成為敵對。

中共在德國與比利時的支部

　　中共在德國柏林建立有旅德支部，但留德的中國學生中共黨員甚少。後來這個支部地方成為周恩來在一九二三至二四的「行轅」，他常從巴黎去到柏林暫住，以便輸送法比兩地的中共分子，經過柏林時，交與第三國際駐柏林代表，帶往莫斯科，去入俄京「東方大學」受訓練。因為第三國際已承認周恩來是中共旅歐總支部的頭兒，當然要他負介紹不會選錯人的責任，而且這些自法比前往俄國受訓的中共黨員，一大半仍舊是語言不能應付旅行，即使能瞎摸到了柏林，也不易與俄共代表接頭；何況當時史大林已將鐵幕築起，豈有不弄清楚，而隨便讓學生自稱共黨即闖入俄境！故周恩來在一經建立了旅歐總支部於巴黎後，即於一九二二年八月跑去柏林，建立了旅德支部。後來一直常川去來。

　　這一經過，自始即為一個四川留德學主黃乃淵所發現，而以之告於慕韓。因乃淵之兄乃量也是慕韓在日本時的同學好友，而慕韓在一九二三的三月至六月赴德游歷，即由乃淵導游。據乃淵告訴慕韓，他的寓所，即與周恩來之柏林住處緊鄰，因為他的德語能應付，時與恩來的居停女兒有來往，此女且與恩來有情愫，但甚為詫異恩來付了長年租金，而每小住即去。使她時有相思之苦。但乃淵觀察周來住時，人客進出並不多，因此彼深疑周究到此何事，後始探知周係在柏林與俄共代表辦交涉。這乃為周之愛人這個德女所漏洩的機密。

　　不過，在德國之西部哥定根（Gotingen）與佛郎克福（Frankfurt on Main 即歌德的故鄉，中國留德學生慕歌德之名，而來此城讀書者較多）兩城的大學內，中國學生中却各有兩、三個是共產黨人。這是為我的好友魏時珍（字嗣鑾，畢業上海同濟大學第一名，德文與科學的根底甚厚，而留德在哥定根大學名教授愛因斯坦手下獲得數學博士，知名於時）後來告訴我：他於一九一九的十月到了德國，其時正是德國戰敗，窮餓不堪，國際共產黨因之大為活躍的時候。他初住佛郎克福大學一年，德國同學即向他宣傳共產主義，因他正在欣賞歌德與研究康德，當然聽不進去馬克斯，而且駁斥之。但到了哥定根，後來任中共紅軍的總司令朱德也帶著年輕貌美的太太（或者姨太太，因朱德本係川滇小軍閥之一）來游德國，住在哥定根。因為時珍與朱同是川北人（時珍為蓬安縣人，朱德是儀隴縣人，兩縣轄境毗連），因之朱德要時珍教他學德文，時珍教他有半年之久，其小妻也在旁靜聽，且比朱進步得快。不三月，她便可以自己一人出街購物，並與其他中國學生來往，接受了共產主義的宣傳，以之影響朱德。

　　時珍在哥定根大學考得博士，因其係中國留學生中懂得「相對論」的第一人，甚為留學界所稱道。一次在哥定根大學中國學生會用德語講演「康德與馬克斯」，批判馬克斯之唯經濟史觀，甚為嚴酷，大為聽眾鼓掌。（時珍此文譯成中文發表後，曾被張東蓀收入「新哲學論叢」，在上海商務書館出版，東蓀認為其說鞭辟入裏。）但時珍在哥定根講演後，即接在哥定根大學中之「德共中國組」一封中文信，言要打死他；故時珍立即買了一支防身手槍，隨時帶上，以防不測。——這足見在德國亦有中共，不知是否已加入周恩來等所指揮的中共旅德支部？

　　至於在比利時支部之中共，則組織相當嚴密，人數也比較多。原來比利時沙勒瓦（Charleroi）城有一所勞動大學，乃為工人階級所設

立，專收勞工子弟，不取學費，且視其家庭力量，酌給生活津貼。一九二一年十月，聶榮臻自里昂軍警包圍中逃脫（見前章），即逃往比利時，進入沙勒瓦勞動大學的化學工程系，既得安心求學之所。聶甚為用功。據與之同逃赴沙勒瓦、同入一校且共選一系之沈默士告我，亞述·聶（Arthur Gnai 榮臻之洋文學名），家在四川江津白沙，白沙是魚米之鄉，其家富有，故聶到比後，其家曾與之滙錢不絕。周恩來命之組織中共旅比支部，彼初受命，並不熱心，用功如故，故聶在勤工儉學生之中共分子中，科學比較有點根底。後來李合林因暗殺駐法公使陳籙（李合林於一九二二年五月，槍擊陳籙之汽車，乃係兒戲之舉，因陳籙在鄭毓秀女士處晚餐，並不在車中，而李只擊破車輪即逃走了，夠不上說是暗殺，故法報雖載出此事，而陳籙請法警不予追究）未成，也逃來沙勒瓦，中共在比利時之組織始活躍起來。

李合林，四川隆昌人，身高力大，自命豪傑，因與慕韓為小同鄉，故慕韓亦常資助之；鄭毓秀女士也愛其活潑能跑跳，因得出入鄭寓，而有酒後槍擊車輪之一妄舉。據慕韓旅歐日記，一九二三年九月六日到沙勒瓦，李合林為之導遊：「李君精神活潑猶昔，令人可愛。」九月八日記云：「上午偕合林赴公園散步閒談。午後二時赴學生會寄宿舍開會，謝澤沅君（亦川人，在巴黎加入中共，後赴俄為史大林所殺，見前第四章末節中）主席，……請予報告法國學生方面關於反對列強共管中國鐵路事（此事詳見後節），……旋由同學推舉三人，……予與劉君伯堅、梁君銘荃同赴比京向公使館交涉招待記者事。……」（見「曾慕韓先生遺著」書中第四二七頁）凡此所記之李、謝、劉、梁等皆係旅比支部之共黨，但不見有聶榮臻出場，足見其並不活躍，而甚用功讀書。（李合林自莫斯科受訓歸國後，死於廣州暴動中；劉伯堅則後在馮玉祥處活動，在「赤都武漢」時，其名已見經傳，逃往江西赤區後，朱毛西竄時未走，旋被捕殺。）

旅法各團體救國聯合會

一九二三年五月，山東臨城發生了孫美瑤劫車綁票巨案。孫匪將京浦直達車中二十幾個各國西人綁下車來，挾往抱犢崮，一時震驚世界；經過一個多月的兵力威脅，利祿招降，始將「洋票」救出。但當此案發生後，西方輿論激昂，主張列強共管中國鐵路交通。法國人一向衝動，

巴黎各大報一律以頭欄登載，有大字標題稱「土匪世界的中國」者；且法方主張共管中國鐵路尤烈，英報美報和之，連篇累幅，記載不絕，使旅法學生與華工皆受刺激甚深；甚至有不願出街赴餐館吃午飯者。因法人習慣一面看報，一面午餐，而閱及此案新聞，必以目注視我輩黃面孔座客一下，令我輩感到羞辱，食不下嚥。

慕韓在柏林得我們去信道及，乃於六月二日趕回巴黎，決心發起「旅法各團體救國聯合會」。慕韓認為自民十一年六月直奉戰爭之後，北京直系驅逐了總統徐世昌，推戴黎元洪總統復職；僅及一年，直系又驅逐了黎元洪，已使北京成為無政府狀況；北洋軍閥如此胡鬧，方引起目無法紀的臨城劫車巨案。因此主張海外僑胞團結，共起救國，以便倡導全國民眾去推倒北洋軍閥，而實現全民政治。——此慕韓發起旅法各團體救國聯合會之由來，也是他的自來要廣為結交青年志士共同救國的素願所在。

慕韓一返巴黎，即先約集在法之少年中國學會會友商談反對列強共管中國鐵路辦法，並擬開一「各團體聯合會」，到者有會友黃仲蘇、陳登恪、周枚蓀、許楚僧、何魯之與我，羣以為然，慕韓乃於七月六日先發一電訊與上海新聞報言政府軍人酣於內爭，列強野心思逞，旅歐僑胞團結，一致奮起救國云云。慕韓並即在「先聲週報」發一通告，發起各團體代表大會，於七月三日午後在華僑協社開會，討論發起救國聯合會事；到者除「少中」前舉之會友外，即有「先聲週報」之主持人胡國偉、張子柱，以及周恩來、徐特立等人；議定各以團體名義參加，於七月八日開籌備大會。是日到者有華僑協社、中法教育協會、留法勤工儉學生總會、廣東半官費學生會、旅法華工協會、萬花酒樓、中華飯館、「赤光」半月刊社、「先聲週報」社、「國民」半月刊社與中華學藝社巴黎分社等，共約二十餘個單位代表。

當時慕韓已知共黨有抓群眾，好把持的野心與習慣，因此在籌備會中特別注意周恩來。慕韓雖被會眾推舉為「告全國父老書」及「致駐法國的各國公使反對鐵路國際共管的公函」的起草人，但他特別提議要與周恩來共同商酌，眾無異議，因使周等安心，知慕韓並無排斥彼等之意。而且慕韓本就認為此一救國大事，而旅法少數華人應該一致團結，不容再分彼此。故慕韓一面在「先聲週報」上發表「神聖聯合與統一戰線」一文，號召新人團結以對付舊軍閥舊政客，一面即特別對已有組織之中共表示大家開誠合作；並拉緊周恩來後，又再三囑咐歲數較長、舉

止也較穩重的徐特立，叫他去告訴其同志，要大家維持秩序，將此聯合大會開得成功，然後纔發生影響，以收救國工作的初步效果。

殊不知中共之參加旅法各團體救國聯合會，其目的並不在救國，而只是在乘機宣傳其共產主義，擴大其組織與鬥爭，這或者是當時第三國際代表曾命令他們不要與小資產階級真正合作，而沖淡其階級立場。這一大會籌備工作完成後，在七月十五日召開大會於「巴黎社會博物館」大廳時，到者竟有四百人之多！首由慕韓宣布開會宗旨為反對列強共管中國鐵路，並歷數北洋軍閥與政客之喪權辱國，不足以擔當國事，必須全民奮起，共謀救國，因提出本大會以「內除國賊，外抗強權」為宗旨，聯合海內外同胞一致從事革命建國運動云云，眾無異議的鼓掌通過。何魯之以代表華僑協社的身份主席，正要宣佈散會；中共見會眾如此之多，情緒如此熱烈，乃忽由女共黨劉清揚跑上主席台去，大講其國際共產主義，認為「中國革命是世界革命的一部份」，非聯合蘇俄，不足以言革命救國等，一講便是半點鐘，會眾莫明其妙，大不耐煩，噓聲四起；主席何魯之請她停止時，會場中便起了喊打之聲，石頭擲向台上亂拋，會場秩序大亂。我其時與徐悲鴻、許楚僧、周枚蓀四人保護了蔣碧薇、家姐李琦、勞女士（楚僧愛人）、魏女士（枚蓀愛人）及其他女生十餘人，先行離開會場；後始知亂了一場散去，曾將兩位出面維持秩序的湖南學生打傷：一為李不韙傷頭部，流了血；一為周楚善，傷腕部，甚痛楚；後此兩人皆成為反共最力之青年黨中鬥士。

慕韓見大會開成，通過宗旨，甚為高興；但見周恩來等共產黨人不受事前約束，而心目中只知有共黨，不知有他人；只知依附第三國際，而並不愛護國家；因此他開始在「先聲週報」上為文，宣傳國家主義，反對國際主義；並約我為文，批評馬克斯的階級鬥爭與列寧的世界革命之說。從此便與周恩來、任卓宣等筆戰起來。因慕韓在「先聲週報」發表「全民政治與全民革命」一文，而「赤光」半月刊便有文反駁「全民」二字為不通。其實，如何不通，他們當時的中西知識都不夠，而對於共產主義，也只知喊幾句口號，並說不出多大道理。而且當時，第三國際正在對中國新興勢力與知識分子進行「統戰」工作，故不願中共旅法總支部成為孤立情勢，且足以影響國內正在進行連絡國民黨去傾向蘇俄的工作。因是在「赤光」與「先聲」上左右兩報雖筆戰不休，而周恩來、徐特立等與我們周旋仍不絕。

中國青年黨開始組織

慕韓早有意於建黨救國，旅法以來，見其所最器重的青年活動分子如趙世炎、李合林等，不聽其勸告，而竟加入共產黨，不告而去俄，慕韓甚為痛心。他深感青年人愛活躍，只憑理論，而無組織，無行動，絕不足以維繫之。及其於本年赴德赴比游歷中，已在秘密與好友鄭振文、王建陌、魏時珍諸人談及組黨事。今見國際共產主義，因有黨的組織，在國內外皆得青年知識分子暗中趨赴，如不及早起而與之對抗，將令史大林的赤化中國詭計更易成功。因此他自一九二三年九月歸自比京後，慕韓在巴黎「先聲週報」上，一連發表兩文，表示其國家主義與全民革命的堅決主張，並公開徵求留學生與之討論如何進行革命建國。周恩來等共黨因之更對慕韓側目而視，要尋機會打擊他。適雙十國慶節，慕韓為喚起愛國運動，特別商諸好友，分頭約人，擴大慶祝，特租Hotel Zataria大客廳，布置一番，高懸國旗，先期登報，開國慶紀念夜會，並請有外國來賓，到者計共六百三十餘人。萬花酒樓老闆特送中國茶點，佐之以法國各式軟酒，廣東同學奏音樂，江蘇及湖南同畢演拳術，中法男女跳舞，期通宵以達旦。不意至午夜，周恩來率共黨十餘人闖入會所，高舉紅旗，大唱其國際歌，有意搗亂。幸他們見我們人多，而且有外國青年男女不少，大家都怒目掀袖，周恩來知道，在此情勢下一打起來，他必先要頭破血流，大吃其虧，乃繞場一周之後，不願打無把握的仗，便呼嘯而去。慕韓嚴禁同人與起糾紛，任彼等示威一番，自命勝利走後，跳舞會仍舊舉行直至天明而盡歡散去。

國慶乃大家認為神聖的紀念日，而中共眼中無視國家，於此更是證明。因之其反共救國的決心，慕韓與當日在巴黎之中青發起幹部數十餘人更加堅定。終於在一九二三年（民國十二年）十二月二日，在巴黎近郊之玫瑰泉（Fontenayaux-Roses）小城共和街餐廳中舉行結黨式。據慕韓手訂之年譜，關於此一生平之大事，有云：

「予由德國返法，適國內發生山東臨城匪案。列強倡議共管中國鐵路，予聞而大憤，遂發起旅法各團體救國聯合會，以反對鐵路共管為目的；並親赴比國宣傳，冀得法比輿論之同情，而使英、美、日本有所顧忌。時中國共產黨已成立，得俄之援助，大事活動於國內外；而國民黨孫中山又有聯俄容共之議。予深知大亂將作，國命或為之斬，因決意另

組新革命黨，於是中國青年黨乃於是年十二月二日成立於巴黎郊外玫瑰城共和街。予與李不韙、張子柱、李璜、胡國偉、梁志尹、何魯之皆當時發起人，然予組黨之動機，實起於柏林養病時，鄭振文、王建陌皆最先參預者也。」

慕韓的旅歐日記，也寫著：「是日微雪，上午赴子柱處，與何魯之、李不韙、黃晃、胡國偉、梁志尹、周斅元共議組黨事，因幼椿遲到，故候至午後二時始正式開會，先討論予所擬之宣言及黨綱，經眾次第通過之後，復議子柱所起草之章程，亦逐條表決。晚八時，復開會於子柱家，旋移入一咖啡店中，眾復推予為黨務主任，子柱為宣傳主任，議至十二時始散，於是中國青年黨遂正式成立矣。」（見「曾慕韓先生遺著」第四四一頁）

當時創黨諸同志很熱烈，慕韓尤為興奮，我甚慚愧，其時惟我的態度與活動並不積極。因為我在巴黎大學正式上課，研究歷史學與社會學正在上路，每天都必須上午在巴大圖書館讀書三至四時，一天也不願間斷；因之我雖允慕韓參加中青的發起，而說明在我未得碩士學位之前，不能多分時間參加黨的工作。因之，我除在「先聲週報」上寫了幾篇闡明國家主義與民主政治的長文外，並不工作，且少赴會。但中青組黨之後，既以「先聲週報」為黨的機關報（胡國偉是該報的創辦人，張子柱為總編輯，周斅元任印刷），與「赤光」半月刊筆戰不停，日趨激烈；「赤光」半月刊為對中青鬥爭，於一九二四年一月改為旬刊，除周恩來、任卓宣作文外，老國民黨而早傾共的吳玉章也出馬作文為國民黨聯俄容共辯護。共產黨人的訓練，是以「普羅」自命，作文以粗鄙潑辣為自認其宜，故與「先聲週報」打筆墨官司時，便不免含血噴人，對慕韓為人身的攻擊，慕韓力戒同志，勿效法其潑婦罵街口吻，有污黨報所應有堂堂正正的主張格調。但中青同志參加者至一九二四年初已有五、六十人，大家不能忍受中共之漫罵，乃又另行印發一種名「救國」的刊物，專門揭發俄共指揮中共的陰謀事實，指出每個中共黨員每月領取俄共津貼七百盧布為生活費，因稱共黨為「盧布黨」；有時且罵其為「蘿蔔蟲」。中共為表示他有華工黨員為其後盾，而向中青示威，又辦一「工人報」，用漫畫形容我們，並假工人署名，向我們喊打喊殺起來！

共產黨加入國民黨的陰謀大暴露

中青與中共在法國分子雖自一九三二年冬起即已鬥爭甚烈,但雙方人馬,不是學生同住宿一個學校宿舍中,便是工人在工廠附近合租一屋,連鋪共棲,因之雙方私人仍接觸頻繁,不過大家心裡有數而已。

中共在此時並未受到敵對者的任何壓迫,在巴黎搞共產黨,並無政府干涉與軍警注意,自由自在的開會活動,不像後來在國內的地下活動,神經隨時是緊張的。因之中共在法的機密訓練並不夠,竟被中青一個黨員鄔剛如在其同住的一個中共分子的牀上睡墊下發現了一個重要的油印小冊子,這個小冊子,只有手掌大小,題為「共產黨加入國民黨之秘密決議案」,內有兩大段,前面第一大段載的是第三國際對中共中央的命令:

「工人階級尚未強大起來,自然不能發生一個強大的共產黨——一個大羣眾的黨,以應目前的需要。因此共產國際執行委員會議決,又由中國共產黨中央委員會議決:中國共產黨團結,共產黨黨員應加入國民黨為黨員。」

「我們加入國民黨,但仍舊保存我們的組織,並須努力從工人團體中、從國民黨左派中,吸收真有階級覺悟的革命分子,漸漸擴大我們的組織,謹嚴我們的紀律,以建立強大的共產黨的基礎。……」

在第二大段,則是中共中央為此命令低層照辦者:

「(一)中國社會主義青年團第二次大會決議案:『本團團員加入國民黨,當受本團各級執行委員會之指揮,但本團各級執行委員會,當受中國共產黨中央及其各執行委員會對於團員加入國民黨問題之種種指揮。本團團員在國民黨中:①應贊助中國共產黨之主張,與其言語行動完全一致;②本團應保存本團獨立的嚴密的組織。」

「(二)中共擴大委員會關於於北京報告決議案:『我們加入國民黨合作,要注意下層的切實的工作,宜極力避免無益的競爭。我們對於國民黨中高級機關位置之競爭,對內既易發生不良的影響,對外又易引起其他團體的反動;於不十分妨害本團活動之內,應採取容讓的態度,而致全力於區分部或市黨部的切實工作。對於國民黨下面的各種團體,我們同志應注應聯絡其感情,非必要時,不宜取敵視態度。』……

「（三）中共中央第二次全體會議決議案：『本黨以後一切宣傳出版、人民組織，及其他實際活動，均應用國民黨名義，歸為國民黨的工作。因此：①可以減省人力財力，②可以使國民黨易於發展；③可以使各種努力的聲勢與功效比較擴大而且集中。但對於我們所認為的必要事項，而國民黨不願用其名義活動者，仍作為本黨的獨立活動。』……」

慕韓得閱此一油印小冊後，認為一向組織鬆懈的國民黨，內部問題已甚多，今被中國共產黨有組織的加入進去，又有第三國際的俄共為其背景與加以指揮；則　中山先生多辛苦所組成的國民黨必為共產黨之陰謀所篡奪，而同盟會諸先烈犧牲生命所贏得的革命威信，也勢必為共產黨所假藉，而得以搖惑中國趨向於革命救國的人心，於打倒軍閥專政與從事全民政治的前途均大為不利。因此立即持此油印小冊子，往晤當時在法之老國民黨人王寵惠等，為言其黨聯俄容共之危險，囑其迅速設法轉告　中山，但王不以為如何嚴重，而不願表示意見。

慕韓對於此事非常著急，乃於一九二四的二月得到一個機會，即國民黨最接近　中山之老同志謝持（慧生），與慕韓同鄉同縣，且一向交好；其婿曹四勿（任遠）適自德國學化學得博士歸國，道經巴黎，慕韓乃於二十四日為之餞行，將此油印小冊交付之，囑其密轉其岳父，即向　中山陳訴聯俄容共的危險情勢。雖然謝持看見此小冊中竟自規定去從事篡取國民黨的權力與群眾，大為憤慨，但孫中山先生乃並不為謝持之痛切陳辭所動，大大申斥了告密之老黨員，認為自己太不中用，始會為共產黨所乘。　中山表示，他自有辦法，他並不怕國際共產黨。於是國民黨中有一部份老黨員都因此大為不安，一開始聯俄容共，國民黨便發生了裂痕，後來　中山先生死後，便有了左右派之分，互相水火，而共產黨乘機利用，更令國民黨互相衝突起來。

茲錄出曾慕韓先生手訂年譜中一段，略云：

「是年（民十三）冬，孫　中山先生北上過滬，予曾謁之莫利愛路，勸其中止聯俄容共，　中山固執己見，予亦當仁不讓，辯論久之，不歡而散。先是予在法發覺共產黨之陰謀，載於一九二三年共產黨全國代表大會決議，予曾以之語於王寵惠、蔡元培、鄭毓秀等，囑其轉告　中山，王等不以為意。適謝持之婿曹任遠由德返國過法，予乃囑其歸告謝持。謝持聞而大憤，遂邀張繼赴粵告密，不意反遭　中山申斥。謝回滬，辦『護黨特刊』，對於容共，力持異議。及予歸國，乃約定內外夾攻。予與　中山晤面，亦由謝介紹也。」

共產主義本不適合於中國之國情，因中國是一資產落後、現代工業並不發展的國家，與馬克斯當時對英國的看法而有工人專政的主張，完全不符。且國民黨老黨員一向所從事的民族革命，所憧憬的是民權政治，故對於　中山的聯俄容共政策，一開始便表示懷疑，而在一九二四的一月，國民黨在廣州所召開的第一次全國代表大會席上，老黨員便逼得共產黨代表李大釗不得不即席發表聲明，表示：「第三國際共產黨之加入本黨（案指國民黨），係服從本黨主義，遵守本黨黨綱，參加國民革命；絕非企圖將國民黨化為共產黨。……」但此一聲明被國民黨老黨員多認為欺人之談，而於是年七月間，便由鄧澤如、張繼、謝持以國民黨中央監察委員身份，根據「共產黨陰謀妨害國民黨之議決案」，提出彈劾。其彈劾案中所舉之陰謀妨害的議決案，即慕韓交與曹四勿轉交謝持的這本小冊子的原文。

中共與中青從思想鬥爭到流血打鬥

慕韓不但將此共產黨陰謀小冊子密交曹君帶回中國轉交謝持去告密，而且於一九二四年初，即在「先聲週刊」上作文反對國民黨聯俄容共，並揭破共產黨之陰謀篡奪國民黨，稱其為毫無黨德，影響革命救國的合作前途。這一下，揭開了周恩來等人的瘡疤，大為痛心，勢非報復青年黨人不可！於是一變往日雖在理論上辯爭不已而在行動上還在合作的態度，乃決心與青年黨不再合作，進而搗亂所有聯合的會議，終於打鬥而流血兩次。

一九二四年二月，旅法各團體救國聯合會召開理監事聯席會議，其時參加的團體單位已由二十六增至三十八個單位，共產黨周恩來、徐特立等聯合其所代表的幾個單位公開提出修改「救聯會」的宗旨，認為救聯會初定的宗旨：「內除國賊，外抗強權」已為中國青年黨所竊取，不能再用，非改不可！（一九二三年十二月二日中國青年黨建黨後，將黨的宗旨公佈於「先聲週報」上，有「本黨本國家主義之精神，採全民革命之手段，外抗強權，力爭中華民國之獨立與自由，內除國賊，以建設全民福利的國家」為宗旨。故周、徐等以竊取為言。）曾慕韓反駁周、徐，認為此兩句在「五四」運動時即有相似之口號呼出，遍及全國，乃天下之公言，並非誰人所得而私；且修改會章宗旨之權，屬於代表大會，理監聯席會議無此權力，不能擅改。於是會場中有工人代表起立向

慕韓破口大罵；起立者人漸多，在吵鬧中，忽然飛起一把椅子，向慕韓
擲來！幸「中青」方面也有工人同志當代表的盛蘊玉，將椅子接著，中
青方面又有一位同志湖南籍的黃虎也將一把椅子向周恩來方面擲去。椅
子一時亂飛，周恩來恐怕打傷了他，乃高聲大呼「不要動武，這是誤
會」；他首先護著徐特立出會場，盛蘊玉也保護曾慕韓離開了。結果只
是小打，雙方都出了一點血。

　　但在一個月後，旅法勤工儉學生總會召開常年大會，改選職員，共
產黨要爭領導權，認為他們的職員數字占少數，職員中的中立派都傾向
於青年黨，非在這回選舉中爭勝不可。但開票結果，共產黨雖增加了兩
個職員，但仍占少數，乃提出異議，說是選舉舞弊，要求停止進行，改
期重選。此議一提出，會眾譁然，共產黨又擲椅子，打散選票，雙方混
戰，中立派亦不能忍耐，而加入打鬥。不意共產黨早懷有短棒在身，於
是又將中青的李不韙同志打破頭，血流滿面，共方也有受傷流血者。

　　至於第三次打鬥雖未成，然共產黨的工人竟拿出手槍來，放在會議
席前，則大有武裝威脅會眾，非屈服在其槍擊之下不可之勢！原來中共
發展組織以來，就特別注意巴黎北郊「比昂古」工廠區之華工，大約在
一九二四年初，已有一百左右華工加入了共產黨。但中青方面有楊合川
同志也在該區兩個大工廠作技術工人兩年，一向很幫助華工，結交工友
不少。自中青建黨後，也令楊同志宣傳並接納華工加入國家主義青年
團，已有二十餘人。何魯之同志常因代表華僑協社前去慰勞華工，故中
共頗忌恨之。那一次，事在一九二四年四月初，何魯之又前往，約集工
人代表開會；會上便有工人提出，說是法華教育會曾收到北京政府滙來
三十萬佛郎，都是為救濟工人的；這筆大數目被會中人瓜分了。今乃以
少數錢來津貼工人俱樂部，這是中國青年黨人在其中通同作弊，我們非
追究不可！言畢，即拿出手槍來，放在桌上。楊合川立即上前制止，將
手槍拿了，叫他仍舊收在身上，並警告說這是法國，有法治的地方，誰
玩這一手，誰便走不了路，要捉去坐牢的。魯之回來告訴我們，說據楊
合川告他，巴黎買手槍最容易而便宜，只要五塊中國大洋的價錢，就可
以買白郎林手槍一支，還帶子彈五十粒。共產黨既公開拿了出來示威，
我們也不可不備。

　　於是中青便開始了武裝訓練。中青總部決議，由中青中央執行委員
會訓練部長胡國偉負責，選擇忠實而勇敢的同志，購買手槍，學習射
擊，法國真是無有不自由的一個國度。發賣手槍獵槍是公開的，只要在

警祭局去請一張防身手槍的「派司」，就可以將手槍買得，放在身上滿街遊蕩，而且在巴黎郊外凡爾賽宮側近，還有兩個教人們射擊手槍、獵槍的場所，實彈打靶，視為娛樂。因之中青黨員及國家主義青年團團員共有二十幾人前往學習射擊，有隔日前往，有特別高興，每日都去射一、二十發者。學到一個半月後，射擊場便被法國政府下令封閉了。因其時越南革命黨人胡志明也在巴黎辦報，鼓吹越南革命，法政府忽然察覺黃面孔青年這樣多人在學射擊，恐係胡志明的黨徒，故爾禁止。但中青黨人從此在巴黎有了射手（如四川籍同志鄔剛如，他學射的成績最佳，可以對紅心十中其九，被稱為神射手）。但也有一件令人至今思之痛心的事，便是因學射不慎，在寓中玩手槍走了火，中青的一個發起人最為精幹的王建陌同志因之喪生了！

停戰協定之假意合作

在這不斷的打鬥中，中青與中共的黨員身上大半懷有手槍，動輒要拿了出來表示武裝，誰也不會怕誰。因為其時雙方大家都是二十幾歲的青年人，血氣方剛，愈鬥只有愈烈的。不過學生究竟是有點理智，知道一正式開火，便要傷人而惹起刑事處分，有失中國人的面子，而為同學們所不齒。但在工人，則比較粗暴，尤其是北方來的華工，性情直戇，一旦有槍而動怒時，便難免開火；結果，釀出人命案子來了！

事情發生在一九二四的五月二十日左右，巴黎員警忽然在塞侖河中發現了一具屍體，驗明是黃面孔，頭上有槍傷，身上有中國字條，證明是中國人，為人槍擊死後，棄於河中的。嚴查之下，據報上所載，死者為比昂古工業區的華工。於是警局在該區大事搜查華工宿舍，將所有防身手槍都一併搜去檢驗，但未查出是那一支手槍開的火；而且拘捕了幾個華工，審問之後，不得證據，一律又釋放了。因為這是中國人打死中國人，情形既已明瞭，法國警廳便不認為重要，而不再費神追究下去了。

據中青黨員工人盛蘊玉言，這個死者並無黨派，平素討厭中共的工人動輒聚眾威脅同事，彼曾見他破口大罵過中共黨員，而且其人係河北人，孔武有力，酒醉則易動粗，或者動手去打共產黨工人，而被槍殺於河邊，因而投之河中致死。如果巴黎警局去真正追究殺人罪犯，一定可以查得出來。但法國人自來馬馬虎虎，何況對中國人的一條人命，他們

更懶得費神，草草了案完事。當時華法教育會的祕書是李廣安，其人雖是北方人，然最怕事，河北工人去找他出面告狀，他不敢惹共產黨，勸慰大家一番，領屍掩埋而已。

這一下，中共、中青雙方學生都把手槍收藏起來，不再帶在身上。在五月底，周恩來忽來信約我與張子柱同志喝酒，我們三人聚談於一咖啡館中，周請我們喝了兩瓶好紅酒，周酒量甚好，子柱不能飲，我只喝了半瓶。周恩來忽改變其前兩三月的怒目金剛樣子，而大說大笑的向我們道：『目前國內新黨合作，要實行革命救國，我們大家雖然思想主張不同，然而耍打倒軍閥政權，反對列強侵略，總是一致的。我們在此打鬥下去，殊無多大意思，不如我們三黨（除中青、中共外，周還指的是在巴黎的國民黨學生，因國民黨學生在巴黎反共者比較多，常與中青合作）來一個停戰協定，從此不要再打鬥而仍如以前的合作。』周恩來提出此議後，請我與子柱轉達慕韓。

子柱歸告慕韓（他兩人皆住在近郊玫瑰泉），認為這是周恩來怕打死工人一案，我們可以挑起華工向他尋仇，故他特來與我們妥協。慕韓則認為問題不如是簡單。周不會怕我們追究工人命案，因為他知道國家主義者最愛國格，追究起來，工人學生都必有入獄者，報上大登特登，只有損害國體。慕韓懷疑他不斷為文且通訊反對聯俄容共，在國內已經發生效果。或者周要假意合作，其動機在此。

慕韓其時見中青在法、德、比三地發展，已得黨員團員共一百二、三十人，難於再事擴張，有意回國活動；他如走後，中青在法只有穩健的發展，也不宜長此與中共打鬥下去。因將計就計，叫子柱通知周恩來，定期會面，訂立休戰協定。此事據慕韓旅歐日記所載：

「六月七日，是日天晴。上午偕張子柱、梁志尹赴巴黎開各團體職員會議，討論援助留德學生辦法，因恐梁士詒起訴報復也。（案梁此次游歐，謠傳是來為北洋政府與列強商大借款，故在柏林一餐館中被留德學生毆打了他。）旋與共產黨代表周恩來、任卓宣，國民黨代表習文德、李富春（按彼時李富春尚以國民黨代表出面，亦趣事也）及該黨黨員張星輝（即張厲生）等會議新黨聯絡辦法，訂立規約十條，共以打倒軍閥，抵抗列強為宗旨，彼此不得互相攻擊，……」云云。（見「曾慕韓先生遺著」第四六三頁）

周恩來對敵人能屈能伸，其面孔可以做得來忽怒忽笑，我在法時，即深識此人長於詐術，能辦外交，但非領袖人才。停戰協定簽字後，因

我常與張星輈在巴大圖書館碰頭，知他是忠實的國民黨員；並不贊成中山的聯俄容共政策。我問星輈，周恩來何以忽然要假意與我們合作起來？星輈答語確得著要領了！他說：「在國內的國共合作，已起暗潮，日形擴大。在廣州方面，國民黨中的左右兩派已經鬥爭起來。周恩來要輸送留法、德、比三地幹部回國，加強國內中共活動的陣容，故勢不能不緩和在巴黎與中青的鬥爭，以便於抽身。」

周恩來回國與鄧小平繼起

果然，在七月初，周恩來與任卓宣、徐特立等均已離開巴黎；而據楊合川同志報告，「比昂古」的中共組織幹部工友也有十餘人離開了。這一來，證明周恩來在撤退巴黎的大批人馬，經由莫斯科受短期訓練後回國。在比國方面，據沙勒瓦勞動大學中青同志來信，周恩來曾跑到該地與聶榮臻周旋一日，聶即與劉伯堅等數人動身到柏林去了。（至於在比利時最活躍的李合林與謝澤沅則在早半年已經自比赴俄受訓。）

周離巴黎後的安排，據我們所接觸而瞭解到的，乃是鄧小平負中共旅歐總支部的總責，而李富春負責對外接洽。在比利時支部方面，則從巴黎調了何長工去負責，何長工雖在法從未與我們見面，但知道他在比昂古工業區作華工運動。其人因在法國北部一中學安心讀過兩年書，因此他的法語還能勉強應付。這個湖南佬因在工廠中作工，還學得相當的車牀、鑽牀等等技術，比李立三在工廠一年多，只會做粗工高明一些。

中青總部同志們認為中共幹部這一大舉撤退，從此，組織必趨鬆懈，應付必欠靈活，非我們的敵手了。但我囑咐他們不可小視鄧小平，其人短小精幹，也長於組織。從一到法國，我便認識他。雖然一向在「赤光」社中任印刷發行，似乎不大得意，但周恩來能一下便將總責交付與他，當然周與他共事日久，必定瞭解他的能力。

鄧小平，四川廣安人，原籍廣東客家，為四川重慶留法預備學校第二班畢業生，前十名為沈默士、聶榮臻、周欽若、金滿城、與他等人；由重慶商會會長汪雲松贈送每人二百大洋赴法，其時在一九二〇年夏。我曾與李乃堯為李石曾先生所請求，前去馬賽第一次接船，便遇著鄧小平。船上載有二百人，中有九十二個四川籍者。鄧小平首先登岸，向我報告，船上有九十多位同鄉，他都安排好了，每十人為一組，共分九組，行李也分作九大堆，以備我一隊一隊的引導他們上岸，過海關，驗

行李。這一來，我便不大費事，甚有秩序的便將九十二人帶上碼頭，每人面前擺著行李，以備車運去馬賽火車站。不像李乃堯跑得滿頭大汗，照料廣東及北方學生，顧此失彼，而且行李弄掉一兩件，大受抱怨。

鄧小平其時年歲不過十七、八歲，並不叫鄧小平，而叫作鄧澤高，同來的都叫他「小鄧」；我在點名上車時，照名單也喊鄧澤高，他答應我的呼聲不誤。不知道，他何以加入共產黨後，不但改了名，連他的祖宗八代的姓都不要了！因有這一次的接觸，我對他的印象頗佳，知其並不單純，安心去當一個「油印博士」就算了。在旅法各團體救國聯合會理監事會議席上，他是一名監事，我曾在此會中再次遇見過他，被周恩來介紹，稱他為鄧小平，我甚詫異；但我不好問他、何以改名換姓？——不過中共黨員像這樣改名換姓的，也不只鄧小平一人。他大概是家原富有，參加共產革命，恐怕連累家庭的原故。

因是我囑咐同志不要輕視鄧小平，還得當心此人。在一九二四年七月底我與慕韓離巴黎回國後，是年雙十國慶節，中青照例發起慶祝大會，一如往年，而鄧小平便率領共產黨徒前來搗亂晚會；其勢洶洶的要求取下五色國旗，而將帶來的青天白日旗掛上。其時國民革命軍尚未北伐，只有廣州換了旗，這個要求當然不得會眾許可。鄧小平於是大喊大叫：「打倒北洋軍閥的走狗」；引起會場騷亂一番，然後呼嘯而去。——這表示，彼「小鄧」並不平凡，周恩來走後，他是頭兒，他也能號召其黨徒出來示威，使別人不要小覷了他！

我偕慕韓自巴黎返上海

周恩來等旅法共黨既紛紛回國，慕韓預料國內的共產活動必日益加強，認為非跟蹤追擊不可！於是約我同路回國辦報。我其時已在巴大考畢，且以三張憑照，一張證書，由巴大送往法國教育部去換取索爾朋的碩士學位；這一碩士學位正式證書尚未發下；我認為尚須等一下，而慕韓則迫不及待。且當時我已得到國立武昌大學請我教西洋史的一紙聘書，並寄來旅費大洋三百元的佛郎匯票，這個教授講座是余家菊兄為我推薦得來，因他已在武大教書，而其中教授學生已有不少共產黨，他認為非加強我們的反共陣容於武大不可；我亦情不可卻。慕韓既堅約我同行，我只得與之於一九二四年七月二十七日自巴黎動身，乘車赴馬賽上船回上海。（張夢九同志其時自德來法，擬歸國，亦同行。）

　　慕韓以哀者的心情，抱勇士赴難的決心，準備回國與國際共產黨奮鬥到底。而他的身體自來便不大健康，故屬望於同志們合作努力，不餒不懈；生死以之的心情甚切。我至今猶憶慕韓臨別向巴黎老同志痛切陳辭那一幕好像陣前誓師的警告。茲錄其日記一則：

　　「七月二十七日，是日天晴。午前赴車站對面開黨員大會。請幼椿、夢九，邱兆琛及予先後講演。予感於諸同志之熱忱與國內時局之艱難，登台時不禁痛哭失聲，座中亦有感動而流涕者，旋拭淚演說新革命黨之精神及其黨員應有之修養，約一小時。午後諸同志為予等餞行，讌會間多殷殷屬望之辭，予亦誠懇答謝，並加勸勉。五時半散會，七時赴里昂車站（即由巴黎南行之總站）用膳，八時偕幼椿、夢九上車啟行。」（見「曾慕韓先生遺著」四六六──四六七頁）（學鈍室回憶錄）

三、周恩來在法國紅色生涯的開始

李天民

（一）左傾的起步

　　一九二〇年九、十月間，周恩來乘法輪波爾多斯號（Porthos）到了法國。[1]第一次世界大戰後，中國在法國留下大批的華工，和一九一九年後，有一個數量極大的勤工儉學學生到了法國。而當時法國共產黨和社會黨早已成立，社會黨且在議會中擁有一百多名議員。法國的思想自由空氣自然感染到一些留法學生，如像蔡和森、李富春、蔡暢等人所組織之工讀世界社，決定走俄國人的道路。[2]他們與國內的陳獨秀已有書信往還。先由陳延年、趙世炎等發起組織書報社、讀書會，在一九二〇年底成立社會主義青年團。另一方面，當時勤工儉學學生，品類不齊、語言不通，錢用完了，只好作工，但作工體力又多不能勝任，因而大多在苦悶中找尋出路。這時，第三國際派人來了，帶著另一個中國北方人，同他們一個個接觸談話後，把收容在巴黎法華教育會睡地板的一部分學生，搬到拉丁區，每月給三百佛郎津貼，請人教法語，讀人道報與共產黨宣言，周恩來和王若飛都是參加者。由於周恩來還能說英文，有時他也擔任英文翻譯。[3]

　　中共在中國的創立，不是由中國人自己建立的，而是由第三國際播種和催生的。它的播種，一是由第三國際派維丁斯基到中國，在上海和

---

[1]　根據前美國南加州大學Research Institution on Communist Strategy and Propaganda主持人Rodger Swearingen博士告訴作者，周恩來去法前，曾去英國住了極短時期。

[2]　（1）李明「中共六烈士傳」，新中國書局，香港，一九四九年，一四頁稱：向警予與蔡和森發起「工學世界社」。（2）儀齋「關於湖南留法勤工儉學學生人數及巴黎華法教育會的介紹」，「湖南歷史資料」，一九五九年，六四頁稱：工讀世界社原為「工學世界社」，經在集會中辯論，拋棄「工學世界」理想，而走俄國人的道路。

[3]　據當時在法的李璜先生口述。盛成：「海外工讀十年」，中華書局，上海，一九三二年八月，七一頁，「共產黨學青年會與天主教以及法國外交部來收買勤工儉學生，去念馬克列寧主義，服從莫斯科第三國際的命令。」

北京先組織馬克思主義研究會；另一處便是在法國的巴黎，也是由第三國際派人向當時在法國的大批勤工儉學生進行策動。使巴黎成為中共第二個發源地。至於在日本東京，雖也有極少數留學生如周佛海等（只四人）參加過中共的創立，但在數量比重上遠遜於法國，也不是由第三國際直接吸收發展。[4]因為　孫中山先生從一九〇五年在東京成立同盟會到以後改建國民黨，日本是海外重要基地之一，使中共不能選擇東京作為它第三發源地。

　　周恩來到法國之前，接受了天津益世報通訊員的任務。[5]但一到法國，他即同趙世炎、蔡和森、王若飛、陳延年等人一起，[6]在第三國際代表直接領導下，籌組少年中國共產黨。他到法國不久，便寄過許多少共的宣傳品給他一位在日本的同學。[7]他從此被紅色的共產黨捲去了。他是一個長於肆應的人，南開的基礎又幫助了他，使他一進入中共，便成為一個出色的人物。不過他在巴黎初期的生活，也曾露過窘態。當他在巴黎西北區畢陽谷的Renault工廠同李立三一起做工時，做的是抬鐵槓、翻沙。周恩來究竟是從作「少爺」的家庭出身的，不如李立三，三個星期他便吃不消了，他說：這是非人生活。便離開了工廠。[8]這在他生活歷練上添了新的一頁，但以作為共產黨員的條件來說則是有缺憾的。以後，勤工儉學留法學生在法國鬧事，周恩來卻是扮演領導活動的人。對周恩來有記載的一件事是一九二一年二月二十八日，包圍中國駐法大使館要求津貼。[9]是年秋，由吳稚暉、李石曾諸先生為留法勤工儉

4　周佛海「逃出了赤都武漢」，「共匪禍國史料彙編」第一冊，三一六頁：「他是一九二〇年九月上海與維丁斯基、陳獨秀見面後參加入中共」；三一九頁：「一九二一年，張太雷赴日本。」（第三國際令中國共產黨代表代辦日本代表事）

5　據另一位與周恩來在南開同學之某君稱：周恩來還兼任天津大公報通訊員。

6　劉富蘭「毛澤東與下屬之間的淵源」，「明報月刊」，香港，第五期，一九六六年五月，三一頁，引蕭瑜「我與毛澤東行乞記」英譯本，一八五－一八六頁稱：「周恩來是『新民學會』會員。劉富蘭推測周之入會，可能係由蔡和森之介紹。」

7　與周恩來在南開同學某君之口述。

8　李璜先生口述。又Arthur A‧Cohen『The Communism of Mao Tse-tung』，美國支加哥大學出版，一九六四年，一三五頁稱：「一九五七年法前首相Edgar Fares訪問大陸時，周恩來回憶他在法國工廠作工生活時說『他認為不可能轉變工人為資本家，而卻可能轉變資本家成工人。』周恩來撒下一個謊言。」

9　參閱「東方雜誌」，上海，十八卷六號，一九二一年三月廿五日，「大事記」。「烈士向警予」，「婦女雜誌」，北京，一九五八年，二頁，「中國婦女」，一九五八年，第五期。

學生募捐，在里昂籌建了中法大學，認為勤工儉學學生程度不齊，在國內招收了一批學生，由吳稚暉先生率領來法。在法各地勤工儉學生起來反對，組織了先發隊百餘人，其中有趙世炎、蔡和森、李立三、李維漢、陳毅等人，九月二十一日，到達里昂，闖入該校。法人校長蘇邦無法制止。里昂治安當局便拘押了這批學生於孟旅客（Montluc）兵營。十月十三日，遣送一〇四人回國。[10]這次里昂大學事件，趙世炎是在里昂的指揮者，周恩來則在巴黎坐鎮。中國大使館副領事李駿後來出面調解，便是在巴黎與周恩來談判的。[11]這是周恩來第一次向外辦理交涉，也使我們了解他在法中共中的作用。

（二）少年中國共產黨的成立與中共旅法支部的成立

周恩來去過比利時小住。[12]一九二二年在德國柏林住過，據說曾經同一位德國女孩子有過一段羅曼史。[13]他住在衛爾馬斯托夫街，這是一個較好住宅區，每月租金四十八馬克（約十二美元）。[14]當時他已參加中共，朱德便是他吸收的同志。一九二二年七月，周恩來回到法國，以代表德國少年中國共黨學生的身分，參加少年中國共產黨在巴黎成立。參加這次集會的，共約五十餘人。開會是在公園草地上，由趙世炎任主席。當時他已是中共黨員，他不贊成這個名稱，認為黨的組織要嚴密，應先經過團的階段再吸收入黨。是年冬他同在莫斯科的陳獨秀通信，便決定改少年中國共產黨為中國共產主義青年團。已加入共產黨之黨員，另建旅法支部，設在巴黎十三區意大利廣場附近哥德伏化街門牌十七號的一個小旅館裏。通訊員為趙世炎；趙去俄，由尹寬繼任通訊員。執行

---

[10] 參閱「東方雜誌」，十八卷廿四號，一九二一年十二月廿五日，「大事記」。何長工「勤工儉學生活回憶」，工人出版社，北京，一九五八年，六一—七一頁。

[11] 李璜先生口述。另據曾參加里昂大學事件之某君稱：「周恩來是到里昂參加的。」

[12] 「大公報」，香港，一九五八年五月廿九日稱：「卅多年前，周恩來作為聶榮臻的朋友，在查勒瓦的勞動大學住過。」

[13] 「星島晚報」，香港，一九五四年九月二日，富蘭福特美聯社電：九月一日西德有圖的星星Stern雜誌，星期三日稱：「一九二三年，周恩來在德與一十八歲女工史多芬比爾發生關係，生子名古諾。一九四五年，古諾在德蘇戰爭中陣亡。遺孀再嫁，並撫其子錫多，現年十一歲，住東德。」

[14] 訪問在周恩來之後，租這個房子來住某君口述。

委員除趙外，有周恩來、王若飛、陳延年等。團由周恩來任總書記，劉鑫任書記，周並兼負宣傳責任。其代表刊物「赤光」，（鄧小平負責油印，人稱鄧是油印博士）前四期均由他主編，用「伍豪」筆名寫文章。趙與陳延年不久去俄入東方大學，周恩來曾親自伴送他們到柏林辦理各種手續。[15] 根據作者訪問曾與周恩來同時在法四位先生口述，均一致認為當時中共人物極出色的除趙世炎、陳延年外，便要數周恩來了。周的英文相當好，一般知識豐富，能說能寫，又具有一副迷人的長相和應付的才能，因而使他成為在法中共突出的人物。他在法德三四年中，是他在共黨生活的發軔，其初期的經驗由此取得，其特殊的作風，亦由此形成。

在法中共骨幹人物，死去的有趙世炎、尹寬、蔡和森、陳延年、陳毅、李富春等人，現還活著仍為紅朝顯貴的，除周恩來外，還有鄧小平、蔡暢、聶榮臻等人。這是中共發展初期第二個大主流，這個主流中的一些人，至今還是中共政權的骨幹。我們雖不能說留法的中共分子都是周恩來派，但至少與周恩來有一段歷史淵源。

中共旅法支部環境比較單純，不像國內，從建立起，便在路線策略上引起爭執；特別是後來為中共黨員參加國民黨問題，曾經發生過嚴重歧見。其次，在法的中共初期人物儘管如此單純，但日後卻未在中共內部形成留法派。不像後來以米夫為背景大部分是莫斯科中山大學學生為中心的陳紹禹派。這是說留俄與留法在中共內部的演變是不同的。因為俄共以代表第三國際自居，君臨各國共黨之上。要把各國共黨塑造為第三國際的支部，各國共黨的領導人物大多要到莫斯科受洗。在法中共初期人物如陳延年、趙世炎、尹寬、王若飛等，都由巴黎調到莫斯科接受過訓練。周恩來則是在一九二八年才到蘇俄的。染俄共的色，不會被批判為封建，而「留法」的關係則必沖淡，所以沒有組織的存在。再說，聰明的周恩來也知道，他在中共的權力和地位，不能單憑留法的人，更不願把留法的人造成一派，作為套在他脖子上的包袱。他卻只樂於看到每一個留法的人在中共內部升起。

---

[15] 此一節訪問，與周恩來同時在法某君口述。另參閱「勤工儉學生活回憶」，七四—七六頁。

（三）初試統戰

　　周恩來在法國時期，他的思想已到定型階段。從這個時候起，他便是道地的、忠實的共產黨人。同時，他以他在南開中學演話劇的經驗，在鬥爭浪潮中翻騰起伏。他經歷過無數的艱苦和二十五年在紅朝中的「顯達」，他作過無數次富於戲劇性的微笑和痛哭流涕表演。但他不是伶人，他是一個赤色政客，更是一個不折不扣的共產黨人。四十多年來，他未曾變過。人人都知道周恩來在中共內是以統戰起家的，他一直是中共統戰第一號頭子。當他在法國的時候，即已開始了他統戰工作的第一幕。他曾參加在法的國民黨，他的活動也是穿上國民黨外衣。一九二三年秋冬之間，國民黨旅法總支部成立時，周恩來當選為執行部最重要的總務科主任，他取得在巴黎國民黨駐法總執行部長王京歧的信任。在王返國時，周即代理部長。[16]在是年雙十節國慶集會中，周恩來卻拿起紅旗，唱國際歌，繞場一週。[17]他並沒有隱蔽共產黨的身分。在旅法中國青年中，另一有力的政團，是由曾崎等人建立的青年黨。青年黨人（時青年黨尚未成立）辦有「先聲」，國民黨辦有「國民半月刊」（出刊較遲），中共辦有「赤光」，都向旅法中國青年爭取號召。初期彼此還未發生筆戰，後來中共通過對國民黨的聯合，向青年黨進攻。當時青年黨喊的是全民革命的口號，而國民黨與共產黨則喊國民革命的口號。因而中共內部曾有人主張對全民革命應加批評，周恩來卻表示不贊成，認為這兩個口號沒分別，而且主張聯合。[18]實際這也不一定是周恩來的真心話，他可能是想要對青年黨進行統戰才如此說的。在曾崎遺著「旅歐日記」中，曾有一段記載：一九二三年山東臨城案發生後，國際有對華共管呼聲。七月三日，旅法華僑各團體舉行代表會議，討論發起旅法華人反對國際共管鐵路全體大會，七月八日，在中華飯館舉行各團體聯合會議。這個會議青年黨是居於主導地位，中共周恩來、徐特立等

---

16 李雲漢「從容共到清黨」，上，商務印書館，台灣，一九六六年五月，一六二－一六三頁。但另據國民黨黨史編纂委員會所藏之原始文件，周恩來在一九二四年一月十八日以國民黨巴黎通訊處籌備員名義，致廣州國民黨總務部部長函。據作者推測，國民黨或先在巴黎建支部，後又改通訊處（參看本書第二五－二九頁）。

17 李璜先生口述。

18 訪問當時在法某君之口述。

都參加。周恩來是告國內父老書的擬稿人，[19]從此他同青年黨人常來往周旋。他與青年黨人坐下來談，後來，又轉變到開始打鬥。一九二三年十月，旅法各團體救國聯合會，在巴黎哲人大廳舉行。由青年黨人何魯之主席，周恩來便在會場搗亂，引起互毆。[20]到是年十二月二日青年黨成立，在宣言上對共產黨國民黨皆有指駁，並創辦「救國」雜誌，專門攻訐共產黨。共產黨在宣傳上也對青年黨開火，罵他們是「秀才造反」和「昏庸老朽」。周恩來便一反以往的態度。以後在國民黨、共產黨、青年黨參加的會議席上，常常有人帶著手槍，威脅別人或保護自己。周恩來在這又說又打的會上，最初雖作過調人，後來在爭取中國學生會館的管理上，他也打先鋒了。但一九二四年五月，周恩來又曾請了青年黨的曾崎、張子柱吃二瓶紅酒，談及對國內革命，認為彼此應該聯合握手。[21]周恩來從這個時候起，已經在學打打談談的技術了。就對周恩來的了解來說，則是知道他會談的人多，知道他會打的人少。

周恩來另外還有一個身分是國民黨，有時他也要表演他對國民黨的忠誠。有一次在國民黨的會席上，周恩來起來攻訐一姓王的國民黨華工，說他把國民黨的秘密洩漏給青年黨，違反黨紀，這位姓王的華工是反共的，起來申辯，說周恩來另有用心。但周恩來卻痛哭流涕，一再陳辭，力證其事。致當時還有國民黨人，對他表示信任，認為他的指控如果不是真的，何致痛哭起來。[22]一九二三年十一月廿日，國民黨駐歐支部在里昂Place de Trion 咖啡館成立時，周恩來發表演說：「掛名黨籍不負責任者，此類人實居吾黨最大多數，不但普通黨員統抱此病，即黨中知名人士，如在歐之蔡子民、王亮疇，何莫不然？用著黨時便自稱為老同志，不用黨時便竟一反黨議，甚或從人做落井下石之舉，是真令人痛心疾首而不得認為本黨內部伏莽之患。」[23]你能說周恩來對國民黨不忠實嗎？他卻沒有反問他自己。他幾十年來不知有過多少次像這樣戲劇性的表演，看過他這樣表演的人也不在少數。周恩來就這樣慣用他的笑與哭來迷人、動人。共產黨人雖然在理論方面反對溫情主義，但在實際方

---

[19] 「曾慕韓先生遺著」，中國青年黨中央執行委員會，台灣，一九五四年十二月二日，第六編，四一八、四一九、四三七頁。

[20] 柳下「十八年來之中國青年黨」，國魂書店，成都，一九四一年十二月，一五頁。

[21] 李璜先生口述。

[22] 訪問與周恩來同時在法某君之口述。

[23] 李雲漢「從容共到清黨」，一六二頁。

面卻不忘運用感情上的溫情主義來作為征服對方最重要的武器。周恩來
在這一方面，表演得更精彩、更逼真、更動人。（周恩來評傳）

四、周恩來留法四載從未入學

嚴靜文

周恩來出身於舊官僚世家，在南開受的是尊重個性的自由教育，他自幼即自憐長相漂亮，愛穿戴打扮，及長自負文才，嗜杯中物，錮習於「小資產階級」的生活；就他的性格來說，雖然有些陰柔，但是溫和冷靜；找不出狂熱、好鬥等共產黨人的氣質；這樣的一個人，居然走上共產主義者之路，多少使人感到有點詫異。

一九二○年夏天，他以「勤工儉學」前往法國時，還嚮往托爾斯泰式的人道主義，對於蘇俄的階級革命且具反感；可是留法四年之後，回國時竟以中共的軍事負責人在廣州出現。這一事實說明，在法國四年實是他思想激變的關鍵。

陳延年法國販書報

吳稚暉和李石曾這兩位先生都是無政府主義者，民初中國文教界兩顆巨星，且與國民黨淵源極深；他們於一九一九年所創辦的「勤工儉學」，原在為國家培植人才，絕想不到竟成為孵育共產黨人的溫床。

「勤工儉學」的辦法，未免太儉，只要有志留法，到中法教育會報名，交付二百大洋的旅費，便可放洋去國。這些學生到了法國之後，得先覓工作，學習法文，然後才進學校。當時的法國，絕不能和今天的美國相比；就業機會既少，而在一次大戰後，滿目瘡痍，法國工人本身的生活都相當悲慘，那有餘力照顧中國的苦學生。因此這些「儉」學生要想憑一個「勤」字半工半讀，勢必比苦瓜還苦。許多學生在法國上岸之後，找不到工作，住在「華僑協社」的帳篷裏，成了有知識的難民。他們不但肚子飢餓，精神也飢餓。

一九一九年秋天，第一批「勤工儉學」的學生到達法國時，中國共產黨才開始醞釀，還沒有建立；不過陳獨秀正急激的朝這個方向走。他的兩個兒子陳延年、陳喬年也隨第一批「勤工儉學」到了法國。他兩人和四川來的學生趙世炎等，在巴黎開了一間小型的書報社，販賣自國內

寄來的書報，陳獨秀主辦的「新青年」、「政治評論」等刊物，當然在推銷之列。於是這個書報社遂成為留法學生滙集的一個中心。一九二○年以後隨著陳獨秀、李大釗在國內建黨活動的進展，陳延年等在法國的活動也已日趨具體。

查考中共建黨的歷史，一九二○年春，第三國際代表維丁斯基到上海晤陳獨秀，五月陳獨秀等在上海建立籌組中共的小組，同年九月北京、武漢、長沙各地紛紛成立小組，並建立社會主義青年團。同年夏秋之際，陳延年等也在巴黎建立了「社會主義青年團」。

周恩來工學兩無成就

周恩來於一九二○年五月在天津出獄，其後不久即到了法國。

周恩來初到法國，既不「勤」也不「儉」，因此「工」和「學」兩無成就。

他和湖南的李立三同被介紹到雷諾鐵工廠（Reanault Factory）去做雜工，這個在舞台善演女主角的漂亮小伙子，現在用來搬運鐵礦石及鋼材，那真是細材粗用，累得他嗚呼哀哉，只做了三個星期，就辭工不幹了。事後對人說：「這簡直是非人的生活。」但是身體健壯的李立三卻滿不在乎，因此使他甚為佩服。這兩個人也從此成了好朋友。李立三後來被逐回國，在上海從事職工會的工作，大概就緣於他這段工人生活的經驗。一九二八年五月中共第二任總書記瞿秋白以盲動主義垮台，李立三和周恩來繼起領導中共黨中央，二人相處如魚得水；及至李立三的盲動主易垮台，周恩來奉命清算立三路線，始終感到手軟，遲疑不決，也多因與李有不同尋常的交情。

周恩來比起一般「勤工儉學」的人多了一個條件，他臨離開天津時，獲得「益世報」聘任為駐歐通訊記者，每月多少有些收入，所以他敢於辭掉「非人生活」的鐵工廠雜工。大概他鑑於日本的經驗，留學不成，空手回國，太不成話；因為不懂法文，在法國入學困難；由於懂些英文，就跑到英國去找機會，結果也沒成功，再回到巴黎。

毛周皆受蔡和森影響

古語云：「事前不忘，後事之師」；這兩句話的本義，是不要重蹈

覆轍；可是在這裡的意思，則完全是重蹈覆轍。和在日本的情況一樣，周恩來入學不成之後，政治興趣日趨濃厚，因此回到巴黎不久，便經李立三的介紹和蔡和森、李富春、蔡暢等這輩思想激烈的湖南人搞在一起。一九二〇年十月，他被吸收參加了由蕭瑜（旭東）、蔡和森、毛澤東所建立的新民學會。當時在法國的新民學會由蕭、蔡二人負責，在北京由毛澤東（不久即回湖南）負責，何叔衡則在長沙負責。這裡要談一下蔡和森的重要性。他不但引導毛澤東加速走上共產主義，同時也是周恩來走向共產主義的帶路人。據蕭旭東說，他在一九一九年春天抵法之前，蔡和森已經確定了共產主義的信仰。到法國第二天，蕭、蔡二人一會面即為了「新民學會」的路線問題展開激辯。

「一九一九年春天，蔡和森抵法，一有機會他就發表談話，總告訴同胞，共產主義是好事情。……他告訴我說：『我寫了一封長信給潤之（毛澤東之字），說俄人一定要遣人到中國，在華組織秘密共產黨。我認為我們應該效法俄國的榜樣，而且要馬上進行，我們已無時間先研究所有的細節了。……』」當蕭旭東問他，中國為什麼一定要跟俄國走呢？

「他頑固不化，滿腔怒火，聲勢洶洶。『因為俄國是共產主義之父！』他說：『我們必須以俄為師。首先是因為它實行起來直截了當；其次，如果中國發生革命，便可依靠俄援，秘密或公開的供給我們金錢和武器。在地理上，俄國和中國注定是盟友，兩國間的運輸也方便。一句話，如果中國共產革命，革命成功，就必須無條件跟從俄國……。』」

他並且堅決的對蕭說：「我已經寫信給潤之，告訴他我的想法，我肯定他會同意的。」

蔡和森這種魯莽和狂熱，實是初期中共黨人的典型。蔡本人的文字極富煽動力，而他的愛人向警予，狂熱單純一如蔡和森，而又多才多藝；因此這一對青年戀人遂成為當時巴黎在中國學生和工人中間宣傳共產主義的基點。周恩來到巴黎不久，即被他們吸收加入了「新民學會」，接著又參加了蔡和森、趙世炎、陳延年等所建立的社會主義青年團。

留法分子搶先建黨

早期的中共人物，大致說來有三條來路：一是在本土發展出來的，如毛澤東、董必武、李先念等人；二是由蘇俄培養出來的（與到蘇受短期訓練的人如劉伯承、葉劍英等不同），即國際派或留俄派，如王明、

張聞天等人;三是在法國吸收和組織起來的,如周恩來、蔡和森、陳毅、聶榮臻、李立三等人。這三部分人當中,今天國際派已被消滅得七七八八,只餘另兩部分人在繼續活躍。

留法出身的分子雖然沒有形成留法派,但是卻一直在領導層中占很大的比重,迄今勢力稍衰。欲知其故,必須了解當時中共在法國的活動。

一九二一年中共建黨時,日本小組僅有四個黨員,卻派出周佛海為代表參加一屆大會,而在法國因未及時建立黨小組,遂未派代表參加。致人多誤解中共在法國的力量遠不如日。其實當時陳延年等領導的「社會主義青年團」已有會員一百餘人,實力大過日本二十幾倍;為中共建黨之前最大的一個單位。即建黨時全國黨員也不過五十多人。在法國的共產主義者如此之多,前已言及,皆拜「勤工儉學」之賜。

由於人數如此眾盛,所以他們早在一九二一年二月,便在巴黎建立「少年中國共產團」(Young Chinese Communist Party)。後來照陳獨秀的意見改為「中國共產主義青年團」。一九二二年七月,則正式改為中國共產黨旅歐總部。此舉說明,留法分子的積極,對建黨已迫不及待。但是他們竟未能於同年七月派代表參加中共建黨大會,則是一件值得研究的事情。

一九二一年中共的誕生,是由於第三國際的扶植,在法中共分子的建立組織也由於第三國際的扶植。因此當時在法的中共組織,實受中共及第三國際雙線領導。在上海的中共中央不但經常選送青年到莫斯科去接受訓練,在法組織也進行同樣的工作。例如陳延年、趙世炎、朱德等都是經法國逕往蘇聯的,周恩來一九二四年秋回國之際,也曾先到莫斯科接受短期訓練。從這一點來看,留法分子與留俄分子在色彩和氣味上非常接近。因此一九二七年當土著領袖陳獨秀一倒,中共領導權即落入留法派及留俄派手中。這兩派分子密切合作,直到一九四五年七全大會,才被以槍桿為後盾的毛澤東一派所徹底瓦解。

周恩來到法國時間較遲,他到巴黎時,陳延年、趙世炎等所籌建的「社會主義青年團」即已密鑼緊鼓,準備成立了。因此他到法不久即加入了青年團。但是他一參加之後,立刻即成為活躍分子。這因為他在南開的教育,英文程度較同儕為高,派到巴黎的第三國際代表,依靠他的英文通譯來與陳延年等接觸。於是周恩來便成為僅次於陳延年、趙世炎的第三號人物,早於周一年抵達巴黎的蔡和森等,皆瞠乎其後。

自憐其貌拍照贈友

使周恩來在留法左派分子中脫穎而出的，還有一個因素，那是他在五四運動中，領導羣眾鬥爭的經驗。現在換上了「階級鬥爭」的新名號，照舊的施展出來。五四運動的鬥爭對象是北洋政府，在巴黎的鬥爭對象除了北洋政府的大使館之外，則是主張國家主義、極端反共的青年黨。

前面已經說過，這些「勤工儉學」的學生，多半做苦工，在飢餓線上掙扎，他們那有閒暇和金錢來從事鬥爭活動呢？原來及時得到了俄援。

巴黎的俄援似比上海的俄援還要早。上海的俄援大約在一九二〇年春開始的，而巴黎的俄援，在一九二〇年秋冬之際就已經開始了。據目擊其情況的李幼椿先生「學鈍室回憶錄」載稱：「事隔兩月，華僑協社帳幕中夜睡地館日啃麵包的住客，便有十餘人移住於巴黎拉丁區的學生旅館中，上小館吃餐，坐公園看書，與我們儉學生的生活不相同了。──這非每月至少有三百佛郎者莫辦。我曾問管理華僑協會的秘書劉大悲，是不是他的住客有了減少？他認為很奇怪！有三十幾位偷偷搬走，並未通知他；而且華法教育會並未介紹工作；也未轉有國內任何種滙票予他們，他們何以能毅然離開協社帳幕，一去不返；並且臨走之時，都在早晚，鬼鬼祟祟的怕他知道！」

得到俄援之後，周恩來的生活穩定了，並大為改善，工作和行動也就活潑起來。經常在咖啡館裡出現，吸收同志，接洽工作，成為一個忙人。

不過這個期間他的思想仍不夠紅，「小資產階級」的生活意識依然十分濃厚，這可以從一件小事反映出來。

有一次他去照像館拍了一張照片，大概照得很漂亮，照像館的老板認為是傑作，把它放大、洗印成為彩色照片，陳列在櫥窗裡。周恩來喜不自勝，用那張照片印製了許多明信片，分寄給各處的朋友。在京都讀書的南開舊雨韓大個也接到一張。在信中對韓某╱說道：「巴黎美麗，很多朋友，要看的東西很多。你能不能來？」

用自己的照片印製明信片，要相當多的錢，窮學生沒有這個閒錢，即使有錢，一般人也不一定有這種興趣。惟有對自己的相貌自憐自負如

周恩來者，才有這種興趣。這雖然也是人性之常，無可厚非，不過自命為階級革命者，要把舊社會打得「落花流水」，以共產黨人來看，就有點不成話了。

鬥爭從砸會館開始

周恩來在巴黎領導的鬥爭，是從砸留法學生會館開始的。

前清光緒末年中國留歐學生漸多，滿清政府除在公使館中設置留學生監督，負責管理之外，還撥經費為學生設立一課餘聚會聯誼的地方，在巴黎即有中國留法學生會館，由公使館派人管理。民國以後，因經費短絀，缺乏管理人員，遂令老學生自行管理。

這些老留學生，多是富有子弟，留學而不讀書，在巴黎一住數年，吃喝玩樂，忘國忘家。會館遂成為這些老油條聚賭嫖妓之所。後來的留學生，認為是罪惡淵藪，有損國體，很少涉足。周恩來認為這是鬥爭的好目標，遂拿它作為展開鬥爭的第一炮。

一九二一年一月的一天他們糾集二十多人蜂擁打入會館，將正在打麻將的幾個老學棍痛打一頓，趕了出去；並且在大門外貼了一張大封條：「不怕死的便再進來！」

牛刀小試，第一炮打響了，接著便接二連三的搞起來。

第二次鬥爭，在同年二月間進行。目標是北洋政府財政部長朱啟鈐及中國公使陳籙。

同年二月北洋政府正與法國談判一項借款，派財政部長朱啟鈐到巴黎交涉，在法國的「勤工儉學」學生，正感到工學兩難，於是周恩來、陳延年等乘機煽動學生舉行示威，並於二月二十七日（一說二十八日）包圍大使館。

據蔡暢的回憶：「引起這次『二八示威』的原因是這樣的：當我們到了巴黎之不久，我們便在無政府主義者的『中法教育協會』的控制之下。有些學生是無政府主義者，這協會對待無政府主義者的學生，比對待別的學生要好得多。在我們出國之前，我們曾得到保證，我們不惟有工作的權利，而且有求學的權利；但有許多人到法之後，都沒有讀書的權利，為著生活，他們必須不斷作工，因此，我們要求使館幫我們解決這個問題。……提出了如下的口號：『爭取讀書權利』，『爭取自由思想的權利』。這示威運動是周恩來、陳延年、趙世炎（他後來成了中國

共產黨中央委員會的委員，一九二七年被殺）和我的哥哥（按：蔡和森）領導的。」

蔡暢這段話雖未可盡信（尤其關於示威運動，他說是在一九二二年二月二十八日，較他人說法遲了一年），但是倒也反映出當時某些實際情況，周恩來當時確已是中共在法的主要領導人，而且領導「二月示威」。

「二月示威」的高潮是包圍公使館，但由於北洋政府駐法公使陳籙事前有了準備，往通知巴黎警察當局派員保護，當他接見示威者，瀕臨被「揪鬥」，戒備的法警就揮舞警棍驅散示威者。

從一九四六到一九四九年中共稱兵作亂期間，在北平、上海、廣州各大城市發動左派青年掀起騷動時，所喊的「反飢餓」、「反迫害」等口號，原來跟一九二一年二月周恩來等在巴黎所喊的「爭取吃飯權」、「爭取讀書權」前後如出一轍。周恩來等實是首創者。

由於陳籙在接見周恩來等人時，曾推脫責任：勤工儉學學生來到法國，是李石曾、吳稚暉所辦「中法教育協會」搞的，吃飯讀書問題，應找他們解決。因此，示威者在公使館被驅逐後，又呼嘯而至巴黎的中法教育協會。在那裏，他們所提出的要求也未得要領，不過藉著這次示威的風頭火勢，他們建立了兩個外圍組織，一是「勤工儉學學生會」；二是「工學互助團」。當時到法國工儉學生已達二千人，而參戰留法的華工有數萬人，這兩個外圍組織，使他們擴大了接觸羣眾的媒介，而且明顯的確定了接近工人的方向。從那以後他們就積極擴展力量，準備另一次更大的鬥爭。

小型十月革命

當時在巴黎的共產分子正患嚴重的左傾幼稚病。除反北洋政府之外，還有雙反：一反無政府主義；二反國家主義。這與列寧一九二〇年七月在第三國際第二次代表大會上所提出的「關於民族和殖民地問題」政治報告，要求後進國家的共產黨派必須聯合「資產階級」、「小資產階級」共同反抗「帝國主義」的大方針不同。

「二月示威」之後，一部分學生得到了津貼，因為「中法教育協會」負責人吳稚暉從廣東的陳炯明募得一筆專款，在里昂籌建中法大學，所以救濟先自廣東學生開始，一部分無政府主義的學生似也得到了

救濟，因為吳和李石曾都是無政府主義者的倡導者。於是周恩來等繼續煽動困於工而不能學的學生鬧事，鬥爭的矛頭則指向了吳稚暉。

當時在里昂的中法大學，暫借的一所舊兵營只能收容三百人，而在法國的工儉學生達二千之眾，實際上也是僧多粥少，但是以爭為理，以鬥為業的共產黨人可管不了這許多，他們以種種方法打擊吳稚暉和中法學會，指責他們歧視無政府主義者以外的學生。他們所用的戰術之一，是將公寓和飯館的賬單寄往公使館和中法教育協會去討賬。當然這種胡鬧不會產生任何正面結果。於是在同年秋，他們發動了一次進軍里昂的暴動，他們自稱為小型的「十月革命」。這是周恩來留法期間所領導的最大一次鬥爭，結果卻一敗塗地。

這次的「進軍里昂」，據蔡暢說有一千人參加，但據青年黨領袖，當時在巴黎的李璜在回憶錄中記載有一百三十餘人，不過因攻打里昂中法大學宿舍被捕的學生確有一百三十多人，實際參加者可能多於此數，但是是否有一千人則不得而知。周恩來是這次進軍的主要領導人，並負責起草聲明文件，但領導第一批羣眾前往里昂的則是蔡和森、趙世炎諸人；周恩來等則坐鎮巴黎，並集合第二批學生，正準備啟程赴里昂時，因接到消息，蔡和森等一百餘人被捕，乃中止前往，隨即與吳稚暉等展開談判。

當第一批羣眾在里昂鬧事時，吳稚暉出頭解釋，遭左派學生毆打。自此吳氏即成為鐵硬的反共者。一九二七年四月，全力協助當時北伐軍總司令　蔣介石氏實行清黨反共的，正是這位吳老先生和他的兩位摯友也是中法教育協會創辦人，蔡元培和李石曾兩位先生。

「進軍里昂」一敗塗地

在里昂被捕的一百多名學生，被法國軍警軟禁於中法大學宿舍內；這些學生就乘勢要求學校當局收容。吳稚暉事實上無法答應，因為當時工儉學生已有兩千人，如收容這一百三十人，其他的學生必蜂擁而至。因此吳稚暉定出甄別辦法，實行一次法文考試，合格者方得留下，法文程度不夠，無法去里昂大學聽課（當時里昂大學與中法大學合作）。左派學生當然不答應。所說的談判，就指在這個問題上的討價還價。在這個期間，在幕後策畫的是周恩來，出面交涉的則是趙世炎、王若飛。雙方僵持了一個多月，問題迄不能解決，法國政府迫於輿論沸騰，徵得公

使陳籙及吳稚暉同意，乃決定將這批的死硬分子強行遣送回國。可是十月底，當點名起解時，發現僅有一百零四人，有三十幾人偷著溜走了。溜走的人物當中包括大名鼎鼎的日後的中共十大元帥之一的聶榮臻。被遣送回國的則有蔡和森、陳毅、向警予、李立三、李維漢等三十餘人。

法國政府這一措施，是出乎周恩來意料之外的，結果半數核心分子，都被遣走了，經此打擊在法國的活動幾一蹶不振。不過建黨方數月的中共，得到這一大批生力軍參加，組織頓呈活氣；在思想上對毛澤東、周恩來具有重要影響的蔡和森，於一九二二年七月中共的二全大會中當選中央委員，並出任宣傳部長；與總書記陳獨秀、組織部部長張國燾並列為三巨頭。留法派之得勢自此開始。

任何的政治失敗，都容易引起內部的紛爭。領導第一批羣眾「進軍里昂」的趙世炎，因為未料及法國軍警的包圍逮捕，損兵折將；而蔡和森等被遣送返國時，他竟未能與被遣送者同甘苦共患難，利用在辦交涉期間，與中國公使館領事李駿的私人關係，而免被遣送，留了下來。因此回到巴黎之後，遭受周恩來等的批判而垂頭喪氣。趙世炎向曾琦吐訴經過，得曾氏安慰；「世炎感動，為之淚下」。

周恩來入黨之經過

一九二二年六月在西湖舉行的二全大會，決定將巴黎的由陳延年、趙世炎等建立的組織改組為中共旅歐總部，下設旅法支部、旅德支部、旅比支部。

這一改變似與蔡和森等人被遣回國，與陳獨秀等合流有重大關係。前已言及一九二一年七月中共在上海建黨時，在法國的共產主義分子所建的「社會主義青年團」，是當時中國及日本各地，人數最多的一個單位，竟沒有派代表參加建黨大會。照理推求留法分子在建黨之後仍非黨員，事隔一年留法組織改建為中共旅歐總部，則全部（或核心分子）自然成為黨員，周恩來也應在此時成為黨員。據胡喬木所著「中國共產黨三十年」記載，一九二〇年五月，當上海由陳獨秀、北京由李大釗發起組織共黨小組時；「接著於湖南由毛澤東、何叔衡；湖北由董必武、陳潭秋；法國由周恩來、李立三、羅邁、李富春、王若飛等，建了黨的小組。」

這一記載顯然不實。因為周恩來同年五月中旬剛在天津出獄,他在七、八月間才去到法國,怎會五月在巴黎參加建立共黨小組?而周恩來之趨向共產主義,是在一九二○年十月,經蔡和森介紹參加「新民學會」後。因此周恩來的入黨經過,實在是值得研究的一個問題。據筆者推測,他入黨的時間,當在一九二○年之冬或一九二一年之春。他所加入的黨,當是陳延年、蔡和森所在巴黎獨自建立的「少年中國共產黨」,這是由第三國際直接支持的一個組織。

同年七月間,他們所以未派代表參加七月在上海舉行的中共的建黨大會,大概因為這個「少共」是先立的組織,與新建的中共之間,組織關係仍待磋商和調整。一九二一年十一月,蔡和森等被逐返國,與陳獨秀等始商定合併辦法,因此一九二二年六月,二全大會始做了正式決定。否則蔡和森返國不久,留法的組織早應與中共合併,無須等待半年之後。

繼陳延年為最高領導人

旅歐總部成立時,負責的領導人物計有陳延年、周恩來、趙世炎、王若飛、任卓宣(葉青,後成為國民黨的宣傳家)、尹寬(後來隨陳獨秀一起脫黨)等。依照當時他們的活動情況看,陳延年是總負責人,周恩來負責組織,趙世炎、任卓宣負責宣傳,王若飛負責工運。

此時的周恩來一面負責指導青年團的工作,同時負責籌建旅德、旅比等支部工作。他除了忙這些組織工作外,還經常在「旅歐總部」的機關刊物「少年報」上,以伍豪的筆名發表文章。

「少年報」是一分供中共黨員及外圍分子閱讀的內部刊物。旨在宣傳共產主義、強調中國革命是世界革命的一部分、全世界的共產黨必須服從第三國際的指揮等等。刊物由陳延年編輯,趙世炎負責印刷,其後由後來法的鄧小平負責印刷,鄧的鋼板字寫得整齊漂亮,印得也精美,因此得到「油印博士」的綽號。

一九二三年,「少年報」改版為「赤光」半月刊,由於陳延年、趙世炎奉命赴莫斯科受訓,然後返國工作;周恩來便成為中共在法國工作的最高領導人,直到他一九二四年被調返國為止。在這個期間,應特別說明者有兩件事,一是周恩來在德國、比利時建立支部及活動情況,二是中共與青年黨的鬥爭。

阿瑟·聶負責比國支部

中共旅德支部，一九二二年八月建立。據知當時留德中國學生甚少，中共黨員更少，中共所以設旅德支部，因為德國是從法國去蘇俄的必經之地。中共在法國所吸收的黨員，一律要由柏林轉運莫斯科接受訓練。周恩來在柏林長租了一間房，做為來往居停之所。他護送赴莫斯科的同志到柏林，在柏林移交給第三國際的工作人員，護送赴蘇。當然除了轉運人員之外也有若干組織活動，例如朱德便是在柏林經周恩來吸收入黨的。

周恩來在德國的一段情史，據李幼椿氏的記載，推定即是周恩來行輾房東女工的戀愛。前章「戀愛與婚姻」中所提的古諾·周可能即是周與房東女工的結晶品。

旅比支部的組織則遠較旅德支部為大。因為比國沙勒瓦（Charleroi）城有一所勞動大學，乃專為工人建立，專收工人子弟，不收費，清貧者並酌給津貼。聶榮臻即在該校化學工程系攻讀，當時人稱阿瑟·聶（Arthur·Gnai），聶亦為旅比支部的負責人。此外在該部讀書的還有李合林、劉伯堅、謝澤沅、梁銘荃等。一九二五年聶榮臻被調回國工作，則由何長工（文革前中共地質部副部長）負責。

留法中共組織，與青年黨的鬥爭，始於「赤光」半月刊與青年黨的「先聲」雜誌之論戰，繼而演成「白刀子進去紅刀子出來」的流血鬥爭，一個被疑為青年黨的中國工人，曾於一九二四年五月被殺，屍體拋入塞侖河中。青年黨人購槍自衛，王建陌竟因手槍失火喪生。可見當時兩派鬥爭之激烈。

共產黨的理論建立在階級仇恨的基礎上，其組織採取鐵的紀律有如軍隊，如是的理論和組織，必然要以鬥爭行動來延續其生命。任何一個人參加進去便被捲入鬥爭的風暴，而身不由己一去不返。周恩來的出身和氣質，本不適合幹共產黨，但是在法國經過四年的薰染，遂竟成一個相當「紅」的共產黨員。

一九四五年六月，他奉命返國到廣州參加國民革命。因為早年在一九二四年一月，國共已經正式合作。他走後，「油印博士」鄧小平接替了他的工作。他和其他的留法分子返國時一樣，照例先去莫斯科接受紅色訓練。（周恩來評傳）

五、周恩來在法國

唐國英

　　一九一八年，李石曾、吳稚暉及蔡元培發起留法勤工儉學辦法，開始向學界鼓吹。[1]於是留法勤工儉學運動風行於一九一九到一九二二年的中國學界。由於發起及從事實際工作的李、吳兩位先生在事前無縝密計畫，結果使留法勤工儉學失敗了，失敗的後果，是為中國共產黨造就了一大批早期幹部。[2]在斯諾所撰的「周恩來早年生活」一文中記載周曾對他說：「在我們的留法中國學生會中，有四百多人參加了共產主義青年團。」[3]而周恩來就是其中之一。

　　一九二〇年五月周恩來出獄，就決定參加勤工儉學會赴法留學，在南開創辦人嚴範蓀先生及天津大律師劉崇祐先生各資助他五百元盤川後，周恩來遂乘法輪波爾多斯號（Borthos），在一九二〇年九、十月間到法國。[4]當時法國共產黨和社會黨早已成立，社會黨在議會中有一百多席位，法國的共產主義運動大力發展於工廠及學校中。周恩來由於經濟匱乏，於是在勤工儉學的辦法下，[5]於一九二〇年秋（即周抵法不久），被送入雷諾鐵工廠（Renault Factory）做粗工。他只做了三星期，便跑回巴黎城，見人就說吃不消，認為是非人生活。[6]但周恩來卻因在工廠做工而認識了李立三。在他入學不成，又無法從事體力勞動，僅靠替天津「益世報」寫些通訊稿以維生的情況下，他的政治興趣日趨濃厚，通過了李立三的介紹，與蔡和森、李富春、蔡暢這些決定走俄國人道路的思想激烈分子認識，[7]周恩來被蔡和森吸收加入了共產主義

---

[1]　李璜，學鈍室回憶錄，傳記文學出版社，民國六十二年七月十五日初版，頁五八。
[2]　同前書，頁五五～五八。
[3]　宋蓮譯（埃德加·斯諾等原著），「周恩來訪問記」，萬源圖書公司（香港），一九七六年二月初版，頁九。
[4]　李天民，周恩來評傳，頁二四。
[5]　李璜，學鈍室回憶錄，頁六五。謂「李先生言：『正在接洽工廠，以待半年補習後而無錢住學校者即先行入廠，有錢者即多學幾時。』」
[6]　同前書，頁六七。
[7]　同注四。

的「新民學會」，接著又參加蔡和森、趙世炎、陳延年等在一九二○年夏在巴黎成立的「社會主義青年團」。[8]李立三、蔡和森乃是周恩來成為共產黨的帶路人。鑑於中國留法勤工儉學生中，有一部分既不能工又不能學，在失望之餘，心有未甘，而成為情緒上憤怒、思想上偏激的一羣。於是，陰險的第三國際派人來了，帶著另一個中國北方人，藉著第三國際的同路人小說家巴爾比斯（Henri Barbusse），及其所建立的巴黎光明社（La Clarte），來宣傳馬克思主義及國際共產革命，周恩來遂成為該社的座上客，[9]並且每月接受第三國際三百佛郎津貼，請人教法語，讀「人道報」與共產黨宣言。[10]於是周恩來在思想上開始由五四時代所持托爾斯泰式的泛勞動主義轉變成為共產主義。同時，由於第三國際派到巴黎的代表積極指導「社會主義青年團」之故，所以周恩來藉著他在啟蒙及南開的教育下，所學得的高於同儕之英文程度，擔任了第三國際派在巴黎代表的英文翻譯，周恩來因此而取得第三國際的賞識，並提高了他在組織中的地位，成為一九二二年的中國共產主義青年團發起人之一，以及該團的專職人員，並正式派代表前往上海的中共中央，要求加入中共；因之，於一九二二年，周恩來正式成為一個中國共產黨員。[11]。此時他的思想及作為已到了定型階段。

一九二二年七月，中共正式在法國建立了中共的旅歐總支部。[12]負責的領導人物，計有陳延年、周恩來、趙世炎、王若飛、任卓宣、尹寬等。此時，周恩來擔任中國共產主義青年團旅歐總支部的書記，並在中國共產黨旅歐總支部工作。[13]另外更以「伍豪」為筆名，在「少年報」上發表文章。[14]可見周在中共旅歐總支部的工作，係著重於組織與宣傳上。周恩來藉著他一般的知識豐富，能說能寫又具有一副迷人的長相和

---

8 李璜，學鈍室回憶錄，頁七四。

9 同前書，頁七四～七六。

10 同前書，頁七八～七九。另參閱盛成，海外工讀十年，上海中華書局，一九三二年八月版，頁七一。稱：「共產黨學青年會與天主教以及法國外交部來收買勤工儉學生，去念馬克思列寧主義，服從莫斯科第三國際的命令。」

11 周恩來訪問記，頁九。另參閱嚴靜文，周恩來評傳，頁五八～五九。曰：「一九二二年六月在西湖舉行的二全大會，決定將巴黎的陳延年、趙世炎等建立的組織改組為中共旅歐總部，……則全部（或核心分子）自然成為黨員，周恩來也應在此時成為黨員。」

12 嚴靜文，周恩來評傳，頁五八。

13 周恩來的一生資料選輯，頁一。

14 周恩來紀念集，香港七十年代月刊社編印，一九七七年一月，頁四八。

應付的才能，因而使他成為在法中共突出的人物。中共的旅歐總支部成立後，陳延年與趙世炎兩人便編印了一個小刊物，用蠟版來油印的，名為「少年報」，送與黨員及外圍組織分子閱讀。周恩來用「伍豪」作筆名，寫了一篇「共產主義與中國」發表於該報上。周恩來在文章中，肯定共產主義「能夠解決世界亂象」。[15]一九二三年，「少年報」改版為「赤光半月刊」。由於陳延年與趙世炎奉命赴莫斯科受訓，周恩來便成為中共在法工作的最高領導人。該半月刊對外發行，擴大宣傳共產主義於留學生與華工之間。因為法國言論絕對自由，而且「赤光」又是中文報，法國人一字不識，故可痛罵「法帝」或主張打倒法國資本家，批評法國工廠對待華工不平等。所以在一九二三年一月至六月這半年中間，中共在學生及華工中發展其旅歐組織有了相當進展。[16]

據李璜著「學鈍室回憶錄」中記載：「周恩來於一九二二年八月到柏林，建立了旅德支部，並命在比利時的聶榮臻組織中共旅比支部。」以周恩來當時的工作性質既是著重在組織上，故這是可信之事。中共的旅德支部的組織較旅比支部組織小，而且留德的中國學生中共產黨員甚少。後來這個支部地方，成為周恩來在一九二三年至一九二四年的「行轅」。[17]該支部的重要性，是周恩來從此地將法比兩國的中共分子，集中在德國柏林，交與第三國際駐柏林代表，然後帶往莫斯科，入「東方大學」受訓，將這些人培植成中共的幹部。趙世炎、陳延年、聶榮臻等都是由周恩來親自陪送柏林，再轉赴莫斯科受訓的，[18]故周恩來這個為第三國際承認的中共旅歐總支部的頭兒，實在替俄共補充製造了許多輪往中國搞革命的「紅色第五縱隊」。更值得一提的是，周恩來在旅德支部的組織工作中，他吸收了朱德入黨。[19]朱德後來成為「紅軍之父」，為中共竊踞政權立下不少汗馬功勞，周恩來對中共旅歐組織的建樹，實在功不可沒。

共產黨人的基本要求，除了思想訓練，再者就是鬥爭訓練，兩者互為表裏，前者重視理論的灌輸，後者著重理論的實踐，而鬥爭工作卻是

---

[15] 參閱五四時期期刊介紹，第二集，北京人民出版社，一九五九年，頁四一～四二。

[16] 李璜，學鈍室回憶錄，頁八九～九〇。

[17] 同前書，頁九一。

[18] 參閱邵年豹編撰，周總理的故事，北京中國少年兒童出版社，一九七七年，頁一四～一五。

[19] 周恩來的一生資料選輯，頁四〇～四一。

　　羣運與統戰的靈魂，「羣運」乃是一種由下而上的統戰方式，亦為統戰方式的一種。周恩來掌握了當時在法勤工儉學生中的矛盾與需要，終能鼓動勤工儉學生在法國鬧事，第三國際的指導實在厥功至偉。對於周恩來有記載的羣運工作，計有一九二一年一月某週日糾眾攻打巴黎的中國留學生會館；一九二一年二月廿七日圍攻中國駐法使館；及一九二一年九月廿日的「進軍里昂」之舉。[20]前兩次的羣運工作都得心應手，擴大了在法中共的聲威及組織。但「進軍里昂」使在法中共表面上損兵折將，遭法國遣返了中共在組織中如蔡和森、向警予、李立三、李維漢、陳毅等約三十人。[21]但這一批人回到中國卻成了中共的一批生力軍。所以雖然周恩來等所領導的在法羣眾運動最後終於失敗，但對中共黨的本身而言確是一大收穫。尤是對周恩來個人來說更是一種寶貴鬥爭經驗的獲得。這可由下面兩點看出：第一、他扮演各次羣運的領導人之一，在羣眾中，他發現到羣眾的盲目、羣眾的力量及口號的重要。例如，在圍攻使館時，事先由社會主義青年團發動組織力量，呼朋引類地煽動約二百人齊集巴黎，其中大半並非他的同志，而是沒有工作且經濟發生恐慌的勤工儉學生。他們發動的口號是「爭取生存」與「要求救濟」。當公使陳籙面對羣眾多方解釋時，有人高呼：「已有三十萬佛郎救濟費滙來，被公使館吞沒了！」嚇得陳籙回頭就走，而羣眾卻不放過他；[22]第二、「進軍里昂」，周恩來在巴黎坐鎮，中國大使館副領事李駿出面調停，便是在巴黎與周恩來談判的。[23]周這次向外辦理交涉事宜，除了使我們了解周在法中共的作用外，更可說是他後日成為「談判」能手的起步。

　　大家都知道周恩來是以「統戰工作」著稱的，因為他在法時已打下了「統戰」工作的基礎。一九二三年秋，國民黨旅法總支部成立，他就參加在法的國民黨組織，並以國民黨的身分對外活動。因為在國內正是「聯俄容共」政策醞釀完成之時，所以周恩來也不隱藏他的共產黨身分，在一九二三年雙十國慶集會中，周恩來拿起紅旗，唱國際歌，繞場一週。[24]在旅法中國青年中，另一有力的政治團體，是由曾崎

---

[20] 李璜，學鈍室回憶錄，頁八〇～八三。

[21] 同前書，頁八五。

[22] 同前書，頁八一～八二。

[23] 李天民，周恩來評傳，頁二六。

[24] 李璜，學鈍室回憶錄，頁九六。

等人建立的青年黨。青年黨辦有「先聲週刊」，國民黨辦有「國民半月刊」，中共辦有「赤光」。都以政論向旅法中國青年爭取及號召。由於政治上的見解不同，於是中共通過對國民黨的聯合，向青年黨進攻，「赤光」及「先聲」經常筆戰不休。據李璜所言：「周恩來、徐特立等與我們周旋不絕。」[25]在曾崎遺著「旅歐日記」中，曾記載：一九二三年山東臨城案發生後，國際有對華共管呼聲。七月三日，旅法各團體舉行代表會議，討論發起旅法華人反對國際共管鐵路全體大會；七月八日，在中華飯館舉行各團體聯合會議。對這個會議青年黨是居於主導地位的，中共之周恩來、徐特立等都參加。周恩來是告國內父老書的擬稿人。[26]從此他同青年黨人常有來往周旋。他與青年黨人的鬥爭工作，是從坐下來彼此大談聯合，即而轉變到開始打鬥，打鬥結束後又開始再談握手聯合。[27]例如，一九二三年十月，旅法各團體救國聯合會，在巴黎哲人大廳舉行。由青年黨人何魯之作主席，周恩來便在會場搗亂，引起互毆。[28]一九二四年五月二十日左右，因中共與中青之間的政治立場糾葛，釀成中共對一華工槍殺的命案，於是周恩來請李璜及張子柱喝紅酒，並且換了一付笑臉面孔對李、張二人說：『目前國內新黨合作，要實行革命救國，我們大家雖然思想主張不同，然而要打倒軍閥政權、反對列強侵略，總是一致的。我們在此打鬥下去，殊無多大意思，不如我們三黨來一個停戰協定，從此不要再打鬥而仍如以前合作。』[29]如周恩來這種不斷然決裂、又聯合又鬥爭的絕技，毛澤東似乎要瞠乎其後了。

前面提過，周恩來還披著國民黨的外衣，而且他對國民黨的忠誠表現，足可令任何國民黨汗顏，然其實卻是對國民黨最狠毒的分化「陰謀」。一九二三年十一月廿日，國民黨駐歐支部在里昂的一個咖啡館成立時，周恩來發表演說云：「掛名黨籍，不負責任者，此類人實居吾黨最大多數，不但普通黨員統抱此病，即黨中知名人士，如在歐之蔡子民、王亮疇，何不莫然？用著黨時便自稱為老同志，不用黨時便竟一反

---

[25] 同前書，頁九五。

[26] 曾慕韓先生遺著，第六編，中國青年黨中央執行委員會，一九五四年版，頁四一八、四一九、四三七。

[27] 李璜，學鈍室回憶錄，頁一〇三～一〇四。

[28] 柳下，十八年來之中國青年黨，成都國魂書店，一九四一年十二月版，頁一五。

[29] 李璜，學鈍室回憶錄，頁一〇四。

黨議，甚或從人做落井下石之舉，是真令人痛心疾首而不得認為本黨內部伏莽之患。」[30]類似這種扮相，在周恩來回國進入黃埔工作前，已駕輕就熟，得心應手。（周恩來初期的政治活動，東亞季刊，十卷四期）

---

[30] 李雲漢，從容共到清黨（上），國防部總政治作戰部（臺北），民國六十三年十月版，頁一六二。

六、新民學會

鄭學稼

　　湖南地處南北要衝，為內戰時兵家必爭之地。在交通未發達前，它是保守派的基地之一。因此，曾國藩能號召許多衛道的知識分子，與崇奉異族神的太平天國對抗。到交通發達，新的文化輸入，它成為頑固派和維新派對抗的省。著名的頑固派領袖，是進士出身，經學家王先謙（1841-1917）；又是進士出身，「翼教叢編」作者，後被共黨殺死的葉德輝（1846-1927）。他們反對變法，反對西方文化。有這樣的事：『曾國藩的兒子曾紀澤，曾經因為坐了一隻小火輪回家奔喪，在長沙官紳中引起物議，數年不息。郭嵩燾曾經因為做了中國的第一任駐英公使，並且寫了一本「使西紀程」，主張改革，就被長沙的官紳指為漢奸。』[1]到甲午戰後，維新派譚嗣同、唐才常提倡變法，巡撫陳寶箴、按察使黃遵憲等與譚、唐創辦時務學堂，聘梁啟超為總教習，培育後日革命黨人；[2]同時辦交通、開礦、設武備學堂、練民團、出版「湘學新報」和「湘報」、組織「南學會」和各縣分會，擁會員千人。他們提倡新學，攻擊保守派甚至滿清政府，成為全國最富朝氣的一省。

　　戊戌變法失敗，頑固派得勢。一九〇〇年唐才常自立軍失敗後，他們更加囂張，曾屠殺維新人士一百餘人。[3]可是，在高壓下仍舊有反抗的活動。反抗者不再充當維新派，他們在黃興和宋教仁領導下，組織反清的華興會。一九〇五年，該會在萍鄉、醴陵發動了礦工和農民的起義。

　　到民國時代，湖南的交通相當發達，除了武長鐵路，還有帝國主義的輪船公司：「日清」、「太古」、「怡和」等。它們在長沙設倉庫和碼頭。適應帝國主義的商品和資本的活動，各國的輪船公司、銀行、工廠和商店，在長沙有二、三十家。外國資本還控制錫礦山、水口山的礦砂。同時，民族企業有造幣廠、黑鉛煉廠、第一紗廠、電燈公司等等。

---

[1]　李銳著「毛澤東同志的初期革命活動」第一三至一四頁。

[2]　中共興亡史第一卷第一一二頁。

[3]　李銳前引書第一五頁。

總而言之，湖南不再是落後的省。

再說教育也相當發達，長沙一地，男女學校林立。教育界中，多提倡新思想人物，如周南女校校長周劍凡，[4] 楚怡工業和小學校長陳夙芳、何叔衡、徐特立等。他們要求省憲，宣傳民主。受他們鼓動的學生，辦白話文刊物、討論各種問題。[5]

由前面的資料，我們有理由說：到了民國時代，湖南的文化水平比內地其他各省高。受各種思潮衝擊的青年學生，不能忍受當日湖南的各種情況。我們先說兵災。

在軍閥混戰時期，南北必爭的湖南省，兵災慘重。尤其是一九一七至一九一八年張敬堯部入湘前後的南北戰爭，破壞慘烈。看長沙「大公報」的記載：

『寶慶、長沙、醴陵、株州、常德、新化等地，因南北軍作戰或路過，姦淫擄搶，十室九空。殷富鋪面亦遭搶劫，致市面蕭條，鄉間谷米昂貴，饑民大起恐慌，匪患蜂起，又加上連年水災，老百姓痛苦已極。如長沙縣萬壽鄉，因軍隊過境，挨家挨戶搶劫一空。』

『長沙市清道夫被擄，市民時被兵士騷擾。』

長沙總商會為兵災損失作一調查：包括『為軍隊代辦食物、器皿、犒賞、短欠貨價、米鹽零賣、南票兌換損失及借款等，共達十五萬元光洋。』

『醴陵四城被兵焚掠之戶近萬家，存者僅祠廟及破戶六百而已。』

『常德水災、兵災交加，南北用兵，賑款中止。軍事大興，此去彼來，匪盜蜂起。沅水、澧水暴漲後，各村盡成澤國，垂熟之谷，盡付洪流。』

『新化市面閉門停業，百物騰貴，十室九空，貧民小民齋粥尚難自給，工匠傭作生活不能自謀。縣城十餘里外，土匪出沒，肆行搶劫或擄人，勒贖烤烙，強姦婦女，焚毀廬舍。兵燹餘生，益之以饑饉，又益之

---

[4] 周劍凡，長沙人，清末辦周南女學校，北伐時期，他是國民黨「左派」，領導省黨部和長沙市黨部。清黨後，被通緝，逃上海，死於一九三五年。

[5] 「新青年」七卷一號載「長沙的新文化運動」，列舉這些刊物：楚怡小學體育教員黃醒辦的「體育週報」；周南女校辦的「女界鐘」週刊，討論婦女解放等問題；湘雅醫學專門學校出版的「新湖南」週刊；高等工業專門學校出版的「嶽麓週刊」；明德專門學校和中學部出版的「明德週刊」；長郡中學出版的「長郡週刊」；還有毛澤東主編的「湘江評論」等十餘種。

以疾疫，實為數百年來未有之奇災。』

張敬堯的部隊，紀律特別壞，當時民間流傳這歌謠：『灰麵它（讀托，指慣用麵食的北兵），灰麵它，吃了我的鴨，吃了我的鵝，還要強姦我的老外婆！』[6]

再說水災：一九一五年，湘、資、沅、澧四水同時氾濫，全省有三十四縣受災，災民數百萬。一九一六至一九一八年三年間，濱湖各縣和長沙等地，大小水災，倒垸潰堤，從未間斷。

由於兵災和水災，使饑民鋌而走險，全省各地均有土匪。每月報災縣分，少則三、四個，多則十幾個至二十個。湘西、湘南各縣，土匪常攻占縣城；就是長沙、湘潭、益陽、寧鄉、衡陽首要之區，也是匪警頻繁。

面對兵災、水災和匪災的慘況，有志青年怎能無動於心？而況湖南教育界領導人多有改造國家之志，從中鼓動他們，使他們益有「天下興亡、匹夫有責」之感。他們逐漸地明白：要打倒軍閥，要改造社會，不是個別行動所能成功，應該團結起來，把志同道合的人組織起來。

新民學會，就是那環境之一產物。

毛澤東如此告史諾：『為了感覺到向外發展和需要一些志同道合的伴侶，某日我在長沙報上登一啟事，邀請有志於愛國工作的青年和我聯絡，我特別提出能耐艱苦、有決心和願為祖國而犧牲的條件。對這啟事，我收到三封半響應的信。一封是羅章龍的回信，他後來參加共產黨而又叛變。兩封來自兩個後日變為極反動的青年。那『半』封回信來自沒有明白表示意見的青年，他名叫李立三。李聽了我所說的一番話之後，並沒什麼具體的建議就走了，我們的友誼從未建立起來。』[7]

依李銳的話，一九一五年秋（蕭三說「一九一七年夏天」），毛澤東發出有名的「二十八畫生徵友啟事」（「毛澤東」三字共二十八畫）。它約二、三百字，內容就如前面對史諾所說。可是，李銳又說：『還有人記得，啟事的最後一句話是採用「詩經」上的「嚶其鳴矣，求其友聲」。啟事是由毛澤東同志自己刻蠟版油印的，發給長沙各主要學校；信封上批著：「請張貼在大家看得見的地方」。……省立女師的校方接到這封信，起首還有誤會，後來經過通信處（一師附小陳昌轉）到

---

6 摘自一九一八年三月至八月間長沙「大公報」，均引自李銳著「毛澤東同志的初期革命活動」第七六至七七頁。

7 「西行漫記」第一三〇頁。李立三當時是長郡聯合中學學生。

一師打聽，才知道原委。』[8]

經過近一年的醞釀，大家都感到有組織團體的必要。毛澤東告史諾：

『我知許多在別的市鎮裏的學生們和朋友們，建立了一種很廣大的通信關係。慢慢地我開始認為需要一種更嚴密的組織。一九一七年，我和幾個朋友發起成立新民學會。』[9]

蕭瑜在「我與毛澤東行乞記」的回憶，與上面的報導，有了不同。他說：某夜，他和毛澤東走到妙高峰頂，在草地上談到改造國家問題。他倆共同的意見是：要改造中國，必須有嶄新的思想，還要集合有共同理想的人。誰是共同理想者？在同學中找出：蔡和森、熊光祖、陳昌和陳紹修。毛澤東提議，先擬團體的會章。蕭瑜建議它稱為「新民學會」。他倆又討論新團體的宗旨。蕭瑜建議：一、會員中應鼓勵良好的德行；二、交換知識；三、建立密切友誼。為徵求同志，才有毛澤東以「二十八畫生」之名向各學校發信的事。那信的內容，蕭瑜說是這樣：我國正處危急存亡之秋，政府當局無一可以信賴。吾人擬求志同道合之人，共同組織團體。團體之主要宗旨，是自策自勵及改造國家。凡對此有興趣者，請惠賜大函，俾能私下聚談，再定進一步之計畫。

蕭瑜又說：新民學會是他和毛澤東兩人於一九一四年發起的，時間和毛澤東等所說不同。他又說：那年春天，他擬好會章七條，毛澤東看後，沒有任何評論。那七條是什麼，他沒有說出來。

有了會章和會名，蕭瑜和毛澤東就決定請九個人當發起人，再加上他倆，總共十一人。[10]

一九一八年四月十八日，一個禮拜天，[11]在長沙岳麓山溁灣市蔡和森家，開新民學會成立會。這天到會者十三人，通過簡章，決定新會員要由會員介紹，得評議會通過。依簡章的規定，選出總幹事、副總幹事和五個幹事。

---

8 「毛澤東同志的初期革命活動」第七一頁。

9 「西行漫記」第一三〇頁。

10 這十一人可以肯定的是：毛澤東、蕭瑜、蔡和森、陳昌、熊光祖、陳劭修、張昆弟、羅學瓚、何叔衡；還有兩人，不知是誰。

11 這是李銳前引書的記載。一九一八年四月十八日是禮拜四，不是禮拜天。蕭三說：『是秋高氣爽、楓葉開始脫落的日子。』當年立秋是陰曆七月十二日，也就是八月十八日，洽是禮拜天。蕭三又說：蔡和森家叫「為癡寄廬」，到會者『二、三十人』。簡章規定：『以砥礪品行、研究學術為宗旨』，會規有『不賭博、不狎妓、不懶惰。』

　　誰是總幹事？蕭瑜。誰是副總幹事？毛澤東。為著「毛主席」的面子，李銳有這解釋：『大家首先推毛澤東同志為評議會的總幹事，他謙辭了，但最後仍選他為副的。』[12]至於五位幹事，李銳只舉蔡和森和陳昌，還有三人不知是誰。

　　由這領導層的陣容，我們知道：「新民學會」的領導者，實就是楊昌濟的三個優秀男學生：蕭瑜、毛澤東和蔡和森。在共產主義運動初期，蔡和森的地位高於毛澤東，理論水準也比毛高。

　　蔡和森湘鄉人，『家境貧寒，自幼做過牧童、商店學徒、種田、學手藝等各項勞動和職業。然自小即愛讀書，當其為牧童的時候，常偷閑學字，並以此常被雇主所責打。他的初步文字與科學知識，完全是在商店學徒學手藝時期中夜間所學得──他在「嚮導」發表的文章、文字都欠佳。及考入第一師範學校，即節積學校津貼……並替學校做抄寫工作，將錢幫助母親和妹妹蔡暢同志讀書。』（「紅旗飄飄」第五集李立三作「紀念蔡和森同志」）李立三又說蔡母等赴法前是「毫不識字的農婦」，蕭瑜卻說她曾在「湘鄉縣城主持一所學校」。蔡比蕭低兩班，後轉學岳麓山高級師範學校。他身材瘦長，兩隻門牙突出，意志十分堅強，但缺少創造力和推動力，又不願意在任何事情上求助於人。一九一七年八月二十三日張昆弟日記，記蔡的一段話，可見當日蔡的思想。他告昆弟：『所懸想而循序進行之事：一、見中國社會學無專書，欲研究中國社會自古至今之風俗、其間變遷之事實，及不變常存之真理。二、以中國無一部完全史書，所謂二十四史及通鑑等史書，所載多天子、卿大夫之事；擬從省志、縣志等書，一一考察之，以平民社會之事為主，成一史書。三、中國文、言不統一，研究文、言統一之法，以謀社會民智之普及。厥後又談及讀書之事，以近來西歐文化東來，與吾舊有之文化，每干格難容。而新文化者，棄舊書不讀；守舊文化者，棄新書不讀。余與蔡君主張多讀新書，而舊書亦必研究。中國文化及一切制度，不必盡然；而西歐文化制度，用之於我，不必盡是，斟酌國情，古制之善者存之，其不善者改之；西制之可採者取之，其不可採者去之。折中至當，兩無所偏，此吾輩讀新書、讀舊書者所應知之事也。』（李銳著「毛澤東同志的初期革命活動」，第六五至六六頁）張稱蔡為「勝友」，蔡前述之思想，均有見解，且非全盤西化論。當時中國如有思想

---

[12] 「毛澤東同志的初期革命活動」第七二頁。

家引導他，他或不會接受馬克思主義。

再說為什麼叫做「新民學會」？李銳前引書說：『「新民」兩字，是取「大學」上「在新民」及「湯誥」上「作新民」的意思；梁啟超他倡導過「新民之道」，主張「採補其所本無而新之，以建設中國一種新道德、新思想、新精神。」「新民」兩字即意味著一種進步與革命的意義。』[13]這解釋是合理的。

李銳說：在成立會那一天，大家交了第一次會費。會員人數，到五四運動時，達七、八十人。大多數是一師最優秀學生、長沙一些小學的教員。他們大約每月開會一次，集會不是秘密的。蕭瑜說：知道這件事的楊昌濟，介紹他的最優秀三個女學生：任培道、向警予和陶斯詠全體一致地通過。[14]

蕭瑜說：一九二〇年，新民學會的會員超過百人。在法國，一九一九到一九二〇年間，他和蔡和森吸收了約三十人。[15]

蕭三說：『新民學會對於後來湖南以及整個中國的命運，有極大的影響。它有過七、八十個會員，內中絕大多數後來都成了中國共產主義運動中顯著的活動者。』茲列重要者的名單如下：

夏曦：益陽人，一九二三年後，中共湖南省委負責人之一，北伐時主持湖南國民黨黨部，清共後領導「紅二方面軍」，一九三五年紅軍西逃時淹死（可能被賀龍們殺死）。

---

[13] 同上書第七三頁。蕭三說：『取「大學之道，在新民……日日新，又日新」及反舊制度，主革新，為人民之意。』（「毛澤東同志的青少年時代」第八二頁。）

[14] 陶斯詠，湘潭人，蕭瑜說：她『是我一生認識的人中最溫良、最文秀的人物之一。她在一九一四年（？一稼）參加新民學會，約在六年後，和毛澤東在長沙合開了一間書店，取名「文化書社」。他們當時深深地相愛，但由於彼此的政治見解不同，最後，她終於離開毛澤東，另在上海創辦一所學校，名立達學園。她大約在一九三二年去世。她是新民學會的第一個女學員，也是頭一位反共產主義的會員。』（「我與毛澤東行乞記」第十五章）。
任培道，湘陰縣人，她也反共。長沙高級師範學校畢業後留美，回國後從事教育工作，並為立法委員。
向警予，湘南漵浦人。蕭瑜說，她聰慧，文筆優美，書法出色，有天賦的口才。她的容貌動人，不加修飾亦美甚。她對朋友溫暖親切，有如兄弟姊妹。她是第一個接受共產主義的女會員。一九一九年赴法，與蔡和森結婚。一九二二年回國，擔任中央婦女部領導人。由於與彭述之愛好，一九二五年被黨派赴莫斯科東方大學學習，回國後在武漢工會和漢口市委宣傳部工作。武漢分共，她任湖北省委。一九二八年春在漢口法租界被捕，五月一日晨四時槍決。

[15] 對於湖南留法勤工儉學生和新民學會的關係，留在留法勤工儉學章中論述。

何叔衡：寧鄉人，自幼在家隨父一邊讀書，一邊勞動。十八歲考取秀才。他在本縣雲山書院讀書時，結交姜夢周、王凌波、謝覺哉。後四人同在雲山小學教書。一九一二年他考入一師講習科，兩年畢業，任長沙楚怡小學教員。他是新民學會中年齡最老的會員。他曾被派出席中共一全大會，中途被遣回。國民黨清共後，他被中共派赴蘇聯學習。回國，參加「蘇區」工作，一九三五年二月在福建長汀縣水口附近，被國軍包圍，跳崖自殺。

陳昌：號章甫，瀏陽人，一八九四年生。在一師讀書時，以雄辯名。中共湖南支部成立，他就參加工作。北伐時，任水口工會主任。一九三〇年，由上海潛赴湘西賀龍部隊工作，在澧縣被捕，押到長沙槍決。

羅學瓚：湘潭株州人，一師讀書時與毛澤東同班，後與蔡和森等赴法勤工儉學，又一同被法政府遣回。他早在一九二一年就從事工運，曾組織長沙最初的人力車罷工，一直到北伐時，仍在長沙作工運。大概於一九三〇年在浙江被殺。

郭亮：湘陰人，號靖筇，湖南工運領袖，身材矮小，非常精明能幹。馬日事變後，組織銅官農民自衛軍，失敗，走南昌，參加「八一」，由潮汕逃港。一九二八年三月廿七日，由蘇先俊告密，在岳陽被捕，押長沙，廿九晚在軍法處槍決，年二十八。

張昆弟：益陽人，號芸圃，毛澤東、蔡和森的好友，初期中共工運的重要幹部，國民黨清共後被殺。

蕭子璋：即蕭三。

易禮容：曾任中共中委，後投國民黨。

依李銳的話：一九二〇年毛澤東到上海時，曾集合在滬和準備留法的新民學會會員，在半淞園開會，明確地規定學會的宗旨為「改造中國與世界」，並詳細地討論學會活動的方法、會員條件、入會手續等，決定會址設在長沙，由毛負總聯絡之責。[16]

一九二〇年八月，蔡和森由法寫信給毛澤東，如此說：『我近對各種主義綜合審締，覺社會主義實為改造現世界對症之方。』至於『中國將來的改造，完全適用社會主義的原理和方法。』他又說：『我以為要先組織黨──共產黨，因為它是革命運動的發動者、宣傳者、先鋒隊、作戰部。以中國現在的情形看，須先組織黨，然後革命運動、勞動運動

---

[16] 「毛澤東同志的初期革命活動」第一二一頁。

才有神經中樞。』他認為：『中國於二年內須成立一主義明確、方法得當和俄國一致的黨。』這都是他由法共「人道報」來的觀點。十二月一日，毛澤東給蔡和森們覆信，對蔡的見解，『表示深切的贊同。』他引十月間羅素在長沙的演詞中所說：『主張共產主義，但反對勞農專政，謂宜採用教育方法使有產階級覺悟，可不至妨礙自由、興起戰爭、革命流血。』[17]他告訴蔡和森們，長沙的會員們曾對羅素的話，引起激烈的辯論。他認為羅素的話，事實上決辦不到。因為教育，一要有錢，二要有人，三要有機關，而這三者都在統治者手中，主持學校和報館的，盡是資本家、地主或他們的代理人。如共產黨人不取得政權，安能握教育權？因此，靠教育方法革命，是絕行不通的。毛澤東的話，似是實非。教育是改造國家和社會的根本辦法，正由於毛澤東只有師範生的程度，不懂外國文，知識淺陋，又不能吸收新知，到握有權力，做出為害人民和民族的大蠢事，如人民公社、全民大煉鋼。不必說愚而好自用的人，常為保有權力而不惜屠殺異己的「文革」了。

一九二〇年九月間，蔡和森又寄毛澤東一封長信，談到這些問題：唯物史觀和階級鬥爭、考茨基修正派的錯誤、共產國際成立後世界各國革命運動的大勢、布爾什維克和孟什維克在入黨條件上的原則區別等；最後，他提出組織中國共產黨的步驟。這些都是蔡和森到法國後努力讀書所得到的新知。無疑地，蔡和森所提的問題中，當時的毛澤東還不大明白，但他卻裝腔作勢地說：『唯物史觀，是吾黨哲學的根據……你這封信見地極當，我沒有一字不贊成。』[18]他還告蔡：組黨事已進行，上海已出版「共產黨」的刊物。

為著蔡和森是新民學會中的理論家，他的思想還值一述。

一九二一年二月十一日，蔡和森由蒙達義寫信給陳獨秀，談「馬克思學說與中國無產階級」。他宣稱：『和森為極端馬克思派，極端主張：唯物史觀、階級戰爭、無產階級專政，所以對於初期的社會主義、烏托邦的共產主義、不識時務穿著理想的繡花衣裳的無政府主義、專主經濟行動的工團主義、調和勞資以延長資本主義政治的吉爾特社會主義，以及修正派的社會主義，一律排斥批評，不留餘地。以為這些東西都是阻礙世界革命的障礙物。』最上乘的馬克思主義，他以為其『骨髓

---

[17] 參閱中共興亡史第一卷第四二五頁至四二八頁，羅素在長沙的部分演說詞。

[18] 瞿秋白在「餓鄉記程」中說『唯物史觀的意義，反正當時大家都不懂。』難道不懂外國文的毛澤東是例外？

在綜合革命說與進化說（Revolution et evolution）。專恃革命說則必流為感情的革命主義，專恃進化說則必流為經濟的或地域的投機派主義。馬克思主義所以立於不敗之地者，全在綜合此兩點耳。』

他又說：『馬克思的學理，由三點出發：在歷史上發明他的唯物史觀；在經濟上發明他的資本論；在政治上發明他的階級戰爭說。』把分析資本主義社會的「資本論」，給與「發明的」形容詞，不當。階級鬥爭說，不是馬克思的「發明」，而是別人早說過的——馬克思自己就曾這樣說。

他由資本主義的發展，指出：東方農業國野蠻國的無產階級，在經濟上受壓迫，較西方工業國家文明國無產階級所受的壓迫更重。他和梁啟超有同一觀點，認為：資本帝國主義常掠奪殖民地或勢力地帶以和緩本國「剩餘生產」、「剩餘勞動」的兩種恐慌，而分餘潤於其無產階級。就由這個原因，西方大工業國的無產階級常受其資本家的賄買籠絡而不自覺，社會黨勞動黨中盛行改良主義，『此所以社會革命不發生於資本集中工業極盛殖民地極富之英美法，而發生於殖民地極少工業落後之農業國俄羅斯也。』這一論斷，不合馬克思主義，也就是違反蔡和森自己所說的進化說。如果愈窮困就愈早發生社會革命，那巴枯寧主義要比馬克思主義正確了。可是，他卻由這論斷做這推論：中國有社會革命。

他指出：中國的生產方法還是三代以上的，五大強商品開始由大砲送進來，繼之由本身需要扯進來，於是手工生產者一批又一批失業。他估計失業者三萬萬五千萬人，他們只有兩條路走：（1）流為盜賊土匪流氓痞子，以至餓死亂死戰死爭奪擾攘而死；（2）他們對中國社會和五大強提出自己的生死問題，『請其依我（命）的意見解決。如其不能，我們恐怕免不了社會革命的運命。』他還有這見解：『社會革命的標準在客觀的事實，而不在主觀的理想；在無產階級經濟生活被壓迫被剝削程度之深淺，及階級覺悟的程度之深淺，而不在知識程度道德程度之深淺。』因此，他以為當時的中國，也有社會革命的條件。

貧窮產生革命的觀點，支配了蔡和森。他一面認定「忍不堪忍」的中國無產階級，必然革命，但在未革命以前，要先『做一個大大的經濟變化運動』。這運動的方法是『無產階級社會黨，應亟於各大都會組織同階級之失業者、最下層的貧困無告者，第一步公然起來向政府（無論南北）要求「生存權」和「勞動權」，迫令政府即向五國銀行團大借實業外債。第二步要求監督實業借款的用途。第三步要求產業及政治管理

權。』他告陳獨秀：『我深以為，上列三個具體步驟為中國社會運動改造的不二法門。』問題在此：當日的「無產階級社會黨」，正在籌組中，它有什麼力量「迫」南北政府實行它的要求，和五國銀團為什麼一定要借款給中國？

他又告陳獨秀：『勞動解放，絕不是一個地方、一個國家、一個民族的問題，乃是一個世界的社會問題。』因此，中國的階級戰爭，就是國際的階級戰爭。中國無產階級主人，除了本國幾個可憐的資本家，還有外國資本家。『中國已經興起了的幾個資本家，和將興起的資本階級，不過為五大強國資本階級的附屬罷了。』他認定：全國人民除了極少數的軍閥財閥資本家以外，其餘是無產階級，和無產階級候補者小中產階級。他肯定地說：『以我看來，中國完全是個無產階級的國（大中產階級為數極少，全無產階級最多，半無產階級即中等之家次之）；中國的資本階級就是五大強國的資本階級（本國極少數的軍閥財閥資本家附屬於其中），中國的階級戰爭就是國際的階級戰爭。』[19]

蔡和森的長信，指明他對馬列主義尚未成熟。他寫這封信時，似未見過列寧和共產國際對殖民地、半殖民地國家革命的理論；他對民族資產階級估計過低。陳獨秀如此答他：

(1) 唯物史觀是研究過去歷史之經濟的說明，主張革命是我們創造將來歷史之最努力最有效的方法。

(2) 唯物史觀的要義是：歷史上一切制度的變化是隨著經濟制度變化而變化的。依這要義的指示，在創造將來的歷史上，得了三個教訓：（一）一種經濟制度要崩壞時，其他制度也必然要跟著崩壞，是不能用人力來保守的；（二）我們對於改造社會的主張，不可蔑視社會經濟的事實；（三）我們改造社會應當首先從改造經濟制度入手。

由陳獨秀指出（二），似乎他不贊成蔡和森的貧窮產生革命論。

蔡和森的信奉共產主義，是「新民學會」中思想分化之一例子。蕭三指出：五四後『新民學會的會員中間也起了分化，成為右翼和左翼兩部分：少數人消極了，走自己的路去了；大部分朝氣勃勃、始終前進的分子，在毛澤東同志的影響與領導下，要求一個社會政治經濟文化制度

---

[19] 「新青年」第九卷第四號。

的徹底的改革。」[20]李銳也說：『學會會員可分三種人，多數是否認現狀的革命派，其他有承認現狀的改良派和無一定主張的中間分子。」[21]不管是革命派或其他兩派，當時他們的思想，不一定都要接受共產主義。就是接受共產主義的人，也不是都受毛澤東的影響和領導，至少如蔡和森那樣的人，在學會內還可以影響和領導毛澤東。

反對共產主義的人是蕭瑜，他很多封信，也收在毛澤東所編的通信集內。他堅決反對以俄羅斯共產主義作為改造中國的手段。他回憶一九二一年三月由法返國到長沙時，與一師附小主事毛澤東談話的情況。他說：『由三月至七月，我們將大部分時間花在討論社會主義革命上，但我們談得越多，便似乎離得越遠。」實際上，這時候的毛澤東已拉新民學會的會員，加入CY。因此，他們不需要舊團體。在這情況下，蕭瑜有所感地說：『當我踏足長沙之際，我覺得我是回來為它送殯了。」[22]（中共興亡史，第二卷附錄）

---

[20] 「毛澤東同志的青少年時代」第一〇四頁。
[21] 「毛澤東同志的初期革命活動」第七四頁。
[22] 「我與毛澤東行乞記」第三十九章。

七、記中國最早的一份反共報紙：先聲週報

陳正茂

　　二〇年代是個風起雲湧的時代，在國際上，民族主義意識高漲；民族自決的口號響徹雲霄；在國內，軍閥專政，內戰連年，空有民國之名，卻無民國之實，辛亥鼎革以來所憧憬的新國家精神，完全幻滅殆盡。兼以五四新文化運動以來，知識份子基於求新求變的心理，政治上，紛紛要求改革；思想上，各種主義瀰漫，西化、俄化、甚至日化之呼聲不絕於耳；學術上：百家爭鳴，社團林立。這些雜然眾多的思想主張，不僅風靡於國內舞台，也影響到國外留學界，其中最具代表性的，莫過於因「少年中國學會」分裂後，該會之核心份子轉向為共產主義與國家主義兩派，此兩派之菁英，不僅在國內展開理論之爭，隨著勤工儉學運動的興起，這場論戰也延伸至歐陸的法國。中國最早的反共團體—中國青年黨；以及中國最早的反共刊物—《先聲週報》，便是在法國和共產黨展開壁壘分明的撕殺，現且讓我們介紹這份反共先覺的報紙—《先聲週報》。

《先聲週報》之創刊及其與青年黨的關係

　　《先聲週報》於民國十一年十二月在巴黎發刊，由廣東四邑（開平、台山、新會、恩平四縣稱為四邑）同鄉胡國偉、梁志尹、黃晃、林秉照四人發起，分別募集股金（大股東還包括同為四邑同鄉的商人伍輔及黃燕石等人）成立報社。胡國偉於民國十年曾在國內任《開平公報》主筆，民國十一年秋復到巴黎習新聞學；同年冬梁志尹向胡國偉提及巴黎中國青年會有一架待售油印機，引起了胡國偉辦小型報的興趣，經與梁、黃、林等人會商後，認為旅歐華僑不易得閱讀中文報紙，同時更為使法人多了解中國，遂決定辦中法文的《先聲週報》。在獲得法友人《小巴黎人報》的政治編輯，佐治、阿爾基（GEORGE ARQUE）先生為發行人保證人後，向法政府登記發行。初以巴黎無中文鉛字印刷所，改為手寫油印手搖機裝訂成冊，後改石印，採報紙型式，每週出一大

張。內容有社論、時評、國際新聞、國內新聞、旅歐新聞等項，中文版佔四分之三，餘為將國內重要新聞譯為法文的法文版。草創初期，百廢待舉，除文章要由社內同仁撰寫外，由於經費短絀，銷售尚且親自沿街叫賣，節衣食，備極辛勞。報社內的人事，由胡國偉任社長兼總編輯、黃晃任法文編輯、林秉照任發行、梁志尹任撰述；後又有胡瑞圖、胡瑞燊二人加入撰述工作。民國十二年，報社陣容更為堅強，旅德學生同宗烈、張子柱等人回法，先後也加入報社，成為報社新的生力軍，旋即報社亦改組人事，同宗烈任中文編輯；張子柱任總撰述；梁志尹、胡瑞圖分任撰述；林秉照、胡瑞燊則改任發行人。

至於曾琦如何與《先聲週報》發生關係，答案乃曾琦本是辦報高手，民國七年上海《救國日報》之創刊即其傑作，因此他向來深知輿論力量的重要性，他曾說「予向有意於造就政治人才，以謀政治之刷新，必先求社會之改良，改良社會，其道固多，而先務之急，則為輿論。」職斯之故，《先聲週報》的成立，無可諱言對於加速中國青年黨的創建，及做為創黨初期的宣傳機關，實有不可忽視之地位。民國十二年七月二日，曾琦首度投文《先聲週報》，呼籲所有旅法華人反對列強共管中國鐵路；而後旅法各團體聯合會，在籌備及成立期間，《先聲週報》也先後派黃晃、馮葉恭、張子柱、梁志尹等代表出席；同時聯合會文件也由《先聲週報》社義務代印，文稿則由曾琦與周恩來商妥後送《先聲週報》社。所以曾琦與《先聲週報》社於七月後開始接觸頻繁，為雙方提供進一步結合的機會。而《先聲週報》之所以和曾琦組黨有關係，恐係是《先聲週報》社的社員多為粵籍，尤以四邑鄉人往海外謀生，旅居美、加者多，如胡國偉之父為旅美華僑，經商致富，每月供胡國偉三百美金在巴黎生活，故可在食宿無憂之餘，進而辦《先聲週報》。又廣東籍的勤工儉學生大多因得著廣東省官費之助，所以留法廣東籍學生甚少成為共產黨者，蓋共產黨那套階級革命的理論甚難吸引之。兼以同時由於旅歐共黨之攻擊謝東發案（父為上海旅法富商，母為法人，熱心僑務），使為謝鳴不平之華人，同仇敵愾，假《先聲週報》以為還擊。因而《先聲週報》與旅歐中共之形勢對立遂不可免。此外，《先聲週報》同仁本有組黨救國之議，胡國偉曾與譚佰揚、關玉廷、方彥儒等函商組黨事。故中青結黨式之前，曾琦與《先聲週報》社除經理旅法各團體聯合會事宜外，更及於組黨事，尤其民國十二年十一月十三日以後，曾琦會商組黨的對象，幾乎全以《先聲週報》社的社員為主，茲舉曾琦「旅

歐日記」數則以為佐證:「十一月十三日……訪張子柱談組黨事,晚偕
張君往訪梁志尹、胡國偉交換意見,兩君皆極贊成予之主張……。」
「十一月二十三日……胡國偉、梁志尹、黃晃、周宗烈等齊集張子柱
家,相與商量組黨事,眾皆贊成予議,定名為『中國青年黨』,宗旨則
定為『以外抗強權,力爭中華民國之獨立與自由,內除國賊,建設全民
福利的國家為宗旨』……。」

《先聲週報》與《赤光》之論戰

　　中國青年黨在民國十二年十二月二日正式發起組黨後,旋即在巴黎
積極活動,秘密吸收黨員,並透過《先聲週報》來宣揚其「內除國賊,
外抗強權」之主張,而《先聲週報》也在胡國偉的提議下,由黨務會議
通過,成為中青旅歐言論的機關報,進而與旅歐的中共機關刊物「《赤
光》」發生論戰,雙方甚至因為爭取旅歐華人團體的領導權,而發生數
次的衝突流血事件。至於思想鬥爭方面,最具體的例子則是民國十三
年,「《赤光》」半月刊基於階級鬥爭的立場,積極提倡工、農、學生
青年、商人聯合的國民革命理論,同時以俄為師,鼓吹聯合世界無產階
級和弱小民族的世界革命論,為「反軍閥政府的國民聯合、反帝國主義
的國際聯合」而確立其辦刊宗旨。同時旅歐中共除以「《赤光》」闡明
其革命理論外,並早於民國十二年十一月,即與國民黨駐歐支部形成統
一戰線,周恩來、李富春、聶榮臻、任卓宣等,並曾任國民黨駐歐機關
的幹部。中青針對上述「《赤光》」的言論及國共合作的政策,本其發
起宣言中,對主張階級專政者,及共產黨加入國民黨政策的批駁。在
《先聲週報》上,除強調基於愛國主義以別於階級鬥爭外;且因中青黨
員鄔剛如在巴黎曾經發現關於共產黨加入國民黨的秘密議案小冊子,故
對聯俄容共政策特別加以批評,甚至出刊「反對中國國民黨收容共產黨
與共產黨加入國民黨專號」。《先聲週報》此一反共、反蘇、反國共合
作的言論立場鮮明,惹怒了「《赤光》」也在第三期以後,以相當的篇
幅來抨擊《先聲週報》。並曾對曾琦、周道等人點名批判。雙方你來我
往從事激烈筆戰的時間,大約有半載之久,其後因旅歐中共黨人為加強
國內中共活動,紛紛自歐返國,而曾琦等人亦感建黨初期,急需時間及
人力發展黨務,吸收黨員,所以有休戰之需,因此自民國十三年四月
底,曾琦與周恩來曾有所接觸,針對雙方關係進行談判,終於達成協

議，暫時中止雙方的對抗。該年底，曾琦回國在上海成立《醒獅週報》繼續和共產黨周旋，且中青骨幹份子也陸續返國加入「醒獅」陣營，所以在巴黎的《先聲週報》頓時寂然了不少，但在胡國偉、張子柱等人的力撐之下，堅持愛國、民主、反共的信念仍不稍移，聲色也不遜於從前。民國二十二年，因主客觀情勢的異變，這份長達十年，也是中國有史以來在歐洲創辦最久的刊物，終於光榮的功成身退，《先聲週報》雖然結束了它的生命，但在反共鬥爭史上，它卻留下了最輝煌燦爛的一頁。

陳正茂，〈記中國最早的一份反共報紙－先聲週報〉，
《全民半月刊》，第11卷（1991.09）頁22-24。

八、巴黎心影

胡國偉

前言

在中國政黨史上，青年黨是反共最早的一個政黨。本黨於民國十二年十二月二日，在巴黎近郊玫瑰城（附圖一）共和廣場共和餐廳舉行結黨式，並發布「中國青年黨建黨宣言」，刊於巴黎先聲週報，宣言中有云：『又有主張一階級專政，而忽視其他各界者，以如斯少數之工人，而欲實行專政，徵諸事實，殆萬不能。』這是反共的鮮明旗幟，在本黨成立之始，即豎立起來。本黨信仰國家主義，就必然反對共產國際主義，本黨主張全民政治，就必然反對共產階級專政；所以，本黨反共，是先天的本質使然。

我是參加結黨式十二人中之一，從那時起，便在巴黎站定本黨立場，與中共周恩來、陳毅、李立三、吳玉章等開始鬥爭。經過五年時間，從創黨至民十七年返國，我始終未離開過黨務，曾任中執會委員長、秘書、訓練部長、駐歐總支部主任委員等職。所有當時親身經歷的，不論對內對外，不論大事小事，都留下甚深的印象。這些從巴黎留下來的舊影子，不時映動心頭，現在筆之於書，名之曰巴黎心影。

六年前，有一位美國加省大學教授經香港來臺北，由李璜同志介紹，約我見面，想搜集本黨與共黨在巴黎鬥爭的史料，主要的是我主辦的先聲報與周恩來主辦的赤光旬刊。我當時曾動念，要寫一本青年黨初期奮鬥史，因乏參考資料，遂乃擱置。後來，「省訊」負責同志要我寫一些與本黨有關的巴黎舊事，我想既無法寫有系統的初期黨史，便只好把那些舊影子一個一個的寫出來，作為一鱗一爪的歷史回憶。本黨分裂後，現正走上大團結之路。也許在若干片斷的回憶中，可以重新發現本黨的創黨精神，藉以光大本黨四十七年來一貫反共的時代使命。

民國五九年七月二十一日再版重訂於臺北

（一）從組黨說起

中青的誕生，參加結黨式的共十二人，而居中策動最力，實主其事者，則為曾慕韓先生。讀曾先生遺著旅歐日記民十二年五月二十八日所記，有「毀黨造黨」與「裁兵練兵」的主張，意即毀舊黨造新黨、裁老兵練新兵，這可以說是曾先生組織本黨的動機。我之所以參加組黨，是由於曾先生過訪，深夜談國事；曾先生之所以訪我，則是因為我是先聲報的社長，並看到我的愛國言論。曾先生同年七月八日的日記寫著：『上午接少年雜誌一冊，先聲週報數份。』這是佛家所說的「種因」。先聲報派張子柱、梁志尹為代表，參加旅法各團體救國聯合會，而曾先生是救聯會的主席，所以他訪我，是由張梁兩兄介紹，這是佛家所說的「增緣」。有因有緣，便自然和合。

曾先生與我初面，是在十一月十三日，據他的日記說：『午後訪張子柱談組黨事，晚偕張君往訪梁志尹、胡國偉交換意見，兩君皆極贊成予之主張。談至十一點鐘，張君邀赴渠寓住宿。予向喜粵人之多誠實而勇敢，惟予所交不多，殊用為恨耳。』是的，粵人爽直而有衝勁，要幹就幹，我與曾先生長談，契理契機，便決心參加組黨工作，到現在（民五九年），已苦幹了四十七年。

我與張梁兩兄同住在玫瑰城（Fontenay-aux-Roses），他們寓所近車站，所以曾先生先訪他們，然後同來看我。我住在「61·bis, Rue du Plessis-Piquet」（附圖二）。這是一個值得回憶的地方，因為建黨前的文書寫印和一切籌備工作，都在這裏進行，由我與周宗烈兄負責。本黨成立後，我仍任秘書工作。曾先生民十三年元旦日記：『子柱復來，約同赴胡國偉君處，編中國青年黨會議紀錄，在胡寓晚餐，聚談至十點鐘歸寢。』指的就是上述那個地方，因為我是攜眷就學，住的是花園屋樓下一層，有客廳客房，工作比較方便，留宿留餐都無問題，我的太太能做兩味廣東菜，凡在我家用過餐的同志，想還記得一種美味的「黃埔蛋」。

曾先生原住在哥倫布鎮，本黨成立前，為便利組黨工作進行，於十一月二十二日遷住玫瑰城。本黨成立後，同志遷居此地者愈眾，成為本黨的大本營，也即是本黨的發祥地（附圖三）。

（二）結黨式

　　中國青年黨成立於民國十二年十二月二日，在巴黎近郊玫瑰城共和廣場共和餐廳舉行結黨式。年分是十二，月份也是十二，當時參加結黨式的同志剛好又是十二人，這是無意中的一個巧合。玫瑰城是一個小城鎮，鎮公所前面的曠地，名共和廣場（附圖四），公所的右鄰便是共和餐廳，也即是青年黨的誕生地。

　　據曾故主席慕韓先生的日記載稱：『十二月二日，是日微雪。上午赴張子柱處，與何魯之、李不韙、黃晃（日光）、胡國偉、梁志尹、周變元（宗烈）等續議組黨事，因幼椿（李璜）遲到，故候至午後二時始正式會議，先討論予所擬之宣言及黨綱，經眾次第通過之後，復議子柱所起草之章程，亦逐條表決。晚八時復開會議於子柱家，旋移往一咖啡店，眾復推予為黨務主任、子柱為宣傳主任、議至十二時始散，於是中國青年黨遂正式成立矣。』日記中所說的移往一咖啡店，即共和餐廳，因共和廣場乃從巴黎至玫瑰城的電車終站，曾先生與子柱、志尹兩兄均住在這附近，取其便也。

　　我們十二人到了共和餐廳之後，舉行首次黨務會議，僉以目前人數太少，未宜依黨章規定選舉委員長及執行委員，待黨員增加後召開黨員大會，再依章辦理選舉，當時決議臨時成立黨務與宣傳兩組，設秘書二人，公推曾琦同志為黨務組主任，張子柱同志為宣傳組主任，我與周宗烈同志分任秘書。先是黨綱黨章及宣言，已經正式通過，現在又推定負責人，組黨工作，大體具備。即晚在共和餐廳舉行結黨式，飲香檳酒，大家舉杯起立，以十二萬分至誠，共祝：中華民國萬歲，中國青年黨萬歲，國家主義萬歲！至此，本黨遂正式成立。其時本黨的宗旨是：『本黨本國家主義之精神，採全民革命的手段，以外抗強權，力爭中華民國之獨立與自由，內除國賊，建設全民福利的國家為宗旨。』至於本黨現在的宗旨，是從革命政黨改為民主政黨以後，經由三十四年十二月二日第十屆全國代表大會修改的。原文為：「本黨本國家主義之精神，民主政治之原則，內求統一與自由，外保安全與獨立，以建設全民福利的現代國家，並促進平等合作的和平世界為宗旨。」

　　參加結黨式的十二人，除上述曾先生日記列出的九人外，尚漏去三人，其一為周道同志，另兩位姓鄭與姓古的因回國後從事秘密工作，失

去聯絡，暫隱其名。其實，在結黨前，經曾先生與之面談或函商組黨事宜者，決不止十二人。曾先生手訂年譜有云：『然予組黨之動機，實起於柏林養病時，鄭振文、王建陌蓋最先參預者也。』據曾先生民十二年十一月十一日（結黨前廿日）的日記載稱：『接左舜生一函……舜生信云：「今日青年，智識愈高，自謀愈工，結合亦愈難，年事愈長，世故愈深，感情亦愈薄。」所見與予完全相同。』很明顯的，信中所談也是結合青年組黨救國的大事。又如同年八月十二日所記：『上午赴巴黎訪幼椿，……午後何魯之亦來，相與縱談半日，余景陶（家菊）亦在座，……予則謂組織政黨，本為今日時勢之需要，……必須以革命方法出之。』由此可見鄭王左余諸同志事前均參預組黨的商討，只是路途遙隔，沒機會參加結黨式罷了。其他曾先交換意見，未及參加結黨式者尚多，留下篇再談。

（三）黨員大會

中國青年黨第一次黨員全體大會，是在民國十三年四月二十日與二十一日分兩天舉行。首日大會程序為演講、報告黨務、全體填入黨志願書、選舉職員。次日程序為舉行入黨禮及就職禮，均採宣誓式。隨由中央執行委員會曾琦同志發給黨員證。中午大會閉幕，旋舉行聚餐，晚間聚餐後，尚有餘慶節目，頗為熱鬧。大會第一日在巴黎哲人廳舉行，第二日因聚餐及晚會關係，改在玫瑰城「電車站餐館」集會。

茲先錄曾先生日記兩則，然後加以補充。因為我所保存的初期黨史資料，在抗戰期間，已燬於敵火，現在可資參考的，只有「曾慕韓先生遺著」一種，除根據遺著中的日記外，其餘所談的，都是靠回憶。本篇之所以稱為「巴黎心影」，就是這個緣故，日記兩則全文如次：

『四月二十日，是日天晴。上午七時起床。八時赴巴黎哲人大廳，開青年黨第一次全體大會，到會者五十二人。予演說本黨之精神及其使命，幼椿演說國家主義之真諦，子柱演說全民革命及其方略，自十時至十二時半散會用膳。二時半復開會，填寫志願書，選舉職員。予以五十三票當選為委員長（來函投票者四人），子柱、幼椿（李璜）、魯之、蔭儂（李不韙）均當選為中央執行委員。旋由各黨員自由演說。晚赴先聲報社開職員會議，至十一點歸寢。

四月二十一日，是日天晴。上午八時起床。九時赴附近（指寓所）

一大飯館開會，舉行入黨禮，宣布就職，發給黨證。十二時半會餐，午後二時偕幼椿赴巴黎巡昨夜遺失之書包，四時還寓，假寢移時，復赴會場與諸同志談話。晚會餐後，子柱演幻術，周道演拳術，唐震球唱京調並與魯之演滑稽劇，幼椿亦唱京調一闋，至十時盡歡而散。回寓後復與子柱、志尹（梁世寬）商黨事，至十二鐘寢。』

從十二年十二月二日結黨，到十三年四月二十日黨員全體大會，經過四個月另十八天，自先聲報（本黨機關報）刊出本黨建黨宣言後，留學法德比諸國的愛國學生，即踴躍入黨，為數甚眾。據曾先生十三年三月二十三日日記載稱：『……是日新加入者十人。計自發起至今不及半年，而人數已逾六十，亦足見吾黨主張之合乎青年心理也。』參加大會者五十二人，當沒有錯，連通訊投票者四人合計，共五十六人。但三月二十三日所記，人數已愈六十，可見四月二十日大會開會時，已入黨者當不止五十六人。據我記憶所及，大會黨員登記為八十六人。現在在臺的除創黨人外如潘再中、張伯倫、劉鵬九諸同志，均曾參加大會，因從建黨到黨員大會這段期間，文書由我掌管，記憶比較清楚。本黨成立後一個月內，德國方面由鄭振文、池正、鄭振濤、于復元、邢俠中等同志首先成立駐德支部；比國方面由王建陌同志負責成立通訊處；法國方面如里昂、比昂古、楓丹白露、魯南等城市，亦先後成立分部、小組和通訊處；黨務發展，甚為迅速。蓋其時青年學生受列強共管鐵路的刺激，本黨乃愛國反共的革命政黨，提倡國家主義，主張全民政治與全民革命，鼓吹結黨救國，正合青年需要故也。

創黨初期的「入黨志願書」與「黨員證」，是最值得回憶的兩種文件，茲分別一談。

志願書的內文如下：

『立志願書人　　　今自願加入中國青年黨為黨員，誓遵守黨章，服從黨令，如有違背，甘受懲戒。

　　　　　　　　　　　　　　立志願書人　　　簽名
中華民國　　　年　　　月　　　日』

本黨初為革命黨組織，有三級九等的懲戒法與獎勵法，一級一等獎勵是記大功三次，一級一等懲戒便是秘密執行死刑。周恩來在巴黎赤光旬刊常罵我們為法西斯分子，其理由就是因為我們反共而有鐵的紀律。

所以黨員入黨，是經過慎重考慮的，一經簽立志願書，便要接受黨的約束。

　　黨員證簡稱黨證，是兩面摺合式的，大小約等於一包廿支裝香烟，封面印有燙金黨名，內面首頁為「黨員證×字第××號」、姓名、黨號、年歲、籍貫，均直列。次頁正中為「中央執行委員長××」，用黨號簽押，側邊為「中華民國×年×月×日發給」。黨員大會發給的黨證，由曾琦同志以委員長名義，用黨號「移山」簽發。同志們的黨號，各有涵義，有的明顯，有的卻像猜謎，說來很是有趣。曾琦同志字慕韓，別號愚公，黨號移山，示意志堅定；李不韙同志號大雄，示勇敢；何魯之同志號心弦，示緊扣不懈；左舜生同志號諤公，示沉著莊重，這是比較明顯的涵義。李璜同志號八千，示項羽八千子弟滅秦；于復先同志號魯寒，魯是山東，取其省籍，寒是其家鄉水名，若解作易水寒，亦是壯烈義；張子柱同志號加馬，把義大利三傑—加里波的、加富爾、馬志尼合為一人，示復興中國；這就可像有個謎底，要讓大家猜猜。我的黨號一之，原不是「吾道一以貫之」那樣道氣，也不是「不嗜殺人者能一之」那樣慈悲，而是有感於當時軍閥割據，要把中國統一起來。這只能說是對黨的期望，不敢說是自己的抱負。四十七年往事，說來慚愧！

　　最初黨章，中執委共七人，委員長與委員均由大會直接選舉，曾先生日記只寫出五人，漏寫段震寰與我。段同志黨號慎修，後來公開習用，其原名反晦。大會選出的尚有候補中執委五人，名字不復記憶。第一屆中執會職務分配如下：

```
委 員 長    移山（曾琦）
內    務    心弦（何魯之）
外    務    八千（李璜）
宣    傳    加馬（張子柱）
組    織    大雄（李不韙）
訓    練    一之（胡國偉）
總    務    慎修（段震寰）
```

　　六個部門均稱部，每部設部長一人。總務掌文書、財政、庶務，工作最繁重。

最後，對黨員全體大會的晚會餘興，略加補充說明。當晚節目很多，除曾先生日記所載外，尚有黃日光同志演唱粵曲「山東響馬」、音樂演奏、說笑話故事等節目，盡情歡樂。張子柱同志演幻術，如空中取蛋、空杯取酒，洵屬巧妙。周道同志的北派拳腳，十足威風。唐震球同志的滑稽劇，令人笑破肚皮。何魯之、李璜兩同志的京調，在我聽來，本是「北曲不諧南耳」，但因出自同志之口，也就覺得調子特別可愛。想從前，兄弟般親熱，撫今追昔，感不絕於余心！

（四）與共產黨開始鬥爭

在本黨成立之前，因山東省臨城縣發生土匪劫掠火車事件，有若干外國人被擄去，引起外交上軒然大波，即歷史上所稱的「臨城匪案」。其時列強主張共管我國鐵路，國內各地社團羣起反對，掀起一個愛國運動的高潮。旅法各界為響應這一運動，從事國際宣傳，乃有「旅法各團體救國聯合會」的組織。會員單位有先聲報社（附圖五）、赤光半月刊社、國民半月刊社、華僑協社、中法教育協會、中華學藝社巴黎分社、留法勤工儉學生總會、廣東半官費學生會、旅法華工協會、萬花酒樓、中華飯店等共二十餘團體。

「先聲」是由我主持的報社，「赤光」是周恩來主辦的刊物。救聯會籌備期間和成立初期，一切文件由先聲報社義務代印，文稿則由曾琦先生與周恩來商妥後送來。先聲報位於巴黎第五區（又稱拉丁區），交通比較方便，周恩來也是住在第五區，而曾先生則住在郊外哥倫布鎮，故以先聲報為聯絡中心。據曾先生民十二年旅歐日記所載，有好幾段涉及先聲報與周恩來，如七月三日：「赴華僑協社開各團體代表會議，到會者有幼椿（李璜）、魯之（何魯之）、⋯⋯及周恩來、徐特立等十餘人。」七月五日：「赴華僑協社與徐特立、周恩來，商擬告國內父老書。」七月九日：「與周恩來君商酌公函及告國內父老書良久。」七月十日：「赴先聲週報社參觀。」七月二十一日：「周恩來君來取文稿。」八月廿五日：「赴巴黎先聲週報社訪馮葉恭、林秉照，商議印刷文件。」從這幾段節錄的日記看，由七月到十一月，在反對列強共管中國鐵路的愛國運動中，周恩來和我們的合作，是相當密切的，來往也相當頻仍，可說是這一運動中，一個得力的朋友。可是，到了十二月二日本黨成立後，這位朋友就變成我們的敵人，開始作思想的鬥爭，而筆戰

的戰場，就是先聲報與赤光旬刊。

先聲報成立於民國十一年十二月，是手寫的報紙，工作很繁重，因為巴黎沒有中文鉛字印刷所。最初是用油印手搖機印刷，裝釘成冊；後來改用石印，採報紙形式，出一大張。內容有社論、時評、國際新聞、國內新聞、旅歐新聞等，中文版篇幅較大，占四分之三；法文版占四分之一，把國內重要新聞譯成法文，供外國人閱讀。先聲報是報紙性質，照例要在巴黎警察廳登記，並要有一位法國人做保證人，凡看過先聲報的老同志，也許還記得，報頭經常刊有一行法文：「LE GERANT：MR・GEORGE ARQUE」這就是先聲報的保證人佐治、阿爾基先生。他是「小巴黎人報」（巴黎四大日報之一，銷數超三百萬）政治編輯，後來我寫新聞學畢業論文「LE JOURNALISME EN CHINE」（中國新聞學），他也供給我若干寶貴資料，這是值得感激和懷念的朋友。

先聲報是由我與黃日光、梁志尹、林秉照四人發起，分別募集股金，很快便建立起來。我任社長兼總編輯，黃日光任法文編輯，梁志尹、胡瑞圖、胡瑞燊任撰述，林秉照任發行。約在民國十二年六月間，周宗烈、張子柱由德國回巴黎，也加入報社工作。先聲報的言論，充滿愛國思想。本黨成立後，這班朋友都成了同志。結黨後數日，舉行第二次黨務會議，我正式提出以先聲報為本黨機關報，一致通過。當時曾琦同志很高興，也有點意外的感覺，因為他知道報社有商人的股份。但我有把握，大股東如伍輔、黃燕石等都是廣東四邑小同鄉，不會反對。本黨建黨宣言，很快的便在先聲報第一版用大字標題刊登出來。

在我們商量組黨期間，周恩來早有所聞，盡量做拆散工作，如廣西黃某多次向我游說，勸我加入「馬克思學說研究會」，即其一例。比及本黨宣言發表，周恩來主持的赤光半月刊便開始向我們攻擊，我們在先聲報予以還擊，形成國家主義與共產主義的大論戰，完全是思想鬥爭的形態。老實說，共產理論，我們並非外行，李璜、張子柱兩同志和我，都曾在巴黎大學文學院社會學系跟BOUGLE教授研讀過兩個學期的「唯物史觀」和「資本論」，我們「以子之矛，攻子之盾」，他們是無法招架的。理論辯不過，他們便轉而集中力量對曾琦同志作個人的文字攻擊，什麼醜惡名詞都罵出來。曾先生在先聲報發表過一首感懷詩：「慕沙里尼是吾師，克魯蒙梭更不疑，他日政權如在手，定當橫海制倭夷。」這首詩，成為他們罵青年黨人的資料根據。慕沙里尼是義大利的「黑衣宰相」，克魯蒙梭是法國的「老虎總理」，他們從這一觀點，產

生「法西斯分子」、「極右派分子」、「思想頑固」、「秀才造反」等
等名詞，成為「赤光」罵人的辭彙。其實，那首詩主旨在後兩句，前兩
句只是取法其剛強不撓的精神罷了。

關於本黨與共黨的初期思想鬥爭，曾先生的日記也有片段的記載——
十三年三月三十日：「周道持共產黨所辦之赤光半月刊（按後改旬刊）
來示予，並商對俄辦法，共產黨力主親俄，對予個人大肆攻擊，予誠不
知青年之墮落，一至於是也。」四月二十八日：「午後與子柱、國偉、
志尹等商談黨事移時，周恩來君來訪，同赴子柱寓所，談至晚八點半。
予以周君在法國為共產黨領袖，故特約其談話，曉以大義，責其約束該
黨黨員勿為越軌之行云。」這是本黨與共黨首次辦交涉，前後商議多
次，終於簽立『君子協定』，容另談（見末篇）。五月十日：「上午草
時評一則（按刊於先聲報）題為『造謠中傷』，因旅法共產黨人與予辯
論不勝，常造謠以毀余之名譽也。」五月十六日：「予對旅法共產黨青
年，力持寬大態度，顧彼黨仍煽動工人，從事反對。甚矣，誠意感人之
不易！殆非實力不為功矣。」從這幾段節錄的日記看，我們可以看出當
時思想鬥爭的大概情形，也可以看出行動鬥爭的影子。篇首所舉救聯會
主要團體單位，赤光與華工協會屬共產黨，國民半月刊屬國民黨，其餘
都在本黨同志掌握中，如張子柱、梁志尹兩同志代表先聲報，何魯之同
志代表華僑協社，李璜同志代表中法教育協會，曾琦同志代表中華學藝
社，李不韙同志代表勤工儉學生總會，我與林秉照代表廣東半官費學生
會，出錢最多的萬花酒樓與中華飯店，也站在我們這一邊。以救聯會會
員單位計，我們占絕大多數。共產黨周恩來、徐特立等參加救國聯合
會，只是當作一種外圍活動，從中吸收黨員，救國不救國他們滿不在
乎！他們看清楚我們的陣容，知道救聯會完全在本黨控制之下，便不惜
用最卑鄙的手段，煽動華工協會的工人代表，首先向救聯會搗亂。由此
引發日後雙方的流血鬥爭，逼出本黨的『武裝訓練』計畫。說來話長，
且待分別另談。

（五）從思想鬥爭到流血鬥爭

國家主義與共產主義是兩個在思想上極端相反的主義：一個主張愛
國，認定「國家利益高於一切」；一個主張國際工人聯合，實行世界革
命，認為「工人無祖國」。一個主張全民政治（即民主政治），要建設

一個全民福利的國家；一個主張階級專政，要打破國界，建立一個以工人為中心的共產世界。一個主張全民合作；一個主張階級鬥爭；一切的一切，都是相反的。基於國家主義理論的指導，本黨的本質，便自然是愛國、民主、反共的，而成為中國反共最早最堅定的政黨。這種主張，四十七年來，在思想上並無絲毫改變。

由於思想的極端相反，所以本黨成立後，便立即向共產黨展開思想鬥爭。我們以「先聲報」為大本營，共黨周恩來、徐特立、李富春、李立三、吳玉章等則以「赤光旬刊」為根據地。我方陣容堅強，經常執筆的有曾琦、李璜、何魯之、張子柱、黃日光、周宗烈、鄧孝悌、王建陌、胡瑞圖、段慎修、胡瑞燊、梁志尹、林秉照等同志，我也是其中的戰鬥一員。秀才遇著兵，也許有理說不清，可是，他們的兵，遇著我們的「秀才」，更是無理可說。他們辯理不勝，便改變戰略，含血噴人，等同潑婦罵街。

筆戰愈來愈烈，已到了短兵相接的狀態，此時，我們以「旅法各團體救國聯合會」名義，另發行一種刊物，名曰「救國」，由周宗烈同志主持，作為我們的別働隊，一面反對列強共管中國鐵路，一面反對蘇俄赤化中國的陰謀。留法的中國共產黨分子，以學生身分，每月領取蘇俄津貼七百盧布，所以有人譏他們為「盧布黨」。俄人名字音譯，末尾一字，大多數是「夫」，中共分子主張親俄，所以又有人嘲他們甘作婢妾，事「夫」惟謹，稱之為「婢妾黨」。這些醜陋的名詞，若見諸文字，我們便用來回敬共黨，一律登在「救國」雜誌，實行以罵止罵，以牙還牙，成為我們對共黨思想鬥爭中的尖兵。「先聲報」則保持嚴正的態度，以堂堂之陣、正正之旗，對共產黨老祖宗馬克思的學說及其思想，予以無情的批判和打擊。

先聲報原設在巴黎，本黨成立後，成為本黨機關報，便遷至玫瑰城，與中央黨部合併辦公。（附圖六）段慎修同志掌管中執會總務工作，汪洋與曹青萍兩同志擔任先聲報繕寫工作，均住在黨部。他們經常以自製的醃蘿蔔、麵包和白開水過活，不以為苦，每自取笑，稱白開水為「VIN BLANC」，這原是法國有名的「白酒」。他們每星期總有幾天不知肉味，我的家與黨部鄰近，有時我上市場買菜，就順便多買一點肉類送給他們，作為我對這種苦幹精神的一點敬意。還有一事值得一提，大家在黨部二樓睡地板，也是苦鬥中常見之事，因為中執會開會每過午夜未散，火車電車均停，住在巴黎和其他郊區的同志，不能回去，便只

好打地鋪。在創黨初期這種艱苦奮鬥的精神，事隔四十七年，今日想起來還是一樣的令人興奮。

站在思想鬥爭的前線，負責先聲報的同志責任就較重，我們從社長到編輯發行各部門的工作同志，每逢星期日，就分隊到巴黎附近各鄉鎮去賣報紙，以廣宣傳。對中國人則叫賣「先聲報」，僑胞都知道這是反共的報紙。對法國人（先聲有法文版）則叫賣「LA PREMIERE VOIX」，並跟著以法語「LE JOURNAL ANTI-COMMUNISTE」（反共報紙）作道白。這是意譯的名字，法文原義是「第一聲」，先聲最初的報頭，繪有「晨雞高鳴」圖，就是這個意思。先聲另有一個音譯名字「SINE-SHING」，有時為著引外國人注意，也就這樣叫。學生賣報是平常事，想來也有趣。我們這一行動，是被法國王黨的學生所引起，因為他們在星期日常下鄉賣他們的「法蘭西行動報」。我們的賣報紙工作，持續一個相當長的時期，尤其是遇到什麼節日，必全體出動。

由於思想的鬥爭，引起行動的衝突，這是必然的結果。由行動衝突，演成流血鬥爭，也是自然的趨勢。共黨對我們採取行動，第一個目標是旅法各團體救國聯合會，第二個目標是旅法勤工儉學生總會。救聯會的單位由二十六增至三十八個團體，工學總會有會員五六百人，這是本黨外圍活動的兩個主要據點，完全在本黨勢力控制之下。共黨要爭取這兩個團體的領導權，便多方搗亂和破壞。

民十三年二月間，救聯會在巴黎召開理監事聯席會議，共產黨周恩來、徐特立等提出修改宗旨問題，要求討論，其理由是救聯會宗旨有「內除國賊外抗強權」字樣，青年黨宗旨也有這兩句。我方認為救聯會成立在前，青年黨成立在後，沒有因後者相同而修改前者的理由，事實上也無此必要。而且修改會章之權，屬代表大會，理監事無權修改。對方理屈，便借故指著擔任主席的曾琦同志，破口亂罵。對方存心毆打，我們先有所聞，早就布置妥當，準備迎接這一場鬥爭。在吵鬧聲中，會場已混亂，我國一位華工同志盛蘊玉，首先保護曾先生退出會場，其時對方一個彪形大漢突然舉起椅子要擲過去。說時遲，那時快，我們一位懂國術的同志黃虎，一下子就把他制伏。在「椅子爭奪戰」中，黃同志的手被擦傷，流了一點血。對方依然鴨嘴雞舌在叫，但他們人多，「造反」的「秀才」，也是不大好惹的，如果對方再動手，我們就打蛇先打頭，準備把周恩來大揍一頓。還算老周聰明，「不打沒把握的仗」，只好裝笑臉，作誠實狀，東拉西扯，以「誤會」兩字來完場。

　　一個月後，旅法勤工儉學生總會召開常年大會，改選職員，共產黨想爭取領導權，這正是一個好機會。選舉必將發生糾紛，共黨將採取怎樣的行動，都在我們預料中。該會原任職員，我們占絕對多數，這次改選，到了開票將近完畢的時候，本黨同志獲勝，已成定局。共黨分子忽然提出異議，說是選舉有舞弊，要求停止開票。此議一出，會場既鬨然大亂，我方尚未申辯，對方已大打出手。雙方混戰，打作一團，桌子亂翻，椅子齊飛，對方懷藏短木棒作武器，我方則徒手搏鬥。鬥爭結果，李不韙同志被木棒打破頭顱，血流滿面，受傷最重，其餘輕傷同志有六七人，對方亦有十餘人受傷，真是一場大打鬥。我非該會會員，不曾目擊，只是事後耳聞，略如上述。

　　經過兩次流血鬥爭後，我們馬上實施「武裝訓練」，因此又引發王建陌同志之死、大鬧領事館、救聯會出手槍等大事件，想來像有幾分戲劇性，好戲還在後頭，留待下面慢慢再說。

（六）武裝訓練

　　本黨在巴黎成立初期，由於我們信仰的國家主義，與共產黨主張的國際主義，彼此的理論根本衝突，遂與周恩來等在文字上發生激烈的思想鬥爭，復由思想鬥爭，演變為行動上的流血鬥爭。經過兩次如前文所述的旅法各團體救國聯合會與留法勤工儉學生總會的流血格鬥之後，我們知道這種鬥爭，必將陸續發生，要對付共產黨徒，惟一的辦法，就是加強自己的力量。從民國十二年十二月本黨成立，到十三年四、五月間，本黨同志約增加到八九十人，而且大都是學生。在這一時期，共黨人數比我們多，單是「比昂古」一個工業區，他們便有黨徒三四百人，而且全是華工。在這樣情況之下，我們要加強力量，就只有把我們自己武裝起來，同時，為著將來回國從事革命活動，也有實施武裝訓練的必要。

　　這一計畫，大約是在民國十三年六月間提出的，其時中執會委員長是曾琦同志，我任訓練部長，所以這計畫是由我擬訂，送請委員長提交中執會通過後，便付諸實施，而這一責任，也就自然落到我的肩上。武裝訓練目的有二：一是學習射擊技能，準備將來回國從事游擊戰；二是加強鬥爭力量，應付共黨搗亂。因此，訓練的方式，種種不同，有射擊隊，有行動隊，有騎術隊，有駕駛隊；所用的武器，也是各式各樣，有手槍，有鐵尺，有連環三星錐，有獵刀。最突出的是練習步槍和手槍射

擊，我們在巴黎，以外國學生的身分，居然找到這樣一個機會，洵屬難得，故先談射擊隊。

凡爾賽，想大家對這名字不會陌生，這是巴黎郊外一個名勝地區，終歲遊客不絕。名聞世界的路易十四皇宮，便是建築在這兒；第一次世界大戰後的凡爾賽和約，也就是在這皇宮內簽字。此地樹林蔭翳，綠草如茵，正是遊樂的好去處。其中有兩個實彈射擊場，一個是步槍射擊，一個是手槍射擊，都是娛樂性質。我們正好利用這兩個場地，來實施我們的武裝訓練計畫。我們把巴黎附近的同志，編為若干隊，每隊十人，設一隊長，負責召集及紀錄成績。每隊每星期輪流出動一次，每人每次射步槍、手槍各五發。步槍是從一個圓窗口射出，紙靶中間一個紅心，圍著四個紅圈，射完後，可以從牽引的繩子拉回，計算積分。手槍射擊，以偽裝假人作對象，不論命中身上任何部位，都有粉質煙狀冒出。如有自衛手槍，也可在場一試。經過四五個月訓練之後，大家的成績都很高。隨後遭場主人拒絕，說是奉政府命令，不准外國人射擊。這大概不是怕我們的中國「秀才造反」，可能是由於我們有計畫的行動，引起法國的政治密探注意，疑是越南的革命黨人。除此之外，我們想不出其他的理由。

行動隊，是徵求壯碩同志自由參加的組織，針對共黨歷次在華僑或學生團體中搗亂而設計，準備和他們拼個你死我活。這隊隊員約有二十餘人，後改組為「中國反共青年鐵血團」，由我兼任團長。當時曾請一位留學畫家司徒槐先生畫了一幅醒獅晨吼圖，作為團徽，並製成明信片，作對外宣傳之用。團員均配備上述各種武器，我自己便有兩支手槍、一支七響曲尺、一支五響小左輪，後者可藏手掌中，據說是軍官預防被圍時自殺之用，所以我稱它為自殺手槍，短距離亦可射殺對方。手槍與獵刀（匕首之類有皮鞘），可自由選購。法國舊法例，有三百金佛郎，即有資格配戴自衛手槍，後來發行鈔票，佛郎逐漸貶值，但配槍的財產標準，仍沿舊例。當時三百佛郎的幣值，約等於美鈔十五元，誰認為手槍好玩，都可選買一支。獵刀也是公開發賣的，隨便可以買到手。鐵尺每根厚約三分，寬約半寸，長約一英尺，用長鐵條戳斷而成，鐵店老闆問我，造幾十根這樣的鐵條幹什麼，我說用來築水渠，他亦信而不疑。最難買到的是鐵鑄的連環三星錐，費了很大周折，才買了幾十個。這是拳鬥的武器，一連四個環，頂端有三個尖錐，用時把四個手指扣上握拳，如果打中對方，便給他戳三個小洞。

鐵血團的組織比較嚴密，訓練也比較嚴格，純粹是一個戰鬥體，有鐵的紀律，團員必須遵守。為考驗團員的實際行動，我曾發布緊急召集令，在一小時內，把巴黎附近的團員集合起來。為考驗團員守紀律的精神，我們曾試過一次野外露營，選擇下雪的晚上，下令全體團員在玫瑰城附近一個山林內集合，以燈號作聯絡，等於雪夜行軍，成績很好。經過幾個月訓練之後，本團即不斷的發揮它的力量，把共黨的氣燄鎮壓下去。其間最大的一次行動，是在旅法各團體救國聯合會開年會的時候，出現幾十支手槍和各式武器，容後專文另談。

現在一談騎術隊與駕駛隊，在設計當時的構想，原是想到回國後從事游擊野戰的時候，這兩種技能是有用處的。但是，實際情況，考慮不夠周密，所以實施起來，就發生困難，結果不符理想。

騎馬，我總算內行，在廣州廣雅書院省立一中唸書時期，就喜歡這種玩藝兒，所以這一隊也是由我領導。距玫瑰城不遠，有一個魯濱松小鎮，是郊遊的娛樂地區，有肥碩的馬匹、馬車，和小小的騾子出租。在本黨成立前，我已是這兒的熟客，倘是偕太太和小孩出遊，坐馬車，我就是車伕；如果獨遊，我便是騎士。本隊初試啼聲之日，參加者只六七人，其中還有一兩位臨馬退縮，只好騎騎騾子，開開心。其他敢於上馬的，也只是做個樣子，讓馬兒的得的得跑，跑跑花蹄；若說快馬加鞭，雙蹄飛跑，也只有我一人。由於租值高，大家工作忙，在金錢與時間兩不許可之下，不久便歸停頓。我因為好玩，在回國前，還在黨部門前拍了一張騎馬照片，現在懸在房間，算是惟一的紀念（見附圖七）。不過，這是單人獨馬，早已不成隊了！至於汽車駕駛隊，也因時間與金錢的關係，不克實現，因為我們都是無車階級，學駕駛的學費又相當貴，大家也難抽出時間，便只好告吹。我在民國十七年考完畢業試後，曾學習一個月駕駛，總算在巴黎街道上開過汽車，完成我個人的宿願。

我們在巴黎時代的武裝訓練計畫，主要目的是對付周恩來領導的共產黨，從民國十四年到民國十七年這幾年期間，總算收到實效。現在共黨竊據大陸，談起往事，不勝感慨！我們今後必須倍加努力，繼續奮鬥，我們相信，最後勝利，將屬於我們，不要氣餒！

（七）悼念王趙兩同志之死

本黨在巴黎成立初期，為應付共產黨徒周恩來等的挑戰，曾實施武

裝訓練計畫，如上一篇所述。由於這一計畫的回憶，在情感上，自然而然的想起王趙兩同志之死，不勝其悼念之忱。王建陌同志，四川人；趙登莘同志，湖南人；王同志性溫和，近於文；趙同志質剛毅，近於武；均屬難得之才，不幸死於槍下，為殉黨最早的兩位犧牲者。

在擬訂武裝訓練計畫之始，因有感於共產黨人多，我們人少，原限定每人購備手槍一支，參加射擊訓練。後經中執會討論，認為一個革命政黨，人才是屬於多方面的，不一定是每個人都要武裝起來，由是決定不作硬性限制，聽各同志自由參加。其時本黨同志約近百人，這一計畫實施後，不到兩個月，參加者已及半數。王建陌同志聰慧過人，貌清秀，中等身裁，他的品格、禮貌，與鄧孝情同志很相近，是文質彬彬的書生典型人物，只宜習文，不宜練武。在主持這一計畫的我來說，原亦不期望他們參加訓練，好讓他們多點時間讀書。可是，王鄧兩同志激於共產黨人的氣燄囂張，都願意參加自己的武裝行列，而王同志竟因此而遭不測之災，為著黨的行動而成為以身殉黨的第一人。此計畫由我提出，由我執行，千想萬想也想不到，在執行當中，竟會這樣飛來橫禍，犧牲了這樣忠貞善良的一位同志！『我雖不殺伯仁，伯仁由我而死』；每一念及王建陌同志，情緒就覺得異樣，痛不絕於余心！

王建陌同志死事，確實日期不復記憶。查曾故主席慕韓先生的歐遊日記，無此項記載。曾先生於民國十三年八月回國，王同志之死，當在曾先生回國之後，而我所能記憶的是在一個薄寒季節，可能是民國十四年的春天。

是一個薄霧而帶有寒氣的早晨，我尚未起床，突聞鈴聲兩響，看看天色甫曉，時鐘六點正。我披上外衣，走出花園一望，看見張子柱、梁志尹兩同志站在圍牆鐵欄外，我連忙上前開門，帶著訝異的心情，問道：

「甚麼事？這樣早！」

「進去再說吧！」

梁同志這樣答了一聲，毫無表情，便一同進入屋裏。到了客廳，我看看他們臉色蒼白，神魂不定，像疲憊，又像頹喪，我心知有異，急忙再問：

「到底有甚麼事？」

「王建陌死了！」

張同志答了這一句，顯得難過，梁同志也搖頭太息；我呢，真像晴天突聞霹靂，把我唬的一跳！明明是昨天，我還見過他，為什麼死得這

樣快？箇中消息，令人不敢相信，也不願相信，但又不能不相信，「信
不信」沒有「由你」的選擇。據張梁兩同志所談，經過的情形，大概是
這樣的——

昨晚九時許，住在玫瑰城的同志，有六七人聚在一起聊天，談及選
購手槍問題，王建陌同志也覺得實彈練習射擊，很有興趣，打算買一
支。座中有的說左輪好用，不怕走火，而且出手快、曲尺須先拉動子彈
上膛，出手慢，若子彈先上膛，又易生危險，且常有子彈「爭珠」，容
易誤事；有的說曲尺的子彈盒換得快，比左輪更實用。當時有幾位身邊
有手槍的，便拿出來互相觀看，而失火問題，果然出在曲尺身上，因子
彈盒雖拉下，而先上了膛的子彈未脫出，玩槍者又忘記把槍口向地，扳
機一觸，砰然一聲，便闖了大禍。大家在槍聲響後相顧失色，各自向身
上撫摸，王同志摸到腹部見血，驚叫一聲：「我傷了！」隨即倒在地上。

事發後，立刻請了一位住在共和廣場附近的傅龍醫生到場，為他打
針止血、敷治傷口。醫生認為傷勢嚴重，要送往巴黎入醫院急治，依手
續，須有警察在場見證，由是又急派人往警局報案。子彈如何射出，王
同志是明白的，可是，警察到場錄取口供時候，他不願牽累同志，卻一
口承認是自己玩槍失火受傷。警察懷疑失火自傷，子彈不會從左腹射
入，王同志又假裝自己習慣使用左手。這種同志愛與道義精神，事隔四
十五年，而今說來還是一樣令人感動！王同志入醫院後，一面急救，一
面準備剖腹取出子彈，卒因傷及要害，流血過多，不幸於午夜後二十賚
志以殁。

以上是事發翌晨得自張梁兩兄口述的情況，我們當即前往巴黎，辦
理後事。當我進入醫院的一剎那，尚覺得一陣來自室內設備的暖氣，可
是，到了太平間，卻又感到陰氣森森，王同志冷冰冰地躺在那裡，我揭
開白布一瞻遺容，真有說不盡的悲懷隨熱淚湧出。越日，巴黎附近同志
執紼送殯，葬於郊區墓場，棺落塚後，大家擲下鮮花，撒下泥土，王建
陌同志就這樣與世長辭，與我們永別！

由於武訓計畫的心影浮現而憶起王建陌同志之死，復由王同志之死
而想起趙登莆同志被共匪慘殺的壯烈犧牲，因為王趙兩同志之死，都與
武訓計畫有關。

趙同志不僅參加實彈射擊訓練，而且參加行動隊——中國反共青年
鐵血團，在旅法華僑各團體救國聯合會及旅法勤工儉學生總會，和共黨
幾次鬥爭中，都有英勇的表現，是一位愛國反共的急先鋒。他在民國十

四年回國，其時國民黨實行聯俄容共，各地共黨勾結土匪，搗亂軍閥後方，土匪與共黨結成一體，世人稱之為「土共」。趙同志回到湖南家鄉之後，正值土共猖獗，到處殺人放火、打家劫舍，他約集地方紳耆，籌商對策，終於成立自衛隊，以資對抗。趙同志被推舉為隊長，就民團的組織說，這自然是防匪，若就黨的立場說，這便是反共的武裝隊伍，符合我們武訓計畫的原意。當時那股土共，可能與毛澤東有直接的關係，因為毛氏也是湖南人。趙同志領導的這一勁旅，給土共以莫大的威脅，在若干次接觸中，予他們以很大的打擊。土共因而含恨在心，有一天，趙同志召開鄉民大會，教導如何防匪，正站在桌上露天演講，土共數人混在羣眾中，開槍向他射殺。趙同志措手不及，便為主義而壯烈犧牲，成為本黨同志死於共匪槍下的第一人。這是我在巴黎時期接到國內報告所留下的一個影子，本黨同志可歌可泣的事蹟正多，希望將來有機緣編印一部青年黨黨員英烈傳，以慰先烈在天之靈。

王建陌同志習法律，由黨指定與鄧孝情同志共同負責研究職業選舉問題，趙登葦同志習機械工程，均屬有為青年，王趙兩同志死於非命，鄧同志亦不幸短命而死，豈黨運使之然耶？不，決不，我從不相信宿命論；事在人為，本黨今後的成功，仍有賴於我們現在的努力！

（八）大鬧領事館

由於武裝訓練計畫導致王建陌同志之死於非命，復由王同志之死，想起大鬧領事館的一幕武裝行動。這一行動，富於戲劇性，也帶點革命性，有幾分像水滸人物的義氣表演，也有多少像在電影中看到盜匪打劫銀行的場面。當時幹起來是激於義憤，現在談起來，倒是怪有趣。這幕鬧劇的背景，是悲痛的，乃由王同志死後所遺留下來的一張支票所引發。

王同志生前有張五千佛郎的支票，因法文名字與居留證的名字不符，乃送去巴黎中國領事館請求保證提取，不料該款被一館員用去。王同志死後，我們到領事館交涉數次，要求代領該款寄回他的父親，但那位年已六旬的趙老領事，始終不肯負責，推說非他經手，照理，領館受理僑民委託，領事是要負責的，但那位頑固老頭子，非理可諭。我便與侯筱民（俊）（附圖八）同志，商量武裝劫持的辦法，務求達到目的；因為這是我們後死者的責任，如不能取回該款，實無以對已死的同志。大鬧巴黎領事館一幕，便由此演出。

　　參加此次行動的同志，都是「中國反共青年鐵血團」人馬，都是梁山泊式好漢，我與侯同志正副領隊，隊員有李、張、吳、楊、曹、馮……等十來位同志，現均陷身赤區，不便提其名。我們商定計劃、分配任務後，於某天下午二時開始行動。我們在領館附近一家咖啡店集合，分坐三桌，先派一人進領館偵察，據報有西人與領事會談，乃稍待；及後看見先遣隊員揮巾為號，我們即分兩隊進去，首在大門外邊貼上「本館暫停辦公」中法文字條，這字條和漿糊都是自己帶去的，旋將大門關閉。各同志依計畫行事，不到一分鐘，即把領事館全部控制。各人均佩帶手槍，侯同志攜帶的是新式二號左輪，我則有兩枝，一為新式七曲，一為五發自殺槍。（這槍很小，可藏掌中不露，是軍官用的，以備戰敗時自殺，故我名之曰自殺槍。）我派定兩人在門外「把風」，擔任聯絡；二人在門內把守大門，不准任何人進來，呼叫亦不必回應；一人監視電話，放下聽筒；四人露械壓制辦公廳，不准自由行動；我與侯同志進入領事辦公室，我正言厲色的對趙領事說：「你老人家真糊塗，館員做的事，你竟不負責！須知王建陌託領事館代提款，是信賴這機關，並不是信賴某館員。現在王君已死，你還這樣沒良心，以『經手是問』來推諉，真是豈有此理！我今實言告你，我們今天是實行武裝取款，不達不休。你的領館已在我們武裝控制下，警笛響不得，電話通不得，你若知趣，快開支票來，否則我們也不客氣，恐干未便。」他當時似不相信我們會出這一套（因他在辦公室內），還鬧起臭架子，大打官腔，說是私人委託，應由經手館員償還。侯同志一聽這話，無名火起，一聲不響，即動手緊拉他的領帶，把他從旋轉椅上拉起，順手一推一放，他便像滾地葫蘆般地倒下去，為狀怪可憐！他叫道：「他們打我，你們（館員）為什麼還不進來？」辦公廳有一人答：「他們用手槍監視，動不得！」這時他才知不妙，立即想從臘板上爬起，侯同志恐他呼救，即拔出閃亮的左輪手槍向他示威，並擬以槍桿向他頭上敲擊。還是我溫和些，誠恐他老人家受不起，鬧出血案，所以一面阻止侯同志動手，一面扶起他，說聲：「對不起，請坐回原位再談。」我隨問道：「我們是為亡友的遺款而來，不是來討命，但是，如果錢拿不到手，我們的同志激於義憤，我卻不敢向你保證安全，說不定，命也要拿一條走！你老先生要命，還是要錢？」他此時一言不發，只是吶氣。寂靜了兩分鐘，大約經過考慮吧，也可能是良心發現，死人的錢，抵賴不得，他於是突然按鈴喚人，叫道：「某人拿支票本子。」隔壁辦公廳應聲

說：「四根槍指著我們，不能自由行動。」我隨命負責警戒的同志，放開被喚的那一人攜支票進來。我瞧侯同志一眼，彼此會心微笑。趙領事手顫顫地寫了一張五千佛郎的支票，是無記名的，憑票提款。我當時恐怕他故意歪曲簽名，不能提取，乃著依同志即乘汽車前往銀行試提，提否均以電話報告，並著看守電話的同志掛回電話筒皆應。約二十五分鐘，電話報告如數提取，至此目的已達，我們即分批退出，扯去大門字條，臨行向領事及所有館員警告：「不得鳴笛召警，不得打電話報警，否則對不起！我們走後十分鐘內，還留有兩位武裝同志在外巡邏，請注意！」實際上，一出館門，即全體疏散，分三組各別承地道車電車汽車而去，復在「沙地容」城門集合，然後同乘電車回玫瑰城。

翌日，消息傳出後，許多僑胞稱快，拍案叫絕，因領事館做事，向為僑胞不滿。我們的機關報——先聲報，不願披露這消息，因此事與國家體面有關，我們國家主義者不會這樣做，丟國家的臉。

由於王建陌同志之死，憶起大鬧領事館這一幕，復由這一幕活劇，使我對侯俊（筱民）同志悠然而生悼念之忱。他是習軍事的，抗戰期間，任副師長，崑崙關一役，帶病督戰，大敗日軍，戰功彪炳。侯同志個性，剛強忠直，富正義感。在巴黎時期，曾任本黨駐法總支部主任委員，頗著勞績。大陸陷匪後，我於民國四十一年一月來臺，侯同志以肺病於五月間進松山療養院醫治，卒以天不假年，不幸於七月廿六日仙逝。我當時得此噩耗，非常難過，心中戚戚，坐臥不安。因他進醫院後，我曾三次發願要去看他，均以事阻未果，而他已捨我先去，我終無一言給他慰藉，此種遺憾，殊難彌補，叫我如何不痛心？大鬧巴黎領事館一幕，我與侯同志都是此中主角，這兩個主角，已去其一，其他參與行動的同志，又均陷身匪區，生死未卜，說來真是無限感慨！

（九）準備殺人的行動

我們在巴黎時期的武器訓練，目的是在對付周恩來領導的共產黨分子，怎樣也想不到，我們的武器，卻首先用在我國駐巴黎的總領事館，在那裏大鬧了一次，如上篇所述。大鬧領事館，乃由王建陌同志死後遺留下來的滙票所引發。王同志死事，在我執筆憶述（見心影之七）的時候，以為是在民國十四年的春天，後據張伯倫同志說，建陌之死，是在十三年雙十節後不久。原因是共黨分子搗亂慶祝國慶大會，他很氣憤，

所以要買手槍，參加武裝訓練，不幸死於非命。這次慶祝大會，為什麼我們不能拿武器去對付共產黨？似乎有先加說明的必要，然後談到一次全副武裝準備殺人的行動。

民十三年慶祝雙十節大會是由「旅法各團體救國聯合會」負責籌備的，救聯會有三十八個團體會員，是一個最廣泛最有力量的組織，會員單位大多數在本黨權力控制之下，少數屬於國民黨與共產黨，所以由救聯會籌備慶祝會，實際上是等於由本黨負責籌備。大會地點在巴黎哲人廳，旅法僑胞自由參加，外賓請帖發出三四百份，慶祝節目非常豐富，有雜技表演、有國樂合奏、有北曲演唱、有滑稽舞蹈、有法語笑話、有詼諧幻術。此外印有中法文對照的「雙十國慶獻詞」，為分發中外來賓之用。我們還擬就一篇開幕詞，準備用國語發表，用法語轉譯，等於一個演講的節目，問題也就出在這裏。在雙十前一天，共黨方面派人來談，要求刪除演講的節目，否則會場發生任何紛亂，他們不負責任。經我們一再解釋，開幕詞只是一種形式，絕無政治宣傳作用，並將擬好的原稿交他們察看，但他們終不諒解，堅要刪除。救聯會會員雖無政黨單位，但本黨的先聲報社、國民黨的國民半月刊社、共產黨的赤光旬刊社，均有參加，而救聯會則在本黨控制之下，共黨的無理要求，顯然是一種政治偏見，不肯讓本黨單獨出頭，占了上風。我們再三考慮，外賓請柬已發出，萬不能以硬碰硬，在外人面前出亂子，就算沒有請外賓，我們也不願拿救聯會名義召開的慶祝大會，作為政治鬥爭的場所。為著顧全國家的體面，我們忍氣吞聲，一口答應剔除演講的節目。慶祝雙十是一個晚會，為防萬一，我們的同志仍暗攜武器赴會，但大家都作心理的準備，要避免和共黨分子作任何的衝突，目的是在大會開得好，開得成功。他們的打手雖然陸續滲雜進入會場，卻抓不著搞亂的藉口。到會的僑胞極為踴躍，外賓也不少，總在千人以上，我們用國語和法語很簡單的宣布大會開幕之後，即開始各種遊藝節目，從八時開到十一時，總算盡歡而散。只是，中青同志受了共黨分子一場欺侮，心有不甘，要找機會報復，王建陌同志之死，便是死於對共黨報復的一念。

過了幾個月，報復的機會終於來了！那是民十四年秋冬之間的事，其時，國內的同志發動全國性的「收回教育權運動」與「收回海關主權運動」，我們在巴黎為響應這兩大運動起見，便透過救聯會，決定召開一次「旅法華僑大會」，討論這兩個問題。我們準備一篇大會宣言，譯成英、法、德三國文字，向國際作正義的呼籲，要求廢止外人在我國海

關的監督權,外國教會創辦的學校要受中國教育機關管理,並進一步要求廢止領事裁判權,廢止一切不平等條約。在開會之前兩天,共黨分子又藉故要脅,要求懸掛革命政府的青天白日旗,因為那是國民黨聯俄容共時代,他們認為五色國旗是代表北洋政府,所以不許懸掛。我們認為五色旗未經合法程序廢止,而且此次是普通集會,不是什麼慶典,五色旗可以不掛,青天白日旗更沒有掛的理由,予以嚴詞拒絕。原來民十三年國慶大會,掛的是五色國旗,所以他們藉此刁難。開會前一天,據可靠消息,他們已配備武器,要搗亂會場,所以我們也決定武裝鎮壓,準備一次殺人的行動。

華僑大會的場所是在巴黎大學文學院對面的社會學院大禮堂,我在這兒讀新聞學系,校內情形熟悉,會場由我負責部署。其時本黨中央已遷上海,我任駐法總支部主委,侯俊同志任訓練組長,所以指揮行動的責任,也像大鬧領事館一樣,自然落到我們兩人身上。我們的行動計畫,比諸大鬧領事館,更為嚴密,行動訊號由我負責發出,會場指揮則由侯俊同志擔任。我們約定,一聞訊號,即全體動手,有手槍的出手槍,扳機待發,如發現對方拔槍,即儘先射殺。凡已開火殺人同志,向後門逃走,由負責保護主席臺的一小隊作掩護;已開火的手槍,一離現場即拋棄。沒有配備手槍的同志,則利用鐵尺、連環三星錐等武器,相機襲擊。另有若干非武裝同志,負責監視現場,不論死傷屬何方面,都要造成於我方有利的人證物證。這是準備殺人的部署,我們下了最大決心,不惜任何犧牲,如共黨分子妄動,即給他們以一次嚴酷的教訓。

華僑大會在一個星期日的下午舉行,我們依計畫行事,提前到會,分別坐定,對會場曲左右包圍態勢。我們參加的同志約百人左右,共黨分子約六七十人,其中幾個兇悍的打手,我們指定同志特別留意監視,僑胞參加的也有三四百人,是一個相當大的場面。大會主席由我擔任,宣布開會理由後,即由一位無黨派的救聯會總幹事謝東發先生報告國內愛國運動情形,旋開始討論。此時共方有人起立質問掛旗問題,他們不待答辯,便紛紛摩拳擦掌站起來,狂叫什麼「軍閥走狗」,無理取鬧。我注視會場已有兩三處發生衝突,開始混亂,便舉起茶杯,大喝一聲:「坐下來!」隨把杯子向地上一摔,砰然一響,這就是行動訊號,命令中青同志站起來,全面圍攻。當時有十餘暴徒衝向主席臺,被我們的手槍隊嚇阻,另有數十人高呼「散會」,向大門衝去,也被持槍警戒的同志壓制。一場大混戰,他們有的被搋,有的吃耳光,有的被打嘴巴,有

的被喝令舉手，解除武裝，活像一幕西部電影。他們的搗亂計畫全部失敗，因為一切都在我們意料之中，作有計畫的應付，而我們的成功，應歸功於侯俊同志指揮有方及全體行動同志的努力。在五十支手槍威脅下，迫令他們回原位，全場肅靜，直至大會通過宣言和通電，然後宣布散會。此時我們手槍隊的同志，右手插進褲袋，防最後一著，必要時子彈會從袋裏射出來。可是，他們都是垂頭喪氣般離去，瞧也不敢瞧一眼。我們於此體驗：共產黨只有在力量面前低頭，和他們講道理、辦交涉，都是多餘的。

（十）一次成功的雙十慶祝會

曾故主席慕韓先生的旅歐日記，民十三年五月十六日這樣寫著：『予對旅法共產黨青年，力持寬大態度，顧彼黨仍煽動工人，從事反對。甚矣，誠意感人之不易！殆非實力不為功矣。』我們的武裝訓練，便是要拿出實力來對付共產黨。如上一篇所憶述的「準備殺人的行動」，是我們對付共產黨之最狠毒的一次設計，結果雖未殺人，但共產黨徒從此被鎮壓下去，因而我們於民十四年得到一次成功的雙十慶祝會，曾故主席說的「殆非實力不為功」，於此得到事實的證明。

民十三年的雙十慶祝會，我們受到共黨的威脅，以搗亂會場相恐嚇，要求取消中文演講的節目，我們為顧全大體，很委屈的忍受共產黨的要求。正因為受了委屈，中青同志非常氣憤，遂乃引發幾個月以後的一次準備殺人行動，一如上一篇所述。從民十三年六月至同年雙十節這一段期間，青年黨與共產黨處於政治休戰狀態，即是前文第四篇筆觸所及的曾一度指出而未經敘述的所謂「君子協定」。其實共產黨徒是最狡猾的東西，根本配不上「君子」兩個字，只是我們在口頭上隨便給它一個習用的名詞罷了。關於這一次青年黨與共產黨的交涉，在第四篇順筆指出，並加上「容易談」三字，所以現在不能不補述一下。由這一次交涉，又連帶想起青年黨與國民黨一次反共聯合陣線的合作，也要順次在這兒一談，然後談到我們在民十四年成功的雙十慶祝會。

在第四篇引述曾故主席的日記，有這樣一段：『四月二十八日午後與子柱、國偉、志尹等商談國事移時。周恩來君來訪，同赴子柱寓所，談至晚八點半。予以周君在法國為共產黨領袖，故特約其談話，曉以大義，責其約束該黨黨員勿為越軌之行云。』這段紀載，即是中青與中共

兩黨談判的開始。其時曾先生已準備八月間回國，而本黨尚在初建時期，基礎未固，急需集中精力，發展黨務，吸收新黨員；基於這種自身的需要，故特約周恩來到玫瑰城作政治休戰的談判。前後商談約有三次，終於達成兩黨同意事項若干條，由曾琦同志與周恩來代表雙方簽字。內容詳情不得記憶，主要條文不外兩項：雙方停止言論上的互相攻擊；雙方各自約束黨員，避免行動上任何可能發生的衝突。記得有一次周恩來從巴黎乘電車往玫瑰城和我們商談，我也依時從巴黎趕回去，剛上車，即瞥見他在前座拿著一本冊子，不停的寫，約經過十分鐘，他回頭見了我，打個招呼，才停下來。我覺得此人精神不錯，因而留下一個深刻的印象，連他那副略瘦而結實的臉孔，也還模糊地想得出來。可是，年來在香港赤色報刊所見到他的照片，已是腦滿腸肥，活像一個大腹賈，前後判若兩人。自然，他也忘不了我的，因為我是他的死對頭，他在國民黨容共時期回到廣州，青年黨人的黑名單即有我的名字。其時有一位從紐約回國的黃衛東同志，在廣州大沙頭火車站被工人糾察搜出一封我在巴黎寄發的舊信，即被扣留，幸而他的護照用的是別號，才被辯脫。最奇怪的，多年前共黨反右派鬥爭時，周恩來竟拿「巴黎時期的李璜胡國偉」作例子，罵我們生下來就是小資產階級，至死不變的，這大概是李先生和我在巴黎與他筆戰最多的緣故。階級性生下來即有，等於血統遺傳，真是怪論！此事見於某刊物（可能是紅旗）所載周恩來的演詞內，一位從大陸逃港學生持以告李先生，後來我回港，李先生以此轉告我。周恩來在巴黎和我們簽訂協議書，並非認為青年黨人可以做朋友，而是因為他在「聯俄容共」政策下加入國民黨以後，要專心與國民黨忠貞分子爭取駐法總支部的控制權。所以雙方簽約不到半年，便又回復原來的鬥爭狀態。

國共兩黨在巴黎鬧分裂後，原有國民黨總支部全入周恩來掌握，忠貞國民黨員另立總支部，其領導人物為張星舟（厲生）、習文德、陳樞、方棣棠諸先生。本黨成立初期，對國民黨一向採友善態度，至是兩黨衷誠合作，構成一條反共陣線，不論言論或在行動上，都給共黨以無情的打擊。在今日反攻復國的形勢下，這是值得特別一提的一件事。

由於共黨不守諾言，存心搗亂民十三年的雙十慶祝會，因而引起十四年秋冬之間一次具有爆炸性的準備殺人的行動。我們為恐共黨報復，所以十四年國慶，我們特別戒備，計畫亦甚周詳。這次慶祝會，仍用救聯會名義召開，為易於控制，租用的會場較小，僅容四五百人左右。因

為準備打滾籠、大混戰，所以也不束請外國來賓。中青同志在場內的坐位布置是一種鬥爭的態勢，內則散兵作戰，外則大隊合圍，如果共黨蠢動，就各別給以應得的懲戒，不讓一個漏網。主席臺兩側，有兩位壯碩同志拿五色國旗，旗桿上端裝飾銀樣槍頭，襯以五色纓絡，內藏利刃。臺上有兩枝小國旗，準備以旗號代行動命令，指揮作戰。我們攜帶的除手槍、鐵尺、連環三星錐外，還有一種新武器，這就是內藏短劍的手杖。從民十三年秋到民十四年冬，共黨主要分子周恩來、吳玉章、陳毅、徐特立、李立三等，都以或先或後回到廣州活動，蛇無頭不行，我們估計和根據情報的判斷，這次慶祝會，共黨不敢採大規模的搗亂行為。所以我們的行動計畫，是各個擊破，必要時才出手槍全面鎮壓。但中青同志均奉密令，在緊急狀態下，得開槍射殺。僑胞參加的人數不多，可能是怕我們和共黨衝突。全場約三百餘人，國民黨員雖非與我們同謀，但也對共黨採敵對態度。共黨分子約三十餘人，均在我們嚴密監視之下。大會由我任主席，宣布開幕後，即由三位同志分別報告及演講，對共黨不作正面抨擊，只是強調愛國民主的真諦，反映我們反共的精神，頗收宣傳的實效。共產黨徒呆坐一旁，絲毫不敢動彈。演講畢，進行遊藝節目。除共黨外，大家可說盡歡而散。我們不戰而勝，也可說奏凱而歸。

從這次國慶以後，我們與共黨的鬥爭，即歸沉寂。我為專心寫畢業論文，也辭去駐歐總支部主任，只任執委及先聲報職務。我的畢業論文「中國新聞學」（法文本）及先聲報，曾於民十七年（一九二八年）六月在德國科倫萬國報紙展覽會中國館展出（附圖九）。我與戈公振先生以中國代表名義，由巴黎前往科倫參加開幕典禮（附圖十）。從民十四年國慶，直至民十七年八月我回國，在我的回憶裏，這段期間都無何特別可記之事。因此，我樂意為本黨前途取個吉兆，就以這一次成功的雙十慶祝會，來結束我的巴黎心影。

後語

巴黎心影有一段前言，既有前言，便不可無後語，故再掇數言，以誌感想。

本黨在巴黎初期與共產黨鬥爭，初則頗受威脅，繼則打個平手，最後則占壓倒的優勢。本黨人數雖比共黨少，但本黨人才卻比共黨多。周

恩來、陳毅之流，何嘗專志於學？等而下之，則全是不學無術之徒，更
不足論矣！不論鬥智鬥力，我們並未吃虧。即就「用間」而論，共黨還
是輸我們一籌。在本黨成立初期，我們就察覺有可疑的共黨滲透分子，
但我們已棋先一著，早就派人向共黨滲透進去。他們的滲透分子，在我
們這邊絲毫不發生作用，而我們派出去的特務工作同志，卻竊取共黨不
少的秘密文件。其中最重要最機密的一種文件，是從周恩來處竊取的，
這是中共中央由陳獨秀簽署發到巴黎的訓令，指導中共黨員加入國民黨
以後，如何分化國民黨，如何製造左右派，如何捧左抑右，如何奪取國
民黨的領導權，總而言之，是「聯俄容共」時期的中共一大陰謀。廖仲
愷、汪精衛之流，便是這一時期被中共塑造出來的「左派仁兄」典型人
物。我們當時把該訓令繕就數分，由曾慕韓同志分寄國民黨元老胡漢
民、鄒魯、古應芬、鄧澤如諸先生，發生極大的反共作用，後來國民黨
的「清黨運動」，便是由元老派發動的。

　　我們檢討青年黨成立初期與共產黨鬥爭的經過，不論從何角度看，
我們並未輸虧。可是，到了現在，共黨在大陸已打出一個江山，而我們
卻流浪到臺灣，甚至黨的組織，曾兩度陷入分裂狀態，半夜痛思，不覺
悽然下淚！不過，我們不要徒自悲傷，更不應有自卑感，我們所不如共
黨的，只在於他們有蘇俄援助，而我們則孤軍奮鬥。我們必須加強信
心，化悲憤為力量，復興本黨，貫徹四十七年來愛國民主反共的主張，
以建立全民福利的新中國。我之所以寫巴黎心影，為的就是期望青年黨
同志重振艱苦奮鬥的創黨精神，共負救國救民的時代使命。我以此自
勵，同時也誠懇的以此與全黨同志及全國同胞共勉。

　　　　　　　　　　　中華民國五十九年七月二十一日重訂於臺北

九、我在法國參加示威遊行的體驗

任卓宣

　　五四運動底次年，我以勤工儉學之故，到了法國，共住五年。在法國先後進了半年學校，補習法文。進工廠當銼工學徒約一年，當銼工工人又一年有多。其餘的時間，完全從事政治活動。因此我曾加入法國的黨，去開過多次支部會議，並參加過多次講演會及示威遊行。而於華僑方面，則還在講演會中擔任講演人，在示威遊行中擔任領導人。

　　法國是民主國家。它在民主世界中有領導地位和代表地位。誰不知道法國大革命使民主成為潮流嗎？誰不知道法國是歐洲實行民主最早亦最有成效的國家嗎？因此，它底民主在世界上有模範作用。我們從前講民主，言必稱英法，是到現在纔言必稱英美的。雖然如此，法國仍為舉世公認的三大民主國家之一。它底民主地位始終是保持著的。看了第四共和憲法，還可說它底民主是駕英美而上之呢！

　　然而這個民主國家對於示威遊行採取甚麼態度呢？要答覆此一問題，我想最好是把我在法國參加示威遊行的體驗拿出來說一說。

　　五卅運動發生後，法國華僑起而響應。那時就想在巴黎街上來一個示威遊行，反對帝國主義侵略中國。這大致可以有千人左右的華僑前來參加。依法要先期向巴黎警察廳報告，得其允許。我們去報告，巴黎警察廳拒絕了。大家得著消息後很不滿意。示威遊行是自由，而五卅運動必須響應，遂決定仍舊舉行。到華僑集合時間之前，派人往集合地點去看，則警察憲兵先就到了，占據集合地點，不許華僑前往。於是這次示威遊行就流產了。

　　但是我們並不灰心，以為華僑在法國街道上示威遊行不可能，在中國公使館內去幹總是可能的。為不走漏消息計，曾縝密考慮和準備。臨時口頭通知少數可到的人，約一百左右。當即開會討論，並推選代表，以我為總代表。立即雇大汽車數輛向公使館開去，進門後即派人把守，並管制電話。當將公使陳籙叫下樓來，備加責罵。隨即將預備好了的文件取出，要他簽字蓋章。一是寄法政府的通牒，要求它放棄在華特權；一是向法報界聲明五卅運動為民族運動而非排外運動；一是致電上海各

界贊成五卅運動；一是公使保證以後切實保護華僑不再受人欺侮。陳籙
一一簽字蓋章後，並要他付款代為發出那幾個文件。公使館對面的咖啡
店主人見公使館內人聲嘈雜，疑有變故，遂打電話給治安機關，致公使
館門外到有警察多名。因無公使命令，警察不能入。但示威者出門即有
被捕可能，遂叫公使寫條子以示警察，准人出去。及出則見沿街及其兩
端均有警憲人員甚多。看守大門及電話者後出，皆被捕。次日法報認為
暴動，將文件及標語一一刊於頭版。警憲出動了，凡巴黎及其附近勤工
儉學生居住區域，挨門挨戶搜查，補了嫌疑犯三十餘人，一概驅逐出
境。我亦被捕。以侵犯住宅、破壞公物（電話線被弄斷了）及強迫簽字
等罪起訴。法院要陳籙出庭對審，陳籙不允。但到釋放時已坐四個月監
了。我釋放後立即押送出境。

　　大致在五卅運動前一年，我還同兩三個朋友參加勞動節的紀念會。
在會場內聽講演，工人慷慨激昂，情緒至為熱烈。會畢出門，見右邊街
上已為武裝警察遮斷，只能向左邊街上走，示威遊行。街上除警察外無
一行人。兩傍店戶關門，只見樓上窗口各有若干人頭向下面看。每到十
字口，左右皆為警憲所遮斷，只有中間一條街，走到盡頭處，為一圓
場，有武裝人員約百名，騎著馬巡迴馳騁。工人出會場後，自然成為行
列。有的叫口號，有的唱國際歌。警察干涉，不准叫唱，違者即取佩刀
（似無刀鋒）打。始而打叫者、唱者，繼而沿街警察一齊打起來。不問
你叫不叫、唱不唱，凡示威遊行者皆被打。我底帽子打掉了。一個朋友
的頭底後部打傷出血了。次日見報，工人受傷者甚多，還打死了一個亞
剌伯工人，在出葬時，有千餘人送喪。

　　我說到這裏，不再說了。有這三次示威遊行就夠足以說明我在法國
參加示威遊行之一般，而得出我所體驗著的教訓了。同時，我們就可從
中了解民主與示威遊行的關係來。現在讓我說出我的體驗吧。

　　人民有自由權利，為甚麼在示威遊行前要向政府報告得其允許呢？
因為任何示威遊行只有一部份人民參加，而且是少數，但一集合起來就
覺得是人多力大，容易受羣眾心理的支配，發生破壞社會秩序的行為，
妨害他人自由。政府固應允許一部人民的示威遊行，但它有保證全體人
民之自由的責任。恐怕示威遊行妨害了他人自由，所以它不得不問明示
威遊行含有甚麼意思，經過甚麼街道，採取甚麼方式。如果它估計到示
威遊行有妨害他人自由的可能，有引起衝突的可能，就可予以禁止。自
由並不是片面的、少數人的，而是全體的。你要求示威遊行是為了你

的自由；它禁止你示威遊行是為了他人的自由。難道自由不是以不侵犯他人自由為範圍的嗎？

　　政府的禁止是根據一種法律，而其表現則為命令。如果你不接受，仍非示威遊行不可，這在政府就認為是犯法。有人說，中古是上帝神聖不可侵犯，近代是法律神聖不可侵犯。很對。如果侵犯了，政府就要依法制裁。所以它禁止示威遊行，人民就不能示威遊行。倘然一定要做下去，它認為不服從就是反抗，便要指揮軍警來制止，即是說下令解散。這時示威遊行者若不解散，它必然要武力從事，以驅散示威遊行者。在驅散之中，打就不可免了。如果被打的人還手，與軍警對打，政府便認為是暴徒和暴動，它遂拿出對付暴徒和鎮壓暴動的方法來。那就一點也不客氣。

　　人民的示威遊行在獲得政府允許後，其舉行必須採取和平合法的方式。這不僅不能拿起武器，也不能動手動足，隨便講打，你的理由儘管充足而正大，只能動口動舌，不能動手動足。如果發生毆打及破壞等情，政府便認為你犯了法，要依法治罪。而毆打及破壞的動機，無論如何高尚純潔，它是不管的。換言之，政府不問人民的思想如何，只問人民的行動如何。思想的是非，為一理論問題，它不干涉；行動的合法犯法，為一法律問題，它必過問。政府是以法律為立場，惟知執行法律的。

　　示威遊行是表示意見，表示贊成這種意見的人數，並藉此宣傳，絕不是用力量反抗政府。所以示威遊行以和平合法為條件。如果示威遊行是用力量反抗政府，那就為民主自由所不容許。而請願或請願遊行，則是陳述意見，表示希望，提出要求，要以和平合法為條件。如果用力量，那就是聚眾要挾，不是請願了，這亦為民主自由所不容許。作主的民，享受自由的人，是假定其能理智用事，在和平合法狀態中行動的。講民主自由的人，必須了解這點。

　　現在由少數共黨民盟分子所發起的吃光運動，完全喪失理智，在非和平合法的狀態中行動。他們到教育部去破壞公物，妨害公務；到行政院去吃公務員的飯，就地演戲；而在這兩處又公然侮辱主管人員，聚眾要挾。這一切，全屬非法行為。其處處使用力量，也很顯然。因為這樣，政府纔有維持社會秩序臨時辦法之頒布，限制請願人數，禁止示威遊行。而中央大學底少數共黨、民盟分子，竟為了吃光運動不遵守法律，必欲示威遊行。及警憲制止，拒不服從。警察局長婉勸，至於作揖

打拱，亦不顧及，竟衝破警衛線，以致毆打警憲，發生互鬥情事，雙方受傷數十人。這不是暴動嗎？那些共黨民盟分子不是暴徒嗎？

像這樣的示威遊行，法國是絕不能有的。它底人民程度高，守法已成習慣。就是共產黨亦為和平合法的政黨。在第二次世界大戰中，它也打游擊，有軍隊，有地盤，而在大戰結束後即刻交出軍隊和地盤，從事和平合法的政治運動。這就無怪乎它享有自由了。它配得上享有自由。中國共產黨為一武裝暴動集團。其學生亦帶有暴動性質，因而他們煽動的學潮同樣帶有暴動性質。這是不配講自由的，當然也談不上民主。

還有些人對於政府逮捕暴動分子，往往以人權為言，說這是侵害人權。不知人權亦以和平合法為條件。凡動輒講打，甚至敢於毆打執行國家法令的警憲，顯然是暴動，其為犯法可知。從事暴動者為暴徒，犯法者為罪人，自應依法逮捕，依法治罪，絕不能因為是學生就可逍遙法外。『王子犯法，庶民同罪』，何況學生呢？學生不是特殊階級，人權並非暴徒的口實，亦非暴動的護符。

三十六年五月二十四日（任卓宣評傳）

十、巴黎之被捕下獄

任卓宣

　　旅法華人此次因做反帝國主義運動，大受法政府的搜索、檢查和逮捕。但自我於六月廿四日被捕以後，法政府對於華人的壓迫，我一點也不知道了。對於我們約廿人被逮捕後的壓迫，我卻完全知道。雖是我對於其他各被逮捕者姓名不很清楚，沒有會過面，也沒有通信；然而我的痛苦情形，也就是他們的痛苦情形。因為帝國主義政府對於我們被逮捕者的壓迫是一樣的。因此，我就大概敘述我所經過的狀況，以作我們共同感受的壓迫狀況之一個具體、明白而真實的例子。

　　六月廿三日，法警到我寓，因我不在，廿四日復來。下午二時許，適我自外歸，遂逮捕我到警察總廳，頗受打罵。被逮捕者無抵抗強橫的行為而受打罵，這顯然是例外的事，是帝國主義所加於我們被壓迫人民的野蠻待遇。不久，警察即押我到巴黎第七區辦理此事的警廳去。旋即隨同他們到我寓搜索，將一切像片、信件及筆寫之物，全部拿去。書報、箱棹等物，弄得糟亂不堪，儼如受了搶劫一般。搜索後，復到七區警廳。身上也被檢查數次。最後乃脫去領帶等物，拘留於一小室中。內無床鋪，簡直時坐時立的經過一個通夜。次晨即坐囚車到警察總所附近拘留所，經過了無數的麻煩——如報到、開履歷、驗身、打手印、照像等等。下午到法庭點名，因無律師，不詢問。立即用囚車送到巴黎十四區『三德』監，到監又經了無數的手續，很野蠻的關口，然後才送到監中第十區第卅一號房間去，這就叫做下獄。在這一天半中，僅僅吃了點冷水麵包。

　　這個監很大，有樓三層或四層。廊道迂迴，院宇深邃，好似阿房宮一般。不知道可容多少被壓迫被統治的民眾。監中每人一室，每室不大不小，剛可住一人。室之四壁皆極厚之牆。只是向外之面有二玻窗：一開一閉，俱甚高。其已開之窗，開法奇異，只能透入一點空氣，一點陽光，看得著斗大的天。門外加大鎖。門中一木窗，大如升，作為送入食物、信件及看守人在外監視之用，平時一律緊閉。被監禁者在室中，絕無出入自由。至於設施，極簡單，有一桌、一凳、一床，俱粗陋，固定

一處，不能移動。另外只有一自來水管，一廁所，洗臉盆都沒有。監中人的起、坐、散步、睡眠、飲食、洗臉、便溺，俱在這一間房子裏面，真如籠中之鳥一般。

每天發一塊黑麵包，係麥麩粉子作的，又黑又齷齪。上午九時送一碗清湯，下午又送一碗湯。湯中無油亦無他物，有時有一二片小菜，有時有幾顆豆子。然而齷齪得不堪。蟲、石粒、腐爛的菜頭，甚麼都有。每星期有兩片半生半熟、又臭又難看的牛肉，食時無食具，完全用手。若果有錢到，可以買刀叉。然刀是一片白鐵，沒有刀口。截麵包都截不了。叉子、調羹，均是木製的，粗陋不堪。若果有錢到，亦可買食物。但食物的品類，正同用物的品類一樣，萬分簡單。通常是有限制的，價錢則甚貴，比外面的貴半倍，且明明白白地要另外加百分之十。我由六月廿五至八月中，將近兩個月，總共約過了一個月沒有錢專吃黑麵包和清湯的素食生活。中間斷斷續續地曾買過用物和食物，因為國際赤色救濟會法國支部曾給我滙過三次錢來。至於其他那十幾個坐監的朋友，以監中禁止寫中文信，而他們又大都只能看法文不能寫法文之故，救濟會無法探知其姓名和房間號數，不能滙錢，至今還過著上述那種慘無人道的痛苦生活。這是從我幾次寫信給救濟會，請其援助他們，而最近救濟會覆我的信中看出來的。他們不知是如何凄慘呀！

監中有若干小院，每一院用高牆區分為若干極小極小的格子。差不多每天看守人要把坐監者押送到此極小極小的格子內散步五分鐘。此時便可看見天日、呼吸空氣。以外就要會人、到法庭領掛號信等等才有機會出囚室一步。監中人終日在囚室中，無報，無鐘，無歷書，無人談話。晚間又無燈。只是孤孤單單、枯燥已極地時坐時走，焦慮歎息。我們外間的朋友，因為法警的壓迫，不能通信，又不能來監看望。我內面寫出的信，除對律師有書信秘密之自由外，一律要寫法文信，受檢查。收入的信也是這樣。我比其他坐監朋友還好的，就是有律師來看望。設法寫了些中文信，秘密寄出。監中每週發書一本，然皆是無聊之物，又不能自由索取。每兩個星期，要用水洗囚室一次，用布用沙擦廁所一次。這便是囚室中的日常生活狀況。

監中看守人，都是統治階級的走狗，帝國主義的爪牙。他們對於我們這受壓迫的中國人，比對於法國人要可惡些。輕侮、罵詈、叱咤，好像主人待奴隸一樣。宗主國壓迫殖民地，原來如此。看守人白日夜晚都要每隔一、二時到囚室外監察一次。坐監人若出囚室去會人、取信，不

論如何，只要是停步等待時，便須面壁而立。便溺亦須得看守人之允許。到法庭來往，要經過若干個關口，然後才坐囚車。囚車二馬四輪，中分十數小室，大如斗，恰好容一人。人坐其中，如入棺木內一般，不能起立，不能外望。到法庭後，先點名，入待審室。室極小，極齷齪，三四人共一間。審問時，由一個穿軍服帶手槍的人，用鐵鍊牽被審者的手，帶到審判官面前去。審問畢，如法帶回待審室，然後用囚車解送回監。

我到監中，只審問過二次。一次問我六月廿二日到使館示威否？為甚麼要去示威？何故成羣成羣的去，不派代表？……一次將在我寓所獲的文件，拿來詢問，只可惜一點有關係的文件也未找得。但是官庭翻譯將兩信竄改並捏造一些，說我是國際黨行動委員會的書記，與柏林、不律悉、莫斯科都有關連。當時除否認並答辯外，以後屢寫信去請法官，由我翻譯，由他請人校對。有疑問時，當場面詢，法官置之不理。對於審問，亦極簡單，不完全。我也曾屢次寫信給法官，並託律師代為請求，再行審問，好補足我從前所未說的，法官對此亦置之不理。因此，我在七月廿六日曾系統地詳細地寫了一封辯護書寄法官，但到如今，已坐監快滿二月，仍不審判，長久地關起就是。並且我們的事件是政治問題，照帝國主義的法律說，應當作政治犯看待。而今卻視同偷盜案一般。這是法政府對於我們被壓迫的人民的分外壓迫。

以上便是在『正義戰勝』『理性統治』之下的監獄生活。以上便是在『自由、平等、博愛』的祖國內所享受的自由、平等、博愛。請看法蘭西帝國主義是何等的壓迫我們。我想一定有人說是你們犯了罪的緣故。我們果真犯了罪麼？沒有的話，現在再將帝國主義所加於我們的罪名及我們的答辯說一說。在此處，我只是將我寫給法庭那封辯護書翻譯出來，大家便可明白了。原信和辯護書後面的附白俱不錄。茲錄辯護書正文如下：『六月二十一日旅法華人示威運動事件』

原因

甚麼是六月二十一日示威運動的目的呢？這個在中國使館內的示威運動，亦如旁的示威運動，沒有個人的目的，只有集合的目的。即是說為眾人之眾人的目的。這目的很明白的有兩個：

（一）攻打帝國主義

因為帝國主義是中國人民的壓迫者。而陳籙公使就是帝國主義的奸

細。在陳籙之前示威的意義，即是在帝國主義之前示威的意義。並且巴黎是歐洲帝國主義的一個中心，示威於巴黎中國使館，就如示威於帝國主義內部一樣。因此，我們曾把為六月十四日在巴黎街上示威的旗幟搬到使館去了。在那些旗幟上，一致的口號：『推翻國際帝國主義』，『中國是中國人的』，『要求廢止帝國主義所強加於中國的不平等條約』，『要求中國獨立』，『華歐人民之親善萬歲』，『中國現在的運動不是排外的而是民族的和社會的』等等。這是犯罪麼？假使我們為攻打帝國主義而成為罪人，那便須先處罰帝國主義，因為它是進攻者，我們被壓迫人民不過是為生存利益的衛護者罷了。

（二）攻打叛徒

因為陳籙公使純粹是中國人民的叛徒——民賊。他對於這次國民運動的背叛，曾明白宣布，而且列成七項，載於對法歐人民宣言之上，這個宣言，當六月廿一日舉行示威運動，曾在使館附近發散。六月廿二日的「人道報」，又是登出來了的，大家可以看見。為使這個叛徒盡一點責任，我們曾要求他簽名於下列四個必要的文件：

（一）寄中國人民的電報。在這個電報內，陳公使表示其對於反帝國主義運動的同情，並鼓勵人民繼續工作，直至獲得完全的解放。

（二）寄法報一個通知。解釋目前瀰漫中國的運動，絕不是如一切法蘭西帝國主義報紙所武斷、所喧載的排外運動。

（三）寄法政府一通牒。要求他撤退在華軍隊，放棄其既得權利，讓中國人民自決，並予集會自由於旅法華人。

（四）寄旅法華人大會及報紙一封保證信。公使在這封信內，表示其過去保護僑民未周的歉意，並願確定僑民一切出版、集會、示威之自由於將來。

這就犯了罪麼？假使我們為曾示威於使館內而成為罪人，那便須先制裁公使。因為他是一個叛國之徒，我們中國人民不過是要求他履行一點職責罷了。

行動

在六月廿一日示威運動舉行後，法政府說我們犯了三種罪：（一）陰謀侵犯住宅（Violation de la domicile par la Premeditation et aguetapeus）；（二）損壞公眾使用之物品（Cassed obeject de l' utilite publique）；（三）

強迫簽字（Extorasion de la signature）。這是真的麼？請看我的答覆。

（一）陰謀侵犯住宅

中國使館是中國人民使館的意思，並非陳籙居室。因為使館為全體人民所有。假使陳籙不是中國公使——中國人民的代表，他及其家人有權居住於使館內麼？所以旅法華人示威使館，簡直如在自己的室中一樣。又背叛了一次的二等書記李駿，曾與帝國主義報紙一口同聲說中國使館是混合的地方。中國沒有完全的治外法權。（其理由是：一、使館司閽為法人；二、使館最上一層樓為美人。）這不是真實的話。當我們中國人民經過巴比倫街（Rue de Babylone）五十七號時，明明白白地看見那大門上有『中華民國公使館』這幾個字。因此，使館內的司閽雖為法人，其為使館司閽無疑。至於僅僅住在最上一層樓的租客，我們從未去驚動他、侵犯他。我們僅僅是在下面。因為我們進使館一下就在地面那層的右邊辦公室內碰著了陳籙。這便是司閽（法國人）和租客（美國人）自六月廿一日迄今都未起訴的緣故。然則還有所謂侵犯住宅之罪麼？一點也沒有。

論到陰謀，大家都知道，在使館的示威運動為六月十四日的華人大會所決定，同月廿一日的華人大會所舉行。全是一個羣眾的偶發運動。在法政府禁止六月十四日的示威運動後，有很多願意參加示威運動的華人，於時大為憤怒，因為他們深知當法國政府和其他政府那些帝國主義的壓迫者有權送軍隊、戰船到中國各大都會去搶劫財富殺戮工人學生時，我們被壓迫人民竟沒有權示威一次於巴黎。於是他們中之知道布郎基街（Bd. Auguste-Blangui）九十四號社會廳者，俱自行集會於該處。為要達到這種目的，就是向歐洲帝國主義表示中國人民憤怒和覺悟，向歐洲人民表示中國人民的友愛和要求這種目的，他們遂變更方法，決定在中國公使館內舉行示威運動。此外，因六月七日華人大會之請求，由包括三千旅法華人之廿八團體於偶然間組織的臨時團體，旅法華人援助上海反帝國主義運動，僅僅在其責任上，預備了一點文件（叫陳籙簽字的），召集了六月二十一日的華人大會。然則還有甚麼陰謀呢？事實已經明明白白地否認了。

（二）損壞公共使用之物品

示威者很有紀律，他們對於在公使館內所遇著的人和物，從未攀動過。他們損壞了辦公室內電話的一根電線，這自然是一件意外的事情，並非出於有心。同時，我們要知道這根電線是中國人民的，即是說，是

示威者自己的。當人在其室中偶然損壞了他那常為鄰人所使用的杯子，這犯了甚麼罪呢？示威者偶然損壞一根電線，正與此同。

此處應該注意：損壞電線的不是我。且我未負任何責任。當示威運動舉行時，我為華人大會舉作代表，向陳籙談話去了。這是示威者中被舉為維持秩序之人的，才有責任可言。

（三）強迫簽字

說到強迫簽字，我分成底下三層答覆：

(1) 當我們要求陳籙公使簽字時，他首先請我們讓他將我們所交與他簽字的文件看閱一遍。看後，他遂要找他的二等書記李駿來商量。不久，李駿到了，在他們二人討論後，書記即叫公使簽字。公使於是接受其意見，將所有文件，一一簽字蓋印。這是真實的情形。

(2) 當我們進使館辦公室時，陳籙很恐懼。我們先把它弄坐在椅上，然後才叫他不要恐懼。我們的要求只是要他簽字，以完盡其我們對於全中國此次國民運動和社會運動之職責，並以完盡他自己的義務。很明白的事實，就是我們要求他僅僅用理、用話，從未用槍、用刀、用拳及其他任何暴力。然你們何故要去那樣多的人呢？因為他既不答覆我們的信於前，又不接見我們的代表於後，不得不多去一些人。並且這是中國人民尤其是北京、天津等地學生向中國官僚要求的一個習慣方法。那末你們為甚麼又要把持一切電話呢？因為，假使不這樣，他要用電話去叫法警來驅散我們。那時我們就不能與他談話，且不能進公使館，如像一九二一年在這個同樣的公使之陰謀內所經過的事件（勤工儉學生的二八運動）一樣。另外，應當明白我絕無殺陳籙——很小的一個民賊於使館內的意思。故此我們亦無打他的必要。因為六月廿一日的示威，不是革命。在使館內革命，是一句笑話。我們正如在國內的人民一樣，我們僅僅願意殺那些大軍閥和官僚——貴族階級的餘孽。因為他們是國際帝國主義的從犯、中國全體人民的壓迫者。這就是我們的行動和思想。

(3) 論到公使那方面，為人民利益而簽字於我們所拿到其面前去的文件，自然不是他的願意。但為其個人利益計，他卻很願意簽字，使我們出使館。所以我可以說陳籙的簽字，不出自其明白

責任的願意，乃出自其弄我們於中國官僚手段內的願意，如路意十六在一七八九年後的簽字一樣。或者陳籙在其所代表的人民之前，有一時責任覺悟而願意簽字。陳籙曾起訴控告我們以強迫簽字之罪麼？為甚麼陳籙拒絕了法國帝國主義新聞記者所供獻於他的起訴辦法呢？沒有公使親自起訴和到法庭來與我們對審，便沒有人能夠說我們犯了強迫他簽字之罪。

在這個地方，須得舉一個例子出來。人人都知道自一七八九年至一七九二年，法王路意十六在人民壓迫之下，把國民會議（Assemblee Nationale）和其他人民機關所提出那利於人民不利於貴族階級的命令，先行簽字，而後才寫信到外國或遺言於寫成的文件藏於鐵匣內。將所簽字的命令，全部否認。然則路意十六對於發出之命令的簽字，是願意的麼？法國人民不是曾犯了強迫簽字之罪麼？我相信人民要同聲應出一個否字。而我們呢？自南京臨時政府移到北京以來，中華民國在事實上、在形式上俱已不存在了。一切文武官吏，都是貴族階級餘孽，利用民國這塊招牌來遮掩其掠奪壓迫之面目。他們在過去、現在都賣身於外國帝國主義，而成為其壓迫的工具。他們把中國人民當成奴隸一樣地壓迫販賣。因此，中國人民遂不停止地做革命運動，企圖真正的和完全的解放。陳籙也就是這種官僚之一。明白說，他就是一個封建貴族的餘孽，帝國主義的工具，中國人民的販賣者。他的簽字，同於路意十六的簽字。我們的要求，同於法國人民的要求。這是無根本上的差異存乎其間的。假使法國人民未犯罪，我們中國人民也應該一樣。

結論

從上面所說之原因和行動兩方面看來，實找不出我們犯過甚麼罪。然何故法政府要斷定我們犯得有罪呢？請看下面的理由：

（一）六月廿一日的示威運動，完全是這樣的：旅法華人曾在他們的使館內即其自己的地域內，示威於他們之代表──公使之前。本著其應有的權利和責任，要求他簽字，以擁護中國全體人民的生存利益。這不是中國內部的政治事件麼？但是法國已經與其他大強聯合，用通牒、用戰船、用大屠殺，干涉中國內政於北京政府之外了；而還嫌不足，復又用搜索、用逮捕、用監獄，干涉中國內

政於巴黎中國使館之內。這便是我們被控為罪人的原因。這件事情已經給我們明白證實了法蘭西帝國主義是中國被壓迫人民的一個死敵。因此，它要禁止六月十四日的示威運動於前，壓迫六月廿一日的示威運動於後。

（二）六月廿一日示威的意義，不是別的，就是中國人民要求獲得他的自由。這是從其有民族覺悟社會覺悟而向著解放之路的各方面可以看得出的。當法蘭西共和國在其革命時代宣布成立時，它曾屢次宣言，說它不妨害其它人民的自由。凡願意自由者，俱可在法得著友愛和援助。它那『與貴族戰爭，與人民和平』之著名的格言，至今還在一七九二年國民會議政府（Convention）的訓令上鏗然作聲哩！但是現在卻不然了。因為法蘭西共和國已成為資產階級——廿世紀之復古階級的帝國主義國家。所以為著與人民的壓迫者帝國主義的幫手——中國貴族階級協作之故，無憐惜地壓榨那願意自由的中國人民。它對於那大約廿個中國人每人曾到封君宮室——封君陳籙的『住宅』、中國貴族餘孽共和國的公使館——去過一點鐘的，竟把他們每人監禁一個月之久。——而且還繼續監禁，以資報復。但是今天的陳籙，這個封君宮室內的貴族，卻依然如示威運動前一樣地快樂過活。僅僅是我們中國人民，才被搜索、被逮捕、被監禁，不得自由。法國對於陳籙這個封建餘孽是如何的尊崇，而對於我們無辜的中國人民又是如何的踐踏啊！那末，法蘭西共和國還沒有在一七九三年奧普瑞西英俄等國所走的復古道路上走麼？這就是它干涉六月廿一日華人示威運動的真因。

為了上述兩個理由，雖然我們是無罪之人，法國政府卻肯定我們犯了一大批罪。但即以帝國主義的觀點而論，法國政府所加於我們那三種罪名，也不如它所說那樣簡單。因為道理不允許把原因與行動分開。為甚麼不將我們作政治犯看待而拘留於獄中的政治區內呢？這就因為它把原因與行動分開（專就行動而言，把我們當非政治犯看待），才好找得與我們以從來所未有之高壓和虐待的口實。然而要原因與行動同樣注意，才能得其真實，合乎道理。因此，所謂為我們所犯之三種罪名，應該鍛鍊成這樣的詞句。旅法華人，有了文件的，曾經以華人大會和各團體行動委員會之秘密預謀，侵略了他們的使館，損壞了他們在使館的電話線，強迫了一個封建貴族——所謂他們的代表之在義務內的簽字，如

像一七八九年至一七九二年法國人民之於法王路意十六一樣。看啊！這就是我們的罪狀呀！

任卓宣　七月二十六日在『三德』監中

　　末了，我再把法國帝國主義此次所加於我們的壓迫，摘要舉出來：

（一）干涉我們旅法華人內部的政治運動，援助軍閥走狗，壓迫無辜民眾。

（二）用暴力禁止六月十四日底示威運動，逮捕六月廿一日的示威華人，取消我們集會示威之自由。

（三）對於被逮捕者長長地靜靜地監禁，不訊問，不審判，為法外之壓迫。

（四）不以政治犯待遇我們，而與以待遇非政治犯之更苦、更毒的手段虐待我們。

（五）大做其非法的壓迫，對於被逮捕者，竟敢恣意輕侮、罵詈和毆打。

至於軍閥的走狗，法國帝國主義的代辦──陳籙、李駿呢？竟：

（一）不以法帝國主意此種無理暴行為恥辱，聽其蹂躪我們，放棄保護僑民之責。

（二）與法政府協作，禁止六月十四日的示威，逮捕六月廿一日的示威者。

（三）與華人大會及全體僑民認錯道歉誓願竭盡保護責任之墨跡還未乾，便棄信背約，壓迫僑民。

（四）宣言公使館沒有完全治外的法權（可是當示威時，在使館外伺候著的警兵，還以未得公使命令，不敢擅行入內驅打我們哩。）甘心喪失權利，拋棄職責，背叛人民。

　　請看法蘭西帝國主義是如何地壓迫我們，軍閥走狗又是如何地去為帝國主義當走狗啊！雖是我們此時被虐待，受痛苦，還不知道何時出獄；然而我們是絕不灰心的。帝國主義和軍閥的壓迫愈猛烈、愈直接，我們打倒軍閥和帝國主義的覺悟和行動亦愈深刻，愈堅決。我們甚望國人繼續五月六日這次反帝國主義運動的血跡，勇敢前進，直至獲得最後的勝利。

八月十五日在巴黎『三德』監中（任卓宣評傳）

十一、我在海外從事黨務工作

鄭彥棻

　　我在法國從二十四歲到二十八歲這一期間，除了讀書之外，可以說是完全致力於海外黨務工作的時期。當我們於民國十五年抵法時，當地中國國民黨的黨員，早就分成了好幾個派別，有的是擁護汪精衛的「改組派」的，有的是擁護「西山會議派」的，也有些是擁護中央的，此外還有共產黨的跨黨分子，真是派系分歧，毫無團結精神。當時共黨分子的分化和陰謀，也日益顯露。不過本黨在僑社的地位仍然很高。當我們同學抵達法國時，很明顯的使反共陣線占了優勢。但隔了不久，我們也就分裂成為幾派了，這真是使人痛心的。我於民國十五年當選里昂支部委員，和謝清一起代表里昂同志出席法國總支部在巴黎召開的代表大會。謝清和我們同時赴法，他是我最好的同學，鄒海濱校長對他也極為賞識。他也曾任廣東大學附小的主任，我入黨便是由鄒校長和他做介紹人的。不幸他有一位湖南同鄉是留德的著名共產黨員，我們一到巴黎，那個共產黨員即把謝清拉去同住在一個旅館，使他和我隔離。過了幾天，當開會的時候，謝清的論調顯然變了，他已和共產黨沆瀣一氣。初時他還不肯承認變了節，返里昂後經我嚴加盤問，才坦白承認是加入了共產黨，並勸我參加。我和他反復辯論，想感化他，但沒有效果。自後我們之間的友誼雖未即破裂，但在政治上便開始敵對起來了，他終於在莫斯科遊湖落水而喪失了自己的生命。那時期共產黨跨黨分子很多，出席總支部代表大會的代表，也有的是共黨的幹部。他們專向我們離間分化，並多方設法引誘我們的同志，手段十分毒辣。意志稍欠堅強，即有被蠱惑的危險。

　　自此以後，里昂支部開始分裂；我們也把那些傾附共產黨的分子開除了。但他們要爭取我們同志負責保管的圖書，包括一套大字本三民主義。大家竟為了爭奪這套大字本的三民主義，雙方大打出手。我們有位劉克平同學（年前在港逝世的知行中學校長）身高體壯，卒把他們打得落花流水，自行退走。於此可見當日海外同志革命情緒之高，對敵人鬥爭之烈，與乎對主義之重視了。說起這種大字本三民主義，原是　國父

特別印送海外僑胞閱讀的。因為他們當中，許多已經上了年紀，所以用大字本出，以便於他們閱覽。裏面的字體約和木刻字的大小差不多。是分成民族主義、民權主義、民生主義三本的。我們因為要到海外去，所以特別帶了幾套。據說這種版本現在已很難找到，黨史會存有一套是陳辭修（誠）先生捐贈的，已成為海內孤本。

當年在海外極注重主義的訓練和宣傳工作。一般來說，各地黨部都有訓練委員會之設。里昂支部也設有訓練委員會。現任中央評議委員專致力三民主義研究工作的崔載陽教授，就是當時里昂支部的訓練委員會主任委員。

說到當時黨的工作，是保持極端機密和機動的。好像駐法總支部代表大會開會時，在開會前夕，大家仍未知開會地點，要等臨時通知，才各自赴會。我和幾個四川同志同住一個旅館。直至開會時間將到，才接到通知，將地址寫在小紙條上，每人分一張拿著依址前往。記得當我們走出旅館時，在對面的咖啡館裏也走出幾個中國人，手裏都拿著手杖（也許是鐵棍）緊跟著我們一起走。我們上車，他們也上車，我們下車，他們也下車。我示意大家走向一條小巷，看看他們動靜，他們果然也跟著。於是我們便確知他們是共黨分子，想跟蹤我們到會場實行搗亂的了。我們經過商量，決定改乘地下電車，這種電車，是自動關門的。我們故意徘徊，裝成不是乘車模樣，等到車門即將關閉，才急跳上車，他們追到時車門已閉，只得眼送著我們離開。我們這種辦法算是成功了，但第二天，竟有一位同學給他們在法蘭西學院門口用鐵棍打傷。所以在海外從事革命工作，無論何時何地，都要具備鬥爭的精神。當時並無任何人命令我們要這樣做，而是我們自動自發地起來對共匪鬥爭的。這是一段很值得回憶的往事。

民國十八年，在南京召開第三次全國代表大會。我和彭襄同志代表法國總支部返國出席（彭同志現在臺灣，當時服務於里昂中法大學，我則仍是中山大學海外部的學生）。我們是沒有充足旅費的，祇由部分同志籌措到一張最低等的火車票價。我們於是從巴黎坐最低等的車廂，經中歐、東歐和蘇俄的西伯利亞到大連而回到南京。因為要經過蘇俄，我曉得從前附了共黨的留法同學都轉到那邊的孫文大學，謝清可能也在那裡，恐怕被他們發覺引起麻煩，因此我把護照上的外文名字顛倒過來，念成「菜鄭彥」，這樣便瞞過了蘇俄使館，取得簽證，才得順利回國開會。我在三全大會中，除了報告黨務之外，還有提案，對此後國際宣傳

的加強和海外革命力量的團結，自問也有相當貢獻；我還就自己研究和考察所得，建議中央政府要創設一個完整的統計業務機構哩。（往事憶述）

十二、留法歸來的中共黨徒

（C. Brandt　陳三井等譯）

（一）前言

　　第一次聽到「中法共和」（Sino-French Republic）這個名稱是在巴黎十一月一個陰暗的早晨，當我拜訪一位自命為第一次世界大戰後，中國留法工讀學生保護人的老社會主義參議員時。當他談到這個名字陌生的「共和」時，就像法國人談到文藝沙龍一樣地自然；對他來說，就像當時反神職者一樣，認為那是個世俗的團體（Communaute Laique），服爾泰（Voltaire）的餘蔭！十九世紀二十年代，中國學生為法國左派所利用，就像十八世紀，滿清官吏毫不知情地為那些中國哲人們（Philosophes）所利用的情況相同嗎？在這位老參議員塗著灰泥、鍍著金箔的房間哩，急進主義似乎已經停滯不進。

　　但第一次世界大戰後，中國留法學生的急進主義，並未停止，它仍然藉著本身的力量而躍躍欲動。他們組成中國共產黨的核心，其組織的大小和影響力與國內首次成立的政黨核心，同具重要性。它們的發展是平行的，也就是說，共產黨的巴黎支部絕不是上海總部的產物，也不是俄國爪牙的催生品。事實上，中國共產運動的興起，外在（法國）的助力比內在（中國）的助力為少。

　　一九一九—一九二〇年間，大約有二千名學生赴法，沒有一個人帶有強烈的急進主義思想。在法國，就像在中國，轉變成馬列主義的過程相當緩慢。周恩來抵達法國後，有一段很長的時間，是個無政府主義者，陳獨秀的兩個兒子—陳延年和陳喬年，也是如此。遲至一九二一—一九二二年的冬天，社會主義青年團（Socialist Youth Corps）才在巴黎出現，次年（一九二二年）七月，青年團便產生正式的中國共產黨（和在國內的上海總部一樣）。即使官方的共產黨歷史也承認，在法國的共產黨同志和中國的共產黨同志，在後來才有組織上的連繫。

　　在法國的同志有那些呢？這分名單頗令人印象深刻。我們已經提過周恩來及陳獨秀的兩個兒子，其中陳延年一直是領導黨的理論專家，

直到一九二七年，上海清黨死亡為止。讓我們繼續列舉早在「人民政府（People's Government）」中獲有高位的共產黨員。周恩來是國務總理，次於周的是陳毅，他是外交部部長；李富春是國務院副總理兼國家計畫委員會主任；聶榮臻是國務院副總理兼科學技術委員會主任；何長工，有一段時間是重工業次長，現任國務院地質部副部長。在黨的階層中，我們首先發現鄧小平是中共中央總書記；蔡暢是全國婦女聯合會主席；李立三是中共中央華北局書記處書記；兩個黨元老─徐特立及吳玉章；李維漢是統一戰線工作部主任；傅鍾是共軍總政治部副主任。另外還有一些次要的人物。但是，更重要的是，我們要舉出一九二七年後，國民黨清黨之前去世，而在一九二〇年代頗有成就的留法共產黨員。在這些人中，最先應該提的是蔡和森，他是毛澤東的同學，在早期中國共產主義的發展，扮演了極重要的角色。我們將再敘述他。而他的太太─向警予，亦不可忽視，她是中國共產黨建立者之中惟一的女性，又是黨的首席婦女領導者。下一個要提的是王若飛，他在黨的階層中，扶搖直上，一直到一九四六年飛機失事死亡為止。西方學者很少聽過趙世炎的名字，但和他同時代的許多人，認為他是中共最傑出的理論家，直到一九二七年暴卒為止。陳獨秀的兩個兒子，前面已經提過了。這名單還可以再擴大，但只要多加一個×××的名字就夠了，他是惟一重要的留法共產黨而和黨脫離關係的人，領導共黨歐洲總部達二年之久（從一九二三年至一九二五年），但一九二七年為國民黨所逮捕，在臨處死刑時，他與國民黨取得妥協，自此成了國民黨的政論家。

　　細察留法中國共產黨的名單，竟然沒有今日在黨中最突出的人物─毛澤東和劉少奇的名字，這真是令人驚訝。但是歷史研究發現奇怪的事，它顯示原來劉、毛兩人確實準備到法國去，毛甚至於還是專門贊助遣送大批學生赴法學習現代知識和科技運動的領導人。後來，毛並未成行，其原因從未得到合理的解釋。劉曾學習一年的法文，其後便到莫斯科。以前，俄國似乎是中國青年急進主義者朝聖的合理去處。但事實大繆不然，歷史研究又發現了一件驚人之事，原來一九二一年（俄十月革命的後四年），一輩中國急進分子，到外國學習現代知識，他們不去社會主義祖國的俄國，卻反而到革命發源地的法國。

（二）學生赴法的思想起源

　　中國學生大批赴法，可以列舉若干實際的理由加以解釋：一、在第一次世界大戰期間以及戰後不久，由於法國勞工短缺，導致人力市場供不應求，適合外人前往工作；二、當時，佛郎對銀圓的兌換率，有利於中國；三、法國生活情況，即使日漸轉壞，但仍然勝過遭受內戰破壞的俄國。諸如此類實際的考慮，當然是那些發動學生留法的人所不會忽視的。但實際的考慮和思想的考慮，是息息相關的，尤其一九一九一一九二一年間，正當中國為高度理想所籠罩的氣氛下，要使學生赴法而沒有思想的推動力，是很難想像的。

　　這個原動力，首先來自一羣知識界的領導者，如吳稚暉、蔡元培及李石曾等人，他們通常被稱為無政府主義者，當然也是反對偶像崇拜者，但就他們與法國的關係而言，我們可以更正確地稱呼他們為哲人（Philosophes）。他們三人在本世紀的初期及一九一三年二次革命失敗之後，都曾在法國居留多年。就像十八世紀法國先驅者一樣，中國哲人也是反對偶像崇拜者，這些喜好綜合勝於分析，同時由於對將來充滿無限信心，與抱持堅固的樂觀主義的博學者（Polymaths），時常忽視目前的需要。中國哲人們也效法他們的法國先驅，把外國社會當作模型，正像服爾泰將帝王時代的中國理想化一樣，那些醉心於共和的黃帝子孫，也將法國第三共和視為女神。在西方國家中，惟有法國，已經除去兩個進步的障礙—君主政體和宗教教育，將可指引中國的迷津。法國是現代科學的發源地，但是如果沒有法國大革命所產生的十進位法，那來的現代科學？這幅畫面被描繪得如此的完美，所以中國哲人們不相信會留下不好的結局。

　　單憑信仰雖不能移動山脈，但在適當的距離下，仍可保持真實。中國哲人們相信，中國青年的精英，應該在法國接受教育，因為只有法國教育，是不分階級的，為整個平民而設的。他們和里昂（Lyon）市長赫禮歐（M.Herriot）的關係頗為密切；透過這層關係，他們設法在里昂設立一所中法大學（Sino-French Institute）。他們也謹慎地避免和這位朋友，在意見上有所衝突。依照赫禮歐的意見，法國的技術教育，已於一九一九年崩潰；至於法國教室最可誇耀的民主，實際正是分離「我們

兒童最可憎恨的不平等」。[1]這或許是赫禮歐的誇大其辭，而中國哲人們相信平等（egalite）在法國已經獲得勝利，就像他們的法國先驅看到「道德科學」（moral science）在中國高奏凱歌一樣。

　　把法國影像當做現代性（modernity）的模型，一再閃現在「新青年」這一份早期共和中國最具影響力的急進派雜誌上。「新青年」，法文名為"La Jeunesse"，在法國也同富盛名。這份雜誌的主要創辦人是陳獨秀，後來成為中國共產黨第一任總書記。在一九一五年發表的一篇文章裏，他以極端的筆法，指出哲人們瘋狂的親法（Frencophilia）。他寫道：近代文明之表徵，厥有三事，一曰人權說，一曰生物進化論，一曰社會主義。以為達爾文（Darwin）不過是拉馬克（Lamarck）的門徒，馬克思只是巴伯夫（Babeuf）的模仿者。陳獨秀指出三種現代性，皆拜法蘭西人之賜，他說：「世界而無法蘭西，今日之黑暗，不識仍居何等。」[2]早在一九一五年，陳對歷史有一個很荒謬的看法：認為法國大革命，是一件偉大的救贖活動（Great Act of Redemption）。直到一九二〇年，他改做共產黨，他的歷史觀仍舊沒有改變：只是以俄國十月革命，代替了法國大革命。

　　對於陳和其他未來的共產黨徒，一九一九年或一九二〇年的早期，蘇俄的誘惑因而取代了法國的誘惑。但對於那些一九一八年羣集北京、重慶和其他城市，辦理註冊選讀法文課程的數以百計學生，卻非如此。在此之前，他們的眼睛中，不僅閃耀著La Jeunesse所描繪的法國理想影像，而且希望在法建立進步的中國無產階級核心。從一九一六年起，法國大量招募華工，以幫助戰後重建；中國哲人們便把這批華工，看成最富潛力的羣眾。只要施予適當的教育，他們豈不吸收大量的現代知識，而一旦回國後，不就很自然地成為勞工先鋒嗎？當一九一八──一九年之交，希望建立華工在法國力量的部分理由，促使急進學生開始認真地學習法文。

　　這類學生是那些人呢？一開始應該側重於組織最龐大，在政治上最活躍的湖南人。自從同治中興（一八六二──一八七四年）以後，湖南在教育上居於領導地位；現在它又想重新取得此一地位。雖然中國哲人中，沒有一個是湖南人，而事實上，鼓勵學生出國，為他們籌募基金，

---

[1]　Edouard Herriot, Jadis, p.90.
[2]　新青年，一卷一號（一九一五年九月十五日），頁三。

並以監護人身分擔任學生調停工作的，都是他們。無疑地，湖南人於學生留法注入了極強烈的原動力，後來，他們在法國，變成極強烈的政治色彩。很特別地，赴法留學的最積極學生羣，來自「新民學會」。這是由蔡和森和其同學（包括毛澤東在內）在長沙所建立的一個急進學會。

如同大多數中國學生一樣，新民學會的會員們，感到在國內前途非常暗淡，亟須到國外學習。他們有的主張到英、德或美國，但大部分「新青年」的讀者，卻選擇了法國。如此強烈的情緒，有助於使「新民學會」成為「留法勤工儉學會」的附屬，透過此學會，哲人們實現了遣送二千名學生赴法的計畫。幾乎沒有一個人談到赴俄。當時確實如此，因為在一九一九年冬，有一羣即將赴法的學生，在上海遇到一批以俄國作為留學目的地的同學，後者試圖改變他們的原定計畫，但收效不大，因為僅僅有極少數的留法學生改變初衷。

（三）學生在法

一九一九一一九二〇年，有二千學生到法，其中大約有一千六百人是工讀生，他們希望一面做工賺錢，一面讀書求學。但事實上，得到正式工作的，並不超過五百人；因為這時的法國正面臨經濟危機和失業問題。大多數學生，不得不依賴國內家庭的滙款，或甚至靠中、法政府官方的接濟。

毫無疑問的，這些學生的生活，必定非常艱辛，因在兩年之內，死亡者超過兩百人。同時，少數激烈分子，轉向了馬克思主義，是窮困導致整個社會的改變嗎？在若干情況下確是如此。但這個例子就和其他例子一樣，急進思想在那些沒有感到窮困的人身上，更形滋長。

大約有四分之一的學生，來自湖南省（這在前面已經說過），湖南省當局津貼學生的生活費，也遠比其他各省的學生來得優厚。只有二百多名原籍廣東，和一小部分來自山東的學生，從他們本省政府中，得到相當的資助。然而共產主義卻使湖南人改變最多，四川人次之。共產黨在巴黎的領導權，因此享有大陸派（Continental Stamp）之稱，而與國民黨和留美、留英學生所形成的「海洋派」（Coastal Stamp）相抗。在法國，湖南人和四川人在共產黨員中占居優勢，這很奇妙地，預示出今日中共中央委員會的地理組合。

　　難道不是很奇怪嗎？在法的湖南急進分子，幾乎都屬於新民學會，而在巴黎南方的蒙達奇中學（College de Montargis），已經成立了新民學會的分支。蔡和森、蔡暢、向警予、李維漢、李富春和李立三都上蒙達奇中學。在此以前，他們都和毛澤東一起在長沙唸書。空間的距離，並未使老的同志關係中斷。長沙和蒙達奇之間的消息，仍往來不絕。沒有蔡的陰影，毛澤東一躍而為國內集團的領導人物，蔡毫不費力地成為蒙達奇的領導者。大約在一九二一－一九二二年間的冬天，蔡也變成一個馬列主義的信徒。

　　蔡和一些同學，何以變為共產主義的信徒？這個問題很難有一個適當的回答。把這種轉變歸咎於第三國際（Third International）爪牙的陰謀公式，未見充分之吸引力；因為缺乏口頭和文字資料的支持。下一步驟，是找出與法國社會主義者和一九二一年十二月以後的共黨接觸之情形。根據資料，顯示他們有過接觸，但不是很密切的關係，好像沒有一個中國急進分子，加入過法國左派，也沒有一個是屬於胡志明旗下的人。胡或許是中國人的媒介？三十多年以後，周恩來相信胡使他走向馬克思主義之路；但這個原因只是形式上的，周的禮貌在表面價值上看，甚難被接受。胡志明的傳記並沒有指出和中國人有過密切接觸，只是在大集會或表演會上，中國人和越南人，正如中國人與法國共產黨一樣，偶而在一起出現。胡志明所辦的報紙－Le Paria，雖然也以中國名字－「勞動報」出現，但直到一九二五年五卅運動時，它幾乎不曾提過中國或中國人，至少可以說，這個證據仍然是沒有結論的。

　　然而，我們不能任其漂泊沒有定論。雖然我們的來源缺乏聳人聽聞的線索，但也留給我們很深刻的印象。首先，撇開蔡何以成為共產黨的問題不談，無疑的，他和他的太太在改變其同胞的信仰方面，扮演極重要的角色。有些人幾乎很快地加入他的行列；另外依些人則不然。例如：周恩來雖是目前最有名的留法共產黨，但他絕不是最早的共產黨信徒。和其他大部分的同志一樣，周恩來為了尋求改革社會的萬靈藥，一時沒有固定的行止。但時間有利於共產黨的發展，因為就像前面說過的許多學生陷入困境。此外，學生對他們的領導者（哲人）希望的幻滅，同樣給予共產黨的發展以莫大的助力。哲人們個性樂觀，曾對學生有過歐洲如天堂的承諾，而事實上，學生飽受失業之苦，而且只有斷斷續續的唸書機會。簡而言之，他們已經接近地獄邊緣了。結果，他們不僅對他們的領導者，而且對領導者所代表的無政府主義及樂觀主義，懷有偏

見。但是無論如何痛苦、失望，沒有一個中國人在此世紀接受悲觀的哲學。甚至於有些覺醒之人，卻以馬克思有條件的樂觀主義，代替無政府主義者的極端樂觀主義。

　　然而在法國，就像在中國一樣，無政府主義者播種，而共產黨收穫。關於這一點，我們現在就加討論。我們可以追溯法國在工作上，對於中國學生的影響。那些在雷諾（Renault）汽車廠，或克勒梭（Schneider-Creusot）大工廠工作的中國學生，經常被法國工人以書信約出面談。然而，最重要的影響，來自法國的教授和教師們，根據資料，我們得知，法國教師們拿「人道報」（L' Humanite）或「資本論」（Le Capital）當做教材。甚至我們知道，一所有八十位中國學生上學的教會學校，他們的校長及副校長，都是共產黨員。學生可毫無困難地借故不上宗教課程，而以研讀馬克思和恩格斯的著作來代替。

　　在這種環境的薰陶之下，是不難想像，中國學生何以在法接受馬克思主義的信仰。另外，應該注意一個附帶的環境：中國人有羣居的傾向。雖然有些人選擇較偏遠的學校，以逃避他們的同胞；但幾乎一成不變的，中法教育協會（Sino-French Educational Association）馬上派十來個中國人和他們住在一起。一些有怪癖的個人主義，逃避到法國環境裏；就是這些人沒有變為共產黨。

　　然而，就整個團體而言，共產主義自有它對前途的展望，特別是當他們和當時的留法學生一樣，感到孤獨和挫折的時候。直到現在，我們仍把共產主義當做純意識形態來加以研究，好像它的組織根本不存在一樣。在法國，於一九二○—二一年，共黨組織事實上已公開存在，而且這種觀點，早已被接受，甚至一九二二年七月在巴黎成立的正規總部，已稍具組織規模；總部有六、七個職員，其中有兩位—趙世炎和陳延年，工作的時間較長，趙、陳和蔡和森組成一個三人宣傳小組，憑藉他們的人格感召力和說服力，來鼓吹他們的主義。在他們的領導之下，在法的中國共產主義，終於度過困阨階段，緊接著來臨的是由自己人組織的時期。

（四）組織與傾俄的意向

　　促成中國學生留法的種種實際考慮，很快地，證明是實質上的失敗。法國經濟危機的日益加深，固然是部分原因，但組織的不健全，才

是更大錯誤。雖然面臨失業的威脅日增，然而為哲人們所激勵的學生，仍然滿懷希望蜂擁而至。像大多數富於幻想的人一樣，哲人們做為一個提倡者，較勝於組織家；事實上，做為無政府主義者，他們本來就不喜歡強有力的組織，所以想盡量避免其存在。他們所提倡設立的「留法儉學會」和「留法勤工儉學會」，沒有規定正式的職務，只保留最低限度的行政。一九一九—二〇年，他們依照相同原則，在中國設立許多小的工讀團體。這個傳統為留法學生所保存。一九一九年八月，他們成立第一個學會—勤工儉學學生會，宣布互助是他們的最高原則，也沒有規定實際的行政工作。馬克思主義在此種環境下得以滋長，而列寧主義則不行。

組織需要經費，而大部分的經費都用為學生每日的生活費。哲人們所成立的學會，成為救濟的機構。在政治上，最能言善道的學生，立刻意識到有效組織的必要；但每當他們想成立一個組織時，往往因為經費短缺而作罷。終於在一九二二年冬天，他們得到了必要的幫助，最妙的是這個幫助，正來自他們屢次抗議示威的北京政府。

像當時大多數醉心改革的中國人一樣，學生們支持在廣州的國民黨政府，而反對合法的北京政府，因為那是軍閥們接二連三陰謀奪權的目標。學生們也和一般人一樣，可能懷疑北京政府，是否有利於中國；但它經常有利於學生，則是無可置疑的事實。雖然學生們曾在巴黎公使館前示威，然而公使陳籙卻懂得他們的心意。一九二二年秋，內閣的改組，終於使得李石曾為學生爭取到一筆可觀的接濟費。十月，新內閣在王寵惠主持之下，為學生通過了十萬大洋（大約合美金十萬元）。

扭曲的幽默，北京政府所通過的十萬大洋，終於使得他在法國的激烈抨擊者，形成了一個有效的組織—勤工儉學學生總會。不像它的無政府主義者先驅，這個團體擁有四位永久性秘書，其中只有一個長時期住在巴黎，這個永久性秘書就是×××，後來變成中共在法的領導人。

×對其黨籍，一直加以保密，否則他便不可能從日後廣受共產黨影響的學生中，獲取高位。一九二三年初，他以黨的首席祕書身分，在巴黎公開露臉。共產黨的困陋日子是過去了。蔡和森、趙世炎和陳延年已離法返國。他們的地位已為彼輩所鄙視，沾滿銅臭味的機器所取代，而錢來自「反動的」北京政府。

但北京的慷慨捐助，只不過為巴黎的中國學生創造了一種新的氣氛罷了。蘇俄誘惑又接踵而至。在共產黨刊物中，包括胡志明的「勞動

報」，開始出現莫斯科學生日常生活的誘人報告。一所為東方勞動者而設的共產黨大學成立了，且大言不慚地自我吹噓，這在我們西方，是那些大製造商幹的事。在巴黎的中國學生，雖然已經得到很多接濟，但他們仍想獲得自由教育的延長，因此莫斯科大學的宣傳，留給他們極深刻的印象。一九二二－二三年間的冬天，中國學生大批赴俄的浪潮開始了。

周恩來是這個運動的策畫者之一，自從蔡和森等一批領導人離去後，他的重要性大增。周過的是四處奔走、居無定所的生活，他對於法國工廠生活的體驗，只限於雷諾（Renault）工廠的兩個星期。而後他奔走於比利時和德國之間，招募中國學生赴俄求學，並安排他們的行程。當他留在巴黎時，他的主要任務是以共產黨首席談判者的身分，去與其他學生團體進行磋商。

當中國學生社團分裂成無數對立的小黨派時，這類的談判就更為需要。一方面，當國內的國共合作進行得更為密切時，在法的共產黨員，獲得地方性國民黨同情者更多的支持；另一方面，那些不贊成國民黨和共產黨都依賴蘇俄的人，擁護純粹的國家主義，而反對親蘇同盟所主張的國際主義。當親蘇同盟組織完備後，純粹國家主義者，也於一九二三年十二月結合力量，組成一個新的政黨—中國青年黨。在反對帝國主義的示威遊行的場合中，所有團體仍然採取一致行動；但特別在這種場合，或其他國慶慶典時，經常發生流血衝突。於是事後，周恩來總是去拜訪青年黨領導人，以平息爭論，而且時常和徐特立（最早的留法工讀學生，有一段時間是毛澤東的老師）一起前往。而在另一次的談判，周和李富春同去，李富春在青年黨領導人的日記上，被認為是「國民黨的代表」。[3]

對於這項認定，我們無須驚奇。因為在法國，就像在中國一樣，要那些不是國共聯盟的人，來區別究竟誰屬於那一黨派，是一件日趨困難的事。直到一九二四年三月，國民黨才在巴黎設立一個正式總部；當總部設立時，很自然地接受共產黨的幫助。×××負責宣傳工作，而組織的重要部門，仍然操之於周恩來那幫共黨手中。早期國民黨總部，所攝的團體照片中，顯示周恩來坐在前排中央，而×××和李富春則站在後面。難怪胡志明的「勞動報」，視中共為「國民黨的左翼」。[4]

---

[3]　曾琦（曾慕韓）先生遺著，頁四六三。
[4]　Le Paria. No. 32.（Feb.- March, 1925）。

　　一九二四年一月，兩黨政府在廣州正式成立，加速了留法工讀學生團體的瓦解。對周恩來及李富春而言，它提供了一個回國，以便在擴大的兩黨階層中，爭取重要職位的好機會。對於另外一些人，則提供了留學俄國更美好的遠景。至一九二五年，尚有一千名學生，留在法國；但其中很少是第一批去的工讀學生。那些老的領導者，只有×××留下。他領導一項示威運動，以支持上海的五卅運動，被捕下獄，經短期監禁，終於一九二五年二月離法赴莫斯科。

（五）結論

　　詳細觀察留法返國的中共領導階層，我們會因他們在國外經驗的雜陳而大感驚奇。有些人，像蔡和森、陳毅、李立三，一開始便表現出作領導人的傾向，他們因盲目地煽動叛亂，於一九二一年底，換來了被驅逐出境的代價，所以他們在法的生活經驗非常短暫。其他的人像周恩來、李富春，早期也表示他們對政治的傾向，但表現得較為慎重周密。起初他們只是跟隨那些比較出色、比較善於言辭的同志，直到共產黨已經穩固地成為一個正式組織時，他們才躍居於領導地位。我們若誤解周不擅長外交斡旋，只要看看周當時已開始扮演日後第二號領袖的角色，就可使誤解冰釋。他捲入留歐學生的政治鬥爭很深，使人懷疑他是否深深打入外國社會。一個工讀生學習很少，工作也不多，適與鄧小平、聶榮臻成了明顯的對比。後者的名字在當時鮮少提及，不像那些好出風頭的同志。鄧、聶才是名符其實的工讀學生，因此他們也被認為已深受法國生活習慣的感染。但這真正的意義又是什麼呢？

　　人們有時候認為：在歐洲受過訓練的中共領導者，他們的世界觀比「本土主義者」（像毛澤東）的世界觀，較為廣闊。我們很難分析這種假說，尤其是像現在的美國人一樣，缺乏和中共之間的個人接觸。但是把他們分成「本土主義者」和「國際主義者」，也很難有可靠的依據，來判斷他們的世界觀。外國教育本身並不一定塑造開闊的心胸，而留在本土者的眼界，也並不一定狹窄。研究那些外表看來嚴峻的共產黨，我們必須尋找比較富有彈性之方式，著重於若干領導者的個性，而不能以他們在國外所受的教育遽下判斷。

　　因此我們不能一口咬定，在北京的留法集團，必定親法，同樣的我們也沒有理由認定，留俄的學生一定親俄。中國哲人和一九一九年

以前陳獨秀之輩的親法言行，今日在北平已不多見。然而，應該記錄的是：他們開風氣之先，使得成千的中國青年湧向法國求學，並且在法國本土，成長了中國共產黨運動的分支。年輕時的周恩來，在巴黎寫道：「雖然我們是中國人，但我們的看法必須是世界性的（Cosmopolitan）。」他已將中國哲人和馬克思、恩格斯及列寧等人的教訓結合起來。這種結合可視為純粹的歷史興趣，正如我們視中共政府高度培養的國家主義一樣。但歷史之變成毫無相關性，僅只因為它在前進嗎？

假如答案是肯定的話，那麼那些評估共產黨的西方人，可說很少符合這個原則。他們的評估幾乎一成不變地停留在歷史的假定上。有的激動地告訴我們：中國共產主義所造成的威脅，實源出蘇俄。也有的以同樣的熱情這樣認為：中共在一九三〇到一九四〇年間所發展的某種程度自治，使它更為中國化，而且更無危害。有人這樣警告說：中國帝國主義並非只為爆炸性人口尋找出路，並且要恢復古代王朝對藩屬國的宗主權。我們也聽過，牽強附會的歷史解釋，一方面是中共領導者一時的謹慎，而另一方面又是他們一時的魯莽輕率。每當共產黨依照他們的意願，訴諸殘酷的鎮壓手段時，就使我們想起，他們的政府形態是東方式的，而他們的政黨，根本不懂西方社會民主制度調和的影響。總之，我們從中國歷史上得到一個教訓，那就是緊密的適應北平領導者的每一種語氣和行動。

無論如何，這篇報告並不想教給人這樣一個教訓。它也不為鼓吹「中」法戲劇性的接近而作。然而，它有一目的：揭開中共歷史上，一般未被埋葬而鮮為人知的插曲，以便對整個運動，獲得更透徹的了解。這個運動並非生於像上帝安排好的中國民族主義的土地上。事實上，它萌芽於一個普遍反對民族主義的時代（共產黨的主要創立者陳獨秀，曾拒絕加入 孫中山先生的革命組織，因認其過分民族主義）。沒有一個人能否認，馬、列和恩格斯是毛澤東思想的來源，但毛在聽到馬克思名字之前，他和其他中國青年的急進分子，已受到中國哲人們思想的洗禮。他們所造成的新紀元，被稱為「中國文藝復興」。在我看來，它或許稱為「中國的啟蒙運動」更為妥切。中國哲人們是最極端的世界主義者，而他們的失敗，是由於想急速西化中國。其中李石曾為了破除種族的藩離，而大力提倡種族通婚。他的願望並沒有達成；但他的成就在於：遣送大批富有創業精神的青年學生到法，學習西方的各種方式。從

這些富有進取心的青年學生當中，產生這麼多的中國共產運動領導者，亦絕非偶然之事。他們所倡導的運動，一方面導源於西方和世界主義者；另一方面也導源於中國和狹隘的民族主義者。將它的起因，歸結於單一的源頭，這樣子就會把握不住它錯縱複雜的性質，也不能為真正的學術研究和冷靜的外交政策，提供服務。（完）

【譯者小記】

　　本篇寫於中共與法國建交之前，原名 "The French-Returned Elite in the Chinese Communist Party" 收於 "Symposium on Economic and Social Problem of the Far East" 一書（香港大學一九六二年出版）。作者Conrad Brandt 曾獲哈佛大學博士，任教加州大學（伯克萊）。此文為其在「遠東之經濟與社會問題研討會」（一九六一年九月港大慶祝建校五十週年所舉辦）上所宣讀之論文。由廖淑宜、林月蓮兩同學擔任初譯工作，三井再校閱全文，惟因時間匆促，疏漏錯誤之處在所不免，敬祈讀者指正。（東亞季刊，六卷一期）

讀歷史56　史地傳記類　PC0401

民初旅歐教育運動史料選編

編　　著/陳三井
主　　編/蔡登山
責任編輯/鄭伊庭
圖文排版/楊家齊
封面設計/陳怡捷

發 行 人/宋政坤
法律顧問/毛國樑　律師
出版發行/秀威資訊科技股份有限公司
　　　　　114台北市內湖區瑞光路76巷65號1樓
　　　　　電話：+886-2-2796-3638　傳真：+886-2-2796-1377
　　　　　http://www.showwe.com.tw
劃撥帳號/19563868　戶名：秀威資訊科技股份有限公司
　　　　　讀者服務信箱：service@showwe.com.tw
展售門市/國家書店（松江門市）
　　　　　104台北市中山區松江路209號1樓
　　　　　電話：+886-2-2518-0207　傳真：+886-2-2518-0778
網路訂購/秀威網路書店：http://www.bodbooks.com.tw
　　　　　國家網路書店：http://www.govbooks.com.tw

2014年6月　BOD一版
定價：660元
版權所有　翻印必究
本書如有缺頁、破損或裝訂錯誤，請寄回更換

國家圖書館出版品預行編目

民初旅歐教育運動史料選編 / 陳三井編著. -- 一版. -- 臺
　北市：秀威資訊科技, 2014.06
　　面；　公分. -- (史地傳記類；PC0401)
　BOD版
　ISBN 978-986-326-263-3 (平裝)

　1.留學教育　2.民國史　3.史料　4.歐洲

529.282　　　　　　　　　　　　　　　　103009677

讀者回函卡

感謝您購買本書，為提升服務品質，請填妥以下資料，將讀者回函卡直接寄回或傳真本公司，收到您的寶貴意見後，我們會收藏記錄及檢討，謝謝！如您需要了解本公司最新出版書目、購書優惠或企劃活動，歡迎您上網查詢或下載相關資料：http:// www.showwe.com.tw

您購買的書名：＿＿＿＿＿＿＿＿＿＿＿＿＿＿＿＿＿＿＿＿＿＿＿

出生日期：＿＿＿＿＿年＿＿＿＿＿月＿＿＿＿＿日

學歷：□高中 (含) 以下　　□大專　　□研究所 (含) 以上

職業：□製造業　□金融業　□資訊業　□軍警　□傳播業　□自由業
　　　□服務業　□公務員　□教職　　□學生　□家管　□其它＿＿＿

購書地點：□網路書店　□實體書店　□書展　□郵購　□贈閱　□其他

您從何得知本書的消息？

　　□網路書店　□實體書店　□網路搜尋　□電子報　□書訊　□雜誌
　　□傳播媒體　□親友推薦　□網站推薦　□部落格　□其他＿＿＿＿＿

您對本書的評價：（請填代號　1.非常滿意　2.滿意　3.尚可　4.再改進）

　　封面設計＿＿＿　版面編排＿＿＿　內容＿＿＿　文／譯筆＿＿＿　價格＿＿＿

讀完書後您覺得：

　　□很有收穫　□有收穫　□收穫不多　□沒收穫

對我們的建議：＿＿＿＿＿＿＿＿＿＿＿＿＿＿＿＿＿＿＿＿＿＿

＿＿＿＿＿＿＿＿＿＿＿＿＿＿＿＿＿＿＿＿＿＿＿＿＿＿＿＿＿＿＿

＿＿＿＿＿＿＿＿＿＿＿＿＿＿＿＿＿＿＿＿＿＿＿＿＿＿＿＿＿＿＿

＿＿＿＿＿＿＿＿＿＿＿＿＿＿＿＿＿＿＿＿＿＿＿＿＿＿＿＿＿＿＿

11466
台北市內湖區瑞光路 76 巷 65 號 1 樓

秀威資訊科技股份有限公司　　　收

BOD 數位出版事業部

....

（請沿線對折寄回，謝謝！）

姓　　名：＿＿＿＿＿＿＿＿＿　年齡：＿＿＿＿　性別：□女　□男

郵遞區號：□□□□□

地　　址：＿＿＿＿＿＿＿＿＿＿＿＿＿＿＿＿＿＿＿＿＿＿＿＿

聯絡電話：(日)＿＿＿＿＿＿＿＿＿＿＿　(夜)＿＿＿＿＿＿＿＿＿＿＿

E-mail：＿＿＿＿＿＿＿＿＿＿＿＿＿＿＿＿＿＿＿＿＿＿＿